Jürgen Ziemer

Seelsorgelehre

Eine Einführung für Studium und Praxis

3. durchgesehene und aktualisierte Auflage

Vandenhoeck & Ruprecht

Dr. Jürgen Ziemer ist emeritierter Professor für Praktische Theologie
an der Universität Leipzig.

Bibliografische Information der Deutschen Nationlbibliothek
Die Deutsche Nationalbibliothek verzeichnet diese Publikation in der Deutschen
Nationalbibliografie; detaillierte bibliografische Daten sind im Internet
über http://dnb.d-nb.de abrufbar
ISBN 978-3-8252-2147-8 (UTB)
ISBN 978-3-525-03604-4 (Vandenhoeck & Ruprecht)

Umschlagabbildung: Cactus grandiflorus – Königin der Nacht

© 2000, 2008 Vandenhoeck & Ruprecht, Göttingen
ISBN 978-3-525-03604-4
Printed in Germany
Umschlaggestaltung: Atelier Reichert
Satz: Schwarz auf Weiß GmbH, Hannover
Druck und Bindung: CPI – Ebner & Spiegel, Ulm

ISBN 978-3-8252-2147-8 (UTB Bestellnummer)

UTB **2147**

Eine Arbeitsgemeinschaft der Verlage

Böhlau Verlag · Köln · Weimar · Wien
Verlag Barbara Budrich · Opladen · Farmington Hills
facultas.wuv · Wien
Wilhelm Fink · München
A. Francke Verlag · Tübingen und Basel
Haupt Verlag · Bern · Stuttgart · Wien
Julius Klinkhardt Verlagsbuchhandlung · Bad Heilbrunn
Lucius & Lucius Verlagsgesellschaft · Stuttgart
Mohr Siebeck · Tübingen
C. F. Müller Verlag · Heidelberg
Orell Füssli Verlag · Zürich
Verlag Recht und Wirtschaft · Frankfurt am Main
Ernst Reinhardt Verlag · München · Basel
Ferdinand Schöningh · Paderborn · München · Wien · Zürich
Eugen Ulmer Verlag · Stuttgart
UVK Verlagsgesellschaft · Konstanz
Vandenhoeck & Ruprecht · Göttingen
vdf Hochschulverlag AG an der ETH Zürich

Inhalt

Abkürzungen

BThZ Berliner Theologische Zeitschrift, Berlin

DPCC Dictionary of Pastoral Care and Connseling, ed. R. J. Hunter, Nashville 1990

EG Evangelisches Gesangbuch

EKL Evangelisches Kirchenlexikon, [3]1986ff

HbS Handbuch der Seelsorge, hg. von Wilfried Engemann, Leipzig 2007

PrTh Praktische Theologie. Zeitschrift für Religion, Gesellschaft und Kirche Gütersloh (früher: Theologia practica)

PTh Pastoraltheologie. Monatsschrift für Wissenschaft und Praxis in Kirche und Gesellschaft, Göttingen

PThI Pastoraltheologische Informationen

RGG Die Religion in Geschichte und Gegenwart [4]1998ff

ThLZ Theologische Literaturzeitung, Leipzig

TRE Theologische Realenzyklopädie, Berlin 1976ff

WA Luther, Martin: Werke. Weimarer Ausgabe

WA Br Briefwechsel

WzM Wege zum Menschen. Monatsschrift für Seelsorge und Beratung, heilendes und soziales Handeln, Göttingen

ZdZ Die Zeichen der Zeit, Berlin, ab 1991 Leipzig

ZEE Zeitschrift für Evangelische Ethik, Gütersloh

ZThK Zeitschrift für Theologie und Kirche, Tübingen

Vorwort

Es gibt gewiß keinen Mangel an Literatur zur Seelsorge. Da mag es riskant erscheinen, sich mit einer neuen Seelsorgelehre herauszuwagen. Gibt es in diesen Fragen etwas mitzuteilen, das nicht schon geschrieben wurde? Und falls doch: was und wem wird es nützen? Die pastoralpsychologische Herangehensweise in Seelsorge und Seelsorgausbildung hat uns Skepsis gegenüber theoretischen Gesamtentwürfen gelehrt. Die Gefahr eines Verlustes an Wirklichkeit und Dynamik ist unübersehbar, und seelsorgerliche Kompetenz, das ist unbestreitbar richtig, erlernt niemand durch die Lektüre von Lehrbüchern. Diese können jedenfalls das notwendige Erfahrungslernen nicht ersetzen.

Gleichwohl kann, wie ich zuversichtlich hoffe, seelsorgetheoretische Literatur doch auch im Blick auf die Praxis von Wert sein: propädeutisch als Vorbereitung auf seelsorgerliches Handeln und seelsorgerliches Lernen und praxisbegleitend als Hilfe zur kritischen theologischen und humanwissenschaftlichen Reflexion von Seelsorgeerfahrungen.

Auch aus Bedürfnissen heraus, die sich im Rahmen akademischen Lehrens ergeben, erschien es mir naheliegend, die relevanten Stoffe einer Seelsorgelehre einmal aus meiner eigenen Sicht im Zusammenhang darzustellen. Die vorliegende Einführung wendet sich an Studierende und darüber hinaus an diejenigen, die in der seelsorgerlichen Praxis tätig sind. Es geht dabei bewußt um eine „Einführung"; das bedeutet, dass bei der Behandlung einzelner Themen eine Auswahl getroffen werden mußte und dass dem Elementaren zu Ungunsten des Spezielleren ein Vorrang einzuräumen war. Vielleicht findet das Buch so auch bei denen Interesse, die in säkularen Bereichen als Therapeutinnen, als Sozialarbeiter oder wie auch immer für die „Seelen" von Menschen zu sorgen haben.

Die Grundausrichtung der vorliegenden Einführung ist pastoralpsychologischer Natur.

Gleichzeitig will ich jedoch versuchen, Anregungen aus der neu in Gang gekommenen poimenischen Diskussion aufzunehmen.

Erfahrungen in und mit der pastoralpsychologischen Seelsorgeausbildung hatten für mich selbst entscheidende Bedeutung. Hans-Joachim Wachsmuth zuerst und dann später Wybe Zijlstra (†) und Hans-Christoph Piper, sowie Hermann Andriessen und Reinhard Miethner waren mir unschätzbare Anreger und Begleiter. Die eigene Seelsorgelehre erwuchs weiter aus dem, was ich Studierende zu lehren hatte und was ich mit ihnen lernte. Einen wichtigen Hintergrund für die Darstellung der Seelsorge bilden die eigenen Besuche auf Krankenstationen und seelsorgerliche Gespräche bei vielen verschiedenen sich bietenden Gelegenheiten. Ob aus solchen Erfahrungen heraus ein auch für die Praxis brauchbarer Entwurf entstanden ist, müssen die Leserinnen und Leser selbst entscheiden.

Während der Ausarbeitung des Buches habe ich viele Hilfe erfahren. Beim Schreiben des Manuskripts haben mich Renate Jurisch und Dorothea Schliebe unterstützt, bei dessen Durcharbeit halfen Astrid Kühme und Kathrin Jell mit wichtigen Hinweisen und Korrekturen. Letztere hat sich zudem bei der Herstellung der Register und bei den Korrekturarbeiten verdient gemacht. Werner Biskupski hat das Manuskript kritisch gegengelesen, und Friedrich-Wilhelm Lindemann gab mir sehr wichtige Hinweise zur Gestaltung des Psychologiekapitels. Ihnen allen sei ganz herzlich gedankt. Ein ganz besonderer Dank gebührt Michael Böhme, der nicht nur für ein verlagsgerechtes Typoskript gesorgt hat, sondern mir auch darüber hinaus jederzeit ein hilfreicher und freundschaftlicher Gesprächspartner war.

Ich danke dem Verlag dafür, dass er in einer Zeit nicht gerade boomenden Seelsorgeinteresses dieses Buch in sein Programm aufgenommen, sowie Frau Renate Hübsch für die entgegenkommende Weise, mit der sie das Manuskript betreut hat.

Nicht zuletzt danke ich meiner Frau. Sie hat mit ihrem Verständnis für die behandelten Gegenstände wie für den Autor mehr Anteil am Werden dieses Buches, als sich in Worten sagen läßt. Ihr sei es gewidmet.

Leipzig, im Sommer 2000   Jürgen Ziemer

Für die 3. Auflage wurde der Text wiederum durchgesehen und vor allem in den Literaturteilen aktualisiert. Damit die Seitenzahlen konstant blieben, waren gelegentlich ältere Titel auszutauschen. Auf umfangreichere Überarbeitungen, die vielleicht besonders im Blick auf die letzten Kapitel angezeigt wären, musste aus demselben Grund verzichtet werden. Ich habe sie mir jedoch fest vorgenommen, falls das erfreuliche Interesse an diesem Buch weiterhin anhält. Manche Korrektur verdanke ich schon jetzt dem Hinweis von Kollegen und anderen Lesern.

Leipzig, im Januar 2008   Jürgen Ziemer

Eine Zeit nach seinem Tode sagte ein Freund:
„Hätte er zu wem zu reden gehabt, er lebte noch."[1]

Einleitung: Seelsorge – erste Verständigungen

1. Seelsorge ist vielen heute ein fremdes Wort geworden
Natürlich hat man von Seelsorge schon einmal gehört. Und es gibt eine ungefähre
Vorstellung davon. Seelsorge ist nicht unbekannt, aber doch fremd. Vielen Zeitgenossen klingt das Wort etwas altertümlich und vielleicht auch exklusiv. Es gehört
für sie zur Sprache einer Sonderwelt.

Obwohl nur bedingt ein religiöses Wort[2], wird es doch schnell dieser Sphäre
zugeordnet. Vermutlich würde man es von sich aus auch gar nicht in den Mund
nehmen; denn wer es aktiv gebraucht, gibt sich zu erkennen. Auch Gemeindeglieder verwenden das Wort Seelsorge eher selten. Andere Begriffe wie „Gespräch", „Beratung" oder „Aussprache" – im Grunde fast Synonyme für „Seelsorge" – erscheinen unverfänglicher. Die Verknüpfung mit dem religiös-kirchlichen
Kontext scheint dabei nicht so unausweichlich gegeben. Das Wort „Seelsorge" hat
Anteil an der Fremdheit von Glauben und Kirche in unserer Welt.[3]

2. Das Wort Seelsorge löst oft ambivalente Empfindungen aus
Auch unter Christen hat „Seelsorge" einen unterschiedlichen Klang. Sie wird
einerseits hoch geschätzt und auf der anderen Seite zugleich skeptisch beurteilt.
In Auseinandersetzungen über das zukünftige Profil von Kirche und Gemeinden
hat die Seelsorge meist einen hervorgehobenen Stellenwert. Viele Kirchenvor-
stände wünschen sich mehr seelsorgerliche Aktivitäten in der Gemeinde, und bei
Pfarrwahlen hat die Eignung der Bewerberinnen und Bewerber für die Seelsorge
einen bedeutsamen Auswahlwert.[4] In vielen Fällen wird aber gar nicht klar, in-

---

1 Buber, Martin: Die Erzählungen der
Chassidim, Zürich 1949, 646
2 Es erscheint durchaus sinnvoll, in der
Nachfolge Sigmund Freuds auch von „weltlicher Seelsorge" zu sprechen: vgl. etwa: Bernet, Walter: Weltliche Seelsorge. Elemente einer Theorie des Einzelnen, Zürich 1988
3 Versuche, den Begriff „Seelsorge" auch
anderen Bereichen, etwa der Tätigkeit eines
Arztes zuzuordnen, sind eher peripher geblieben: Frankl, Viktor: Ärztliche Seelsorge,
Frankfurt a.M. [4]1995

4 Die großen Mitgliedschaftsuntersuchun-
gen der EKD von 1974 und 1984 brachten die
besondere Wertschätzung von Seelsorge und
religiöser Kommunikation durch die Gemeindeglieder zum Ausdruck. Auch die Erhebun-
gen von 1954 und 2004 weisen in diese Richtung: Engelhardt, Klaus u.a. (Hg.): Fremde
Heimat Kirche, Gütersloh 1997, 357ff; Huber,
Wolfgang (Hg.): Kirche in der Vielfalt der Lebensbezüge, Gütersloh 2006, 355ff

wieweit Menschen auch für sich selber ein seelsorgerliches Angebot in Anspruch nehmen würden. Zuweilen findet sich die (unbewusste) Einstellung: Seelsorge ist sehr wichtig, aber ich hoffe, dass ich sie selbst nicht brauche. Was Seelsorge wirklich ist, liegt ja nicht so deutlich zu Tage, wie wenn es um Predigt oder Konfirmandenunterricht geht. Seelischer Hilfe zu bedürfen, erscheint zudem eher peinlich, ein Zeichen von Schwäche – sei es psychischer, sei es geistiger, sei es lebenspraktischer Art. Bei Seelsorge gehen die Gedanken zuerst an andere, die Beistand brauchen: Kranke, Zweifelnde, Sterbende, in Not Geratene. Manchmal haftet dem seelsorgerlichen Handeln gar ein Geruch des Weichen, Fürsorglichen, des Freundlich-Betulichen oder auch des Frömmlerischen an. Konkrete Erfahrungen müssen nicht unbedingt dahinterstehen. Das gilt auch angesichts der häufig zu beobachtenden Furcht vor einem moralisierenden Ermahnungston in der Seelsorge. Dem muss nicht widersprechen, dass mitunter gerade ein solches Verhalten einem Seelsorger nahe gelegt wird: „Herr Pfarrer, mit unserem Sohn sollten Sie mal ein seelsorgerliches Wort reden!"

Die Ambivalenz gilt im Blick auf die Seelsorge auch für Pfarrerinnen und Pfarrer selbst. Der große Reiz dieser Arbeit und die Hoffnung, hier wirklich für die Menschen erreichbar und alltagsrelevant tätig zu werden, wird konterkariert von Zweifeln: Worauf lasse ich mich da eigentlich ein? Wie ernst muss diese Aufgabe wirklich genommen werden? Begebe ich mich da nicht auf ein viel zu offenes Feld? Kommen hier auf mich Erwartungen zu, die ich gar nicht erfüllen kann?

3. Seelsorge ist etwas zutiefst Menschliches
Gegenüber allen Voreinstellungen und Vorurteilen, so verständlich sie sein mögen, ist zunächst festzuhalten: Seelsorge ist eine unverzichtbare und grundlegende Weise menschlichen Miteinanderseins. Ob sie professionell im Rahmen einer kirchlichen Berufstätigkeit oder spontan als Reaktion unmittelbaren Betroffenseins ausgeübt wird, ist hier erst einmal von untergeordneter Bedeutung. Es ist einfach menschlich, sich gegenseitig zu raten und Rat zu holen. Und es ist menschlich, jemanden zu haben, dem man zu vertrauen vermag, dem man sein Herz ausschütten kann, dem man sich zumuten darf. Seelsorge hängt mit der menschlichen Fundamentalerfahrung zusammen, dass wir Angewiesene sind, dass wir nicht immer allein zu Rande kommen – weder seelisch, noch emotional, noch glaubensmäßig, noch lebenspraktisch. Wir brauchen andere Menschen, darunter wenigstens auf Zeit immer auch solche, die nicht unmittelbar zu unserem individuellen Bezugssystem (Familie, Nachbarschaft usw.) gehören.

Seelsorge ist etwas zutiefst Menschliches, aber sie ist deswegen nichts weniger als selbstverständlich. Selbstverständlich ist viel eher, sich aus dem Wege zu gehen, sich fremd zu bleiben, andere sich selbst und ihren eigenen Problemen zu überlassen oder an die für Gesundheit und Wohlfahrt zuständigen Institutionen zu verweisen. Rolf Zerfaß hat als ein Modell für den menschlichen Aspekt von Seelsorge die Erfahrung von „Gastfreundschaft" empfohlen. Gastfreundliche Seelsorge gibt dem anderen Raum, sie nimmt seine Bedürfnisse wahr, ohne ihn damit gleich zu vereinnahmen. Sie gibt und empfängt zugleich. Gastfreundliche und darin eben „menschliche" Seelsorge „wagt es, sich fremden Menschen anzuvertrauen, weil sie die überraschende Erfahrung macht, dass uns bis heute im Fremden Gott begegnet."[5]

4. Seelsorge ist unverzichtbares kirchliches Handeln

Gerade wenn wir mit Zerfaß Seelsorge unter anderem als Erfahrung von „Gastfreundschaft" beschreiben wollen, wird deutlich, dass sie auch als eine Weise verstanden werden kann, in welcher Menschen das Evangelium begegnet. In diesem Zusammenhang sei daran erinnert, dass Luther im dritten seiner „Schmalkaldischen Artikel" zum Ausdruck gebracht hatte, dass das Evangelium neben Wort und Sakrament auch „per mutuum colloquium et consolationem fratrum"[6], also durch wechselseitiges Gespräch und geschwisterliche Tröstung erfahren werde. Indem Menschen miteinander sprechen und füreinander aufmerksam werden – helfend, stärkend, herausfordernd, ratend, ermutigend – erfahren sie auch etwas von der Menschenfreundlichkeit Gottes in Christus, die in einer Gemeinde Gestalt gewinnt.

„Seelsorge findet sich in der Kirche vor ...", heißt es in diesem Sinne am Beginn einer der einflussreichsten Seelsorgelehren unseres Jahrhunderts.[7] Dieser Satzanfang muss sowohl deskriptiv wie normativ verstanden werden. Kirche ist nicht Kirche ohne Seelsorge und sie kann es nicht sein. Wir haben nicht zu überlegen, ob wir Seelsorge wollen oder nicht. Seelsorge als die Realisierung einer helfenden Beziehung zwischen Menschen, die sich im Horizont des Glaubens geschwisterlich verbunden wissen, gehört zur Auftragsgestalt der Kirche – nicht mehr und nicht weniger als der Gottesdienst, die Verkündigung oder der Unterricht. Damit sollten freilich Menschen außerhalb der Kirche von Erfahrungen seelsorgerlichen Handelns bewusst nicht ausgeschlossen werden. In der Seelsorge und durch sie könnte kirchliches Handeln gerade als grenzüberschreitend in Erscheinung treten.

5. Seelsorge ist eine Brücke zur entkirchlichten Welt

Längst ist die Welt, die uns täglich umgibt, weithin säkular geworden, und viele Menschen sind den Kirchen entfremdet. Was in ihnen gesprochen wird, ist vielen religionslos gewordenen Zeitgenossen nicht mehr ohne weiteres verständlich. Und auch von denen, die zur Kirche gehören, gibt es viele, die mit den überlieferten Worten des Glaubens für sich nicht mehr viel verbinden können.[8] Und doch ist ein Interesse da, das was die „Seele", das was „unbedingt" angeht, zu kommu-

5 Zerfaß, Rolf: Menschliche Seelsorge, Freiburg ³1985, 28; vgl. dort auch den Gesamtzusammenhang 11–32; ferner: Baumann, Urs u.a.: Seelsorgerliche Gesprächsführung, Düsseldorf 1996, 61

6 Die Bekenntnisschriften der evangelisch-lutherischen Kirche, Berlin ⁵1960, 449

7 Thurneysen, Eduard: Die Lehre von der Seelsorge, Zürich ²1957, 9

8 Längst ist die Diagnose, die Dietrich Bonhoeffer schon 1944 dem traditionellen Christentum stellte, durch Erfahrungen erhärtet: Die großen Worte des Glaubens können den Menschen nicht mehr die Botschaft mitteilen, die hinter ihnen steht. Widerstand und Ergebung, Berlin 1972, 327ff

nizieren. Der Seelsorge könnte in dieser Situation eine echte Brückenfunktion zur Welt zukommen. Sie ist eine Möglichkeit, Menschen ganz unmittelbar anzusprechen, ohne Vermittlung durch Rituale und geprägte Formen oder Formeln. Seelsorge ist Kommunikation über seelische Fragen, ohne besondere religiöse Voraussetzungen dafür zu fordern.[9] In Robert Musils „Mann ohne Eigenschaften", einem unverkennbar nachchristlichen Roman, gibt es den Vorschlag für die Einrichtung eines „Weltsekretariats der Genauigkeit und Seele" – von Ulrich, dem „Romanhelden" zunächst „aus Spaß", später immer ernsthafter erwogen. Dahinter steht das noch ganz unsichere Gefühl, es sei etwas nötig, „damit die Leute, die nicht in die Kirche gehen, wissen, was sie zu tun haben."[10] Es geht bei „Genauigkeit und Seele" keineswegs nur um Moral, sondern um die den Menschen zuwachsenden Fragen, die durch Wissenschaft allein nicht zu beantworten sind. Seelsorge als „Dialog um Seele" kann Menschen in ihrem Bemühen um Selbstreflexivität und Tiefe begleiten. Das ist ein echter Dienst an den Menschen. Und wenn Seelsorge diesen an den verschiedenen Orten, wo sich das nahe legt, ausübt, dann nimmt sie eine Brückenfunktion wahr. Sie sollte es tun ohne aufdringlich-missionarische Absichten. Vielleicht jedoch eröffnet sie so dann auch wieder ein Zurückfragen nach dem, was sie zu ihrem Tun autorisiert.

6. Seelsorge geschieht auf vielfältige Weise
Von anderen Formen einer helfenden Beziehung – etwa in der Sozialarbeit, bei unterschiedlichen Beratungsdiensten, in der Therapie – unterscheidet sich Seelsorge durch eine Vielfalt der Vollzugsformen. Immer wieder wird es in der pastoralen Praxis Situationen geben, bei denen gar nicht klar ist, ob sie als „Seelsorge" bezeichnet werden können. Die Grenzen zwischen einer informellen Begegnung und einem seelsorgerlichen Gespräch sind oft fließend. Zu denken ist hier an Gelegenheiten, bei denen sich ein Kontakt eher zufällig ergibt: das Gespräch am Schluss eines Gottesdienstes oder einer Gemeindeveranstaltung, die ungeplante Begegnung auf der Straße oder beim Spaziergang. Ähnliches gilt für manche kasuellen Anlässe – bei den vorbereitenden Gesprächen für Taufe, Trauung, Beerdigung, bei einem routinemäßig durchgeführten Geburtstagsbesuch, bei einem Begrüßungskontakt usw. Hilfreich kann hier die Unterscheidung von funktionaler und intentionaler Seelsorge sein, also einer Seelsorge, die sich „bei Gelegenheit" ergibt, und einer Seelsorge, die bewusst als seelsorgerliche Begegnung geplant und vereinbart wird. Wichtig ist es, alle diese Begegnungsformen als mögliche Gelegenheiten zur Seelsorge wahrzunehmen und für die Chancen der jeweiligen Situation offen zu sein.[11] Seelsorge ist nicht festgelegt auf ein bestimm-

---

9 Ich setze hier voraus, dass „Seele" etwas ist, das einerseits einen bloßen Tatsachenhorizont überschreitet und in eine transrationale Tiefe führt, aber andererseits doch nicht einfach Religion genannt werden darf (entgegen Thomas Luckmanns sehr weitem Religionsbegriff!).

10 Musil, Robert: Der Mann ohne Eigenschaften, (10. Kapitel) Bd. 2, Berlin 1975, 99f; vgl. a.a.O., 106. 456
11 Seelsorge ist dabei allerdings trotz aller Vielfalt einzuschränken auf die personale Kommunikationsform (cura animarum specialis). Ein zu weit gefasster Seelsorgebegriff,

tes „setting" – etwa den Besuch am Krankenbett oder das ausdrücklich vereinbarte Gespräch im Pfarrhaus. Für eine Seelsorgelehre haben diese Formen intentionaler Seelsorge freilich eine herausragende Bedeutung, denn an ihnen kann man in der begleitenden kritischen Reflexion erkennbar machen, was tendenziell auch für die weniger eindeutig strukturierten Prozesse einer funktionalen Seelsorge zutrifft.

7. Seelsorgelehre ist kritisch-konstruktiv auf Seelsorgepraxis bezogen

Seelsorgelehre – in der Wissenschaftssprache des 19. Jahrhunderts: Poimenik[12] – ist auf Praxis angewiesen und auf sie bezogen. Sie lehrt nicht eigentlich Seelsorge, aber sie lehrt Seelsorge besser zu verstehen und sie in den Zusammenhang pastoralen Handelns und kirchlicher Lehre einzuordnen. In der Seelsorgelehre werden Kriterien entwickelt für die theologische und humanwissenschaftliche Beurteilung geschehener und geschehender Seelsorge. Darüber hinaus richtet sie ihr Augenmerk auf den Zusammenhang des seelsorgerlichen Handelns mit anderen Weisen zwischenmenschlicher Hilfebemühungen und deren wissenschaftlicher Reflexion in unserer Gesellschaft.

Der Ansatz unserer Seelsorgelehre ist ein pastoralpsychologischer. Die pastoralpsychologische Herangehensweise bedeutet dabei methodisch, dass die Konfliktlagen des Einzelnen und der zwischenmenschliche Kommunikationsvorgang in der Seelsorge auch unter psychologischen Gesichtspunkten betrachtet werden. Zugleich ist damit eine prinzipielle Offenheit für Handlungsansätze und Handlungsmodelle intendiert, die durch die pastoralpsychologische Bewegung für die Seelsorgepraxis erschlossen wurden.

Stärker als in dieser poimenischen Tradition bisher üblich geht es in der vorliegenden Einführung in die Seelsorgelehre darum, auch die kontextuellen Faktoren, die für Selbsterfahrungen des Einzelnen relevant sein könnten, in die Darstellung einzubeziehen. Individuelle Probleme haben oft soziale Ursachen. Seelsorgerliches Handeln geschieht immer in einer konkreten gesellschaftlichen und kulturellen Situation. Sie genau wahrzunehmen heißt auch, die Bedingungen zu erkennen suchen, die für die spezifischen Lebens- und Leidenserfahrungen des Einzelnen verantwortlich sind.

---

der praktisch – wie in der katholischen Tradition üblich – das gesamte für Leben und Glauben des Einzelnen relevante kirchliche Handeln (cura animarum generalis) umfasst, erscheint mir problematisch. Reimund Blühms Charakterisierung der Seelsorge in der Gemeinde erscheint mir deshalb auch zu umfas-

send. Vgl. Becker, Ingeborg u.a. (Hg.): Handbuch der Seelsorge, Berlin 1983, 49f. Im Sinne von Blühm würde ich darum lieber von einer seelsorgerlichen „Dimension" aller pastoralen Arbeit in der Gemeinde sprechen.

12 Von poimen (griech.) = Hirte, Pastor, also: Lehre vom Hirten- bzw. Pastorendienst

Literatur

Wer sich einen Gesamtüberblick für das Fachgebiet von Seelsorge und Pastoralpsychologie verschaffen möchte, hat unter der neueren Literatur nicht viel Auswahl. Zur Orientierung sehr geeignet ist der *EKL-Artikel* von *Dietrich Stollberg (1996)*. Er macht mit wichtigen Namen, Tendenzen und Fragestellungen der Poimenik vertraut. Sehr informativ sind auch die umfangreicheren TRE-Artikel von *Eberhard Hauschildt*. Die *Einführung in die Pastoralpsychologie* von *Joachim Scharfenberg (²1994)* kann inzwischen als klassisch gelten. Scharfenberg bietet einen originellen, konsequent pastoralpsychologischen Zugang zur seelsorgerlichen Praxis. Eher enzyklopädische Ziele verfolgt das von *Isidor Baumgartnen* herausgegebene *Handbuch der Pastoralpsychologie (1990)*. Das Werk ist in seiner Anlage übersichtlich, umfassend und informativ. Es vermittelt das für die Seelsorgearbeit unerlässliche psychologische Hintergrundwissen. Ähnlich umfassend informiert das von *Ingeborg Becker u.a.* verfasste *Handbuch der Seelsorge (⁴1990)*. Es stellte seinerzeit unter den DDR-Bedingungen eine Pionierleistung dar. An seine Stelle tritt nun in gewisser Weise das von *Wilfried Engemann* herausgegebene *Handbuch (2007)*. Es informiert zuverlässig und schulübergreifend über theoretische und konzeptionelle Fragen der Seelsorgelehre. Auf gründliche und tiefgehende Weise gibt *Klaus Winkler* in seinem Lehrbuch der *Seelsorge (²2000)* Auskunft über den gegenwärtigen Stand der pastoralpsychologischen Diskussion. Das Werk von Winkler ist für alle weitergehende wissenschaftliche Beschäftigung mit poimenischen Problemen unverzichtbar. Wer eine fundierte und anregende Orientierung für die Praxis des seelsorgerlichen Gesprächs in der Gemeinde sucht, dem sei das Buch *Unter vier Augen* von *Hans van der Geest (⁶2002)* empfohlen. Der Autor entfaltet an Hand von ausführlichen Praxisdokumentationen wichtige Themen der Seelsorge.

Ein erster Zugang zu der für die Entwicklung der pastoralpsychologisch orientierten Seelsorge so bedeutsamen nordamerikanischen Literatur kann über einzelne Artikel des profunden *DPCC (1990)* gefunden werden. Eine knappe, übersichtliche Einführung bietet *Charles V. Gerkin (1997)*.

Eine unschätzbare Hilfe für alle theoretische Beschäftigung mit Seelsorge und Pastoralpsychologie stellt die *Bibliographie zur evangelischen Seelsorgelehre* von *Martin Jochheim (1997)* dar.

Überblicksartikel zu wichtigen poimenischen Neuerscheinungen sind zuletzt u.a. von *Jochen Cornelius- Bundschuh (2002)* und von *Michael Klessmann (1999, 2001, 2003)* erschienen.

Wörterbücher, bibliographische Hilfsmittel und Überblicke:
Cornelius-Bundschuh, Jochen: Aufbruch, Differenzierung und Konsolidierung. Tendenzen in der neueren Seelsorgeliteratur, in: Verkündigung und Forschung 47, 2002, 48–70
Dieterich, Michael u.a. (Hg.): Wörterbuch Psychologie und Seelsorge, Wuppertal 1996
Gastager, Heimo u.a. (Hg.): Praktisches Wörterbuch der Pastoralanthropologie, Göttingen 1975
Hunter, Rodney J. (Hg.): Dictionary of Pastoral Care and Counseling, Nashville 1990 (DPCC)
Jochheim, Martin: Bibliographie zur evangelischen Seelsorgelehre und Pastoralpsychologie, Bochum 1997
Klessmann, Michael: Seelsorge zwischen Energetik und Hermeneutik, in: PTh 90, 2001, 39–5
– Integration und Differenzierung, in: PTh 92, 2003, 127–143
– Neue Akzente in der Seelsorge, in: PTh 97, 2008, 2–13

Zeitschriften:
International Journal of Practical Theology, Berlin/ New York 1, 1997ff
Journal of Pastoral Care/ (seit 2002:) Journal of Pastoral Care and Counseling, Kutztown, N.Y. 1, 1947ff

Journal of Pastoral Counseling, New York 1, 1966ff
Lebendige Seelsorge, Freiburg i.Br. 1, 1950ff
Pastoral Psychology, Great Neck, N.Y. 1, 1950ff
Pastoraltheologie. Monatsschrift für Wissenschaft und Praxis in Kirche und Gesellschaft, Göttingen 1, 1911ff
Praktische Theologie. Zeitschrift für Religion, Gesellschaft und Kirche, Gütersloh 1, 1966ff (bis 1993 Theologia Practica)
Psychotherapie und Seelsorge, Kassel 2005ff
Wege zum Menschen. Monatsschrift für Seelsorge und Beratung, heilendes und soziales Handeln, Göttingen 1948ff

Gesamtdarstellungen, Handbücher:
Ahlskog, Gary/ Sands, Harry (Hg.): The Guide to Pastoral Counseling and Care, Madison 2000
Asmussen, Hans: Die Seelsorge. Ein praktisches Handbuch über Seelsorge und Seelenführung, München 1933, ⁴1937
Baumgarten, Otto: Protestantische Seelsorge, Tübingen 1931
Baumgartner, Isidor (Hg.): Handbuch der Pastoralpsychologie, Regensburg 1990
Baumgartner, Isidor: Pastoralpsychologie, Düsseldorf 1990
Becker, Ingeborg, u.a. (Hg.): Handbuch der Seelsorge, Berlin 1983, ⁴1990
Clinebell, Howard: Modelle beratender Seelsorge, München 1971
Engemann, Wilfried (Hg.): Handbuch der Seelsorge. Grundlagen und Profile, Leipzig 2007 (HbS)
Friedman, Dayle E.: Jewish Pastoral Care. A Practical Handbook from Traditional and Contemporary Sources, Woodstock 2001
Gerkin, Charles V.: An Introduction to Pastoral Care, Nashville 1997
Grund, Friedhelm: Menschenfreundliche Seelsorge. Ein Leitfaden, Gießen 2006
Hauschildt, Eberhard: Art. Seelsorge II. praktisch-theologisch, in: TRE 31, 2000, 31–54
– Art. Seelsorgelehre, in: TRE 31, 2000, 54–74
Kiesow, Ernst-Rüdiger: Die Seelsorge, in: Handbuch der Praktischen Theologie, Bd. 3, Berlin 1978, 141–262
Klessmann, Michael: Pastoralpsychologie. Ein Lehrbuch, Neukirchen 2004
Nicol, Martin: Grundwissen Praktische Theologie, Stuttgart 2000, 99–129
Ruthe, Reinhold: Die Seelsorge-Praxis. Handbuch für Beratung und Therapie -Lebensstilanalyse – Gesprächsführung – Familienberatung, Moers 1998
Scharfenberg, Joachim: Einführung in die Pastoralpsychologie, Göttingen 1985, ²1994
Schütz, Werner: Seelsorge, Gütersloh 1977
Stollberg, Dietrich: Art. Seelsorge, in: EKL IV, 1996, 173–188
Thurneysen, Eduard: Die Lehre von der Seelsorge, Zürich ²1957
Thurneysen, Eduard: Seelsorge im Vollzug, Zürich 1968
Trillhaas, Wolfgang: Der Dienst der Kirche am Menschen, Berlin ²1958
Uhsadel, Walter: Evangelische Seelsorge, Praktische Theologie Bd. 3, Heidelberg 1966
Wicks, Robert J. u.a. (Hg.): Clinical Handbook of Pastoral Counseling, Vol. I und II. Mahwah, N.J. 1993
Winkler, Klaus: Seelsorge, Berlin/ New York 1997, ²2000
Wintzer, Friedrich (Hg.): Seelsorge. Texte zum gewandelten Verständnis und zur Praxis der Seelsorge in der Neuzeit, München 1978, ³1988

Weitere Literatur zur Seelsorge allgemein:
Baumann, Urs/ Reuter, Mark/ Teuber, Stephan: Seelsorgliche Gesprächsführung. Ein Lernprogramm, Düsseldorf 1996
Bernet, Walter: Weltliche Seelsorge. Elemente einer Theorie des Einzelnen, Zürich 1988
Blühm, Reimund u.a.: Kirchliche Handlungsfelder, Stuttgart/ Berlin/ Köln 1993, 60–104
Dieterich, Michael: Seelsorge kompakt, Wuppertal 2006
Geest, Hans van der: Unter vier Augen. Beispiele gelungener Seelsorge, Zürich 1981, ⁶2002

Gutmann, Hans-Martin: Und erlöse uns von dem Bösen. Die Chance der Seelsorge in Zeiten der Krise, Gütersloh 2005

Handbuch interkulturelle Seelsorge, hg. Karl Federschmidt u.a., Neukirchen 2002

Hartmann, Gert: Lebensdeutung, Göttingen 1993

Held, Peter: Systemische Praxis in der Seelsorge, Mainz 1998

Josuttis, Manfred: Segenskräfte. Potentiale einer energetischen Seelsorge, Gütersloh 2000

Kohler, Eike: Mit Absicht rhetorisch. Seelsorge in der Gemeinschaft der Kirche, Göttingen 2006

Kramer, Anja/ Schirrmacher, Freimut (Hg.): Seelsorgliche Kirche im 21. Jahrhundert, Neukirchen 2005

Lemke, Helga: Personzentrierte Beratung in der Seelsorge, Stuttgart 1995

Morgenthaler, Christoph: Systemische Seelsorge, Stuttgart 1999, [4]2005

Morgenthaler, Christoph/ Schibler, Gina: Religiös-existentielle Beratung. Eine Einführung, Stuttgart 2002

Nauer, Doris: Seelsorgekonzepte im Widerstreit. Ein Kompendium, Stuttgart 2001

– Seelsorge. Sorge um die Seele, Stuttgart 2007

Piper, Hans-Christoph: Einladung zum Gespräch. Themen der Seelsorge, Göttingen 1998

– Kommunizieren lernen in Seelsorge und Predigt, Göttingen 1981

Pohl-Patalong, Uta: Seelsorge. Konzeptionen/ Kontakte/ Lebensgestaltung/ Seelsorgegespräche, in: Handbuch Praktische Theologie, Gütersloh 2007, 675–686

Rauchfleisch, Udo: Arbeit im psychosozialen Feld. Beratung, Begleitung, Psychotherapie, Seelsorge, Göttingen 2001

Riedel-Pfäfflin, Ursula/ Julia Strecker: Flügel trotz allem. Feministische Seelsorge und Beratung, Gütersloh [2]1999

Riess, Richard: Seelsorge, Göttingen 1973

Rolf, Sibylle: Vom Sinn zum Trost. Überlegungen zur Seelsorge im Horizont einer relationalen Ontologie, Münster 2003

Scharfenberg, Joachim: Seelsorge als Gespräch, Göttingen 1972, [5]1991

Schibler, Gina: Kreativ-emanzipierende Seelsorge. Konzepte der intermedialen Kunsttherapien als Herausforderung an die kirchliche Praxis, Stuttgart 1999

Schneider-Harpprecht, Christoph (Hg.): Zukunftsperspektiven für Seelsorge und Beratung, Neukirchen 2000

– Interkulturelle Seelsorge, Göttingen 2001

Schmid, Peter F.: Im Anfang ist Gemeinschaft. Personzentrierte Gruppenarbeit in Seelsorge und praktischer Theologie. Beitrag zu einer Theologie der Gruppe, Stuttgart 1998

Seitz, Manfred: Praxis des Glaubens. Gottesdienst, Seelsorge und Spiritualität, Göttingen [3]1985

Stollberg Dietrich: Mein Auftrag – Deine Freiheit, München 1972

– Seelsorge praktisch, Göttingen 1970

Thilo, Hans-Joachim: Beratende Seelsorge. Tiefenpsychologische Methodik, dargestellt am Kasualgespräch, Göttingen 1971

Wittrahm, Andreas: Seelsorge, Pastoralpsychologie und Postmoderne, Stuttgart 2001

Zerfaß, Rolf: Menschliche Seelsorge, Freiburg [3]1985

1. Leben im Ungewissen

Zu den Kontexten heutiger Seelsorgepraxis

In der Seelsorge begegnet uns der Mensch als Einzelner mit seinen Fragen und Konflikten, mit seinen körperlichen, seelischen und geistlichen Leiden. Die Probleme, die in der Seelsorge zur Sprache kommen, können aktuell veranlasst und/oder lebensgeschichtlich verankert sein. Sie dürften in aller Regel auch ein Reflex auf die mikro- und makrosozialen Gegebenheiten sein, in denen sich das Individuum befindet. Die „Befindlichkeit" des Einzelnen hat immer auch einen Außenaspekt. Seelsorgerliche Arbeit muss darum verbunden sein mit wacher Aufmerksamkeit für die Verhältnisse, in denen das Individuum lebt. Anders als in der konkreten Situation einer seelsorgerlichen Begegnung, in der die primäre Aufmerksamkeit dem Individuum gilt, ist es in der Seelsorgelehre wenn auch nicht üblich, so doch sinnvoll, zunächst den Blick auf die Welt des Einzelnen zu richten, ehe der Einzelne in seiner Welt wahrgenommen wird. Das ist im Rahmen einer kurzen Einführung nicht einfach zu leisten – zumal wir von Welt- und Gesellschaftsdeutungen unterschiedlichster Provenienz geradezu überschwemmt werden. Die Flut soziologischer und sozialphilosophischer Deutungsliteratur weist ja offensichtlich auf eine erhöhte Deutungsbedürftigkeit des gesellschaftlichen Seins und Lebens in der Gegenwart hin. Die ambivalenten Welterfahrungen der Individuen in der Moderne und mit der Moderne rufen mehr denn je das Verlangen hervor, Zusammenhänge und Ursachen zu erkennen. Für die Seelsorgelehre sollen hier wichtige Einsichten und Klärungsversuche soziologischer und religionssoziologischer Natur festgehalten werden. Das kann nicht umfassend und systematisch geschehen, sondern nur entlang der eigenen Wahrnehmungen und im Hinblick auf eine mögliche Relevanz für die seelsorgerliche Arbeit. Die gelegentliche Wiederholung eines inzwischen zum bildungsbürgerlich-feuilletonistischen Stammvokabular avancierten soziologischen Begriffsinventars lässt sich dabei nur schwer vermeiden.

1.1. Lebensbedrohlicher Sicherheitsverlust

Fragen wir nach einer Kernerfahrung, die das soziale und individuelle Leben in Deutschland (und darüber hinaus wohl auch in ganz Europa) zu charakterisieren vermag, ist wohl zuerst an den spürbaren Verlust an Sicherheit und Gewissheit zu denken. Der Begriff „Verlust" legt dabei nahe, davon auszugehen, dass es vormals ein Mehr an Sicherheit und Orientierungsgewissheit gab. Ob das objektiv so war, können wir hier dahingestellt sein lassen. Nostalgische Verklärungseffekte sind nie auszuschließen. Subjektiv empfinden viele Menschen in unserer Gesellschaft jedenfalls einen Verlust. Und das ist mehr als nur ein verschwommenes Gefühl. Paradoxerweise muss diese Verlusterfahrung als die Kehrseite von gewachsenen Lebenschancen, neuen Daseinsmöglichkeiten und erhöhtem Freiheitsgewinn angesehen werden. Die „Risikogesellschaft" (Ulrich Beck) schattet ihre Strukturen und Problemlagen auch in den familiären und privaten Beziehungen des Einzelnen ab. Davon wird noch en detail zu reden sein. Zunächst sei an die überindividuellen Erfahrungen eines Sicherheitsverlustes erinnert.

- Im Bereich der modernen Technologie und der industriellen Warenproduktion erleben wir seit Jahrzehnten einen phantastischen Zuwachs an Lebens- und Erlebensmöglichkeiten. Mit Hilfe der mehr und mehr automatisierten Großproduktion können in nahezu unbegrenzter Quantität Nahrungsmittel und andere Lebensgüter hergestellt werden; digitale Kommunikationsnetze weltumspannender Reichweite lassen räumliche Distanzen zwischen Menschen und Institutionen gegen Null zusammenschrumpfen; neue Forschungsmethoden und präzisere Untersuchungsinstrumentarien erschließen immer mehr die Geheimnisse der Mikro- und Makrowelt des Lebens. Aber zugleich geht diese „gesellschaftliche Produktion von Reichtum einher mit der Produktion von Risiken". Wir bekommen es zunehmend zu tun mit ganz neuen „Problemen und Konflikten, die aus der Produktion, Definition und Verteilung wissenschaftlich-technisch produzierter Risiken entstehen."[1] Es sind vor allem die *ökologischen Risiken*, die uns unsicher werden lassen, ob die Luft, die wir atmen, nicht verpestet, ob der Boden, den wir bebauen, nicht verseucht, ob das Wasser, das wir trinken, nicht vergiftet ist. Aber es wächst darüber hinaus auch die Angst vor Katastrophen, die das Leben auf der Erde generell gefährden. Dabei sieht sich der Einzelne, der von den wissenschaftlich-technischen Entscheidungsprozessen viel zu weit entfernt ist, immer weniger imstande zu beurteilen, wie real die heraufbeschworenen Gefahren – etwa im Bereich der Genforschung und deren Anwendung – wirklich sind.
- Auf allen Ebenen der *politischen Entscheidungsprozesse* werden zunehmend neue Gefahren „produziert". Paradoxerweise sind diese nach der Überwindung des politischen, ideologischen und militärischen Ost-West-Gegensatzes eher gestiegen als gesunken. Die allgemeine politische Situation ist an den Rändern Europas unberechenbarer geworden. Das Bewusstwerden historischer Ungerechtigkeiten (Beispiele: ehemaliges Jugoslawien, Russland) und die Erfahrungen offensichtlicher und schwerwiegender Chancenungleichheiten schaffen ein Konfliktpotenzial, das unter demokratischen Verhältnissen schwer unter Kontrolle zu halten ist. Es wäre ganz und gar falsch, den durch die „Wende" von 1989 erkämpften Freiheitsgewinn auch nur für einen Augenblick zur Dispositi-

---

1 Beck, Ulrich: Risikogesellschaft, Frankfurt a.M. 1986, 25; vgl. Giddens, Anthony: Entfes- selte Welt. Wie die Globalisierung unser Leben verändert, Frankfurt a. M. 2001

on zu stellen. Aber die Gefährdungen der Freiheit und des Lebens müssen gesehen und ernst genommen werden. Zygmunt Bauman spricht von neuen Erfahrungen einer „Weltunordnung": „Seit das große Schisma aus dem Wege ist, sieht die Welt nicht mehr aus wie eine Totalität; sie sieht eher aus wie ein Feld zerstreuter und disparater Kräfte ... Niemand scheint mehr die Totalität unter Kontrolle zu haben."[2] Schon stellen sich Situationen ein, die höchst gefährliche nationalistische und totalitäre Formen einer „Gegenmodernisierung"[3] auf den Plan rufen.

• Ein hohes Maß an Sicherheitsverlust ist mit der *gegenwärtigen Arbeitsmarktsituation* eng verknüpft. Unabhängig von den Zyklen wirtschaftlicher Progression und Rezession müssen wir heute angesichts der immer geringer werdenden Bedeutung der menschlichen Arbeitskraft in den industriellen Produktionsprozessen davon ausgehen, dass in Zukunft keineswegs mehr für jeden Arbeitswilligen auch ein Arbeitsplatz im Sinne einer Vollbeschäftigung zur Verfügung stehen wird.[4] Für einen großen Teil der Bevölkerung stellt dies einen dauerhaften Destabilisierungsfaktor dar – auch wenn man in Rechnung stellt, dass neue Verteilungsmuster einen gewissen Ausgleich schaffen können. Der Einzelne gerät auf dem Arbeitsmarkt ziemlich schnell in eine Konkurrenzsituation, die ihn existenziell und psychisch überfordern kann. In einer solchen Konkurrenzsituation wächst für alle diejenigen die Unsicherheit, die mehr oder weniger aus der Leistungsnorm fallen: die schlecht Ausgebildeten, die Älteren, vielfach auch die Frauen, die Behinderten, die Ausländer und so weiter. Diese Konkurrenzsituation auf dem Arbeitsmarkt könnte von einem Entsolidarisierungseffekt begleitet sein, der die Gefahr verstärkt, dass ganze Bevölkerungsgruppen zu „Verlierern" werden.

Die auf den drei Ebenen – technologischer Fortschritt, Politik, Arbeitsmarkt – angedeuteten Verunsicherungsprozesse haben in gewisser Weise ihr Pendant in alltäglichen Bedrohungserfahrungen der Einzelnen. Viele Menschen haben Angst, vor allem Angst vor Gewalt. Sie fühlen sich, ihre Würde und Integrität, ihr Eigentum, ihre Gesundheit, ihre Ruhe, ihre Ordnung permanent und massiv gefährdet. Ausdruck dieser Angst ist die in unserer Gesellschaft herrschende und stetig zunehmende Kriminalitätsfurcht. Durch ständige Gewaltinszenierungen im Fernsehen und in der Boulevardpresse wird sie noch gesteigert und gesteuert. Ganze Industrie- und Logistikunternehmen sind im Gegenzug damit beschäftigt, immer

2 Bauman, Zygmunt: Schwache Staaten. Globalisierung und die Spaltung der Weltgesellschaft, in: Beck, Ulrich (Hg.): Kinder der Freiheit, Frankfurt a.M. 1997, 315–332, 316
3 Vgl.: Beck, Ulrich: Nationalismus oder das Europa der Individuen, in: Beck, Ulrich/ Beck-Gernsheim, Elisabeth (Hg.): Riskante Freiheiten, Frankfurt a.M. 1994, 466–481, 473ff; Keupp, Heiner: Ambivalenzen postmo-

derner Identität, in: Beck/ Beck-Gernsheim (Hg.), a.a.O., 336–350
4 Vgl. dazu: Vobruba, Georg: Arbeit und Einkommen nach der Vollbeschäftigung, in: Steinhäuser, Martin/ Ziemer, Jürgen (Hg.): Leben mit Arbeitslosigkeit, Leipzig 1995, 40–49; vgl. Miegel, Meinhard: Die deformierte Gesellschaft, Berlin 2002, 165ff.

neue Schlösser, Verriegelungen und Alarmanlagen zu erfinden und zu produzieren. Ausbildungsinstitutionen bieten Selbstschutztrainings an. Die Sorge um die persönliche Sicherheit erhält einen Eigenwert. Für viele Menschen bedeuten die Verunsicherungen im täglichen Leben eine deutliche Mobilitätseinschränkung und Interaktionsbegrenzung. Aus Angst bleibt man lieber zu Hause. Dabei muss man beachten, dass den Ängsten und Bedrohungen besonders diejenigen ausgesetzt sind, die sich nicht so gut zu wehren vermögen, die in ihre Sicherheit nicht so reichlich investieren können: die sozial Schwachen, die Arbeitslosen, die Ausländer und unter ihnen nicht zuletzt ein großer Teil der Frauen. Für den weiteren Zusammenhang ist darauf aufmerksam zu machen, dass die „tägliche Verunsicherung vielleicht auch vor dem Hintergrund verlorener traditioneller Gewissheiten"[5] verstanden werden muss. Mögen die Gefährdungen für die Individuen „objektiv" nicht größer sein als zu früheren Zeiten, so sind die Menschen, die heute nur noch selten ihren Tag „mit Gott" beginnen, ihnen doch in gewisser Weise schutzloser ausgeliefert. Insofern hat die Kriminalitätsfurcht etwas Symptomatisches. Es ist die Furcht des seines Lebens nicht mehr sicheren und des durch religiösen oder anderen Zuspruch auch nicht mehr ohne weiteres versicherbaren Menschen. Die besondere Folgegefahr angesichts der alltäglichen Verunsicherungen liegt in der deutlichen Zunahme der Aggressionsbereitschaft und in fragwürdigen, scheinbar komplexitätsreduzierenden Optionen (Fundamentalismus verschiedener Prägungen, Nationalismus, Rechtradikalismus u.s.w.). Die Situation begünstigt die populistischen Vereinfacher jedweden Coleurs.

1.2. Modernisierung des gesellschaftlichen Lebens – soziologische Aspekte

Haben wir die Verunsicherungserfahrung des Einzelnen und seiner Bezugsgruppen eher phänomenologisch beschrieben, so kann es jetzt hilfreich sein, zum besseren Verständnis der grundlegenden Wandlungsprozesse in unserer Gesellschaft Aspekte einer soziologischen Theorie heranzuziehen, wie sie sich einerseits im Anschluss an die Systemtheorie (Niklas Luhmann) und andererseits im Zusammenhang mit der seit Jahren geführten Postmoderne-Debatte (wofür in Deutschland stellvertretend die Namen von Wolfgang Welsch und Ulrich Beck genannt seien) ergeben haben. Das kann freilich nur in ganz knapper und fokussierender Weise geschehen – mit dem Ziel, die wichtigsten Theorieelemente der gegenwärtigen Diskussion für unseren poimenischen Zusammenhang zur Verfügung zu stellen.[6]

5 Hitzler, Ronald: Der unberechenbare Bürger, in: Beck, Ulrich (Hg.): Kinder der Freiheit, Frankfurt a.M. 1997, 175–194, 182
6 Sehr hilfreich ist die Darstellung bei: Ebertz, Michael N.: Kirche im Gegenwind.

Zum Umbruch der religiösen Landschaft, Freiburg 1997, 98–115; für den speziellen poimenischen Zusammenhang vgl. auch die ausführliche Darstellung bei: Pohl-Patalong, Uta: Seelsorge zwischen Individuum und Gesell-

1. Differenzierungen in der Gesellschaft

Grundlegend für das Verständnis des Wandels unserer Gesellschaft – also für Modernisierungsvorgänge, an denen wir Anteil haben – ist die Einsicht in die neuen Differenzierungsprozesse innerhalb der Sozialstrukturen. Dabei treten an die Stelle bisheriger „stratifikatorischer" (also etwa schichtspezifischer) Differenzierungen andere eher „funktionale" Differenzierungsformen. Das hat weitreichende Konsequenzen für unser Selbst- und Weltverständnis. Für den Einzelnen bedeutet das, dass seine soziale und personale Existenz etwa als Arbeiter, Christ, Familienvater, Wähler, Vereinsmitglied ihn mit ganz unterschiedlichen Erfahrungsbereichen, die kaum noch etwas miteinander zu tun haben, in Beziehung bringt. Einzelpersonen und soziale Organisationen stehen nicht mehr in einem überschaubaren und stabilen Zuordnungsrahmen zueinander, sondern sie sind gegebenenfalls funktional aufeinander bezogen. Die Sozialbeziehungen sind von daher weitgehend gelockert und entflochten. „Ein gemeinsamer Nenner dieser Konsequenz dürfte in einem Zuwachs an Komplexität, in einer Reduktion von zentralistischen Kontrollchancen und in der Generalisierung von Fremdheit liegen." „Generalisierung von Fremdheit" meint dabei die „massive Steigerung von Kontingenz, Inkohärenz und Dissens ...".[7] Eine Folge der funktionalen Differenzierungsprozesse in der Gesellschaft ist freilich auch, dass es nun keine Institution mehr gibt, die sozusagen für das Ganze und seinen Zusammenhang steht. Das hat besonders weitreichende Auswirkungen auf die Rolle von Religion und Kirchen in der modernen Gesellschaft. Die Kirchen sind in der Gefahr, ihre tragende Funktion für die Gesellschaft (die sie jedenfalls in den alten Bundesländern bisher noch innehatten) zu verlieren. Sie sind nicht mehr im Status einer selbstverständlichen Gegebenheit präsent, sie müssen vielmehr ihre gesellschaftliche Existenz immer wieder durch den Erweis ihrer tatsächlichen Relevanz begründen.

2. Der Einzelne auf sich gestellt – Individualisierung

Es deutet sich schon an, dass der beschriebene Differenzierungsprozess in unserer Gesellschaft auch bedeutsame Konsequenzen für den einzelnen Menschen hat. Die hier relevanten Beobachtungen werden in dem soziologischen Terminus der Individualisierung zusammengefasst. Individualisierung bedeutet, dass für den Einzelnen einerseits die überkommenen Traditionen mit ihren sinnstiftenden und normsetzenden Vorgaben an Prägekraft deutlich eingebüßt haben, und dass sich andererseits die Einbindungen in die herkömmlichen sozialen Institutionen und Formationen (Familie, Schicht, Klasse, Kirche) signifikant gelockert haben.[8] Damit wird für den Einzelnen zunächst ein deutlicher Freiheitsgewinn spürbar. Der eigene Entscheidungsspielraum im Blick auf die persönliche Lebensgestaltung, die berufliche Selbstverwirklichung, die politischen, religiösen oder kultu-

---

schaft, Stuttgart 1996, 55–91; zur Einführung in die großen soziologischen Theorien des 20. Jahrhunderts sei verwiesen auf: Morel, Julius u.a.: Soziologische Theorie, München ⁵1997

7 Ebertz, a.a.O., 99
8 Vgl. Beck, Risikogesellschaft, besonders 115, 120; Ebertz, a.a.O., 105

rellen Engagements ist erheblich gewachsen. Aber an die Stelle der alten Bindungen, die auch Orientierung und Geborgenheit boten, können schnell neue Abhängigkeiten treten: z.b. von aktuellen Marktlagen und Konsumgewohnheiten, von den infrastrukturellen Gegebenheiten der Lebensregion, vom bürokratisch-rechtlichen Ordnungssystem, vielleicht auch von unterschiedlichen Beratungsinstitutionen und Lebenshilfeangeboten, denen sich das Individuum in seiner Orientierungsnot anvertraut. Entscheidend ist: Der Einzelne muss die Auseinandersetzung damit jetzt für sich selbst erledigen, er muss versuchen, seine Identität aus sich selber heraus zu definieren. Diese ist nicht mehr wie früher schon durch die traditionellen Zugehörigkeiten gegeben. Besonders einschneidend und auffällig wirkt sich Individualisierung im Bereich der familialen und partnerschaftlichen Lebensformen aus. Die Anziehungskraft traditionaler Familienstrukturen lässt spürbar nach. Singleexistenzen[9], nichteheliche Lebensgemeinschaften, Patchwork-Familien und ähnliches – das sind neue Lebensformen[10], die im Prozess der Individualisierung zunehmend an Bedeutung gewinnen.

3. Frauen auf eigenem Weg
Zu den zweifellos herausragenden Veränderungen in unserer Gesellschaft gehört der Prozess einer neuen Geschlechterdifferenzierung. Die heute veränderte Rolle der Frauen muss auf dem Hintergrund der Individualisierungsvorgänge begriffen werden, die im 19. Jahrhundert einsetzten. Damals brachte die Industrialisierung und eine mit ihr verbundene moderne Arbeitsorganisation (Arbeitsteilung!) vor allem für die Männer ein höheres Maß an Selbstverwirklichungschancen: Sie arbeiteten nun außerhalb und konnten so ihren Erfahrungshorizont Tag für Tag erweitern. Sie hatten besseren Zugang zu Ausbildungsangeboten, sie verdienten den Lebensunterhalt der Familie, gewannen damit gewollt oder nicht gewollt eine höhere Machtstellung und sie erwarben sich Freiräume der Selbstgestaltung nach getaner Arbeit (wobei weitgehende schichtspezifische Unterschiede zu berücksichtigen bleiben!). Anders die Frauen: Sie hatten an der Individualisierung als persönlichem Freiheitsgewinn kaum Anteil. Elisabeth Beck-Gernsheim beschreibt die Situation so: „Der weibliche Lebenszusammenhang wird im 19. Jahrhundert nicht erweitert, sondern im Gegenteil: enger begrenzt auf den Binnenraum des Privaten. Neben der physischen Versorgung der Familienmitglieder wird vor allem auch die psychische zur besonderen Aufgabe der Frau – das Eingehen auf den Mann und seine Sorgen, das Ausgleichen in familiären Spannungssi-

---

9 Zum Verständnis von Individualisierung als „Singularisierung" vgl.: Rosenmayr, Leopold/ Kolland, Franz: Mein „Sinn" ist nicht dein „Sinn". Verbindlichkeit oder Vielfalt – Mehrere Wege im Singletum, in: Beck (Hg.), Kinder der Freiheit, 256–287, 259

10 Aus der Fülle der Literatur sei hingewiesen auf: Beck, Ulrich/ Beck-Gernsheim, Elisabeth: Das ganz normale Chaos der Liebe,

Frankfurt a.M. 1990; Lüscher, Kurt u.a. (Hg.): Die „postmoderne" Familie, Konstanz ²1990; Rauchfleisch, Udo: Alternative Familienformen. Eineltern, gleichgeschlechtliche Paare, Hausmänner, Göttingen 1997; Beck-Gernsheim, Elisabeth: Was kommt nach der Familie. Einblicke in neue Lebensformen, München 1998

tuationen ... Je mehr der Mann hinaus muss in die feindliche Welt, desto mehr soll die Frau ,voll und rein und schön' bleiben ..."[11]. Inzwischen hat ein mehr als 100 Jahre langer Kampf um die rechtliche, soziale, politische und kulturelle Gleichstellung der Frauen spürbare Veränderungen im Geschlechterverhältnis heraufgeführt. Die Frauen vollziehen den bisher „fast ausschließlich Männern vorbehaltenen Individualisierungsschub und holen auf ihre Weise nach: mit Erwerbsarbeit, Ausbildung, Berufsleben, Hochschulbildung, Alleinleben, Alleinerziehung, ebenso wie Scheidung, Verzicht auf Kinder, Verzicht auf Ehe und Verzicht auf Heterosexualität – um nur einige Stichworte zu nennen."[12] Diese nachholende Individualisierung der Frauen hat weitreichende Konsequenzen. Viele traditionelle, gerade auch in der Kirche verankerte Vorstellungen von der Rolle der Frauen erweisen sich als gesellschaftliches „Konstrukt".[13] Die überkommenen Klischees der Zuordnung von Frau und Mann in Ehe und Familie, in Beruf und Gesellschaft werden hinterfragt. Das neu erstrittene Recht auf die Verwirklichung der eigenen Vorstellung von persönlicher Identität und erfülltem Leben bringt herkömmliche Beziehungsmuster ins Wanken. In vielen seelsorgerlichen und beraterischen Gesprächen mit Paaren spielen die Probleme, die sich aus dem gewachsenen Lebensgestaltungswillen der Frauen ergeben, eine herausragende Rolle. Viele Männer und viele traditionell von der Männerrolle her geprägte Institutionen haben Schwierigkeiten, sich darauf einzustellen. Ein besonderes Problem stellen in diesem Zusammenhang die Gewaltübergriffe gegen Frauen dar. Frauen treten heute eher aus der Unsichtbarkeit und dem Schweigen heraus. Gewalthandlungen gegen Frauen werden in der Gesellschaft bewusster wahrgenommen. Dennoch wird Gewalt (und sei es in subtilen Formen des mobbing) in manchen Fällen immer noch als Mittel angesehen, verlorenes Terrain zurück zu erobern und die früheren „strukturellen Herrschaftsverhältnisse" zwischen den Geschlechtern zu erhalten.[14] Das ist besonders auf dem angespannten Arbeitsmarkt deutlich – unter anderem auch durch die Entwertung der so genannten Frauenberufe.

Der Prozess der Gleichstellung und Gleichachtung von Männern und Frauen ist noch keineswegs zum Abschluss gekommen. Für diesen Zusammenhang darf gerade im seelsorgerlichen Handeln die Aufmerksamkeit nicht geringer werden.

4. Markt der Lebenshilfe – als Folge kultureller Pluralisierung

Neben der Individualisierung und zugleich in engem Zusammenhang mit ihr spielt in der modernen Gesellschaft auch der Prozess wachsender kultureller Pluralisierung eine profilbestimmende Rolle. Es gibt keine Kontrollinstanz, die die

---

11 Beck, Ulrich/ Beck-Gernsheim, Elisabeth, a.a.O., 80

12 Karle, Isolde: Seelsorge in der modernen Gesellschaft, in: EvTh 59, 1999, 203–219, 210

13 Vgl. dazu besonders: Karle, Isolde: Seelsorge in der Moderne, Neukirchen 1996, 166ff, 182ff

14 Vgl. auch die Darstellungen bei: Riedel-Pfäfflin, Ursula/ Strecker, Julia: Flügel trotz allem. Feministische Seelsorge und Beratung, Gütersloh ²1999, 52f u.ö.; vgl. ferner: Gorsuch, Nancy J.: Introducing Feminist Pastoral Care and Connseling, Cleveland 2001

bestehenden Angebote an lebensorientierendem Wissen in der Gesellschaft sortiert und kanalisiert. Kultur, Religion und Lebenswissen werden gleichsam auf dem Markt gehandelt. Es herrscht eine Konkurrenz der oft weit auseinander driftenden Angebote. Nebeneinander existieren sehr unterschiedliche Kunst- und Stilrichtungen – für nahezu jeden Geschmack und Lebensstil. Zur Bewältigung elementarer Lebensaufgaben – wie Gesundheitsvorsorge, Kindererziehung, Freizeitgestaltung – sind wir umworben von einer fast unübersehbaren Fülle multimedialer Ratgeber, Lebenskunstphilosophien und Weltanschauungslehren. Und auf dem Sozialhilfe- und Beratungsmarkt konkurrieren private, staatliche und kirchliche Institutionen mit ihrem je spezifischen Angebotsprofil. Religiöses und Parareligiöses, Psychologisches und Parapsychologisches, Esoterisches und Spätaufklärerisches liegt auf dem weltanschaulichen Warentisch nebeneinander und gelegentlich auch durcheinander. Der Einzelne muss sondieren, wählen, entscheiden. Das hat seine angenehmen, das Leben reich machenden und die individuellen Möglichkeiten erweiternden Aspekte. Aber es kann auch beunruhigen und den beschriebenen Verunsicherungseffekt verstärken. Mitunter befindet sich das Individuum in der Situation von Buridans Esel, der sich nur zwischen zwei Heuhaufen entscheiden musste, an dieser Anforderung jedoch scheiterte und verhungerte.

5. Alltägliche Begegnung mit anderen Kulturen
Ein anderer Aspekt von Pluralisierung ist die zunehmende Interkulturalität der modernen Gesellschaften. Die Regionen, in denen wir leben, verlieren ihre exklusive kulturelle Konsistenz. Die „Globalisierung" wird zunehmend spürbar: auf den Straßen, in den Restaurants, in den Bildungsinstitutionen, in den Krankenhäusern und auch in Kirchen und Gemeinden. Menschen unterschiedlicher ethnischer, nationaler, kultureller Herkunft treffen sich. „Begegnen" sie einander auch? Die Interkulturalität stellt neue Herausforderungen an das Zusammenleben der Menschen. Sie muss heute auch gegen zunehmenden Fremdenhass und gegen offene und sublime Formen von Ausländerfeindlichkeit verteidigt werden. Auch die Arbeit der Seelsorge und Beratung ist hier gefordert. Es ist wichtig, im Rahmen offener sozialer Dienste gut erreichbare Beratungsangebote für ausländische Mitbürger einzurichten und auszubauen. In der seelsorglichen Arbeit darf man nicht so zu tun, als wären die kulturellen Erfahrungshintergründe, die erlernten moralischen Prinzipien und die religiösen Wertvorstellungen ohne weiteres verstehbar, den unsrigen vergleichbar und gar angleichbar. Eine „kulturell sensible Seelsorge"[15] sollte um eine hilfreiche Begegnung bei gleichzeitigem Respekt gegenüber den gegebenen Unterschieden bemüht sein.

---

15 So: Schneider-Harpprecht, Christoph: Interkulturelle Sellsorge, Göttingen 2001; vgl.: Kayales, Christina: Interkulturelle Seelsorge und Beratung. Brücken zu Menschen aus fremden Kulturen, in: Pohl-Patalong, Uta/ Muchlinsky, Frank (Hg.): Seelsorge im Plural, Hamburg 1999, 63–73. In diesem Zusammenhang sei auch hingewiesen auf die Aktivitäten der Gesellschaft für Interkulturelle Seelsorge und Beratung e.V. mit Sitz in Düsseldorf. Ihrer

1.3. Deutsche Befindlichkeiten – zeitgeschichtliche Aspekte

Zu den kontextuellen Bedingungen für Seelsorge und pastoralpsychologische Arbeit gehören natürlich die spezifischen Folgeerfahrungen nach der politischen Wende von 1989/90. Fast 20 Jahre nach der deutschen Wiedervereinigung sind die veränderten Verhältnisse für die meisten Menschen zur Normalität geworden. Zumal die junge Generation in den neuen Bundesländern ist kaum noch durch sozialistische Erziehung und einen DDR-spezifischen Lebensstil geprägt. Das Gefühl einer Zusammengehörigkeit von Ost und West wächst in der „Berliner Republik", zumal dort wo der Blick zugleich auf die europäische Vereinigung gerichtet ist. Es gibt große Herausforderungen und Belastungen (Ressourcenverknappung, Arbeitsmarktentwicklung, Generationengerechtigkeit, Globalisierung u.v.a.m.), die alle Teile der Bevölkerung mehr oder weniger stark betreffen. Nach der 40jährigen Trennungsgeschichte der beiden Deutschland und dem harten Erleben von Verschiedenheit unmittelbar nach der Wende tritt nun auch wieder stärker die gemeinsame geschichtliche Vergangenheit ins öffentliche Bewusstsein. Wie weit das auch von den Einzelnen mitvollzogen wird, ist gewiss noch einmal eine andere Sache. Aber Veränderungen in diese Richtung sind doch schon jetzt wahrnehmbar.

Nichtsdestotrotz sind die vergangenheitsbedingten Verschiedenheiten nach wie vor spürbar und alltagsrelevant. Dass sie stärker in Ostdeutschland empfunden werden, liegt auf der Hand; denn im „Westen" blieb nach der Vereinigung 1990 alles weitgehend beim Alten. Es hat wenig Sinn die Gegebenheiten moralisch zu bewerten oder wehleidig zu beklagen. Man darf sie nur nicht leugnen wollen. Die Unterschiede sind zunächst vor allem in wirtschaftlicher und sozialer Beziehung von Bedeutung. Noch gibt es ein deutliches Ungleichgewicht im Lohn- und Gehaltgefüge zwischen Ost und West; der prozentuale Anteil der Arbeitslosen ist im Osten fast doppelt so hoch wie in den alten Bundesländern, und immer noch ziehen vor allem jüngere Arbeitnehmer in den Westen, weil hier die Chancen größer sind, eine dauerhafte Anstellung zu erhalten. Vor allem viele von den Älteren erleben ihre Situation oft als ungerecht.[16] Manchmal begegnet man gerade auch als Seelsorgerin einer Klagementalität, in der sich nicht selten Resignation und Wut auf eigentümliche Weise mischen. Das beschriebene Unrechtserleben ist freilich nur die eine Seite. Viele werden im gleichen Atemzug auch zugestehen, dass sich ihre Lebensmöglichkeiten nach der Wende um ein Vielfaches verbessert haben. Wer klagt und sich möglicherweise immer auch einmal gern seinen „ostalgischen" Erinnerungen hingibt, möchte deshalb doch noch keinesfalls zurück in die alten Verhältnisse. Ambivalenz ist, mit Klaus Winkler zu reden, in besonderen Weise auch „Grundmuster" der ostdeutschen Seele.[17]

Initiative verdankt sich das neue Handbuch Interkulturelle Seelsorge und Beratung, hg. von Karl Federschmidt u.a., Neukirchen 2002
16 Vgl. dazu die umfangreiche empirische

Studienarbeit bei: Schmitt, Manfred u.a.: Gerechtigkeitserleben im wiedervereinigten Deutschland, Opladen 1999
17 Zu ostdeutschen Befindlichkeiten gibt es

Neben den wirtschaftlichen und sozialen Unterschieden sind auch eher kulturell bedingte Divergenzen relevant. Sie betreffen die moralischen und religiösen Einstellungen, das Verhältnis der Einzelnen zu Sexualität und Ehe, die Rolle der (im Osten weithin selbstverständlich berufstätigen) Frauen, die Erwartungen an die staatliche Administration im Blick auf die soziale Absicherung – um nur einige Stichworte zu nennen. Seelsorgerlich besondere Aufmerksamkeit verdienen die deutlichen Unterschiede im Selbst- und im Kommunikationsverhalten. Westdeutsche verfügen in der Regel über wirksamere Methoden der Selbstrepräsentation, achten aufmerksamer auf die Wahrung der Grenzen zwischen beruflicher und privater Kommunikation, sind vielfach besser in der Lage, streitbare Auseinandersetzungen zu bestehen.[18] Die Gefahr der Klischeebildung ist groß. Andererseits helfen verallgemeinerte Erfahrungen, bestimmte Verhaltensweisen besser zu verstehen und sie nicht so persönlich oder moralisch zu nehmen.[19] Das betrifft die allgemeine Kommunikation ebenso wie die seelsorgerliche.

Nach wie vor spielt vor allem unter vielen Ostdeutschen natürlich auch die Frage einer angemessenen Auseinandersetzung mit dem eigenen Verhalten in der DDR-Vergangenheit eine wichtige Rolle. Erfahrungen zeigen: „Die Wandlungen des Intellekts vollziehen sich recht schnell. Langsam nur verändern sich Haltung und Mentalität."[20] Das führt bei einigen zur Fortsetzung der Selbstverteidigungsversuche und Fluchtbewegungen, während andere aus Scham (oder Trotz) eher schweigen, und wieder andere beflissen opportunistischen Anpassungsstrategien folgen. Viele haben so oder so gravierende Biographiebrüche zu verarbeiten. Besonders schwerwiegend scheint mir zu sein, dass es vor allem unter den mittleren und älteren Jahrgängen nicht wenige gibt, die bewusst oder unbewusst in der Befürchtung leben, eine entscheidende und lange Phase ihres Lebens müsse als nichtig, falsch, vergeblich bewertet werden, und die dort erworbenen geistigen und materiellen Werte seien von geringerer Bedeutung. Gerade in der Seelsorge könnte Gelegenheit sein, ehrlich, einfühlsam und vorurteilsfrei an den beschädigten Selbstbildern zu arbeiten.

---

inzwischen viele, im Einzelnen sehr unterschiedliche Darstellungen, z.B.: Schorlemmer, Friedrich: Zeitansagen, München 1999; Dieckmann, Christoph: Das wahre Leben im falschen, Berlin 1998; Dahn, Daniela: Vertreibung aus dem Paradies, Reinbek 1998; für das Hintergrundverständnis wichtig: Engler, Wolfgang: Die Ostdeutschen, Berlin ³1999
18 Vgl. Klein, Olaf Georg: Ihr könnt uns einfach nicht verstehen. Warum Ost- und Westdeutsche aneinander vorbeireden, Frankfurt/M. 2001

19 Vgl. dazu die sehr differenzierten und spannungsreichen Selbstäußerungen Jugendlicher aus Ost und West bei: Simon, Jana u.a. (Hg.): Das Buch der Unterschiede. Warum die Einheit keine ist, Berlin 2000
20 Gauck, Joachim: Fürchtet euch nicht. Zum Bildungsauftrag Ev. Akademien in Ostdeutschland, in: WzM 50, 1998, 235–241, 241; vgl.: Neubert, Ehrhart: Vergebung oder Weißwäscherei, Freiburg i.Br. 1998

1.4.   Auf dem Wege zu einer neuen Moral?

Nirgendwo scheinen sich die mit der Modernisierung unserer Gesellschaft einhergehenden Veränderungen so drastisch und für die Einzelnen spürbar auszuwirken wie im ethischen Alltagsverhalten. An vielen Orten – vor allem in konservativen, nicht selten auch in kirchlichen Kreisen – wird keine Gelegenheit ausgelassen, über den Werteverfall und die Normenerosion in unserer Gesellschaft Klage zu führen. Ulrich Beck bringt die kritischen Fragen auf den Punkt: Sind wir eine „Gesellschaft der Ichlinge"? Befinden wir uns auf dem Wege in eine rücksichtslose „Egogesellschaft"?[21]

Gewiss, es gibt Wahrnehmungen, die in solche Richtung weisen. Und das betrifft nicht nur die bürgerlichen Umgangsformen. Es sind allgemein rezipierte Einstellungsveränderungen wahrzunehmen, die tiefer reichen. Traditionelle Vorstellungen von dem, was moralisch richtig, anständig, wohlerzogen und vielleicht auch „christlich" ist, haben an Plausibilität erheblich eingebüßt. Die persönliche Selbstverwirklichung und die Wahrnehmung der privaten Lebenschancen stellen für viele Menschen heute einen zentralen Steuerungswert dar. Viele Anzeichen deuten darauf hin, dass wir uns auf eine „narzisstische Gesellschaft"[22] zu bewegen. Demgegenüber werden gemeinschaftsbezogene Einstellungswerte im Sozialverhalten oft unterbetont. Solidarität – in einer Zeit lokal wie global zunehmender Knappheiten dringender denn je notwendig – scheint immer seltener zu werden. Steht zu befürchten, dass wir „wohlinformiert über Fernstes und Entlegenstes, zu Analphabeten der sozialen Nächstenliebe werden ..."?[23]

Solche pauschalen Vermutungen sind nicht unproblematisch. Anlass zu Klagen über allgemeinen Moralverfall gab es wohl zu jeder Zeit. Wichtiger scheint es zu erkennen, worin die Veränderungen der ethischen Grundeinstellung, der Normbildung und des Normgebrauchs heute begründet sind. Unter den Bedingungen der Individualisierung ist ja der Einzelne in viel höherem Maß verpflichtet, selbstverantwortlich zu entscheiden und zu handeln und sich für die Festigung und Erfüllung seiner Lebenschancen selbst einzusetzen. Die neuzeitlichen Freiheitserfahrungen, die sich im Individualisierungsprozess darstellen, können zugleich als eminente Herausforderungen für den einzelnen Menschen begriffen werden. Wenn Identität nicht mehr primär durch Zugehörigkeit (zu Familie, Kirche, Volk

21 Beck, Ulrich: Kinder der Freiheit. Wider das Lamento über den Werteverfall, in: ders. (Hg.): Kinder der Freiheit, Frankfurt a.M. 1997, 9–33, 9f; Keupp, Heiner: Eine Gesellschaft der Ichlinge? München 2000
22 Vgl. Lasch, Christopher: Das Zeitalter des Narzissmus, München 1986; Isidor Baumgartner spricht von einer „narzisstische(n) Kultur und Gesellschaft", die eine „enorme Gottesbedürftigkeit" bekunde (Pastoralpsychologie, Düsseldorf 1990, 221); zu vorsichtigem Umgang mit dem „Narzissmus"-Paradigma mahnt

Wilhelm Meng: Narzissmus sei kein „Allbegriff" und bei der „narzisstischen Persönlichkeit" handele es sich möglicher Weise „um einen ‚alten', allgemein menschlichen Charaktertyp" (Narzissmus und christliche Religion. Selbstliebe – Nächstenliebe – Gottesliebe, Zürich 1997, 248f)
23 Guggenberger, Bernd: Zuvielisation, in: ders./ Jansen, Dieter/ Leser, Joachim (Hg.): Postmoderne oder das Ende des Suchens? Eggingen 1992, 42–57, 56

u.a.) erworben wird, sondern vom Individuum selbst erarbeitet werden muss, dann ist es nicht verwunderlich, dass auch im moralischen Verhalten die Akzente anders gesetzt werden. Dieses wird nun viel stärker „selbstbestimmungsabhängig", wie Hermann Lübbe[24] sagt. Und das Individuum folgt dabei keineswegs immer den bisher allgemein akzeptierten traditionellen Normvorgaben. Die kulturelle Pluralisierung wirkt sich in besonders einschneidender Weise gerade auf dem Feld ethischer Entscheidungen und moralischen Handelns aus. Der Einzelne sieht sich oft sehr unterschiedlichen Normansprüchen gegenüber, und er muss zwischen ihnen seine Wahl treffen. „Modernität schafft eine neue Situation, in der das Aussuchen und Auswählen zum Imperativ wird", schreibt Peter Berger.[25] Und er sieht das Individuum angesichts der normativen Unsicherheiten, denen es ausgesetzt ist, als einen „nervösen Prometheus", weil es geradezu „zur Freiheit verdammt"[26] ist.

Während Berger vor allem die Anstrengungen der Freiheit betont, die sich für das ethische Subjekt in der Moderne ergeben, werden von Ulrich Beck und seinen Mitstreitern eher deren Chancen wahrgenommen. Im Gegensatz zum allseits üblichen Lamento über den Werteverfall besonders bei jungen Menschen fragt Beck, ob nicht die Moderne als eine Herausforderung zur ethischen Synthese begriffen werden muss. Diese nennt er den „altruistischen Individualismus", und das bedeutet: Die „Kinder der Freiheit praktizieren eine suchende, eine versuchende Moral, die verbindet, was sich auszuschließen scheint: Selbstverwirklichung und Dasein für andere, Selbstverwirklichung als Dasein für andere"[27].

Ob das auch eine zutreffende Realitätsbeschreibung ist, darüber mag man verschiedener Meinung sein. Aber es könnte im Sinne einer positiven Projektion zu einer neuen Sichtweise verhelfen.[28]

24 Lübbe, Hermann: Selbstbestimmung und über Fälligkeiten der Moralisierung und der Entmoralisierung moderner Lebensverbringung, in: Drehsen, Volker u.a. (Hg.): Der „ganze Mensch". Perspektiven lebensgeschichtlicher Identität, Berlin 1997, 339–351, 340
25 Berger, Peter L.: Der Zwang zur Häresie. Religion in der pluralistischen Gesellschaft, Frankfurt a.M. 1980, 40
26 A.a.O., 35, 37; vgl. dazu auch: Ziemer, Jürgen: Normenpluralismus als individueller Konflikt, in: Mehlhausen, Joachim (Hg.): Pluralismus und Identität. Gütersloh 1995, 107–114
27 Beck, Kinder der Freiheit, a.a.O., 15; Die Annahmen von Beck werden in dem gleichen Buch durch weitere Autoren untermauert: Wilkinson, Helen: Kinder der Freiheit. Entsteht eine neue Ethik individueller und sozia-

ler Verantwortung, a.a.O., 85–123, ist überzeugt, dass die neue Moral der 20- bis 30-Jährigen, die „aus Selbstbestimmung und Wahlfreiheit besteht", „fruchtbarer und ehrlicher" (127) sein könne als die traditionelle „gute Moral". Wuthnow, Robert: Handeln aus Mitleid, a.a.O., 34–84, untersucht die Motive von ehrenamtlichen Sozialaktiven, und er interpretiert im Ergebnis die „Sorge für andere als Sorge um uns selbst" (51).
28 Van de Spijker spricht in diesem Zusammenhang von einer „narzisstischen Kompetenz", die es zu erwerben gelte und die darin bestünde, in den verschiedenen Situationen des Lebens „gekonnt, wohlwollend und wohltuend zwischen Nächstenliebe und Selbstliebe zu balancieren": Spijker, A.M.J.M. Herman van de: Narzisstische Kompetenz – Selbstliebe – Nächstenliebe, Freiburg 1993, 339

Die Veränderungen im Blick auf das moralische Verhalten bewirken neue Einstellungen zu dem, was unbedingt für wert erachtet wird.[29] Statt etwa Pünktlichkeit und Ordnung im traditionell erwünschten Sinne zu erbringen oder alles daran zu setzen, eine gesicherte und vor allem wohl dotierte berufliche Position zu erringen, finden es viele junge Leute heute wichtiger wirklich zu leben, Freundschaften zu pflegen, Zeit füreinander zu haben, Gespräche zu führen, Gefühle auszutauschen. Phantasiereiches und engagiertes Beziehungsverhalten wird für wertvoller erachtet als die Erfüllung herkömmlicher Normen partnerschaftlichen Verhaltens. Sich für die Gesundung und Gesunderhaltung der ökologischen Umwelt einzusetzen bedeutet vielen mehr als ein politisches Engagement in Parteien und Vereinen.[30]

Viele Konflikte ergeben sich mit jungen Menschen, weil die neuen Paradigmen ethischen Verhaltens von der älteren Generation nicht respektiert oder gar nicht erst als solche erkannt werden. Es ist wichtig, ethisches Verhalten heute nicht am Erreichen statischer Normwerte aus der Vergangenheit zu beurteilen. Gerade für diejenigen, die im Geiste eines protestantischen Unbedingtheitsideals aufgewachsen sind, ist es schwer, moralisch werthaltige und sozial verantwortliche Verhaltensweisen auch bei denen anzuerkennen, die dabei zugleich ihre eigenen Vorteile mit zu berücksichtigen verstehen. In Wirklichkeit mögen solche Einstellungen ehrlicher sein als mancher Scheinaltruismus, der mitunter Verhaltensweisen einer moral correctness begleitet.

Um Missverständnisse auszuschließen, sei betont, dass die sich abzeichnenden Konturen einer „neuen Moral" keineswegs alle ethischen Probleme, die sich heute für das Individuum stellen, lösen. Die hohe Anforderung, in der jeweiligen konkreten Situation nach angemessenen Handlungsmaßstäben zu suchen, bleibt erhalten. Sie wird heute eher verstärkt durch technologische Möglichkeiten, bei deren Realisierung das Menschenwohl und die Menschenwürde auf dem Spiel stehen. Der ethische Diskurs gehört zu den Notwendigkeiten des Alltags der Individuen. Hier zeichnen sich neue Aufgaben und Dimensionen für die Seelsorge ab.

---

29 Zur Wertediskussion vgl. u.a.: Klages, Helmut: Werte und Wertewandel, in: Schäfers, Bernhard/ Zapf, Wolfgang (Hg.): Handwörterbuch zur Gesellschaft Deutschlands, Opladen 1998, 698–709 (Überblick und Lit.); ZdZ-Symposion Wertewandel, mit Beiträgen von Christof Gestrich, Werner Vogler, Klaus-Peter Hertzsch, in: ZdZ 52, 1998, 23–37; Huber, Wolfgang: Kirche in der Zeitenwende, Gütersloh 1999, 74ff, 81ff

30 Diese Charakterisierung, die moralischen Einstellungen betreffend, mag im Sinne der Milieutheorie von Gerhard Schulze (Die Erlebnisgesellschaft, Frankfurt a.M. 1993,

312ff) vielleicht vor allem auf die Angehörigen des „Selbstverwirklichungsmilieus" zutreffen. Aber sie ist doch darauf nicht zu beschränken. Wenn in der Shell-Studie 1997 Jugendliche heute auf die Frage, welche Motive für sie wichtig seien, um sich in einer Sache zu engagieren, antworten: „Es muß Spaß machen", so hat das mit „egoistischem Hedonismus rein gar nichts zu tun", es ist vielmehr „die jugendspezifische Formel für selbstbestimmtes, gelingendes Leben": Schwab, Ulrich: Jugend und Kirche, in: PTh 88, 1999, 334–349, 340f

1.5. Kirchen im Wandel

Die religiösen Institutionen, insbesondere die großen christlichen Kirchen, haben zweifellos erheblichen Anteil an den erwähnten gesellschaftlichen Umstrukturierungs- und Veränderungsprozessen. Sie bleiben nicht unberührt davon, wie diese zu Verunsicherungen und teilweise auch Veroberflächlichungen des individuellen Lebens beitragen. Es ist nicht einfach, die kirchliche Situation in der deutschen Gesellschaft nach der politischen Wende von 1989/90 kurz und treffend zu beschreiben. Die religiöse Landschaft scheint zerklüftet. Zweifellos hat der Verunsicherungsprozess die Kirchen selbst längst erreicht. Zunächst zeigt sich schon quantitativ, dass die christlichen Kirchen an Sichtbarkeit, an Einfluss und Bedeutung in der Gesellschaft verloren haben.[31] Dass dabei die unterschiedlichen geschichtlichen Voraussetzungen in Ost- und Westdeutschland von außerordentlicher Bedeutung sind, ist ohne weiteres verständlich. Während in dem einen Teil ein staatlich verordneter Traditionsabbruch die bestehenden Verbindungen zu den Kirche drastisch gekappt hat, haben wir es im anderen Teil wohl vorrangig mit den Auswirkungen der religiös-kulturellen Konkurrenzsituation zu tun, in deren Folge sich die institutionellen und privaten Kirchenbindungen sehr gelockert haben.[32] Inzwischen haben auch im Osten zusätzlich die Modernisierungsfolgen an Gewicht gewonnen.

Gravierender als der zahlenmäßige Rückgang von Kirchenmitgliederzahlen, den man auch noch ganz unterschiedlich interpretieren und prognostizieren kann, ist der qualitative Ansehens- und Bedeutungsverlust, den die Kirchen als Institutionen mit ihren mehr und mit ihren weniger spezifischen Angeboten erleiden. Die Kirchen haben heute an Glaubwürdigkeit, Anziehungskraft und Prestige in unerhörtem Maße eingebüßt[33], und die kirchlichen Mitarbeiter spüren das oft ganz unmittelbar. Viele Menschen, darunter solche, die nach wie vor formelle

---

31 Vgl. dazu mit vielen Beleghinweisen Ebertz, a.a.O. 54ff. Umfassende Darstellungen bieten u.a. ferner : Daiber, Karl-Fritz: Religion unter den Bedingungen der Moderne. Marburg 1995; Pollack, Detlef: Zur religiös-kirchlichen Lage in Deutschland nach der Wiedervereinigung. Eine religionssoziologische Analyse, in: ZThK 93, 1996, 586–615. Eine knappe, aber instruktive Übersicht bei: Gabriel, Karl: Kirchen/ Religionsgemeinschaften, in: Schäfers, Bernhard/ Zapf, Wolfgang (Hg.): Handwörterbuch zur Gesellschaft Deutschlands, Opladen 1998, 371–382
32 Vgl. dazu: Engelhardt, Klaus u.a. (Hg.): Fremde Heimat Kirche, Gütersloh 1997, 345f. Huber, Wolfgang u.a. (Hg.): Kirche in der Vielfalt der Lebensbezüge, Gütersloh 2006, 89ff
33 Vgl. dazu Ebertz, a.a.O., 60f; auch Preul,

Reiner: Kirchentheorie, Berlin 1997, 22, weist darauf hin. Als ein Beleg für andere mag hier erwähnt werden, dass in der 97er Shell-Jugend-Studie bei der Frage nach dem Vertrauen in einzelne Institutionen die Kirchen inzwischen auf den vorletzten Platz abgerutscht sind: Jugendwerk der Deutschen Shell (Hg.): Jugend ´97. Zukunftsperspektiven. Gesellschaftliches Engagement. Politische Orientierungen, Opladen 1997, 295–298. Alwin Hammers bringt mit einem Zitat wohl ziemlich treffend zum Ausdruck, was viele heute gegenüber der Kirche empfinden: „Was die hat, brauch´ ich nicht. Und was ich brauch´, hat die nicht." Hammers, Alwin: Christlicher Glaube und praktizierter Unglaube. Erfahrungen und Anmerkungen eines Psychotherapeuten. Trier 1996, 16

Kirchenmitglieder sind, leben faktisch ohne Kirchenbindung und empfinden dabei vermutlich keinen Mangel. Für die damit angedeutete Entwicklung lassen sich verschiedene Ursachen benennen:

- Es gibt in unserer Gesellschaft eine zunehmende *Skepsis gegenüber den bestehenden Großinstitutionen.* Das bekommen Parteien und Verbände ebenso zu spüren wie die Kirchen. Das Vertrauen in die Glaubwürdigkeit von Institutionen sinkt mehr und mehr. Faktisch sind diese immer weniger in der Lage, Menschen auf überzeugende Weise Orientierung zu bieten. Je intimer und persönlicher die Fragen sind, umso weniger wird Institutionen zugetraut, brauchbare und lebbare Antworten geben zu können. Diese Einstellung muss nicht primär als Rekurs auf die konkrete Arbeit in dem jeweiligen Verband verstanden werden. Es besteht auch bei den meisten Menschen gar keine generelle Skepsis gegenüber großen Institutionen – der ADAC beispielsweise erfreut sich größter Beliebtheit und wachsender Mitgliedschaftszahlen. Die Abwendung von den Kirchen, Parteien und Verbänden, die – im Gegensatz zum ADAC – eine bestimmte *inhaltliche* Botschaft vermitteln wollen, muss vielmehr im Zusammenhang mit der „starken Umbruchphase" gesehen werden, in der sich die „von der Aufklärung geprägte Kultur der Neuzeit" gegenwärtig befindet.[34] Man spricht von einem „Modernisierungsschub" bzw. von einem „Individualisierungsprozess". Alle Verbände und Institutionen, die durch die neuzeitliche Kultur geprägt waren und sind, haben aus dieser Verflechtung heraus Anteil an den gegenwärtigen Umbrüchen und erleiden demzufolge größte Akzeptanzschwierigkeiten bei der Bevölkerungsmehrheit. Mit der generellen Ablehnung der religiösen Institutionen gerät auch das in Gefahr, wofür diese Institutionen inhaltlich stehen.[35]
- Als Folge der kulturellen Pluralisierung gerät das Angebot der Kirchen zunehmend in *Konkurrenz zu anderen Religions- und Sinnangeboten.* Das Christentum hat seine Monopolstellung auf dem Markt der Daseinshilfe- und Lebenskunstphilosophien längst verloren.[36] Religiöse und quasireligiöse, esoterische, philosophische, therapeutische, alternativ-medizinische, ökologische und andere Lebenskonzepte konkurrieren mit denen der traditionellen Kirchen. In dieser Wettbewerbssituation steht auch die Seelsorgearbeit der Kirchen. Die Menschen in unserer Gesellschaft scheinen auf die Angebote der Kirchen inklusive ihrer Verkündigung nicht mehr angewiesen zu sein. Was man früher nur beim Pfarrer bekam, kann nun in vielfältigen Verpackungs- und Darreichungsformen und nicht selten zu kleineren Preisen auch an ganz anderer Stelle erwor-

---

34 So die mir sehr einleuchtende These von Medard Kehl in seinem Buch: Wohin geht die Kirche? Eine Zeitdiagnose, Freiburg ⁶1997, 19ff

35 Vgl.: Berger, Peter L.: Sehnsucht nach Sinn. Glauben in einer Zeit der Leichtgläubigkeit, Frankfurt a.M. ²1995, 173ff

36 Vgl. dazu: Engelhardt, Fremde Heimat Kirche, a.a.O., 350 („Abschied vom Monopoldenken"!); vgl.: Höhn, Hans-Joachim: Zerstreuungen. Religion zwischen Sinnsuche und Erlebnismarkt, Düsseldorf 1998, 58ff; 77ff

ben werden. Und es ist für die Kirchen schwer, zu marktgerechten Angebots-präsentationen zu kommen, ohne dabei die eigene Substanz zu riskieren.

• Ein anderer wichtiger Faktor hängt ebenfalls mit der Marktsituation zusammen. Für viele Menschen gilt heute auch in den Fragen der Einstellung zu Religion und Glauben als ein wichtiges Kriterium, was das für sie ganz persönlich bedeutet. Nur wegen der von einer Kirche vertretenen generellen positiven Werte (wie z.B. Liebe, Vergebung Gerechtigkeit) allein wird noch keine Bindung zu ihr eingegangen und gelebt. Vielmehr muss erkennbar werden: Was hat das eigentlich für mich für einen Wert und was hat das mit mir persönlich zu tun? Im Jargon gesprochen: „Was bringt mir das?" Die *unmittelbare Lebensrelevanz des Glaubens und einer Kirchenbindung ist vielen nicht mehr plausibel*. Und es wird zunehmend schwieriger, dies plausibel zu machen.[37] In der Zukunft könnte – gerade unter diesem Blickwinkel – der seelsorgerlichen Arbeit, die ja in besonderer Weise nach dem Einzelnen persönlich fragt, eine auch ekklesiologisch erhöhte Bedeutung zuwachsen.

• Schließlich muss man davon ausgehen, dass wir es bei dem kirchlichen Rezessionsprozess auch mit konkreten *sozialen Umfeldabhängigkeiten* zu tun haben. Wo das unmittelbare Bezugsfeld (Familie, Freunde, Berufskollegen, Mitschüler) nicht mehr kirchlich bzw. gläubig ist, legt sich auch für den Einzelnen die Absetzbewegung eher nahe. So ist wohl Detlef Pollack zuzustimmen, wenn er vor allem auf dem Hintergrund der ostdeutschen Erfahrung formuliert: „Das allgemeine religiöse Klima, das in einer Gesellschaft herrscht, übt einen starken Einfluss auf die Tradierungsfähigkeit des Christentums aus."[38] Das gilt natürlich besonders für die volkskirchlich begründete Mitgliedschaft in einer Kirche. Wo wie in der Mehrzahl der ostdeutschen Familien eine positive Beziehung zu den Formen des christlichen Glaubens und Lebens nicht mehr gegeben ist, wird die Entscheidung für Beibehaltung oder gar Neubegründung sehr viel unwahrscheinlicher sein als unter entgegengesetzten Bedingungen.

Die unzweifelhaft zu beobachtenden Prozesse einer Entkirchlichung, die inzwischen auch zu weitreichenden Strukturentscheidungen der Kirchen führten, dürfen freilich nicht mit Resignation zur Kenntnis genommen werden. Die äußerliche Abwendung von der Kirche und die deutlichen Vorbehalte gegenüber den institutionellen Gestalten des Christentums sagen noch nicht alles.[39] Es muss zu-

---

37 Zunehmende Entfremdung von den Kirchen führt zudem dazu, dass immer mehr Zeitgenossen ihre Kenntnisse über das Christentum „eher aus Vorurteilen als aus eigener Erfahrung" beziehen. Höhn, a.a.O. 127

38 Pollack, a.a.O., 607; vgl. dort auch den ganzen Abschnitt 598ff, in dem Pollack empirisch die soziale Umweltabhängigkeit von Religionsentscheidungen der Individuen belegt.

39 Vor allem sollte man sich davor hüten, die Säkularisierung zu einseitig als Folge der Modernisierungsprozesse zu interpretieren. Es finden sich in der amerikanischen Religionssoziologie und auch in der französischen Hinweise auf eine Möglichkeit, „die Moderne selbst als religionsproduktiv zu begreifen." So unter besonderem Hinweis auf Danièlle Hervieu-Léger: Pollack, Detlef: Zur neueren religionssoziologischen Diskussion des Säkularisierungstheorems, in: Dialog der Religionen 2/1995, 114–121, 119

nächst durchaus noch einmal gefragt werden, was die Menschen von der Kirche und den Gemeinden erwarten, und es ist darüber nachzudenken, welche konkreten Anstrengungen die Kirchen unternehmen müssen, um die nach ihrem eigenen Selbstverständnis für sie grundlegende Botschaft an die Menschen weiter wirkungsvoll zu vermitteln.[40] Beide Fragen sind unbedingt auch in ihrer Verbindung zu dem uns hier vorrangig leitenden Interesse nach der Zukunft der *Seelsorgearbeit* unter den Bedingungen der modernen Gesellschaft zu sehen. Ihre Beantwortung ist von daher ein Aspekt der hier vorgelegten Seelsorgelehre insgesamt.

Aus den jüngsten religionssoziologischen Untersuchungen wird deutlich, dass viele Menschen heute in der Kirche nicht mehr die umfassende Beheimatung erwarten, die unsere pastoralen Idealvorstellungen möglicherweise noch prägen. Totalidentifikationen mit der Kirche oder mit einer konkreten Gemeinde bilden eher die Ausnahme. „Identifikation erfolgt mehr und mehr über Betroffenheit, Interesse und Gelegenheit."[41] Das führt zu erwartungs- und interesseabhängigen Formen des Kirchenkontaktes und zu ganz unterschiedlichen Profilen von Kirchenbindung. An leitenden Erwartungen wären ohne Anspruch auf Vollständigkeit zu nennen: lebenszyklische Begleitung (Amtshandlungen), politisch-soziales Engagement (Gruppenaktivitäten), Kultur- und Bildungsinteressen (Kirchenmusik, christliche Kunst, kirchliche Bildungsarbeit), Frömmigkeitspraxis (spirituelle Gruppen, Gottesdienst), karitatives Engagement (Diakonie), Lebens- und Krisenhilfe (Seelsorge, Beratung). Alle diese unterschiedlichen Erwartungsprofile, die in sich noch einmal gruppen- oder generationenspezifisch zu differenzieren wären, haben wohl dies gemeinsam, dass sie letztlich in einem Zusammenhang mit mehr oder weniger ausdrücklichem Sinngebungsbedarf gesehen werden müssen. Wer, wenn nicht die kirchlichen oder religiösen Institutionen sind dafür zuständig, in den Krisen- und Kontingenzerfahrungen des Lebens auf die Sinn verleihenden Zusammenhänge hinweisen und hinführen zu können? Es ist bis zum Erweis des Gegenteils davon auszugehen, dass es in dieser Hinsicht auch bei denen einen Rest an Erwartungen gibt, die die institutionellen Brücken zur Kirche hinter sich schon lange abgebrochen haben. In der Seelsorge spielt darum die formelle Kirchenzugehörigkeit oft nur eine untergeordnete Rolle.

Im Ganzen stellt sich die Frage, wie die Kirchen in der Lage sein werden, den unterschiedlichen Erwartungsprofilen angemessen Rechnung zu tragen. Das kann, soviel muss theologisch klar sein, keineswegs so verlaufen, dass die Kirchen lediglich in einem reinen Tauschverfahren für die Erfüllung unterschiedlicher Erwartungen und Bedürfnisse zur Verfügung stehen müssen. Die Arbeit der Kirchen wird letztlich entscheidend dadurch geprägt, dass sie einem bestimmten Auftrag folgt, der ihrem Dasein vorausgeht. Wenn ihr aufgetragen ist, die Bot-

---

40 Vgl. Gabriel, Karl: Gesellschaft im Umbruch – Wandel des Religiösen, in: Höhn, Karl-Heinz: Krise der Immanenz, Frankfurt 1996, 31–49; Kochanek, Hermann: Spurwechsel. Die Erlebnisgesellschaft als Herausforderung für Christentum und Kirche, Frankfurt a.M. 1998

41 Engelhardt, Fremde Heimat Kirche, a.a.O., 353

schaft des Glaubens „in alle Welt" zu tragen (Mt 28,19), schließt das die Aufmerksamkeit für das wirkliche Bedürfen der Menschen ebenso ein wie eine prinzipielle Freiheit gegenüber jeder oberflächlichen „Kundenorientierung".

> Leben im Ungewissen – das ist eine Leit-Erfahrung in der modernen Gesellschaft. Seelsorgerinnen und Seelsorger, die den Kontext ihrer Arbeit wirklich wahrnehmen, werden deshalb ihren besonderen Auftrag darin sehen, Menschen wieder zu begründeten Gewissheiten zu verhelfen. Das aber wird nicht mit restaurativen Beschwörungsformeln zu erreichen sein, sondern nur durch ein sensibles Eingehen auf die kontextuell und biographisch bedingten Ungewissheiten, wie sie sich in den konkreten Problemlagen nach Seelsorge fragender und suchender Menschen niederschlagen.

Literatur

Die Literatur zu den zeitgeschichtlichen, kulturellen und sozialen Kontexten seelsorgerlicher Arbeit heute ist verständlicherweise uferlos. Eine konzentrierte Darstellung der Kontexte heutiger Seelsorgepraxis bietet *Uta Pohl-Patalong* im *HbS (2007)*, 63–84. Es lohnt sich freilich, auch einige Originaltexte der soziologischen Theoriebildung zu lesen wie etwa *Ulrich Becks* grundlegenden Aufsatz *Jenseits von Stand und Klasse (1983/1994)*. Zu einem differenzierten Verständnis des Individualisierungstheorems verhilft der Aufsatz von *Markus Schroer (1997)* ebenso wie andere im gleichen Band veröffentlichten Beiträge. Als Einstieg in die Auseinandersetzung mit den in diesem Kapitel angeschnittenen Fragen können auch einzelne Artikel aus dem *Handwörterbuch zur Gesellschaft Deutschlands (1998)* dienen – etwa die von *Helmut Klages* zum Wertewandel und von *Karl Gabriel* zu Religionsgemeinschaften und Kirchen. Zur Deutung der religiösen Situation in der Moderne gibt der katholische Systematiker *Hans-Joachim Höhn* in seinem Buch *Zerstreuungen* wichtige Denkanstöße, die auch für die Konzeptualisierung von Seelsorge hilfreich sein können. Für die besondere Situation des Christentums in Ostdeutschland sei auf Arbeiten von *Detlef Pollack* verwiesen, z.B. den Überblicksartikel in *Pollack/Pickel (2000,* 18–47).
Vgl. auch Lit. zu 3.3.

Albrecht, Günter/ Groenemeyer, Axel/ Stallberg, Friedrich W.: Handbuch soziale Probleme, Wiesbaden 1999
Bauman, Zygmunt: Unbehagen in der Postmoderne, Hamburg 1999
– Flüchtige Moderne, Frankfurt 2003
Beck, Ulrich/ Beck-Gernsheim, Elisabeth: Das ganz normale Chaos der Liebe. Frankfurt a.M. 1990
Beck, Ulrich: Jenseits von Stand und Klasse? in: Beck, Ulrich/ Beck-Gernsheim, Elisabeth (Hg.): Riskante Freiheiten, Frankfurt a.M. 1994, 466–481
– Kinder der Freiheit. Wider das Lamento über den Werteverfall, in: ders. (Hg.): Kinder der Freiheit, Frankfurt a.M. 1997, 9–33
– Risikogesellschaft, Frankfurt a.M. 1986
Daiber, Karl-Fritz: Religion in Kirche und Gesellschaft, Stuttgart 1997
Denz, Hermann (Hg.): Die europäische Seele. Leben und Glauben in Europa, Wien 2002
Drehsen, Volker: Wie religionsfähig ist die Volkskirche? Göttingen 1994

Ebertz, Michael N.: Kirche im Gegenwind. Zum Umbruch der religiösen Landschaft. Freiburg 1997

Ehrenberg, Alain: Das erschöpfte Selbst. Depression und Gesellschaft in der Gegenwart, Frankfurt 2004

Engemann, Wilfried: Der ‚moderne Mensch' – Abschied von einem Klischee, in: WzM 48, 1996, 447–458

Failing, Wolf-Eckart, Heimbrock, Hans-Günther: Gelebte Religion wahrnehmen. Lebenswelt – Alltagskultur – Religionspraxis, Stuttgart 1998

Fechtner, Kristian/ Haspel, Michael (Hg.): Religion in der Lebenswelt der Moderne, Stuttgart 1998

Gabriel, Karl: Christentum zwischen Tradition und Postmoderne, Freiburg i.Br. 1992

Gehring, Hans-Ulrich: Seelsorge in der Mediengesellschaft. Theologische Aspekte medialer Praxis, Neukirchen 2002

Gräb, Wilhelm: Lebensgeschichten – Lebensentwürfe – Sinndeutungen. Eine praktische Theologie gelebter Religion, Gütersloh 1998

– Sinn fürs Unendliche. Religion in der Mediengesellschaft, Gütersloh 2002

Grözinger, Albrecht: Geschichtenlos inmitten von Geschichten. Die Erlebnisgesellschaft als Herausforderung für die Seelsorge, in: WzM 48, 1996, 479–48

Gutmann, Hans-Martin/ Gutwald, Cathrin (Hg.): Religiöse Wellness. Seelenheil heute, München 2005

Hempelmann, Reinhard u.a. (Hg.): Panorama der neuen Religiosität. Sinnsuche und Heilsversprechen zu Beginn des 21. Jahrhunderts, Neuausgabe Gütersloh, 2005

Höhn, Hans-Joachim (Hg.): Zerstreuungen. Religion zwischen Sinnsuche und Erlebnismarkt, Düsseldorf 1998

Hofmeister, Klaus/ Bauerochse, Lothar (Hg.): Die Zukunft der Religion. Spurensicherung an der Schwelle zum 21. Jahrhundert, Würzburg 1999

Huber, Wolfgang u.a. (Hg.): Kirche in der Vielfalt ihrer Lebensbezüge. Die vierte EKD-Erhebung über Kirchenmitgliedschaft, Gütersloh 2006

Huber, Wolfgang: Kirche in der Zeitenwende. Gesellschaftlicher Wandel und Erneuerung der Kirche, Gütersloh [3]1999

Karle, Isolde: Seelsorge in der Moderne, Neukirchen 1996

Keupp, Heiner und Renate Höfer (Hg.): Identitätsarbeit heute. Klassische und aktuelle Perspektiven der Identitätsforschung, Frankfurt a.M. 1997

Keupp, Heiner u.a.: Identitätskonstruktionen. Das Patchwork der Identitäten in der Spätmoderne, Reinbek [2]2002

Keupp, Heiner: Subjekt sein heute. Zwischen postmoderner Diffusion und der Suche nach neuen Fundamenten, in: WzM 51, 1999, 136–152

Kneer, Georg/ Nassehi, Armin/ Schroer, Markus (Hg.): Soziologische Gesellschaftsbegriffe. Konzepte moderner Zeitdiagnosen, München 1997

Kochanek, Hermann: Spurwechsel. Die Erlebnisgesellschaft als Herausforderung für Christentum und Kirche, Frankfurt a.M. 1998

– Ich habe meine eigene Religion. Sinnsuche jenseits der Kirchen, Zürich 1999

Morel, Julius u.a.: Soziologische Theorie, München [5]1997

Neubert, Ehrhart: „Gründlich ausgetrieben". Eine Studie zum Profil und zur psychosozialen, kulturellen und religiösen Situation von Konfessionslosigkeit in Ostdeutschland und den Voraussetzungen kirchlicher Arbeit (Mission), Berlin 1996

Pohl-Patalong, Uta: Gesellschaftliche Kontexte der Seelsorge, in: HbS, 63–84

Pohl-Patalong, Uta/ Muchlinsky, Frank (Hg.): Seelsorge im Plural. Perspektiven für ein neues Jahrhundert, Hamburg 1999

Pohl-Patalong, Uta: Seelsorge zwischen Individuum und Gesellschaft, Stuttgart 1996, 55–157

Pollack, Detlef u.a. (Hg.): Religiöser Wandel in den postkommunistischen Ländern Ost- und Mitteleuropas, Würzburg 1998

Pollack, Detlef/ Pickel, Gert (Hg.): Religiöser und kirchlicher Wandel in Ostdeutschland 1989–1999, Opladen 2000

Rosa, Hartmut: Beschleunigung. Die Veränderung der Zeitstrukturen in der Moderne, Frankfurt 2005

Ruschmann, Eckart: Philosophische Beratung, Stuttgart 1999

Schäfers, Bernhard/ Zapf, Wolfgang (Hg.): Handwörterbuch zur Gesellschaft Deutschlands, Opladen 1998

Schimank, Uwe/ Volkmann, Ute (Hg.): Soziologische Gegenwartsdiagnosen I. Eine Bestandsaufnahme, Opladen 2000

Schmid, Wilhelm: Philosophie der Lebenskunst. Eine Grundlegung, Frankfurt a.M. ²1998

Schroer, Markus: Individualisierte Gesellschaft, in: Kneer, Georg/ Nassehi, Armin/ Schroer, Markus (Hg.): Soziologische Gesellschaftsbegriffe. Konzepte moderner Zeitdiagnosen, München 1997, 157–183

Schulte, Helke: Leben und Erlebnis. Seelsorge in der Erlebnisgesellschaft, Aachen 2000

Schulze, Gerhard: Die Erlebnisgesellschaft, Frankfurt a.M. 1993

– Die beste aller Welten, Frankfurt/M. 2003

– Kulissen des Glücks. Streifzüge durch die Event-Kultur, Frankfurt/M. 1999

Sennett, Richard: Der flexible Mensch,. Die Kultur des neuen Kapitalismus, Berlin 2000

Weyel, Birgit/ Gräb, Wilhelm (hg.): Religion in der Lebenswelt der Moderne, Göttingen 2006

Winterhoff-Spurk, Peter: Kalte Herzen. Wie das Fernsehen unseren Charakter formt, Stuttgart 2005

Wippermann, Carsten: Religion, Identität und Lebensführung. Typische Konfigurationen in der fortgeschrittenen Moderne, Opladen 1998

Wittrahm, Andreas: Seelsorge, Pastoralpsychologie und Postmoderne, Stuttgart 2001

Ziebertz, Hans-Georg: Religion, Christentum, Moderne. Veränderte Religionspräsenz als Herausforderung, Stuttgart 1999

2. Seelsorge in der Geschichte

2.1. Die Gegenwart der Ursprünge

2.1.1. Die Seele und die Geschichtlichkeit der Seelsorge

„Die" Seelsorge gibt es nicht. Wenn wir so sprechen – was ja in manchen Zusammenhängen durchaus sinnvoll sein kann – abstrahieren wir von den spezifischen Ausprägungsformen von Seelsorge in den jeweiligen konkreten gesellschaftlichen und historischen Zusammenhängen. Die Geschichte der Seelsorge beginnt nicht erst mit dem biblischen Christentum[1] und sie endet nicht an den Grenzen christlicher Konfessionen und Denominationen. Seelsorge ist ein Phänomen menschlicher Kommunikation und wie diese zeit- und situationsabhängig. Wo Menschen bewusst miteinander leben und kommunizieren, wird sich auch mehr oder weniger wahrnehmbar „so etwas wie" Seelsorge ereignen. Denn Menschen sind in ihrer Lebensgestaltung und in ihren Lebensvollzügen nicht völlig festgelegt, sie sind weder determiniert noch lediglich hormon- oder instinktgesteuert. Sie sind selbst- und fremdsteuerbar. Es gibt eine Steuerungsinstanz nichtstofflicher Art, die wir „Seele" nennen. Was mit dem Wort Seele bezeichnet werden soll, weiß in gewisser Weise jeder, der es umgangssprachlich benutzt. Es ist jedoch schwierig zu definieren und exakt zu bestimmen, was denn nun „Seele" wirklich ist.[2] Die Schwierigkeit „Seele" zu definieren, wird dadurch anschaulich, dass es eine Reihe anderer Wörter gibt, die, wenn nicht ganz so doch teilweise als Synonym verwendet werden können: Leben (hebr.: nefäs), Atem, Psyche, Selbst, Person, Herz, Daseinsmitte. In der Schnittmenge aller dieser Wörter mag das liegen, was wir Seele nennen. In der Praxis lässt sich mit einer gewissen Unschärfe des Begriffs ganz gut leben. Es ist weder sinnvoll noch aussichtsreich, eine abschließende Definition des Wortes „Seele" erzwingen zu wollen. Der Seele-Begriff hat vor allem zwei für unseren Zusammenhang wichtige Bedeutungskomponenten: Einmal ist „Seele" durchaus so etwas wie eine anthropologische Konstante. Es gehört zum mensch-

---

1 Vgl. für die frühen und vorchristlichen Anfänge: Bonhoeffer, Thomas: Ursprung und Wesen der christlichen Seelsorge, München 1985, 30–85; Möller, Christian: Entstehung und Prägung des Begriffs Seelsorge, in: ders.

(Hg.): Geschichte der Seelsorge in Einzelporträts, Bd. 1, Göttingen 1994, 9–19
2 Zum Begriff Seele: Colpe, Carsten u.a.: Art. Seele (1–3), in: EKL IV, Göttingen 1996, 164–173; Eberhardt, Hermann: Praktische Seel-Sorge-Theologie, Bielefeld 1990, 15–65

lichen Sein, eine Seele zu haben. Wer seine Seele „verloren" hat, ist bodenlos unglücklich. Wer seelen-los handelt, wirkt unmenschlich und ist es wohl auch. „Seele" hat etwas zu tun mit Offenheit und Empfänglichkeit, mit Sensibilität und Demut. Die Seele kann nicht verloren gehen, aber sie kann „zugeschüttet" werden. Die andere Seite: Die Seele ist von außen her beeinflussbar und bildbar. Und das hat auch zur Folge, dass sie manipulierbar ist. Man kann „Kinderseelen verbiegen", auf fremden Seelen „herumtrampeln", man kann schließlich die eigene Seele – in der Regel eher gezwungen denn freiwillig – „verkaufen". Die Seele jedes einzelnen Menschen ist geschichtlichen Einflüssen ausgesetzt und manchmal auch ausgeliefert. Seelsorge wäre dann also „Arbeit an der Seele" unter kommunikativen, nicht manipulativen Bedingungen. Konkret haben darunter verschiedene Generationen durchaus Verschiedenes verstanden. Dabei beziehen sich die Unterschiede sowohl auf das Verständnis dessen, was für die Seele des Individuums gut sei und was nicht, als auch auf die Wege, die zum Menschen und zum Heil und Wohl seiner Seele einzuschlagen wären.

Die Einsicht in die Geschichtlichkeit von Seelsorge ist eine Voraussetzung für das Verstehen der variierenden Gestaltungen seelsorgerlichen Handelns in den verschiedenen Epochen der Kirchengeschichte.[3] Und sie ist wichtig im Blick auf die eigene Seelsorgepraxis und Seelsorgelehre in der Gegenwart.[4] Die Wahrnehmung der Geschichtlichkeit von Seelsorge erschließt eine Fülle von Reichtümern, Anreizen und vielleicht auch Provokationen. Sie führt ins Nachdenken, aber sie gebietet auch Zurückhaltung gegenüber einem normativen Seelsorgebegriff. Kein Handlungsfeld der Praktischen Theologie verfügt über einen so offenen Horizont wie die Seelsorge – zwischen Kirchenzucht und Therapie, Freundesgespräch und Beichte, Glaubenshilfe und Lebensberatung. Das ist die Stärke der christlichen Seelsorge und manchmal auch ihr Problem.

2.1.2. Biblische Ursprünge und Maßstäbe

Die Bibel in der Seelsorge
Es gibt drei zu unterscheidende Beziehungsmöglichkeiten zwischen Bibel und Seelsorge: Seelsorge der Bibel, Seelsorge mit der Bibel und Seelsorge in der Bibel. Nur der dritte Aspekt gehört streng genommen in die historische Poimenik und wird uns im nächsten Abschnitt beschäftigen Mit den anderen beiden Formulierungen soll die fundamentale Bedeutung der Bibel für die Seelsorge zum Ausdruck gebracht werden. Dazu soll an dieser Stelle schon so viel gesagt werden:

---

3 Die Geschichtlichkeit betrifft auch den Seelsorgebegriff selbst. Vgl. dazu: Bonhoeffer, Thomas: Zur Entstehung des Begriffs „Seelsorge", in: Archiv für Begriffsgeschichte XXXIII, Bonn 1990, 7–21

4 Über die notwendige Distanz und Nähe zur Tradition, also zum produktiven Umgang mit der Wahrnehmung von Geschichte und Geschichtlichkeit vgl.: Winkler, Klaus: Seelsorge, Berlin/ New York ²2000, 77ff

Grundlegend für ein theologisches Verständnis von Seelsorge ist, dass das Zeugnis des Alten und Neuen Testaments im Ganzen als Ur-kunde von der Seelsorge Gottes an den Menschen verstanden wird. In dem Sinne sprechen wir von der *Seelsorge der Bibel*. Gott ist ein seelsorgerlicher Gott, der Israel durch die Höhen und Tiefen seiner Geschichte führt (Ex 20,2f) und der in Jesus Christus seine Liebe zu allen Menschen offenbar gemacht hat (Joh 3,16). Ihn bezeugt die Bibel in unterschiedlichen Variationen von ihrer ersten bis zu ihrer letzten Seite. Seine Zuwendung zur Welt und zum einzelnen Menschen ist Ausgangs- und Zielpunkt evangelischer Seelsorgelehre.

Gottes liebendes Wesen und sein menschenfreundliches Handeln – das ist die Seelsorge vor aller Seelsorge. Sein Wille, „dass allen Menschen geholfen werde" (1 Tim 2,4), ermöglicht Seelsorge im theologischen Sinne.

Die „Seelsorge der Bibel" gehört in den Zusammenhang der Theologie der Seelsorge und muss dann an ihrem Ort noch einmal aufgenommen werden. Dagegen hat es die *Seelsorge mit der Bibel* viel stärker mit der Praxis der Seelsorge zu tun. Deshalb mögen auch hier ein paar erste Hinweise genügen:

Die Bibel ist auch in praktischer Hinsicht ein seelsorgerliches Buch von Anfang bis Ende. Es gilt immer wieder, sie als ein Reservoir von Texten für die Seelsorge zu entdecken. Zu denken ist hier vor allem an die bedeutende Rolle, welche die Psalmen für das Glaubensleben der Gemeinde und der Einzelnen spielten und noch spielen. Sie sind neben anderen Texten ganz besonders so etwas wie eine „Sprachhilfe des Glaubens"[5] – gerade für die Not- und Krisenzeiten des Lebens, aber auch zur Artikulation von Dankbarkeit und Freude. Im Alten Testament haben das Buch Hiob wie Texte aus der weisheitlichen Tradition und aus Jesaja und Jeremia besondere Bedeutung als seelsorgerliche Ausdruckshilfen.

Eine Seelsorge mit der Bibel geschieht nicht primär über Auslegung oder Verkündigung, sondern so, dass ein Text zum rechten Zeitpunkt (Kairos!) in eine konkrete Situation hineingesprochen wird. Viele Texte des Neuen Testaments, vorab die Bergpredigt Jesu (Mt 5–7), die Abschiedsreden im Johannesevangelium (Joh 14–17), einzelne Briefabschnitte wie etwa aus dem Römer- und dem 2. Korintherbrief vermögen in der gegebenen Situation eine ganz unmittelbare seelsorgerliche Wirkung zu erzielen. Biblische Texte können dann eine Sprachebene anbieten, auf der einerseits die konkrete Befindlichkeit eines Menschen „eingelesen" werden kann und von der aus andererseits der Horizont so erweitert wird, dass er neue Lebenseinsichten, Hoffnungen und Lebensperspektiven erschließen

---

5 Ingo Baldermann versteht die Psalmen als „Sprache der Seele" und „Gespräch mit der Seele", ders.: Psalmen, in : Möller, Christian (Hg.): Geschichte der Seelsorge in Einzelporträts, Bd. 1, Göttingen 1994, 23–34, 28ff; vgl.: Seidel, Hans: Das Erlebnis der Einsamkeit im Alten Testament, Berlin 1969; ders.: Auf den Spuren der Beter, Berlin 1980; ferner: Ziemer, Jürgen. Schreie aus der Not. Überlegungen für eine Seelsorge mit den Psalmen, in: Albani, Matthias/ Arndt, Timotheus (Hg.): Gottes Ehre erzählen, Leipzig 1994, 225–235; Schneider-Flume, Gunda: Glaubenserfahrung in den Psalmen, Göttingen 1998

hilft.[6] Es ist eine wichtige Aufgabe und es hat einen guten Sinn, wenn heute Poimeniker versuchen, die Bibel stärker für die Seelsorge ins Gespräch zu bringen.[7] Methodisch sind dafür unterschiedliche Möglichkeiten denkbar. Neben dem Bibelzitat im Gespräch oder dem betenden Mitvollzug wäre hier an die verschiedenen Spielarten eines eher meditativen Textzugangs[8] zu denken. Aber auch verschiedene Formen erlebnisnaher Bibelarbeit[9] bis hin zum Bibliodrama[10] kommen hier in Betracht. Stets geht es darum, einen biblischen Text möglichst unmittelbar für die Bewältigung einer aktuellen Situation des Einzelnen oder einer Gruppe zu gewinnen und ihn dafür fruchtbar werden zu lassen. Dass die Seelsorge mit der Bibel theologischer Sorgfalt und Verantwortlichkeit bedarf, versteht sich von selbst. Texte dürfen nicht gegen ihren ursprünglichen Sinn verwendet werden. Ich muss mir als Seelsorger darüber im Klaren sein, dass kein Text der Bibel auf ein heute bestehendes Problem unmittelbar reagiert. Aber es gibt doch analoge Situationen zwischen damals und heute (z.B. Erfahrungen von Krankheit und Anfechtung, von Unrecht und Schuld, von Traurigkeit und Zweifel), die es durchaus nahe legen, einen ‚alten' Text auf eine gegenwärtige Konfliktlage zu beziehen. Für die seelsorgerliche Arbeit mit der Bibel ist hermeneutisches Bewusstsein notwendig, das die historische Differenz nicht biblizistisch negiert. Sonst kommt es leicht zu Trugschlüssen und Enttäuschungen. Freilich sollte der notwendige Respekt gegenüber historisch-kritischer Auslegungsarbeit nicht zum Verzicht auf biblische Sprache in der Seelsorge führen, sondern zu angemessenen Gebrauch inspirieren.

Seelsorge in der Bibel
Im Zusammenhang der Seelsorgegeschichte geht es nun natürlich vor allem um die Seelsorge in der Bibel. Findet sich in den Schriften des Alten und Neuen Testaments der Niederschlag einer kommunikativen Praxis, die wir Seelsorge nennen könnten? Es ist nicht leicht, darauf eine im historischen Sinne exakte Auskunft zu geben.

---

6 Dass man auf diese Weise nicht nur eine Seelsorge, sondern auch eine Seelsorgelehre mit der Bibel konzipieren kann, zeigt sehr eindrucksvoll Isidor Baumgartner, der seine Pastoralpsychologie als auslegenden Nachvollzug der Emmausgeschichte (Lk 24,13–35) konzipiert hat. Baumgartner, Isidor, Pastoralpsychologie, Düsseldorf 1990, bes. 91ff

7 z.B.: Bukowski, Peter: Die Bibel ins Gespräch bringen, Neukirchen ³1996; Tacke, Helmut: Mit den Müden zur rechten Zeit zu reden. Beiträge zu einer bibelorientierten Seelsorge, Neukirchen 1989; Nicol, Martin: Leben deuten mit der Bibel, in: WzM 50, 1998, 2–17

8 Vgl. dazu: Schulz, Ehrenfried: Gebet und Meditation als Wege zur pastoralen Identität,

in: Baumgartner, Isidor (Hg.): Handbuch der Pastoralpsychologie, Regensburg 1990, 265–284, 278ff; Tilmann, Klemens: Die Führung zur Meditation, Ein Werkbuch, Bd. 1, Zürich ⁴1972

9 Vgl. Drechsel, Wolfgang: Pastoralpsychologische Bibelarbeit, Stuttgart 1994; Bucher, Anton A.: Bibel-Psychologie. Psychologische Zugänge zu biblischen Texten, Stuttgart 1992; Berg, Horst Klaus: Ein Wort wie Feuer. Wege lebendiger Bibelauslegung, München 1991

10 Vgl. z.B. Keßler, Hildrun: Bibliodrama und Leiblichkeit. Leibhafte Textauslegung im theologischen und therapeutischen Diskurs, Stuttgart 1996; Drechsel, a.a.O. 86ff

Zum einen muss eingeräumt werden, dass es uns heute nicht möglich ist, eine seelsorgerliche Praxis Jesu oder der Apostel zu rekonstruieren. Die Texte, auf die wir uns dabei stützen könnten, haben eben kein historisches, sondern ein verkündigendes Interesse. Und wenn sie, wie etwa Lukas in der Apostelgeschichte, die Praxis der Gemeinde beschreiben, dann primär im missionarischen oder kerygmatischen Interesse. Allenfalls indirekt sind Rückschlüsse denkbar. Mehr als Fragmente seelsorgerlicher Praxis werden dabei nicht zu Tage treten.

Zum andern muss man sich bei der historischen Rückfrage klar machen, wonach eigentlich gefragt werden soll. Die Gefahr, ein modernes – sei es therapeutisches, sei es evangelikales, sei es kerygmatisches – Seelsorgekonzept in die biblischen Texte einfach hineinzuprojizieren, ist ziemlich groß. Es macht sich gut, die eigene Sicht als die „biblische" zu adeln. Nicht selten hat aber das, was als „biblische Seelsorge" firmiert, mit der jesuanischen oder urchristlichen Praxis – jedenfalls historisch – nur sehr wenig zu tun.

Fragen wir nach der Seelsorge in der Bibel, dann ist es wichtig, zuerst einmal festzulegen, was in diesem Fragezusammenhang unter Seelsorge verstanden werden soll. Es ist klar, dass hier nur ein verhältnismäßig formaler Seelsorgebegriff in Betracht kommt. Nur er kann vor den projektiven Fallen schützen. Man kann einen solchen formalen Seelsorgebegriff so beschreiben: Es geht um einen kommunikativen Vorgang zwischenmenschlicher Hilfe mit dem Ziel einer konkreten Stärkung und Hilfe für Glauben und Leben. Dieses Geschehen vollzieht sich in der Regel zwischen zwei Menschen, einem zur Hilfe bereiten Akteur und einem der Hilfe bedürftigen Rezipienten. Die regelhafte Rollenzuweisung sollte nicht im Sinne einer Rollenfixierung verstanden werden.

Eine ganze Reihe von Verben im Alten und Neuen Testament weisen nun tatsächlich auf solche seelsorgerlichen Vorgänge hin. Das Wort „Seelsorge" selbst oder ein entsprechendes Verbum fehlt in den biblischen Schriften. Aber es gibt doch eine Reihe von sprachlichen Äquivalenten, wobei wir wiederum Acht haben müssen, sie zu schnell in einer etwa pastoralpsychologisch gefärbten Bedeutung zu vereinnahmen: *trösten* (Hiob 2,11; Jer 31,15; Mt 5,4; 2 Kor 1,3f); *ermahnen* (Röm 12, 1.8; 2 Kor 6,1; 1 Thess 5,11); *einen Weg weisen* (1 Kor 12,31); *weiden* (Joh 21,15ff), *sich des andern annehmen* (Röm 12,13), *zurechthelfen* (Gal 6,1); *helfen* (1 Kor 12,28); *barmherzig sein* (Lk 6,36, Kol 3,12; Lk 15,10). Viele dieser Wörter, die für sich selbst und in ihrem Kontext in eine seelsorgerliche Richtung weisen, haben im biblischen Sprachgebrauch ihre Eigentümlichkeit darin, dass zuerst – im theologisch-qualitativen Sinn – Gott oder Christus ihr Subjekt bildet: „Seid barmherzig, wie auch euer Vater barmherzig ist" (Lk 6,36). Jahwe ist der Tröster (Jes 40,1; Ps 73,1; Jes 66,13; 2 Kor 3,1ff) und Christus ist der wahre Hirte (Joh 10,1–17; 1 Petr 2,25). Von ihm geht das heilende Erbarmen aus (Mk 9,36). Schon so weist die biblische Tradition auf den wahren Grund aller „Seelsorge", der unter keinen Umständen aus den Augen verloren werden darf.

Im Folgenden sollen einige *Einzelaspekte* von „Seelsorge" in der Bibel hervorgehoben werden. Dabei ist keineswegs Vollständigkeit angestrebt. Der oben dargelegte formale Seelsorgebegriff ist dabei auswahlleitend:

1. Im *Alten Testament* entspricht das Wirken der *„Weisen"* wohl am ehesten dem, was wir unter seelsorgerlicher Arbeit verstehen: „Während man den Priester um der *Tora* (Weisung) und den Propheten um des *Dabar* (Wort) willen aufsucht, geht man zum Weisen, um *Eza* (Rat) zu empfangen (vgl. Jer 18,18)"[11]. In der Weisheit geht es ähnlich wie in der Seelsorge um die „Sensibilisierung für Erfahrungen mit Gott und den Menschen."[12] Unsere modernen Probleme mit einer einseitig auf „Rat geben" orientierten Seelsorge dürfen wir in dieses biblische Modell freilich nicht eintragen.

Natürlich sollte seelsorgerliches Handeln im Alten Testament nicht auf die weisheitliche Wirksamkeit reduziert werden. So darf man, um wenigstens noch ein weiteres Beispiel zu nennen, das Buch Hiob „mutatis mutandis als seelsorgerliches Reflexionsmodell"[13] erkennen. Seelsorgeerfahrungen, gerade auch solche fragwürdiger Art (Hiobs Freunde!), werden hier reflektiert, und dadurch entsteht im Grunde eine neue Form seelsorgerlicher Kommunikation. So hat gerade das Buch Hiob immer wieder – gleichsam als seelsorgerlicher Akteur sui generis – seelsorgerlich auf Menschen gewirkt, die sich in großer Leibes- und Seelennot befinden.

Auch hinter den Psalmen dürften Erfahrungen seelsorgerlicher Praxis ebenso verborgen sein wie bei manchen prophetischen Texten. Vielfach sind die kommunikativen Strukturen noch gut erkennbar, die die Texte als seelsorgerlich ausweisen (etwa Ps 25; 139; Jes 40,26–31; Hiob 38ff).

2. Schnell sind wir bereit, Jesu Verhalten zu seinen Mitmenschen in Not als das Urbild für Seelsorge überhaupt anzusehen. Aber wie nah wir wirklich an den *historischen Jesus* herankommen, ist eine offene Frage. Mir leuchtet ein, wenn Gerd Theißen Jesus als einen „Charismatiker" charakterisiert. Das bedeutet auch, dass seine „Seelsorge" nicht ohne weiteres vergleichbar ist. „Jesus war ein Charismatiker, von dem eine schwer erklärbare Ausstrahlungskraft ausging, faszinierend für Anhänger, irritierend für Gegner."[14] Seine Fähigkeit, „unkonventionelle Werte und Verhaltensweisen vertreten zu können"[15], mag als Voraussetzung für eine Seelsorge interpretiert werden, die dem anderen Freiheit lässt und Raum gewährt. Jesu heilende Begegnungen mit den Unterprivilegierten und Stigmatisierten in der Gesellschaft, mit den „Sündern" und „Zöllnern", mit den Kranken und mit den Frauen ist der beredte Ausdruck dafür. Es ist darin eine seelsorgerliche Grundhaltung[16] zu erkennen, die Jesus selbst wohl charismatisch umsetzte, die aber doch auch einen Maßstab setzte für ein Verhalten aller derer, die in seiner Jüngerschaft leben wollen. „Sehet zu, dass ihr nicht einen von diesen Kleinen verachtet" (Mt 18,10; vgl. 18,2ff) – das zeigt die Richtung an, in welche die seel-

---

11 Fritsch, Stefan: Die chassidische Seelsorge, Frankfurt a.M. 1997, 170
12 A.a.O., 171
13 Mickel, Tobias: Seelsorgerliche Aspekte im Hiobbuch, Berlin 1990, 115
14 Theißen, Gerd/ Merz, Annette: Der historische Jesus, Göttingen 1996, 216

15 A.a.O., 217
16 Über „Jesus als Seelsorger" vgl.: Lemke, Helga: Verkündigung im seelsorgerlichen Gespräch, in: Baumgartner, Handbuch, a.a.O., 493–508, 495f

sorgerliche Aufmerksamkeit in der Nachfolge Jesu gelenkt werden sollte. Es dürfte zugleich so etwas wie der Kanon jeder Seelsorge in seinem Namen sein.

3. Ein wichtiger Zugang zur seelsorgerlichen Praxis Jesu könnte über die *Gleichnisse* in den synoptischen Evangelien gelingen. Wenn man diese Texte nicht aus ihrem Kontext herauslöst, sondern sie als Kommunikationsvorgänge zwischen Jesus und seinen Hörern begreift, dann erschließen sie sich als heilendes Wort in eine ganz konkrete Fragesituation hinein. Christoph Kähler hat an einzelnen Elementen des kommunikativen Geschehens der Gleichniserzählung dessen „therapeutische" Momente herausgearbeitet.[17] Natürlich ist bei dem Begriff „Therapie" nicht an gegenwärtige professionelle therapeutische settings zu denken. Aber die Gleichnisse verfolgen doch einen „lebensorientierenden Zweck", sie nehmen typische „Lebensängste" auf (Ungerechtigkeit, Verlust, Schuld, Wucher, Trennung, Verlorenheit des „Kleinen" u.a.), und sie fordern unter dem Medium bildhafter Rede die Hörer dazu heraus, „den Anfangsimpuls Jesu aufzunehmen"[18]. Darin gewinnt das kommunikative Handeln im Kontext der Gleichnisrede therapeutische und so auch seelsorgerliche Qualität.

4. Auch in anderen *Begegnungserzählungen Jesu* sind deutlich die Strukturen eines seelsorgerlichen Kommunikationsprozesses erkennbar. Die Anzahl der in Frage kommenden Texte erweitert sich noch einmal, wenn man die seelsorgerliche Kommunikation nicht auf ein Verbalgeschehen und nicht nur auf die Behandlung „seelischer" Krisen eingrenzt. So ist hier besonders an die Krankenheilungen Jesu zu denken, in denen es eben nicht nur um Wunderberichte mit einem gewissen kerygmatischen Erbauungswert geht. Sie sind vielmehr zu interpretieren als ein interaktives Geschehen im Spannungsfeld von Wahrnehmung der Situation, Ernstnehmen des Leidens, Akzeptation der Person, Herausforderung zu eigenem Handeln und Heilserfahrung durch Zuspruch und Heilung. Das sind Grundelemente eines seelsorgerlichen Kommunikationsprozesses. So viel lässt sich mit Sicherheit sagen.

Aber es kann nicht darum gehen zu sagen: so und so hat Jesus Seelsorge geübt. Dafür wissen wir zu wenig, und wir müssten dann auch sehr viel genauer unterscheiden, auf welcher Ebene der Überlieferung (historischer Jesus, synoptische Tradition usw.) wir uns jeweils befinden. Aber wir können Kommunikationsstrukturen erkennen, die mit dem, was wir heute unter Seelsorge verstehen, eine Menge gemeinsam haben.[19]

5. Vermutlich sind die Briefe im Neuen Testament – vorab die des *Paulus* – die historisch zuverlässigste Dokumentation von geschehener Seelsorge im Urchristentum. Roland Gebauer hat dies durch detaillierte Nachzeichnung der kontextuellen Bedingungen für die paulinischen Briefe und die in ihnen zu beobachten-

---

17 Kähler, Christoph: Jesu Gleichnisse als Poesie und Therapie, Tübingen 1995, 51f
18 A.a.O., 217f

19 Vgl. hierzu auch: Gebauer, Roland: Paulus als Seelsorger. Ein exegetischer Beitrag zur Praktischen Theologie, Stuttgart 1997, 64f

den Argumentationsstrukturen exegetisch untermauert.[20] Die paulinische Form der Seelsorge ist sehr konkret und oft atemberaubend nah am Lebensnerv der Adressaten. Sie ist sehr stark gemeindebezogen, und sie ist eindeutig vom apostolischen Verkündigungsauftrag her geprägt (1 Kor 9, 16.23). Das hat jedenfalls bei Paulus zur Folge, dass die seelsorgerliche Beziehung, wie sie sich im Briefvorgang darstellt, eine ziemliche Asymmetrie aufweist. Die Briefseelsorge des Paulus ist in einem hohen Maße autoritätsbetont (z.B. 1 Kor 4,14ff) und sie bedient sich einer ausgesprochen direktiven Methodik.[21] Man lese unter diesem Gesichtspunkt nur einmal das siebente Kapitel des 1.Korintherbriefs. Die Gefahr, hier anachronistisch zu urteilen, muss erkannt werden, man darf Paulus in seinen Briefen nicht an den Maßstäben der Rogers-Schule messen. Aber man darf seine seelsorgerliche Haltung ebenso wenig zur methodischen Norm für heutige Seelsorgepraxis erheben. Wenn man sich über beides im Klaren ist, dann bleibt, dass wir es in den paulinischen Briefen mit sehr lebendigen, aber keineswegs unumstrittenen Seelsorgeprozessen zu tun haben.[22]

6. Schließlich wäre nun hinzuweisen auf seelsorgerliche Beziehungen der Gemeinden und *Gemeindeglieder untereinander*. Es ist zunächst ganz unverkennbar, dass das Leben in der Nachfolge Jesu in der gesamten neutestamentlichen Überlieferung ein seelsorgerliches Beziehungsklima untereinander einschließt (Lk 9,48; Mt 10,43f; Joh 13,14ff; 15,12; Apg 2,42ff). Das geschwisterliche Leben miteinander ist jedoch nicht selbstzwecklich; die konkrete Zuwendung zu Menschen, die bedürftig sind, darf nicht an den Grenzen der Gemeinde enden (Mt 11,28; 25,40; 1 Tim 2,4). Es ist nicht sehr sinnvoll, den Seelsorgebegriff so weit zu fassen, dass er alle Weisen des Sich-einander-Zuwendens einschließt und praktisch zum Äquivalent für die Liebe wird. Die Frage ist, ob es in den urchristlichen Gemeinden auch eine spezifische seelsorgerliche Praxis gibt, die in etwa unserer formalen Strukturbeschreibung entspricht[23]. In 1 Thess 5,12–15 bittet der Apostel die Gemeinde um die Aktivierung ihres seelsorgerlichen Potenzials. Es scheint dort Gemeindeglieder zu geben, die in besonderer Weise seelsorgerliche Aufgaben wahrnehmen (V.12: „die an euch arbeiten"), und es werden spezifische Zielgruppen seelsorgerlichen Handelns erwähnt (V.14: „Unordentliche", „Kleinmütige", „Schwache"). Auch an anderen Stellen spricht Paulus die Gemeinde auf sehr konkrete seelsorgerliche Vollzüge hin an (2 Kor 2,5–11; Röm 12,12ff). Von daher jedoch darauf zu schließen, dass es in den paulinischen Gemeinden bereits eine institutionalisierte Form von Seelsorge gab, wäre sehr gewagt.

---

20 Gebauer findet bei Paulus drei inhaltliche Grundtypen der Seelsorge: „stärkende" bzw. „beistehende" Seelsorge (a.a.O., 250ff), „korrigierende" Seelsorge (a.a.O., 259ff) und „erhaltende" Seelsorge (a.a.O., 273ff)

21 A.a.O., 311ff

22 Besonders eindrucksvoll ist natürlich der Umgang des Apostels mit seinem eigenen Lei-

den und den Schlussfolgerungen, die sich daraus für die Seelsorge ergeben; vgl. dazu: Heckel, Ulrich: Schwachheit und Gnade. Trost im Leiden bei Paulus und in der Seelsorgepraxis heute, Stuttgart 1997

23 Für den Bereich der paulinischen Gemeinden vgl.: Gebauer, a.a.O., 283ff

7. Es scheint so, dass sich in den urchristlichen Gemeinden besonders mit dem *Ältestenamt* unterschiedliche seelsorgerliche Funktionen und Erwartungen verbanden (Apg 14,22; 15,36f).[24] Ein praktisches Beispiel von Ältestenseelsorge im speziellen Fall der Kranken- und Sterbendenbegleitung wird in Jak 5, 14ff geschildert: Es ist allerdings nicht klar, wieweit dieses Beispiel für die zweite und dritte Generation schon repräsentativ ist.

Im Ganzen muss man wohl davon ausgehen, dass für die Funktionsträger in der Gemeinde der Dienst an Lehre und Verkündigung einen Primat hatte, und dass alle seelsorgerliche Verpflichtung und auch alle seelsorgerliche Praxis darauf bezogen war.

Literatur

Eine fundierte, den Leser freilich auch fordernde Darstellung der Anfänge christlicher Seelsorge bis ins 5. Jahrhundert bietet *Thomas Bonhoeffer (1985)*. Ergänzend können die biblischen und altkirchlichen Kapitel in *Christian Möllers Geschichte der Seelsorge I (1994)* herangezogen werden. Einen gründlichen Einstieg in die paulinischen Grundlagen der Seelsorge geben die Monographien von *Roland Gebauer (1997)* und *Ulrich Heckel (1997)*. In beiden Arbeiten sind exegetische und poimenische Aspekte in eindrucksvoller Weise miteinander verbunden. Heckel gibt zudem ganz praktische Hinweise für eine Seelsorge mit der Bibel. Dafür sei schließlich auch auf das aus der Praxis erwachsene Buch von *Peter Bukowski (1996)* verwiesen.

Bonhoeffer, Thomas: Ursprung und Wesen der christlichen Seelsorge, München 1985
– Zu Entstehung des Begriffs „Seelsorge", in: Archiv für Begriffsgeschichte XXXIII, Bonn 1990, 7–21
Breuning, Wilhelm (Hg.): Seele. Problembegriff christlicher Eschatologie, Freiburg/ Basel/ Wien 1986
Bukowski, Peter: Die Bibel ins Gespräch bringen. Erwägungen zu einer Grundfrage der Seelsorge, Neukirchen ³1996
– Die christliche Tradition im Blickpunkt der Seelsorge, in: HbS 186–201
Fritsch, Stefan. Die chassidische Seelsorge. Pastoralpsychologische Aspekte und Impulse für die therapeutische Arbeit, Frankfurt a.M. 1997
Gebauer, Roland: Paulus als Seelsorger. Ein exegetischer Beitrag zur Praktischen Theologie, Stuttgart 1997
Heckel, Ulrich: Kraft in Schwachheit. Untersuchungen zu 2 Kor 10–13, Tübingen 1993
– Schwachheit und Gnade. Trost im Leiden bei Paulus und in der Seelsorgepraxis heute, Stuttgart 1997
Henning, Gerhard: Wie redet die Bibel von der Seelsorge? In: Theologische Beiträge 32, 2001, 181–191
Kähler, Christoph: Jesu Gleichnisse als Poesie und Therapie, Tübingen 1995
Jüttemann, Gerd u.a. (Hg.): Die Seele. Ihre Geschichte im Abendland, Weinheim 1991
Lückel, Kurt: Geschichten erzählen vom Leben. Hinterfragte Lebensmuster, Göttingen 1993
Mickel, Tobias: Seelsorgerliche Aspekte im Hiobbuch, Berlin 1990

---

24 Vgl. dazu: Roloff, Jürgen: Die Kirche im Neuen Testament, Göttingen 1993, 220

Möller, Christian (Hg.): Geschichte der Seelsorge in Einzelporträts, Bd. 1, Göttingen 1994
Piper, Hans-Christoph: Heil und Heilung. Zur Hermeneutik der neutestamentlichen Heilungsge-
schichten, in: Klessmann, Michael/ Lückel, Kurt (Hg.): Zwischenbilanz, Bielefeld 1994, 57–69
Tacke, Helmut: Mit den Müden zur rechten Zeit zu reden. Beiträge zu einer bibelorientierten
Seelsorge, Neukirchen 1989

2.2. Wandlungen des Seelsorgeverständnisses

Eine wirkliche „Geschichte der Seelsorge" kann hier nicht dargeboten werden.
Sie ist bisher ohnehin nur in Ansätzen geschrieben worden.[25] Vom Genus her ist
gar nicht klar, was da hineingehört. Seelsorge und Seelsorgelehre lassen sich
nicht so einfach voneinander trennen. Einen formal definierten Seelsorgebegriff
gibt es für die Alte Kirche so wenig wie für das Neue Testament. Was Seelsorge ist,
lässt sich für die einzelnen Epochen, vor allem der älteren Kirchengeschichte,
nicht so klar sagen. Predigt und Katechumenat sind eindeutigere Handlungsfelder. So sind notgedrungen bei einer geschichtlichen Darstellung von Seelsorge
ganz unterschiedliche Genera interaktiven Glaubensvollzugs im Blick: religiös-
sittliche Erziehung, Spiritualität, Dienste der Liebe, pastorales Handeln in der Gemeinde, apologetische Auseinandersetzung. Und es müssen sehr unterschiedliche
Sorten von Quellentexten herangezogen werden: aszetisches Schrifttum, Briefe,
Schriftauslegungen, geistliche Betrachtungen, pastoraltheologische Traktate usw.
Wie tatsächlich Seelsorge getrieben wurde, von Mensch zu Mensch, ist uns im
Grunde wenig bekannt. Verbatims von Seelsorgegesprächen gibt es erst in der
Neuzeit. Sehr interessante Einblicke in die Seelsorgegeschichte bieten Einzelpor-
träts in der von Christian Möller herausgegebenen „Geschichte der Seelsorge"[26].
Da wird Seelsorge jeweils im Kontext einer Biographie und eines Lebenswerkes
konkret und kohärent dargestellt. Aber es kommt dadurch natürlich noch kein
Epochenbild zustande. In unserer unvermeidlich sehr gedrungenen und eklekti-
schen Darstellung wollen wir versuchen, jeweils eine charakteristische Inhaltbe-
stimmung für einen Zeitabschnitt zu formulieren und dieser Einzelaspekte zuzuordnen. Wir gehen dabei von der Hypothese aus, dass jede Epoche einen für das
Gesamtverständnis von Seelsorge wichtigen Teilaspekt besonders betont hat. Keiner dieser Teilaspekte ist nur Vergangenheit. Ihre genaue Wahrnehmung kann die
Augen öffnen für vergessene oder unterbetonte Aspekte unserer Seelsorge und
Seelsorgelehre von heute. Ohne gewisse Vergröberungen geht es dabei nicht.

25 Die einzige zusammenhängende Geschichte der Seelsorge von den biblischen Anfängen bis in das 19. Jahrhundert: Hardeland,
August: Geschichte der speciellen Seelsorge in
der vorreformatorischen Kirche und der Kirche der Reformation, Berlin 1897. 1898 ; eine
relativ ausführliche Darstellung der Seelsorge-

geschichte bis in die Gegenwart bietet Klaus
Winkler: Seelsorge, Berlin/ New York ²2000,
77–174
26 Möller, Christian (Hg.): Geschichte der
Seelsorge in Einzelporträts, Göttingen, Bd. 1
1994, Bd. 2 1995, Bd.3 1996

2.2.1. Seelsorge als Kampf gegen die Sünde (Alte Kirche)

Für das im *endzeitlichen Erwartungshorizont* lebende frühe Christentum spielt das Streben nach möglichst sündloser Seinsweise eine bedeutsame Rolle. Die gläubig gewordenen Christen wollten unversehrt dem Tag der Parusie entgegengehen und ohne Angst dem kommenden Endgericht mit Zuversicht entgegensehen können. Das Streben nach Reinheit und Unversehrtheit kann sehr unterschiedlich begründet sein. Bei Origenes etwa heißt es – und dabei wird die Auseinandersetzung mit dem „griechischen" Hintergrund besonders deutlich –: „Ich glaube, wir haben unsere Seele selbst und unser Leben als eine Leihgabe von Gott erhalten ... Die Leihgabe also, die du ohne Zweifel bekommen hast, musst du unversehrt zurückerstatten."[27] Seelsorge kommt hier dem sehr nahe, was auch dem Ideal der christlichen *Erziehung* entspricht.[28] Diese aber kann ebenso scheitern wie die Bemühung des Einzelnen durch sittliches Handeln die Macht der Sünde zu überwinden. Die auf das sich hier stellende soteriologische Problem antwortende Gnadenlehre des Paulus mit dem Gedanken einer durch das Versöhnungswerk Jesu Christi erwirkten Vergebung hatte es indessen schwer, sich in der Alten Kirche wirksam durchzusetzen.

Ein Beispiel dafür ist der *„Hirt des Hermas"*[29], eine apokryphe Apokalypse aus der ersten Hälfte des zweiten Jahrhunderts. Den Hintergrund dieser Schrift bildet die Frage, ob es für diejenigen eine Rettung gibt, die nach der „ersten Buße", also der Taufe und der durch sie zugeeigneten Vergebung, wieder in Sünde gefallen sind. Die Antwort lautet: Es gibt noch eine zweite, freilich allerletzte Chance zur Buße. Einmal noch kann der Mensch umkehren zu einer glaubensgemäßen christlichen Existenz. Das Leben des Christen aber muss nun in dem beständigen Versuch bestehen, dem Einfall des Teufels in das Alltagsleben zu widerstehen. Der Hinweis auf die Möglichkeit eines „Zu spät" hat bei Hermas wohl vor allem pädagogische Bedeutung[30] und gibt ihm die Möglichkeit, seine mild moralisierende christliche Sittenlehre den Lesern ans Herz zu legen. Was dabei über bestimmte Gemüts- und Seelenzustände gesagt wird, zeugt durchaus von seelsorgerlichem Einfühlungsvermögen. So heißt es etwa: „Wirf den Zweifel von dir und zweifle nie daran, ob du etwas von Gott erbitten sollst."[31] Nicht nur der „Zweifel", auch der „Jähzorn", die „falschen Begierden" und nicht zuletzt die „Traurigkeit" werden als „Tochter" oder „Schwester" des Teufels gesehen.[32] Damit werden diese glaubens- und lebensfeindlichen Regungen des Menschen in eine Distanz gebracht, die die Freiheit des Einzelnen für eine Auseinandersetzung mit ihnen erhöht.

27 Origenes, Homilie zu Leviticus 4,3, zitiert nach: Texte der Kirchenväter I, München 1963, 363
28 Neben Origenes vor allem und eindrücklich vertreten durch Klemens von Alexandrien, vgl. dazu den Abschnitt „Kultur als Heilsgabe" bei: Bonhoeffer, Thomas: Ursprung und Wesen der christlichen Seelsorge, München 1985, 98–105

29 Die Apostolischen Väter, hrsg. von Andreas Lindemann und Henning Paulsen, Tübingen 1992, 325–555
30 Vgl. Bonhoeffer, Thomas, a.a.O., 96f
31 Die Apostolischen Väter, 405
32 A.a.O., 401ff; 405ff; 409ff; 413ff; 417ff

Sehr viel direkter, wohl auch realitätsnäher, nämlich als Kampf gegen das Böse und zuweilen auch Dämonische, geschieht Seelsorge bei den *Wüstenvätern und Wüstenmüttern* des vierten und fünften Jahrhunderts[33]. Die Wüste ist „Ort der größten Wirksamkeit diabolischer Gewalten", aber auch „Ort der erfahrbaren Nähe Gottes"[34]. Der Einzelne ist dem Bösen ausgeliefert und der Kampf dagegen erfordert alle Kräfte. Die Menschen, die zu Tausenden in die Wüste aufbrachen, um eine alternative spirituelle Existenz zu begründen und so wahre Erlösung zu erlangen, fanden offensichtlich in der Kirche und bei den Sakramenten nicht die Gewissheit, die sie brauchten und nicht die Wegweisung, die sie suchten[35]. Von den Vätern in der Wüste lernten sie, dass einzig die Nachfolge und eine echte Bußgesinnung ihnen Rettung verspreche. So lehrt Antonius, Prototyp des anachoretischen Mönchtums: „Das ist das große Werk des Menschen, dass er seine Sünden über sich hinaus vor das Angesicht Gottes werfe und mit Versuchung rechne bis zum letzten Atemzug."[36] Die seelsorgerliche Weisung der Väter war diagnostisch klar, oft scharf konfrontierend, aber nicht entblößend, stets ermutigend[37]. Es handelte sich hier um eine sehr existenzbezogene Seelsorge. Ihre personale Voraussetzung bildeten die Aufrichtigkeit und das unbedingte Vertrauen[38]. Ihr außerordentlicher Ort wurde zu einer Art „Gegenwelt", in der die konkreten Probleme des alltäglichen Kampfes besprechbar wurden und tragfähiger Glaube wachsen konnte.

Bei den Wüstenvätern und Wüstenmüttern rückte der Einzelne in den Blickpunkt. Auch wenn aszetische Ideale im Spiel waren, die uns heute fremd sein mögen, so ist doch festzuhalten: Hier ereignete sich eine Seelsorge, die in die Tiefe ging[39], die innere Anfechtungserfahrungen kannte und die darum wusste, dass allein Wahrhaftigkeit den Weg zur Freiheit und damit zur Heilung und Rettung der Seele bereiten konnte.

Dort wo die Seelsorge in die Tiefe geht, wird auch deutlich, dass eine Heilung nur möglich ist bei gleichzeitiger Bereitschaft zu radikalkritischer Selbstwahrnehmung. Solche Introspektion ist die Voraussetzung, um die Sünden zu erkennen, die Leidenschaften wahrzunehmen, sich der guten und bösen Regungen des Her-

33 Vgl. dazu die Darstellung von Manfred Seitz: Wüstenmönche, in: Möller, Christian (Hg.), a.a.O. 81–111; ferner: Bäumer, Regina/ Plattig, Michael: Aufmerksamkeit ist das natürliche Gebet der Seele. Würzburg 1998; Dodel, Franz: Weisung aus der Stille. Sitzen und Schweigen mit den Wüstenvätern, Zürich 1999
34 Seitz a.a.O. 99
35 vgl. Bonhoeffer, a.a.O. 106f
36 Weisung der Väter, Trier ⁵2000, Nr.16. Übersetzungen teilweise korrigiert. Ich danke Günther Schulz für hilfreiche Hinweise zu diesem Kapitel.
37 ebenda Nr.597: „Abbas Poimen sprach: „wenn ein Mensch sündigt und es leugnet, in-

dem er spricht: Ich habe nicht gesündigt, so überführe ihn nicht. Andernfalls nimmst du ihm den Mut. Wenn du aber sagst: Sei nicht mutlos, Bruder, aber hüte dich hinfort, dann erweckst du seine Seele zur Reue."
38 Nr.654: „Wiederum sagte er: „Zu wem dein Herz nicht hinströmt, an den hänge dich nicht mit deinem Herzen."
39 Vgl. ebenda Nr.16, wo die oberflächliche Erfüllung geistlicher „Bedürfnisse" zurückgewiesen wird: Ein Bruder sprach zum Altvater Antonius: „Bete für mich:" Der Greis entgegnete ihm: „Weder ich habe Erbarmen mit dir, noch Gott, wenn du dich nicht selbst anstrengst und Gott bittest."

zens bewusst zu werden. Seelsorge hat es oft auch mit dem zu tun, was unter der Oberfläche verborgen ist und was nur behutsam in das Licht des Bewusstseins gebracht werden kann. „Abbas Poimen sprach: Lehre deinen Mund sprechen, was in deinem Herzen ist."[40] Gerade die Bereitschaft zur Introspektion ist etwas, das auch sonst in der seelsorgerlichen Tradition der Alten Kirche gefordert wird. Der Origenes-Schüler Gregorios Thaumaturgos schreibt beispielsweise: „Dadurch vor allem, dass unsere Seele ihre Unordnung erkennt, vermag sie sich daran emporzuarbeiten... Zuerst muss sie sich selbst wie in einem Spiegel beschauen: die Uranfänge und Wurzeln des Bösen, all ihr unvernünftiges Wesen ... aber auch alles, was den besseren Teil unseres Wesens ausmacht, die Vernunft."[41] In dieser – gewiss viel vernunftoptimistischeren Sichtweise als bei den Wüstenvätern – fungiert Introspektion im Dienste der Seelenerziehung und Seelenbildung.

In der monastischen Tradition – vor allem des Westens – gerät dann Introspektion stärker unter die Vorstellung einer kontrollierten Seelenführung, bei der auch das methodische Element eine wichtige Rolle spielt. *Johannes Cassian* (gest. um 435) hat das Modell dafür entwickelt. In seinen Mönchsregeln wird die intensive Selbstprüfung und Selbsterforschung dem einzelnen Mönch zur strengen Pflicht gemacht. Die Schäden und Laster der Seele müssen deutlich erkannt und benannt werden, damit sie überwunden werden können. Der Weg zur Wahrheit wird nun zu einer von Misstrauen geprägten Selbstkontrolle und zur Suche nach den Schlupflöchern des Bösen in den Winkeln des menschlichen Herzens. Es geht um Selbstenthüllung – und zwar in der Form der *exagoreusis*, die im Unterschied zur *exomologesis*, dem öffentlichen Sündenbekenntnis, zu einer selbstzwecklichen geistlichen Gehorsamsleistung im Dienste permanenter Kontrolle wird. „Sie erheischt die unablässige analytische Verbalisierung von Gedanken im Zeichen des absoluten Gehorsams."[42] Zwischen der Seelsorgetradition der Wüstenväter und dem Regelwerk Cassians liegen ganze Welten. Da spielt schon der Gegensatz von Osten und Westen hinein. Aber vor allem haben wir hier den Unterschied zwischen einer charismatischen Seelsorge, die stets die konkrete Einzelbegegnung im Blick hat, und einer regulativen Seelsorge, die bestimmte seelsorgerliche Techniken zum Zwecke der Selbstveränderung institutionalisieren und für den besonderen Bereich des monastischen Lebens verbindlich machen möchte. Und in gewisser Weise deutet sich – trotz der zeitlichen Nähe – auch schon der Überschritt zur Seelsorgepraxis der mittelalterlichen Reichskirche im Zeichen von Buße und angeleiteter Selbsterforschung an.

---

40 ebenda Nr. 738, vgl.Nr.637
41 Texte der Kirchenväter, Bd. I, München 1963, 437
42 Foucault, Michel: Technologien des Selbst, in: ders.: Technologien des Selbst, Frankfurt a.M. 1993, 24–62, 61; vgl.: Paden,

William E.: Schauplätze der Demut und des Misstrauens. Wüstenheilige und New-England-Puritaner, in: Foucault, a.a.O., 78–96, 79ff. Zum hier avisierten Problem ferner: Schieder, Rolf: Seelsorge in der Postmoderne, in: WzM 46, 1994, 28ff

2.2.2. **Seelsorge als Beichte (Mittelalter)**

Länger als ein Jahrtausend hindurch war die Seelsorge der Kirchen entscheidend geprägt von der Institution der Beichte im Rahmen des Bußsakraments. Dabei verbergen sich unter dem Begriff „Beichte" natürlich sehr verschiedene Vollzugsformen geistlicher Praxis. Das Grundthema der bisherigen christlichen Seelsorge – nämlich die Auseinandersetzung mit dem das Seelenheil bedrohenden Phänomen der Sünde – bleibt unverändert in Geltung. Seine seelsorgerliche Behandlung jedoch erfolgt nun in ungleich stärker institutionalisierter und formalisierter Weise, sodass schon die Frage aufkommen kann, inwieweit wir es hier wirklich mit einer Gestalt von „Seelsorge" oder vielleicht doch eher mit Kirchenzucht zu tun haben. Diese Frage freilich ist kaum beantwortbar, und man muss sich aus der historischen Distanz und ohne gründliche Quellenrecherchen vor schnellen Bewertungen hüten. Das aber ist klar: Intentional ging es um seelsorgerliches Handeln, mögen auch andere – z.B. kirchenzuchtliche – Motive ebenfalls eine Rolle gespielt haben.

Beginnen wir jedoch zunächst mit einigen Erinnerungen zur Entstehung und Entwicklung von Beichte und Bußsakrament.[43] Ausgangspunkt war die seit der apostolischen Zeit anstehende Problematik einer Vergebungsmöglichkeit für die nach der Taufe begangenen Sünden. Während die rigoristischen Gruppen (Montanisten, Novatianer) eine zweite Buße strikt ablehnten, setzte sich in der Großkirche zunehmend eine mildere Bußpraxis durch. Dies geschah vor allem in Zusammenhang der Frage nach dem Umgang mit den unter dem Druck der Verfolgung abgefallenen Christen, den so genannten Lapsi. Eine Vergebung war dabei an die geistliche und jurisdiktionelle Kompetenz der Bischöfe gebunden (Cyprian, Hippolyt). Und die Voraussetzung der Rekonziliation war das öffentliche Bekenntnis der Sünden *(exomologesis)* im Gottesdienst der Gemeinde. Nur das Aussprechen geheimer Sünden konnte vor dem Bischof allein erfolgen. Darüber hinaus war auch eine geschwisterliche „Zurechtweisung" der Einzelnen untereinander bekannt. Augustin etwa schätzte sie sehr hoch, unterschied sie aber noch von der unverzichtbaren öffentlichen Buße.[44] Seit dem fünften Jahrhundert nimmt die Tendenz zu, die Beichte lebenszeitlich möglichst weit hinauszuschieben, um nicht durch erneutes Sündigwerden des ewigen Heils verlustig zu gehen.

Der entscheidende Anstoß zu einer Veränderung der Beichtpraxis kam aus der keltischen Kirche. Dort war das öffentliche Sündenbekenntnis im Gottesdienst

43 Asmussen, Jens P. u.a.: Art. Beichte (I–V), in: TRE 5, Berlin/ New York 1980, 411–439; Wißmann, Hans u.a.: Art. Buße (I–VI), in: TRE 7, Berlin/ New York 1981, 430–496; Vorgrimler, Herbert/ Lell, Joachim: Art. Buße/ Vergebung, in: Eicher, Peter (Hg.): Neues Handbuch theologischer Grundbegriffe, Bd.1, München 1984, 150–170; Campbell, Alastair V. u.a.: Art. Beichte, in: EKL I, Göttingen 1986, 397–402; Mühlen, Karl-Heinz zur u.a.: Art. Buße (1–3), in: EKL I, Göttingen 1986, 599–610; Ohst, Martin: Pflichtbeichte. Untersuchungen zum Bußwesen im Hohen und Späten Mittelalter, Tübingen 1995
44 Vgl. Wißmann, TRE 7, 455; Mühlen, EKL I, 600

unbekannt. Dagegen war – ähnlich wie in den Klöstern – die private und wiederholbare Beichte vor einem Seelsorger mit Zuspruch der Absolution in Übung. Im Zuge der Missiontätigkeit iroschottischer Mönche kam die Praxis der Privatbeichte auf den Kontinent und wurde hier – zunächst erst einmal im Westen, später auch im Osten – seit dem sechsten Jahrhundert zur herrschenden Beichtform. Mit der Individualisierung der Beichte kamen „wichtige monastische Ideale in das Leben und Denken der Gesamtkirche hinein."[45] Und wo die Beichte im Dienste der Tilgung der Alltagssünden verstanden wurde, war auch die Laienbeichte verbreitet.[46] Die regelmäßige Beichte gab den Gläubigen die Möglichkeit, sich der dunklen Seiten des individuellen Lebens und der Erfahrungen des Bösen immer wieder bewusst zu werden. Sie bot Gelegenheit auszusprechen, was die Seele belastete, und so neue Freiheit zum Handeln und zum Glauben zu erlangen. Sofern die Beichte nicht in ihrer Ritualisierung erstarrte, konnte sie zum Stimulans bewusster Existenz werden. Wie weit es möglich wurde, die in dem Institut der Privatbeichte liegenden Chancen auch wirklich zu realisieren, steht auf einem anderen Blatt.

Einschneidend war gerade in dieser Hinsicht dann die Erhebung der Privatbeichte zur Pflichtleistung für jeden Christen. Tendenzen dazu bestanden seit dem 8. Jahrhundert. Endgültig kanonisiert wurde die Pflichtbeichte auf dem 4. Laterankonzil 1215. Jeder Christ war fortan verpflichtet, einmal im Jahr vor einem Priester zu beichten.

Eine durch das ganze Mittelalter hindurch diskutierte Frage war, welche Voraussetzungen erfüllt sein mussten, um auf das Bekenntnis der Sünden die Vergebung zusprechen zu können. Genügte das Beichtbekenntnis? War also das Aussprechen schon der Vergebungsgrund? Oder war dies erst die sich damit verbindende Reue (*contritio cordis*)? So etwa sah und vertrat es Abälard. Oder aber waren bestimmte Vergeltungsleistungen erforderlich – gemäß dem Entsprechungsdenken: jede ungute Tat musste durch eine ihr entsprechende Bußhandlung gesühnt werden (*satisfactio operis*). Der Hauptstrom der mittelalterlichen Entwicklung wies in diese Richtung. Die vielen Bußbücher mit einer ausgeführte Kasuistik[47], in der die einzelnen Bußstrafen minutiös festgelegt wurden und aus der heraus sich dann auch das Ablasswesen konstituieren konnte, gehören in diesen Zusammenhang. Sie geben Zeugnis von einem Prozess der Verrechtlichung und Veräußerlichung der christlichen Beichtpraxis. Es muss freilich auch gesagt werden, dass die hier erkennbare Sakramentalisierung der Buße gemildert wurde durch spirituelle Be-

---

45 Wißmann, TRE 7, 459

46 Die Praxis der Laienbeichte ist vor allem für die Zeit zwischen dem neunten und elften Jahrhundert bekannt. Sie geschah in Analogie zu den Klöstern, wo die gegenseitige Beichte traditionell üblich war. Vgl.: Asmussen, TRE 5, 419

47 Vgl. dazu: Angenendt, Arnold: Geschichte der Religiosität im Mittelalter, Darmstadt 1997, 633ff. Angenendt beschreibt konkret die Folgen einer „Tarifierung" der Bußleistungen, den Umgang mit den unerkannten Sünden und den Leibsünden usw.

wegungen, die bewirkten, dass immer wieder „neue Wellen der Bußgesinnung und tätiger Bußbereitschaft"[48] die Beichtpraxis belebten und verinnerlichten.

Die Institutionalisierung der Pflichtbeichte in der mittelalterlichen Kirche entsprang dem Wunsch, „alle Gläubigen seelsorgerlich zu erfassen"[49]. Und es verband sich damit das Bestreben, die Pfarrer möchten ihre seelsorgerlichen Aufgaben bei ihren Gemeindegliedern – auch über die Formen des Beichtrituals hinaus – ernsthaft wahrnehmen bzw. die Beichte als eine Gelegenheit zur Seelsorge nutzen. Einzelne Stimmen unterstrichen dies immer wieder und wiesen damit direkt oder indirekt zugleich auf die unbefriedigenden Seelsorgezustände in den Gemeinden hin. Der Reformtheologe Johannes Gerson etwa meinte, ein Pfarrer begehe „Ehebruch", wenn er es an Seelsorgeeifer mangeln lasse; denn auch den „einfachen Seelen" solle man „mystische Erfahrungen" zutrauen. Gerson vertrat eine verinnerlichte Beichtpraxis, die eine einseitig „sakralinstitutionelle" Frömmigkeit überwinden bzw. positiv ergänzen wollte.[50]

An grundlegenden Konzepten für eine individuelle und realitätsnahe Seelsorgepraxis hat es gewiss nicht gefehlt. Hier ist auf die monastischen Traditionen mit ihren ausgeprägten Seelsorgepraktiken hinzuweisen. Besonders aber muss die *„Regula pastoralis" Gregors des Großen* (gest. 604) erwähnt werden, die das ganze Mittelalter hindurch hohes Ansehen genoss.[51] Natürlich geht es in dieser für die Geschichte der Seelsorge so bedeutenden Schrift vor allem und zuerst um den Kampf gegen die Sünde, aber die Regula pastoralis leitet die Seelsorger zu differenziertem Vorgehen an. Gregor gibt ihnen hier, so schreibt Christian Möller, eine „christliche Sittenlehre" an die Hand, um sie „für eine kontextuelle Seelsorge zu sensibilisieren"[52]. Unter Bezugnahme auf Gregor von Nazianz weist er darauf hin, „dass nicht für alle die gleiche Art der erbaulichen Belehrung zuträglich ist"[53]. Die ganze Regula dient ausschließlich der Anleitung zu einer person- und situationsspezifischen Seelsorge: „Anders sind die Männer anzusprechen, anders die Frauen; anders die jungen Männer, anders die Senioren, anders die Armen, anders die Reichen ... anders die Hochmütigen, anders die Kleinmütigen ... anders die Gesunden, anders die Kranken ..."[54]. Die Genera von Predigt und Gespräch mögen

48 Wißmann, TRE 7, 463
49 Asmussen, TRE 5, 418
50 Vgl. Angenendt, a.a.O., 189–191. Hinzuweisen wäre in diesem Zusammenhang auf eine ganze Reihe von mittelalterlichen Autoren und Praktikern der Seelsorge, Bernhard von Clairvaux etwa oder Meister Eckart. Vgl. dazu die entsprechenden Beiträge in: Möller (Hg.): Geschichte der Seelsorge in Einzelporträts, Bd. 1, 247ff ; 287ff
51 Zu Gregor vgl.: Möller, Christian: Gregor der Große, in: a.a.O., Bd.1, 223–243
52 A.a.O., 231
53 Gregor der Große, Regula pastoralis, übersetzt und eingeleitet von Georg Kubis,

Leipzig 1986, 15. Auf die Notwendigkeit einer seelsorgerlichen Differenzierung nach Analogie ärztlicher Diagnostik und Therapie hatte schon Gregor von Nyssa hingewiesen, vgl. dazu den bei Bonhoeffer, Thomas, a.a.O., 129 –140 zitierten Brief an Letoios nebst Einleitung und Kommentar. Dort heißt es wörtlich: „Denn wie in der Medizin zwar das Ziel immer dasselbe ist, nämlich dass der Kranke gesund wird, die Art der Behandlung jedoch je nach Krankheit verschieden, so auch bei der seelischen Erkrankung: Auch hier gibt es vielerlei Leiden und deshalb auch vielerlei therapeutische Bemühungen." (130)
54 Gregor der Große, a.a.O., 16

dabei nicht immer ganz klar unterschieden sein, aber der seelsorgerliche Grundtenor ist ganz eindeutig. Und es geht Gregor um eine konfrontierende und zugleich ermutigende Seelsorge. Den „Hochmütigen" z.b. gilt es zu zeigen, „Dass ihre vermeintlich guten Taten eigentlich Sünde sind", während es für die Kleinmütigen angemessen sei, „wenn man nebenbei ihre guten Seiten streift und so einiges anerkennt und lobt, während man anderes an ihnen rügen muss; auf diese Weise soll ihr schwaches Selbstwertgefühl wieder gehoben werden, das durch die Rüge niedergedrückt wurde."[55] Das ist eine Seelsorge, die den Einzelnen und seine materielle wie seelische, seine geistige wie geistliche Befindlichkeit im Auge hat, auch wenn uns vielleicht der erzieherische Unterton heute eher befremdlich erscheinen mag. Wichtig bleibt, dass Seelsorge nur dann wirklich gelingt, wenn der Seelsorger selbst in dem, worin er andere „ermahnt", ein Vorbild darstellt. Es geht nicht an, wenn einige „Kenntnisse zur Schau zu stellen versuchen, die zu erwerben sie unterlassen haben"[56]. Das nur „Richtige" nützt nicht und hilft keinem. Erst die eigene Erfahrung des Seelsorgers macht seinen Rat wertvoll für andere. Darum sollen, so Gregor, Seelsorger fähig werden zur Introspektion: Ehe sie anderen einen Weg weisen, „sollen (sie) zuvor die Gedanken auf sich richten"[57].

Gegen die gesamtkirchlich umfassende Verwirklichung einer aus diesem Geist fließenden Seelsorge- und Beichtpraxis sprachen vor allem zwei Faktoren. Die immer stärkere Konzentration des Priesterdienstes auf den korrekten Vollzug des Messgottesdienstes einerseits und der überaus geringe Bildungs- und Ausbildungsstand des gemeinen Klerus andererseits. Mit der Einführung der *Pflichtbeichte* waren Beichte und Seelsorge immer stärker an die Ortsgeistlichen gebunden. Diese waren aber oft zu nicht mehr in der Lage, als die Sonntagsliturgie einigermaßen richtig zu lesen und zu vollziehen. In der Stadt mag die Situation geringfügig besser gewesen sein als auf dem Dorf, vor allem auch dank der seelsorgerlichen Aktivitäten der Bettelorden. Aber der Bildungshorizont der meisten Pfarrer war in jedem Fall gering. Erst gegen Ende des 15.Jahrhunderts gibt es eine größere Anzahl akademisch gebildeter Seelsorger in den Gemeinden. Ein anschauliches Bild der pastoralen Situation auf dem Dorf vermittelt Arnold Angenendt: „Die Seelsorge vor Ort oblag „Vikaren", den „Leutpriestern", die oft kaum ihr Auskommen hatten und es an Seelsorge, die jetzt auch auf dem Dorf verlangt wurde, mangeln ließen. Der eingesessene Dorfpfarrer war überdies Bauer unter Bauern, hatte zur Subsistenz die mit dem Pfarrhof verbundene Landwirtschaft zu betreiben, lebte nicht selten mit seiner Magd ehelich zusammen und hatte seine Kinder zu versorgen, was oft genug zu Lasten des Pfarrgutes ging."[58]
Die Betrachtung der seelsorgerlichen Landschaft in der mittelalterlichen Kirche zeigt, dass es nicht unproblematisch ist, wenn die Wahrnehmung der Seelsorgeaufgaben zu stark in die Nähe des liturgischen Dienstes rückt, ihre ursprüngliche,

55 A.a.O., 32f
56 A.a.O., 119

57 A.a.O., 183
58 Angenendt, a.a.O., 444

bei Klemens und Origenes besonders betonte, Verbindung zu Kultur und Bildung dagegen in den Hintergrund tritt.

Denn gerade die bei Gregor dem Großen geforderte Kontextualität von Seelsorge verlangt von den Seelsorgern eine hohes Maß an Sensibilität und sprachlichem Ausdrucksvermögen. Die Form der Beichte stand dem vom Prinzip her keineswegs entgegen, in ihrer stark formalisierten und ritualisierten Gestalt aber führte sie dazu, dass das, was sie eigentlich intendierte, immer weniger möglich wurde.

Dazu trug freilich auch bei, dass die neutestamentliche Gnadenbotschaft, die eigentliche Grundlage einer theologisch verantwortlich ausgeübten Seelsorge und Beichtpraxis, nicht mehr in ihrer ursprünglichen Klarheit gegenwärtig war und das Leben und Denken der mittelalterlichen Kirche nicht mehr deutlich genug prägte.

2.2.3. Seelsorge als Trost (Martin Luther)

Es ist nicht einfach, die Bedeutung Luthers für die Entwicklung des Seelsorgeverständnisses auf einen Begriff zu bringen. Das Wort „Trost" wird heute leicht missverstanden, nicht selten gebraucht man es mit einem ironischen Unterton. Wenn wir hier das Wort „Trost" zur Charakterisierung des besonderen Anliegens der Seelsorge Luthers verwenden, dann ist das nicht in dem gewissen erbaulichen Sinne gemeint, der sich uns mit einer Inszenierung pastoraler Freundlichkeit verbindet. Auch soll Luthers Seelsorge hier nicht primär von einzelnen „Fällen" her charakterisiert werden, in denen der Reformator auf ein jeweils aktuelles Trostbedürfnis reagiert hat und von denen besonders seine reiche Korrespondenz ein eindrucksvolles Zeugnis gibt.[59] Hier soll mit dem Begriff „Trost"[60] die sich aus Luthers evangelischer Basiserfahrung ergebende primäre Intention von Seelsorge verstanden werden. Seelsorge ist für Luther nicht nur eine pastorale Aufgabe unter anderen, sondern sie ist im Kern die Theologie selbst. Mit Christian Möller zu sprechen: Seelsorge ist eine „Grunddimension in Martin Luthers Leben und Werk"[61].

Die Seelsorgeauffassung Luthers muss auf dem Hintergrund der mittelalterlichen Bußpraxis und seiner Auseinandersetzung mit ihr verstanden werden. Diese hat ihn aufs tiefste beunruhigt, weil sie ihn mit ethischen und religiösen Forderungen konfrontierte, deren Erfüllung das skrupulöse Gewissen des Augus-

59 Vgl. dazu vor allem: Ebeling, Gerhard: Luthers Seelsorge. Theologie in der Vielfalt der Lebenssituationen an seinen Briefen dargestellt, Tübingen 1997; ders.: Luthers Gebrauch der Wortfamilie „Seelsorge", in: Luther-Jahrbuch 61, 1994, 7–44

60 Zum Trostbegriff vgl.: Schneider-Harpprecht, Christoph: Trost in der Seelsorge, Stuttgart 1989; Weymann, Volker: Trost? Orientierungsversuch zur Seelsorge, Zürich 1989

61 Möller, Christian: Martin Luther, in: ders.: (Hg.): Geschichte der Seelsorge in Einzelporträts, Bd. 2, Göttingen 1995, 25–44, 25; zur Darstellung der Seelsorge Luthers vgl. ferner: Schütz, Werner: Seelsorge, Gütersloh 1977, 10ff

tinermönches für aussichtslos hielt. Wie sollte er vor Gott Gnade erlangen und damit für seine Seele Heil gewinnen können? Im Rückblick hat Luther diese Erfahrung von Verlorenheit vielfach zum Ausdruck gebracht: „... die Angst mich zu verzweifeln trieb, dass nichts denn Sterben bei mir blieb, zur Hölle musst ich sinken."[62] Es war die Angst, es Gott nicht und niemals recht machen zu können und deshalb als Mensch vor ihm nicht recht sein zu können, selbst wenn man alle Kräfte zusammennähme und alle „Werke des Gesetzes" zu erfüllen sich bemühte. In diese Anfechtungssituation hinein wurde Luther über dem Studium der Schrift, vor allem des Römerbriefes (Röm 1,17) die reformatorische Erkenntnis zuteil, dass nicht das, was der Mensch selber vermag und leistet, sondern das, was für ihn getan wird, und zwar von Gott her getan wird, das Tor zum Leben eröffnet. Am Ende seines Lebens – in der Vorrede zur Ausgabe seiner lateinischen Schriften von 1545 – beschreibt Luther die entscheidende Durchbruchserfahrung so: „Da fing ich an, die Gerechtigkeit Gottes als solche zu begreifen, durch die der Gerechte durch Gottes Gerechtigkeit lebt, d.h. also aus Glauben"[63].

Was Luther hier zunächst biographisch erfahren hat, muss für die Seelsorgegeschichte als eine Art Perspektivwechsel verstanden werden. Nicht der defizitäre Mensch mit seiner Fähigkeit zu Reue und Buße steht als Akteur perspektivisch im Blick, sondern der schenkende und vergebende Gott in Jesus Christus.[64] Dieser Perspektivwechsel begründet den Trostcharakter der Seelsorge: Luther schildert in den bekannten und bewegenden Worten, was ihm die neue Einsicht bedeutet: „Nun fühlte ich mich ganz und gar neu geboren. Die Tore haben sich mir aufgetan. Ich war in das Paradies selber eingegangen."[65] Und in einer späteren Predigt preist er in der Plerophorie des Glaubens die für Christen überwältigende Gnadenerfahrung: „Er überschüttet also seine Christen noch viel reichlicher und decket ihnen mit Vergebung der Sünden alle Winkel voll, auf dass sie nicht allein in der Gemeinde Vergebung der Sünden finden sollen, sondern auch daheim im Hause, auf dem Felde, im Garten, und wo einer nur zum andern kommt, da soll er Trost und Rettung haben."[66]

Mit der umfassenden Vergebungserfahrung, die aus dem Glauben kommt und zugleich auf ihn hinführt, sind Beichte und Buße nicht gegenstandslos geworden. Luther hält an der Beichte fest. Aber, wie gesagt, die Perspektive ist nun anders:

---

62 Evangelisches Gesangbuch Nr. 341, Vers 3

63 WA 54, 186 – Übersetzung nach Möller, a.a.O., 26

64 Eine interessante pastoralpsychologische Interpretation des Perspektivwechsels bei: Winkler, Klaus: Die Zumutung im Konfliktfall! Luther als Seelsorger in heutiger Sicht, Hannover 1984, 54ff. Winkler sieht anthropologisch einen Wechsel von einer „Über-Ich"-geleiteten Gewissensbindung (mit der Folge von Schuldangst wegen nicht erfüllter Normen)

zu einem eher „Ich-Ideal"-gesteuerten Gewissensverständnis (mit der Folge von Selbstwertkrisen wegen Idealverfehlung). Im Blick darauf gewinnt dann, wenn ich Winkler richtig verstehe, die Einsicht des Glaubens an die von Gott her vollzogene Annahme des „ganzen Menschen" ihren entscheidenden „Trost"-Charakter.

65 S. Anm. 63

66 WA 47, 297f – zit. nach: Jörns, Klaus-Peter: Luther als Seelsorger, in: WzM 37, 1985, 489–498, 491

Nicht das Sündenbekenntnis in der Beichte ist Voraussetzung für Glaube und Vergebung, sondern umgekehrt: der Glaube, von Gott geliebt und gerechtfertigt zu sein, wird zum „Ermöglichungsgrund einer wirksamen Buße"[67]. Die Beichte wird nun insofern zu einem wichtigen Aspekt von Seelsorge, weil sie hilft, auf dem Hintergrund des Glaubens die Realität des eigenen Lebens ungeschönt wahrzunehmen. Sie kann auf die Vergebung hinführen, aber sie ist nicht mehr deren meritorische Voraussetzung. Sie erspart dem Gerechtfertigten nicht die immer wieder mögliche Anfechtungserfahrung. Aber unter dem Vorzeichen des Evangeliums führt sie nicht mehr in dauerhafte Angst und Verzweiflung, sondern öffnet die Tür für die Erfahrung von Trost und neuer Gewissheit.

Drei besondere Aspekte, die sich aus dem Grundansatz ergeben, seien nun für die Seelsorgelehre Luthers noch hervorgehoben:

• Zunächst: Seelsorge ist für Luther nicht eigentlich menschliches Werk, sondern *Gottes Tat.* Gerhard Ebeling formuliert die „trinitarische Grundstruktur" der Seelsorge Luthers ganz prägnant: „Luthers Seelsorge beruft sich auf das Dasein Gottes, das Verbundensein mit Christus und das Zuhausesein im Worte Gottes."[68] An den einzelnen Seelsorgeaktivitäten Luthers – vor allem anhand seiner Briefe – lässt sich das unschwer konkretisieren. Noch als Distriktvikar des Augustinerordens schreibt Luther 1516 den für sein Seelsorgeverständnis „richtungweisenden Kernsatz": „Wer statt demütig um Leitung durch Gottes Wort zu bitten, so vermessen ist, sich selbst, geschweige andere nach eigenem Rat zu leiten, der irrt."[69] Seelsorge, die ihrer Aufgabe gerecht werden soll, lässt sie als Gottes Werk geschehen gemäß Luthers Grundsatz: „Wir sollen nichts ohne ihn, aber er will alles ohne uns und doch in uns tun."[70] Das ist keine Ermunterung zu seelsorgerlicher Passivität, es begründet eher die Freiheit der Seelsorgerinnen und Seelsorger. Nicht ich bin letztlich für mein und anderer Seelenheil verantwortlich. Seelsorge ist Dienst in Gottes Auftrag. Ich kann nichts, was Er nicht will.

• Zum andern: Luthers Seelsorge ist in hohem Maße *realitätsbezogen.* Und das heißt vor allem: Luther rechnet mit der Macht des Bösen. Auch wenn die grundlegende Gnadenerfahrung den bestimmenden Tenor bildet, ist damit die Wirksamkeit des Teufels noch nicht einfach erledigt. Der Satan, der „alt böse Feind", ist für Luther nicht das Produkt metaphysischer Spekulationen. Er ist, wiewohl durch Christus besiegt, doch noch sehr konkret und direkt am Werk. Er kann vor allem die Seele in immer neue Ungewissheiten stürzen: „Das ist des Teufels größte Kunst, dass er uns den Artikel von der Rechtfertigung, wie man vor Gott soll gerecht und selig werden, nehme und verfälsche. Er kann uns fein vorwerfen und mit dem Gedanken plagen: Ja, wahrlich ihr predigt das Evange-

---

67 Winkler, a.a.O., 43
68 Ebeling, a.a.O., 449
69 WA Briefe 1, 57, Nr. 22, 12–17 – Zitat und Übersetzung nach Ebeling, a.a.O., 39

70 WA Briefe 8, 622 Nr. 3420, 22 – zit. nach Ebeling, a.a.O., 452

lium. Wer hats aber geheißen? Wer hat euch berufen?" Man müsse schon seines Glaubens sehr gewiss sein, um dem Teufel nicht zu verfallen; denn dieser „kann sich in einen schönen weißen Engel verkehren, obwohl er doch ein rechter schwarzer Teufel ist, und er kann sich sogar für Gott ausgeben."[71] Luther redet auch in ganz konkreten Seelsorgezusammenhängen vom Teufel, für den er viele Namen hat. Er objektiviert damit das, was den Glauben schwächt und die Hoffnung zunichte macht. Solche Objektivierung schafft Distanz zum Bösen und vermindert das Gefühl eines ohnmächtigen Ausgeliefertseins. So spricht Luther vom Teufel und vom Satan, aber auch von den Anfechtungen und den Sorgen in personhafter Weise. So wird das Böse dingfest gemacht. So wird es bekämpfbar, so kann man dagegen anbeten. Luther hat dies nicht zuletzt auch für sich persönlich immer wieder erfahren. „Mein Satan ist dank eurem Beten mir um einiges erträglicher", schreibt er 1528 an Wenzeslaus Link in einer Phase besonderen Angefochtenseins.[72] Und im gleichen Zusammenhang kann er Melanchthon gegenüber äußern: „Meine Anfechtung hat mich heute besucht, bete, so bitte ich, für mich wie ich für dich, damit mein Glaube in diesem Geschütteltwerden nicht nachlasse."[73] Welch ein Maß an Bewusstheit, an Leiden, an Auseinandersetzungsbereitschaft und nicht zuletzt auch an Humor spricht aus diesen kurzen Bemerkungen! Luther wagt es, eben auf dem Hintergrund seiner eigenen Erfahrungen, dem von Suizidgedanken geplagten Jonas von Stockhausen zu empfehlen, seinen Teufel einfach zu verspotten: „wohlan, Teufel, lass mich ungehindert, ich kann jetzt nicht deiner Gedanken warten, ich muss reiten, essen, fahren, trinken, das oder das tun, kurz. Ich muss jetzt fröhlich sein, komm morgen wieder usw."[74] Für den Kampf gegen den Teufel braucht man Verbündete. Die hat Luther für sich selbst immer wieder in Anspruch genommen. Und so empfiehlt er auch andern, aus der Nähe des Teufels in die Nähe von Menschen zu fliehen. „...darum, so oft euch diese Anfechtung anfallen wird, hütet euch davor mit dem Teufel eine Disputation anzufangen ... Die Einsamkeit fliehet auf jede Weise, denn er sucht euch gerade dann am liebsten zu erhaschen und abzufassen, wenn ihr allein seid... Und sooft euch der Teufel plagt, sucht auf der Stelle menschliche Gemeinschaft."[75]

• Schließlich: Seelsorge wird bei Luther *entklerikalisiert*. Seelsorge, durch die Entwicklung des Bußsakraments im Mittelalter so eng an die Person des Priesters gebunden, wird nun wieder zu einer Funktion der Gemeinde. Wenn es um die Frage geht, wer die Beichte hören und die Vergebung zusprechen darf, wird für Luther das, was er mit dem „Priestertum aller Gläubigen" meint, konkret. Die

---

71 WA Tischreden Nr. 3289.912 – zit. nach Jörns, a.a.O., 493
72 WA Briefe 4, 387 Nr.1226, 8f – Zitat und Übersetzung nach Ebeling, a.a.O., 372
73 WA Briefe 4, 614 Nr. 1357, 6–8 – Zitat und Übersetzung nach Ebeling, ebd.

74 Zit. nach: Eschmann, Holger: Dem Teufel ins Gesicht lachen. Methoden logotherapeutischer Krisenintervention und Ratschläge Martin Luthers gegen die Anfechtung im Vergleich, in: PTh 87, 1998, 35–45, 43
75 Zit. ebd.; vgl. zum Thema auch Möller, a.a.O., 39–42

Kraft zu binden und zu lösen (Mt. 18,18ff), die ja nicht in priesterlicher Vollmacht, sondern im Erlösungswerk Christi begründet ist, ist allen Christen verliehen. „Wenn dich dein Gewissen peinigt, so gehe zu einem frommen Mann, klag ihm deine Not; vergibt er dir die, so sollst du es annehmen, er bedarf dazu keines Papstes Bullen."[76] Die christliche Bruderschaft ist der Ort einer Seelsorge, die Trost und Ermutigung vermittelt. In ihr ist „prinzipiell auch der Unterschied von Mann und Frau aufgehoben; selbstverständlich ist die Frau genauso dazu berechtigt, die Beichte eines Mitbruders zu hören und ihm Vergebung zuzusprechen wie ein Mann" – schreibt Hans-Martin Barth unter Berufung auf WA 6, 547, 27ff.[77] Denn der Glaube vollzieht das geistliche Amt. „Darum sind alle Christenmänner Pfarrer, alle Frauen Pfarrerinnen, es sei Jung oder Alt, Frau oder Magd, Gelehrt oder Laie."[78] Die Seelsorge ist für Luther vorrangig das Feld, auf dem sich geistliche Geschwisterschaft bewährt, was ja dann auch in den Schmalkaldischen Artikeln seinen Ausdruck gefunden hat in der klassischen Seelsorgeformel, wonach eine Form des Evangeliums sich ereigne „per mutuum colloquium et consolationem fratrum".[79] Jürgen Henkys, der den Interpretationswegen dieser Formel nachgegangen ist, resümiert, nun auch über Luther hinausweisend: „Wo es um die gegenwärtige Tröstung geht, wird die Grenze zwischen Ordinierten und Laien fließend."[80]

Es ist eine ganz andere Frage, ob diese Position einer Laienseelsorge von Luther selbst und gar erst von den nachfolgenden lutherischen Kirchen dann praktisch auch gepflegt und gefördert wurde. Die Entwicklung einer Amtstheologie schon im 16. Jahrhundert hat die Idee des allgemeinen Priestertums und damit die Praxis einer Laienseelsorge wieder in den Hintergrund treten lassen.

Ähnliche Fragen ergeben sich auch, wenn man die Fortentwicklung anderer Aspekte der lutherschen Seelsorgeauffassung in den Blick nimmt. Luther machte selbst schon Ende der zwanziger Jahre im Zusammenhang mit den Visitationsberichten die Erfahrung, dass eine verantwortliche Gemeinde- und Gottesdienstpraxis nicht möglich ist ohne erzieherische und auch kirchenzuchtliche Einwirkungen. So verband sich bald mit der Beichtpflicht das so genannte „Glaubensverhör" als Überprüfung der Gemeindeglieder hinsichtlich ihrer Abendmahlsfähigkeit. Luther schreibt 1533 an die Frankfurter: „Wir wollen aus Christi Kirche nicht einen Saustall machen und einen jeden unverhört zum Sakrament wie die Säue zum Trog laufen lassen."[81] Es ist wohl so wie Werner Schütz schreibt: „Die großartige Freiheit von der menschlichen Satzung und kirchlichen Regle-

76 WA 10/3, 398, 35, zit. nach: Barth, Hans-Martin: Einander Priester sein. Allgemeines Priestertum in ökumenischer Perspektive, Göttingen 1990, 40
77 A.a.O., 40f
78 WA 10/2, 301,23ff – zit. nach Barth, a.a.O., 41

79 Bekenntnisschriften der evangelisch-lutherischen Kirche, Berlin ⁵1960, 449
80 Henkys, Jürgen: Seelsorge und Bruderschaft, Berlin 1970, 40
81 WA 30 III, 566 zit. nach Schütz, a.a.O., 15

mentierung weicht langsam wieder einem neuen Zwang, gesetzlicher Anordnung und geistlicher Bevormundung."[82] Damit deutet sich schon bei Luther selbst eine Entwicklung an, die dann für das Luthertum des 16. Und 17. Jahrhunderts ziemlich bestimmend sein wird.[83]

2.2.4. Seelsorge als Hirtendienst (Schweizer Reformation)

Hirtendienst als Metapher für die Seelsorgearbeit setzt unterschiedliche Sinngehalte frei. Es kann damit mehr „Fürsorge" oder mehr „Aufsicht" assoziiert werden, mitunter auch beides zugleich. Diese Kennzeichnung für die Seelsorge bei den Vätern des reformierten Zweiges der Reformation legt sich schon aus äußeren Gründen nahe. Zwinglis pastoraltheologische Hauptschrift von 1524 trägt den Titel „Der Hirt" und Martin Bucer versteht seine ausführliche Darstellung „Von der waren Seelsorge" (1538) als Auslegung des Hirtenwortes Ez 34, 16: „Ich will das Verlorene suchen und das Verirrte zurückbringen ..." Für das Verständnis der Seelsorge Zwinglis und Bucers ist es hilfreich, auf drei signifikante Unterschiede zur Seelsorgeauffassung Luthers hinzuweisen:

- Luthers Seelsorge ist sehr stark von eigenen existenziellen Erfahrungen her geprägt, und mit ihr reagiert er vor allem auf die Not des geängsteten Gewissens. Zwingli und Bucer reagieren mit ihren Entwürfen zur Seelsorge auf je unterschiedliche Weise auf das Nachlassen der Kirchenbindung und Glaubenstreue bei den Gemeindegliedern.
- Luthers Seelsorge schlägt sich vor allem in konkreten und relativ spontanen Reaktionen auf bestimmte Konfliktsituationen einzelner Betroffener nieder. Zwingli und Bucer haben sich auch und vor allem systematisch in den genannten Schriften dazu geäußert.[84]
- Luthers Seelsorge ist vor allem auf dem Hintergrund seiner soteriologischen Grundanschauungen zu verstehen (also im Zusammenhang der Frage nach dem „gnädigen Gott"), während für die Seelsorgeauffassung von Zwingli und Bucer der ekklesiologische Denkzusammenhang bestimmt ist.

Huldrych Zwinglis Schrift „Der Hirt"[85] mag als „erste protestantische Darstellung der pfarramtlichen Seelsorge"[86] angesehen werden. Seelsorge kommt im Zusammenhang der gesamten pastoralen Tätigkeit und besonders auch der Verkündigungsaufgabe in den Blick. Der Schwerpunkt der Seelsorge liegt auf dem „Bewahren und In-Ordnung-Halten"[87]. Das ist der rechte Hirtendienst, darüber zu

---

82 Schütz, a.a.O., 16
83 Vgl. den Abschnitt „Seelsorge nach den lutherischen Kirchenordnungen des 16. Jahrhunderts" bei Schütz, a.a.O., 25–30
84 Damit sei nicht vergessen, dass es z.B. auch von Zwingli eindrucksvolle Zeugnisse situativer Seelsorge gibt. Vgl. die exemplari-

schen Texte bei: Lutz, Samuel: Huldrych Zwingli, in: Möller (Hg.), Bd. 2, a.a.O., 65–84, 75ff
85 Zwingli, Huldrych: Der Hirt, 1524, hrsg. von Oskar Farner, 1940
86 Schütz, a.a.O., 17
87 Schütz, a.a.O., 18

wachen und dafür zu sorgen, dass „die gearzten Schäflein nicht wiederum in Krankheit verfallen"[88]. Um diese Aufgabe zu erfüllen sind verschiedene erzieherische Mittel notwendig, die in seelsorgerlicher, also differenzierender Weise anzuwenden sind: „Gerade wie der Hirte etliche Schafe schlägt, etliche mit der Hand, etliche mit dem Fuß vorwärts stößt, etliche mit Pfiffen treibt ..., damit ihm die Schäflein gemehrt, sauber und gesund werden."[89] Hirtendienst ist für Zwingli Wächterdienst, und er hat sein Vorbild und Urbild in Jesus Christus selbst. Damit ist den Pfarrern eine hohe Aufgabe gestellt. Sie setzt voraus, dass die Hirten sich ihrer Verantwortung für die evangeliumsgemäße Verkündigung bewusst sind und ihres Amtes in Liebe und ohne Falsch walten.

Hinter Martin Bucers Schrift von 1538[90] steht einerseits die Sorge angesichts des Nachlassens der ersten Liebe, also der Lockerung der Kirchenbindung bei vielen Gemeindegliedern, und andererseits die Trauer und der Zorn über die „jämmerliche und verderbliche Spaltung der Religion", wie es im vollständigen Titel heißt.

Bucer – darin mit allen anderen Reformatoren eines Sinnes – geht von der Glaubensgewissheit aus, dass Christus die Kirche regiert und letztlich selbst ihre Zukunft bestimmt. Dazu braucht Christus bestimmte Mittel und geeignete Diener, „durch die will er mich zu seinem Reich sammeln, mir die Sünde verzeihen, mich neu gebären, erhalten, lehren und einführen ins ewige Leben"[91]. Das ist das Hirtenamt mit all seinen unterschiedlichen Funktionen. Seelsorge vollzieht sich für Bucer vielfältig – als Predigt, im Gespräch, beim Hausbesuch oder auch im Zusammenhang kirchenzuchtlicher Maßnahmen. Das Hirtenamt setzt Hirten voraus mit „Ansehen, Furcht und Vorbild des Lebens", ausgestattet mit „vornehmen Gaben und Geschicklichkeiten neben dem aller ernsten Eifer zur rechten Leitung des Hirtenamtes". Und das Ziel des Hirtendienstes ist vor allem „der Erwählten Besserung"[92].Von „Besserung" spricht Bucer im Zusammenhang der Seelsorge oft und gern. Konkret bedeutet das: Es geht in der Seelsorge darum, die Gemeindeglieder in der Gemeinde zu erhalten oder sie dahin zurückzuführen. Die Kirchenbeziehung ist der eigentliche und primäre Focus der bucerschen Seelsorge. Dabei empfiehlt er den Seelsorgern, ihren Dienst adressatenspezifisch auszuführen – je nachdem, wie nah oder fern der Kirche die einzelnen Gemeindeglieder stehen. Bucer unterscheidet in Anlehnung an Ez 34,16 fünf verschiedene Typen von Kirchenzugehörigkeit[93]: die verlorenen Schafe, die der Kirche Ent-

88 Zwingli, a.a.O., 188, zit. nach Schütz, a.a.O., 18

89 Zwingli, a.a.O., 175, zit. nach Winkler, a.a.O., 115

90 Bucer, Martin: Von der waren Seelsorge und dem rechten Hirtendienst, wie derselbige in der Kirchen Christi bestellet und verrichtet werden sollte, in: Martin Bucers Deutsche Schriften, Bd. 7, hrsg. von Robert Stupperich, Gütersloh 1964, 67–245

91 Bucer, a.a.O., 111, Alle Bucer-Texte leicht modernisiert (J.Z.).

92 A.a.O. 117

93 A.a.O. 142 ff. Die Bezeichnungen sind bei Bucer nicht immer ganz präzise unterschieden. Es wäre eine reizvolle Aufgabe, Bucers Charakterisierungen mit modernen religionssoziologischen Typologisierungen von Kirchenbindung zu vergleichen, vgl. dafür etwa: Dubach, Alfred/ Campiche, Roland J. (Hg.): Jede(r) ein Sonderfall? Religion in der Schweiz, Basel 1993, 159ff

fremdeten (obwohl noch zu ihr Gehörenden), die Sünder in der Gemeinde, die Glaubensschwachen und die wahren Christen. Je nachdem hat der Hirtendienst nun eher missionarisch-suchende, zur Buße fordernde oder den Glauben stärkende Aufgaben. Auch die Kirchenzucht kann dabei zu einem notwendigen Mittel der Seelsorge werden. Vor allem für die „starken Sünder" in der Gemeinde wird sie Seelsorgern empfohlen: „Daneben aber werden sie auch die Kirchenzucht und Seelenarznei, welche die Diener des geistlichen Bindens und Lösens verrichten sollen, mit höchstem Fleiß fordern."[94] Auch die „gesunden, starken Schafe" sind dem Hirtendienst anbefohlen. Hier gilt es zu festigen und zur Teilnahme an den „heiligen Kirchenübungen" anzureizen. Vom „Geist Christi" heißt es in Bezug auf diese Gruppe – und es scheint so, als wäre dies auch indirekt ein Modell für die visitatio domestica: „dass er seine Schüler in alle Wahrheit führt. Darum luget er auch von Haus zu Haus, von Mensch zu Mensch, wie seine Lektionen der öffentlichen gemeinen Predigten aufgenommen werden, wie sie bei jedem verfange, behöret sein Schüler, siehet, was sie begriffen haben oder nicht. Also hat ers in seiner Kirche allwegs gehalten; und wem das nicht gefällt und (wer) das nicht in Übung zu bringen begehrt, der will nicht, dass der h. Geist seine Kirche recht lehrt ..."[95].

Insgesamt gesehen haben wir es bei Bucer mit einer eindrucksvollen Seelsorgetheorie zu tun, einem geschlossenen poimenischen Gesamtentwurf. Ein gewisser erzieherischer Impetus ist dieser Seelsorgelehre unverkennbar eigen. Die einseitige Betonung des ekklesiologischen Aspektes führt dazu, dass andere Konfliktfelder und Krisenerfahrungen des individuellen Lebens praktisch aus dem Blick geraten. Für den modernen Leser Bucers ist überraschend, wie die präzisen Beschreibungen der verschiedene Entfremdungserfahrungen in Kirche und Gesellschaft immer wieder Assoziationen zu unseren Gegenwartserfahrungen freisetzen.

Auch in einer nur exemplarischen Skizze der Seelsorgegeschichte darf der Name von Johannes Calvin natürlich nicht fehlen. Der enge Zusammenhang von Seelsorge und Ekklesiologie ist aber auch für ihn evident. Und die kirchenzuchtlichen Seiten des Hirtendienstes sind bei ihm besonders deutlich ausgeprägt, freilich keineswegs in dem Maße, wie manches Vorurteil es gerne wahrhaben möchte. In gewisser Weise mag Calvin als der engagierteste Seelsorger der Schweizer Reformation angesehen werden. Calvins Seelsorge muss einerseits in ganz enger Verknüpfung mit seiner stark seelsorgerlich ausgerichteten Predigttätigkeit gesehen werden. Denn seine Predigten kreisen „um die Ehre Gottes und um die Ruhe des Gewissens"[96]. Andererseits gibt es einen festen Zusammenhang der Seelsorge mit der praktischen Arbeit des Reformators beim Gemeindeaufbau in Straßburg und Genf.[97]

---

94 Bucer, a.a.O., 191

95 A.a.O., 218; vgl. Müller, Gerhard: Seelsorge und Kirchenzucht. Martin Bucers Vorstellungen von Kirchenleitung, in: Landau, Rudolf/Schmidt, Günter R.: „Daß allen Menschen geholfen werde ...", Stuttgart 1993, 143–155

96 Scholl, Hans: Johannes Calvin, in: Möller (Hg.), Bd. 2, a.a.O., 103–126, 106

97 Vgl. dazu: Scholl, a.a.O., 106f

Für die ganz praktische Seite von Calvins Seelsorgetätigkeit sind dann natürlich auch seine Briefe heranzuziehen. Es hat sie geschrieben an hoch gestellte und politisch einflussreiche Personen ebenso wie an einfache Gemeindeglieder in Notlagen, an Verfolgte, an ganze Gemeinden und an einzelne Pfarrer.[98]

Seelsorgerliche Tiefe und kirchenzuchtliche Strenge – das sind charakteristische Merkmale der Seelsorge Calvins.

2.2.5. Seelsorge als Erbauung (Pietismus)

Der Pietismus des siebzehnten und achtzehnten Jahrhunderts war die erste große Erneuerungsbewegung innerhalb des deutschen Protestantismus nach der Reformation. Im Lichte der pietistischen Grundanschauungen – und das entspricht oft auch heutiger Sicht – erschien die lutherische Orthodoxie als eine Zeit geistlicher Dürre, kirchenrechtlicher Verkrustungen und religiöser Erstarrung. Dass dies so generell keineswegs zutreffend ist, wird durch die Beobachtung belegt, dass die Zeit der Orthodoxie auch eine Phase intensiver Frömmigkeitspraxis ist. Man denke an die Andachts- und Gebetsbücher aus dieser Zeit, an die vielen – gerade auch die persönliche Frömmigkeit ansprechenden – Gesangbuchlieder (Paul Gerhardt!) und an die geistlichen Trosthilfen für Krisenzeiten.[99]

Es scheint jedoch so, als hatte die lutherische Frömmigkeit dieser Zeit ihre Prägekraft für die großen Massen der Gemeindeglieder verloren. Und sie hatte es offensichtlich auch nicht zu Wege gebracht, in den Gemeinden einen stabilen Kern derer zu bilden, „die mit Ernst Christen sein wollen" (Luther). Hier setzt der Pietismus ein. Es geht ihm um ein ernsthaftes, auf Erfahrung fußendes Christentum, das sich von der Masse der „Scheinchristen" unterscheidet und wahre Früchte des Glaubens hervorbringt. Die pietistische Frömmigkeit zeichnet sich aus durch eine intensive Bibelorientierung und eine lebendige Christusbeziehung. Im Einzelnen ist der Pietismus natürlich sehr unterschiedlich geprägt. Die drei herausragenden Führungsgestalten – Spener[100], Francke[101], Zinzendorf[102], –

98 Vgl. a.a.O., 109f und 110ff

99 Vgl. Schütz, a.a.O., 33; für eindrucksvolle seelsorgerliche Beispiele im Zusammenhang mit einer konkreten Krisenerfahrung vgl.: Koch, Ernst: Die höchste Gabe der Christenheit. Der Umgang mit Schwermut in der geistlich-seelsorgerlichen Literatur des Luthertums im 16. und 17. Jahrhundert, in: Hagemaier, Monika/ Holtz, Sabine (Hg.): Krisenbewusstsein und Krisenbewältigung in der Frühen Neuzeit, Frankfurt a.M. 1992, 231–243; Steiger, Johann Anselm: Melancholie, Diätetik und Trost. Melancholie-Therapie im 16. und 17. Jahrhundert, Heidelberg 1996

100 Zu Spener vgl.: Wallmann, Johannes: Philipp Jakob Spener, in : Möller (Hg.), Bd. 2, a.a.O., 261–277; Haizmann, Albrecht: Erbauung als Aufgabe der Seelsorge bei Philipp Jakob Spener, Göttingen 1997

101 Zu Francke vgl.: Brecht, Martin: August Hermann Francke und der Hallische Pietismus, in: ders. (Hg.): Geschichte des Pietismus, Bd. 1, Göttingen 1993, 439–539

102 Zu Zinzendorf vgl.: Meyer, Dietrich: Nikolaus Ludwig von Zinzendorf, in: Möller (Hg.), Bd. 2, a.a.O., 299–316

unterscheiden sich schon in den äußeren Rahmenbedingungen ihrer Wirksamkeit und so auch in den spezifischen Intentionen ihrer Theologie. Zinzendorf etwa wendet sich nach anfänglicher Übereinstimmung später entschieden von der pietistischen Bekehrungstheologie mit dem für Francke eigentümlichen Bußzwang ab.[103] Im Wissen um die Differenzierungen innerhalb des Pietismus sind für den seelsorgegeschichtlichen Zusammenhang einige Punkte hervorzuheben, die für die Grundauffassung der Seelsorge in dieser Phase charakteristisch sind:

1. Jede stark *veräußerlichte Form von Seelsorgepraxis wird abgelehnt*. Für die Orthodoxie bestand diese vor allem in der Privatbeichte. Sie war wieder zu einem Zwangsinstitut geworden. Massenweise wurde die Beichte von den Pfarrern abgehört und es wurde Absolution erteilt, ohne dass damit eine ernsthafte Seelsorgearbeit verbunden werden konnte. Man holte sich im Beichtstuhl ein gutes Gewissen ab. Spener wollte die Privatbeichte nicht abschaffen, aber ihren oberflächlichen und zwangsweisen Gebrauch. Das routinierte Beichtehören ohne geistliche Vertiefung war ihm ein Gräuel. Und auch Francke wandte sich ausdrücklich gegen den „Missbrauch des Beichtstuhls".[104]
2. Seelsorge sollte sich zuerst auf die *Kerngemeinde* ausrichten. „Nicht von der Besserung der Unfrommen, sondern von der Förderung der Frommen erwartete Spener die Reform der Kirche."[105] Der Seelsorge obliegt zuerst die Aufgabe der „Erbauung", der „Stärkung des Glaubens" bei dem einzelnen Gemeindeglied. Gegenüber einer pastoralen Massenabfertigung kam es im Pietismus – vor allem Spenerscher Prägung – zu einer seelsorgerlichen „Entdeckung des Einzelnen"[106]. „Erst von ihm her ist die Ausrichtung auf das ‚Ganze' möglich."[107]
3. Seelsorge geschieht im Pietismus bei aller Kritik an den traditionellen Institutionalisierungen dennoch bewusst *methodisch*. Für Spener bedeutet „Seelsorge als Erbauung" ein „gezieltes, methodisch reflektiertes, differenziertes und planvolles Handeln".[108] Das seelsorgerliche Gespräch wird hoch geschätzt und der – in der Zeit der Orthodoxie verpönte, teilweise sogar verbotene – Hausbesuch kam nun wieder zu seinem Recht. Der pietistische Seelsorger musste alle Möglichkeiten ergreifen, um seine primäre Aufgabe, die Stärkung und Festigung des Glaubens der Wiedergeborenen, zu erfüllen
4. Seelsorge führt in die *Gemeinschaft* der Erweckten und vollzieht sich zu einem guten Teil auch in ihr selber. Trotz des Ansatzes der Seelsorge beim Einzelnen ist für Spener etwa das Ziel der Erbauung überindividuell. Die Glaubenden sollen geistliche Gemeinschaften bilden, die er „ecclesiolae in ecclesia" nennt – gleichsam „Pilotprojekte der Erbauung"[109]. Besonders das Herrnhut Zinzendorfs ist bekannt für die vielfachen Formen geistlicher Gruppengemeinschaft.[110] Zinzen-

103 Vgl. z.B. Meyer, a.a.O., 303
104 Vgl. Winkler, a.a.O., 125
105 Wallmann, a.a.O., 267
106 Haizmann, a.a.O., 326
107 A.a.O., 317f

108 A.a.O., 321
109 A.a.O., 322, vgl. auch a.a.O., 76
110 Meyer, a.a.O. 301ff; vgl. auch: Frör, Peter: Gruppenseelsorge in der kirchlichen Tradition: Das Beispiel der Banden Herrnhuts, in:

dorfs Satz „Der Christ geht in Kompagnie" ist geradezu zum geflügelten Wort geworden. Die strenge Gruppenordnung in Herrnhut muss man sich nicht als Installation seelsorgerlicher Zwangsgemeinschaften vorstellen. Sie war vielmehr die Möglichkeit, die einfachen und komplizierten Fragen des alltäglichen Lebens in die geistliche Gemeinschaft hineinzunehmen.[111]

5. Seelsorge im Pietismus ist Realisierung des *allgemeinen Priestertums*. Was Luther gewollt hatte, aber letztlich doch nicht durchsetzen konnte, das gewinnt hier nun praktische Wirksamkeit. Erbauung ist „Recht und Pflicht aller Christen"[112]. In den Gruppen und Gemeinschaften der wirklich gläubig gewordenen Gemeindeglieder findet nun das „mutuum colloquium fratrum", das wechselseitige geschwisterliche Gespräch bzw. eben die Seelsorge, wirklich statt. Für den Laientheologen Zinzendorf war die Idee der Geschwisterlichkeit für die Gemeinde und ihre Leitung ausgesprochen strukturbestimmend.

6. Pietistische Seelsorge wendet sich zuerst an den inneren Menschen. Sie intendiert aber keine Privatisierung des Glaubens. Der Glaube soll *Früchte* tragen und Erbauung vollzieht sich nicht in frommer Selbstzwecklichkeit. So muss die Seelsorge beispielsweise in Zusammenhang gesehen werden mit dem sozialen und pädagogischen Werk, das von dem Halle Franckes ausging, oder auch mit der „Reichgottesarbeit", die Zinzendorf von Herrnhut aus in die weite Welt hinaustragen wollte.

Der Pietismus war eine wichtige Phase in der Kirchen- und Seelsorgegeschichte. Elemente des pietistischen Frömmigkeitsanliegens und Glaubenserlebens sind in den Kirchen immer gegenwärtig – in einzelnen Gruppierungen, als Strömung innerhalb der Großkirchen oder in dem Auftreten von charismatischen Einzelpersönlichkeiten. Oft erscheinen dann die genuinen und berechtigten pietistischen Anliegen in radikaleren oder gesetzlicheren Formen als bei den Vätern des siebzehnten und achtzehnten Jahrhunderts. Das macht zuweilen Abgrenzungen erforderlich, die jedoch nicht den Blick dafür verstellen sollten, wie viel die Seelsorgepraxis der Kirchen gerade dem pietistischen Erbe verdankt.

2.2.6. Seelsorge als Bildung und Lebenshilfe (Aufklärung)

Mit dem Pietismus teilen die Aufklärungstheologen die entschiedene Ablehnung der Institutionalisierungen kirchlicher Seelsorge in der Gestalt von Privatbeichte und Kirchenzucht. Während aber die pietistische Seelsorge ihren besonderen Zielpunkt in der Ausbildung einer authentischen Frömmigkeit auf dem Hintergrund einer positiven Glaubensentscheidung hatte, ging es den von Rationalismus und Neologie geprägten Theologen mehr um die Bildung der Menschen und um Hilfe für die Bewältigung konkreter Lebensprobleme. Der entscheidende Un-

---

Riess, Richard (Hg.): Perspektiven der Pastoralpsychologie, Göttingen 1974, 79–95

111 Vgl. dazu Schütz, a.a.O., 43
112 Haizmann, a.a.O., 320

terschied zum Pietismus und zur Orthodoxie muss aber wohl in der kritischen Einstellung zu jeder Form von Autoritätsanspruch, auch und gerade einem geistlichen, gesehen werden.

Nur einige Aspekte, die für die Geschichte der Seelsorge im Zeitalter der Aufklärung von Bedeutung sind, können hier hervorgehoben werden:

1. Eine gewisse *„Pädagogisierung der Theologie"* geht einher mit einer Neuprofilierung des Pfarrerberufs im Blick auf seine sozialpädagogische Funktion: „Der Pfarrer wird zum Volksaufklärer und Lehrer, der die Untertanen jene Verhaltensweisen und mentalen Einstellungen lehrt, welche zur Förderung der salus publica unumgänglich sind."[113] Der Pfarrer als „Lehrer der Weisheit und Tugend"[114] ist dazu berufen, Menschen nach dem Maß der Vernunft zu bilden und ihnen Sitte und Religion ans Herz zu legen. Seelsorge wird so zu einer spezifischen Form des Unterrichtens. Auch in früheren Epochen gab es solche Akzentuierungen – man denke an Klemens und Origenes –, aber in der Aufklärungstheologie erfuhr diese wohl zum ersten Mal eine derart zugespitzte Ausprägung.

2. Charakteristisch ist jetzt die Unterscheidung einer „allgemeinen Seelsorge" von einer „speziellen"[115]. Die Aufgabe der *allgemeinen Seelsorge* besteht eben darin, dafür Sorge zu tragen, dass die Voraussetzungen für individuelle Existenz und Frömmigkeit gegeben sind. Dazu gehört die Sorge um die ökonomischen Lebensbedingungen, um Gesundheit, Ordnung, Recht und Moral, um ein geordnetes Ganzes. Die allgemeine Seelsorge hat es mit den sehr konkreten und realen Bedingungen des Alltagslebens der Menschen zu tun.

3. Die *spezielle Seelsorge* – cura animarum specialis – geschieht vor allem im „Privatumgang", also im Gespräch mit dem Einzelnen. Sie ist nicht mehr wie in den vorangehenden Zeiten so sehr auf die Überwindung der Sündhaftigkeit des Menschen konzentriert. Eher geht es auch hier um „Besserung", aber diese kann jetzt erreicht werden durch Anknüpfung an den schon von Gott her gelegten guten Grund im Menschen. Es kommt für die Seelsorge darauf an, die ihr Anbefohlenen dazu zu befähigen, „vorkommende Fälle nach Gottes Wort und den Vorschriften desselben zu entscheiden."[116] Heute würden wir wohl sagen, es geht darum, dem Einzelnen dazu zu verhelfen, „sittliche Kompetenz" (Herms) zu erlangen.

4. Natürlich gehört zur speziellen Seelsorge auch die Beachtung der ganz konkreten Lebenssituation der einzelnen Gemeindeglieder. In gewisser Weise kann man davon sprechen, dass in der Aufklärung eine *kasuelle Seelsorge* geübt wird.

113 Graf, Friedrich Wilhelm: Protestantische Theologie und die Formierung der bürgerlichen Gesellschaft, in: ders. (Hg.): Profile des neuzeitlichen Protestantismus, Bd. 1, Gütersloh 1990, 11–54, 21f
114 Johann Joachim Spalding, zit. nach Schütz, a.a.O., 44; vgl. Benrath, Gustav-Adolf: Menschenbild und Seelsorge in der deutschen Spätaufklärung, in: Herms, Eilert (Hg.): Menschenbild und Menschenwürde, Gütersloh 2001, 201–230
115 Vgl. die Darstellung bei Schütz, a.a.O., 46ff
116 Baumgarten, Siegmund Jakob: Ausführlicher Vortrag der theologischen Moral, 1767, 1294, zit. nach Schütz, a.a.O., 47

Der katholische Pastoraltheologe Andreas Reichenberger nennt in seinen „Pastoralanweisungen von 1812 vier unterschiedliche Fallgruppen für die Seelsorge: „Kranke und Sterbende", „Missetäter", „Uneinige" und diejenigen, „die einen Stand zu wählen im Begriffe sind".[117] Es geht dabei keineswegs nur um formale Rubrizierungen der seelsorgerlichen Praxis, sondern um das angestrengte Bemühen, dem Einzelnen in seiner ganz besonderen psychischen, sozialen und biographischen Situation gerecht zu werden.

5. Der Aufklärung verdanken wir neue Konzepte einer professionelleren Pfarrerausbildung[118], in deren Folge auch die Qualifikation für die Seelsorgearbeit an Gewicht gewinnt. So beginnt sich die Einsicht, dass für eine kompetente Seelsorgepraxis auch *psychologische Fachkenntnisse* benötigt werden, hier und da durchzusetzen.[119] Besonders im katholischen Bereich gewinnt seit dem Ende des achtzehnten Jahrhunderts eine ganz neue praktisch-theologische Disziplin – die „Pastoralmedizin" bzw. "Pastoralpsychiatrie" oder auch „Pastoralanthropologie"[120] – an Bedeutung. Hier haben wir im Umkreis der Aufklärung also den Beginn einer Entwicklung, die im zwanzigsten Jahrhundert unter neuen und veränderten Bedingungen zur Herausbildung einer pastoralpsychologisch orientierten Seelsorge geführt hat.

6. In die Aufklärungszeit gehören auch die ersten Erfahrungen mit einer *empirischen Seelsorgeausbildung*. Dies gilt im katholischen Bereich für die Forderungen nach einer person- und praxisbezogenen Theologenausbildung.[121] Für den Protestantismus ist besonders das 1781 von Heinrich Philipp Sextro gegründete „Pastoralinstitut" in Göttingen zu erwähnen.[122] Hier ging es um eine ganz praxisnahe Seelsorgeausbildung. Die Kandidaten der Theologie führten im Krankenhaus „Andachtsübungen" sowie „Privatunterhaltungen" durch und hatten die dabei gemachten Erfahrungen dann in „gemeinschaftlicher Beratschlagung", also einer Form von Supervision, für sich auszuwerten. Sextro hielt diese Form der Ausbildung für sehr wichtig, denn: „Das Spital ist eine treffliche Schule der moralischen Beobachtung und Menschenkenntnis."[123] Nur für eine knappe Generation hatte das „Pastoralinstitut" in Göttingen Bestand. 1805 wurde es geschlossen, die Gründe sind unbekannt. Vielleicht war der Geist der Aufklärung hier seiner Zeit zu weit vorausgeeilt!

---

117 Nach Pompey, Heinrich. Zur Geschichte der Pastoralpsychologie, in: Baumgartner, Isidor (Hg.): Handbuch der Pastoralpsychologie, Regensburg 1990, 23–40, 29

118 Vgl. Graf, a.a.O., 22

119 Pompey erwähnt als ein Beispiel die Würzburger Studienordnung für (katholische) Theologen von 1773, in der es heißt, dass anstelle der „trockenen Ontologie" die Hauptsorge lieber auf die „Psychologie und Seelenlehre" gerichtet werden sollte. Vgl. Pompey, a.a.O., 26

120 Vgl. Pompey, a.a.O., 30ff

121 Vgl. Pompey, a.a.O., 26ff; Besonderes Augenmerk gilt dabei der Befähigung zur Gestaltung der seelsorgerlichen Gesprächsbeziehung beim „Privatunterricht" in der Pastoraltheologie. A.a.O., 29f

122 Näher beschrieben bei: Piper, Hans-Christoph: Kommunizieren lernen in Seelsorge und Predigt, Göttingen 1981, 15–25

123 Zit. bei Piper, a.a.O., 17

2.2.7. Seelsorge und Seelsorgelehre im 19. Jahrhundert

Der bisher eingeschlagene Weg, einzelne Epochen der Seelsorgegeschichte durch ein sie besonders, wenn auch nicht ausschließlich charakterisierendes Seelsorgeverständnis zu kennzeichnen, kann für das 19. Jahrhundert nicht beibehalten werden. Das hat vor allem zwei Gründe, die mit der Sache selbst zusammenhängen:

- Einmal: Die Seelsorge ist im neunzehnten Jahrhundert in ihr reflexives Stadium getreten. Zum ersten Mal entsteht jetzt eine *Seelsorgetheorie* im eigentlichen Sinne. Erst jetzt kann und muss versucht werden, die Seelsorge als ein besonderes Handeln in ihrer Beziehung zur Gemeinde im Ganzen und deren verschiedenen Lebensäußerungen sowie in ihrem Zusammenhang mit den glaubensmäßigen „Grundsätzen der evangelischen Kirche" (Schleiermacher) zu begreifen. Die Herausforderung zur Entwicklung einer spezifischen Seelsorgetheorie ergibt sich auch aus der jetzt veränderten geistigen und kulturellen Situation. Wenn in der nun säkular werdenden Gesellschaft die traditionalen Lebensformen nicht mehr mit Selbstverständlichkeit geübt werden, droht der kirchlichen Seelsorge ihr primäres Bezugsfeld zu entgleiten. Es ist also erst einmal ein „Orientierungsrahmen" zu benennen, in dem Seelsorge als ausreichend begründet zu erscheinen vermag. Seelsorge wird so zum „Dauerthema theologischer Reflexion" und „zum Gegenstand einer wissenschaftlichen Disziplin".[124] Die Folge dieser Entwicklung ist, dass eine Darstellung der Seelsorge selbst mit der der Seelsorgelehre nicht mehr zusammenfällt. Die Praxis und deren wissenschaftliche Reflexion sind in ihrer literarischen Darstellung durchaus zwei verschieden Genera.[125] Will man über Seelsorgepraxis im 19. Jahrhundert etwas mitteilen, dann genügt es eben nicht, nur Literatur *über* die Seelsorge zu referieren. Vielmehr ginge es darum dem Niederschlag seelsorgerlicher

---

124 Schmidt-Rost, Reinhard: Seelsorge zwischen Amt und Beruf. Studien zur Entwicklung der modernen evangelischen Seelsorgelehre seit dem 19. Jahrhundert, Göttingen 1988, 12. Die Entstehung der wissenschaftlichen Seelsorgelehre (Poimenik) erfolgt im Zusammenhang mit der Herausbildung der Praktischen Theologie als eigener Disziplin der wissenschaftlichen Theologie in Ablösung der bisherigen, primär an den Aufgaben des geistlichen Amtsträgers orientierten „Pastoraltheologie". Vgl. dazu: Rau, Gerhard: Pastoraltheologie, München 1970; Rössler, Dietrich: Grundriss der Praktischen Theologie, Berlin 1986, 21ff, 33ff; Stahlberg, Thomas: Seelsorge im Übergang zur „modernen Welt", Göttingen 1998, 9–145

125 Das lässt sich geradezu exemplarisch verdeutlichen, wenn man die beiden jüngsten Darstellungen der Seelsorgegeschichte miteinander vergleicht: Während Winkler in seiner klar theorieorientierten Seelsorgelehre fast ausschließlich die verschiedenen Poimeniker im 19. Jahrhundert zu Worte kommen lässt (Winkler, Klaus: Seelsorge, Berlin/ New York 1997, 131ff), finden sich in Möllers Seelsorgegeschichte nur die Namen von zwei Theologen, die zugleich in die Theoriegeschichte gehören, nämlich Schleiermacher und Löhe; dafür werden aber die Seelsorgeimpulse und -wirkungen von zwei Dichtern, Hebel und Gotthelf, einbezogen. Vgl. Möller (Hg.), Bd. 3, 21–152

Praxis in den verschiedenen möglichen Formen nachzugehen: in der zeitgenössischen Literatur (etwa die Pfarrergestalten!), im Erbauungsschrifttum, in der Predigtliteratur, in Biographien und anderen Lebenszeugnissen usw. Hier tut sich eine lohnenswerte und interessante Forschungaufgabe auf, die in Analogie bzw. Ergänzung zur Alltags- und Kulturgeschichte zu leisten wäre. Im Rahmen dieser Einführung kann sie nicht in Angriff genommen werden.

• Der zweite Grund: Der Protestantismus ist im 19. Jahrhundert durch die fortschreitende *Differenzierung* seiner theologischen und religiösen Positionen charakterisiert. Das wirkt sich natürlich auch auf die Theoriebildung in der Seelsorge aus und lässt es kaum zu, eine Schwerpunktbestimmung für die Seelsorge pars pro toto herauszugreifen. Jetzt bestehen nebeneinander: einerseits die vermittlungstheologische Seelsorgelehre, der es um eine „wissenschaftliche Seelenpflege" (Nitzsch) zu tun ist, andererseits eine konservativ-lutherische Poimenik, die in ihrer stark sakramental ausgeprägten Form bei Löhe besonders die Beichtpraxis in den Mittelpunkt stellt, und schließlich die den Strom der Erwekkungstheologie aufnehmende „charismatische" Seelsorge mit ihrer Ausrichtung auf einen ganzheitlichen Heilungsvorgang, wie sie uns bei den beiden Blumhardts begegnet. Die Vielfalt der poimenischen Positionen ist nur schwer übersehbar. Die Seelsorge hatte im 19. Jahrhundert in der praktisch-theologischen Theoriebildung offensichtlich eine Schwerpunktbedeutung.[126] Infolge der Pluralität poimenischer Konzepte ist es verführerisch, die Poimenik des 19. Jahrhunderts als eine Art Steinbruch zu benutzen, um in die jeweilige eigene Position noch ein paar wichtige Steine als Legitimationshilfe einzubauen.

Zur Charakterisierung der Seelsorgelehre im 19. Jahrhundert seien nun drei Momente exemplarisch hervorgehoben:

1. Grundlegend und wegen ihrer Klarheit besonders eindrucksvoll ist die Auffassung von der Seelsorge bei *Friedrich Daniel Ernst Schleiermacher.*[127] Für ihn gehört die Seelsorge in die Zuständigkeit des „Kirchendienstes"[128], also der auf den Einzelnen gerichteten Tätigkeiten. Vorausgesetzt wird von Schleiermacher, dass gemäß dem evangelischen Glauben die Gemeindeglieder grundsätzlich „selbst ihr Gewissen aus dem göttlichen Wort berathen können"[129]. Das ist die Freiheit jedes

---

126 Als überblickartige Orientierungshilfen seien genannt: Friedrich Wintzers Einführung, in: ders. (Hg.): Seelsorge. Texte zum gewandelten Verständnis und zur Praxis der Seelsorge in der Neuzeit, München ³1988, XVII-XXVIII; Christian Möllers Einleitung, in: Geschichte der Seelsorge in Einzelporträts, Bd. 3, 9–17; Rössler, a.a.O., 166–173; Schütz, a.a.O., 50–57
127 Über Schleiermacher als Seelsorger vgl.: Weymann, Volker: Friedrich Daniel Ernst Schleiermacher, in: Möller (Hg.), Bd. 3, 21–

40; über Schleiermachers Seelsorgelehre: Gerbracht, Diether: Die Gemeinde und der Einzelne. Das Verständnis der Seelsorge bei Friedrich D.E. Schleiermacher, Diss. Göttingen 1977
128 Kurze Darstellung des theologischen Studiums § 36ff, in: Friedrich D.E. Schleiermacher, Theologische Schriften, hrsg. von Kurt Nowak, Berlin 1983, 290ff
129 Schleiermacher, Friedrich D.E.: Die praktische Theologie nach den Grundsätzen der evangelischen Kirche, Berlin 1850, 430

Christen. Sie gründet in seinem unmittelbaren Verhältnis zum Wort Gottes; und dieses genüge normalerweise für seine Gewissheit und für seine Orientierung. Eine Seelsorgepflicht könne es mithin nicht geben. Wenn allerdings bei dem einzelnen Gemeindeglied ein Seelsorgebedürfnis entstehe, sei es die unbedingte Pflicht des Pfarrers, dem zu entsprechen. Die Anforderung an den Seelsorger ist für Schleiermacher ein Anzeichen dafür, dass dem Gemeindeglied das Vertrauen in die unmittelbare Führung durch Gottes Wort und damit auch seine Identität mit der Gemeinde verloren gegangen ist. Der Seelsorger habe darum „solche Anforderung ... dazu zu benutzen, die geistige Freiheit des Gemeindegliedes zu erhöhen und ihm eine solche Klarheit zu geben, dass jene Anforderung nicht mehr in ihm entstehe."[130] Das ist der „Kanon" für die seelsorgerliche Arbeit in der evangelischen Kirche. Für Schleiermacher ist also die Wahrung und Förderung der Freiheit des Gemeindeglieds der oberste Grundsatz der Seelsorgelehre. Seelsorge ist damit – so würden wir heute sagen – in der Tendenz immer Hilfe zur Selbsthilfe. In keiner Weise darf Seelsorge zu Abhängigkeit oder in ein geistliches Vormundschaftsverhältnis führen. Ein seelsorgerlicher Dirigismus schade dem Anliegen der Seelsorge. Beim Seelsorger wird deshalb die Fähigkeit vorausgesetzt, „unbefangen" und bereit zu sein, „in die verschiedenen Sinnesarten einzugehen"[131], also sich einzufühlen. Das ist die Bedingung, um den anderen in seiner besonderen Persönlichkeit wahrnehmen und bestärken zu können[132] – was freilich nicht im individualistischen Sinne zu verstehen ist, denn die Wiedererlangung der Freiheit und des Vertrauens hat ihren Sinn darin, dass der Einzelne nun wieder in die Gemeinschaft zurückfinden kann, aus der er „herausgefallen" war.

Eindrucksvoll an Schleiermachers Seelsorgeverständnis ist die Verknüpfung von aufklärerischem Freiheitsbewusstsein mit dem Freiheitsverständnis des Evangeliums. Im Kern argumentiert Schleiermacher als Theologe. Problematisch erscheint das von ihm bevorzugte „Defizienzmodell"[133], wonach jedes Seelsorgebedürfnis als Ausdruck für einen geistlichen Mangel interpretiert wird, und daraus folgend umgekehrt erst ein entsprechender Mangel vorhanden sein müsse, um Seelsorge zu indizieren.

2. Im Anschluss an Schleiermacher entwickelt sich im neunzehnten Jahrhundert die *wissenschaftliche Seelsorgelehre*. Beispielhaft sei hier die 1857 erschienene Seelsorgetheorie von Carl Immanuel Nitzsch[134] erwähnt. Die Seelsorge ist für Nitzsch „die amtliche Tätigkeit der Kirche, welche der Erhaltung, Vervollkommnung und Herstellung des geistlichen Lebens wegen auf das einzelne Gemeindeglied gerichtet ist"[135]. Um die Aufgabe auch angemessen erfüllen zu können, müsse man sich darüber im Klaren sein, dass es in der Seelsorge um ein ganz persönliches Verhält-

---

130 A.a.O., 431 und 445
131 A.a.O., 437
132 Vgl. a.a.O., 433
133 Wintzer, a.a.O., XIX
134 Nitzsch, Carl Immanuel: Die eigen-

thümliche Seelenpflege des evangelischen Hirtenamtes mit Rücksicht auf die innere Mission, Bonn 1857 (= ders.: Praktische Theologie, Bd. 3)
135 A.a.O., 70

nis gehe. Es käme also auf die Beachtung der „persönlichen Zustände und Bedürf-nisse" des Gemeindegliedes ebenso an, wie auch der ganz „persönliche Eindruck des Seelsorgers" zu Buche schlage. Die Persönlichkeit des Seelsorgers spielt mit-hin für Nitzsch eine ebenso wichtige Rolle wie die spezifischen Kompetenzen, die er als „diagnostische Fähigkeit" einerseits und als „therapeutische Tüchtigkeit" andererseits definiert. Erstere beziehe sich vor allem auf die „Menschen-Kennt-niß": „dass er sich auf das menschliche Herz und Wesen nach dem Maße unserer Beschränktheit recht gründlich verstehe"[136]. Letztere hat etwas zu tun mit der Vermittlung von „Heil" und „Segen". Diese kommen zwar wohl „vom Herrn" selbst, aber sie fallen doch „der Arbeit und Mühe seiner Diener nach seinem Wohlgefallen zu"[137].

Im Anschluss an Reinhard Schmidt-Rost lassen sich drei Aspekte für die spezifi-sche Ausrichtung der wissenschaftlichen Poimenik, wie sie uns bei Nitzsch begeg-net und zugleich über ihn hinausweist in die künftige Entwicklung, benennen:

a. Sie bezieht sich ganz auf ein Handeln am Einzelnen.
b. Sie vollzieht sich im Bewusstsein christlicher Weltverantwortung und mit einer Realitätsorientierung auf das „Machbare".
c. Sie macht auf Dauer eine professionelle Ausprägung der seelsorgerlichen Be-rufsrolle erforderlich.[138]

Bei Nitzsch deutet sich also ein Weg an, der zu einer einschneidenden Verände-rung im pastoralen Berufsverständnis führt. Das Leitbild ist nun bald nicht mehr der Gemeindehirte im Sinne der herkömmlichen Pastoraltheologie, sondern der „Seelenarzt"[139]. Vor allem gehört zu dieser neuen Weise, über Seelsorge nachzu-denken, eine konsequente und kritisch reflektierte Einbeziehung humanwissen-schaftlicher Erkenntnisse und Methoden. Die sich entwickelnde Seelsorgelehre kann immer weniger auf qualifizierte Übernahmen aus Anthropologie und Psy-chologie verzichten.

3. Die Entwicklung der Seelsorgelehre im 19. Jahrhundert wird nicht unwesent-lich beeinflusst durch den immer deutlicher spürbaren *Säkularisierungsprozess*. In ihm lassen sich einerseits die Nachwirkungen der kulturellen Aufklärung erken-nen, wie er andererseits auch im Zusammenhang mit Industrialisierung und neu-er sozialer Differenzierung verstanden werden muss. Man kann geradezu von ei-nem „Massenexodus aus der Kirche"[140] sprechen, der sich zwar nicht in einer formellen Austrittsbewegung, dafür aber in einer inneren Ferne zu dem verfass-ten Christentum und praktischer Teilnahmeverweigerung gegenüber den kirch-lichen Angeboten äußert. Carl Immanuel Nitzsch sah darum ein Erfordernis, den „seelsorgerischen Eifer" zu verstärken, um das „Verlorene zu suchen", und er zog

---

136 A.a.O., 119
137 A.a.O., 130
138 Schmidt-Rost, a.a.O., 74–76
139 vgl. Schmidt-Rost, a.a.O., 75; 89ff
140 Hölscher, Lucian: Bürgerliche Religiosi-tät im protestantischen Deutschland des 19. Jahrhunderts, in: Schieder, Wolfgang (Hg.): Religion und Gesellschaft im 19. Jahrhundert, Stuttgart 1993, 191–215, 200

daraus die Konsequenz: „... mit einem Wort, die Zeit für die innere Mission in der engeren Bedeutung ist für einen gewissen Kreis des kirchlichen, christlichen Lebens angebrochen"[141]. So kommt dann das seelsorgerliche Handeln wieder sehr nah an die Wahrnehmung des missionarischen Auftrags heran.[142] Was sich bei Nitzsch hier andeutet, das liegt ganz auf der Linie des durch Johann Hinrich Wichern 1848 auf dem Wittenberger Kirchentag ins Leben gerufenen Werkes der Inneren Mission. Später hat Wichern gerade den seelsorgerlichen Aspekt des diakonischen Handelns sehr eindrücklich formuliert: „Kommen die Leute nicht in die Kirche, so muss die Kirche zu den Leuten kommen ... Wir müssen Straßenprediger haben, vornehmlich in den großen Städten. Die Straßen müssen Kanzeln werden, und das Evangelium muss wieder zum Volk dringen." Nun wird deutlich: Die Seelsorge hat nur dann eine Chance, wenn die Kirche sich auf die Menschen zu bewegt und wenn sie zugleich aufmerksam wird für die ökonomische und soziale Not auf den Straßen und in den Häusern. Der Dresdner Pfarrer Emil Sulze hat diese Herausforderung unter den Bedingungen einer immer anonymer werdenden Großstadtparochie erkannt und angenommen. Er versuchte mit seinem gegliederten Gemeindestrukturmodell[143] die organisatorische Grundlage für eine gemeindliche Seelsorgearbeit zu schaffen, die die Menschen nicht nur mit Reden und Ritualen abspeiste. Seelsorge ist für Sulze Präsenz am Ort und Zusammenführung geistlicher, sozialer und pädagogischer Kompetenz. Um die immensen Aufgaben der Seelsorge in der Großgemeinde zu bewältigen, genüge es freilich nicht, allein auf die Kapazität der bestallten Pfarrer zurückzugreifen. Für Sulze geht es darum, das allgemeine Priestertum aller Gläubigen in Kraft zu setzen: „Die besten Christen, nicht die besten Theologen oder Redner, sind von Gott selbst dazu befähigt und verpflichtet, das Leben der Seelen, das Leben der ganzen Gemeinde zu gestalten ... Die größte äußerliche und innerlich Not, die dem Auge sich darbietet, fordert dringend Abhilfe und nimmt immer mehr Zeit und Kraft in Anspruch."[144]

Auch wenn Sulze mit seinem Gemeindeprogramm praktisch gescheitert war[145], so sind hier doch Fragen gestellt, die zumindest als Impulse in die Seelsorgelehre des nächsten Jahrhunderts hinüberweisen.

Eine hohe Aufmerksamkeit auf die äußeren Nöte der Menschen findet sich auch in Seelsorgetheorien und -konzepten von einigen Theologen des Liberalismus. Otto Baumgarten (1858–1934), dessen Tätigkeit schon weit in das 20. Jahrhundert hineinreicht, betont, die seelsorgerliche Tätigkeit dürfe nicht zu einer Predigt zum „Sichschicken in die Zeit" führen; dadurch würde der Pfarrer unweigerlich zum „Kapitalistenpastor in den Augen der Notleidenden". Vielmehr müsse sich die seelsorgerliche mit der sozialen Aufgabe verbinden, die Massennöte seien

141 Nitzsch, a.a.O., 19
142 Vgl. Wintzer, a.a.O., XXI
143 Dargelegt in: Sulze, Emil: Die evangelische Gemeinde, Leipzig ²1912, 32ff
144 Emil Sulze, zit. bei: Wintzer, a.a.O., 36f

145 Zu Sulze und den Auseinandersetzungen um seinen Ansatz sowie zu der von ihm inaugurierten „Gemeindebewegung" vgl.: Möller, Christian: Lehre vom Gemeindeaufbau, Bd.1, Göttingen 1987, 138ff

realistisch wahrzunehmen und die Seelsorger sollten Verständnis suchen für das Treiben auf dem „Markt des Lebens".[146]

Die Hinwendung zur wirklichen, zur „modernen" Welt – das ist es, was liberale Theologie, bei durchaus unterschiedlichen sozialpolitischen Optionen und kulturellen Interessen, auszeichnet. Sie war letztlich dann auch der Boden, auf dem sich eine Seelsorgetheorie entwickelte, in der neue Erkenntnisse einer Psychologie der menschlichen Persönlichkeit konzeptuell aufgenommen werden konnten.

Literatur

Neben dem *TRE-Artikel von Anselm Steiger* (umfassende Darstellung mit besonderer Berücksichtigung der lutherischen Orthodoxie) ist hier der Überblick zur Geschichte der Seelsorge von *Klaus Winkler* (²2000, 77–174) zu nennen. In dieser Seelsorgelehre werden u.a. die wichtigsten Poimeniker des 19. und 20.Jahrhunderts in Kurzporträts vorgestellt. Für den gleichen Zeitabschnitt ist auch die Darstellung von *Friedrich Wintzer* in dem von ihm herausgegebenen Reader zur *Seelsorge (1987,* XII–L) sehr informativ und aufschlußreich. In diesem Band finden sich auch wichtige Schlüsseltexte zur Geschichte der neueren Poimenik. Einzelne Epochen, besonders des 16. Bis 18. Jahrhunderts, sind auf erhellende Weise von *Werner Schütz* dargestellt worden *(1977,* 9–64). Die Einzelporträts in *Möllers Geschichte der Seelsorge I–III* können dazu helfen, die überblickartigen Darstellungen exemplarisch zu vertiefen.

Bäumer, Regina/ Plattig, Michael: Aufmerksamkeit ist das natürliche Gebet der Seele. Geistliche Begleitung in der Zeit der Wüstenväter und der personzentrierte Ansatz von Carl R. Rogers – eine Seelenverwandtschaft?! Würzburg 1998

Bayer, Oswald: Der seelsorgerliche Grundzug der Ethik Luthers, in: Heubach, Joachim (Hg.): Luther als Seelsorger, Erlangen 1991, 49–65

Bonhoeffer, Thomas: Ursprung und Wesen der christlichen Seelsorge, München 1985

Clebsch, William A./ Jaekle, Charles R.: Pastoral Care in Historical Perspective, New York 1964

Dodel, Franz: Weisung aus der Stille. Sitzen und Schweigen mit den Wüstenvätern, Zürich 1999

Ebeling, Gerhard: Luthers Seelsorge. Theologie in der Vielfalt der Lebenssituationen an seinen Briefen dargestellt, Tübingen 1997

– Luthers Gebrauch der Wortfamilie „Seelsorge", in: Luther-Jahrbuch 61, 1994, 7–44

Evans, G.R. (Hg.): A History of Pastoral Care, London 2000

Gerbracht, Diether: Die Gemeinde und der Einzelne. Das Verständnis der Seelsorge bei Friedrich D. E. Schleiermacher, Diss. Göttingen 1977

Greshake, Gisbert: Spiritualität der Wüste, Innsbruck 2002

Haizmann, Albrecht: Erbauung als Aufgabe der Seelsorge bei Philipp Jakob Spener, Göttingen 1997

Hardeland, August: Geschichte der speciellen Seelsorge in der vorreformatorischen Kirche und der Kirche der Reformation, Berlin 2 Tle.1897.1898

Hell, Daniel: Die Sprache der Seelsorge verstehen. Die Wüstenväter als Therapeuten, Freiburg/ Br. 2002

Henkys, Jürgen: Seelsorge und Bruderschaft, Berlin 1970

---

146 Baumgarten, Otto: Der Seelsorger unserer Tage (1891), zit.: bei Wintzer, a.a.O., 46f; vgl. Stahlberg, Thomas, a.a.O., 142ff; 271ff

Holifield, E. Brooks: A History of Pastoral Care in America: From Salvation to Self-Realization, Nashville 1983

Jörns, Klaus-Peter: Luther als Seelsorger, in: WzM 37, 1985, 489–498

Mennecke-Haustein, Ute (Hg.): Luthers Trostbriefe, Gütersloh 1989

Möller, Christian (Hg.): Geschichte der Seelsorge in Einzelporträts, Göttingen, Bd. 1 1994, Bd. 2 1995, Bd. 3 1996

Müller, Holger: Seelsorge und Tröstung. Christian Scriver (1629–1693), Erbauungsschriftsteller und Seeelsorger, Waltrop 2005

Nase, Eckart: Kontexte, Situationen und Anlässe der Seelsorge aus der Sicht der Pastoraltheologie bis ca. 1945, in: HbS 325–353

Piper, Hans-Christoph: Kommunizieren lernen in Seelsorge und Predigt, Göttingen 1981

Pompey, Heinrich: Zur Geschichte der Pastoralpsychologie, in: Baumgartner, Isidor (Hg.): Handbuch der Pastoralpsychologie, Regensburg 1990, 23–40

Resch, Claudia: Trost im Angesicht des Todes. Frühe reformatorische Anleitungen zur Seelsorge an Kranken und Sterbenden, Tübingen 2006

Schmidt-Rost, Reinhard: Seelsorge zwischen Amt und Beruf. Studien zur Entwicklung der modernen evangelischen Seelsorgelehre seit dem 19. Jahrhundert, Göttingen 1988

Schütz, Werner: Seelsorge, Gütersloh 1977, 9–64

Stahlberg, Thomas: Seelsorge im Übergang zur „modernen Welt". Heinrich Adolf Köstlin und Otto Baumgarten im Kontext der Praktischen Theologie um 1900, Göttingen 1998

Steiger, Anselm: Art. Seelsorge I. Kirchengeschichtlich, in: TRE 31, 2000, 7–31

Weisung der Väter, übersetzt von Bonifaz Miller, Trier ⁵2000

Winkler, Klaus: Die Zumutung im Konfliktfall! Luther als Seelsorger in heutiger Sicht, Hannover 1984

– Seelsorge, Berlin/ New York ²2000. 1997, 77–174

Wintzer, Friedrich (Hg.): Seelsorge. Texte zum gewandelten Verständnis und zur Praxis der Seelsorge in der Neuzeit, München 1978, ³1988, S. XII–L

Zimmerling, Peter (Hg.): Evangelische Seelsorgerinnen, Göttingen 2005

3.   Seelsorge und Seelsorgelehre in der Gegenwart

Dass sich Praxis und Lehre der Seelsorge in einer deutlichen Korrespondenz zu den Veränderungen im Glaubens- und Weltverständnis entwickeln, gilt natürlich unvermindert auch für das 20. Jahrhundert. Alle unterschiedlichen Theologieansätze haben dabei auch spezifische Auswirkungen auf eine ihnen mehr oder weniger entsprechende Poimenik:

- die sich um Brücken zur modernen Kulturwelt bemühende Liberale Theologie,
- die ganz dem Primat des rettenden Wortes Gottes verpflichtete Dialektische Theologie,
- die auf Verstehen der biblischen Überlieferung ausgerichtete Hermeneutische Theologie,
- die von ganzheitlichem Denken geprägte Theologie der liturgischen Erneuerungsbewegung,
- der korrelative Ansatz in der Theologie Paul Tillichs,
- die Theologie eines neu erwachenden konfessionellen Bewusstseins,
- die auf fundamentale Eindeutigkeiten dringenden evangelikalen Theologieströmungen,
- die für die Praxis sozialer Gerechtigkeit engagierte sozialethische Theologie.

Für jede dieser „Schulen" bzw. Positionen gibt es auch Entsprechungen in der Konzeptualisierung der Seelsorge. Die poimenische Landschaft im deutschen Protestantismus ist so bunt und plural wie Theologie und religiöse Praxis insgesamt. Und doch lassen sich vorsichtig einige Hauptströmungen nachzeichnen – so variantenreich diese in sich auch immer sein mögen.

Zuvor sei jedoch auf einige von außen auf die Kirchen und ihre Seelsorge im 20. Jahrhundert wirkende Faktoren hingewiesen:

3.1.   Poimenische Herausforderungen

Für die Seelsorgelehre in der Gegenwart und vor allem im Kontext des deutschen Protestantismus ist es notwendig, mindestens mit drei historischen Herausforderungen zu rechnen: dem Siegeszug der modernen Psychologie, den einschneidenden Katastrophenerfahrungen dieses Jahrhunderts und der zunehmenden Säkularität der Kultur und des privaten Lebens. Es sind sozusagen die gesellschaftlich-historischen Rahmenbedingung für die theologische Poimenik.

- Da ist zunächst die Entwicklung der von Wilhelm Wundt begründeten *wissen-*

schaftlichen Psychologie und einer von ihren Methoden ausgehenden Psychotherapie zu nennen. Psychologische Kenntnisse in unterschiedlichster Form prägen heute in vielfacher Weise das Leben von einzelnen Menschen und Gruppen. Vor allem die Psychoanalyse – obwohl akademisch nur bedingt akzeptiert – hat Sprache und Denken in unserer Gesellschaft in viel höherem Maße beeinflusst, als uns das normalerweise bewusst ist. Eine Seelsorgelehre, die sich einer Rezeption psychologischer Einsichten und einer Auseinandersetzung mit therapeutischen Verfahren widersetzt, depraviert zu einer Gruppenpoimenik für geschlossene kirchlich-religiöse Kreise. Die Praktischen Theologen der liberalen Schule – genannt seien: Otto Baumgarten, Paul Drews, Friedrich Niebergall – hatten das auf ihre Weise schon am Beginn des 20. Jahrhunderts erkannt. Sie hatten zeitig begonnen, empirische Erkenntnisse zu integrieren und sich humanwissenschaftliche Methoden zu Eigen zu machen.[1] Als ein Pionier einer Seelsorge, die grundlegende anthropologische Einsichten von außerhalb der Theologie rezipiert, muss Oskar Pfister genannt werden. Dieser Schweizer Pfarrer und Therapeut nahm die Herausforderung, die in dem ja auch stark religionskritischen Ansatz der Psychoanalyse Sigmund Freuds lag, kreativ auf und entwarf – auf dem Hintergrund seiner ebenfalls liberalen Theologie – das Konzept einer „analytischen Seelsorge"[2]. Während Pfister sich relativ streng an den Methoden Freuds orientierte, hat Otto Haendler schon früh versucht, die „komplexe Psychologie" Carl Gustav Jungs für Theologie und Seelsorge fruchtbar zu machen.[3] Ähnliches wie für Haendler trifft auch für Walter Uhsadel zu, während Alfred Dedo Müller sich auf eigene Weise um die Zusammenarbeit mit der modernen Psychologie bemüht hat.[4] – Durch die Psychotherapie ist der Seelsorge ihr ursprüngliches Monopol im Blick auf die Arbeit an der menschlichen Seele streitig gemacht worden. Darin ist sie zur Herausforderung für die Seelsorgelehre geworden. Es ist für die Kirche insgesamt und für die Seelsorge im Besonderen von hoher Bedeutung, ob sie auf diese Herausforderung nur

---

1 Vgl.: Wintzer, Friedrich (Hg.): Seelsorge. Texte zum gewandelten Verständnis und zur Praxis der Seelsorge in der Neuzeit, München 1978 (³1988), XXIIIff; beispielhaft sei hingewiesen auf: Baumgarten, Otto: Protestantische Seelsorge, Tübingen 1931, 273ff; Zu Baumgarten, dem in der Geschichte der Seelsorge eine besondere Bedeutung zukommt, vgl.: Stahlberg, Thomas: Seelsorge im Übergang zur „modernen Welt", Göttingen 1998, 206ff, bes. 261ff

2 Zu Pfister vgl. jetzt die ausführlichen Darstellungen bei: Nase, Eckart: Oskar Pfisters analytische Seelsorge, Berlin 1993; und bei: Jochheim, Martin: Seelsorge und Psychotherapie. Historisch-systematische Studien zur Lehre von der Seelsorge bei Oskar Pfister,

Eduard Thurneysen und Walter Uhsadel, Bochum 1998, 8–96; ferner: Schmidt-Rost, Reinhard: Oskar Pfister, in: Möller, Christian (Hg.): Geschichte der Seelsorge in Einzelporträts, Göttingen, Bd. 3, 1996, 185–200

3 Zu Haendler: Voigt, Kerstin: Otto Haendler – Leben und Werk, Frankfurt a.M. 1993, bes. 49ff

4 Uhsadel, Walter: Evangelische Seelsorge, Heidelberg 1966 ; Müller, Alfred Dedo: Grundriss der Praktischen Theologie, Berlin 1954, 276–357, bes. 287ff; zu Uhsadel vgl. Jochheim, a.a.O., 188–260; zu Müller und Haendler: ders.: a.a.O., 255ff und Offele, Wolfgang: Das Verständnis der Seelsorge in der pastoraltheologischen Literatur der Gegenwart, Mainz 1966, 90ff, 229ff

mit defensiven Abwehr- und Abgrenzungsmanövern reagiert oder ob sie die Chancen wahrnimmt, die in einer echten Begegnung von Therapie und Seelsorge liegen.

- Der zweite Faktor, der hier zu nennen ist – sind die *Katastrophenerfahrungen* seit Anfang des 20. Jahrhunderts: die Weltkriege, der Holocaust, die Atombombe, die totalitären Diktaturen, der internationale Terrorismus und die sich immer krasser ausprägenden Strukturen der Ungerechtigkeit. Man mag hier unterschiedlich werten und dem andere Katastrophen und Bedrohungen hinzufügen – die hier angedeuteten kollektiven Erfahrungen haben etwas zu tun mit unserer Art zu leben und zu hoffen, zu glauben und zu zweifeln. Sie prägen unser Menschenbild im positiven und im negativen Sinne. Und sie wirken sich auch auf die Erwartungen und Anforderungen an die Seelsorgearbeit der Kirchen aus. Denn all die genannten Erfahrungen in der Makrowelt haben ihre Resonanz in der Mikrowelt des Einzelnen. Krisenerfahrungen und Krisenbewusstsein treten deutlicher denn je zutage. Das Anwachsen von Suchterkrankungen, Depressionen und Suizidalität sind deutliche Indizien dafür im persönlichen Bereich. Die Seelsorge und die Seelsorgelehre sind davon insofern betroffen, als deutlicher wird, dass das, was schon immer galt, weil es schon immer unerklärbares Leiden gab, nun unausweichlich nahe rückt: die Krisenerfahrungen führen die Seelsorge an ihre Grenzen und die Seelsorger selbst ins Schweigen.[5] Es ist uns heute nicht mehr möglich, eine Seelsorge der klugen Ratschläge und sicheren Antworten zu treiben; denn die große und die kleine Welt des Menschen ist nicht mehr „gottfarben", sie lädt nicht mehr dazu ein, Glauben und Zuversicht zu gewinnen: „So wie die Welt wirklich beschaffen ist, legt sich der Glaube an den Teufel viel näher als der Glaube an Gott. Die Höllen der Weltkriege, die Höllen von Auschwitz, Hiroshima und Vietnam, aber auch die alltäglichen Erfahrungen, die einen Menschen zum andern sagen lassen: ‚Du machst mir das Leben zur Hölle', legen es oft nahe, sich die Welt im Ganzen als ‚Totenhaus', als Zuchthaus, Irrenhaus oder univers concentrationaire vorzustellen und nicht als gute Erde unter dem gütigen Himmel eines gerechten Gottes."[6] Für die Seelsorge mögen die Grundausrichtung dieser Welt und (Un-)Glaubenserfahrungen im 20. Jahrhundert unterschiedliche methodische Konsequenzen nahe legen. – Aber es wird nicht möglich sein, sie im Konzept und in der Praxis der Seelsorge unberücksichtigt zu lassen. Im Zeichen der Katastrophenerfahrungen unseres Jahrhunderts ist Seelsorge vielleicht nur noch möglich in einer „Solidarität der leeren Hände"[7], wenn sie wirklich kräftigenden und aufbauenden Trost vermitteln will.

---

5 Vgl. zu den unterschiedlichen Versuchen, die Krisenerfahrungen theologisch zu verarbeiten: Schuchardt, Erika: Warum gerade ich? Leben lernen in Krisen ¹¹2002, 125–166

6 Moltmann, Jürgen: Der gekreuzigte Gott, München 1972, 205

7 Stollberg, Dietrich: Helfen heißt herrschen, in: PTh 77, 1988, 473–484, 481

- Der dritte hier zu erwähnende Faktor hängt mit dem Vorangehenden in gewisser Weise zusammen, hat aber doch auch mit dem generellen Traditionsabbau in der Moderne zu tun: Es ist die *Säkularität* der modernen Gesellschaft. Christliche Seelsorge im 20. Jahrhundert muss sich immer wieder neu konstituieren angesichts eines fortschreitenden Prozesses religiöser Entfremdung und praktischer Entkirchlichung.[8] Für die Seelsorge stellt sich heute die Frage nach Möglichkeiten eines Wirkens jenseits der traditionellen Grenzen von Glauben und Nichtglauben. Immer häufiger wird es zu seelsorgerlichen Begegnungen mit Menschen kommen, die innerlich und äußerlich von der Tradition des Glaubens und der Praxis kirchlich gebundener Religiosität weit entfernt sind: im Krankenhaus, in den Gefängnissen, bei der Telefonseelsorge, in den unterschiedlichen Beratungsstellen kirchlicher Trägerschaft – aber auch in der Gemeinde, sofern diese nicht zum geschlossenen religiösen Milieu geworden ist. Seelsorge zu denken und zu praktizieren mit Menschen, die nicht (mehr) glauben – aus welchem Grund auch immer – das gehört zu den besonderen poimenische Herausforderungen im 20. Jahrhundert. Es ist vor allem eine hermeneutische Herausforderung – nämlich die Aufgabe, „religionslos" (Bonhoeffer) von dem zu reden, „was unbedingt angeht" (Tillich), anders gesagt: die Begriffe und Symbole des Glaubens so zu transformieren, dass auch die der christlichen Tradition entfremdeten Menschen sie verstehen und für sich annehmen können.

3.2. Hauptströmungen gegenwärtiger Seelsorgelehre

Alle Typisierungen sind Vereinfachungen. Das gilt nun auch für den Versuch, Hauptströmungen in der gegenwärtigen poimenischen Landschaft zu benennen. Es ist üblich geworden, drei Richtungen zu unterscheiden: die kerygmatische oder verkündigende, die beratende oder therapeutische und die evangelikale oder biblische Seelsorge. Auch wenn es immer wieder schwierig ist, einzelne Vertreter eines poimenischen Konzepts einer Richtung zuzuordnen, so haben die Unterscheidungen doch einen nicht zu unterschätzenden Orientierungswert. Dabei ist es wohl so, dass die Konzepte zur Zeit ihrer Entstehung eindeutiger konturiert waren, als sie es jetzt sind. Aber die theologischen Grundierungen bleiben meist erkennbar.

---

8 Vgl. oben Kap. 1.5. Der religiöse Entfremdungsprozess in der Gegenwart hat noch einmal eine neue Qualität gegenüber dem 19. Jahrhundert. Viele Menschen haben den „Exodus aus der Kirche" nun auch äußerlich und rechtskräftig vollzogen, was die An-schlussmöglichkeiten an religiöse Handlungen und Begegnungen noch einmal erschwert. Vgl.: Verheule, Anthonie Frans: Seelsorge in der säkularen Gesellschaft. Eine Stimme aus den Niederlanden, in: WzM 39, 1987, 103–115

3.2.1. Seelsorge als Verkündigung im Gespräch (kerygmatische Seelsorge)

Die Entstehung der kerygmatischen Seelsorgeauffassung, die sich uns vor allem mit den Namen von Eduard Thurneysen und Hans Asmussen verbindet, muss im engen Zusammenhang mit dem Aufbruch der Dialektischen Theologie verstanden werden. Ging es bei diesem theologischen Neuansatz nach dem Ersten Weltkrieg darum, eine offenbarungstheologische Antithese zu einer an die menschlich-natürlichen Gegebenheiten anknüpfenden Theologie (wie der des Kulturprotestantismus) zu behaupten, so musste sich das auch für die Handlungsfelder der Praktischen Theologie auswirken. Thurneysen hat seine poimenischen Grundgedanken in dem berühmten Aufsatz „Rechtfertigung und Seelsorge" von 1928[9] in einer eindrucksvollen Skizze dargelegt. Er geht darin von dem Urdatum christlichen Glaubens aus, nämlich der Rechtfertigung als „Gerechtsprechung des Sünders durch die freie Gnade Gottes"(73). Diese Rechtfertigung ist für Thurneysen „ihrem Wesen nach Wort", und deshalb sei die Predigt die ihr angemessene Form der Vermittlung (73). Die Predigt vermittle, was von Gott her dem Menschen zu sagen ist. Auch in der Seelsorge könne es um nichts anderes gehen; denn: „nicht mein immer fragwürdiges Verhältnis zu Gott und zum Leben ist wichtig", also nicht eigentlich die menschlich-biographische Problematik auf der Horizontalen, „sondern Gottes Verhalten zu mir, Gottes Anspruch an mich" (75). Und so werde nun deutlich: „Seelsorge ist nicht Sorge um die Seele des Menschen, sondern um den Menschen als Seele", und das bedeute wiederum: „der Mensch wird aufgrund der Rechtfertigung gesehen als der, den Gott anspricht in Christus" (85). Daraus ergibt sich die Erkennungsformel der kerygmatischen Seelsorge: „Seelsorge ist Verkündigung des Wortes Gottes" und als solche Ergänzung der Predigt, weil es in ihr um das „spezielle Ansprechen des Einzelnen"(86) gehe. Das Seelsorgegespräch, das mit dieser Intention geführt wird, sei ganz bewusst zu unterscheiden von einem Gespräch, das wir führen können „mit dem Arzt, mit dem Psychologen, dem Psychoanalytiker, dem Juristen, selbst dann, wenn es um ganz die gleichen Dinge" sich handele (87); denn hier sei letztendlich die Botschaft von der rettenden Gnade Gottes zu verkünden.

Thurneysen hat diesen grundlegenden Ansatz in seinen zwei großen Seelsorgebüchern[10] ausgeführt. In ihnen ist das Festhalten am ursprünglichen kerygmatischen Grundentwurf durchgehend erkennbar. Aber dieser Ansatz verliert doch an Schroffheit und Abstraktheit, je näher sich Thurneysen mit den Einzelfragen der Seelsorge selbst befasst. Was hier dann praktisch unter einem Seelsorgegespräch verstanden wird, ist ein echtes Sicheinlassen und Sicheinstellen des Seelsorgers auf sein Gegenüber. Hier werden die Probleme auch mit Hilfe psychologi-

---

9 Abgedruckt bei Wintzer (Hg.), a.a.O., 73–94. Die im folgenden Text angegebenen Seitenzahlen beziehen sich auf diesen Wiederabdruck. Zu Thurneysen vgl.: Jochheim, a.a.O., 97–187

10 Thurneysen, Eduard: Die Lehre von der Seelsorge, Zürich ²1957; ders.: Seelsorge im Vollzug, Zürich 1968

scher Gesichtspunkte aufgenommen. Irgendwann jedoch – und darin zeigt sich der kerygmatische Grundansatz – ist der Zeitpunkt für einen „Bruch" im Gespräch gekommen, und es geschieht, „dass diese sich zunächst darbietenden Gesichtspunkte in bestimmter Weise überboten werden durch die übergreifende Betrachtung aller Dinge, wie sie vom Wort Gottes her in Kraft tritt."[11]

Hans Asmussen, bewusst in der lutherischen Tradition zu Hause, betont gegenüber Thurneysen stärker auch den erzieherischen Aspekt von Seelsorge. Aber er unterstreicht doch zugleich, dass darin ein „dem Pastor fremdes Werk" zu erfüllen sei, das eigentlich gar nicht „Seelsorge", sondern „Seelenführung"[12] zu nennen sei und mit der durch das „Gesetz" gestellten Aufgabe zusammenhängt. Seelsorge als die Zuwendung des Evangelium, also die eigentliche Seelsorge, sei dagegen die „Verkündigung des Wortes Gottes an den Einzelnen". Seelsorge ist für Asmussen wirklich Gespräch. Aber der Pfarrer führe es „als Träger des Amtes" und er werde „die Führung auch nicht wieder aus der Hand geben."[13]

Für dieses Konzept von Seelsorge ist also klar: Seelsorge ist Gespräch. Aber das eigentlich Heilende und Rettende im seelsorgerlichen Gespräch kommt nicht aus der Begegnung zweier Menschen in der Horizontalen. Dazu bedarf es der autoritativen Ausrichtung des Wortes von der Gnade Gottes gegenüber dem Sünder, und das bedeutet gesprächsmethodisch auch den zeitweisen Umstieg auf eine asymmetrische Prediger-Hörer-Relation.

Die Unterschiede innerhalb der kerygmatischen Seelsorgelehre liegen in der Verteilung der hinführenden und der verkündigenden Phasen des seelsorgerlichen Gesprächs. Dietrich Bonhoeffer stellt in seiner Finkenwalder Seelsorgelehre neben die „verkündigende" Seelsorge die „diakonische". Sie ist für ihn die „Seelsorge im engeren Sinne", sie entspricht dem, was wir heute auch mit dem Begriff der „Beratung" verbinden, und sie hat für Bonhoeffer neben der Verkündigung ihr „eigenständiges Recht"[14].

Damit ist Bonhoeffer, wiewohl in einer gewissen Nähe zu diesem Ansatz, doch auch zugleich dessen erster Kritiker.

Seit den sechziger Jahren hat sich die kerygmatische Seelsorgelehre dann besonders heftige Kritik gefallen lassen müssen. So hat Joachim Scharfenberg Thurneysens Bemerkung über die Seelsorge als ein „liturgisches Gespräch"[15] im Sinne einer poimenischen „Modellvorstellung" interpretiert und diese dann grundlegend kritisiert: „Der Seelsorger, der ein solches Gespräch führt, kann sich also niemals dem Duktus des wirklichen Gesprächs überlassen, sondern er muss immer im Auge behalten, wie er es in ein solches liturgisches Gespräch verwandeln kann." Seelsorge ziele also „gleichsam über die menschliche Not hinweg" auf das

---

11 Thurneysen, Lehre, a.a.O., 114
12 Asmussen, Hans: Die Seelsorge, München ³1935, 71
13 A.a.O., 15, 17
14 Bobert-Stützel, Sabine: Dietrich Bonhoeffers Pastoraltheologie, Gütersloh 1995, 255
15 Thurneysen, Lehre, a.a.O., 95; Thurneysen hat hier mit „liturgisch" vor allem gemeint, dass in dem Gespräch Bibelwort und Gebet als Dank und Bitte nicht fehlen sollten.

„Gespräch mit Gott" hin.[16] So sehr sich diese Kritik auf Einzeläußerungen Thurneysens berufen kann, wird sie ihm doch im Ganzen kaum gerecht. Thurneysen hat selbst davor gewarnt, die seelsorgerliche Situation zu einer Art missionarischem Überfall im Sinne von „geistlicher Anrempelung"[17] zu missbrauchen.[18] Er deutet damit freilich auch selbst an, wo die Probleme und Missverständnisse eines kerygmatischen Seelsorgeansatzes liegen könnten. Thurneysen will wirklich verstehen, was die Menschen bewegt.[19] Aber wird sein geradliniger Theorieansatz nicht dazu führen, dass kommunikativ weniger begabte Seelsorger schnell bei einer unfruchtbaren, die Ratsuchenden belehrenden Seelsorgepraxis landen – in dem Bewusstsein, damit den göttlichen Auftrag ausgeführt zu haben?

Vergegenwärtigen wir uns noch einmal die Kernpunkte der kerygmatischen Seelsorgetheorie: Ausgangspunkt ist der Primat des Wortes Gottes, dessen Verkündigung dem sündhaften Menschen die göttliche Gnade um Christi willen zuspricht. Seelsorge ist in diesem Sinne sowohl Zuarbeit für die Verkündigung wie auch Ausführung derselben in der besonderen Situation des Gesprächs. Sie hat den Menschen in seiner konkreten Vorfindlichkeit aufzusuchen und in seiner menschlichen Not zu verstehen, sie hat ihn aber vor allem als Sünder und auf die Gnade Angewiesenen anzusprechen. Seelsorge muss deshalb auch phänomenologisch von anderen Gesprächsformen unterscheidbar bleiben – nicht zuletzt durch Bibelwort, Beichte und Gebet.

Der kerygmatische Ansatz wird in seiner ursprünglichen Klarheit und Stringenz sicher literarisch nur noch selten vertreten. Es gibt aber durchaus Teilrezeptionen verbunden mit einer eher vermittelnden, keineswegs dogmatisch einengenden Position. Zu nennen wären hier vor allem Helmut Tacke[20], aber auch Christian

16 Scharfenberg, Joachim: Seelsorge als Gespräch, Göttingen 1972, 15, 16; Zu „Thurneysen und die Seelsorgebewegung" vgl. Jochheim, a.a.O., 182–187
17 Thurneysen, Lehre, a.a.O., 121
18 Zu Person und Praxis des Seelsorgers Thurneysen: Bohren, Rudolf: Prophetie und Seelsorge. Eduard Thurneysen, Neukirchen 1982, bes. 201–228; ferner: Grözinger, Albrecht: Eduard Thurneysen, in: Möller (Hg.), Bd. 3, a.a.O., 277–294; vgl. vor allem auch: Raschzok, Klaus: Ein theologisches Programm zur Praxis der Kirche. Die Bedeutung des Werkes Eduard Thurneysens für eine gegenwärtig zu verantwortende Praktische Theologie, in: ThLZ 120, 1995, 299–312. Raschzok engagiert sich für ein neues Verständnis der Thurneysenschen Theologie, vor allem seiner Seelsorgelehre, die von der Seelsorgebewegung problematisch und missverständlich interpretiert worden sei. (311)

19 Vgl. Wilhelm Gräbs Versuch einer Korrektur der gängigen Thurneysen-Kritik: ders.: Deutungsarbeit. Überlegungen zu einer Theologie therapeutischer Seelsorge, in: PTh 86, 1997, 325–340; das Themenheft „Eine neue Psychologie" Zum 100.Geburtstag von E. Thurneysen, PTh 77, 1988, Heft 10 zeigt einen Wandel auch in der pastoralpsychologischen Sicht Thurneysens, z.B.: Winkler, Klaus: Eduard Thurneysen und die Folgen für die Seelsorge, in: PTh 77, 1988, 444–456; vgl. auch: Karle, Isolde: Seelsorge im Horizont der Hoffnung. Eduard Thurneysens Seelsorgelehre in systemtheoretischer Perspektive, in: Ev. Theologie 63, 2003, 165–181
20 Tacke, Helmut: Glaubenshilfe als Lebenshilfe, Neukirchen ³1993; Lauther, Christan/ Möller, Christian: Helmut Tacke, in: Möller (Hg.), Bd. 3, a.a.O., 341–358

Möller[21] und Peter Bukowski[22]. Das Konzept einer Seelsorge, die in großer Nähe zur Verkündigungsaufgabe gesehen wird, ist in der evangelischen Seelsorgedebatte zumindest in Deutschland durchaus präsent. Dafür spricht auch, dass ein großer Teil der Pfarrerinnen und Pfarrer aus der älteren Generation durch diesen in der Nachkriegstheologie dominierenden Ansatz geprägt worden sind.

3.2.2. Seelsorge als Beratung (Seelsorgebewegung)

Neben die sehr stark vom Verkündigungsauftrag geprägte Seelsorgelehre trat Ende der sechziger Jahre ein ganz anderes und neues Konzept von Seelsorge. Es wird oft als „beratende" oder auch „therapeutische" Seelsorge bezeichnet. Ihr relativ spontanes Erscheinen, ihre überraschend schnelle Ausbreitung und ihre die pastorale Arbeit im Ganzen umfassende Ausrichtung haben ihr wohl die Kennzeichnung als „Seelsorgebewegung"[23] eingebracht. Hier wurde nun das seelsorgerliche Handeln nicht mehr primär als ein autoritatives Verkündigungsgeschehen, sondern als ein partnerschaftliches Beziehungsgeschehen verstanden. Anstelle der bisherigen Theologiebestimmtheit tritt nun die Bedeutung der anthropologischen Dimension ins Blickfeld. Seelsorge wird in der Tat mehr als „Beratung"[24] mit dem Ziel einer Lebens- und Glaubenshilfe verstanden, wobei man den Begriff „Beratung" hier genau so wenig eng interpretieren darf wie den der „Verkündigung" in der kerygmatischen Seelsorgeauffassung. Der Wandel der poimenischen Landschaft hatte mehrere Ursachen.

• Einmal war, wie schon angedeutet, der Boden für einen Neuansatz durch eine kleine Anzahl von Praktischen Theologen bereitet, die die Erkenntnisse und Erfahrungen der neueren Psychologie und der Psychoanalyse Freud'scher oder Jung'scher Prägung für die Seelsorgelehre so oder so zu rezipieren versuchten. Oskar Pfister und Otto Haendler, Adolf Köberle, Walter Uhsadel und Adolf Allwohn waren schon genannt. Ebenso Alfred Dedo Müller, der wohl als einer der Ersten in Deutschland eine empirisch ausgerichtete Seelsorgeausbildung mit fachpsychologischer Begleitung praktizierte.[25] Anfang der fünfziger Jahre hatte

---

21 Vgl. etwa: Möller, Christian: Seelsorglich predigen, Waltrop ³2003; ders.: Wie geht es in der Seelsorge weiter? Erwägungen zum gegenwärtigen und zukünftigen Weg der Seelsorge, in: ThLZ 113, 1988, 409–422
22 Vgl.: Bukowski, Peter: Die Bibel ins Gespräch bringen. Erwägungen zu einer Grundfrage der Seelsorge, Neukirchen ³1996
23 Unter den verschiedenen Darstellungen der Seelsorgebewegung seien besonders hervorgehoben: Jochheim, Martin: Die Anfänge der Seelsorgebewegung in Deutschland, in: ZThK 90, 1993, 462–493; Sons, Rolf: Seelsor-

ge zwischen Bibel und Psychotherapie. Die Entwicklung der evangelischen Seelsorge in der Gegenwart, Stuttgart 1995, 7–72
24 Der Begriff der beratenden Seelsorge im Unterschied zur „priesterlichen" (in der Beichte) findet sich schon bei Dietrich Bonhoeffer in: Sanctorum communio, München 1954, 187f ;vgl.: Schröer, Henning. Art. Beratung, in TRE 5, Berlin/ New York 1980, 589–595, 593
25 In Leipzig seit 1934 mit dem Charakterpsychologen August Vetter, seit 1945 mit der Psychologin Adelheid Rensch, vgl. dazu: Müller, Alfred Dedo: Ist Seelsorge lehrbar? in: Kie

sich die Gemeinschaft „Arzt und Seelsorger" konstituiert, die bei ihren Tagungen viele für das Gespräch zwischen Medizin und Seelsorge bedeutsame Anregungen zu geben vermochte.[26] Es war nun auch möglich geworden, den vernachlässigten Dialog mit der Psychoanalyse zu intensivieren. Wichtig war Joachim Scharfenbergs Auseinandersetzung mit der Religionskritik Sigmund Freuds.[27] Durch sie war der Weg frei geworden zu einer angstfreien Annäherung der Theologie an die Tiefenpsychologie. In gewisser Weise markiert Scharfenbergs Buch den Beginn der Seelsorgebewegung in Deutschland.

- Diese hat nun selbst ihre Hauptwurzel in der amerikanischen Seelsorgebewegung. Seit den zwanziger Jahren gab es in den Kirchen von Nordamerika einen Aufbruch zu einer neuen Seelsorgepraxis, verbunden mit einer neuen Seelsorgedidaktik. Dem Pfarrer Anton Boisen, einem der „Väter" der Seelsorgebewegung, war nicht zuletzt aufgrund eigener Erfahrungen als Patient einer Nervenklinik das Ungenügen der traditionellen seelsorgerlichen Praxis bewusst geworden. An die Stelle einer Seelsorge, die sich im Wesentlichen auf tradierte Texte berief, wollte er eine Praxis setzen, die in den Pastoranden selbst „lebendige menschliche Dokumente" (living human documents) sah, die genau wahrzunehmen und von denen zu lernen sei. Dietrich Stollberg nennt drei „Hauptaspekte" der amerikanischen Seelsorgebewegung: (1) Pastoralpsychologie – verstanden als „Psychologie im Dienst theologischer, anthropologisch-kommunikativer und selbstkritischer Arbeit"[28]; d.h. konkret: Es handelt sich um eine Psychologie *für* die Seelsorge und ihren Dienst, die zugleich auch *aus* der kritischen Reflexion seelsorgerlicher Arbeit resultiert.[29] (2) Pastoral Counseling – verstanden als „psychotherapeutisch orientierte Lebensberatung im Aktionsraum und Dienste der Kirche"[30]. Gemeint ist also eine Form seelsorgerlicher

---

sow, Ernst-Rüdiger/ Scharfenberg, Joachim (Hg.): Forschung und Erfahrung im Dienst der Seelsorge, Göttingen 1961, 71–79, 74 (=Wintzer (Hg.), a.a.O., 128); vgl. Jochheim, Anfänge, a.a.O., 468; ders.: Seelsorge, a.a.O., 255ff. Genannt werden muss in diesem Zusammenhang unbedingt: Rensch, Adelheid: Das seelsorgerliche Gespräch, Göttingen 1963 – eine Pionierleistung der empirisch ausgerichteten Seelsorgelehre, die zugleich auf einem kerygma-theologischen Fundament ruhte – der Müllerschen Theologie entsprechend.
26 z.B.: Bitter, Wilhelm (Hg.): Angst und Schuld in theologischer und psychotherapeutischer Sicht, Stuttgart 1953; ders. (Hg.): Die Wandlungen des Menschen in Seelsorge und Psychotherapie; Göttingen 1965; ders. (Hg.): 25 Jahre Internationale Gemeinschaft Arzt und Seelsorger, Göttingen 1974. Die Bemühungen um das interdisziplinäre Gespräch reichen in die zwanziger Jahr zurück. Carl Schweitzer gab seit 1925 (bis 1934) eine

Schriftenreihe „Arzt und Seelsorger" heraus. Vgl. Stahlberg, Thomas: Neue Apologetik. Carl Gunther Schweitzer und die Schriftenreihe ‚Arzt und Seelsorger', in: Drehsen, Volker u.a. (Hg.): Protestantismus und Äethetik, Gütersloh 2001, 48–92
27 Scharfenberg, Joachim: Sigmund Freud und seine Religionskritik als Herausforderung an den christlichen Glauben, Göttingen 1968 ([4]1976); vgl. dazu auch: Nase, Eckart/ Joachim Scharfenberg (Hg.): Psychoanalyse und Religion, Darmstadt 1977
28 Stollberg, Dietrich: Therapeutische Seelsorge. Die amerikanische Seelsorgebewegung. Darstellung und Kritik, München 1969, 65; vgl. zum Ganzen Sons, a.a.O., 7–11; vgl. auch: Holifield, E. Brooks: History of protestant Pastoral Care (United States), in: DPCC, 511–515
29 Stollberg, a.a.O., 61
30 A.a.O., 71

Beziehung, in der wichtige Momente therapeutischer Gesprächsführung – vor allem die Methode der klientenzentrierten Gesprächsführung nach Carl Rogers – in den Dienst genommen werden. (3) Clinical Pastoral Training (CPT) (heute: Clinical Pastoral Education – CPE) als Grundform praxisnaher Seelsorgeausbildung. Dabei spielt besonders die Ausbildung im Krankenhaus eine wichtige Rolle in der Annahme, dass hier pastorale und psychologische Erfahrungen gesammelt werden können, die auch für die Seelsorge in der parochialen Praxis von Bedeutung sind. Seelsorger sollten „an Menschen für Menschen ausgebildet werden und die Relevanz von Religion in der Wirklichkeit selbst erfahren"[31]. Die amerikanische Seelsorgebewegung ist zuerst in den Niederlanden rezipiert worden. Hejie Faber, Ebel van der Schoot und Wybe Zijlstra haben das CPT bzw. CPE auf ihre spezifische Weise in den europäischen Kontext übertragen.[32] Durch die Übersetzung ihrer Werke und durch eigene Ausbildungstätigkeit haben sie einen wichtigen Einfluss auf die Entwicklung der pastoralpsychologischen Arbeit in Deutschland ausgeübt.

• Ein dritter Faktor für die Ausprägung der deutschen Seelsorgebewegung dürfte die religiöse, kulturelle und politische Umbruchphase der späten sechziger Jahre sein. An den Universitäten konnte man geradezu von einer Krise des positivistischen Wissenschaftsbegriffs und der einseitig theoriebezogenen Ausbildung sprechen. Die Bedeutung der „Praxis" für die Theoriebildung[33] selbst und für das Lernen im Besonderen trat immer deutlicher ins Bewusstsein. Theologisch ist hier die Kirchenreformdiskussion mit dem Streben nach realitätsbezogener missionarischer und sozialethischer Arbeit zu erwähnen.[34] Die Forderung nach größerer Wirklichkeitsnähe (Geh-Struktur anstelle der traditionellen Komm-Strukturen), die Intensivierung des Dialogs mit anderen Wissenschaftsdisziplinen, Weltanschauungen und Religionen, die engagierten Diskussionen über eine Reform des Theologiestudiums – das sind nur einige Aspekte des Aufbruchs zu einer Praxis der Veränderung, der auch die Kirchen wenigstens teilweise erfasst hatte und der für die beginnende Seelsorgebewegung günstige Startmöglichkeiten bot.[35]

• Als ein weiterer Faktor ist hier auch noch der wachsende Einfluss der Theologie Paul Tillichs in Deutschland zu erwähnen. Tillichs korrelativer Denkansatz sowie seine eigene theologische Auseinandersetzung mit der Psychoanalyse und Psychotherapie[36] boten Ansatzpunkte für eine positive Rezeption humanwis-

31 A.a.O., 42
32 Faber, Heije/Schoot, Ebel van der: Praktikum des seelsorgerlichen Gesprächs, Göttingen 1968 (⁷1987); Zijlstra, Wybe: Seelsorge-Training, München 1971
33 Stellvertretend seien hier genannt: Habermas, Jürgen: Erkenntnis und Interesse, Frankfurt a.M. 1968, und die Theorie-Praxis-Reflexionen bei: Bloch, Ernst: Das Prinzip Hoffnung, Frankfurt a.M. 1959, 288ff

34 Genannt seien hier wiederum stellvertretend die Arbeiten von Ernst Lange, zugänglich in: Lange, Ernst: Kirche für die Welt. Aufsätze zur Theorie kirchlichen Handelns, München 1981
35 Vgl. Jochheim, Anfänge, a.a.O., 470ff und 474ff
36 Tillich, Paul: Die theologische Bedeutung von Psychoanalyse und Existenzialismus, in: ders.: Gesammelte Werke, Bd. VIII, Stutt-

senschaftlicher Erkenntnisse in der Seelsorge. Sein Symbol- und Wirklichkeits-verständnis führte in den interdisziplinären Dialog und ließ diesen nicht als reinen Anpassungsvorgang erscheinen.

Was dann als „die" Seelsorgebewegung bezeichnet wird, umfasst in Wirklichkeit eine ganze Fülle sehr unterschiedlicher Impulse, Transfairs und Aktivitäten im Dienste einer neuen Seelsorgetheorie und -praxis. Auf der einen Seite stehen da nach Scharfenbergs bahnbrechender Freud-Studie die neuen Versuche, psycho-analytisches Denken sowie entsprechende therapeutische Verfahren für die Seel-sorge fruchtbar zu machen und tiefenpsychologisch ausgebildete Seelsorgerinnen und Seelsorger vor allem für spezielle Seelsorgedienste[37] zu gewinnen. Auf der anderen Seite ist da das Engagement für eine „Klinische Seelsorgeausbildung" (KSA) zu nennen, nachdem vor allem Dietrich Stollberg, Richard Riess und Hans-Christoph Piper[38] das deutsche Publikum mit der amerikanischen bzw. mit der niederländischen Seelsorgebewegung und speziell dem CPE vertraut gemacht hatten. Schon 1969 konnte der erste KSA-Kurs in Herborn unter Supervision von Wybe Zijlstra abgehalten werden.[39] Es folgte 1970 die Gründung des ersten Zen-trums für klinische Seelsorgeausbildung in Hannover, wenig später die ähnlicher Institute in Frankfurt, Bethel und Dortmund. Vor allem wegen der sehr gezielten Ausrichtung auf Praxis und Methoden von Seelsorgeausbildung war es nötig, sich zusammenzuschließen und den neuen Formen pastoralpsychologischen Lernens ein solides theoretisches Fundament und kompatible Standards zu geben. So kam es 1972 zur Gründung der Deutschen Gesellschaft für Pastoralpsychologie mit den drei „Sektionen": „Tiefenpsychologie" (T), „Klinische Seelsorgeausbildung" (KSA) und „Gruppendynamik".[40] Diese – übrigens von Anfang an ökumenisch ausgerichtete – Institutionalisierung der „Seelsorgebewegung" machte es nun möglich, an die Landeskirchen mit humanwissenschaftlich und theologisch fun-dierten Ausbildungsangeboten heranzutreten und den sich schnell einstellenden „Wildwuchs"-Ängsten zu begegnen.

Fragt man nach dem charakteristischen Gemeinsamen aller im Einzelnen doch recht unterschiedlichen Richtungen innerhalb der „beratenden" Seelsorge, so können folgende Punkte genannt werden:

1. Die *Humanwissenschaften*, insbesondere die Psychologie und Psychotherapie, haben für den Neuansatz der Seelsorgelehre konstitutive Bedeutung. Die Pas-

---

gart 1970, 304–315; ders.: Seelsorge und Psy-chotherapie, a.a.O., 316–324; ders.: Der Ein-fluss der Psychotherapie auf die Theologie, a.a.O., 325–335; vgl. Sons, a.a.O., 20–26

37 Vgl. die Beiträge von Friedrich-Wilhelm Lindemann, Mario Muck, Jörg Sandberger und Guido Groeger in: Becher, Werner (Hg.): Seelsorgeausbildung, Göttingen 1976

38 Außer den schon genannten Büchern von Stollberg und Riess vgl. noch: Stollberg, Dietrich: Seelsorge durch die Gruppe, Göttin-

gen 1971; Piper, Hans-Christoph im Anhang des von ihm übersetzten Buches von Faber/ Schoot, a.a.O., 233–249

39 Vgl. Jochheim, a.a.O., 482ff; Sons, a.a.O., 7ff

40 Später kamen noch hinzu die Sektionen „Personzentrierte Psychotherapie und Seelsor-ge" (PPS), „Gestaltseelsorge und Psychodrama in der Pastoralarbeit" (GPP). Die Sektion „Gruppendynamik" hat heute den Namen „Gruppe-Organisation-System" (GOS).

toralpsychologie wird zu einem fundamentalen Aspekt der Poimenik. Dabei geht es nicht nur um die psychologischen und anthropologischen Fachkenntnisse, die für die Wahrnehmung und Interpretation seelischer Konfliktsituationen Einzelner unverzichtbar sind, sondern auch um die Indienstnahme psychologischer Methoden und therapeutischer Techniken für die Praxis von Seelsorge.

2. Mit dem pastoralpsychologischen Ansatz der Seelsorgelehre ist ein *ganzheitliches Menschenverständnis* verbunden. Seelsorge hat es nicht nur mit einem psychischen oder spirituellen Teilaspekt des Menschen zu tun. Vielmehr soll versucht werden, ihn in seiner „Ganzheit" wahrzunehmen, also sowohl die körperliche und soziale wie die seelische und religiöse Seite seiner Existenz zu beachten. Im Ansatz können Selbstkonflikte, Beziehungsprobleme, seelische Störungen und Glaubenskrisen nicht losgelöst voneinander betrachtet werden – auch wenn zwischenzeitlich spezifische therapeutische Schritte notwendig sein könnten.

3. Die Seelsorgebewegung ist auch und vielleicht sogar primär eine *Seelsorgeausbildungsbewegung*. Grundlegend ist das Prinzip des „Erfahrungslernens". „Learning by doing" – heißt der aus der amerikanischen Seelsorgebewegung entlehnte didaktische Fundamentalsatz. Dahinter steht eine pragmatisch orientierte Didaktik, für die Lernen nicht in der Anwendung von Theorien besteht, sondern in der lebendigen kritischen Auseinandersetzung mit konkreten sozialen und persönlichen Erfahrungen. Seelsorge kann demzufolge am besten durch Verbatim-Analyse, Fallbesprechungen und Rollenspiel[41] erlernt werden und Supervision wird so zum Grundmodus pastoralpsychologischen Lehrens und Lernens. Es versteht sich von selbst, dass solche Ausbildungsformen sich eher in Predigerseminaren, Pastoralkollegs und Seelsorginstituten etablieren konnten als innerhalb der relativ reformresistenten Strukturen des akademischen Lehrbetriebs.

4. Ein Konzept, das Seelsorge primär als ein Kommunikations- und Beziehungsgeschehen versteht, kann sich nicht einseitig fallorientiert verwirklichen. In der Ausbildung und Supervision kommt notwendigerweise der *Person des Seelsorgers bzw. der Seelsorgerin* besondere Bedeutung zu. Weil jeder seelsorglich Tätige, ob ihm das klar ist oder nicht, sich immer auch selbst einbringt, muss dies auch bewusst gemacht werden, um nicht permanent Verzerrungen – z.B. durch Gegenübertragungen[42] – der Beziehungssituation aufzusitzen. Das gehört einfach zu einer wissenschaftlich fundierten Gestalt der Pastoralarbeit. Seelsorgearbeit ist auf die Dauer nicht möglich ohne intensive Selbstwahrnehmung und kritische, d.h. auch methodisch kontrollierte Selbstauseinandersetzung der Seelsorgerin und des Seelsorgers. An dieser Stelle wird freilich auch deutlich, dass es bei der Seelsorgebewegung nicht nur um einen Impuls für ein abge-

---

41 Vgl. dazu die Beiträge von Werner Becher, Hans-Christoph Piper, Reinhard Miethner, Klaus Winkler und Mario Muck, in: Becher, Werner (Hg.), a.a.O., 77ff, 91ff, 106ff, 121ff, 166ff

42 Näheres zu Übertragung und Gegenübertragung vgl. unten zu Kap.6.6.

grenztes pastorales Handlungsfeld geht, sondern um einen *Neuansatz für die kirchliche Arbeit insgesamt*. Denn was für die Seelsorge gilt – die Bedeutung der Person des Handelnden –, das trifft nicht weniger auf die Verkündigung[43], auf neue Formen „kommunikativer Gemeindepraxis"[44] bis hin zum Gottesdienst[45] zu.

5. Die Grundfunktion seelsorgerlichen Handelns kann, wenn auch nicht ganz unmissverständlich, mit dem Begriff der „Beratung" dargestellt werden. Das Ziel ist dabei stets die Förderung der Person des Rat Suchenden zur selbständigen Lösung seiner Probleme. Die Beratung zielt also auf *„Hilfe zur Selbsthilfe"*, so weit das in jedem konkreten Einzelfall eben möglich ist. Die Beraterinnen und Berater verstehen sich nicht als übermächtige Problemlöser und Ratgeber, sondern als Helfer auf Zeit, die sich aus einer solidarischen Position heraus und mit dem Rat Suchenden zusammen um einen gangbaren Weg bemühen. Die Seelsorgebewegung markiert einen Paradigmenwechsel im Blick auf die Definition der seelsorgerlichen Autorität.

6. Zur beratenden Seelsorge gehört ein Verständnis von *Theologie*, das diese in die Vollzugsformen des seelsorgerlichen Handelns selbst integriert. Natürlich ist das Spektrum theologischer Optionen unter Pastoralpsychologen ziemlich breit. Aber es gibt doch einen gewissen Akzent in der Richtung einer „inkarnatorischen" Theologie, die voraussetzt, dass Gott „in, mit und unter" menschlicher Begegnungen erfahren werden kann, ohne dass er darum lediglich in der Horizontalen identifiziert werden dürfte.[46] Die Erfahrbarkeit Gottes in den Lebenskonflikten der Menschen und in ihren persönlichen Leidenssituationen – das ist sozusagen die leitende Hoffnung, unter der die „beratende Seelsorge" ihre Arbeit versieht.

Den Gemeinsamkeiten der aus der Seelsorgebewegung kommenden Seelsorgekonzepte stehen eine Reihe durchaus erkennbarer Differenzen und Kontroverspunkte gegenüber. Sie betreffen z.B. Fragen der Theoriebildung. Die Tiefenpsychologen stehen da in einer viel stärker theoriebestimmten Tradition als die historisch mit dem amerikanischen Pragmatismus verbundenen KSA-Vertreter, bei denen eine gewisse Theorieskepsis vorherrscht. Andere Auseinandersetzungen betreffen die Fragen einer zunehmenden Professionalisierung des seelsorgerlichen Berufs, verbunden mit der Gefahr einer Therapeutisierung des seelsorger-

---

43 Vgl.: Piper, Hans-Christoph: Predigtanalysen, Göttingen 1976; Geest, Hans van der: Du hast mich angesprochen, Zürich 1978

44 Vgl.: Bäumler, Christof: Kommunikative Gemeindepraxis, München 1984, bes. 129f; Schmidt, Eva Renate/ Hans Georg Berg: Beraten mit Kontakt, Offenbach 1995

45 Vgl.: Thilo, Hans-Joachim: Die therapeutische Funktion des Gottesdienstes, Kassel 1985, bes. 169ff

46 Vgl. dazu Sons, a.a.O., 30f unter Berufung auf Richard Riess. Die Schlussfolgerung von Sons – „Begegnet Gott im Menschen, so bedeutet dies, dass der Mensch zum Hauptgegenstand der Theologie wird" (31) – bezeichnet die Gefahr eines theologischen Reduktionismus. Diese Gefahr ist aber nur dann gegeben, wenn es zu unkritischen Identifikationen kommt und das Korrektiv theologischer Urteilsbildung, vor allem die biblischen Überlieferungen, nicht mehr wahrgenommen werden.

lichen Handelns. Das hat Auswirkungen auf die Ausbildungskonzepte und die Formulierung von Ausbildungsstandards. Kritisches Diskussionspotenzial stellen natürlich immer wieder auch die Optionen für unterschiedliche Therapiekonzepte dar. Hier ergeben sich viel deutlichere Differenzierungen, als es ein erster Blick auf „die" Seelsorgebewegung erkennen lässt.

3.2.3. Seelsorge als biblische Therapie (evangelikale Seelsorge)

Ein Überblick über Strömungen der Seelsorgelehre in der Gegenwart kann nicht auf eine Darstellung der sich aus dem Pietismus herleitenden Seelsorgeauffassungen verzichten. Wir sprechen hier etwas unscharf von der „evangelikalen" Seelsorge – wohl wissend, dass nicht alle hier erwähnte Gruppierungen sich selbst als „evangelikal" bezeichnen würden. Sachlich richtiger wäre es vielleicht, von pietistisch geprägter Seelsorge zu sprechen, aber der Begriff Pietismus assoziiert doch in erster Linie eine historische Bewegung. So mag der unscharfe Begriff hingenommen werden.

Gerade in den so genannten „frommen" Kreisen ist das Bewusstsein für die Notwendigkeit der Seelsorge oft sehr ausgeprägt. Das „Sich-Aussprechen", das „Zur-Seelsorge-Gehen" oder „einen Seelsorger haben" gehört beim entschiedenen Christsein dazu. Dabei ist sicher wieder ganz Unterschiedliches gemeint. Bei großen Evangelisationen beispielsweise haben Seelsorgeangebote einerseits die Funktion, das in der Verkündigung Gehörte noch einmal persönlich zu vertiefen und andererseits auch die Gelegenheit zu einer Generalaussprache zu bieten. Seelsorge kann und soll zur „Lebensübergabe" vorbereiten. Hier geht es also nicht primär um Seelsorge im Sinne einer methodischen Konfliktbearbeitung, sondern eher um Seelsorge als Funktion des Bekehrungsprozesses. Das ist keinesfalls die einzige Art von Seelsorgeverständnis im modernen „Pietismus". So kann man hier durchaus auch Konzepten begegnen, die sich über weite Strecken auf einem ähnlichen Weg wie in der „beratenden Seelsorge" bewegen. Reinhold Ruthe nennt seinen Ansatz sogar ohne Berührungsängste „therapeutische Seelsorge"[47]. Seelsorge kann nie nur ein spiritueller oder kerygmatischer Prozess sein, weil der Mensch Leib, Geist und Seele ist. Das bedeutete für Ruthe: Um das gottgewollte Ziel seelsorgerlicher Arbeit, um echte Heilserfahrung zu erlangen, bedarf es psychologischer Hilfe: „Der Seelsorger braucht (psychologische) Kenntnisse vom Menschen, wenn er die Botschaft des Evangeliums vollmächtig ausrichten will."[48] Das Besondere dieser Seelsorge liegt in den Zielsetzungen[49], weniger in den Wegen dorthin. Für Ruthe geht es in der Seelsorge primär um das „geistliche Leben"

---

47 Ruthe, Reinhold: Seelsorge – wie macht man das? Grundlagen für das therapeutisch-seelsorgerliche Gespräch, Gießen 1993; ders.: Die Seelsorge-Praxis. Handbuch für Beratung und Therapie, Moers 1998
48 A.a.O., 26

49 Diese sind bei Ruthe oft mit Empfehlungen einer „konservativ christlichen Grundhaltung" verbunden, wie Winkler, Klaus: Seelsorge, Berlin/ New York 1997, 368, mit Blick auf eine frühere Veröffentlichung Ruthes (Praxis der Jugendarbeit, Wuppertal 1990) feststellt.

und um den „Frieden mit Gott"[50]. Die Lebenshilfe, die in diesem Konzept reichlich und kompetent erstrebt wird, bleibt der Glaubenshilfe funktional zugeordnet. Es ist schwer einzuschätzen, wie typisch die Seelsorgelehre Ruthes für pietistisch geprägte Gruppierungen ist. Das ganze Feld seelsorgerlicher Praxis in evangelikalen Gemeinschaften, bei evangelistischen Einsätzen oder im Zusammenhang charismatischer Erneuerungsbewegungen[51] kann hier unmöglich abgeschritten werden. Erwähnt seien drei Konzepte, die jeweils eine typische Position markieren und in der poimenischen Diskussion eine Rolle spielen.[52]

- *Die nouthetische Seelsorge.* Dieses Konzept einer „biblischen Lebensberatung" wird vor allem von Jay E. Adams vertreten.[53] Es zeichnet sich durch ein hohes Maß an Klarheit, Eindeutigkeit und (scheinbarer?) Praktikabilität aus. Das Grundaxiom dieser Seelsorgelehre lautet: „Für jedes Problem gibt es eine biblische Lösung."[54] Seelsorge besteht für Adams in der Anwendung biblischer „Grundsätze". Im Besonderen ist Seelsorge mit dem neutestamentlichen Begriff der „Nouthesia" (Eph 6,4; Kol 3,16; 2 Tim 3,16) zu charakterisieren. Es sind hier also die Funktionen des Ermahnens und Zurechtweisens besonders hervorzuheben. Und diese sind nach Adams deshalb nötig, weil die Sünde eine so beherrschende Rolle im Leben der Menschen spielt und die Ursache vieler psychischer und psychosomatischer Krankheiten darstellt. Adams spricht von „hamartiogene(n) Krankheiten"[55]. Seelsorge ziele darauf, Menschen dazu zu verhelfen, ihre Sünden zu bekennen und aufzugeben. Es sind relativ einfache Problemlösungsstrategien, auf die nouthetische Seelsorge hinausläuft.[56] Die Methode legt ein ziemlich direktives Vorgehen des Seelsorgers nahe, sodass Adams schon selbst ins Fragen kommt, ob eine „Seelsorge, die klaren Rat und eindeutige Weisung gibt"[57], nicht zu Abhängigkeit führen könnte. Psychotherapie lehnt Adams entschieden ab. Sein bekannter Leitsatz lautet: „Qualifizierte Seelsorger mit einer hinreichenden biblischen Ausbildung sind kompetente Berater – kompetenter als Psychiater oder sonst irgendjemand."[58] Dabei ist für Adams freilich auch deutlich: Nicht die Seelsorger bringen ihre Seelsorge zum Erfolg, sondern dies ist das „Werk des Heiligen Geistes"[59].
- *Biblisch-therapeutische Seelsorge (BTS).* Diese Seelsorgekonzeption[60] besitzt seit

---

50 Ruthe, a.a.O. (1993), 27, 29
51 Vgl. dazu Sons, a.a.O., 112ff
52 Ausführliche Darstellungen bei Sons, a.a.O., 73–138
53 Adams, Jay E.: Befreiende Seelsorge, Gießen ⁵1988; ders.: Handbuch für Seelsorge, Gießen ³1988; ausführlich zu Adams vgl. auch: Winkler, a.a.O., 65–74; ferner: Rebell, Walter: Psychologisches Grundwissen für Theologen, München 1988, 185–187
54 Adams, Befreiende Seelsorge, a.a.O., 111
55 A.a.O., 91ff

56 Vgl. etwa das Problemlösungsschema a.a.O., 165: Was geschah? Was tat ich? Was hätte ich tun sollen? Was muss ich jetzt tun?
57 A.a.O., 162
58 A.a.O., 17
59 A.a.O., 18
60 Selbstdarstellungen: Dieterich, Michael: Psychotherapie – Seelsorge – Biblisch-therapeutische Seelsorge, Neuhausen 1987; ders.: Handbuch Psychologie und Seelsorge, Wuppertal 1989; Dieterich, Michael/ Dieterich, Jörg (Hg.): Wörterbuch Psychologie und Seelsorge, Wuppertal 1996

2001 einen neuen institutionellen Rahmen durch die Gründung der BTS-Fachgesellschaft für Psychologie und Seelsorge gGmbH. Ihr Initiator und Schulhaupt Michael Dieterich ist Pädagoge und Psychologe und kommt selbst aus dem schwäbischen Pietismus. Der Anlass für die Gründung dieses besonderen Zweiges evangelikaler Seelsorge war die Beobachtung, dass zunehmend Gemeindeglieder mit pietistischem Hintergrund unter manifesten psychischen Problemen leiden. Oft haben sie Scheu, sich einem Therapeuten anzuvertrauen, der für ihre religiöse Bindung womöglich wenig Verständnis aufbringt. Es ging Dieterich also darum, eine solide Form von Therapie zu finden, die zugleich auf einem biblischen Fundament ruhte. BTS will beides bieten. Sie versteht sich als „biblisch begründete Seelsorge, die Anleihen bei Psychologie und Psychotherapie macht, soweit diese in das biblische Menschenbild und Wirklichkeitsverständnis integrierbar sind."[61] Charakteristisch für die BTS ist ihre Methodenvielfalt. Man geht davon aus, dass es sechs Elemente einer biblischen Seelsorge gebe: (1) Trösten, (2) Ermahnen, (3) Beichte, (4) Einleitung eines Lern- und Umdenkungsprozesses, (5) Einleitung eines Prozesses der Selbsterkenntnis, (6) Analyse der Vergangenheit. Für jede dieser Aufgaben werden spezifische seelsorgliche Herangehensweisen vorgeschlagen, vor allem für die Funktionen (4) bis (6) werden verhaltenstherapeutische, gesprächstherapeutische und tiefenpsychologische Therapieansätze herangezogen. Der biblisch-therapeutische Seelsorger muss über hinreichende Erfahrungen in diesen therapeutischen Methoden verfügen. Deshalb schreibt das Ausbildungsprogramm für die BTS auch vor, „alle diese methodischen Schritte kennen zu lernen, um im seelsorgerlichen Prozess flexibel zu bleiben."[62] Gerade dieser letzte Punkt hat der BTS erhebliche Kritik eingetragen und zu der Frage Anlass gegeben, ob eine Kurzausbildung in unterschiedlichen Therapieverfahren ausreichende Kompetenz vermittle.[63] Bemerkenswert ist jedoch, dass hier ein in der pietistischen Tradition beheimateter Seelsorgeansatz nicht zu einer Verteufelung der Psychotherapie führt (wie bei Adams), sondern zu ihrer partiellen Inanspruchnahme.

- *Christliche Psychologie (IGNIS).* Hier geht es nun um einen aus der charismatischen Bewegung heraus und weithin von freikirchlichen Kräften getragenen Ansatz für Seelsorge und Therapie. Im Jahre 1986 wurde IGNIS, die Deutsche Gesellschaft für Christliche Psychologie e.V., gegründet[64], wobei der Name an die das Wirken des Heiligen Geistes symbolisierenden Feuerzungen aus der Pfingstgeschichte anknüpft. Neben dem Verein und der Akademie für Christli-

61 Dieterich/Dieterich, Wörterbuch, a.a.O., 53
62 Informationen dazu über www.bts.ips.de
63 Zur Auseinandersetzung mit der Kritik vgl. jetzt: Dieterich, Michael/ Veeser, Wilfried: Kirchliche Seelsorge am Scheidewege, in: bts-aktuell 10. Jg., Nr. 35/ 1997, 7–18
64 Vgl. Sons, a.a.O., 122ff; weitere Informationen über www.ignis.de

che Psychologie wird auch eine Fachklinik für christliche Therapie unterhalten (D ´IGNIS). Bei IGNIS geht man von der Überzeugung aus, dass die säkulare Psychotherapie für gläubige Christen keine geeignete Hilfe zur Bewältigung seelischer Probleme darstelle. Vielmehr sei es notwendig, eine eigene „christliche" Psychologie zu entwickeln, in die der Transzendenzbezug des Glaubens integriert ist und die sich fest auf biblische Fundamente stütze. Die säkularen Therapieformen müssen „christianisiert" werden und auch für den Therapeuten ist entscheidend, ob er eine lebendige Gottesbeziehung hat. Um die Christliche Psychologie zu erlernen, bedarf es eigener Ausbildungsgänge. Angeboten wird ein vierjähriges Studium an der IGNIS-Akademie für Christliche Psychologie in Kitzingen. Es gibt außerdem berufsbegleitende Angebote zum „Christlichen Berater" bzw. zum „Christlichen Therapeuten".

Wenn wir nun diese verschiedene Konzepte innerhalb der evangelikalen Seelsorge miteinander vergleichen, fallen zunächst die *Unterschiede* ins Auge. Sie betreffen vor allem den völlig gegensätzlichen Umgang mit der Psychologie bzw. Psychotherapie.

Adams lehnt die Psychologie einschließlich aller Therapieansätze rigoros ab, weil sie weithin auf „unbiblischen Voraussetzungen"[65] beruhen und unfähig seien, den Kern des Leidens, also das „Grundproblem von Menschen, die in die Seelsorge kommen zu begreifen, nämlich die Sünde"[66]. Dass Adams selbst keineswegs nur biblischen Maximen, sondern faktisch und unreflektiert verhaltenstherapeutischen Methodenmustern folgt, wird zu Recht von seinen Kritikern immer wieder hervorgehoben.[67] Die Biblisch-Therapeutische Seelsorge beurteilt Psychologie und Psychotherapie ganz anders. Zwar ist auch hier klar, dass nicht jede Methode aus der Therapie uneingeschränkt übernommen werden kann. Aber solche therapeutische Methoden können ohne Not übernommen werden, „deren Wirkung auf Schöpfungsgesetzen beruhen", die also die schöpfungsmäßigen Grundlagen menschlichen Verhaltens widerspiegeln. Der Gebrauch psychotherapeutischer Methoden gehöre in den Bereich des Ersten Artikels[68], genauso wie der Gebrauch der Gesetze der Physik. Der Umgang mit der Psychotherapie hat hier freilich sehr stark instrumentellen Charakter, was bei einem praktizierten Methodenpluralismus dieser Art auch kaum anders sein kann. Das kann zu fahrlässigen Methodenanwendungen führen, bei der die ursprünglichen therapeutischen Intentionen verfehlt oder auch verfälscht werden können. Die Christliche Psychologie hält nun auch einen solchen instrumentellen Methodengebrauch nicht für möglich und schafft eine eigene biblische Psychologie. Einen Ansatz für das Gespräch mit der Pastoralpsychologie gibt es von daher so wenig wie bei Adams, während man sich in Zukunft durchaus eine etwas bessere Verständigung zwischen der biblisch-therapeutischen und der pastoral-psychologischen Seelsorge vorstellen kann.

65 Adams, Befreiende Seelsorge, a.a.O., 89
66 Vgl. Adams, a.a.O., 17
67 Vgl. dazu Sons, a.a.O., 92

68 Dieterich/Dieterich, Wörterbuch, a.a.O., 29ff

Fragen wir nach den *Gemeinsamkeiten* der evangelikalen Seelsorge, so lassen sich hier – ohne Anspruch auf Vollständigkeit – drei Aspekte nennen:

1. Die Konzepte verstehen sich in ihrem Ursprung als *kritische Alternativen zu einer wie auch immer pastoralpsychologisch orientierten Seelsorge*. Diese gilt als „liberal und säkularistisch"[69], wobei es freilich ein breites Spektrum zwischen deutlicher Dissonanz (Adams) und vorsichtiger Assonanz (BTS) gibt.

2. Für alle Formen evangelikaler Seelsorge ist die *biblische Fundierung* der entscheidende Maßstab. Seelsorge wird hier stets und primär verstanden als biblische Praxis. Grundlegend ist ein mehr oder weniger ausgeprägter Fundamentalismus. Die Reserve gegenüber der historisch-kritischen Auslegung der Heiligen Schrift und einer wissenschaftlich fundierten Hermeneutik findet auch in der Ausprägung des Seelsorgeverständnisses ihren Niederschlag. Man geht davon aus, dass aus der Bibel in einem ziemlich direkten Sinne die inhaltliche und methodische Grundlegung heutigen seelsorgerlichen Handelns zu entnehmen ist.

3. Charakteristisch ist für die evangelikale Seelsorge auch das starke Interesse am *Zusammenhang von Heil und Heilung*. Zwar wird dieser Zusammenhang heute auch außerhalb evangelikaler Gruppierungen erkannt, hier aber erhält er signifikante Bedeutung. Adams sieht die Aufgabe der Seelsorge auch in der Heilung von neurotischen Erkrankungen, und sowohl die Biblisch-Therapeutische Seelsorge wie auch die Christliche Psychologie unterhalten eigene Kliniken für psychisch und psychosomatisch leidende Menschen. Vorsichtig, aber doch eindeutig wird für die BTS formuliert, dass die christliche Gemeinde wohl damit rechnen dürfe, „dass Heil Heilung in dieser oder jener Form bewirke"[70].

Kritik an der evangelikalen Seelsorgeauffassung wird dort einzusetzen haben, wo sich auch sonst die Anfragen an eine Theologie aus diesem Traditionshintergrund ergeben: Da wäre einmal der Mangel an hermeneutischem Problembewusstsein zu nennen. Es besteht immer wieder die Neigung, Aussagen der Bibel in einem ganz unmittelbaren Sinne auf Leidens- und Lebenssituationen von heute zu beziehen. Dabei passiert es schnell, dass die eigene theologische Position in die biblischen Texte hineinprojiziert wird.

Ein anderes Problem bildet die immer wieder zu beobachtende Tendenz, in der Seelsorge am einzelnen Menschen eine bestimmte Vorstellung vom christlichen Verhalten umsetzen zu wollen. Dabei kann es leicht zu Verletzungen der Souveränität und Integrität des Rat suchenden Menschen und zu folgenschweren poimenischen Fehleinschätzungen kommen.[71] Seelsorge wird dann leicht zu einer problematischen Form von Seelenführung.

---

69 A.a.O., 53

70 A.a.O., 134; dort 134f auch eine Zusammenstellung der unterschiedlichen Sichtweisen dieses Zusammenhangs in verschiedenen evangelikalen Gruppierungen.

71 Zur Kritik in diesem Sinne, vgl.: Engemann, Wilfried: Die intime Interne. Charismatik als pastoralpsychologisches Paradigma, in: WzM 41, 1989, 87–103

Literatur

Für eine gründliche Beschäftigung mit den Hauptströmungen gegenwärtiger Seelsorgelehre kann auf die älteren Darstellungen von *Richard Riess (1973,* 153–244) und *Dietrich Stollberg (1969)* nicht verzichtet werden. Wichtige Quellentexte finden sich in dem schon zu 2.2. genannten Reader von *Friedrich Wintzer.* Für die Darstellung der evangelikalen und charismatischen Seelsorgeansätze sei auf *Rolf Sons (1995)* verwiesen. *Klaus Winkler* macht mit den drei wichtigsten Seelsorgekonzepten der Gegenwart dadurch bekannt, dass er jeweils einen repräsentativen Vertreter darstellt *(Seelsorge ²2000,* 23–76). Dieser Text ist als Einstieg in die intensivere Beschäftigung mit der Thematik gut geeignet.

Adams, Jay E.: Befreiende Seelsorge, Gießen ⁵1988
Adams, Jay E.: Handbuch für Seelsorge, Gießen ³1988
Bobert-Stützel, Sabine: Dietrich Bonhoeffers Pastoraltheologie, Gütersloh 1995
Bohren, Rudolf: Prophetie und Seelsorge. Eduard Thurneysen, Neukirchen 1982
Dieterich, Michael: Handbuch Psychologie und Seelsorge, Wuppertal 1989
– Psychologie und Seelsorge. PC-Bibliothek für die Praxis. CD-ROM Wuppertal 2002
Hunsinger, Deborah van Deusen: Theology and Pastoral Counseling. A New Interdisciplinary Approach, Grand Rapids, Michigan 1995
Hunter, Rodney J.: Art. Clinical Pastoral Education/Training, in: RGG 2, 1999, 399–404
Jochheim, Martin: Carl R. Rogers und die Seelsorge, in: ThPr 28, 1993, 221–237
– Die Anfänge der Seelsorgebewegung in Deutschland. Ein Beitrag zur neueren Geschichte der Pastoralpsychologie, in: ZThK 90, 1993, 462–493
– Seelsorge und Psychotherapie. Historisch-systematische Studien zur Lehre von der Seelsorge bei Oskar Pfister, Eduard Thurneysen und Walter Uhsadel, Bochum 1998
Kretzschmar, Gottfried: Die Bedeutung Alfred Dedo Müllers für die Praktische Theologie, in: Reformation und Praktische Theologie, Festschrift für Werner Jetter zum 70. Geburtstag, Göttingen 1983, 131–144
Nase, Eckart: Oskar Pfisters analytische Seelsorge, Berlin 1993
Nauer, Doris: Seelsorgekonzepte im Widerstreit. Ein Kompendium, Stuttgart 2001
Offele, Wolfgang: Das Verständnis der Seelsorge in der pastoraltheologischen Literatur der Gegenwart, Mainz 1966
Riess, Richard (Hg.): Perspektiven der Pastoralpsychologie, Göttingen 1974
– Seelsorge, Göttingen 1973
Scharfenberg, Joachim: Sigmund Freud und seine Religionskritik als Herausforderung an den christlichen Glauben, Göttingen 1968. ⁴1976
Seelsorgebewegung. Rückblick – Standortbestimmung – Aufgaben. Themenheft WzM 45, 1993, Heft 8, 434–505
Sons, Rolf: Seelsorge zwischen Bibel und Psychotherapie. Die Entwicklung der evangelischen Seelsorge in der Gegenwart, Stuttgart 1995
Stollberg, Dietrich: Die derzeitige Debatte um die Seelsorge. Eine evangelische Perspektive, in: Anzeiger für die Seelsorge, 1999, 374–380
– Therapeutische Seelsorge. Die amerikanische Seelsorgebewegung. Darstellung und Kritik, München 1969
Thurneysen, Eduard: Rechtfertigung und Seelsorge, in: Zwischen den Zeiten 6, 1928, 197–218; wiederabgedruckt in: Wintzer, Friedrich (Hg.): Seelsorge, München 1978, 78–94
Voigt, Kerstin: Otto Haendler – Leben und Werk, Frankfurt a.M. 1993
Zimmermann-Wolf, Christoph: Verständigung über Seelsorge. Dietrich Bonhoeffers lebensbezogene Theologie als Gesprächsgrundlage für ‚klinische Seelsorge' (Josef Mayer-Scheu) und ‚Biblische Seelsorge' (Helmut Tacke), in: BThZ 11, 1994, 83–90

3.3. Der pastoralpsychologische Ansatz auf dem Prüfstand

Nach der Darstellung der wichtigsten Seelsorgekonzepte der Gegenwart, soll nun in die aktuelle Diskussion zur Seelsorgelehre eingeführt werden. Ich tue das mit Perspektive auf den durch die Seelsorgebewegung inspirierten pastoralpsychologischen Seelsorgeansatz, wie er sich gegenwärtig darstellt.

3.3.1. Konturen eines pastoralpsychologischen Seelsorgeansatzes

Was ist nun das Charakteristische einer pastoralpsychologisch orientierten Seelsorgelehre? Zu nennen sind – ohne Anspruch auf Vollständigkeit – vier grundlegende Aspekte. Das theologische Konzept einer pastoralpsychologisch orientierte Seelsorgelehre möchte erfahrungsbezogen, hermeneutisch, interdisziplinär und integrativ sein.

1. Erfahrungsbezogen: Wie Gott erfahren werden kann, ist die Grundfrage des Glaubens und der Glaubensreflexion. Eine Theologie, die für sich die Überprüfbarkeit ihrer Sätze in der Erfahrung ablehnt, dürfte kaum in der Lage sein, von der Sache des Glaubens mit dem Anspruch auf Gehör bei den Menschen unserer Zeit zu reden. Wir gehen dagegen davon aus, dass Gott sich auch in der Lebensgeschichte des Einzelnen erschließen kann, ohne damit in ihr aufzugehen. Es ist notwendig miteinander auf der Erfahrungsebene zu kommunizieren, weil sie auch die Ebene ist, auf der Glaube wirklich und das Heil gegenwärtig werden kann.[72] Seelsorge ist mehr als nur Vorfeldarbeit in der Horizontalen, die dann abrupt unterbrochen und abgelöst werden würde durch das transzendentale „Ereignis" des Glaubens. Sie ist auch dann, wenn sie sich zunächst vielleicht ganz unreligiös den wirklichen Fragen menschlichen Existierens widmet, eingespannt in die Suchbewegung des Glaubens. Denn Glauben ist eine Wahrnehmung von Wirklichkeit, auch biographischer Lebenswirklichkeit, und zugleich das Offensein für ein Mehr an Erfahrung, für die Begegnung mit Gott und den Empfang der Gnade. Dass Lebenserfahrungen eines Menschen zu religiösen Erfahrungen und zu Glaubenserfahrungen werden können, ist besonders dann möglich, wenn sie in Zusammenhang gestellt werden können mit den überlieferten Erfahrung des Glaubens, wie sie uns in den Zeugnissen der Schriften des Alten und Neuen Testaments gegeben sind. Dann können „auch die gewöhnlichen alltäglichen Erfahrungen theologisches Gewicht" erlangen, „indem sie ihrer Tiefendimension nach zur Gotteserfahrung werden"[73]. Seelsorge zielt letztlich – und gewiss ohne jede missionarische Aufdringlichkeit –

---

72 Zum erfahrungstheologischen Ansatz vgl.: Tillich, Paul: Systematische Theologie, Bd. I, Stuttgart 1956, 51–58 u.ö.; Ebeling, Gerhard: Dogmatik des christlichen Glaubens, Bd. I, Tübingen 1979, 41f u.ö.; Steinhäuser, Martin: Homosexualität als Schöpfungserfahrung, Stuttgart 1998, 322–338; Piper, Hans-Christoph: Kommunizieren lernen in Seelsorge und Predigt, Göttingen 1981, 44–51

73 So im Anschluss an Luthers „Losung": „Sola ... experientia facit theologum" Ebeling, Gerhard: Die Klage über das Erfahrungsdefizit

darauf hin, dass es zu einer „Erfahrung mit der Erfahrung"[74] kommt, dass also das überlieferte Wort in die Lebenserfahrungen des Einzelnen einfließt und so Gewissheit und Lebensmut konstitutiert.

2. *Hermeneutisch:* Der nicht nur pastoralpsychologisch, sondern auch theologisch notwendige Erfahrungsbezug setzt einen verstehenden Ansatz voraus. Das betrifft zunächst den Umgang mit biblischen Texten. Diese können ja erst dann zur Quelle von gegenwärtiger Erfahrung werden, wenn ihr eigener (historischer) Erfahrungsbezug verstanden worden ist. Der hermeneutische Zugang zur Überlieferung wird in biblizistischen Konzepten meist übersprungen. Texte werden uninterpretiert und unvermittelt in die Gegenwart übertragen.[75] Es kommt aber darauf an, den spezifischen Lebensbezug der überlieferten Texte zu entdecken, um von dort aus dann die Interpretation zu wagen, die aus vergangener auf gegenwärtige Erfahrung hinzielt. Es geht also um jenen hermeneutischen Grundvorgang, in dem „das Leben dem Zeugnis der Schrift und das Zeugnis der Schrift dem Leben konfrontiert wird". Die Schrift kann nur dann zum „Wort" werden, wenn „diese nicht am Leben vorbeigeht, sondern in das Leben hineingeht, wenn es also mit Erfahrung zu tun hat in der Weite der menschlichen Lebenserfahrung."[76] Hier wird nun deutlich, dass die hermeneutische Zugangsweise in einer pastoralpsychologischen Seelsorgelehre sich keineswegs nur auf den Umgang mit überlieferten Texten beschränken kann. Sie ist ebenso notwendig im Blick auf die Menschen, die in der Seelsorge Rat suchen, als die „living human documents" (Boisen). Wichtig wäre nun freilich, diese „Dokumente" erst einmal für sich zu verstehen, ihrer „Seele" zu begegnen, also sie auch nicht gleich religiös zu vereinnahmen. In diesem Sinne sollte Joachim Scharfenberg verstanden werden, wenn er schreibt: „Die Pastoralpsychologie muss eine hermeneutische Psychologie sein. Sie muss der prinzipiellen Zirkelstruktur der Verstehensvorgänge Rechnung tragen und das Verstehen von Menschen mit dem Verstehen von Texten verbinden."[77]

Dieser hermeneutische Grundansatz ist kein anderer als der, der für Predigt[78] und Unterricht in Geltung zu bringen ist. Nur erfolgen die hermeneutischen

---

in der Theologie als Frage nach ihrer Sache, in: ders.: Wort und Glaube, Bd. 3, Tübingen 1975, 3–28, 10; vgl. Steinhäuser, a.a.O., 335f

74 Ebeling spricht vom „Glauben als gottgemäße(r) Erfahrung mit der Erfahrung": a.a.O., 25, 27, vgl. Jüngel, Eberhard; Gott als Geheimnis der Welt, Tübingen ²1977, 40f

75 Das ist wohl in den meisten Konzepten so, die dem „evangelikalen Ansatz" zuzurechnen sind. Erkennen kann man das schon daran, wenn Seelsorge selbst biblisch so begründet wird, als handle es sich schließlich um dieselbe Sache, die wir auch heute betreiben, vgl. Bonhoeffer, Thomas: Ursprung und Wesen

der christlichen Seelsorge, München 1985, 12 ff; Gebauer, Roland: Paulus als Seelsorger. Ein exegetischer Beitrag zur Praktischen Theologie, Stuttgart 1997, 32

76 Ebeling, Dogmatik, Bd. I, a.a.O., 42

77 Scharfenberg, Joachim: Einführung in die Pastoralpsychologie, Göttingen 1985, 49

78 Eine „senkrecht von oben" hereinbrechende Verkündigung lässt sich mit diesem Ansatz schwer verbinden. Es ist freilich zu bestreiten, ob dies die einzige Form von „Verkündigung" darstellt. Kritische Anfragen an die „kerygmatische" Seelsorge müssten schon bei dem Verkündigungsbegriff selbst ansetzen.

Überlegungen auf einer anderen Handlungsebene und fordern darum auch andere Kommunikationsstrategien. Und es ist zu beachten, dass in der Seelsorge viel häufiger Menschen begegnen, die wenig oder gar keine Beziehung zu den „Texten des Glaubens" haben. Die von Dietrich Bonhoeffer geforderte „religionslose" Interpretation biblischer Begriffe[79] könnte unter anderem und vielleicht besonders in der Seelsorge ihren spezifischen Ort haben.

Es muss freilich in diesem Zusammenhang auch vor einem hermeneutischen Optimismus gewarnt werden, der schnell zu interpretierenden Vereinnahmungen anderer führen kann. Den Anspruch, alles verstehen zu können, wird man schwerlich einlösen können. Gerade in der gegenwärtigen Situation, in der uns in der Seelsorge zunehmend Menschen mit anderen kulturellen, ethnischen und lebensgeschichtlichen Erfahrungen begegnen, ist die Gefahr groß, „das Fremde als das eigene Fremde zu verstehen." Theo Sundermeier, selbst stärker an der interkulturellen als speziell der seelsorgerlichen Begegnung interessiert, warnt vor solcher Hermeneutik. „Das läuft letztlich auf eine Vereinnahmungsstrategie hinaus, die für ein erstes oberflächliches Zusammensein förderlich sein kann, aber ein tieferes Verstehen verhindert." Um dahin zu gelangen, kann auch für die seelsorgerliche Hermeneutik in gegebenen Fällen die Maxime gelten: „Das Fremde muss als Fremdes ausgehalten werden."[80]

3. Interdisziplinär: Ein erfahrungstheologischer Ansatz schließt interdisziplinäre Herangehensweisen ein. Insbesondere kommen hier die empirischen Wissenschaften, den Menschen und seine Kontexte betreffend, in Frage: Anthropologie, Soziologie, Psychologie. Traditioneller Weise ist in der Seelsorgelehre der Bezug zur Psychologie besonders betont. Das hat natürlich sein Recht, aber es ist auch nicht ohne Probleme. Weil die Wirklichkeit des Menschen wesentlich durch seine soziale Existenz, den gesellschaftlichen und kulturellen Kontext sowie die ökonomischen und politischen Interdependenzen bestimmt wird, ist für die Seelsorge eine Einbeziehung dieses Horizontes menschlicher Existenz unverzichtbar.[81] Nicht jede Leidenserfahrung eines Menschen kann und darf auf Psychisches reduziert werden. Individuelle Probleme haben oft soziale Ursachen. Und Hilfe kommt für ihn nicht nur aus den Ressourcen seiner Person.[82] Gleichwohl bleibt die psychische Befindlichkeit eines Menschen ein zentraler Ansatzpunkt für die seelsorgerliche Arbeit.

79 Bonhoeffer, Dietrich: Widerstand und Ergebung, Berlin 1972, 305ff, 311ff u.a.
80 Sundermeier, Theo: Den Fremden verstehen. Eine praktische Hermeneutik, Göttingen 1996, 170
81 Vgl.: Pohl-Patalong, Uta: Individuum und Gesellschaft in der Seelsorge, in: dies./ Muchlinsky, Frank (Hg.): Seelsorge im Plural, Hamburg 1999, 113–126, 119ff

82 Das wird besonders im empowerment-Konzept der Sozialarbeit betont, das in der Seelsorgelehre zunehmend auf Echo stößt: Schneider-Harpprecht, Christoph: Interkulturelle Seelsorge, Göttingen 2001; Baumann, Urs/ Reuter, Mark/ Teuber, Stephan: Seelsorgliche Gesprächsführung, Düsseldorf 1996, 85ff; Riedel-Pfäfflin, Ursula/ Julia Strecker: Flügel trotz allem, Gütersloh ²1999, 34ff

Das Problem ist hier eine sachgemäße Zuordnung von Seelsorge und Psychotherapie. Diese Verhältnisbestimmung kann von exemplarischer Bedeutung auch für andere interdisziplinäre Zuordnungen in der Seelsorgelehre sein. Acht haben muss man zunächst darauf, dass der Psychologie nicht kompensatorische Funktionen zugeschoben werden, dass also der „Erfahrungsmangel der Theologie durch bloßen Empirie-Import ausgeglichen"[83] werden soll. Jedenfalls wird Interdisziplinarität nicht durch gelegentliche Einspeisung empirischer Forschungsdaten erreicht, und sie erschöpft sich auch nicht darin, dass Teilaufgaben an die Psychotherapie delegiert werden. Eine schiedlich-friedliche Trennung ist deshalb, so plausibel sie zunächst klingen mag, noch nicht die Lösung des Problems.[84] Eine pastoralpsychologisch orientierte Seelsorgelehre ist gerade an dem Zusammenhang der unterschiedlichen Sicht- und Handlungsweisen interessiert, also statt an einem Nebeneinander eher an einem Miteinander und Ineinander seelsorgerlicher und psychotherapeutischer Wahrnehmungen, Intentionen und Interventionen. Das hängt mit dem Wirklichkeitsverständnis zusammen, wonach es wichtig ist sich zu vergegenwärtigen, „dass man bei der Klärung psychologischer Zusammenhänge Theologie treibt und bei der Klärung theologischer Zusammenhänge Psychologie"[85]. Die therapeutische Aufarbeitung einer narzisstischen Beziehungsstörung beispielsweise besitzt auch theologische Relevanz, insofern es hier um eine menschliche Grunderfahrung geht, die schon in der biblischen Urgeschichte

83 Ebeling, Klage über das Erfahrungsdefizit, a.a.O., 26

84 Diese Skepsis bezieht sich auch auf Rolf Sons' an sich nachdenkenswerten Versuch, das Verhältnis von Psychotherapie und Seelsorge in einer Analogie zur lutherischen Zwei-Reiche-Lehre zu sehen. Sons, a.a.O., 184–195. Der Psychotherapie allein den Part des wissenschaftlichen Verfahrens zur Lebensbewahrung zuzugestehen und sie in die Grenzen zu weisen, wenn sie eine „umfassende Interpretation der menschlichen Existenz zu geben beansprucht" (194), wird schwer durchzuhalten sein; denn in der modernen Welt haben die Kirchen und Religionen kein Monopol mehr auf Daseinsinterpretation und Transzendenzerfahrung. Notwendig ist jedenfalls ein ständiger konstruktiv-kritischer Dialog zwischen Theologie und Psychologie und ein dem entsprechender lebendiger Austauschprozess in der Praxis von Psychotherapie und Seelsorge, wie dies Martina Plieth vorschlägt: dies.: Die Seele wahrnehmen. Zur Geistesgeschichte des Verhältnisses von Seelsorge und Psychologie, Göttingen 1994 (Schlussthese: „zwei helfende Wissenschaften als unabhängige, aber aufeinander bezogene soziale Systeme", 260,

mit der Perspektive auf einen „wechselseitigen Austauschprozess", 258); Zu dem viel erörterten Thema *Seelsorge und Psychotherapie* sei ferner noch auf folgende Literatur hingewiesen: Läpple, Volker/Scharfenberg, Joachim (Hg.): Psychotherapie und Seelsorge, Darmstadt 1977 (klassische Aufsätze zum Problem von Oskar Pfister bis Dietrich Rössler); Jochheim, Martin: Seelsorge, a.a.O., bes. 261–268; Riess, Richard: Seelsorge, Göttingen 1973, 31–78 (Darstellung und Diskussion unterschiedlicher Ansätze); für überblickartige Einführungen kann hingewiesen werden auf: Rössler, Dietrich: Seelsorge und Psychotherapie, in: Wintzer, Friedrich (Hg.): Praktische Theologie, Neukirchen ²1985, 116–127; Baumgartner, Isidor: Pastoralpsychologie, Düsseldorf 1990, 60–85

85 Scharfenberg, Einführung, a.a.O., 53; dem kommt ziemlich nahe der Vorschlag einer neuen Annäherung der Disziplinen unter dem Paradigma des Chalcedonense („ungetrennt und ungemischt"): Hunsinger, Deborah van Deusen: Theology and Pastoral Counseling. A new interdisciplinary approach, Grand Rapids, Michigan 1995, 213 u.ö.

(Gen 3 und 4) ihren Niederschlag gefunden hat, und andererseits wird man eine aktuelle Glaubenskrise oft nicht wirklich verstehen und überwinden helfen können, wenn man für die psychologischen Implikationen – etwa einer missglückten Selbsteinstellung oder einer mangelnden Vertrauensfähigkeit – blind bleibt.

Dennoch: Trotz aller Interdependenzen ist es auch wichtig, die Unterschiede klar herauszustellen. Seelsorge bleibt Seelsorge. Man kann hier die von Dietrich Rössler ins Gespräch gebrachte Unterscheidung von „Lebensgewissheit" als Aufgabe der Seelsorge und „Lebensfähigkeit" als Aufgabe der Therapie[86] zu Rate ziehen. Beides hängt eben eng zusammen. Und in der alltäglichen Praxis muss man durchaus damit rechnen, dass der Seelsorger die therapeutische Dimension so wenig ignorieren kann wie der Therapeut die seelsorgerliche. Es kommt darauf an, sich dessen dann auch bewusst zu sein und die Unterschiede nicht zu ignorieren.

4. Integrativ: Es gehört zu den entscheidenden Startimpulsen der Seelsorgebewegung, den Menschen in seiner tatsächlichen Realität aufzusuchen und ihm hier zu helfen. Der Mensch in der Seelsorge ist nicht nur Zielpunkt geistlicher Zuwendung. Die Bandbreite seelischer und körperlicher Gesundheit sollte für die Seelsorge keineswegs irrelevant sein. So ist es unerlässlich, den Menschen auch in seiner „Leiblichkeit"[87] wahrzunehmen. Es ist üblich geworden, hier von der „Ganzheit" oder „Ganzheitlichkeit" der seelsorgerlichen oder therapeutischen Zuwendungsweise zu sprechen. Das ist nicht unproblematisch. Dieser Modebegriff besagt einerseits zu viel – im Sinne eines schier unerreichbaren Ideals der Durchdringung körperlicher, seelischer und geistiger Aspekte des Menschseins; und er besagt andererseits zu wenig, weil er viel zu sehr auf das Individuum bezogen ist und zu wenig aufnimmt, wie sehr der einzelne Mensch durch überindividuelle Faktoren geprägt und bestimmt ist. Auch die gesellschaftlichen Faktoren müssen in den Blick genommen werden, sofern sie auf das Einzelleben Einfluss haben. Hier wird deutlich, wie sehr der interdisziplinäre Ansatz mit einer integrativen Sichtweise des Menschen zusammenhängt.

Integrative Seelsorge heißt: Zusammenhänge sehen und sie ansprechen, mit den Individuen nach konkreten Veränderungsmöglichkeiten suchen. Integrative Seelsorge bedeutet auch: unterschiedliche Kommunikationsgelegenheiten zu nutzen – im Sinne einer Durchdringung der pastoralen Handlungsfelder, also der sozialen und diakonischen Aktivitäten, der Verkündigung und der generationenspezifischen Arbeit mit der seelsorgerlichen. Integrative Seelsorge bedeutet Verzicht auf methodischen Purismus und inhaltliche Enge.

---

86 Rössler, Dietrich: Grundriss der Praktischen Theologie, Berlin 1986, 182
87 Vgl. dazu: Klessmann, Michael/ Liebau, Irmhild (Hg.): Leiblichkeit ist das Ende der Werke Gottes, Göttingen 1997; vgl. ferner: Riedel-Pfäfflin/ Strecker, a.a.O., 43ff; Keßler, Hildrun: Bibliodrama und Leiblichkeit, Stuttgart 1996; Nausath, Elisabeth: Seelsorge als Leibsorge, Stuttgart 2000

Zu einem integrativen Ansatz gehört schließlich auch die Wahrnehmung der ökologischen Dimension des Daseins. Der Zusammenhang von Seelsorge und Ökologie ist bisher wenig beachtet worden. Es ist Howard Clinebell zu danken, dass er die Verbundenheit des Menschen mit der Erde, der Natur und der ganzen Schöpfung deutlich in den Blickpunkt poimenischer Aufmerksamkeit gerückt hat. Clinebell hat das Konzept für eine Ökotherapie entworfen, bei dem er auch die „Psychologie und Weltsicht der nichtwestlichen erdverbundenen Kultur"[88] einbeziehen möchte. Gerade die grundsätzlich interdisziplinäre Herangehensweise der Pastoralpsychologie könnte einen solchen ökologischen Seelsorgeansatz entscheidend fördern, der dann freilich auch schöpfungstheologisch fundiert sein sollte. Wie weit dieser in unseren Breiten wirksam wird, ist eine andere Sache. Erste Schritte sind nicht zuletzt dank des persönlichen Engagements von Howard Clinebell gemacht.[89]

3.3.2. Themen der gegenwärtigen Diskussion

Wenn man die Diskussion verfolgt, die sich um die Seelsorgebewegung und dem aus ihr erwachsenen pastoralpsychologischen Ansatz von Anfang an ergeben hat, dann fällt bei oft inhaltlich gleich bleibender Konfliktthematik eine deutliche Akzentverlagerung auf. Argumentierten bis in die achtziger Jahre hinein die Kritiker eher von einer konservativen Position her – sei es lutherischer, sei es barthianischer Prägung –, so kommen heute die Anfragen eher aus der Richtung eines theologischen Neoliberalismus oder einer stärker akademisch orientierten, positionell nicht so festgelegten Praktischen Theologie. Dabei steht im Mittelpunkt der kritischen Fragen auf dem konservativeren Hintergrund die Sorge um den *theologischen Substanzverlust* in der neueren Seelsorge, während die jüngere Kritikergeneration der Pastoralpsychologie einen *kontextuellen Wirklichkeitsverlust* anlasten. Das mag etwas grob sortiert sein, wird aber als Tendenzanzeige hingehen können. In manchen Punkten treffen sich die Kritiker beider Richtungen, auch wenn ihre Motive unterschiedlich sein mögen. Folgende Stichworte der Diskussion seien genannt[90]:

---

88 Clinebell, Howard: ‚Ökotherapie' – Ein Paradigma für eine ökologisch-soziale Identität, in: WzM 50, 1998, 160–174, 172; ausführliche Darstellung der Ökotherapie mit theologischen Reflexionen, praktischen Beispielen und methodischen Vorschlägen: Clinebell, Howard: Ecotherapy – healing ourselves, healing the earth, Minneapolis 1996

89 Clinebell hat in den letzten Jahren in Deutschland verschiedentlich Seminare zur Ökotherapie mit pastoralpsychologisch arbeitenden Seelsorgerinnen und Seelsorgern

durchgeführt. Auch wenn es wenig literarischen Niederschlag davon gibt, so dürfte doch in der seelsorgerlichen und spirituellen Praxis schon manche Anregung Clinebells umgesetzt werden, zumal es durchaus Konvergenzen zu anderen Ansätzen, etwa in der systemischen und in der feministischen Seelsorge gibt.

90 Vgl.: Stollberg, Dietrich: Die derzeitige Debatte um die Seelsorge. Eine evangelische Perspektive, in: Anzeiger für die Seelsorge, Heft 8, 1999, 374–380

1. Horizontalisierung: Von nicht wenigen Seiten wird die Sorge ausgesprochen, die moderne (pastoralpsychologisch geprägte) Seelsorgelehre reduziere das Seelsorgegeschehen auf die immanente Lebenshilfedimension. Der zwischenmenschliche Beratungsvorgang werde so religiös überhöht. Für Helmut Tacke etwa wird hier „das Christusgeschehen übergangen und die Seelsorge mit messianischen Zumutungen versehen, die abgewiesen werden müssen"[91]. Und Manfred Seitz sieht in dieser Seelsorgelehre eine „Entfremdung von ihren biblischen und reformatorischen Grundlagen" sowie in der aus ihr folgenden Seelsorgepraxis einen „Schwund an christlicher Glaubenseinstellung und Lebensbewältigung"[92]. In der Regel geht es bei kritischen Feststellungen dieser Art nicht um eine Pauschalverurteilung des pastoralpsychologischen Paradigmas. Das wird immer wieder betont.[93] Die Notwendigkeit der Selbstannahme, die Anwendung therapeutischer Methoden, die Zielstellung „Hilfe zur Selbsthilfe", die psychologische Aufklärung verzerrter Wirklichkeitswahrnehmungen, die Unterscheidung neurotischer Schuldgefühle von echter Schulderfahrung – alles das wird nicht verworfen, aber die Einseitigkeit der Betonung von Selbstwerdung (Emanzipation) führe zu einem „Anspruchsdenken" und in „infantile Selbstversklavung"[94]. Die zu starke Konzentration auf den Lebenshilfe-Aspekt verfehle das eigentliche Ziel christlicher Seelsorge. Demgegenüber werden die notwendigen Relationen so bestimmt: „Rechte Seelsorge will jedoch der Hilfe zum Glauben ein- und untergeordnet bleiben. Kern und Stern christlicher Seelsorge ist deshalb über das Bekennen und Bereuen der Schuld vor Gott hinaus der Freispruch, die Absolution."[95]

Die Frage ist, ob man sich hier auf der Ebene der theologischen Theorie überhaupt einig werden kann. Natürlich ist Seelsorge in vielen Fällen – rein phänomenologisch betrachtet – einem säkularen Beratungsvorgang ziemlich ähnlich. Das scheint mir gar nicht vermeidbar zu sein, und es ist zu fragen, ob darüber hinaus ein „kerygmatisches Soll" eingefordert werden kann oder muss. Die Antwort hängt auch damit zusammen, welche konkrete Situation jemand in der Seelsorge vor Augen hat. Wenn es darum geht, auch Menschen am Rande der Kirche oder jenseits desselben in der Seelsorge anzusprechen, dann empfiehlt sich darauf zu achten, dass der Partner nicht überfordert wird und Angst haben muss, vereinnahmt zu werden. Es gibt, seelsorgerliche Konstellationen, bei denen die vertikale Dimension zunächst nur dem Seelsorger und der Seelsorgerin zugänglich ist. Pastoralpsychologisch orientierte Seelsorge hält das beratende Gespräch stets offen

91 Tacke, Helmut: Glaubenshilfe als Lebenshilfe, Neukirchen ³1993, 295
92 Seitz, Manfred: Pastoraltheologische Thesen zu Psychologie und Seelsorge, in: ders.: Erneuerung der Gemeinde, Göttingen 1985, 125–129, 125, 126
93 Vgl. z.B.: Seitz, Manfred: Seelsorgeorientierung. Seelsorgerliche Kommunikation – Das Gespräch mit dem Andern, in: ders., a.a.O., 135–142; ebenso die Texte von Al-

brecht Peters bei: Rau, Gerhard: Albrecht Peters, in: Möller (Hg.), Bd. 3, 325–340, 332–335
94 Albrecht Peters, zit. nach: Möller, Christian: Wie geht es in der Seelsorge weiter? in: ThLZ 113, 1988, 409–422, 414
95 Peters bei Rau, a.a.O., 335; vgl.: Seitz, Manfred: Aufgaben und Möglichkeiten kirchlicher Seelsorge heute, in: ders., a.a.O., 171–180, 175ff

für die Begegnung des Einzelnen mit Gott[96] – nicht mehr, aber auch nicht weniger. Sie bleibt an dieser Stelle klar und zugleich diskret. Man muss es wohl hinnehmen, wenn das Kritikern einer pastoralpsychologischen Seelsorge nicht genügt.[97]

2. *Therapeutisierung:* Dieser Punkt vereinigt Kritiker unterschiedlicher Provenienz. Es wird der pastoralpsychologischen Seelsorge vorgehalten, dass sie zu stark an dem Leitbild Arzt – Patient orientiert sei.[98] Das führe auf der einen Seite zu einer therapeutischen und damit reduzierten Aufgabenstellung, indem es also nur darum ginge, „die verschütteten psychischen Kräfte im Partner wachzurufen"[99]. Auf der anderen Seite bringe diese Orientierung ein bestimmtes „Machtgefälle" in die seelsorgerliche Beziehung hinein. Man fühle sich als Pastorand einem Therapiekonzept unterworfen, was schließlich zu einer „Pathologisierung bestimmter psychischer Zustände"[100] führe. Der Seelsorge suchende Mensch gerate so schnell in die Rolle des „Kranken" und Behandlungsbedürftigen. Eine partnerschaftliche Beziehung sei nicht mehr möglich, wenn diese primär nach dem „Defizitmodell"[101] gestaltet sei, also in einer Fixierung auf das, was dem Anderen „fehlt". Aber auch die Chancen für eine seelsorgerliche „Kleinform", d. h. die Wahrnehmung von kasuellen und situativen Gelegenheiten für ein alltagsseelsorgerliches Gespräch würden durch einen zu steilen Therapieanspruch schwerer erkannt werden.[102]

Diese Kritik muss aufmerksam zur Kenntnis genommen werden, sofern damit die Methodenorientierung der pastoralpsychologischen Seelsorge nicht generell in Frage gestellt werden soll. Die sehr hohen Ausbildungsstandards in der Pastoralpsychologie[103] gerieren freilich auch hohe Ansprüche. Wer quasi therapeutisch ausgebildet wurde, möchte auch therapeutisch arbeiten. Das ist verständlich, aber auch problematisch. Pastoralpsychologische Ausbildung muss nicht zu Therapeutisierungen von seelsorgerlichen Alltagssituationen führen. Die Realität der seelsorgerlichen Praxis hält hohen therapeutischen Ansprüchen oft auch gar nicht

---

96 Geradezu exemplarisch deutlich bei: Lemke, Helga: Seelsorgerliche Gesprächsführung, Stuttgart 1992, bes. 53ff

97 In diesem Zusammenhang sei auf das anregende Plädoyer für eine „energetische" Seelsorge hingewiesen: Josuttis, Manfred: Von der psychotherapeutischen zur energetischen Seelsorge, in: WzM 50, 1998, 71–84; ders.: Die Einführung in das Leben, Gütersloh 1996, 124ff

98 Schmidt-Rost, Reinhard: Seelsorge zwischen Amt und Beruf. Studien zur Entwicklung der modernen evangelischen Seelsorgelehre seit dem 19. Jahrhundert, Göttingen 1988, 89ff (historisch Aspekte); Tacke, a.a.O., 295; die Arztmetapher findet sich für die Seelsorge schon im 4. Jahrhundert und bei Gregor d. Gr. (s. o. S. 56, A. 53)

99 Ebd.

100 Schieder, Rolf: Seelsorge in der Postmoderne, in: WzM 46, 1994, 26–43, 28

101 Vgl. zu diesem Begriff: Luther, Henning: Alltagssorge und Seelsorge, in: ders.: Religion und Alltag, Stuttgart 1992, 224–238

102 Hauschildt, Eberhard: Alltagsseelsorge, Göttingen 1996 kritisiert, die „therapeutische Deuterolle" werde „zur Norm, die entscheidet, was Seelsorge ist und was nicht" (66, vgl. 376f)

103 Ursprüngliche Fassungen bei: Becher, Werner (Hg.): Seelsorgeausbildung, Göttingen 1976; Inzwischen haben alle Sektionen der Deutschen Gesellschaft für Pastoralpsychologie (DGfP) ihre Standards neu formuliert.

stand.[104] Das wird von pastoralpsychologisch arbeitenden Seelsorgerinnen und Seelsorgern übrigens auch nicht bestritten. Hans-Christoph Pipers klassische „Gesprächsanalysen" repräsentieren einen recht alltäglichen Typus von Seelsorgegesprächen, und man wird auch den dabei verfolgten supervisorischen Zielsetzungen nicht Therapeutisierungsambitionen unterstellen können. Es geht um das schlichte Bemühen, zu einer verständnisvolleren und authentischeren Kommunikation zu gelangen.[105]

Aber festzuhalten bleibt: die Gefahr einer Therapeutisierung soll nicht weggeredet werden. Es kann nicht das Ziel sein, aus Seelsorgern Pastoraltherapeuten zu machen – so viel auch von therapeutischen Paradigmen für die Seelsorge zu lernen ist.

3. *Professionalisierung*: Die Orientierung an therapeutischen Methoden der Gesprächsführung führt leicht dazu, dass auch die Methodenkompetenz einem bestimmten Kreis zufällt – nämlich denen, die über die entsprechenden Ausbildungen verfügen.[106] Hier entsteht das Problem einer neuen Berufsgruppe mit Supervisorenstatus innerhalb der kirchlichen Mitarbeiterschaft.[107]

Christian Möller schreibt dazu. „Es ist ja auch nicht schwer zu erkennen, dass es zu Frontbildungen in der Kirche führen muss und längst geführt hat, wenn es auf der einen Seite solche Seelsorger gibt, die „nur" Seelsorger sind kraft ihrer theologischen Kompetenz und ihrer Berufung zur Seelsorge in der Ordination und auf der anderen Seite solche Seelsorger, die nach den Standards der DGfP als „fachlich" ausgebildet gelten und deshalb mit Zertifikaten und ggf. auch Titeln versehen sind."[108] Möller greift hier Ressentiments auf, die nicht ganz unbegründet sein mögen. Dennoch muss hierzu bedacht werden:

Erstens: Es wird auch in Zukunft auf anderen pastoralen Handlungsfeldern Mitarbeiterinnen und Mitarbeiter mit Spezialkompetenz geben. Im pädagogischen Bereich ist das ohnehin klar. Aber auch im Blick auf Leitungstätigkeit, Jugendarbeit, Erwachsenenbildung wird es spezieller Ausbildungen bedürfen, wenn die Kirchen den veränderten Herausforderungen der modernen Welt standhalten möchte. Es ist nicht einzusehen, warum das für die Seelsorge anders sein sollte.[109]

---

104 Vgl. dazu die ernüchternden, aber doch auch wieder ermutigenden Analysen, die Hauschildt von pastoralen Geburtstagsbesuchen gemacht hat, a.a.O., 153ff

105 Piper, Hans-Christoph: Gesprächsanalysen, Göttingen1972 (⁶1994), 10

106 Zum Professionalisierungsbegriff aus soziologischer Sicht vgl.: Krech, Volkhard: Soziologische Aspekte, in: Bock, Wolfgang u.a.: Reformspielräume in der Kirche, Heidelberg 1997, 31–69; des Weiterem vor allem: Karle, Isolde: Der Pfarrberuf als Profession, Gütersloh 2001

107 Vgl. dazu Seitz, a.a.O., 125ff; Schmidt-Rost, Reinhard: Probleme der Professionalisierung der Seelsorge, in: WzM 41, 1989, 31–42; vgl. dazu die kritische Replik von Hans-Christoph Piper in: WzM 41, 1989, 173f; zum Problem vgl. auch: Ziemer, Jürgen: Pastoralpsychologisch orientierte Seelsorge im Horizont einer säkularen Gesellschaft, in: WzM 45, 1993, 144–156, 148ff

108 Möller, Wie geht es in der Seelsorge weiter? a.a.O., 414

109 Vgl.: Huber, Wolfgang: Kirche in der Zeitenwende, Gütersloh 1999, 258

Zweitens: Professionelle Seelsorgepraxis will die „normale" Seelsorge von Pfarrerinnen und Pfarrern in gar keiner Weise herabsetzen, sondern ihr zuarbeiten. Das wird in dem Maße besser gelingen, in dem die allgemeine Seelsorgeausbildung (Studium, Predigerseminar, Fortbildung) an Qualität gewinnt und dazu beiträgt, den Kompetenzabstand zu verringern. Noch wichtiger freilich sind gute und kollegiale Kooperationserfahrungen miteinander auf lokaler und regionaler Ebene.

4. *Privatisierung:* Mit diesem Begriff ist hier eine trendabhängige Ausblendungs- und Ausweichstrategie gemeint. Damit nehmen wir eine alte Anfrage an die Seelsorge[110] auf, die aber zunehmend – vor allem im Zusammenhang mit einem Paradigmenwechsel von der psychologischen zur soziologischen Wahrnehmungspräferenz – an Brisanz gewinnt: Ist die moderne, an der Tiefenpsychologie direkt oder indirekt orientierte Seelsorge nicht viel zu stark auf das Individuum konzentriert? Und führt das nicht zu einer reduzierten Wahrnehmung der gesellschaftlichen Wirklichkeit, die gerade auch die psychische Existenz der Individuen wesentlich beeinflusst? Uta Pohl-Patalong plädiert deshalb für eine Seelsorge, die den Menschen bewusst auch in seinem sozialen und ökonomischen Kontext aufsucht. Die individuelle und die gesellschaftliche Dimension von Seelsorge müssen in ihrer wechselseitigen Abhängigkeit gesehen werden.[111] Eine pastoralpsychologische Perspektive in der seelsorgerlichen Arbeit wird dann problematisch, wenn sie – gegen ihre Intention – dazu benutzt wird, strukturelle Probleme der modernen Gesellschaft zu individualisieren[112] und auf psychische Wahrnehmungs- und Verarbeitungsdefizite zu reduzieren. Muss man nicht viel mehr davon ausgehen, dass viele individuelle Leiderfahrungen eher „psychische Folgeprobleme" gesellschaftlicher Fehlentwicklungen und sozialer Verwerfungen darstellen?[113] Anfragen in dieser Richtung stellen sich inzwischen immer deutlicher auch in der Seelsorgebewegung selbst. Klaus Winkler spricht von der „klammheimlichen Neigung der deutschen Seelsorgebewegung zur Systemstabilisierung" und beklagt selbstkritisch ein zu „sparsame(s)" Verhalten gegenüber der gesellschaftlichen Herausforderung und zu viel politische Abstinenz.[114] Und Michael Klessmann fragt im Hinblick auf die Krankenseelsorge: „Berücksichtigt die Seelsorge in genü-

---

110 Etwa bei: Baumgarten, Otto: Die soziale und politische Dimension der Seelsorge (1891; 1931), in: Wintzer (Hg.), Seelsorge, a.a.O., 41–47

111 Pohl-Patalong, Uta: Seelsorge zwischen Individuum und Gesellschaft, Stuttgart 1996, 250, 263ff

112 A.a.O., 265

113 Vgl.: Karle, Isolde: Seelsorge in der Moderne, Neukirchen 1996, 210

114 Winkler, Klaus: Die Seelsorgebewegung. Selbstkritische Anmerkungen, in: WzM 45, 1993, 434–442, 436f. Es sei nicht unterschlagen, dass es innerhalb der Seelsorgebe- wegung immer auch Stimmen gegeben hat und gibt, die die gesellschaftliche Dimension von Seelsorge kräftig einklagen. Hoch, Lothar Carlos: Seelsorge und Befreiung. Problemanzeige aus lateinamerikanischer Sicht, in: WzM 42, 1990, 132–144 (vgl. dazu Pohl-Patalong, a.a.O., 265ff); ferner ist zu denken an das die Seelsorge zwar nur mittelbar betreffende, aber im Ansatz pastoralpsychologisch und pastoralsoziologische Buch von Hermann Steinkamp: Solidarität und Parteilichkeit, Mainz 1994; vgl. auch: Ziemer, Jürgen: Das Individuum in einem sich revolutionär verändernden Kontext, in: ZdZ 46, 1992, 115–120

gendem Maß die gesellschaftliche Bedingtheit individuellen Leidens und macht sie diese Bedingtheit auch zum Thema?"[115] Hier kommt offensichtlich Bewegung in die Seelsorgebewegung – dank der notwendigen Anstöße dazu von außen und von innen.

3.3.3. Worauf kommt es an? Optionen für die Zukunftsentwicklung einer pastoralpsychologisch orientierten Seelsorge (Zusammenfassung)

Wenn ich die gegenwärtige Diskussion um die Seelsorgelehre, wie sie von Insidern und Outsidern der Seelsorgebewegung teils miteinander, teils untereinander und teils gegeneinander geführt wird, unter dem Aspekt verfolge, was daraus für eine pastoralpsychologisch orientierte Seelsorge zu lernen sei, muss ich folgende Optionen wagen:

- Es wird künftig mehr *Aufmerksamkeit für die gesellschaftlichen, politischen und ökonomischen Kontexte* notwendig sein. Nicht nur die Persönlichkeitsfaktoren, sondern auch die soziale Situation eines Menschen muss als Teil des Bedingungsgefüges begriffen werden, das individuelle Leiden und persönliche Problemlagen verursacht.
- Seelsorge wird künftig stärker, als das bisher geschehen ist, nur in einem Zusammenhang mit *aktivem sozialpolitischen Engagement* praktiziert werden können.[116] Eine seelsorgerliche Kirche muss auch eine Streiterin für soziale Gerechtigkeit sein.
- Es wird unerlässlich sein, dem *interkulturellen Dialog* in der Seelsorgelehre künftig mehr Aufmerksamkeit zu widmen. Gespräche mit Menschen anderer ethnischer, kultureller, religiöser, weltanschaulicher Prägung werden in Seelsorge und Beratung zunehmen. Die Herausforderung zu interkultureller Seelsorge ist unausweislich.
- In Zukunft wird *ethischen Fragestellungen* in der Seelsorge breiterer Raum gewährt werden müssen. Dabei geht es sowohl um die Befähigung Einzelner zur Wahrnehmung sittlicher Verantwortung wie auch um konkrete Entscheidungshilfe in ethischen Konfliktsituationen.
- Für die Praxis der Seelsorge ist eine *Pluriformität* zuzulassen und anzustreben. Auch Zufallsgespräche mit persönlichem Hintergrund, alltagsseelsorgerliche Kommunikation und Ähnliches sind Teil seelsorgerlicher Praxis. Dem sollte auch eine *Pluralität der Beteiligungsformen* entsprechen. Es wird künftig verstärkt notwendig sein, so genannte Laien in das seelsorgerliche Aufgabenfeld einzubeziehen und sie entsprechend dafür zuzurüsten.

115 Klessmann, Michael: Die prophetische Dimension der Seelsorge im Krankenhaus, in: WzM 49, 1997, 413–428, 418
116 Um Missverständnisse auszuschließen: Das bedeutet nicht, dass ich nur dann ein seelsorgerliches Gespräch führen könnte, wenn ich mich im gleichen Moment auch sozialaktiv für den Rat Suchenden einsetzte. *Methodisch* muss zwischen Seelsorge und Sozialengagement klar unterschieden werden.

Die Umsetzung dieser Optionen in Praxis und auch in praktisch relevante Theorie wird Zeit brauchen. Die vorliegende Einführung kann das selbst nur in begrenztem Maße leisten. Insgesamt wird man davon ausgehen dürfen, dass das *therapeutische Paradigma* in der Seelsorge nicht mehr so dominant sein wird wie zu den Hochzeiten der Seelsorgebewegung. Es wird notwendiger Weise Anreicherungen und Modifikationen des pastoralpsychologischen Ansatzes geben, keineswegs jedoch dessen Destruktion und Verabschiedung. Bei aller unerlässlichen Korrektur: Ohne solide pastoralpsychologische Grundlegung sind mir Seelsorge und Seelsorgelehre heute weder vorstellbar noch verantwortbar.

Literatur

Unter der Überschrift „Zur gegenwärtigen Lage" gibt *Klaus Winkler* eine umfangreiche Einführung in den derzeitigen Stand der pastoralpsychologischen Debatte *(Seelsorge ²2000, 175–296)*. *Michael Klessmann* stellt Seelsorge im Rahmen seines großen Gesamtentwurfs der *Pastoralpsychologie (2004)* dar. Grundlegende Anfragen an das von der Seelsorgebewegung inaugurierte poimenische Konzept finden sich von unterschiedlichen Ausgangspositionen her in den Aufsätzen von *Christian Möller (1988), Rolf Schieder (1994), Eberhard Hauschildt (1995)* und *Isolde Karle (1998)* wider. Mit Bezug auf diese Stimmen äußert sich *Dietrich Stollberg (1999)* knapp und präzise in einem leider etwas schwer zugänglichen Beitrag.

Böhme, Michael u.a. (Hg.): Entwickeltes Leben. Neue Herausforderungen für die Seelsorge, Leipzig 2002
Bieritz, Karl-Heinrich: Gewinner und Verlierer. Seelsorge in der Risikogesellschaft, in: Verkündigung und Forschung 35, 1990, Heft 2, 4–35
Eisele, Günther: Das Verhältnis von Theologie und Psychologie in der Seelsorge von 1925–1965, Berlin 1981
Fritsch, Stefan. Die chassidische Seelsorge. Pastoralpsychologische Aspekte und Impulse für die therapeutische Arbeit, Frankfurt a.M. 1997
Goodlife, Paul: Case in a Confused Climate. Pastoral Care and Counseling, London 1998
Gräb, Wilhelm: Deutungsarbeit. Überlegungen zu einer Theologie therapeutischer Seelsorge, in: PTh 86, 1997, 325–340
Grözinger, Albrecht: Differenz-Erfahrung. Seelsorge in der multikulturellen Gesellschaft. Ein Essay, Waltrop 1995 (Wechselwirkungen 11)
Hauschildt, Eberhard: Ist die Seelsorgebewegung am Ende? in: WzM 46, 1994, 260–273
– Alltagsseelsorge, Göttingen 1996
Henke, Thomas: Seelsorge und Lebenswelt, Würzburg 1993
Henning, Christian: Zankapfel Psychoanalyse, in: Henning, Christian/ Nestler, Erich (Hg.): Religionspsychologie heute, Frankfurt 2000, 67–102
Karle, Isolde: Seelsorge in der Moderne, Neukirchen 1996
– Seelsorge in der modernen Gesellschaft, in: EvTh 59, 1999, 203–219
Klessmann, Michael: Pastoralpsychologie. Ein Lehrbuch, Neukirchen 2004
Lartey, Emanuel Y.: In living color. An intercultural approach to Pastoral Care and Counseling, London 2003
Luther, Henning: Alltagssorge und Seelsorge, in: ders.: Religion und Alltag, Stuttgart 1992, 224–238
– Religion und Alltag, Stuttgart 1992
Meyer-Blanck, Michael: Von der Identität zur Differenz, in: ThLZ 123, 1998, 825–842

Möller, Christian: Wie geht es in der Seelsorge weiter? Erwägungen zum gegenwärtigen und zukünftigen Weg der Seelsorge, in: ThLZ 113, 1988, 409–422

Nauer, Doris: Seelsorgekonzepte im Widerstreit. Ein Kompendium, Stuttgart 2001

Pohl-Patalong, Uta/ Muchlinsky, Frank (Hg.): Seelsorge im Plural. Perspektiven für ein neues Jahrhundert, Hamburg 1999

Pohl-Patalong, Uta: Seelsorge zwischen Individuum und Gesellschaft, Stuttgart 1996

Rössler, Dietrich: Der „ganze" Mensch. Das Menschenbild der neueren Seelsorgelehre und des modernen medizinischen Denkens im Zusammenhang der allgemeinen Anthropologie, Göttingen 1962

– Rekonstruktion des Menschen. Ziele und Aufgaben der Seelsorge in der Gegenwart, in: WzM 25, 1973, 181–196

Schieder, Rolf: Seelsorge in der Postmoderne, in: WzM 46, 1994, 26–43

Schneider-Harpprecht, Christoph (Hg.): Zukunftsperspektiven für Seelsorge und Beratung, Neukirchen 2001

Seelsorge und Lebenskunst, Themenheft WzM 58, 2006/1

Seelsorge der Zukunft. Themenheft, PThI 23, 2003/1

Sons, Rolf: Seelsorge zwischen Bibel und Psychotherapie. Die Entwicklung der evangelischen Seelsorge in der Gegenwart, Stuttgart 1995

Stollberg, Dietrich: Die derzeitige Debatte um die Seelsorge. Eine evangelische Perspektive, in: Anzeiger für die Seelsorge 1999, Heft 1, 374–380

– Pastoralpsychologie und Kirchenkritik, in: International Journal of Practical Theology 2, 1998, 175–195

– Therapeutische Seelsorge. Die amerikanische Seelsorgebewegung. Darstellung und Kritik, München 1969

– Die Zukunft der Seelsorge, in: Böhme, Michael u.a. (Hg.): Entwickeltes Leben, Leipzig 2002, 69–93

Winkler, Klaus: Grundmuster der Seele. Pastoralpsychologische Perspektiven, Göttingen 2003

Winkler, Klaus: Die Seelsorgebewegung. Selbstkritische Anmerkungen, in: WzM 45, 1993, 434–442

Wittrahm, Andreas: Seelsorge, Pastoralpsychologie und Postmoderne, Stuttgart 2001

Für die Einführung in den viel diskutierten Problemkreis von *Seelsorge und Psychotherapie* seien die Aufsätze von *Dietrich Rössler (1985)* und *Dietrich Stollberg (1996)* besonders empfohlen.

Bassler, Markus (Hg.): Psychoanalyse und Religion. Versuch einer Vermittlung, Stuttgart 2000

Jochheim, Martin: Seelsorge und Psychotherapie, Bochum 1998

Läpple, Volker u.a. (Hg.): Psychotherapie und Seelsorge, Darmstadt 1977

Nase, Eckart/ Scharfenberg, Joachim (Hg.): Psychoanalyse und Religion, Darmstadt 1977

Obrist, Willy: Tiefenpsychologie und Theologie. Aufbruch in ein neues Bewußtsein, Zürich 1993

Plieth, Martina: Die Seele wahrnehmen. Zur Geistesgeschichte des Verhältnisses von Seelsorge und Psychologie, Göttingen 1994

Rössler, Dietrich: Seelsorge und Psychotherapie, in: Wintzer, Friedrich (Hg.): Praktische Theologie, Neukirchen ²1985, 116–127

Steinmeier, Anne M.: Wiedergeboren zur Freiheit. Skizzen eines Dialogs zwischen Theologie und Psychoanalyse zur theologischen Begründung des seelsorglichen Gesprächs, Göttingen 1998

Stollberg, Dietrich: Theologie und Psychologie. Der Glaube der Kirche und die Seelen der Menschen, in: Fechtner, Kristian u.a. (Hg.): Religion wahrnehmen, Marburg 1996, 71–78

Winkler, Klaus: Seelsorge und Psychotherapie, in: Die Psychologie des 20. Jahrhunderts, Bd. 15, Zürich 1979, 375–384

4.   Aspekte eines theologischen Seelsorgeverständnisses

4.1.   Seelsorge als Gottesbegegnung und Praxis des Evangeliums (grundlegende Aspekte)

Bei aller Unterschiedlichkeit, in der Seelsorge gelehrt und geübt wurde und wird, sind doch gewisse Gemeinsamkeiten aller theologischen Konzepte einer christlichen Poimenik nicht zu übersehen: Seelsorge ist immer auf *einzelne* Menschen bezogen. Der je besondere Einzelne kommt dabei in der Seelsorge als *Mensch vor Gott* in den Blick – und das in seiner konkreten Lebens- und Leidenssituation. Die Begegnung zweier Menschen in der Seelsorge ist offen für die Begegnung beider mit Gott. Ob diese sich wirklich ereignet, ist eine andere Frage und hängt mit vielen Faktoren zusammen, z.B. damit, ob unser Gesprächspartner eine Öffnung zu Gott hin überhaupt will. Gottesbegegnung ist eine Möglichkeit, kein methodisch zu sicherndes Regelgeschehen.

Seelsorge kann in diesem Zusammenhang verstanden werden als eine A*ktualisierung des biblischen Gottesbildes*. Natürlich ist es kaum möglich, die weitgefächerten Aussagen der Bibel zum Gottesverständnis[1] auf einen Begriff zu bringen. Aber ein paar für unseren Zusammenhang wichtige Grundlinien mögen erkennbar gemacht werden. Der biblische Gott ist keine dem Menschen verfügbare Größe (1 Kön 8,27). Er ist nicht einfach Teil der dinghaften Welt. Aber: „Er *gibt* sich zu erkennen in besonderem Geschehen."[2] Und so wird er der Gott, der Israel in seiner Geschichte begegnet (Ex 6, 2f; 10, 2. Jes 43, 14ff) und der das Leben der Gemeinschaft seines Volkes, sein Recht und sein Ethos prägt und bestimmt. Gott ist der Name für das, was wesentlich die Existenz des Volkes Israel ausmacht. Gott ist seinem Volk gegenwärtig in der Relation von Ich und Du; er redet und will angeredet werden; er sucht sein Volk und will von ihm gesucht sein (Jer 29, 12–14; Am 5,4). Nicht immer gelingt das. Gott zeigt auch seine dunkle Seite (Ps 22, 2) und hält sich verborgen (Jes 45, 25; Jer 23, 23). Das Neue Testament weiß darum in besonderer Weise (Röm 11, 33f; 1 Kor 2, 16). So gewiss der Gott Israels als der Schöpfer der Welt geglaubt wird (Gen 1–2; Jes 45, 18), so ist er doch nicht wie ein Naturgott als der wundertätige „Macher"[3] für alle entsprechenden Gegebenheiten anwe-

---

1 Vgl.: Colpe, Carsten u.a.: Art. Gotteslehre (1–7), in: EKL II, Göttingen 1989, 284–317, bes. 296–304

2 Vgl.: Joest, Wilfried: Dogmatik, Bd. 1, Göttingen ³1989, 122. Joest macht hier den interessanten Versuch, als Dogmatiker aus der Lektüre der Urgeschichte heraus Grundaussagen der Gotteslehre zu formulieren.

3 Vgl.: Mayer-Scheu, Joseph: Vom „Behandeln" zum „Heilen", in: ders./ Kautzky, Rudolf (Hg.): Vom Behandeln zum Heilen, Wien/Göttingen 1982, 74–180, 121ff

send. Aber es gibt bei allen Brüchen und Rätseln doch ein Kontinuum der Zusage Gottes, eine Verheißung seines Mitgehens und Mithelfens (Jes 41,10). Das ist schließlich und endgültig erfahrbar und erkennbar in Jesus Christus, in dem Gott den Menschen und der Welt nahe ist und nahe bleibt (Mk 1,15, Joh 1,18; Kol 1,15). Gott ist verlässlich. In Jesus Christus erweist er sich endgültig als ein seelsorgerlicher Gott, der Leben und Versöhnung schafft (Röm 8,31ff; 2 Kor 5,17.21). In ihm ist Gott endgültig für den Menschen ansprechbar geworden (Röm 8,15); in ihm hat er sich als die Liebe der Welt selbst erschlossen (Joh 3,16; 1 Joh 1,5). Ist Gott Liebe und wird er als Liebe gedacht, dann ist er es vor allem auch darin, dass er sich den Menschen mitteilt – stets und besonders an den Punkten, an denen das Leben besonders gefährdet ist. Denn zu Gott gehört wesentlich, „dass seine Liebe in dem Menschen Jesus als die Kraft des Lebendigen gegen und durch den Tod hindurch gehalten" hat.[4] Der liebende Gott ist der Gott „allen Trostes" (2 Kor 1,3).

Wenn Gott Liebe ist, dann kann man ihn eben auch im Alltag erleben, dann muss man nicht erst besondere Situationen schaffen und außerordentliche Leistungen erbringen, um des erhabenen Erlebnisses einer religiösen Gotteserfahrung teilhaftig zu werden. Dann darf man davon ausgehen, dass er in der horizontalen und diesseitigen Erfahrung menschlicher Existenz begegnen kann, dass er wirklich der Gott des Alltags und der geschichtlichen Normalität, der Gott der Krisen und der Todesnähe ist.

Ein solches Gottesbild kann man in der seelsorgerlichen Beziehung nicht einfach hinsetzen und behaupten. Man kann es auch niemandem aufzwingen. Eine Gottesbegegnung ist nicht planbar. Vielleicht sieht zunächst wirklich nur die Seelsorgerin oder der Seelsorger den Bezug des gemeinsamen Suchens und Tastens zu Gott. Aber das kann sich ändern. Mit der Seelsorge verbindet sich die Hoffnung, dass in der menschlichen Beziehung Gott für den anderen erfahrbar werde – als der, der mitgeht und mitleidet, der liebt und lebendig macht.[5]

Ganz auf der hier angedeuteten Linie biblischer Gotteserfahrung liegt es, wenn wir Seelsorge nun auch verstehen als geschehendes Evangelium oder als *Praxis des Evangeliums*.[6] Nicht von ungefähr hatte Luther die „Seelsorge", nämlich das „mutuum colloquium fratrum" im dritten Teil der Schmalkaldischen Artikel als eine der vier Wirkweisen des Evangeliums beschrieben.[7] In der Seelsorge wird nicht nur die Nachricht *vom* Evangelium weitergegeben, sondern in und mit ihr will das Evangelium selbst Gestalt gewinnen. Es erweist sich als wirksam in dem Geschehen der aufmerksamen und liebenden Zuwendung zu anderen Menschen.

Das Evangelium wird im Neuen Testament bezeugt als ein Geschehen für die Welt und jeden einzelnen Menschen (Joh 3,16, 1 Kor 1,18). Evangelium ist die

4 Vgl.: Steinmeier, Anne M.: Wiedergeboren zur Freiheit, Göttingen 1998, 199
5 Vgl.: Stollberg, Dietrich: Gottesbilder in der Seelsorge, in: Raab, Peter (Hg.): Psychologie hilft glauben, Freiburg 1990, 60–73

6 Josuttis, Manfred: Die Ziele der seelsorgerlichen Beratung, in: ders.: Praxis des Evangeliums zwischen Politik und Religion, München ³1983, 95–116, bes. 109ff
7 Die Bekenntnisschriften der evangelisch-lutherischen Kirche, Berlin 1960, 449

Gottesoffenbarung in Christus und zugleich ist es die Nachricht von der Herabkunft Gottes in die Welt der Menschen. Es ist eine „offene" Geschichte, offen für stets neue Partizipanten und neue Erfahrungen. Es kommt nun sehr darauf an, dass Seelsorge nicht nur als Vermittlung für den kognitiven Inhalt des Evangeliums (fides quae) gebraucht wird, sondern dass in ihr auch das Evangelium selbst (fides qua) erfahrbar gemacht wird. Das also wäre Seelsorge nicht nur mit „hohen Worten", sondern in „Erweis des Geistes und der Kraft" (1 Kor 2, 1ff). Was das konkret bedeuten könnte, hat auf eindrucksvolle Weise Helmut Gollwitzer in einer berühmten Thesenreihe formuliert, aus der einige Sätze zitiert seien:

„Womit bekommt man zu tun, wenn man mit dem Evangelium zu tun bekommt?
1. Nichts ist gleichgültig. Ich bin nicht gleichgültig.
2. Alles was wir tun, hat unendliche Perspektiven ...
3. Es bleibt nichts vergessen. Es kommt alles noch einmal zur Sprache.
4. Wir kommen aus Licht und gehen in Licht.
5. Wir sind geliebter, als wir wissen ...
10. Wir sind nicht allein.
11. Wir sind nie allein.
12. Dieses Leben ist ungeheuer wichtig.
13. Die Welt ist herrlich – die Welt ist schrecklich.
14. Es kann mir nichts geschehen – Ich bin in größter Gefahr.
15. Es lohnt sich zu leben."[8]

Diese Kurzsätze machen deutlich, worum es im Evangelium wirklich geht: nicht um Lehren, sondern um Erfahrungen. Jeder dieser Sätze – wenn sie denn wirklich erfahren, vielleicht auch erlitten oder erstritten worden sind – lässt Evangelium lebendig werden, hilft das Leben auch und gerade mit seinen Herausforderungen zu spüren und anzunehmen. Dieses Evangelium ist die Trostbotschaft für ratlos gewordene Menschen, und es ist Lebensbotschaft für alle – für Seelsorgerinnen und Seelsorger und für Ratsuchende. Beide bekommen damit zu tun. Wo sich in der Begegnung für beide die Wahrheit dieses Evangeliums erschließt, da ist Seelsorge gelungen. Die „Wahrheit" heißt hier: ob das, was da erkannt wurde, eine Beziehung zum konkreten Leben mit seinen Höhen und Tiefen und auch mit seinen Verwundungen gewinnt; denn: die Wahrheit einer theologischen Aussage erweist sich „in der Brechung durch das Lebendige und ist kenntlich an den Narben des Menschlichen"[9].

Die Thesenreihe Gollwitzers enthält im Grunde genommen Seelsorgeperspektiven. Sie bezeichnet mögliche Endpunkte eines vielleicht sehr mühevollen Weges. Sie setzt indirekt eine theologische Anthropologie voraus, in der es um den *wirklichen Menschen* geht und in der es eben deshalb auch um Gott geht. Begegnungen mit Gott und mit dem Evangelium führen zur Selbsterfahrung des Menschen in

---

8 Gollwitzer, Helmut: Krummes Holz – aufrechter Gang, München 1970, 382

9 Steinmeier, Anne M., a.a.O., 200

seiner realen und ungeschminkten Wirklichkeit. Zu dieser Wirklichkeit gehört die Erfahrung der besonderen Auszeichnung des Menschen als eines vernünftigen und Gott nahen Wesens, (Gen 1,27; Ps 8,5) und zugleich die Erfahrung des Elends der Vergänglichkeit, der Sünde (Ps 90, 5ff. Ps 103, 15ff. Jes 40, 5f). Größe und Grenze liegen oft dicht beieinander, und der wirkliche Mensch ist eines nicht ohne das andere. Die Gottesbegegnung hilft narzisstische Allmachtsphantasien ebenso überwinden wie den masochistischen Selbstzweifel. Durch das Evangelium erkennt sich der Mensch als etwas Mittleres. „Der Mensch soll nicht glauben, er sei dem Tier gleich, noch soll er glauben, er gleiche den Engeln."[10] Sofern das Seelsorgegespräch gelingt, liegt darin eine große Chance, die Wahrheit des wirklichen Menschen zu entdecken – als die Wahrheit dessen, der immer wieder Gott und der Liebe und dem Leben davonläuft, und dessen, der in sich die Möglichkeiten des Glaubens, der Hoffnung und der Liebe entdeckt, weil Gott ihn entdeckt hat. Die Gotteswirklichkeit, der wir in der Seelsorge begegnen können, führt uns nicht an den Erfahrungen unserer Alltagswirklichkeit vorbei, sondern in sie hinein. Der Glaube ist „nichts, was uns vor dem Leben bewahren könnte, vor seinem Glück des Gelingens wie seinem möglichen Scheitern"[11]. Es ist so wie in der Emmauserzählung (Lk 24,13–29) – gleichsam einer Urgeschichte der Seelsorge: der Auferstandene tritt herzu in die traurige Welt der resignierten Wanderer, er merkt auf, er geht mit ihnen ein Stück ihres Weges, er öffnet ihnen die Augen und durch seine Gegenwart gewinnt das Leben wieder an Kraft und Kontur.

Nicht darin also wird Seelsorge zur Gottesbegegnung und zur Praxis des Evangeliums, dass dauernd von ihm und von Christus und vom Heiligen Geist geredet wird, dass Bibelzitate und Gesangbuchverse in das Gespräch hineingestreut werden – so sinnvoll und notwendig das zu seiner Zeit auch sein mag. Vielmehr wird das seelsorgerliche Gespräch zur Begegnung mit Gott in dem Maße, in dem die Gesprächspartner sich der ungeschminkten Wirklichkeit ihres Lebens, der Wahrheit ihrer Existenz nähern.[12] Wenn die Fassaden einstürzen und die Masken fallen, wenn die Versteckspiele aufhören und die Gesprächspartner zueinander aufrichtig sein können, dann ist auch der Raum geöffnet für die Wahrheit jenseits der Schuld und des Elends und der Angst. Dann kann die Begegnung zweier Menschen zu ihrer Begegnung mit Gott werden[13], die ihren Ausdruck dann vielleicht auch im gemeinsamen Gebet und im gemeinsamen Dank finden wird. Machbar ist so etwas freilich nicht im Sinne einer bestimmten therapeutischen Methodik. Seelsorge geschieht immer wieder in der Hoffnung, dass Gott dort hin-

---

10 Pascal, Blaise: Penseés, hier zit. nach: ders.: Geist und Herz, hrsg. von Hans Gieseke, Berlin 1962, 170

11 Steinmeier, Anne M., a.a.O., 200f

12 Vgl. dazu: Ziemer, Jürgen: Annäherung an die Wahrheit im seelsorgerlichen Gespräch, in: Franke, Heiko u.a. (Hg.): Veritas et communicatio. Festschrift Ulrich Kühn, Göttingen 1992, 122–130; über Seelsorge als Gottesbegegnung vgl. auch: Fritsch, Stefan: Die chassidische Seelsorge, Frankfurt a.M. 1997, 84ff

13 In der chassidischen Seelsorge ist gelegentlich die Rede davon, dass der Zaddik durch sein (seelsorgerliches) Handeln „den Heiligen Geist auf die Menschen nieder" ziehe. Vgl. Fritsch a.a.O., 179, ähnlich 86

kommt, wo Menschen sich auf den Weg zur Wahrheit machen und sich darin seiner Verheißungen vergewissern (Joh 16,13).

Wenn wir so Seelsorge als Gottesbegegnung verstehen, dann ist damit keine romantische Gefühlsstimmung noch eine mystische Seelenvereinigung gemeint. Die Gottesbegegnung ist vielmehr ein Geschehen, das durch die überlieferte Gestalt des Wortes Gottes interpretiert wird. Sie ist – mit der lutherischen theologischen Tradition gesprochen – Erfahrung von Evangelium und Gesetz. Es ist deutlich, dass auf dem Weg der Wahrheit Gott auch in der Gestalt des Gesetzes begegnet, das die Abgründe unserer Existenz aufdeckt. Die Gottesbegegnung lässt beides erfahren: den Schmerz und die Freude – so wie symbolisch der geschlagene und gesegnete Jakob am Morgen beides erlebt: die aufgehende Sonne und seine hinkende Hüfte (Gen 32,32).

Seelsorge als Gottesbegegnung – das erscheint sehr hochgegriffen. Es meint auch keine Zustandsbeschreibung der gegenwärtig in den Kirchen geschehenden Seelsorge. Oft bleibt die Praxis weit darunter. Aber es ist doch wichtig zu wissen, was Seelsorge sein kann und in welcher Hoffnung sie angepackt werden darf. Dass sie sich erfüllt, hängt letztlich nicht an der Professionalität der Gesprächsführung, sondern an der Offenheit und Empfangsbereitschaft beider Partner. Da kann dann das Wunder geschehen, dass jemand aus einem schlichten, vielleicht „alltagsseelsorgerlichen" Gespräch mit erhobenem Haupt getröstet und gestärkt herausgeht.

4.2. Seelsorge als Befreiungsgeschehen (emanzipatorischer Aspekt)

Im Evangelium erkennt Gott in Christus aus freier Gnade dem Menschen seine Freiheit, seine Würde, seine Menschlichkeit zu. „Zur Freiheit hat uns Christus befreit." (Gal 5,1). Das ist der Grund-Satz des Glaubens. Es geht dabei – vor allem in der Sicht des Paulus – um die Befreiung von der Herrschaft des Gesetzes (Röm 8,1ff). Seelsorge kann und soll die Berufung zur Freiheit konkretisieren und personalisieren, also einem ganz bestimmten Menschen die Erfahrung von Freiheit ermöglichen helfen. Seelsorge schafft nicht die Freiheit, aber durch sie können Menschen auf dem Weg in die Freiheit begleitet werden. Freiheit heißt dabei: selbst sein können, als Subjekt, nicht als Objekt zu leben. Freiheit heißt: eigene Schritte zu gehen, Leben selbständig zu gestalten, Verantwortung zu übernehmen. Freiheit, das bedeutet: in diesem allem nicht unter dem Diktat eines Selbstzwanges zu stehen; denn Freiheit, das ist auch: Existenz im Glauben. Wie kann Seelsorge das leisten?

Grundlegend für die Wahrnehmung der seelsorgerlichen Aufgabe ist die *Annahme* (Akzeptanz)[14] des Unfreien und Bedrückten, des Deprimierten und Gezeichneten.

---

14 Über Annahme als theologische Grundkategorie in der Seelsorge ist häufig gestritten worden: Stollberg, Dietrich: Wahrnehmen und Annehmen, Gütersloh 1978, denkt prin-

Es ist wichtig, dass diese Annahme ohne Bedingungen erfolgt. Wo sie so zwischen Menschen geschieht, wird diese gemäß Röm 15,7 zum Hinweis auf das Angenommensein des Menschen durch Gott, von der die biblische Rechtfertigungslehre handelt. Die bedingungslose Annahme ist deshalb für die Seelsorge so grundlegend, weil erst sie die Voraussetzung darstellt für die Wahrnehmung der ganzen Wahrheit. Wer sich wirklich von seinem Gegenüber und letztlich von Gott angenommen weiß, kann die Masken und Verhüllungen ablegen und vielleicht sogar auf bestimmte Verleugnungsmechanismen verzichten. Vor allem kann er wahrgenommen und verstanden werden. Wo Annahme erfahren wird, eröffnet sich ein Raum des Verstehens. Jesus nimmt Zachäus, den Kleinen, an und er kehrt zum Zeichen dessen bei ihm ein (Lk 19,1ff), er versteht die „Ehebrecherin" und er eröffnet ihr einen Weg (Joh 8,1–11), und der Verlorene Sohn beginnt sich selbst zu verstehen im Vorgriff seiner Annahme durch den Vater: „Vater, ich habe gesündigt" (Lk 15,21). Auf sehr unterschiedliche Weise erzählt das Neue Testament immer wieder solche Annahme- und Befreiungsgeschichten. Menschen sehen mit einem Mal wieder einen Weg. Gott und seine Barmherzigkeit sind unbedingt vorausgesetzt, aber oft nur auf eine bemerkenswert diskrete Weise angesprochen. So geschieht Seelsorge, so Befreiung – im Medium einer Beziehung, in der Gott „aufscheint", in der er und seine befreiende Kraft erfahren werden.[15] Das ist eine Worterfahrung, die mehr ist als Rede, dem althebräischen dabar (Jes 55,11) entsprechend: Heilserfahrung durch das, was geschieht *und* durch das, was gesagt wird.

In der konkreten Situation eines Gesprächs geht der Befreiungserfahrung oft auch harte Befreiungsarbeit voraus. Seelsorge hat zu tun mit Erinnerungsarbeit und Selbstauseinandersetzung. Dafür gewährt die seelsorgerliche Beziehung, wenn sie zustande kommt, die zureichenden Bedingungen. Seelsorgerliche Befreiungsarbeit erfasst sehr unterschiedliche Bereiche:

• *Freiheit von den quälenden Erinnerungen.* Schon das Zulassen von Erinnerungen kann den ersten Schritt aus der Bindung an Vergangenes bedeuten. Es geht um die Erinnerungen an eigenes Versagen, an eigene Schuld, an erlittene Verletzungen, an Angst auslösende Erlebnisse. Darüber ist nicht leicht zu reden. Eine annehmende Grundhaltung schafft vielleicht die Atmosphäre, in der es möglich wird, die Angst zu überwinden und den Mund zu öffnen.

---

zipiell und systematisch über die Verankerung der Seelsorge in der Rechtfertigungslehre nach. Speziell zur Diskussion des Annahmebegriff: Kiesow, Ernst-Rüdiger: Die Erfahrung der Rechtfertigung in der seelsorgerlichen „Annahme", in: ZdZ 33, 1979, 408–413; Seils, Martin: Rechtfertigung und Annahme, in: ZdZ 35, 1981, 331–339; Haustein, Manfred: Annahme in der „therapeutischen Seelsorge" und biblisch-reformatorische Rechtfertigungslehre, in: ZdZ 37, 1983, 278–284; Pe-

ters, Albrecht: Christliche Seelsorge im Horizont der drei Glaubensartikel. Aspekte einer theologischen Anthropologie, in: ThLZ 114, 1989, 640–660; Eisele, Günther: Rechtfertigung durch Gott als Annahme durch Menschen? in: Stollberg, Dietrich u.a. (Hg.): Identität im Wandel in Kirche und Gesellschaft, Göttingen 1998, 180–192

15 Vgl. dazu: Sölle, Dorothee: Gott denken, Stuttgart 1990, 251f

- *Freiheit von Bildnissen und falschen Idealen.* Indem jemand wahrnimmt, wie stark er sein Leben ausrichtet nach dem Muster eines an ihn herangetragenen oder in ihm selbst entstandenen Bildes vom Leben: immer stark sein müssen, immer Höchstleistungen erbringen, immer Vorbild sein wollen, keine Schwäche, keinen Zorn, keine Trauer zeigen dürfen. Oft braucht es lange Zeit, um die Bilder zu entdecken, die am wirklichen Leben hindern. Freiheit heißt: so sein können, wie ich als ein von Gott geschaffener Mensch bin. Freiheit bedeutet, Identitätserfahrungen zu machen, ohne die Brüche und Risse im eigenen Lebensentwurf verbergen zu müssen. Freiheit ist die Frucht der Gnade. Das ist besonders wichtig für die Menschen, die „unten" sind und sich nichts mehr zutrauen, denen der Mut fehlt, zu protestieren und für sich zu sorgen.
- *Freiheit von falschen Gottesvorstellungen.* Für viele Christen ist gerade die Einschränkung ihrer Freiheit verbunden mit ganz bestimmten Gottesbildern: Gott als Rächer, Gott als willkürlich waltender Allherrscher, Gott als Jäger, Gott als Aufpasser. Freiheit beginnt, wenn ich die verzerrten Gottesbilder in mir wahrnehme und mir den Gott zeigen lasse, der in Christus als der Menschen liebende Gott erschienen ist. Wenn Gott nicht mehr Angst macht, sondern Vertrauen weckt.[16]

Die Möglichkeiten der Unfreiheit sind ungezählt. Und oft führt die innere Unfreiheit zu Fixierungen, die authentisches Leben verhindern. Sie findet dann nicht selten ihren Ausdruck in der Sucht oder in okkulten bzw. parareligiösen und pseudoideologischen Bindungen.

Der Weg in die Freiheit kann auch in der Seelsorge verpasst werden, wenn bestimmte Gefahren nicht ausgeschaltet werden können:

- Die Gefahr der *Verwechslung von Freiheit mit der Anpassung an die Normalität.* Frei werden muss nicht bedeuten, zu werden wie der Durchschnitt. Seelsorge ist nicht zu verwechseln mit jener „Alltagssorge" des Menschen, die auf „Anpassung" an die „gesellschaftlich normierten Verhaltenserwartungen" aus ist. Diese zielt auf „Realitätsertüchtigung" und verbleibt im „Horizont der konventional präformierten Wirklichkeit"[17]: Dagegen geht es in der Seelsorge um das „Selbst-sein-Können" des Menschen[18] – also um selbstständiges und selbstverantwortliches Leben.
- Die Gefahr der *Verzweckung* von Seelsorge. Auch die ganz besonders gut gemeinten Zwecke können bei einer seelsorgerlichen Begegnung den Befreiungsvorgang beeinträchtigen – seien es missionarische, diakonische, politische oder moralische Zwecke. Seelsorge ist auch darin Freiheitserfahrung, dass sie in ei-

16 Vgl. a.a.O., 239ff; Riess, Richard: Entdämonisierung Gottes als Entdämonisierung des Lebens. Entwurf für ein seelsorgerliches Gottesbild, in: ders.: Sehnsucht nach Leben, Göttingen 1987, 179–199; vgl. auch Kim, Young-Hak: Gottesbilder in der Seelsorge, Diss. Bethel 2002

17 Luther, Henning: Alltagssorge und Seelsorge, in: ders.: Religion und Alltag, Stuttgart 1992, 224–238
18 A.a.O., 228; vgl.: Schieder, Rolf: Seelsorge in der Postmoderne, in: WzM 46, 1994, 26–43, 27; Josuttis, a.a.O., 114f

ner Welt vorwiegend „zweckrationalen Handelns" die von Zwecken – nicht von Hoffnungen! – freie Begegnung zweier Menschen darstellt.
- Die Gefahr der *Maßlosigkeit.* Es kann nicht um eine Freiheit gehen, die nur noch solipsistisch die Freiheit eines Einzelnen meint. Die Forderung der Freiheit hat ihre Grenze in der Freiheit und in dem Recht des Anderen. Seelsorge als Befreiungsgeschehen ist nicht die Befreiung zum Ego-Trip unter Vernachlässigung der zwischenmenschlichen Folgen. Gerade weil Seelsorge eine Evangeliumserfahrung im Medium der Beziehung ist, kann sie vermitteln, dass wahre Freiheit nicht gegen, sondern nur mit anderen gewonnen und gelebt werden kann. Die Freiheitserfahrung (Gal 5, 1) und die Solidarität des Mitlebens und Mittragens (Gal 6, 2) gehören in einen Zusammenhang.

Freiheitserfahrungen haben Folgen für das *Verhalten des Einzelnen zur Welt, zu anderen Menschen und Gruppen*:

- Sie befreien von der Herrschaft der Vorurteile. Das könnte bedeuten, nun fähiger zu realistischer und sensibler *Wahrnehmung* der anderen zu werden. Eigene Freiheitserfahrungen können dazu helfen, durch Schablonen und Klischees hindurch Menschen als Personen wahrzunehmen und zugleich für die Unterschiede nach Geschlecht, sexueller Orientierung, kultureller Prägung, weltanschaulich-religiöser Überzeugung aufmerksam zu werden.
- So kann es auch eine Befreiung für den *Protest* gegen das Unrecht und zur *Solidarität* mit denen, die es erleiden, geben. Es gibt einen engen Zusammenhang zwischen der eigenen Freiheitserfahrung und dem Kampf für Freiheit, Recht und Anerkennung anderer. Die Maximen der christlichen Befreiungstheologie haben auch eine Bedeutung für die Seelsorge, und Seelsorge könnte perspektivisch Freisetzung zu befreiendem Handeln bedeuten.[19]

4.3. Seelsorge als Orientierungsarbeit (ethischer Aspekt)

Das Fehlen eindeutiger Handlungsmaßstäbe wird heute zu Recht von vielen als belastend erlebt. Der Notwendigkeit, in einer bestimmten Lebens- oder Konfliktlage eine Entscheidung fällen zu müssen, steht häufig die völlige Unfähigkeit gegenüber, dies auch wirklich tun zu können, weil die Sicherheit des ethischen Urteils fehlt. Es ist oft so, als würde jedem Ja in dem Augenblick, da es in einem Entscheidungskonflikt gesprochen wird, schon das Nein entgegenlauern.[20] Dies ist

---

19 Vgl. die Zusammenhänge bei: Steinkamp, Herrmann: Qualität und (christliches) Menschenbild, in: WzM 50, 1998, 307–318, bes.309ff; vgl. ders.: Solidarität und Parteilichkeit, Mainz 1994, 38ff
20 Vgl.: Ziemer, Jürgen: Normenpluralismus als individueller Konflikt, in. Mehlhausen, Joachim (Hg.): Pluralismus und Identität,

Gütersloh 1995, 107–114. Dass die angesprochene Ambivalenzerfahrung neurotische Züge tragen kann, sei unwidersprochen. Das wird sich im konkreten Fall jeweils zeigen. Es ist aber unzulässig, die ethische Ambivalenzerfahrung generell auf neurotische Erlebnisweisen zu reduzieren.

mehr als eine individuelle Erfahrung. Es scheint eine Art postmoderner moralischer Krise zu geben, die charakterisiert ist durch eine „tief empfundene moralische Ambiguität" zwischen einer „zuvor nie gekannte Entscheidungsfreiheit" und
einem uns gleichzeitig „quälenden Zustand der Unsicherheit". Die Folge ist: „Wir
sehnen uns nach Führung, der wir uns anvertrauen, auf die wir uns verlassen
können", aber: „Wir sind durch und durch skeptisch hinsichtlich jeden Anspruchs
auf Unfehlbarkeit"[21].

Was kann Seelsorge in solcher Situation für den Einzelnen leisten? Was ist ihre
genuine, theologisch zu verantwortende Aufgabe gegenüber den Rat Suchenden
in dieser generellen Anforderung? Ehe eine Antwort von dem hier vertretenen
Ansatz der Seelsorgelehre her versucht wird, seien zwei Fehlwege ethischer Orientierung genannt, die beide dadurch charakterisiert sind, dass sie im Grunde in
einer Umgehung der beschriebenen Konfliktsituation bestehen:

• Da wäre einmal der Weg des *Moralismus*. Hier wird von feststehenden Verhal-
tensnormativen ausgegangen, deren geschichtliche und kulturelle Bedingtheit
kaum kritisch durchschaut wird. Das Individuum wird an der Kongruenz mit
diesen Normativen gemessen und entsprechend als gut oder nicht gut bewertet.
Es gibt nur „richtig" oder „falsch". Auffallend oft beziehen sich moralistische
Einstellungen auf das Sexualverhalten. Ein häufig von außen an die Kirche
herangetragenes Seelsorgeverständnis versteht Seelsorge primär als moralische
Erziehung angesichts erfolgter „Fehltritte" (= Sünde) und als Einschärfung moralischer Gebote.

• Zum andern wäre da der Weg eines hedonistischen *Libertinismus* nach dem
Motto: Gut ist alles, was gefällt und nützt. Auf dem Hintergrund eines pseudo-
emanzipatorischen Ethikverständnisses werden alle traditionellen Maßstäbe
als einengend und lebensfeindlich deklariert. Libertinismus ist im Grunde nur
die Umkehrvariante des Moralismus. Vom Seelsorger wird ethisch-moralische
Abstinenz erwartet. Moralische Entscheidungen gelten als Privatsache des Einzelnen und unterliegen keiner Außenbeurteilung.

Moralistische und libertinistische (Selbst)Begründungen ethischen Verhaltens
sind in der Praxis relativ häufig anzutreffen, wenn diese Positionen auch selten
absolut vertreten und gelebt werden. Sie bezeichnen eher die Eckpunkte, zwischen denen ethische Orientierung gefragt ist. Noch einmal. Wo liegt hier die spezifische Aufgabe der Seelsorge?

Auf die Frage „Was soll ich tun?" kann und darf der Seelsorger in den seltensten
Fällen direkt antworten. Damit würde letztlich einer gesetzlichen Seelsorge Vorschub geleistet, durch die verhindert würde, dass das fragende Subjekt von sich
aus entscheidungsfähig wird. Die Gefahr besteht hier auch, dass der Seelsorger
seine eigenen, oft tief verinnerlichten Normen zum Maß aller Dinge macht. Zur

---

21 Bauman, Zygmunt: Postmoderne Ethik,
Hamburg 1995, 38

seelsorgerlichen Kompetenz gerade in ethischen Fragen gehört die Fähigkeit zur Selbstdistanz. Dass es Situationen gibt – etwa in einer akuten Krisenlage –, in denen ein direkter seelsorgerlicher Rat angezeigt ist, sei unbestritten. Aber dieses kann nicht die Regelform seelsorgerlicher Orientierungsarbeit sein. Diese muss, wenn Seelsorge sich theologisch als ein „Befreiungsgeschehen", also dem Gewinn endlicher Freiheit für den Rat Suchenden dienend, versteht, in zwei Schritten erfolgen:[22]

Der *erste Schritt* und die primäre Aufgabe der Seelsorge als Orientierungsleistung besteht darin, die „sittliche Kompetenz", also die ethische Urteils- und Entscheidungsfähigkeit der Rat Suchenden zu fördern.[23] Das heißt nun: Es geht in der Seelsorge nicht darum rasche Antworten auf dringende Fragen zu erteilen, sondern darum, den Rat suchenden Menschen zu einem eigenen und selbständigen Urteil zu befähigen. Dazu ist es aber notwendig, zunächst einmal wahrzunehmen, was den Einzelnen denn daran hindert, eine ethische Entscheidung zu fällen. Es geht also zuerst um die Wahrnehmung der Behinderungen der Freiheit und um die Auseinandersetzung mit diesen. Es können sehr unterschiedliche seelische Faktoren eine die Handlungsfreiheit einschränkende Bedeutung erlangen: Angst vor möglichen Folgen (was passiert, wenn ich so oder so entscheide?), verborgene Interessen (ich möchte nichts verlieren), unbewusste Fixierungen auf Autoritäten (was wird X. sagen/denken, wenn ich so handle?) oder Ideale (wie stehe ich vor mir selbst da?), kleinbürgerliche Enge (nicht über den Horizont hinausschauen), narzisstisches Geltungsbedürfnis (ich möchte gern der Beste sein!) usw. Alle diese Einstellungen können die eigene Entscheidungs- und Handlungsfähigkeit einschränken. Ethische Kompetenz wird vor allem gewonnen durch Selbstwahrnehmung und Selbstauseinandersetzung.[24] Darin geschieht auch etwas, das theologisch mit dem „Gesetz" zu tun hat, das zur Erkenntnis der „Sünde" führt (Röm 3,20). In den angedeuteten Einstellungen und Verhaltensweisen gegenüber anderen Menschen wird auch die „Sünde als Verhalten des Menschen zu Gott" deutlich: „Sie wird erkennbar als die Verschlossenheit des Menschen in der Sorge um sich selbst, als das unaufhörliche Kreisen des Ich um das eigene Interesse, Wohl und Wehe, das Luther die incurvatio hominis in se ipsum genannt hat."[25] Erst die Erfahrung, dass dieses ständige Um-sich-selbst-Sorgen nicht notwendig ist, weil für uns schon gesorgt ist (1 Petr 5,7), schafft die Freiheit, die notwendig ist für das ethische Urteil wie für das „Tun des Gerechten"[26] selbst. Dietrich Stollberg spricht

22 Zum Folgenden vgl.: Ziemer, Jürgen: Ethische Orientierung als seelsorgerliche Aufgabe, in: WzM 45, 1993, 388–398
23 Herms, Eilert: Die ethische Struktur der Seelsorge, in: PTh 80, 1991, 40–62, 61. Der Aufsatz von Herms ist für die Bestimmung der ethischen Aufgabe der Seelsorge grundlegend. Herms entfaltet darin seine These von der „ethischen Struktur der Seelsorge" und ihrer

Aufgabe, „ethische Urteilsfähigkeit zu fördern". (53)
24 Vgl. Herms, a.a.O., 48f
25 Joest, Wilfried: Dogmatik, Bd. 2, Göttingen 1986, 400. Joest erläutert hier das, was traditionell in der lutherischen Dogmatik der usus elenchthicus des Gesetzes genannt wird.
26 Dietrich Bonhoeffer nennt als wesentlichen Ausdruck des Christsein außer dem

in diesem Zusammenhang von der „Stärkung der inneren Senkrechten", die dazu instand setzt, „selbstbestimmt und doch sozial, unabhängig, aber von der Einsicht in die eigene Bedingtheit geleitet die Balance zwischen Neigung und Pflicht auf realistische Weise"[27] herzustellen. Diese „innere Senkrechte", die Basis „sittlicher Kompetenz" bilde sich durch ein „Hören auf die innere Stimme". „Es ist der Wille, in dir selbst ruhig zu werden, damit du wirklich hören und wirklich sehen kannst."[28] Auch dies ist ein Aspekt der seelsorgerlichen Aufgabe im Hinblick auf die ethische Orientierungsarbeit.

Auf andere Weise, aber nicht weniger prägnant ist dasselbe wohl in der Geschichte vom so genannten Reichen Jüngling (Mt 19,16–26) zum Ausdruck gebracht worden. „Was soll ich Gutes tun, um die Seligkeit zu erlangen?", wird Jesus gefragt. Das ist eine durchaus Über-Ich gesteuerte Frage; es ist die Frage des Unfreien. Jesus geht zunächst auf sie ein und gibt dann auch eine Antwort, wie es scheint ganz im Sinne der gestellten Frage: „Willst du vollkommen sein, so gehe hin und verkaufe alles, was du hast, und gib es den Armen." Bei näherem Hinsehen erweist sich Jesu Antwort freilich als eine Art „paradoxer Intervention". Statt auf Normen oder Handlungsanweisungen zu rekurrieren, führt Jesus den Reichen zu sich selbst, fragt ihn nach seiner wirklichen Freiheit, nach seinem ehrlichen Wollen. Die Art, wie Jesus zu dem Mann sprach, musste ihn zur Selbsteinsicht führen und damit auch zur Selbstauseinandersetzung. Dass er Jesus verstanden hat, wird durch die Bemerkung angedeutet, er sei „traurig" geworden. Hat ihn die Selbsteinsicht weitergebracht, hat sie ihn ethisch handlungsfähig gemacht? Die Geschichte lässt es offen. Aber sie zeigt noch einmal deutlich, welches in der seelsorgerlichen Orientierungsarbeit der erste Schritt zu sein hat.

Der *zweite Schritt* und die sekundäre Aufgabe der Seelsorge im Blick auf die ethischen Fragen ist nun der ethische Diskurs selbst. Die Erlangung „sittlicher Kompetenz" macht den Diskurs nicht überflüssig, denn die Entscheidungssituationen sind oft nicht eindeutig, und es ist nicht einfach, die ins Gewicht fallenden Faktoren in den Blick zu nehmen.

Man könnte die hier zu leistende Orientierungsarbeit in der Seelsorge auch als Gewissensarbeit bezeichnen. Seelsorge soll, anders gesagt, dazu helfen, zu „gewissenhaften Menschen"[29] zu werden. Dabei ist jedoch das Gewissen nicht eine völlig autonome Konstante, die in uns als Seismograph für das allzeit Gute wirkt. Das Gewissen wird vielmehr geformt und gebildet durch die verschiedenen normierenden Einflüsse, denen das Individuum im Laufe seiner Entwicklung ausge-

---

„Tun des Gerechten" noch das „Beten". Könnte Beten hier interpretiert werden als symbolischer Ausdruck für den Freiheitsgewinn des glaubenden Menschen, der seine „sittliche Kompetenz" begründet? Vgl. Bonhoeffer, Dietrich: Widerstand und Ergebung, Berlin 1972, 328 (Mai 1944)

27 Stollberg, Dietrich: Schweigen lernen.

Zu Seelsorge und Ethik, in: Bizer, Christoph u.a. (Hg.): Theologisches geschenkt. Festschrift für Manfred Josuttis, Bovenden 1996, 366–373, 369

28 Stollberg, a.a.O., 370

29 Müller, Hans Martin: Das Ethos im seelsorgerlichen Handeln, in: PTh 80, 1991, 3–16, 16

setzt ist.[30] Hier ist Klarheit nötig, um nicht einer dumpfen, unbewussten Gewissensregung zu folgen, deren ratio vom handelnden Subjekt nicht mehr erkannt werden kann. Die Stimme des Gewissens muss immer wieder in Einklang gebracht werden mit neu zu gewinnenden Einsichten. Gewissensarbeit ist dabei natürlich etwas anderes als ein Anpassungsvorgang. Eine veränderte Situation verändert auch die Perspektiven auf das, was zu tun und zu entscheiden ist. So mag jemand unter dem Eindruck der Erfahrungen des Zweiten Weltkriegs gewissensmäßig zu einer konsequenten Kriegsdienstverweigerung gelangt sein. Es ergibt sich aber die Frage, ob diese Gewissensentscheidung auch gegenwärtig eine angemessene Orientierung geben kann, wenn etwa eine ethisch vertretbare Position zu militärischen Konfliktlösungsstrategien in einer aktuellen Krisenregion gefordert ist. Zum Gewissensurteil wird eine ethische Entscheidung nicht dadurch, dass ich mir darin stets gleich bleibe, sondern dadurch, dass ich eine Entscheidung fälle, von der ich überzeugt bin, dass sie auch für andere gut ist[31]. Diese Gewissensarbeit ist zu leisten und dann in der aktuellen Entscheidungssituation namhaft zu machen. Unter diesem Vorzeichen kann man auch sagen, es gehe in der Seelsorge darum, für ein bestimmtes Handeln dem Betreffenden ein „gutes Gewissen" zu machen.

Die Aufgabenfelder für den ethischen Diskurs sind heute sehr vielfältig. Sie betreffen gesellschaftlich relevante Entscheidungsprozesse – in der Politik, in der Ökonomie, bei der Energieplanung, in der Medizinethik, in der Gentechnologie, bei der Computeranwendung usw.[32] Besonders bedrängend werden die Fragen dort, wo sie ganz unmittelbar existenzielle Bereiche berühren: In der pränatalen Diagnostik, wo es in der Konsequenz um die Entscheidung für heranwachsendes Leben geht, bei der Diskussion um die Transplantationsmedizin, bei der ärztlichen Entscheidung zum Therapieverzicht in Fällen schwerer unheilbaren Leidens. Sie betreffen aber auch die ganz normalen, kleinen Probleme des individuellen Alltagslebens. Da steht eine allein stehende Mutter vor der Frage, ob sie eine ihr angebotene Stelle, die ihren Wünschen sehr entspricht, ausschlagen soll (muss,

---

30 Vgl. die Kritik Freuds am Gewissensbegriff als Ausdruck von Über-Ich-Moral. Näheres dazu bei: Stollberg, Dietrich: Das Gewissen, in: ders.: Wenn Gott menschlich wäre, Stuttgart 1978, 164–181. Hans Lenk unterscheidet von dem „empirisch-phänomenologischen" Gewissen, auf das sich im Grunde die Freud'sche Analyse bezieht, das „apriorisch-transzendentale Gewissensphänomen", in dem sich „die konkrete Humanität als normativer (Selbst)Anspruch und Fremdappell" dokumentiert. Vgl.: Lenk, Hans: Einführung in die angewandte Ethik, Stuttgart 1997, 39. Zum Gewissensverständnis in der evangelischen Ethik vgl.: Kress, Hartmut. Theologische Ethik, in: ders./ Karl-Fritz Daiber: Theo-

logische Ethik – Pastoralsoziologie, Stuttgart 1996, 95–107

31 Vgl. Koch, Traugott: Autonomie des Gewissens als Prinzip einer evangelischen Ethik? in: Kirchenamt der EKD (Hg.): Was ist das: Gewissen? Hannover 1984, (EKD-Texte; 8) 12–23, 21. Dabei sind bestimmte Leitkriterien ins Spiel zu bringen wie das „Lebensdienliche" bzw. das „Menschengerechte" (Arthur Rich), vgl. Ziemer, a.a.O., 396

32 Vgl. dazu: Grewel, Hans: Brennende Fragen christlicher Ethik, Göttingen 1988, ders.: Recht auf Leben, Göttingen 1990; Frey, Christofer: Konfliktfelder des Lebens, Göttingen 1998

darf) zugunsten ihres einjährigen Kindes oder nicht. Oder der berufstätige Vater ist mit der Entscheidung darüber beschäftigt, ob er eine ihm angetragene ehrenamtliche Aufgabe im Sozialbereich, die ihn noch mehr seiner Familie entziehen würde, übernehmen kann. Seelsorge heißt hier auch: Das Problem klar fixieren, die situativen Faktoren erkennen, die einzelnen Aspekte des ethischen Konfliktes bewusst machen, die Folgen vorausschauend abwägen, Alternativen durchspielen, Kriterien der Verantwortlichkeit finden.[33] Nicht alle Entscheidungen haben die gleiche Gewissensdignität. Aber es ist doch in jedem Fall wichtig zu Entscheidungen zu kommen, zu denen der Einzelne Ja sagen kann – aus Freiheit und im Vertrauen, darin von Gott gehalten zu sein.

4.4. Gemeinde als Ort der Seelsorge (ekklesiologischer Aspekt)

Seelsorge erhält ihre theologische Legitimation letztlich aus der Seelsorge Gottes, wie sie uns am deutlichsten im Christusgeschehen begegnet. Seelsorge ist nicht Produkt oder Dienstleistung einer bestimmten Gemeinde oder religiösen Institution. Sie liegt dieser wesentlich voraus und begründet sie selbst. Aber die Gemeinde ist der Ort, an dem und von dem aus christliche Seelsorge erfahrbar wird. Seelsorgerliche Arbeit muss intentional die Gemeindegrenzen hin zur „Welt" überschreiten, aber sie ist doch nicht denkbar ohne Gemeinde und an dieser vorbei. Das will bedacht sein bis hin zu den praktischen Konsequenzen, die sich daraus für ihre organisatorische Gestalt ergeben. „Gemeinde" ist dabei allerdings weder mit den bei uns vorhandenen parochialen Strukturen einfach zu identifizieren noch als eine Größe rein spiritueller Konsistenz zu verstehen.[34]

---

33 Es könnte hilfreich sein, für das seelsorgerliche Gespräch zu ethischen Fragen für sich selbst Schritte zur ethischen Urteilsbildung zu kennen und zu beherrschen. Heinz Eduard Tödt nennt sechs Schritte: 1. Wahrnehmung ... eines Problems als eines sittlichen, 2. Situationsanalyse, 3. Beurteilung von Verhaltensoptionen, 4. Prüfung von Normen, Gütern und Perspektiven, 5. Prüfung der ...Verhaltensoptionen, 6. Urteilsentscheid: Tödt, Heinz Eduard: Perspektiven theologischer Ethik, München 1988, 29ff. Eine Variante dieser Schrittfolge findet sich bei: Lange, Dietz: Ethik in evangelischer Perspektive, Göttingen 1992, 519ff. Lange nennt acht Schritte: a) Analyse der Situation, b) Prüfung der subjektiven Bedingungen, c) genaue Bestimmung des Konfliktes, d) Abwägen der Verhaltensalternativen, e) Reflexion der Maßstäbe, f) Güterabwägung, g) Entscheidung, h) Überprüfung. Natürlich sind solche Schrittfolgen nicht unmittelbar in der Seelsorge umsetzbar. Das würde auch einer nicht wünschbaren Rationalisierung und Pädagogisierung der seelsorgerlichen Kommunikation Vorschub leisten. Einzelne Aspekte freilich könnten durchaus in einem Gespräch Platz haben, z.B. die genaue Bestimmung des Konfliktes, die Betrachtung der subjektiven Faktoren, das Durchspielen von Verhaltensalternativen etc. Vor allem aber wäre es sehr hilfreich, wenn Seelsorgerinnen und Seelsorger in der ethischen Entscheidungsfindung geübt wären.

34 Zum Problem der Institutionalität von Kirche und Gemeinde vgl.: Huber, Wolfgang: Kirche, München 1988, 40ff; Josuttis, Manfred: „Unsere Volkskirche" und die Gemeinde der Heiligen, Gütersloh 1997, 17ff, 40ff; Pohl-Patalong, Uta: Ortsgemeinde und übergemeindliche Arbeit im Konflikt, Göttingen 2003

Kirchen, Ortsgemeinden, Paragemeinden, Dienstgruppen u.a.[35] sind Gestaltungsformen des Glaubens, die aufeinander bezogen sind. Seelsorge braucht gemeinschaftliche Formen des Christseins, von denen sie ihren Ausgang nimmt: Gemeinden als Orte gelebten Glaubens, die zugleich seelsorgerliche Erfahrungsräume sein können. Die Gemeinde ist der Ort von Koinonia-Erfahrungen im zweifachen Sinne: Sie ist der Ort, wo die „Gläubigen" „ihres Hirten Stimme hören" (Joh 10,3)[36] – wo sie also das tröstende, rettende und heilende Wort des Evangeliums wahrnehmen und im Sakrament die Gemeinschaft Christi leiblich erfahren können; und sie ist der Ort der Gemeinschaft ihrer Glieder untereinander (Apg 2,42), Ort der Geschwisterlichkeit, des gegenseitigen Aufeinanderhörens und sich Helfens und des gemeinsamen Gebets. Die Gemeinde ist Ort der Liebe und des „Füreinanderwirkens"[37], sie ist in diesem Sinne der Leib Christi (1 Kor 12,12ff; Röm 12,9ff).

Ob die Gemeinde dies, was sie ihrer theologischen Bestimmung nach sein sollte, für die einzelnen Gemeindeglieder und vielleicht für diejenigen, die von außen interessiert und erwartungsvoll auf sie schauen, auch wirklich ist, das ist gewiss eine andere Frage. Die Antwort darauf hängt wesentlich davon ab, ob die Gemeinde durch eine seelsorgerliche Dimension ihrer einzelnen Lebensvollzüge geprägt ist. Diese könnte in einer grundlegend „kommunikativen Gemeindepraxis" erkennbar werden, deren Spielregeln „Offenheit, Herrschaftsfreiheit, Partizipation und Solidarität"[38] darstellen. Dann wäre Gemeinde zum Raum der Freiheitserfahrung des Einzelnen und der Glieder untereinander geworden, also wirklich zum „Herrschafts- und Segensbereich des Christus" (Käsemann). Gemeinde in diesem Sinne kann für Menschen, die sich danach sehnen, zum Quellort des Mutes werden. In ihr wird eine Seelsorge möglich, die sich an den geistlichen und menschlichen Ressourcen des Evangeliums orientiert.

Wenn von Seelsorge in der Gemeinde die Rede ist, muss also nicht primär und schon gar nicht exklusiv an ein bestimmtes pastorales Handlungsfeld gedacht werden. Wichtig wäre, dass in den einzelnen Lebensäußerungen der Gemeinde die *seelsorgerliche Dimension* in Erscheinung tritt: im Gottesdienst als einer „Weise funktionaler Seelsorge"[39], wenn Menschen sich darin angesprochen, aufgehoben

---

35 Vgl. Huber, a.a.O., 46ff

36 So Luther, Schmalkaldische Artikel, Bekenntnisschriften der Evangelisch-lutherischen Kirche Berlin 1960, 459

37 Bonhoeffer, Dietrich: Sanctorum communio, München 1954, 132, 139

38 Bäumler, Christof: Kommunikative Gemeindepraxis, München 1984, 44; vgl. auch den ganzen Zusammenhang bei Bäumler 40ff, wo ein praktisch-theologisches Gemeindeverständnis unter deutlichem Bezug auf Dietrich Bonhoeffer, Ernst Lange und Jürgen Moltmann entwickelt wird. Vgl.: Schmid, Peter F.:

Im Anfang ist Gemeinschaft, Stuttgart 1998 (mit vielfältigen Bezügen zur ekklesiologischen Grundlegung und pastoralpsychologischen Praxis).

39 Stollberg, Dietrich: Gottesdienst und Seelsorge, in: Bilgri, Anselm/ Kirchgessner, Bernhard (Hg.): Liturgia semper reformanda, Freiburg i.Br. 1997, 261–269, 266; vgl.: Haustein, Manfred: Gottesdienst und Seelsorge, in: Schmidt-Lauber, Hans-Christoph u.a.: Handbuch der Liturgik, Göttingen ³2003, 655–663

und vielleicht auch in neue Lebensräume eingewiesen fühlen; in der „seelsorgerlichen Predigt"[40], die den Hörer als Person wahrnimmt, seinen Glauben wie seine Zweifel respektiert und ihm die Gnade Gottes in sein wirkliches Lebens hinein konkret zuspricht; in einer auf Kinder in ihren spezifischen sozialen und familiären Bezügen eingestellten Kinderarbeit, in der auch für das einzelne Kind Raum und Zeit ist[41]; nicht zu reden von einer diakonischen Praxis, zu der eine von vielen Gemeindegliedern geübte soziale Aufmerksamkeit gehört und in der Einzelne nicht zu „Fällen" frommer Fürsorglichkeit gemacht, sondern als Subjekte gemeinsamer Lebensverantwortung ernst genommen werden.[42] So sind Koinonia-Erfahrungen in der Gemeinde möglich.

Unter normalen Bedingungen wird man freilich realistischerweise davon ausgehen müssen, dass es in der Gemeinde auch eine Menge Gegenerfahrungen geben wird: verkrustete Strukturen, bürokratische Verlängerungen der Wege zum Menschen, eitle Selbsterhaltungsstrategien, erschöpfte und überforderte Mitarbeiter usw. Das mag so sein, dennoch muss man dagegen immer wieder und unverdrossen die Vision einer seelsorgerlichen Gemeinde[43] setzen. Es ist mehr möglich als oft vermutet, auch in den parochialen Strukturen[44], so unzulänglich diese auch sein mögen.

Dass die Gemeinde der primäre Ort der Seelsorge ist, daran muss auch festgehalten werden, wenn von speziellen Seelsorgediensten – im Krankenhaus, im Gefängnis, bei sozialen und psychologischen Beratungsdiensten – die Rede ist. Diese werden in der sich immer mehr differenzierenden Gesellschaft zunehmend wichtig, aber sie werden auf Dauer nur gedeihen auf dem Wurzelboden der Gemeindeseelsorge. Wenn hinter den seelsorgerlichen und beraterischen Diensten der Kirchen nicht mehr lebendige Koinonia-Erfahrungen in Gemeinden oder Gemeindegruppen stehen, dann wird diesen über kurz oder lang der Atem ausgehen, weil der geistliche „Kraftanschluss" fehlt. Je mehr dies gegeben ist, je mehr die Seelsorge in der Gemeinde als einem Ort gelebten Glaubens verankert ist, umso aussichtsreicher wird es sein, Seelsorge dort praktizieren zu können, wo Menschen sie brauchen und sich vielleicht sogar danach sehnen, obwohl sie sich innerlich und äußerlich von der Kirche weit entfernt haben. Seelsorge für die Welt setzt die Gemeinde als Ort der Seelsorge (der nicht identisch sein muß mit der „Parochie") voraus.[45]

40 Vgl.: Möller, Christian: Seelsorglich predigen, Waltrop ³2003; Haustein, a.a.O., 43ff
41 Vgl. dazu die einzelnen Beiträge bei: Riess, Richard/ Kirsten Fiedler (Hg.): Die verletzlichen Jahre, Gütersloh 1993
42 Zu Kirche als Ort des „Erbarmens" und des Eintretens für die „Würde des Individuums" vgl.: Welker, Michael: Kirche im Pluralismus, Gütersloh 1995, 80ff, 85ff; vgl.: Steinkamp, Hermann: Solidarität und Parteilichkeit, Mainz 1994, 163ff

43 Vgl. die „Sieben Träume von einer Kirche der Seelsorge" bei: Riess, Richard: Sehnsucht nach Leben, Göttingen 1987, 286f
44 Vgl.: Karle, Isolde: Seelsorge in der modernen Gesellschaft, in: EvTh 59, 1999, 203–219, 218f
45 Vgl. hierzu die Unterscheidung von Ekklesia und Diaspora in der praktisch-theologischen Ekklesiologie Ernst Langes: Lange, Ernst: Chancen des Alltags, Stuttgart ²1966, 141ff

## 4.5.	Seelsorge als solidarische Praxis (diakonischer Aspekt)

Die Freiheitsbotschaft der Bibel hat, was leicht vergessen wird, eine leibliche, soziale Seite. Es geht nicht nur um „Seele" in einem geistigen und spirituellen Sinne, sondern auch um Seele als Lebenskraft und Vitalität, was besonders beim alttestamentlichen Begriff nefäs mitschwingt.[46] Man kann nicht für die Seele sorgen, ohne dabei den Boden zu berühren. Wie Leib und Seele, so gehören Seelsorge und Leibsorge zusammen. Es ist ein besonderes Kennzeichen der prophetischen Verkündigung im Alten Testament, dass sie das Recht auf Leben, insbesondere für die Armen, in einem umfassenden Sinne einfordern. Gottesdienst und Seelsorge bleiben Stückwerk, ja werden zur Lüge, wenn das Recht zugleich mit Füßen getreten wird und die sozialen Unterschiede immer unerträglicher werden (Jes 10,1–4, Am 5,10ff.21ff). Verkündet wird demgegenüber das wirksame Einschreiten Jahwes in der konkreten geschichtlichen Situation zugunsten der Armen, der Rechtlosen, der Behinderten, der Unfreien und der Fremden. Das Gottesrecht, wie es beispielsweise in Lev 19,2–18 dargelegt ist, schützt und ermöglicht Leben (Spr 12,28). Lehr- und Lebenspraxis Jesu von Nazareth knüpfen da an. Die „bessere Gerechtigkeit", von der in der Bergpredigt gesprochen wird (Mt 5,20), ist das Rechttun nach dem Maß der Liebe, das dem Leben dient. Das Leben wird ausdrücklich und besonders den Armen verkündigt (Mt 11,5) und damit beginnt die „Herrschaft Gottes". Sie wird zur erfahrbaren Wirklichkeit dort, wo auch die physischen und sozialen Nöte von Menschen in den Blick kommen (vgl. etwa Lk 4,18ff; 6,20ff.30ff).

In der Seelsorge dürfen die sozialen und leiblichen Aspekte seelischer Not nicht ausgeblendet werden. Es ist eine besondere Chance der Gemeindeseelsorge, dass sie den Menschen in ihren konkreten Lebenssituationen oft viel näher ist und dass hier viel eher spürbar wird, wie die Unrechtsstrukturen unserer Gesellschaft in das Leben von Einzelnen eingreifen. Hier darf Seelsorge nicht zu zudeckender und verschleiernder Vertröstungsstrategie werden. Eine neue, realistische Perspektive wird dann gewonnen, wenn ich als Seelsorgerin oder Seelsorger versuche, den Standpunkt derer einzunehmen, die – sei es durch Schicksal, sei es durch soziale Zwänge – ins Abseits geraten sind. Henning Luther schreibt dazu: „Eine solidarische Begegnung mit dem anderen hindert uns, das Leiden der anderen nur als persönliches Problem, als deren Mangel anzusehen. Sie kann uns daran erinnern, dass ihr Leiden immer auch ein Leiden an unserer Welt ist (Röm 8,22–24). Der andere, der aus der Welt fällt, wirft ein Licht auf den Riss, der durch unsere Welt geht und der keine falsche, vorschnelle Versöhnung zulässt. Therapeutische Geschäftigkeit muss vor der Gefahr solch falscher Versöhnung bewahrt werden, die die Erlösungsbedürftigkeit dieser Welt überspielt."[47]

---

46 Im AT findet sich eine „nahezu einlinige Auffassung von něpěš in direktem Zusammenhang mit Leben. Die Seele ist Lebenskraft und -prinzip, wohl auch Ausdruck von Appetit und Emotionen, aber sie ist ohne Körper nicht denkbar." Ritschl, Dietrich/Hailer, Martin: Art. Seele 2, theologisch und philosophisch, in: EKL IV, Göttingen 1996, 166–171, 168

47 Luther, Henning: Alltagssorge und Seel-

Einen Schritt weiter in dieser Richtung geht Hermann Steinkamp. Er fordert eine solidarische Praxis, die sich in einer „Option für die Armen" und in einer „Option für die Anderen" aktualisiert.[48] Diese Optionen mögen für das christliche Verhalten im Ganzen – auf dem angedeuteten biblischen Hintergrund – plausibel sein. Was bedeuten sie aber konkret für die seelsorgerliche Arbeit? Seelsorge als solidarische Praxis, das heißt:

- Es ist nicht nur die persönliche Situation eines Rat Suchenden, sondern auch der politische und soziale Kontext sichtbar zu machen, durch die ein individuelles Schicksal (mit)verursacht ist. Es bedeutet also der therapeutischen Versuchung zu widerstehen, ein Problem sofort zu subjektivieren.
- Auf falsche Vertröstungen ist zu verzichten. „Trost wird da zur Lüge, wo Sinn suggeriert wird und jeder Anflug eines Verdachts der Unsinnigkeit und Sinnlosigkeit unserer Lebensverhältnisse tabuisiert und verdrängt wird."[49]
- Solidarität sollte erkennbar werden durch Mitteilung der eigenen Betroffenheit und Ohnmacht. Natürlich muss dabei auch die Gefahr einer Überindentifizierung beachtet werden. Solidarische Seelsorge bedeutet nicht Distanzlosigkeit, die nur die Hilflosigkeit verstärkt und möglicherweise daran hindert, zur gegebenen Zeit sowohl die eigenen Anteile wie auch die vorhandenen Ressourcen bei dem Ratsuchenden in den Blick zu nehmen. Aber das kann nur gelingen auf dem Hintergrund eines glaubwürdigen Solidarverhaltens von Seiten des Seelsorgers.
- Seelsorge kann – gerade wenn es um Fragen wie Arbeitslosigkeit, soziales Unrecht, rassistische oder sexistische Benachteiligung geht – nur in einer Kirche gelingen, die als Ganze und in ihren einzelnen Institutionalisierungen ein klares und eindeutiges sozialpolitisches Engagement erkennen lässt. Ohne dieses haben Seelsorgerinnen und Seelsorger es schwer, glaubwürdig zu raten. Sie dürfen freilich nicht nur darauf warten, dass in der Kirche „von oben her" etwas passiert. Sie müssen es einfordern und selbst zum Engagement bereit sein.[50]

Wenn Seelsorge generell stärker den Blick auf strukturelle Gegebenheiten in unserer Welt richtet und durch eine wache soziale Aufmerksamkeit gekennzeichnet ist, dann wird ihr Zusammenhang mit der Diakonie auch wieder deutlicher.[51]

---

sorge, in: ders.: Religion und Alltag, Stuttgart 1992, 224–238, 238; vgl. dazu: Fechtner, Kristian: Sich nicht beruhigen lassen. Seelsorge nach Henning Luther, in: Pohl-Patalong, Uta/ Muchlinsky, Frank (Hg.): Seelsorge im Plural, Hamburg 1999, 89–101, 92ff

48 Steinkamp, Hermann: Qualität und (christliches) Menschenbild, in: WzM 50, 1998, 307–318, 313ff; vgl.: ders.: Solidarität und Parteilichkeit, Mainz 1994, 168ff

49 Luther, Henning: Die Lügen der Tröster. Das Beunruhigende des Glaubens als Herausforderung für die Seelsorge, in: PrTh 33,

1998, 163–176, 166f; vgl. Fechtner, a.a.O., 99ff

50 Neben Hermann Steinkamp (s.o.) sei hier besonders auf die vielfältigen Aktivitäten von Howard Clinebell, einem der Pioniere der Seelsorgebewegung hingewiesen. Unter seiner maßgeblichen Mitwirkung ist auch das „International Pastoral Care Network for Social Responsibility" entstanden (Informationen über Tagungen und Veröffentlichungen sind im Internet zu finden unter: www.ipcnsr.org).

51 Vgl. dazu: Luther, Henning: Diakonische Seelsorge, in: WzM 40, 1988, 475–484

Literatur

Wer sich mit der theologischen Grundlegung der eigenen Seelsorgepraxis auseinandersetzen möchte, wird je nach theologischer Herkunft in unterschiedlicher Richtung suchen. Eine detailliert ausgeführte, trinitätstheologisch fundierte Seelsorgetheologie liegt jetzt von *Holger Eschmann (²2002)* vor. Zugänge zur theologischen Position einer pastoralpsychologischen Seelsorgeauffassung bietet *Dietrich Stollberg* in vielen seiner Arbeiten. Hier sei der Aufsatz *Seelsorge in der Offensive (Wenn Gott menschlich wäre 1978,* 89–123) besonders empfohlen. Ebenso können verschiedene Beiträge von *Richard Riess (1987,* 179ff) mit Gewinn zu Rat gezogen werden. Als ein wichtiger Basistext für neuere Ansätze und Anfragen an die Seelsorgelehre kann *Henning Luthers* Aufsatz über *Alltagssorge und Seelsorge* angesehen werden. *Hans-Christoph Pipers Einladung zum Gespräch (1998)* enthält ebenso hilfreiche wie praxisrelevante Überlegungen zu theologischen Grundfragen.

Bieritz, Karl-Heinrich: Die Macht sei mit dir. Von der Heimholung der Mythen in die Seelsorge, in: Böhme, Michael u.a. (Hg.): Entwickeltes Leben, Leipzig 2002, 21–42

Clinebell, Howard: Ecotherapy – healing ourselves, healing the earth, Minneapolis 1996

Cornelius-Bundschuh, Jochen: Heil und Heilung. Überlegungen zum heilsamen kirchlichen Handeln in Seelsorge und Liturgie, in: PThI 23, 2003, 174–189

Eberhardt, Hermann: Pastorale Ethik. Praktische Seel-Sorge-Theologie II, Bielefeld 1999
– Praktische Seel-Sorge-Theologie, Bielefeld ²1992

Eibach, Ulrich: Theologie in Seelsorge, Beratung und Diakonie, Neukirchen 1991

Eisele, Günther: Rechtfertigung durch Gott als Annahme durch Menschen? in: Stollberg, Dietrich u.a. (Hg.): Identität im Wandel in Kirche und Gesellschaft, Göttingen 1998, 180–192

Eschmann, Holger: Theologie der Seelsorge, Neukirchen ²2002

Götzelmann, Arnd u.a. (Hg.): Diakonische Seelsorge im 21. Jahrhundert, Heidelberg 2006

Gutmann, Hans-Martin: Wider den Reduktionismus. Aspekte einer praktisch-theologischen Neubesinnung im Gespräch mit den sogenannten Humanwissenschaften, in: PTh 87, 1998, 105–122

Händler, Otto: Tiefenpsychologie, Theologie und Seelsorge, Göttingen 1960

Haustein, Manfred: Annahme in der „therapeutischen Seelsorge" und biblisch-reformatorische Rechtfertigungslehre, in: ZdZ 37, 1983, 278–284

Henkys, Jürgen: Seelsorge und Bruderschaft, Berlin 1970

Herms, Eilert: Die ethische Struktur der Seelsorge, in: PTh 80, 1991, 40–62

Hiltner, Seward: Tiefendimensionen der Theologie. Grundbegriffe des Glaubens aus psychodynamischer Sicht, Göttingen 1977

Hoch, Lothar Carlos: Seelsorge und Befreiung. Problemanzeige aus lateinamerikanischer Sicht, in: WzM 42, 1990, 132–144

Josuttis, Manfred: Von der psychotherapeutischen zur energetischen Seelsorge, in: WzM 50, 1998, 71–84

Josuttis, Manfred u.a. (Hg.): Auf dem Weg zu einer seelsorgerlichen Kirche. Theologische Bausteine, Göttingen 2000

Kim, Young-Hak: Gottesbilder und Seelsorge, Diss. Bethel 2000

Körtner, Ulrich H.J.: Ethik im Krankenhaus. Diakonie – Seelsorge – Medizin, Göttingen 2007

Kress, Hartmut: Gewissen und Personwürde, in: Kress, Hartmut/ Daiber, Karl-Fritz: Theologische Ethik – Pastoralsoziologie, Stuttgart 1996, 95–107

Kurz, Wolfram: Der Bruch im seelsorgerlichen Gespräch. Zum Sinn einer verfemten poimenischen Kategorie, in: PTh 74, 1985, 436–451

Lemke, Helga: Seelsorgerliche Gesprächsführung. Gespräche über Glauben, Schuld und Leiden, Stuttgart 1992

Low, Daniel J.: A Mature Faith. Spiritual Direction and Anthropology in a Theology of Pastoral Care and Counseling, Louvain 1999

Luther, Henning: Alltagssorge und Seelsorge, in: ders.: Religion und Alltag, Stuttgart 1992. 224–238

– Diakonische Seelsorge, in: WzM 40, 1988, 475–484

Miethner, Reinhard: Theologie der Seelsorge – Theologie der Befreiung, in: WzM 42, 1990, 158–170

Möller, Christian: Seelsorgerlich predigen. Die parakletische Dimension von Predigt, Seelsorge, Gottesdienst und Gemeinde, Waltrrop ³2003

Nauer, Doris: Seelsorge in der Caritas, Freiburg 2006

– Seelsorge. Sorge um die Seele, Stuttgart 2007

Neumann, Ingo: Die drei Arbeitsrichtungen der Seelsorge. Tiefe – biographische Weite – Zukunft, Leipzig 2006

Peters, Albrecht: Christliche Seelsorge im Horizont der drei Glaubensartikel. Aspekte einer theologischen Anthropologie, in: ThLZ 114, 1989, 640–660

Piper, Hans-Christoph: Das Menschenbild in der Seelsorge, in: ders.: Einladung zum Gespräch. Themen der Seelsorge, Göttingen 1998, 73–85

Plieth, Martina: Rechtfertigung in der Seelsorge, in: Ökumenische Rundschau 48, 1999, 305–314

Ratzmann, Wolfgang/Naumann, Bettina: Segen zwischen Abschluss und Neubeginn. Sozialwissenschaftliche und biblische Entdeckungen an einem alten Ritual, in: Böhme, Michael u.a. (Hg.): Entwickeltes Leben, Leipzig 2002, 43–68

Riess, Richard: Sehnsucht nach Leben, Göttingen 1987

– Auf der Suche nach dem eigenen Ort. Mensch zwischen Mythos und Vision, Stuttgart 2006

Ringeling, Hermann: Freiheit und Liebe. Beiträge zur Fundamental- und Lebensethik III, Freiburg/ Schweiz 1994

Roth, Martin: Die Seelsorge als Dimension der Ethik. Überlegungen zur seelsorgerlichen Struktur der Ethik, in: PTh 92, 2003, 319–333

Schneider-Flume, Gunda: Die Identität des Sünders. Eine Auseinandersetzung theologischer Anthropologie mit dem Konzept der psychosozialen Identität Erik H. Eriksons, Göttingen 1985

– Leben ist kostbar. Wider die Tyrannei des gelingenden Lebens, Göttingen 2002

Schmid, Peter F.: Im Anfang ist Gemeinschaft. Personzentrierte Gruppenarbeit in Seelsorge und praktischer Theologie. Beitrag zu einer Theologie der Gruppe, Stuttgart 1998

Schneider-Harpprecht, Christoph: Trost in der Seelsorge; Stuttgart 1989

Schulz, Esther: Der Mensch als Bild Gottes – der Mensch an der Grenze des Lebens. Ein Leitbild seelsorglichen Handelns, Leipzig 2005

Seelsorge und Ethik. Themenheft, PTh 80, 1991, Heft 1, 3–103

Seils, Martin: Rechtfertigung und Annahme. Soteriologische Aspekte zum Gespräch zwischen Psychologie und Theologie, in: ZdZ 35, 1981, 331–339

Sölle, Dorothee: Gott denken, Stuttgart 1990

Steinkamp, Hermann: Solidarität und Parteilichkeit, Mainz 1994

Stollberg, Dietrich: Gottesbilder in der Seelsorge, in: Raab, Peter (Hg.): Psychologie hilft glauben, Freiburg 1990, 60–73

– Schweigen lernen. Zu Seelsorge und Ethik, in: Bizer, Christoph u.a. (Hg.): Theologisches geschenkt, Bovenden 1996, 366–373

– Wahrnehmen und annehmen, Gütersloh 1978

– Wenn Gott menschlich wäre ... Auf dem Wege zu einer seelsorgerlichen Theologie, Stuttgart/ Berlin 1978

Tacke, Helmut: Glaubenshilfe als Lebenshilfe, Neukirchen ³1993

Weymann, Volker: Trost? Orientierungsversuch zur Seelsorge, Zürich 1989

Wintzer, Friedrich: Seelsorge zwischen Vergewisserung und Wegorientierung, in: PTh 80, 1991, 17–26

Zulehner, Paul im Gespräch mit Karl Rahner: Denn du kommst unserm Tun mit deiner Gnade zuvor. Zur Theologie der Seelsorge heute. Ostfildern 2002

5.   Seelsorge als psychologische Arbeit

Seelsorge ist ohne die moderne Psychologie und Psychotherapie heute nicht vorstellbar. Das gilt, wie wir sahen, ganz unabhängig von der jeweiligen positionellen Ausrichtung einer Seelsorgetheorie. Psychologie ist eine Dimension moderner Seelsorgelehre. Was seelsorgerlich geschieht, kann und muss immer auch psychologisch verstanden werden, und es hat stets auch einen therapeutischen Aspekt. In Abwandlung des kommunikations-theoretischen Axioms von Paul Watzlawick kann man sagen: Seelsorge kann nicht nicht-psychologisch sein. Das ist fast schon eine Banalität. Von weitreichender Bedeutung ist freilich nun nicht die eher selbstverständliche Tatsache einer Psychologiebestimmtheit von Seelsorge, sondern vielmehr die Entscheidung darüber, welche Art von Psychologie bzw. Psychotherapieverfahren für die Seelsorge bewusst in Anspruch genommen werden sollte. „Psychologie" und „Therapie" sind sehr umfassende Begriffe. Und eine wichtige Frage, die wir in der Seelsorgelehre zu stellen haben, lautet deshalb: Welche Psychologie bzw. welche psychologischen Teilaspekte sind für die Seelsorge relevant?

5.1.   Welche Psychologie braucht die Seelsorge?

Natürlich kann es bei dieser Frage nicht um eine generelle Entscheidung für „die" Seelsorge gehen. Das wäre einerseits eine geradezu widersinnige Bevormundung, und es würde andererseits vernachlässigen, dass es sich bei der Psychologie doch um eine lebendige Wissenschaft handelt, in der es fortwährend Veränderungen und neue Entwicklungen gibt. Im Grunde muss es um einen ständigen Kommunikationsprozess zwischen Psychologie und Seelsorgelehre gehen. Zunächst ist es notwendig, sich einen groben Überblick über die zur Wahl stehenden psychologischen Ansätze zu verschaffen. Dabei schränken wir diese sogleich auf die Psychotherapiekonzepte ein, konzentrieren uns also auf spezifische, handlungs-bezogene Teilaspekte aus dem Gesamtfeld der wissenschaftlichen Psychologie.

5.1.1.   Psychotherapiekonzepte im Überblick

Niemand kann wohl genau sagen, wie viele Therapiekonzepte oder Therapieformen gegenwärtig auf irgendeine Weise angeboten werden. Es besteht hier ein relativ hoher Informationsbedarf, und es ist für Seelsorgerinnen und Seelsorger nicht unwichtig, auskunftsfähig zu sein und einen Zugang zu den wichtigsten Informationsquellen zu besitzen.[1]

Für unseren Zusammenhang kann nur auf die wichtigsten, wissenschaftlich fundierten und auf einer breiten Anerkennungsbasis arbeitenden Therapiekonzepte hingewiesen werden. Ich orientiere mich dabei an der Einteilung von Jürgen Kriz.[2]

1. Tiefenpsychologische Ansätze[3]

Sigmund Freud (1856–1939)[4] entdeckte als Arzt und Hirnforscher den Zusammenhang der neurotischen Leidenssymptome seiner Patienten und Patientinnen mit deren lebensgeschichtlichen Erfahrungen. Grundlegend für die von Freud begründete *Psychoanalyse* ist (a) die Annahme des sogenannten *Unbewussten*, also eines (konstruierten) Ortes, an dem die verdrängten seelischen Empfindungen existieren, die sich der Herrschaft des Ich entziehen und von woher wir durch neurotische Symptome, durch Träume und scheinbare Zufallshandlungen auf symbolische Weise Kunde erhalten; (b) die *Trieblehre*, wonach die seelische Entwicklung des Menschen vor allem durch die dynamischen Faktoren von Trieb (Liebestrieb-Libido, Todestrieb-Destrudo) und Verdrängung bestimmt wird; (c) das *Strukturmodell der Persönlichkeit,* in dem das ICH als das Subjekt der Person zwischen den konkurrierenden Größen des ES (Triebbedürfnisse) und des ÜBER-ICH (die erworbenen Moral- und Wertvorstellungen) einen lebbaren und realitätsbezogenen Kompromissweg steuern muss. In der therapeutischen Arbeit der Psychoanalyse geht es – vor allem im Blick auf neurotische Patienten – darum, das ins Unbewusste Verdrängte zu erinnern, in der therapeutischen Beziehung zu wiederholen und durchzuarbeiten, so dass eine realitätsgerechte Lebenspraxis

1 Corsini, Raymond J.: Handbuch der Psychotherapien, 2 Bde. Weinheim 1994; Welche Therapie? Thema: Psychotherapie heute, hrsg. von der Redaktion „Psychologie heute", Weinheim ²1989

2 Kriz, Jürgen: Grundkonzepte der Psychotherapie. Eine Einführung, Weinheim ⁶2007; weitere Überblicke über die Therapiekonzepte: Baumgartner, Isidor: Pastoralpsychologie, Düsseldorf 1990, 343–517; Rebell, Walter: Psychologisches Grundwissen für Theologen. Ein Handbuch, München ²1992, 125–147; Blattner, Jürgen u.a. (Hg.): Handbuch der Psychologie für die Seelsorge, Bd. 2 Angewandte Psychologie, Düsseldorf 1993, 21–288; vgl. auch die einschlägigen Beiträge in: HbS 202–307

3 Grundlegende und umfassende Informationen über alle tiefenpsychologischen Richtungen: Eicke, Dieter (Hg.): Tiefenpsychologie, 4 Bde., Weinheim 1982 (= Psychologie des XX. Jahrhunderts, Bd. 3 und 4: Freud und die Folgen, Zürich 1976 und 1977); ferner: Wyss, Dieter: Die tiefenpsychologischen Schulen von den Anfängen bis zur Gegenwart, Göttingen ²1966

4 Freud, Sigmund: Studienausgabe, 12 Bde., Frankfurt 1969–1975; Hinrichs, Reimer: Freuds Werke, Göttingen 1984 (Kurzvorstellung aller Freudschriften nach der Londoner Gesamtausgabe); Eicke (Hg.), a.a.O., Bd. 1; Kriz, a.a.O., 20–39; Gay, Peter: Freud. Eine Biographie für unsere Zeit, Frankfurt a.M. 1989

wieder erlangt werden kann.[5] Neben der Freud'schen Psychoanalyse sind als tiefenpsychologische Therapieansätze besonders zu nennen:

- die *Individualpsychologie* von Alfred Adler (1870–1937)[6], in deren Mittelpunkt die Auseinandersetzung mit Minderwertigkeitsgefühlen und Geltungsstreben der Individuen steht und bei der es vor allem um ein ausgewogenes Sozialgefühl geht.
- die *Komplexe Psychologie* von Carl Gustav Jung (1875–1967)[7], in der u.a. eine Korrektur der Freud'schen Trieblehre – Libido als „allgemeine psychische Energie", nicht nur als Sexualtrieb – und eine Modifikation der Lehre vom Unbewussten vertreten wird. Jung nimmt zusätzlich zum individuellen auch ein „kollektives Unbewusstes" an, welches die archetypischen Bilder, Mythen und Symbole enthält, die uns zum Beispiel in den Träumen zugänglich werden. Ziel der Jung'schen Psychotherapie ist die „Individuation" des Einzelnen, seine Selbstwerdung und Selbstverwirklichung, einschließlich der Integration der dunklen Seiten („Schatten") der Persönlichkeit.
- und die *Logotherapie* bzw. Existenzanalyse von Viktor Frankl (1905–1997)[8], für den das „Leiden am sinnlosen Leben" in vielen Fällen die eigentliche Ursache von Neurosen darstellt (Frankl spricht von noogenen Neurosen). Ziel der Logotherapie ist Sinnfindung, um Ja zum Leben sagen zu können.

Die Psychoanalyse, die im Laufe der Entwicklung zahlreiche Modifikationen erfahren hat[9], gehört über den engeren therapeutischen Horizont hinaus zu den die Kultur der Gegenwart maßgeblich beeinflussenden Denk- und Deutesystemen. Das geht bis in den Sprachgebrauch und das Lebensgefühl des modernen Menschen hinein. Wir sprechen von Triebverzicht und Verdrängung, von Abwehr und Widerstand, von Ödipus-, Minderwertigkeits- und anderen Komplexen, von ES und ÜBER-ICH, von Selbstverwirklichung und Ich-Stärke usw. – oft ohne dabei noch den tiefenpsychologischen Ursprungszusammenhang zu gewärtigen. Und Seelsorge geschieht, ob wir das bewusst intendieren oder nicht, in einem kulturellen Kontext nachfreudianischer Prägung.

---

5 Als Orientierungshilfe für die psychoanalytische Begrifflichkeit sei empfohlen: Mertens, Wolfgang (Hg.): Schlüsselbegriffe der Psychoanalyse, Stuttgart 1993; ferner: Kriz, a.a.O., 20–39; Elhardt, Siegfried: Tiefenpsychologie. Eine Einführung, Stuttgart [9]1984
6 Zu Adler: Eicke (Hg.), a.a.O., Bd.4, 3–150; Kriz, a.a.O., 40–51; Günther, Matthias: Ermutigung. Die Individualpsychologie Alfred Adlers und die christliche Seelsorge, Frankfurt a.M. 1996
7 Jung, Carl Gustav: Studienausgabe, 14 Bde., Frankfurt a.M. 1971ff; zu Jung: Kriz, a.a.O., 53–65; Eicke (Hg.), a.a.O., 153–309; Jacobi, Jolande: Die Psychologie von C. G. Jung, Frankfurt a.M. 1978

8 Kriz, a.a.O., 165–201, zählt Frankl zur Humanistischen Psychologie; vgl. Frankl, Viktor: Ärztliche Seelsorge. Grundlagen der Logotherapie und Existenzanalyse, Frankfurt a.M. 1995; Kurz, Wolfram/ Sedlak, Franz (Hg.): Kompendium der Logotherapie und Existenzanalyse, Tübingen 1995
9 Vgl. die Darstellungen bei Eicke, a.a.O., Bd. 2 (über die psychoanalytische Bewegung) und Bd. 3 (über die Nachfolger Freuds). Erwähnt seien hier noch die mehr körperbetonten Therapien: Vegetotherapie (Wilhelm Reich), vgl. Kriz, a.a.O., 66–78; Bioenergetik (Alexander Lowen), vgl. Kriz, a.a.O., 80–87

2. Therapieansätze der Humanistischen Psychologie[10]

Unter dem Begriff der „Humanistischen Psychologie" wird eine durch Carl Rogers, Abraham Maslow, Rollo May u.a. 1962 in den USA gegründete Gruppierung der Vertreter unterschiedlicher Therapierichtungen, jenseits von Psychoannalyse und Behaviourismus verstanden. Ganz bewusst sehen sie sich mit ihren Konzepten in der Tradition von Humanismus, Existenzialismus (Martin Buber, Gabriel Marcel) und Phänomenologie (Edmund Husserl). Gemeinsam ist ihnen ein annähernd gleiches Menschenbild, in dem der Mensch als Werdender gesehen wird. Therapie wird hier verstanden als Wachstumshilfe im Medium der personalen Beziehung. Der Mensch wird in seiner „Ganzheitlichkeit", also in der Einheit von Körper, Geist und Seele wahrgenommen. Bei den entsprechenden Therapien wird großer Wert auf die Selbstheilungskräfte des Menschen gelegt. Elemente der psychoanalytischen Theorie werden zu weilen spürbar. Zu nennen sind im Einzelnen:

- die *Gesprächspsychotherapie* bzw. *Klientzentrierte Psychotherapie* von Carl Rogers (1902–1987)[11], in welcher der Klient mit Hilfe einer empathisch-einfühlenden Haltung des Therapeuten und nicht-direktiver Gesprächsführung zum Selbstverstehen und zur Selbsthilfe befähigt werden soll.
- die *Gestalttherapie* von Fritz Perls (1898–1970)[12] mit einer starken Akzentuierung des Ganzheitlichkeitsaspektes. Ziel der meist auch sehr köpernahen und gegenwartsbezogenen („hier und heute") Therapie ist es, zur eigenen „Gestalt" zu finden, also wirklich Ich zu sein.
- die *Transaktionsanalyse* von Eric Berne (1920–1970)[13] u.a., die ausgehend von drei Ich-Zuständen des Menschen (Kindheits-, Eltern-, und Erwachsenen-Ich) darauf zielt, unterschiedliche Transaktionsmuster („Spiele") im Miteinander bewusst zu machen und zu reifer Selbstwahrnehmung und positiver Beziehungsstruktur (Ich bin o.k. – Du bist o.k.) zu verhelfen.
- das *Psychodrama* von Jakob Levy Moreno (1889–1974)[14], einem der wichtigsten Inspiratoren der humanistischen Psychologie. Es geht darum, Innenprobleme szenisch darzustellen und so zu Klärungen und Lösungen zu finden.
- die *Themenzentrierte Interaktion* (TZI) von Ruth Cohn (geb. 1912) ist eine Methode des persönlichen Lernens in der Gruppe mit Hilfe eines vereinbarten oder

---

10 Kurze Darstellungen: Stauss, Konrad: Art. Humanistische Psychologie, in: EKL II, 1989, 574–576; vgl. Tisdale, J. R.: Humanistic Psychology, in: DPCC, 546–549

11 Vgl. Kriz, a.a.O., 163–181; Rogers, Carl R.: Die Kraft des Guten, München 1978; ders.: Die klientzentrierte Gesprächspsychotherapie, Frankfurt a.M. 1983. Ferner: Schmid, Peter F.: Personale Begegnung. Der personzentrierte Ansatz in Psychotherapie, Beratung, Gruppenarbeit und Seelsorge, Würzburg ²1995; Lemke, Helga: Personzentrierte Beratung in der Seelsorge, Stuttgart 1995

12 Vgl. Kriz, a.a.O., 183–193; Perls, Fritz: Grundlagen der Gestalt-Therapie, München 1976

13 Vgl. Kriz, a.a.O., 89–101 (Kriz zählt die TA zu den tiefenpsychologischen Ansätzen); Berne, Eric: Spiele der Erwachsenen, Reinbek 1968

14 Vgl. Kriz, a.a.O., 203–207; Moreno, Jakob L.: Gruppenpsychotherapie und Psychodrama, Stuttgart 1959

gegebenen Themas. Es geht dabei darum, immer für eine „Balance" zwischen Ich, Gruppe und Thema zu sorgen.[15]

3. Systemischer Therapieansatz

Gegenwärtig gewinnen die systemischen Ansätze[16] in Beratung und Therapie immer größere Bedeutung. Auch hier ist der Zusammenhang mit der Psychoanalyse schon durch den Werdegang der Protagonisten (z.B. Richter, Stierlin) klar gegeben. Charakteristisch ist für den systemischen Ansatz die Annahme einer zirkulären Kausalität. Die Ursache für Störungen werden nicht in der Vergangenheit gesucht, sondern in einzelnen Faktoren der Beziehungskonstellationen, mit anderen Worten: Störungen werden nicht primär personbedingt, sondern systembedingt interpretiert. Spezifische Formen systemischer Therapie sind z.b.:

- die *Familientherapie*[17] ist in Deutschland vor allem durch die Typologie familiärer Rollen von Horst-Eberhard Richter (geb. 1923) bekannt geworden. Helm Stierlin (geb. 1926) hat diesen Ansatz durch eine Familientheorie modifiziert, in der die „zentripetalen und zentrifugalen Kräfte" in den Mittelpunkt gerückt werden.[18] Ziel der Familientherapie ist es, das Individuum aus einengenden Familienmustern zu entbinden und neue, den Eltern – und Kind-Bedürfnissen besser entsprechende Beziehungen aufzubauen.
- die *Paartherapie* nach Jürg Willi (geb. 1934)[19] geht davon aus, dass Paarkonflikte in vielen Fällen auf einer gestörten Beziehungskonstellation beruhen. Die spezifischen Beziehungsmuster nennt Willi „Kollusion", womit ein (mehr oder weniger neurotisches) Zusammenspiel latenter Bedürftigkeiten beider Partner gemeint ist (z.B. die orale Kollusion, in dem ein Partner als „Pflegling", der andere als „Mutter" agiert). Bedroht wird die Partnerschaft in einer kollusiven Beziehung, wenn ein Partner das „Spiel" nicht mehr mitmacht. Ziel der Therapie ist einmal das Bewusstmachen der kollusiven Muster und zum anderen therapeutische Hilfe zur Beziehungsmodifikation in Richtung auf mehr Balance in der Partnerschaft.
- Entscheidende Impulse hat die systemische Therapie aus der *Kommunikationstheorie* von Paul Watzlawick (geb. 1921) und seinen Mitarbeitern erhalten.[20] Watzlawick geht von der grundlegenden Bedeutung der Kommunikation für alle Lebensabläufe aus („Man kann nicht nicht kommunizieren!"), und er hat

---

15 Vgl.: Stollberg, Dietrich: Lernen weil es Freude macht. Eine Einführung in die Themenzentrierte Interaktion, München 1982
16 Vgl. Schlippe, Arist von/ Schweitzer, Jochen: Lehrbuch der systemischen Therapie und Beratung, Göttingen ⁴1997; Stierlin, Helm: Ich und die anderen, Stuttgart 1994
17 Vgl. die verschiedenen Ansätze bei Kriz, a.a.O., 263–291; zur Entwicklung der Familientherapie und ihrer führenden Vertreter vgl. Stierlin, a.a.O., 39ff

18 Richter, Horst-Eberhard: Eltern, Kind, Neurose, Reinbek 1972; ders.: Patient Familie, Reinbek 1972; Stierlin, Helm: Delegation und Familie, Frankfurt a.M. 1982; vgl. die Darstellung bei Baumgartner, a.a.O., 498–518
19 Willi, Jürg: Die Zweierbeziehung, Reinbek 1975; ders.: Therapie der Zweierbeziehung, Reinbek 1978
20 Watzlawick, Paul u.a.: Menschliche Kommunikation, Bern 1969; ders. u.a.: Lösungen, Bern 1974

die wichtigsten Regelverläufe menschlicher Kommunikation bewusst gemacht. Durch gezielte therapeutische Mittel (z.B. „paradoxe Intervention") sollen die Beziehungsstörungen überwunden und befriedigende Interaktionen ermöglicht werden.

4. Verhaltenstherapeutische Ansätze[21]

Von „Verhaltenstherapie" wird im Unterschied zu den „Einsichtstherapien" gesprochen, zu denen in gewisser Weise die bisher besprochenen Therapieformen alle gezählt werden können. Grundlegend für den verhaltenstherapeutischen Ansatz ist ein lerntheoretisches Verständnis der Genese und Therapie von Störungen. Das bedeutet: bestimmte (Fehl)verhaltensweisen des Individuums sind erlernt (konditioniert) und können dementsprechend – durch bestimmte Reize und Erfahrungen – auch wieder verlernt (dekonditioniert) werden. In der Therapie werden vor allem Methoden der Desensibilisierung (z.B. Angstbewältigungstrainings) und des Modelllernens wirksam angewandt. Der klassische Behaviorismus unter dem Einfluss Iwan P. Pawlows (1849–1936), der von einem ziemlich formalen Verständnis des Reiz-Reaktions-Schemas bestimmt war, stellt sich heute durch eine Fülle von Modifikationen und Neuansätzen sehr verändert dar. Kognitive und auch emotionale Komponenten spielen heute in der Verhaltenstherapie durchaus auch eine wichtige Rolle. Besonders erwähnt sei deshalb hier

• die *Rational-emotive Therapie* (RET) von Albert Ellis (geb. 1913), bei der es nicht primär um das Verhalten des Patienten geht, sondern darum, wie dieser darüber denkt und was er dabei empfindet. In der Therapie geht es dann um realitätsgerechtere Einstellungsvarianten. Durch Veränderung der Bewertungen soll eine Verbesserung der seelischen Zustände erreicht werden. Dieser Therapieansatz nimmt Elemente der stoischen Philosophie auf. So heißt es bei Epikur: „Nicht die Dinge selbst, sondern die Meinungen von den Dingen beunruhigen die Menschen."[22]

5.1.2. Kriterien für eine poimenische Rezeption

Angesichts der Fülle psychotherapeutischer Therapieansätze und Verfahrenstechniken stellt sich für die Seelsorgelehre die Frage nach Kriterien für eine mögliche Rezeption. Natürlich kann es nicht darum gehen, in einer Art von Kür das für die Seelsorge geeignete humanwissenschaftliche Konzept auszuwählen. Der therapeutische Pluralismus kann auch für die Seelsorge nicht durch Ein-für-allemal-Entscheidungen überspielt werden. Theologen sollten sich nicht dazu verleiten lassen, eine von manchen therapeutischen Schulen nahe gelegte „bekennende" Haltung einzunehmen. Wichtig wäre es dagegen, sich einiger Kriterien zu verge-

---

21 Vgl. Kriz, a.a.O., 104–150; Baumgartner, a.a.O., 386–426

22 Keßler, Bernd H.: Rational-emotive Therapie, in: Corsini, a.a.O., 1107–1126, 1108

wissern, die für eine Inanspruchnahme therapeutischer Konzepte in Geltung zu bringen wären:

1. das Kriterium ausgewiesener *Solidität*: Die Seelsorgelehre darf die Ergebnisse wissenschaftlicher Psychotherapieforschung nicht unberücksichtigt lassen. Umfangreiche Untersuchungen zur Wirksamkeit von Therapien haben für die von uns dargestellten Konzepte positive Ergebnisse erbracht.[23] Die vorliegenden Resultate der Wirksamkeitsforschung dürfen freilich nicht überbewertet werden; so sind unterschiedliche Evaluierungsmethoden im Bereich der Verhaltenstherapien schon viel länger und intensiver angewendet worden. Auf eine zuverlässige Therapieforschung darf indessen nicht verzichtet werden. Therapieansätze, die sich dem permanent entziehen – und Psychomarkt wie Esoterikszene sind voll davon – kommen als kooperative Partner der Seelsorge nicht in Frage. Über die Solidität eines Psychotherapiekonzepts entscheidet aber natürlich nicht nur die nachgewiesene Effektivität, sondern auch die Kohärenz der ihm zugrunde liegenden wissenschaftlichen Annahmen. Ob hinter einem Konzept eine fundierte Theorie steht, und ob deren Vertreter am wissenschaftlichen Diskurs beteiligt sind, ist eine keineswegs zweitrangige Frage. Für die dargestellten Konzepte trifft das zweifellos zu.

2. das Kriterium eines angemessenen *Menschenbildes*[24]: Sowohl im Blick auf das Therapieziel wie auch im Blick auf die zu seiner Erreichung für notwendig erachteten Methoden muss nach dem zugrunde liegenden Menschenbild gefragt werden. Dazu können wir uns hier wiederum nur andeutungsweise äußern. Die klassische Psychoanalyse sieht den Menschen vor allem in seiner Bestimmtheit durch zurückliegende Erfahrungen der eigenen (vorwiegend frühkindlichen) Lebensgeschichte; in der humanistischen Psychologie wird auf die im Menschen liegenden positiven Kräfte gebaut; die Systemtherapie sieht den Menschen vor allem in seiner Vernetztheit mit anderen Individuen und Systemteilen; die Verhaltenstherapie rekurriert auf die Lernfähigkeit des Menschen. Jede dieser anthropologischen Akzentuierungen birgt bei Vereinseitigung auch Gefahren[25]: So kann der Mensch

---

23 Grawe, Klaus u.a.: Psychotherapie im Wandel, Göttingen 1994, halten z.b. die kognitiv-behavioralen Therapien für „mit großem Abstand am besten untersucht" (744), die Gesprächpsychotherapie „als sehr gut bestätigt (741) und gestehen der psychoanalytischen Therapie zu, dass sie „als wissenschaftlich fundiert anzusehen" sei (738). Zu den Möglichkeiten und Grenzen von Psychotherapieforschung vgl. auch: Kießling, Klaus: „Nützlich und notwendig", Freiburg/Schweiz 2002, 91ff

24 Vgl.: Brunner, Heinz: Menschenbilder in Psychologie und Psychotherapie, in: Baumgartner, Isidor (Hg.): Handbuch der Pastoralpsychologie, Regensburg 1990, 63–85; Parisius, Peter: Der Mensch ist auch anders. Zum

Menschenbild in der Psychotherapie, in: Bizer, Christoph u.a. (Hg.): Theologisches geschenkt. Festschrift für Manfred Josuttis, Bovenden 1996, 328–339; Piper, Hans-Christoph. Das Menschenbild in der Seelsorge, in: ders.: Einladung zum Gespräch, Göttingen 1998, 73–85

25 Zur Anthropologie psychotherapeutischer Entwürfe vgl.: Lemke, a.a.O., 31ff, 46ff; Jochheim, Martin: Carl Rogers und die Seelsorge, in: ThPr 28, 1993, 221–237, 233ff; Heine, Susanne: Die „heilige" Natur. Zur Aktualität ontologischen Denkens in der Psychologie bei Carl R. Rogers und C. G. Jung als Folge eines neuzeitlichen Verdrängungsprozesses, in: BThZ 14, 1997, 233–252. Ähnlich wie Heine kritisiert Karle eine ontologisierende Tendenz in der psychologischen (v.a. psychoanalyti-

zu deterministisch verstanden werden (Psychoanalyse) oder im Gegenzug zu idealistisch-positiv (Humanistische Therapien), seine Bedeutung als unverwechselbares Einzelwesen kann unterbetont werden (Systemischer Ansatz), und es kann schließlich der Eindruck einer beliebigen Manipulierbarkeit des Menschen entstehen (Verhaltenstherapien). Es ist Aufgabe der poimenischen Theoriebildung hier theologisch kritisch zu verfahren. Dass der Mensch als ein von Gott geschaffenes Wesen auch offen sein soll für Gottes Handeln und dass darin sowohl seine Grenze wie seine Größe offenbar werden – das darf in der Seelsorge durch keinen noch so überzeugenden therapeutischen Ansatz verdunkelt werden. Der Mensch ist Gebender und Empfangender, aktiv und passiv, geprägt und offen, gebunden und frei. Es ist geradezu das „Kriterium für alle Entwürfe vom Menschen": „Ob in ihnen die *Doppeldeutigkeit* wahrgenommen wird, die zu unserem Menschsein gehört, solange wir noch auf dem Wege sind"[26].

3. das Kriterium weltanschaulich-religiöser *Offenheit*.[27] Man kann durchaus der Meinung sein, mit dem Kriterium wissenschaftlicher Solidität sei weltanschaulich-religiöse Offenheit ohnehin gegeben. Das mag theoretisch durchaus stimmen. Trotzdem muss darauf geachtet werden, dass nicht weltanschauliche Implikate dem Kooperationswillen entgegenstehen. Die Freud'sche Diagnose von der Religion als „kollektiver Zwangsneurose" oder die manchen Therapieformen der humanistischen Psychologie nahe liegende Selbsterlösungsvorstellung[28] können nicht mit einer christlichen Seelsorgeauffassung in Einklang gebracht werden. Offenheit für Gott und sein wirksames Handeln am Menschen und unverstellte Zugangsmöglichkeiten für einen bekennenden Glauben – das sind Grundbedingungen einer jeden theologisch verantworteten Seelsorgelehre. Damit sei keineswegs ausgeschlossen, dass auch Glaube psychologisch wahrgenommen und gedeutet werden darf. Das ist im Gegenteil sehr wichtig, schon auch weil es hilft, neurotische Religiosität von gewachsenem Glauben zu unterscheiden.[29] Tragfähiger Glaube muss die psychologische Analyse nicht scheuen.[30] Es gehört zu den Trugschlüssen einer psychologistischen Religionskritik in der Nachfolge Ludwig Feuerbachs zu meinen, wenn Glaube oder einzelne Glaubensinhalte psychologisch gedeutet werden könnten, müssten sie deshalb auch automatisch auf Psychologisches reduziert werden dürfen. Vom Therapeuten, mit dem die Seel-

schen) Anthropologie: Karle, Isolde: Seelsorge in der Moderne, Neukirchen 1996, 129ff

26 Piper, a.a.O., 85; vgl. Herms, Eilert: Pastorale Beratung als Vollzug theologischer Anthropologie, in: WzM 29, 1977, 202–223

27 Vgl.: Kolbe, Christoph: Heilung oder Hindernis? Religion bei Freud, Adler, Jung, Fromm und Frankl, Stuttgart 1986; ders.: Religion bei Freud, Jung, Frankl, in: Baumgartner (Hg.), a.a.O., 87–106; Scharfenberg, Joachim: Sigmund Freud und seine Religionskritik als Herausforderung an den christlichen

Glauben, Göttingen ⁴1976; Fromm, Erich: Psychoanalyse und Religion, München ⁴1990

28 Klärend dazu: Lemke, a.a.O., 46ff

29 Vgl. dazu: Zijlstra, Wybe: Handbuch zur Seelsorgeausbildung, Gütersloh 1993, 278–301

30 Im Gegenteil kann psychologische Arbeit in der Seelsorge auch dazu beitragen, Glauben zu festigen und seine Störanfälligkeit zu reduzieren. Vgl. dazu: Raab, Peter (Hg.): Psychologie hilft glauben, Freiburg i.Br. u.a. 1990

sorgerin kooperieren soll, muss nicht verlangt werden, dass er den (nichtneurotischen) Glauben seiner Klienten teilt, aber es muss erwartet werden, dass er ihn respektiert und es nicht für ein Therapieziel hält, Menschen von der Glaubensbindung zu „befreien".

4. das Kriterium methodischer *Übertragbarkeit*: Ein psychotherapeutisches Konzept wird für die Seelsorge dann interessant, wenn eine Übertragung in das spezifische setting des seelsorgerlichen bzw. beraterischen Gesprächs als möglich erscheint. Hierbei geht es weniger um Totalübernahmen als um Integration einzelner Methodensegmente aus therapeutischen Ansätzen. Eine Analyse auf der „Couch" kann – schon vom äußeren setting her – in der Seelsorge keine Entsprechung finden; auch die strenge analytische Abstinenzregel ist nur bedingt übertragbar, ähnliches wäre von einzelnen Methoden und Übungen in der Verhaltens- oder in der Gestalttherapie zu sagen. Übernahmen aus der Psychotherapie sind für die moderne Seelsorge unverzichtbar, sollten aber nicht eine völlige Veränderung des seelsorgerlich-pastoralen settings nach sich ziehen. Es muss ferner darauf geachtet werden, dass therapeutische Methoden nicht sinnwidrig oder rein instrumentell angewendet werden. Methodenlehren im Fast-food-Stil[31] sind hier eine echte Gefährdung. Wichtig ist, darauf zu achten, dass es nicht nur um formale Anpassungsprobleme geht. Viele Methoden und Interventionstechniken aus Psychotherapieverfahren sind an personelle Voraussetzungen und Kompetenzen gebunden, die bei Seelsorgerinnen und Seelsorgern nicht eo ipso gegeben sind. So spräche an sich nichts gegen eine Traumarbeit auch in einer seelsorgerlichen Begegnung. Aber Voraussetzung dafür wäre, dass eine – in der Regel durch Ausbildung zu erwerbende – Kompetenz für den angemessenen Umgang mit Träumen gegeben ist.

5.2. Psychologische Aspekte von Seelsorge

Seelsorge kann durchaus auch als psychologisches Handeln betrachtet werden. Jeder und jede in der Seelsorge Tätige (Mitarbeiter) partizipiert am psychologischen Wissen, und es ist für die Ausübung des pastoralen Berufs höchst notwendig, über ausreichende psychologische Kenntnisse und Fähigkeiten zu verfügen[32], genau so wie es in der Katechetik ausreichender Kenntnisse und Fähigkeiten in der Pädagogik bedarf.

---

31 An dieser Stelle muss noch einmal auf den instrumentellen Gebrauch psychotherapeutischer Methoden in den Ausbildungskonzepten der Biblisch-Therapeutischen Seelsorge (siehe Kap. 3.2.3.) hingewiesen werden!

32 Viele wichtige Informationen zur Psychologie z.B. bei: Kießling, Klaus: „Nützlich und notwendig". Psychologisches Grundwissen in Theologie und Praxis, Freiburg/ Schweiz 2002; Steden, Hans-Peter: Psychologie. Eine Einführung für soziale Berufe, Freiburg/ Br. ²2004

Darüber hinaus sind jedoch auch eine Reihe von durch die Psychologie vermittelten Grundintentionen und Wahrnehmungseinstellungen für die Seelsorge zu lernen. Folgende Aspekte sollen dabei genannt werden:

1. *Methodisch arbeiten*: Moderne, dem Bewusstseinsstand der Gegenwart angemessene Seelsorge muss methodisch arbeiten, d.h. sie muss in der Lage sein, über ihre Vorgehensweisen kritisch zu reflektieren, ihre einzelnen Schritte zu begründen, also zu erklären, warum wann welche Intervention erfolgt. Im Blick auf die methodische Ausrichtung kann Seelsorge auch als ein Psychotherapieverfahren bezeichnet werden.[33] Die methodische Ausrichtung der Seelsorge gilt ganz unabhängig davon, ob in jedem konkreten Seelsorgegeschehen in der Praxis nun auch wirklich die einzelnen therapeutisch-psychologischen Methodensegmente erkennbar sind oder nicht. Es ist nicht ein methodischer Perfektionismus gemeint (der ja auch in der Therapie nicht die Regel darstellt!). Auch wenn Seelsorge durchaus einmal und legitimer Weise in Form von small talk als Realisierung von Interesse und Zuwendung in Erscheinung treten mag[34], so spricht das doch nicht dagegen, dass sie intentional wirklich „Arbeit" sein will: Spracharbeit, Erinnerungsarbeit, Gefühlsarbeit, Gewissensarbeit, Glaubensarbeit. Und es wird dabei vorausgesetzt, dass Seelsorge auf die Qualität ihrer Arbeit hin überprüfbar sein muss.[35] Als Möglichkeiten solcher Überprüfung sollten nicht Qualitätsprüfungen von oben oder von außen in Frage kommen, sondern die bereits geübten Formen pastoraler Supervision.

2. *Kontrakt schließen:* Die besondere strukturelle Chance der Seelsorge ist ihre Flexibilität und Vielgestaltigkeit. Oft ist am Anfang eines Kontakts noch nicht erkennbar, ob die sich anbahnende seelsorgerliche Beziehung eine verbindliche Gestalt erhalten wird oder nicht. Wenn sich abzeichnet, dass zielgerichtete Arbeit an einer Lebens- oder Glaubensproblematik gewünscht wird und diese auch realistisch möglich erscheint, dann wird es hilfreich sein, durch eine Art „Kontrakt" eine Verbindlichkeit der seelsorgerlichen Beziehung herzustellen. Der Begriff des

---

33 Diesen Aspekt hatte Dietrich Stollberg im Blick, als er Seelsorge „phänomenologisch betrachtet – Psychotherapie im kirchlichen Kontext" nannte. Das ist keine „Definition" von Seelsorge, sondern das Bewusstmachen eines ihrer Aspekte. Es geht dabei weder um eine kirchliche Vereinnahmung von Therapie noch um anthropologische Reduktion von Seelsorge. Theologisch nennt Stollberg Seelsorge ausdrücklich das „Sakrament echter Kommunikation": Stollberg, Dietrich: Mein Auftrag – Deine Freiheit, München 1972, 63.
34 Wofür sich Eberhard Hauschildt so engagiert ausgesprochen hat. Vgl. ders.: Alltagsseelsorge, Göttingen 1996, 157ff

35 Vgl. dazu: Winkler, Klaus: Ist Seelsorge überprüfbar? in: WzM 49, 1997, 402–413. Winkler macht Notwendigkeit und Grenzen empirischer Wahrnehmung und Bewertung von Seelsorge deutlich. Er warnt davor, „grundsätzliche Vorläufigkeit" mit „praktischer Unverbindlichkeit" (413) zu verwechseln, und er plädiert dafür, die Überprüfbarkeit von Seelsorge als eine „bleibend offene Frage im poimenischen Bereich" (411) zu verstehen. Vgl. auch: Dietzfelbinger, Maria/ Achim Haid-Loh (Hg.): Qualitätsentwicklung – Eine Option für Güte. Qualitätsmanagement in Psychologischen Beratungsstellen evangelischer Träger, Bd. 1, Berlin 1998

„Kontrakts" klingt im Zusammenhang mit Seelsorge etwas technokratisch. Es geht aber um etwas ganz Einfaches, nämlich die gegenseitige Verständigung über Charakter und Ziel des angestrebten befristeten Kontakts. Es ist entlastend, wenn die Rat suchende Person weiß, wozu und in welchem Zeitraum eine Seelsorgerin zur Verfügung steht, und wenn diese ihrerseits davon ausgehen kann, dass die seelsorgerlichen Gespräche wirklich gewollt werden und die Bereitschaft gegeben ist, getroffene Vereinbarungen einzuhalten.

3. *Gefühle wahrnehmen*: Die meisten therapeutischen Schulen gehen von der fundamentalen Bedeutung der Gefühle für die Gesamtbefindlichkeit aus und machen sie zu einem wichtigen Faktor ihrer Arbeit. Gefühle sind für den Menschen fundamental. Wer lebt, fühlt. Wer nicht fühlt, ist tot (im direkten oder im übertragenen Sinne). Gefühle können in eine positive, lebensbejahende Stimmung führen und sie können die Lebenseinstellung verdunkeln. Gefühle können verborgen, geleugnet, verdrängt, verwandelt werden. Aber wir können nicht bewirken, nicht zu fühlen. Jeder und jede also hat Gefühle. Was aber Gefühle wirklich sind, ist wissenschaftlich schwer beschreibbar.[36] Fühlen ist zugleich ein seelischer und ein körperlicher Vorgang. Es hat in der Geschichte Zeiten gegeben, in denen es einfacher war, seine Gefühle zu zeigen (z.B. Zeitalter der Empfindsamkeit), und solche, in denen die Beherrschung der Gefühle als wesentliche Kulturleistung des Menschen[37] angesehen wurde. Gefühle sind subjektiv. Oft rufen ganz ähnliche Gegebenheiten – z.B. das Wetter – bei verschiedenen Menschen ganz unterschiedliche Gefühle hervor. Die Entstehung eines Gefühls ist von vielen subjektiven und objektiven Faktoren abhängig. Gefühle können selbst auch als etwas Objektives beschrieben werden – als „räumlich umgreifende Atmosphäre, in die man gerät und die man an körperlichen Sensationen spürt"[38]. Also: Da umgreift einen beim Begehen eines Weges, beim Betreten eines Raumes ein Gefühl, dem man nicht widerstehen, ja dem man sich auf keine Weise entziehen kann, das Angst auslösen oder mit tiefer Freude erfüllen kann. Gefühle haben ihren Ort und ihre Zeit, normalerweise also auch ihre Begrenzung. Endlose negative Gefühle beispielsweise können als neurotische Leidenssymptome aufgefasst werden. Es ist gut, als Seelsorgerin oder Seelsorger um die Macht der Gefühle und der gelegentlichen Ohnmacht ihnen gegenüber zu wissen. *Seelsorge ist Gefühlsarbeit*. Sie beginnt damit, die Gefühle wahrzunehmen und dazu zu helfen, ihnen Namen

---

36 Vgl: Sieland, Bernhard: Emotion, in: Blattner, Jürgen u.a. (Hg.): Handbuch der Psychologie für die Seelsorge, Bd. 1, Düsseldorf 1992, 110–138; Hell, Daniel: Seelenhunger. Vom Sinn der Gefühle, Freiburg 2007
37 Man denke an das wohl von Augustin stammende Wort: passio nata est oboedire rationi (Das leidenschaftliche Gefühl ist dazu geboren, der Vernunft zu gehorchen).
38 Josuttis, Manfred: Die Einführung in das

Leben, Gütersloh 1996, 124; Josuttis beruft sich für seine Beschreibung von Gefühl auf den Philosophen Hermann Schmitz. Vgl. dazu: Hermann Schmitz: Atmosphären als ergreifende Mächte, in: Bizer, Christoph u.a. (Hg.): Theologisches geschenkt. Festschrift für Manfred Josuttis, Bovenden 1996, 52–58; ferner: ders.: Der Gefühlsraum (= System der Philosophie 3/ 2) Bonn ²1981

zu geben. In der Gesprächspsychotherapie wird der entsprechende therapeutische Arbeitsgang „Verbalisierung emotionaler Erlebnisinhalte"[39] genannt. Das klingt nicht besonders gut und scheint die Gefahr einer technizistischen Gesprächsführung zu verstärken, aber deutet doch auf eine wichtige Aufgabe hin, die erfüllt sein will. Gefühle möglichst genau zu benennen ist der Beginn eines hilfreichen Verstehensprozesses. Dabei ist es wichtig, sich so weit wie möglich einer Bewertung der Gefühle zu enthalten. Nichts verletzt mehr, als wenn ein Mensch sich in seinen Gefühlen (der Liebe, des Neides, der Trauer, der Angst, des Zorns) zensiert sieht. An den Gefühlen vorbei oder über sie hinweg wird Seelsorge normalerweise nicht gelingen. Deshalb ist es unerlässlich, dass Seelsorgerinnen und Seelsorger selbst gelernt haben, mit Gefühlen, vor allem auch den eigenen, umzugehen. Das ist die Voraussetzung ihrer Befähigung zur *Empathie,* zum einfühlenden Verstehen. Gefühlsarbeit hat nichts mit Gefühligkeit, nichts mit sentimentaler Gefühlsseligkeit zu tun, die der Seelsorgearbeit schnell unterstellt werden. Gefühlsarbeit ist ein Aspekt der auf den wirklichen Menschen ausgerichteten Seelsorge. Denn die Gefühle weisen den Weg zur Seele und zu den existenziellen Fragen des Menschen.

4. *Verschüttetes erinnern:* Alles was ist, ist geworden. Das trifft weithin auch auf die seelische Befindlichkeit eines Menschen zu und auf die einzelnen Symptome eines Leidens. Es kann helfen, sich des Vergangenen zu erinnern, um einen gegenwärtigen Zustand besser zu verstehen, ihn anzunehmen oder zu verändern. Es ist nicht immer einfach sich zu erinnern, und nicht in jedem Fall ist es ohne weiteres möglich. Oft sind die Erinnerungen verschüttet. Das kann unterschiedliche Gründe haben. Der einfachste: Die Zeit ist über sie hinweggegangen. Mit der Zeit vergessen wir, unser Gedächtnis bekommt Lücken. Erinnerungen verblassen und müssen oft mühsam wieder hochgeholt werden. In vielen Fällen ist es aber kein Problem der Zeit. Wir „vergessen" Erlebnisse, Erfahrungen, weil sie mit zu viel Schmerzen, mit Verletzungen, mit Scham oder Schuld verknüpft sind. Diese Art des Vergessens hat etwas mit der Abwehr bedrohlicher Gefühle zu tun, in der Sprache der Psychoanalyse: Es handelt sich hier um Verdrängungen, womit ein willentlich nicht steuerbarer Vorgang bezeichnet wird. Der Ort des Verdrängten ist gemäß der Auffassung Sigmund Freuds das „Unbewusste", aus dem sich die verdrängten Erlebnisinhalte unter Umständen symbolisch melden (Träume, Fehlleistungen, neurotische Symptome). Die Entdeckung des Unbewussten durch die Tiefenpsychologie ist eine der wesentlichen Bereicherungen unserer Kultur. Es ist gar nicht so maßgebend, ob man in jeder Hinsicht mit dem topischen Modell der Psychoanalyse (Unbewusstes – Vorbewusstes – Bewusstes) übereinstimmt[40], und

---

39 Auch „empathisches Verstehen" genannt, vgl. Baumgartner, Pastoralpsychologie, a.a.O., 456ff

40 Erwähnenswert ist die Beobachtung, dass es deutliche Parallelen zwischen den Forschungsergebnissen der kognitiven Psychologie und Freuds Auffassung vom Unbewussten gibt, vgl.: Mertens, Wolfgang: Psychoanalytische Grundbegriffe. Ein Kompendium, Weinheim ²1998, 275

man mag es auch kritisieren, wenn das „Unbewusste" als ein „Zauberwort, das alles Unverstandene erklären will"[41] gebraucht wird. Dennoch: Dass es Gefühle zu prägenden Ereignissen unserer eigenen Lebensgeschichte gibt, über die wir nicht ohne weiteres verfügen können, ist grundlegend. Auch für die Seelsorge ist Erinnerungsarbeit – zum rechten Zeitpunkt und in angemessener Dosierung – notwendig und sinnvoll.[42] Der Seelsorger muss darum nicht zum Analytiker werden, und er muss nicht die Techniken der Psychoanalyse verwenden. Es geht auch nicht darum, das tief verschüttete, möglicherweise neurotisierende Erinnerungsgut hervorzuholen – das ist Aufgabe der professionellen Therapie –, sondern es geht in der Seelsorge darum, die noch erinnerbaren Belastungserfahrungen wieder bewusst zu machen. Seelsorgerliche Erinnerungsarbeit[43] könnte dabei ein doppeltes Ziel haben: (a) *Erinnern, um zu verstehen*: Warum hat mich diese Erfahrung so getroffen? Was macht es mir so schwer, diese Entscheidung zu fällen oder auf jenen Menschen zuzugehen? Was wird da angerührt, das so schmerzt? Oft kann das schlichte einfache Erzählen biographischer Erfahrungen Zusammenhänge erkennbar werden lassen und gegenwärtige Blockierungen verstehen helfen. (b) *Erinnern, um Hoffnung zu stärken*: An Vergessenes und Verschüttetes zu erinnern bedeutet ja nicht nur, die unangenehmen und peinlichen Gefühle hervorzuholen. In vielen Fällen sind es auch ganz positive Erfahrungen, deren wir uns nicht mehr bewusst sind. Vielleicht erinnert sich eine Patientin an frühere Krankheitserfahrungen, und es wird deutlich, was damals geholfen und Mut gegeben hat. Es ist eine ganz originäre Aufgabe von Seelsorge, zu heilenden Erinnerungen zu verhelfen: So spricht schon Deuterojesaja das Volk auf seine kollektiven Heilserfahrungen an und fordert zu positiver Erinnerungsarbeit auf. „Wisst ihr nicht? Hört ihr denn nicht? Ist's euch nicht von Anfang an verkündigt? Habt ihr's nicht gelernt von Anbeginn der Erde?" (Jes 40,21)

5. *Kontexte wahrnehmen* Die „Sensibilisierung für Kontexte" hat Helm Stierlin[44] eine Grundforderung an die therapeutische Arbeit genannt. In der Familientherapie etwa wird die Kontextualität des Einzellebens ganz bewusst thematisiert. Individuelle Probleme sind sehr oft kontextuell bedingt, Ausdruck einer Systemstörung, die einen Einzelnen – z.B. das so genannte „schwierige Kind" – zum Symptomträger macht. Für die Seelsorge ist hier zu lernen, stets den Blick über die Einzelperson hinaus zu richten, auf die sozialen Vernetzungen zu achten und die kontextuellen Abhängigkeiten wahrzunehmen: Familienerfahrungen, Berufskonstellationen, die Kirchgemeinde usw. Bei dieser Aufgabe ist nicht nur die pastoralpsychologische, sondern auch die pastoralsoziologische Kompetenz gefordert. Es ist wichtig, die einzelnen Menschen auch als Teil der Gesellschaft zu sehen, ggf. auch als Symptomträger einer gestörten oder leidenden Gesellschaft. Sie

---

41 Baumgartner, Pastoralpsychologie, a.a.O., 358
42 Vgl.: Gestrich, Reinhold: Die Seelsorge und das Unbewußte, Stuttgart 1998

43 Vgl.: Patton, John: Auf der Grenze zur Vergangenheit. Seelsorge als Erinnerungsarbeit, in: WzM 44, 1992, 321–332
44 Stierlin, Ich und die anderen, a.a.O., 73

haben oft auf schmerzliche Weise Anteil an den politischen, sozialen, ökonomischen Vorgängen in der Gesellschaft, an ihnen wird unter Umständen der schleichende Entsolidarisierungsprozess erfahrbar – besonders wenn sie zu denen gehören, die den Leistungsgeboten der Gesellschaft schwer oder gar nicht gerecht zu werden vermögen. In diesem Sinne kann man, ohne deshalb Berufsidentitäten zu verwischen, sagen: Seelsorge ist auch Sozialarbeit.[45]

6. *Beziehung gestalten*: Es ist heute im gesamten Bereich der Psychotherapie unbestritten, dass die Beziehungsperspektive von entscheidender Bedeutung für das Gelingen des helfenden Gesprächs ist. Je besser die therapeutische Beziehung, je deutlicher der Klient in der Therapie einen „Verbündeten seiner positiven Ziele" sieht, umso eher werden auch „belastende Veränderungsprozesse" möglich.[46] Ohne Frage gilt dies in uneingeschränkter Weise auch für die Seelsorge.[47] Ob der Rat suchende Mensch sich von der Seelsorgerin angenommen und ernst genommen fühlt, ob die Voraussetzungen für eine wirkliche Vertrauensbeziehung gegeben sind, ob die Rollen ausreichend geklärt sind[48], ob die Beziehung durch ein Klima der Offenheit und Ehrlichkeit geprägt ist – das sind ganz wesentliche Fragen die Qualität der seelsorgerlichen Arbeit betreffend. Das wird noch zu konkretisieren sein. Hier ist im Anschluss an die Psychotherapieforschung nur darauf aufmerksam zu machen, dass die Beziehungsgestaltung nicht nur eine Sache des guten Willens ist. Es kommt auch für die Seelsorge darauf an, Beziehungsstrukturen kritisch zu reflektieren, also die seelsorgerliche Arbeit auch auf einer *Metaebene* zu betrachten. Normalerweise geschieht das in der Supervision. In ihr geht es primär um die Beobachtung der Beziehungsgestaltung. Aber auch für das seelsorgerliche Gespräch selbst ist ein gewisses Maß an reflexiver Selbstbeobachtung notwendig. Sie ist ein Aspekt professioneller Kompetenz und sollte nach Möglichkeit so internalisiert sein, dass die Spontaneität der Kommunikation nicht darunter leidet.

---

45 Zur Sensibilisierung für die zunehmenden Entsolidarisierungsprozesse, zum Schutz gegen pastoralpsychologische Kontextvergessenheit und zum Erlernen neuer Formen von Solidarität und Gemeinschaftlichkeit vgl.: Steinkamp, Hermann: Solidarität und Parteilichkeit, Mainz 1994

46 Grawe u.a., a.a.O., 783. Die Bedeutung der Beziehungsperspektive wird besonders bei den Ansätzen der humanistischen Psychologie sehr hervorgehoben. Man vgl. dazu die wichtigen Therapeutenvariablen in der Gesprächspsychologie: „Wertschätzung" bzw. Akzeptation der Person des Klienten und „Echtheit" bzw. Selbstkongruenz des Therapeuten. Vgl.

dazu u.a.: Schmid, Peter F.: Personale Begegnung. Der personzentrierte Ansatz in Psychotherapie, Beratung, Gruppenarbeit und Seelsorge, Würzburg ²1995, 54ff

47 Vgl. dazu: Müller, Wunibald: Heilung aus der Begegnung, in: ders. (Hg.): Psychotherapie und Seelsorge, Düsseldorf 1992, 11–29

48 Darin dürfte in nicht seltenen Fällen für Seelsorgerinnen und Seelsorger eine spezifische Problematik stecken, die sich auf die Frage zuspitzen lässt: Bin ich willens und bereit, in dieser Beziehung jetzt die seelsorgerliche Rolle zu übernehmen? Oder möchte ich mich vor dieser Rollenübernahme lieber drücken?

5.3.   Proprium christlicher Seelsorge?

Wenn man versucht, Seelsorge als psychologische Arbeit zu beschreiben und dabei einzelne therapeutische Ansätze auf ihre seelsorgerliche Relevanz hin befragt, kann sich schnell die Frage einstellen: Und was ist daran nun spezifisch christlich-seelsorgerlich? Solch eine Frage ist zunächst einmal dann problematisch, wenn sie den direkten oder indirekten Vorwurf enthält, bei der hier vertretenen Seelsorge gehe es doch eigentlich „nur" um Mitmenschliches und Psychologisches. Was heißt hier eigentlich „nur"? Und was für eine Theologie verbirgt sich dahinter? Oft verbindet sich mit solchem Fragen nach einem christlichen Proprium ein bestimmter Legitimationsdruck. Als würde das heilende und helfende Handeln erst dadurch legitimiert, dass es religiös bzw. theologisch etikettiert würde. Die Sorge um den Menschen – sei sie diakonisch, sei sie seelsorgerlich – muss nicht gerechtfertigt werden – auch in der Kirche nicht.

Damit ist die Frage nach dem Proprium nicht erledigt. Es ist schon sinnvoll zu erklären, worin etwas Besonderes bei der christlichen Seelsorge liegt, etwas, das sie unterscheidbar macht. Man mag dazu auf verschiedene Faktoren verweisen: das spezifische, im Vergleich zur Therapie sehr variable seelsorgerliche „setting"; der kirchliche Kontext, in dem Seelsorge geschieht und seelsorgerliche Beratungsdienste kostenfrei angeboten werden können; die theologische Arbeit als Ausdruck der professionellen Berufseinstellung; die spirituelle Tradition einer jahrhundertealten Kommunikationsform, in die sich auch heutige Seelsorge einfügt. Die schlichteste Antwort auf die Frage nach dem unterscheidend Christlichen der Seelsorge scheint mir zugleich auch die sachgemäßeste zu sein: Es ist der Glaube.[49] Und zwar der Glaube daran, dass Gott ist und dass er in Christus für mich da ist. Dieser Glaube prägt die seelsorgerliche Beziehung in dreifacher Weise:

- als *Glaube der Seelsorgerin bzw. des Seelsorgers*. In der Seelsorge ist er in gewisser Weise vorausgesetzt (im Gegensatz zu therapeutischen Vorgängen, bei denen ja durchaus auch ein glaubender Therapeut das Gespräch führen kann). Mit anderen Worten: In der Seelsorge kann der Rat suchende Mensch davon ausgehen, dass sein Gegenüber eine persönliche Beziehung zu Gott hat.
- als gleichsam *„objektiver" Glaube der Gemeinde*, in deren Auftrag die Seelsorge geschieht. Man kann hier wiederum davon ausgehen, dass die Seelsorger in einem Kontext tätig sind, in dem der christliche Glaube „zu Hause" ist. Wer in welcher Weise und wo auch immer seelsorgerlich aktiv ist, tut dies als Repräsentant und Beauftragter der christlichen Gemeinde.
- als *potenzieller Glaube des Rat suchenden Menschen*. Seelsorge geschieht immer auch in der Annahme, der Ratsuchende glaube oder könne doch zum Glauben kommen, er sei also sowohl glaubensfähig wie glaubenswürdig; was ganz unabhängig von seinem gegenwärtigen Glaubens- oder Unglaubensstand, ja auch

---

49 Vgl.: Lindemann, Friedrich-Wilhelm: Sola fide – Zur evangelischen Qualität psychologischer Beratung, in: WzM 50, 1998, 342– 351; Riess, Richard: Die Frage nach dem Proprium in der Seelsorge, in: HbS 177–186

unabhängig von seiner Kirchenzugehörigkeit gilt. Die Annahme des potenziellen Glaubens ist streng zu unterscheiden von jeder Form einer Glaubensnötigung. Glaube kann nicht auf irgendeine Weise methodisch herbeigeführt werden. Er kann sich nur in Freiheit ereignen. Darauf kann ich in der Seelsorge hoffen, aber damit sollte ich nicht rechnen. Der Glaube des Ratsuchenden kann nicht das Erfolgkriterium der Seelsorge sein.

Wir können also sagen: In der Seelsorge ist der Glaube immer im Spiel, auch wenn von ihm expressis verbis gar nicht gesprochen wird. Und nicht nur vom Glauben kann dies gesagt werden, sondern auch von dem, worauf sich der Glaube bezieht: In der Seelsorge ist *Gott* im Spiel.

Das bedeutet: Seelsorge ist wohl psychologische Arbeit und sie muss es sein, aber sie geht in dieser Beschreibung nicht einfach auf. So sehr es in der Seelsorge auf solides Können und methodisch reflektiertes Vorgehen ankommt, so erschöpft sie sich doch darin keineswegs. Seelsorge geschieht immer auch im Vertrauen auf die für den konkreten Menschen relevante heilende Gegenwart Gottes. Darin mag sie einerseits weniger als Psychotherapie sein, denn Gottes Gegenwart ist letztlich nicht an unsere Methodenbeherrschung gebunden. Aber darin ist sie doch auch mehr als Psychotherapie. Sie ist nicht am Ende, wo therapeutisches Vorgehen sinnlos zu werden scheint. In der Seelsorge gibt es keine „hoffnungslosen Fälle". Wer therapieunfähig ist, ist noch nicht seelsorgeunfähig. Die Leidenserfahrungen der Ratsuchenden und die Ohnmachtserfahrungen der Helfenden können aufgenommen werden in der gemeinsamen Öffnung auf den Gott hin, von dem es heißt, seine „Güte ist, dass wir nicht gar aus sind, und seine Barmherzigkeit hat noch kein Ende" (Klgl 3,22). Auch wenn ein Rat suchender Mensch einen solchen Glauben nicht oder nur bedingt teilen kann, dürfte es für ihn doch eine ermutigende Erfahrung sein, wenn jemand da ist, der mit ihm die Ratlosigkeit und die Verzweiflung aushält und ihm eine Hoffnung zuspricht, die einen im Augenblick für ihn völlig verdunkelten Horizont aufhellt.

Exkurs: Charaktertypen

Zur Arbeit in der Seelsorge gehört auch das, was wir landläufig „Menschenkenntnis" nennen. Je besser ich Menschen kenne und verstehe, umso leichter kommen wir im Gespräch zueinander und umso aussichtsreicher kann die gemeinsame Suche nach einer Lösung, nach einem Weg für den Betreffenden begonnen werden. Manchmal bewahrt Menschenkenntnis auch vor falschen Hoffnungen und nachfolgenden Enttäuschungen. Menschenkenntnis erwirbt man hauptsächlich durch wachen und bewussten Umgang mit Menschen. Ein Stück Intuition und Begabung ist freilich auch dabei. Entscheidend ist: Wie gut vermag ich es, die Besonderheiten eines Menschen wahrzunehmen und daraus Zusammenhänge und Wesenseigentümlichkeiten zu erschließen? Und wie souverän bin ich, um meine Kenntnis von einem bestimmten Menschen auch immer wieder zu korrigieren, wenn neue Wahrnehmungen dies nahe legen? Ein Gräuel sind Zeitgenossen, die sich großer Menschenkenntnis rühmen, in Wirklichkeit dauernd damit beschäftigt sind, ihre Mitmenschen in irgendwelche Schubladen zu stecken. Menschenkenntnis taugt nicht, wenn sie nicht mit Menschenliebe verbunden ist.

Zur Menschenkenntnis können die verschiedenen bekannten oder weniger bekannten Charaktertypologien beitragen[50], insofern sie eine Hilfe sind, Beobachtungen zu ergänzen und hervorstechende Charakterzüge besser erkennbar und benennbar zu machen. Der Umgang mit solchen Charaktertypologien ist reizvoll und zugleich riskant. Er beflügelt menschliche Entdeckerlust, und er kann bei unvorsichtiger Vorgehensweise zu groben Fehleinschätzungen und Fixierungen führen. Hier ist in jedem Fall die Tugend der Sorgfalt und des Respekts gefordert. Andernfalls können Charaktertypologien schnell zu subtilen Herrschaftsinstrumenten werden, nach dem Motto: Etikett drauf und fertig! So etwas kann Gemeinschaften auseinander bringen und Vertrauen zerstören. Aber: Abusus non tollit usum (Missbrauch hindert nicht den rechten Gebrauch)!

Charakterbilder gibt es schon seit dem Altertum. Offensichtlich hat es schon früh ein Bedürfnis dafür gegeben.

• Die bekannteste und bis heute wohl populärste Typologie sortiert die Menschen nach ihren bevorzugten Gemütszuständen, also den so genannten *Temperamenten*: Sanguiniker (lebhafter Typ), Choleriker (erregbarer Typ) Phlegmatiker (langsamer Typ) und Melancholiker (grüblerischer Typ).
• Ebenfalls aus der Antike stammen die Charakterzeichnungen des Schriftstellers Theophrast (geb. um 371 v.Chr.).[51] Er beschreibt 30 Typen nach ihren hervorstechenden (meist etwas negativen) *Eigenschaften*: der Heuchler, der Redselige, der Liebediener, der Übereifrige, der Argwöhnische, der Großtuer usw. Vielleicht hat Elias Canetti sich davon inspirieren lassen, als er seine hinreißenden Miniaturen über die typischen Eigenheiten von Menschen schrieb.[52]
• Sehr verbreitet ist auch eine Charakterologie, die sich am körperlichen *Phänotyp* orientiert. Der Mediziner Ernst Kretschmer beobachtete einen Zusammenhang von „Körperbau und Charakter"[53] und unterschied drei Formen: den schlanken leptosomen Typ (sensibel – reizbar), den gedrungenen pyknischen Typ (heiter-traurig) und den muskulösen athletischen Typ („zähflüssig").
• Die *Innen-Außen-Relation* des Individuums spielt für Carl Gustav Jung eine entscheidende Rolle. Danach unterscheidet er einen stark nach außen und zur Welt gerichteten Typ (Extravertierte) und einen stärker nach innen und auf das

50 Vgl.: Rensch, Adelheid: Das seelsorgerliche Gespräch, Göttingen 1963, 47ff; Baumgartner, Pastoralpsychologie, a.a.O., 188ff; Winkler, Klaus: Seelsorge, Berlin/ New York 1997, 25ff
51 Theophrast: Charaktere, Leipzig ²1978 (Insel-Bücherei Nr. 971)

52 Canetti, Elias: Der Ohrenzeuge. Fünfzig Charaktere, Frankfurt a.M. 1990
53 Kretschmer, Ernst: Körperbau und Charakter. Untersuchungen zum Konstitutionsproblem und zur Lehre von den Temperamenten, Berlin ²⁶1977

Selbst bezogenen Menschen (Introvertierte).[54] Auch diese Typologie ist weit verbreitet und wird von vielen ohne Kenntnis des tiefenpsychologischen Theoriehintergrunds verwendet.

• In einem ganz anderen Referenzrahmen, nämlich dem einer psychologischen Kommunikationstheorie, wird von unterschiedlichen *Kommunikationsstilen* gesprochen, die wiederum einen deutlichen Zusammenhang zu den Charaktermerkmalen der jeweiligen Persönlichkeit erkennen lassen. Friedemann Schulz von Thun nennt acht solcher persönlichkeitsspezifischer Stile: den bedürftig-abhängigen, den helfenden, den selbst-losen, den aggressiv-entwertenden, den sich beweisenden, den bestimmend-kontrollierenden, den sich distanzierenden und den mitteilungsfreudig-dramatisierenden Stil.[55] Die Beachtung persönlichkeitsbedingter Kommunikationsstile kann vor allem für das Verstehen bestimmter Beziehungsschwierigkeiten sehr erhellend sein.[56]

• Bei vielen in helfenden Berufen stehenden Mitarbeitern dürften aber wohl die Charakterformen, wie sie der Psychoanalytiker Fritz Riemann beschrieben hat, am bekanntesten sein. Riemann geht von den *Grundformen der Angst*[57] aus, die jeweils persönlichkeitsprägend seien. Er unterscheidet: den schizoiden Menschen (Angst vor Nähe), den depressiven (Angst vor Verlust), den zwanghaften (Angst von Wandel) und den hysterischen(Angst vor Dauer). Anstatt von Ängsten könnte man auch von den Grundstrebungen oder Lebensthemen der jeweiligen Persönlichkeiten sprechen (vgl. die umstehende Tabelle). Karl König hat das Spektrum dieser Typologie um zwei weitere Formen bereichert: den phobischen Menschen (der sich ängstlich und übervorsichtig zeigt) und den narzisstischen (mit starkem Ich-Bezug und leichter Verletzlichkeit).[58] Besonders hervorhebenswert ist, dass König die insgesamt sechs Charaktertypen auch in ihrem Alltagsverhalten (Arbeit, Urlaub) darstellt. Das hilft, die Typisierungen aus dem Bedeutungsfeld des Pathologischen herauszuholen, in das sie dank ihres ursprünglichen Entdeckungszusammenhangs in der Psychoanalyse, wo es um frühkindliche Triebkonflikte und Beziehungsstörungen geht, allzu leicht geraten. Die einzelnen Zuschreibungen sollten vor allem im Zusammenhang von Seelsorge nicht primär diagnostisch verstanden werden. Eine „depressive" Persönlichkeit zeigt wohl Charaktereigenschaften, die dem Erscheinungsbild der Depression nahe kommen, aber sie leidet nicht an einer Depressions*krankheit* (neurotische Depression, endogene Depression o.a.). Für andere Charakterformen gilt dies entsprechend.

54 Frey-Wehrlin, Caspar-Toni: Die Analytische (Komplexe) Psychologie Jungs, in: Eicke, Dieter (Hg.): Tiefenpsychologie, Bd. 4: Individualpsychologie und Analytische Psychologie, Weinheim 1982, 238ff; vgl. Baumgartner, a.a.O., 199ff
55 Schulz von Thun, Friedemann: Miteinander reden 2. Stile, Werte und Persönlichkeitsentwicklung, Reinbek 1996, 57ff
56 Für die Paartherapie sind die vier Kollu-

sionsmuster von Jürg Willi besonders wirksam geworden. Sie sind aus der Verknüpfung von kommunikationspsychologischen und tiefenpsychologischen Aspekten entwickelt worden. Vgl.: ders.: Die Zweierbeziehung, Reinbek 1975, 61ff
57 Riemann, Fritz: Grundformen der Angst, München ([12]1977) [32]2000
58 König, Karl: Kleine psychoanalytische Charakterkunde, Göttingen [3]1995

*Charaktertypen**

	Prägende lebensgeschichtliche Erfahrungen	Angst vor ...	Streben nach ...	religiöse Zugänge
Schizoider Typ	kühle, rationale, wenig emotionale Atmosphäre	zu viel Nähe, vor Ich-Verlust, Abhängigkeit. Neigung zu Misstrauen und distanziertem Verhalten	Distanz und Selbständigkeit. Fähig zu: Abgrenzung, Klarheit, Kritik	Glauben als Erkenntnis (auch: kritische Funktion). Gott – Urgrund des Seins
Depressiver Typ	zu viel Nähe („Überfütterung") oder zu viel Ablehnung, Kälte	zu viel Distanz, vor Verlust und Trennung. Neigung zu Anklammern und zu Anpassungsverhalten	Nähe und Geborgenheit. Fähig zu: Beziehungen, Liebe, Zuwendung	Glauben als Erfahrung von Barmherzigkeit und Vergebung. Gott – Liebe
Zwanghafter Typ	Atmosphäre von Kontrolle und Gewalt. Überbewertung von Ordnung, Sauberkeit	zu viel Veränderung, vor Chaos und Unübersichtlichkeit. Neigung zu zwanghaftem und kontrollierendem Verhalten	Ordnung und Klarheit. Fähig zu: systematischem Vorgehen, klaren Strukturen	Glauben als Gehorsam (bes. Bedeutung des Gesetzes). Gott – der Allmächtige, Schöpfer und Erhalter
Hysterischer Typ	„ständiges Familientheater mit wechselnden Rollen für das Kind"	zu viel Festgelegtsein, vor Unfreiheit und Dauer. Neigung zu Unverbindlichkeit und Oberflächlichkeit	Freiheit und Veränderung. Fähig zu: lebendigem Kontaktverhalten, Flexibilität	Glauben als Erfahrung von Freiheit. Gott – der lebendige Gott und Befreier

* Quellen: Riemann, Fritz: Grundformen der Angst, München ¹²1975; ders.: Die Persönlichkeit des Predigers aus psychoanalytischer Sicht, in: Riess, Richard (Hg.): Perspektiven der Pastoralpsychologie. Göttingen 1974, 152–166; Kurtz-von Aschoff, Jutta: Grundlagen der klinischen Psychotherapie, Stuttgart 1995, 187f

Für den Umgang mit den Charaktertypologien in der Seelsorge sei Folgendes bemerkt:

1. Bevor ich darangehe, typologische Einsichten auf andere anzuwenden, sollte ich mich selbst (vielleicht unter Mithilfe von kundigen Anderen) gründlich befragt haben, wohin denn ich als Charakter tendiere. Die Erfahrungen beim „Selbstversuch" sind meist sehr lehrreich und leiten zur Zurückhaltung an.

2. Charaktertypologische Erkenntnisse wie die hier vorgestellten haben einen begrenzten Wahrheitswert. Sie sind auf Grund genauer Menschenbeobachtung ebenso wie auf Grund von kombinatorischer Intuition zustande gekommen. Sie sind aber nicht durch empirisch-wissenschaftliche Analyse verifiziert worden. Das mindert nicht ihren Gebrauchswert, nötigt aber zu einem verantwortungsvoll-skeptischen Umgang mit ihnen.

3. Typologien haben vor allem heuristischen Wert. Sie dienen dazu, Menschenkenntnis zu fördern und auf charakterologische Zusammenhänge aufmerksam zu werden. Keinesfalls sollten sie dazu verwendet werden, Klischees zu erzeugen (*die* Depressiven!) und Vorurteile zu verstärken (alle Leitungsmenschen sind zwanghaft!). Vor allem sollte jeder Unterton moralischer Bewertung vermieden werden.

4. Wirklich hilfreich ist allein ein flexibler Umgang mit den Typologien. Die meisten Menschen verkörpern nicht einen Typ rein. Sie sind vielleicht sowohl phlegmatisch wie melancholisch, haben Züge eines Depressiven und zugleich zwanghafte Verhaltensweisen. Die meisten Menschen sind eher „Mischtypen".[59] Typologien wollen gar nicht immer gleich den „ganzen" Menschen verstehen. Sie helfen oft vor allem bestimmte Einzelzüge eines Menschen besser einordnen zu können.

5. Der prospektive Sinn einer Typologie könnte u.a. darin liegen, zur Wahrnehmung und Realisierung des jeweiligen charakterlichen „Gegenteils" anzuregen. So könnte ein schizoider Mensch anfangen auch zu seinen Nähebedürfnissen zu stehen. Problematisch sind die „rigiden" Persönlichkeiten, die einseitig einen Typ repräsentieren und über wenig dynamische Veränderungsmöglichkeiten verfügen.

6. Im Blick auf den Zusammenhang von Charakter und Glaube ist zu beachten, dass eine Glaubensgestaltung in zu enger Verknüpfung mit bestimmten Charaktereigentümlichkeiten oft eine Form unreifen Glaubens darstellt (z.B. zwanghafter Glaube, narzisstische Frömmigkeit).[60] Reifer, gewachsener Glaube gewinnt dynamische Gestalt und fördert angemessene Charaktermodifikationen eher, als dass er sie verhindert.

---

59 Sehr sinnenfällig, lebensnah und variantenreich wird das von Friedemann Schulz von Thun mit seinem Konzept vom „Inneren Team", also den verschiedenen Charaktertypen in einer Persönlichkeit dargestellt. Speziell über die Riemannschen Charaktertypen als „Inneres Team" vgl.: ders.: Miteinander reden 3: Das „Innere Team" und situationsgerechte Kommunikation, Reinbek 1999, 262ff

60 Vgl. dazu besonders Zijlstra, a.a.O., 278ff

Literatur

Für eine ausreichende Information über die wichtigsten *Grundkonzepte der Psychotherapie* ist das Buch von *Jürgen Kriz*, das in der Neubearbeitung ([6]2007) mit Praxisbeispielen auf einer CD-Rom angereichert ist, sehr geeignet. Die Bücher von *Walter Rebell* ([2]1992) und *Klaus Kießling (2002)* bieten darüber hinaus auf unterschiedliche Weise Einführungen in die Psychologie für Theologen. Wie man mit psychologischen Methoden in der Seelsorge verantwortungsvoll und kreativ arbeiten kann, lässt sich am besten an *Joachim Scharfenbergs Einführung (1985)* studieren. Für die Charakterlehre bietet *Fritz Riemanns* Klassiker über die *Grundformen der Angst* ([34]2002) einen wichtigen Ausgangspunkt. Ergänzend ist *Karl Königs Charakterkunde (1995)* heranzuziehen. Besonders für diejenigen, die bisher mit Psychotherapie wenig vertraut waren, kann das Büchlein des gleichen Verfasser *Wem kann Psychotherapie helfen? (1993)* eine gute Orientierung vermitteln.

Berndt, Torsten: Seelsorge und Verhaltenstherapie, Berlin 2007

Blattner, Jürgen u.a. (Hg.): Handbuch der Psychologie für die Seelsorge, Bd. 1 und 2 Düsseldorf 1992.1993

Bucher, Anton A.: Psychologie der Spiritualität, Weinheim 2007

Corsini, Raymond J. (Hg.): Handbuch der Psychotherapie, Weinheim [4]1994

Engemann, Wilfried: Der ‚moderne Mensch‘ – Abschied von einem Klischee, in: WzM 48, 1996, 447–458

Eschmann, Holger: Dem Teufel ins Gesicht lachen. Methoden logotherapeutischer Krisenintervention und Ratschläge Martin Luthers gegen die Anfechtung im Vergleich, in: PTh 87, 1998, 35–45

Flöttmann, Holger B.: Angst. Ursprung und Überwindung, Stuttgart 1989, [3]1993

Fromm, Erich: Psychoanalyse und Religion, München [4]1990

Gestrich, Reinhold: Die Seelsorge und das Unbewußte, Stuttgart 1998

Grawe, Klaus u.a.: Psychotherapie im Wandel. Von der Konfession zur Profession, Göttingen 1994

Grawe, Klaus: Psychologische Therapie, Göttingen [2]2000

Günther, Matthias: Ermutigung. Die Individualpsychologie Alfred Adlers und die christliche Seelsorge, Frankfurt 1996

Hark, Helmut: Religiöse Neurosen. Gottesbilder, die die Seele krank machen, in: Baumgartner, Isidor (Hg.): Handbuch der Pastoralpsychologie, Regensburg 1990, 481–492

– Religiöse Neurosen. Ursachen und Heilung, Stuttgart 1984

Heimbrock, Hans-Günter: Phantasie und christlicher Glaube. Zum Dialog zwischen Theologie und Psychoanalyse, München 1977

Heine, Susanne: Die „heilige“ Natur. Zur Aktualität ontologischen Denkens in der Psychologie bei Carl R. Rogers und C. G. Jung als Folge eines neuzeitlichen Verdrängungsprozesses, in: BThZ 14, 1997, 233–252

Jochheim, Martin: Carl R. Rogers und die Seelsorge, in: ThPr 28, 1993, 221–237

Kießling, Klaus: „Nützlich und notwendig“. Psychologisches Grundwissen in Theologie und Praxis, Freiburg/ Schweiz 2002

König, Karl: Kleine psychoanalytische Charakterkunde, Göttingen [3]1995

– Wem kann Psychotherapie helfen? Göttingen 1993

Kretschmer, Ernst: Körperbau und Charakter. Untersuchungen zum Konstitutionsproblem und zur Lehre von den Temperamenten, Berlin [26]1977

Kriz, Jürgen: Grundkonzepte der Psychotherapie. Eine Einführung, Weinheim [6]2007

Kurz, Wolfram/ Sedlak, Franz (Hg.): Kompendium der Logotherapie und Existenzanalyse, Tübingen 1995

Laplanche, Jean Baptiste/ Pontalis, Jean-Bertrand: Das Vokabular der Psychoanalyse, Frankfurt a.M. [13]1996

LeDoux, Joseph: Das Netz der Gefühle. Wie Emotionen entstehen, München 1998

Lukas, Elisabeth: Lehrbuch der Logotherapie. Menschenbild und Methoden, München 1997

Mertens, Wolfgang: Psychoanalytische Grundbegriffe. Ein Kompendium, Weinheim ²1998

Morgenthaler, Christoph: Von der Pastoralpsychologie zur empirischen Religionspsychologie? In: WzM 54, 2002, 287–300

Pargament, Kenneth J.: The Psychology of Religion an Religious Coping, New York 1997

Parisius, Peter: Der Mensch ist auch anders. Zum Menschenbild in der Psychotherapie, in: Bizer, Christoph u.a. (Hg.): Theologisches geschenkt. Festschrift für Manfred Josuttis, Bovenden 1996, 328–339

Rauchfleisch, Udo: Wer sorgt für die Seele? Grenzgänger zwischen Psychotherapie und Seelsorge, Stuttgart 2004

Rebell, Walter: Psychologisches Grundwissen für Theologen. München ²1992

Riemann, Fritz: Grundformen der Angst, München ³⁴2002

Riemann, Fritz: Die Persönlichkeit des Predigers aus tiefenpsychologischer Sicht, in: Riess, Richard (Hg.): Perspektiven der Pastoralpsychologie, Göttingen 1974, 152–166

Riess, Richard: Die Psychologie in der Praxis der Kirche, in: PrTh 35, 2000, 146–155

Santer, Hellmut: Persönlichkeit und Gottesbild. Religionspsychologische Impulse für eine Praktische Theologie, Göttingen 2003

Scharfenberg, Joachim: Einführung in die Pastoralpsychologie, Göttingen 1985

Schlippe, Arist von/ Schweitzer, Jochen: Lehrbuch der systemischen Therapie und Beratung, Göttingen ⁴1997

Schmidt, Kurt W.: Therapieziel und ,Menschenbild'. Zur ethischen Problematik therapeutischer Eingriffe und deren Zielsetzungen. Eine Auseinandersetzung aus evangelischer Sicht, Münster 1996

Schmitz, Hermann: Der Gefühlsraum, (= System der Philosophie, Bd. 3/ 2) Bonn 1969

Schulz von Thun, Friedemann: Miteinander reden, 3 Bde. Reinbek 1996.1999

Schütz, Klaus-Volker: Gruppenarbeit in der Kirche. Methoden angewandter Sozialpsychologie in Seelsorge, Religionspädagogik und Erwachsenenbildung, Mainz 1989

Steden, Hans-Peter: Psychologie. Eine Einführung für soziale Berufe, Freiburg ²2004

Stierlin, Helm: Ich und die anderen, Stuttgart 1994

Stollberg, Dietrich: Seelsorge durch die Gruppe, Göttingen ³1975

– Therapeutische Seelsorge, München 1969

Utsch Michael: Religionspsychologie, Göttingen 1998

– Religiöse Fragen in der Psychotherapie, Stuttgart 2005

Vogel, Christoph: Spiel-Raum der Gefühle. Die Funktion des Gefühls im seelsorgerlichen Gespräch. Frankfurt/M. 2000

Wagner-Rau, Ulrike: Therapiekultur. Gesundheit/ Krankheit/ Körper/ Psychotherapie, in: Handbuch Praktischer Theologie, Gütersloh 2007, 407–418

Weimer, Martin: Psychoanalytische Tugenden. Pastoralpsychologie in Seelsorge und Beratung, Göttingen 2001

Winkler, Klaus: Grundsätze pastoralpsychologischen Denkens und Vorgehens, in: Blühm, Reimund u.a.: Kirchliche Handlungsfelder, Stuttgart 1993, 60–75

Winkler, Klaus: Grundmuster der Seele. Pastoralpsychologische Perspektiven, Göttingen 2003

Ziemer, Jürgen: Psychologische Grundlagen der Seelsorge, in: HbS 34–62

6. Das Gespräch in der Seelsorge

Das Gespräch zu zweit ist die Grundform christlicher Seelsorge. Das ist kein normativer Satz. Es gibt auch andere Formen, etwa: Briefseelsorge[1], Gruppenseelsorge[2], Meditation[3], oder Seelsorge im Internet.[4] Sie haben jede für sich ihr eigenes Recht, und manche gewinnen möglicherweise im Laufe der Zeit noch an Bedeutung. Aber das Zweiergespräch dürfte weiterhin die bevorzugte Gestalt sein. Von ihr gehen wir aus, wenn wir an die Praxis der Seelsorge denken. Genau besehen sind auch in den anderen Formen Grundelemente des Gesprächs vorhanden.

6.1. Was ist ein seelsorgerliches Gespräch?

Seelsorge – ein Gespräch sui generis?
Lässt sich eigentlich ausmachen, was das Besondere eines seelsorgerlichen Gesprächs ist – so wie ich andere Genera des Gesprächs – etwa ein Bewerbungsgespräch – ziemlich zuverlässig bestimmen kann? Man könnte die Seelsorgeliteratur der letzten fünfzig Jahre danach beurteilen, wie jeweils das Gespräch in seiner seelsorgerlichen Spezifik verstanden wurde.[5] Stellt das seelsorgerliche Gespräch für Eduard Thurneysen eine Weise der Verkündigung des Wortes Gottes dar[6], so

---

1 Vgl.: Haustein, Manfred: Briefseelsorge, in: Becker, Ingeborg u.a. (Hg.): Handbuch der Seelsorge, Berlin [4]1990, 203–212; Bohren, Rudolf: Der Seelsorgebrief, in: Landau, Rudolf/Schmidt, Günther R.: „Dass allen Menschen geholfen werde ...", Stuttgart 1993, 17–21; Jentsch, Werner: Schreiben befreit. Einführung in die Briefseelsorge, Wuppertal 1981

2 Vgl.: Stollberg, Dietrich: Seelsorge durch die Gruppe, Göttingen [3]1975; Scharfenberg, Joachim (Hg.): Glaube und Gruppe, Göttingen 1980; Krusche, Günter: Das seelsorgerliche Gruppengespräch, in: Becker u.a. (Hg.), a.a.O., 139–154; Schmid, Peter F.: Im Anfang ist Gemeinschaft, Stuttgart 1998

3 Vgl.: Saft, Walter: Meditation und Einkehrtage, in: Becker u.a. (Hg.), a.a.O., 155–165; Kurz, Wolfram: Die Bedeutung der Meditation für die Seelsorge, in: WzM 38, 1986, 145–157

4 Vgl.: Schnell, Matthias: Internetseelsorge als Element einer pastoralen Konzeption, in: Rheinisches Pfarrblatt 1, 1997, 11–15 (und im Internet); Bobert-Stützel, Sabine: Trägt das Netz? Seelsorge unter den Bedingungen des Internet, in: PTh 89, 2000, 249–262; Culemann, Anke: Chancen und Grenzen der Onlineberatung für junge Menschen, in: WzM 54, 2002, 20–36; Vauseweh, Ramona: Onlineseelsorge, Erlangen 2007

5 Vgl. zum Folgenden: Hauschildt, Eberhard: Alltagsseelsorge, Göttingen 1996, 45–78; Winkler, Klaus: Seelsorge, Berlin/New York 1997, 248–260

6 Dabei geht es keineswegs um ein bloßes „Anpredigen". Der Charakter des Gesprächs hängt für Thurneysen wesentlich daran, dass „wirklich *beide* Menschen, die hier reden und antworten, vor das Wort Gottes gestellte Menschen seien". Thurneysen, Eduard: Die Lehre von der Seelsorge, Zürich [2]1957, 94

versteht Joachim Scharfenberg das Gespräch in der Seelsorge vor allem als heilendes (also therapeutisches) Geschehen durch die Sprache.[7] Dabei ist das Gespräch selbst das Heilende, also der Prozess des Miteinandersprechens und Interagierens, nicht der Inhalt, den es vermittelt. In jüngster Zeit haben katholischerseits Hubert Windisch und evangelischerseits Martin Nicol die theologische Dignität des seelsorgerlichen Gesprächs neu zu bestimmen versucht. Windisch will Seelsorge als „Dialogik" entfalten, bei der Inhalt und Form in eins fallen: „Die Form des Gesprächs von der Liebe ist die Liebe selbst: der Dialog."[8] Nicol beschreibt die Kommunikation in der Seelsorge auf dem Hintergrund einer allgemeinen Kultur des Gesprächs als ein „existenzielle(s) Gespräch im Deutehorizont des Glaubens"[9].

Beide Bestimmungen haben etwas unmittelbar Überzeugendes an sich. Etwas anderes ist es, ob und inwieweit sie der Wirklichkeit poimenischer Praxis nahe kommen. Ehe wir darauf zurückkommen, fragen wir zunächst nach dem

Vergleich mit anderen Gesprächsformen[10].

Zu nennen wären hier:

- das Lehrgespräch, also eine Wissensvermittlung in der Tradition der antiken Philosophie: das Lehrgespräch lebt von der „richtigen" Frage, die öffnet und zum Denken anregt, und nicht bloß schon Festliegendes abfragt,
- die Exploration, das Erkundungsgespräch im professionellen Rahmen (Arzt, Anwalt). Es dient einer ersten Orientierung (vertraut machen mit der Person, Anamnese, Problemfeststellung) und passt darum vor allem in die Anfangsphase einer Beziehung,
- das Alltagsgespräch (small talk): Menschen führen es in alltäglichem Zusammenhang und über alltägliche Dinge; es dient keinem besonderen Zweck, sondern ist Ausdruck von Zusammengehörigkeit und Kommunikationsbedürfnis,[11]
- das „freie Gespräch", das Gespräch, das sich immer dann ereignen kann, wenn die „Atmosphäre" entsprechend gegeben ist. Auch das „freie" Gespräch hat keinen Zweck außerhalb seiner selbst; es ist die Begegnung freier Subjekte, Austausch der ihnen wesentlichen Gedanken und Gefühle, es kennt wenig Tabus, und es kann die Beteiligten in große Tiefen führen,[12]
- das therapeutische Gespräch[13]: Auch wenn der Ablauf therapeutischer Gespräche sehr verschieden sein kann, gibt es dennoch einige Konstanten, die es cha-

---

7 Scharfenberg, Joachim: Seelsorge als Gespräch, Göttingen 1972, 35ff
8 Windisch, Hubert: Sprechen heißt lieben, Würzburg 1989, 151
9 Nicol, Martin: Gespräch als Seelsorge, Göttingen 1990, 162
10 Vgl. Scharfenberg, a.a.O., 44–64; Brem-Gräser, Luitgard: Handbuch der Beratung für helfende Berufe, Bd. 2, Basel 1993, 318f

11 Vgl. dazu: Mackeldey, Roger: Alltagssprachliche Dialoge, Leipzig 1987; Hauschildt, a.a.O., 135ff
12 Vgl. dazu die Beschreibung der Bedeutung des Gesprächs für Schleiermacher bei: Nicol, a.a.O., 23–44
13 Vgl. dazu etwa: Cremerius, Johannes: Das psychoanalytische Gespräch, in: Stierle, Karlheinz/ Warning, Rainer (Hg.): Das Gespräch, München ²1996, 171–182

rakterisieren: ein feststehendes „setting" im Rahmen einer therapeutischen Praxis, eine strukturierte Therapeut-Klient-Beziehung, ein methodisch kontrolliertes Gesprächsverfahren, eine klare Zielperspektive (z.b. Befreiung von den lebenshemmenden „Störungen").

Diese Beispiele mögen genügen; es sind nur solche Gesprächsformen genannt, die in der einen oder anderen Weise eine Nähe zu dem ausweisen, was auch in der Seelsorge geschieht.

Aber: Kann man Seelsorge wirklich einer dieser Formen zuordnen, oder ist sie doch etwas „ganz anderes"?

Wenn man die Vielgestaltigkeit seelsorglicher Handlungsvollzüge, von denen in der Einleitung die Rede war, in Rechnung stellt, ist es gerade ein Spezifikum des seelsorglichen Gesprächs, dass es nicht auf eine bestimmte Gesprächsart festgelegt werden kann. Seelsorge – das kann ein alltägliches Gespräch anlässlich einer zufälligen Begegnung ebenso sein wie ein therapeutischer Dialog zum festvereinbarten Termin, ein orientierendes Gespräch bei einer Kasualanmeldung, ein Glaubensgespräch im Anschluss an ein Bibelseminar, ein Nachtgespräch bei einer Jugendrüstzeit usw. Eberhard Hauschildt ist darin Recht zu geben, dass er sich gegen alle „Vereindeutigungen" der Seelsorge auf das angeblich „eigentliche" Gespräch wendet und stattdessen für die „Wahrnehmung der unabgegrenzten Vielfalt der Situationen" plädiert.[14] Das allzu rasche und allzu konsequente Bemühen festzulegen, was das seelsorgliche Gespräch denn nun – nach Inhalt und Form – wirklich sei, engt die tatsächlichen Möglichkeiten der Seelsorge ein, reduziert Spontaneität und übt Druck auf die Seelsorgerinnen und Seelsorger aus, dann auch möglichst reichlich „eigentliche" Gespräche in der Seelsorge zustande zu bringen. Zu hoher Anspruch kann leicht verhindern, dass überhaupt etwas geschieht von dem, was geschehen sollte.

Und dennoch: Irgendwie muss es doch auch benennbar sein, was denn das „Seelsorgerliche" an einem Seelsorgegespräch sein soll.

Rahmenwerte für ein seelsorgerliches Gespräch

Wenn man nicht so sehr von einer bestimmten Gesprächstheorie ausgeht, sondern eher von dem, was phänomenologisch an Seelsorgegesprächen wahrzunehmen ist, lassen sich drei Aspekte nennen:

Der erste Aspekt bezieht sich auf den *kirchlichen Kontext*, in dem das Gespräch geführt wird. Dieser Kontext kann lokal und personal verstanden werden, und die „Kirchlichkeit" darf nicht zu eng verstanden werden. Natürlich sind nicht alle Gespräche im kirchlichen Kontext seelsorglicher Natur. Aber ohne diesen gibt es keine Seelsorge.[15] Der Kontext symbolisiert den Sinnhorizont, auf den Seelsorge bezogen ist.

14 Hauschildt, a.a.O., 70
15 Auch wenn dagegen zu sprechen scheint, dass gelegentlich von „ärztlicher Seel-
sorge" (Viktor Frankl) oder „weltlicher Seelsorge" (Walter Bernet mit Blick auf Sigmund Freud) die Rede ist – die zusätzlichen Qualifi-

Der zweite Aspekt: *die existenzielle Ebene*. Man ist wohl, besonders aus der Perspektive des „Laien" gesehen, geneigt ein Gespräch dann seelsorglich zu nennen, wenn man das Gefühl hat, es war sehr „intensiv", einfach „gut", wirklich „tief gehend" usw. Also: Es ging um etwas, was uns wirklich bewegt hat. Und das liegt dann sehr nah bei dem, was Nicol das „existenzielle Gespräch" nennt.[16] Die Existenzialität des Gesprächs ist in der Seelsorge stets intendiert. Sie ist aber nicht „Gesetz", sondern die Chance der Seelsorge. Auch wenn die Pfarrerin sich bei einem Geburtstagsbesuch auf small talk einlässt, so bleibt sie doch – das ist ihr seelsorglicher Beruf – aufmerksam, ob sich der Wunsch abzeichnet, eine persönlichere Ebene zu erreichen.

Der dritte Aspekt: *das Glaubensthema*. Seelsorge ist das Gespräch, welches prinzipiell offen ist für die persönliche Frage nach Gott. Es geht darin um den Glauben (fides quae) und um das Glauben (fides qua). Ob und wie das wirklich gelingt, ist eine andere Frage. Aber die Möglichkeit ist gegeben, dass Seelsorge zur Begegnung im Glauben wird.

Die genannten drei Rahmenwerte – kirchlicher Kontext, Offenheit für existenzielle Fragen, Bereitschaft zum Glaubensthema – stellen eine vorsichtige, aber doch auch eindeutige Bestimmung dessen dar, was für ein seelsorgliches Gespräch spezifisch ist.

Die Struktur der seelsorglichen Beziehung
Die für ein seelsorgliches Gespräch ideale Struktur ist dann gegeben, wenn die Kommunikation so herrschaftsfrei, dialogisch und personbezogen wie möglich verlaufen kann.

• *herrschaftsfrei:* Viele so genannte Gespräche sind von einem deutlichen Autoritätsgefälle geprägt. Oft gilt etwa im Berufsalltag vieler Menschen immer noch: „Reden ist Chefsache"[17]. Der Besuch bei einer Behörde, der Gang zum Arzt, die Diskussion im Seminar – da gibt es meist sehr eindeutige Rollendefinitionen, die die Kommunikationsrichtung festlegen. Einer verfügt über das sprachliche Kontroll- und Steuerungspotenzial und bestimmt das „Thema". Dieser Faktor prägt das Gespräch umso eindeutiger, je stärker das Abhängigkeitsverhältnis ist. Abhängigkeit kann sich infolge der weithin asymmetrischen Struktur der seelsorglichen Beziehung leicht ergeben. Sie bedeutet psychologisch Einschränkung von Offenheit und Freimütigkeit. Es muss das Ziel sein, eine möglichst herrschaftsfreie Beziehung herzustellen. Seelsorge gelingt dann am besten, wenn keiner der Gesprächspartner das Gefühl hat, von dem Anderen abhängig zu sein. Als zutreffender symbolischer Ausdruck dafür bietet sich in der Seelsorge das Bild von der „Geschwisterlichkeit" an. Das Gespräch zwi-

---

zierungen bestätigen doch nur, dass das Wort Seelsorge für sich den kirchlichen Kontext aufruft. Frankl, Viktor: Ärztliche Seelsorge, Wien [10]1982; Bernet, Walter: Weltliche Seelsorge, Zürich 1988

16 Vgl. Hauschildt, a.a.O., 77
17 Müller, Andreas P.: „Reden ist Chefsache". Linguistische Studie zu sprachlichen Formen sozialer ‚Kontrolle' in innerbetrieblichen Arbeitsbesprechungen, Tübingen 1997

schen Schwestern und Brüdern, das schon Luther in der berühmten Formel vom mutuum colloquium et consolatio fratrum bewusst intendierte, sollte perspektivisch eine Seelsorgebeziehung kennzeichnen. Eine geschwisterliche Kommunikation verläuft in der Regel nach den Grundsätzen der Gleichwertigkeit. Ich bin von meinem Bruder oder meiner Schwester nicht abhängig. Ich kann ihnen gegenüber auch Widerspruch riskieren, daran zerbricht die Beziehung nicht. Wir sind miteinander seit früher Kindheit vertraut, aber wir halten auch Distanz. Es ist wichtig, den Geschwistern zu begegnen, aber man muss nicht dauernd mit ihnen zusammen sein. Die Gemeinde als eine Gemeinschaft von „Schwestern und Brüdern" ist auch der Ort der Seelsorge.[18]

- *dialogisch*: Dialog heißt Begegnung in der gemeinsamen Suche nach Wahrheit. Wie es einen philosophischen oder einen dogmatischen Dialog gibt, so auch einen seelsorgerlich-persönlichen.[19] Es geht um die Wahrheit, um meine, unsere Wahrheit – es geht um die wahren Gefühle, Ängste, Hoffnungen eines Menschen. Diese Wahrheit ist nicht einfach verfügbar, sodass sie auf den Tisch gelegt werden könnte. Dazu bedarf es auch der Kunst dialogischer Gesprächsführung. Bedingung für den Dialog ist, dass es einen Raum der Freiheit gibt. Der Dialog gelingt, wenn das Gespräch frei ist von Beschämungsabsichten und Vereinnahmungsversuchen. Der Raum der Freiheit ist dort gegeben, wo die Partner eines Gesprächs wissen: Was ich auch sagen werde, es wird nicht gegen mich gewendet werden. Dieses Vertrauen ist für die Seelsorge fundamental. Das Gespräch selbst ist Sache beider Partner zu gleichen Teilen. Da spricht einer, und eine andere hört und im Wechsel der Rollen, im Hin und Her gibt es Entdeckungen, erschließen sich neue Horizonte.[20]

- *personzentriert*: Die dialogische Gesprächsform lässt alle Gesprächsinterventionen, mit denen ein Partner den anderen bestimmen möchte, in den Hintergrund treten. Der aus der Therapieschule von Carl Rogers herrührende Grundsatz der Personzentriertheit (bzw. Klientzentriertheit) hat auch für den herrschaftsfreien Dialog der Seelsorge seine Bedeutung.[21] Personzentriert be-

---

18 Ich favorisiere das Geschwister-Paradigma bewusst auch gegen den Versuch von Nicol, für die Seelsorge das Freundes-Paradigma zur Geltung zu bringen. Vgl. Nicol, a.a.O., 163. Man kann für beide Möglichkeiten gute Gründe aufführen; für das Geschwister-Paradigma spricht für mich das höhere Maß an Gewissheit und Verlässlichkeit, das sich damit verbindet. Geschwisterlichkeit betrifft allerdings nur einen Aspekt des seelsorgerlichen Gesprächs. Der professionelle Aspekt der seelsorgerlichen Beziehung sollte dadurch nicht infrage gestellt werden. Es gehört zu den Reizen und Schwierigkeiten des pastoralen Berufs, dass man zugleich Schwester/Bruder und professionelles Gegenüber sein sollte. Der hier angedeutete Rollenkonflikt ist der pastoralen Berufsrolle inhärent.

19 Vgl. dazu: Ziemer, Jürgen: Annäherung an die Wahrheit im seelsorgerlichen Gespräch, in: Franke, Heiko u.a. (Hg.): Veritas et communicatio. Festschrift für Ulrich Kühn, Göttingen 1992, 122–130

20 Zum Ideal des Dialogs, dem ein Seelsorgegespräch sicher nur annäherungsweise entsprechen kann vgl.: Gadamer, Hans-Georg: Wahrheit und Methode, Tübingen 1960, 360

21 Helga Lemke, die mit ihrem ganzen Werk diesem Ansatz sehr nahe steht, spricht jetzt auch bewusst von „personzentrierter Seelsorge". Vgl.: dies.: Personzentrierte Beratung in der Seelsorge, Stuttgart 1995, 11ff

deutet: ganz vom Rat suchenden Gesprächspartner auszugehen, seinen Impulsen zu folgen. Damit wird der Mensch auch in seiner Verantwortungsfähigkeit ernst genommen.

Es deutet sich schon an: Zwischen dem hier angedeuteten Gesprächsideal und der Realität der Seelsorge wird es immer mehr oder weniger deutliche Differenzen geben. Das ist normal und hängt damit zusammen, dass Seelsorgerinnen und Seelsorger hier eine Berufsrolle wahrzunehmen haben und dass die seelsorgerliche Situation auch eine Rollenübernahme verlangt. Aber zugleich ist es doch notwendig, die ideale Beziehungsstruktur nicht aus dem Blick zu verlieren. Andernfalls gerät der seelsorgerliche Dialog zur fürsorglichen Betreuungsbeziehung. Die angedeutete Beziehungsstruktur ist, genau besehen, nichts Künstliches oder Artifizielles. Sie ist auch sonst in der Kommunikation zwischen Menschen Voraussetzung für ein wirklich „gutes" Gespräch: um Parität bemüht zu sein, vom Partner her zu denken. Das ist Voraussetzung für ein gelingendes Gespräch, wo immer wir es führen.

6.2. Seelsorgerliche Verhaltensweisen im Gespräch

Wie sollten sich eine Seelsorgerin oder ein Seelsorger nun im Gespräch verhalten, um ihrerseits zu seinem Gelingen beizutragen? Das meiste ergibt sich schon indirekt aus dem, was wir zur Beziehungsstruktur des Gesprächs ausgeführt haben. Natürlich kommt bei einem Gespräch, das in Ausübung eines Berufs oder eines bestimmten Auftrags geführt wird, dem Seelsorger besondere Verantwortung zu. Das unterscheidet es von anderen Formen einer freien oder spontanen Kommunikation. Es kommt also schon darauf an, was von der Seelsorgerin ausgeht, um die für die Seelsorge förderliche Beziehungsstruktur zu erreichen. Die bekannten „Therapeutenvariablen" nach Carl Rogers können uns den Weg weisen bei der Suche nach den angemessenen Verhaltensweisen für die Seelsorge. Rogers nennt sie: Empathie, Wertschätzung und Echtheit.[22] Wir wollen sie im Blick auf die seelsorglichen Aufgaben modifizierend als verstehendes, annehmendes, ermutigendes und authentisches Verhalten beschreiben:

6.2.1. Verstehendes Verhalten

Es geht hierbei nicht primär um ein Verstehen kognitiver Art, also vom Kopf her. Natürlich muss auch dieses gegeben sein. Aber um Menschen zu verstehen, muss ich mich in sie einfühlen, gleichsam versuchen, die Welt aus ihrer Perspektive

---

[22] Die Therapeutenvariablen sind sehr oft dargestellt worden, z.B.: Kriz, Jürgen: Grundkonzepte der Psychotherapie, Weinheim ⁶2007, 172–175; mit Blick auf die Seelsorge vgl.: Lemke, a.a.O., 42–45; Baumgartner, Isidor: Pastoralpsychologie, Düsseldorf 1990, 446–461

sehen zu lernen. Die Fähigkeit zur *Empathie* (Einfühlung) ist grundlegend. Und sie ist nicht eine Technik, sondern zuerst eine innere Haltung. Carl Rogers ging davon aus, dass normalerweise empathisches Verstehen gelingen kann. Das ist gewiss stets auch ein hilfreiches und produktives Vorurteil. Es kann aber auch zu vereinnahmenden Interpretationen führen, die dem Seelsorger dann vielleicht gar nicht bewusst sind. Jeden und alles verstehen zu können – das kann eine folgenschwere Selbsttäuschung darstellen. Die Rogers'sche Gesprächstherapie, so wichtig sie nach wie vor für seelsorgerliche Praxis ist, unterschätzt das Problem von „Fremdheit" und „Anderssein" des Anderen.[23] Manches Problem einer Ratsuchenden, besonders wenn sie sich in vielen Hinsichten (wie Herkunft, Alter, Geschlecht, Bildung) unterscheidet, wird mir lange fremd bleiben. Zum verstehenden Verhalten gehört auch die Bereitschaft, Fremdheit auszuhalten. Wenn Seelsorge so etwas wie „Gastfreundschaft" (Zerfaß) ist, dann schließt das ein, einen „Gast" als „Fremden" bei sich zu haben, der auch für eine Weile oder für immer fremd bleiben darf. Den Fremden wirklich zu verstehen, das kann ein langer Prozess sein. Er erfordert „Präzision und Sensibilität. Man muss sehr präzise in der Wahrnehmung sein und zugleich höchst einfühlsam in der Interpretation dessen, was man sieht und hört."[24]

Auf dem Hintergrund dieser grundsätzlichen und zur hermeneutischen Vorsicht ratenden Einschränkungen können einige Wege zum Verstehen dargestellt werden.

Eine wichtige Hilfe, um die verstehende empathische Haltung gesprächspraktisch zu realisieren, ist das *„aktive Hören"*: die gesprochenen Worte werden in ihrer Vieldeutigkeit und Mehrdimensionalität[25] wahrgenommen. Es wird nicht nur auf das gehört, was faktisch gesagt wird, sondern auch auf das, was mehr oder weniger bewusst mitschwingt. Versuchen wir, uns die unterschiedlichen Bedeutungen einer sprachlichen Äußerung entsprechend den „Schichten der Persönlichkeit"[26] an einem Beispiel zu verdeutlichen:

Ein 65-jähriger Mann, der von einem Seelsorger am Krankenbett begrüßt wird, sagt diesem, noch ehe ein Gespräch zustande gekommen ist: „Ich glaube nicht an Gott."

---

23 Zu einer dementsprechenden Kritik an der psychologischen Hermeneutik von Carl Rogers vgl.: Schneider-Harpprecht, Christoph: Interkulturelle Seelsorge, Göttingen 2001, 150f
24 Sundermeier, Theo: Den Fremden verstehen. Eine praktische Hermeneutik, Göttingen 1996, 166, vgl. den ganzen Abschnitt 153ff
25 Zur Veranschaulichung der Mehrdimensionalität vgl.: Piper, Hans-Christoph: Kommunizieren lernen in Seelsorge und Predigt, Göttingen 1981, 71–74. Piper bezieht sich auf das Sprachmodell von Karl Bühler, der die Darstellungsfunktion (was wird mitgeteilt?) von der Ausdrucksfunktion (was teilt der Sprecher über sich mit?) und von der Appellfunktion (was teilt der Sprecher mir mit?) unterscheidet. Helga Lemke fordert im Anschluss an das Kommunikationsmodell von Friedemann Schulz von Thun ein „Hören mit vier Ohren" (a.a.O., 80), dabei wird von der Appellfunktion der sprachlichen Mitteilung noch eine spezifische Beziehungsfunktion („wie wir zueinander stehen") unterschieden.
26 Vgl.: Schmid, Peter F.: Personale Begegnung, Würzburg ²1995, 36

Was meint er wohl? Man könnte den Versuch machen, den kleinen Satz auf verschiedenen Ebenen des Verstehens durchzudeklinieren. Er kann doch sehr unterschiedliche Bedeutungen haben.

Ebene der	*Mögliche Bedeutung*
WORTE:	Ich glaube nicht an Gott.
ÜBERZEUGUNGEN:	Ich bin Realist, für mich zählen nur Tatsachen.
GEFÜHLE:	Ich bin enttäuscht, ich fühle mich tief verletzt und alleingelassen.
BEZIEHUNGEN:	Sie mit ihrer Kirche! ...!
EXISTENZIELLEN EINSTELLUNGEN:	Ich stehe auf festem Grund. Vielleicht aber auch: Wenn ich doch einen hätte ...!

Die für den Sprecher wesentliche Bedeutung lässt sich aus den Worten allein natürlich noch nicht erkennen. Was zusätzlich oder „eigentlich" vom Gesprächspartner gemeint ist, dazu bedarf es genauer Wahrnehmung nicht nur der Worte, sondern auch der nonverbalen, vor allem körpersprachlichen Zeichen (Gestik, Mimik, Sprechweise, Stimme). Oft sagt der Körper etwas anderes als der Mund. Die Wahrnehmung der Differenz kann uns zum zentralen Problem führen. Und natürlich muss der nähere und ferne Zusammenhang mit berücksichtigt werden. Ob eben ein schwer kranker Patient zu einer Pfarrerin sagt: „Ich kann nicht glauben.", ist etwas anderes, als wenn ein 25-Jähriger mit diesen Worten dem Pfarrer seinen geplanten Kirchenaustritt zu erklären versucht. Zum Verstehen gehören viele Aspekte, und oft gelingt es in der Tat nur bruchstückhaft. Aber das Bemühen darum muss bleiben.

Besonderer Beachtung bedarf in diesem Zusammenhang, wie immer wieder betont werden muss, die *„Gefühlsarbeit"*. Ohne Beachtung der Gefühle gibt es kein Verstehen. Immer spielen Gefühle für die Menschen, mit denen wir in der Seelsorge ins Gespräch kommen, eine Rolle. Von ihnen hängt ab, ob jemand Glück oder Verzweiflung oder etwas, das dazwischen liegt, erlebt. Es ist wichtig, Gefühle angemessen und genau benennen zu können. Denn die Gefühle weisen den Weg zu den existenziellen Problemen. Die Frage „Wie fühlen Sie sich?" ist keine pastoralpsychologische Marotte, wie gelegentlich geargwöhnt wird. Seelsorge ist Gefühlsarbeit; sie besteht in der genauen Wahrnehmung und Artikulation von Gefühlen.[27] Die Auseinandersetzung mit den stets wirksamen, aber vielleicht bewusst nicht wahrgenommenen, möglicherweise auch peinlichen Gefühlen kann in die Tiefe führen und den Weg zu lebenstärkenden Lösungen führen.

---

[27] In der Gesprächspsychotherapie spricht man von „Verbalisierung emotionaler Erlebnisinhalte" (VEE), bei Faber/Schoot wird die entsprechende Intervention „empathisch-spiegelnd" genannt. Beide Bezeichnungen sind sehr verbreitet. Der Ausdruck „spiegeln" sollte möglichst vermieden werden, weil er einen eher formal-technischen Interventionsstil suggeriert. Vgl. auch oben Kap. 5.2

Eine Frau mittleren Alters, berufstätig, mit Familie leidet unter starken Erschöpfungszuständen. Als ihr Problem formuliert sie: Meine Umgebung darf unter keinen Umständen bemerken, dass es mir schlecht geht. Die Seelsorgerin: Sie möchten so gern stark sein, aber irgendwie geht es nicht.

Die Seelsorgerin deutet nur an, in welcher Richtung sie die wahren Gefühle der Frau vermutet. Sie ermutigt diese dadurch, im weiteren Verlauf des Gesprächs sich ihrer Gefühle bewusst zu werden und sich mit ihnen auseinander zu setzen: Warum tue ich mir diesen dauernden Stress an? Muss ich immer stark sein? Wer erwartet das eigentlich von mir?

Für den Seelsorger ist es in diesem Zusammenhang wichtig, sich darüber klar zu werden, wieweit er auch *unbewusste* Gefühle (Ängste) aufdecken möchte. Gefühle ohne konkreten Anlass weisen oft auf unbewusste Zusammenhänge. Es ist freilich riskant, damit zu arbeiten, ohne über die entsprechende therapeutische Kompetenz zu verfügen. Man kann sich dann schnell in einem verwirrenden Deutechaos befinden. Das schafft natürlich Irritationen, keine Klarheit. In der Regel sollte man sich bei der Gefühlsarbeit in der Seelsorge an das halten, wofür es benennbare Anhaltspunkte gibt.

Zum verstehenden Verhalten gehört auch das, was Helm Stierlin die *„Sensibilisierung für Kontexte"* nennt.[28] Der Gesprächspartner in der Seelsorge ist keine Monade, kein nur für sich existierendes Individuum. Um ihn zu verstehen, muss sich der Blick auch auf die nahen und fernen Kontexte richten. Familie, soziales Umfeld, kultureller Lebenszusammenhang, gesellschaftliche Verhältnisse im Ganzen. Welche kontextuellen Beziehungen sind maßgebend für den betreffenden Gesprächspartner? Inwiefern ist er Betroffener oder auch Opfer von Gegebenheiten, für die er nicht unmittelbar verantwortlich ist?

Ein 27-jähriger Student klagt gegenüber dem Seelsorger über mangelnde Fähigkeit zur konstruktiven und konzentrierten Arbeit. Alle Versuche, sich dazu zu bringen, werden nach kurzer Zeit ohne Erfolg wieder aufgegeben. Je näher der Prüfungstermin rücke, desto weniger sei er in der Lage, überhaupt noch klar zu denken und planvoll zu lernen. Er ist im Begriff, sich von einem Arzt für den nächsten Examenstermin krankschreiben zu lassen. Natürlich hat diese Situation etwas mit seiner ganzen Persönlichkeitsstruktur zu tun, das weiß er selber. Aber es kommt auch ein immer stärkerer Leistungsdruck von außen dazu. Wo von den Prüfungsnoten in so hohem Maße Berufs- und Karrierechancen abzuhängen scheinen, sind bei entsprechender sensibler Konstitution starke psychische Verunsicherungen beinahe die logische Folge. Ausgesprochene Handlungsblockaden und Arbeitslähmungen bleiben dann nicht aus.

---

28 Stierlin, Helm: Ich und die anderen, Stuttgart 1994, 73

Verstehen heißt auch Zusammenhänge erkennen, Strukturen von Menschenverachtung und Ungerechtigkeit bewusst machen. Durch verstehendes Verhalten in diesem Sinne werden die kontextuellen Bedingungen nicht verändert, aber es kann doch sehr entlastend und ermutigend sein, wenn jemand die Zwänge wahrnimmt, in denen sich der Einzelne unverschuldet befindet. Unser Student ist auch ein Opfer der Arbeitsmarktverhältnisse, und der Druck wird in schöner Konsequenz von oben nach unten weitergegeben. Es könnte hilfreich sein, wenn er hier vom Seelsorger nicht nur Empathie, sondern auch echte Solidarität erführe. Das könnte die Erfahrung der Einsamkeit und das Gefühl des dauernden Scheiterns aufbrechen und für den ersten Schritt in Richtung auf Veränderungen motivieren. Was verstanden und durchschaut ist, damit kann man sich eher auseinander setzen.

6.2.2. Annehmendes Verhalten

Eine seelsorgerliche Beziehung wird nur dann gelingen können, wenn sie sich auf der Basis annehmenden Verhaltens gestaltet. Rogers spricht in diesem Zusammenhang von „Wertschätzung" und „emotionaler Wärme". Beides gehört zu einem annehmenden Verhalten. „Annahme bzw. „Akzeptanz" sind die fundamentale Voraussetzung dafür. Was ist gemeint?

- Zunächst: Annahme bedeutet, dass ich den Partner des Gesprächs als eine eigenständige Person ansehe und achte, als einen Menschen mit eigenem Wert, eigener Würde. Der in der Seelsorge Rat Suchende ist nicht ein „Fall", ein „Problem" oder ein „armer Sünder" – sondern eine *Person: einmalig, unersetzbar*. Er oder sie ist ein Mensch mit eigener Geschichte, eigener Lebensleistungen; ein Mensch mit Recht auf eigene Entscheidungen, eigene Gefühle (die nicht die meinen sein müssen). Ein Mensch – unvollkommen wie auch ich. Und vielleicht ist seine körperliche, geistige oder psychische Fragilität besonders deutlich. Das schränkt seine Würde nicht ein. Annehmende Seelsorge sollte ein Ort sein, an dem die Beteiligung an den heute mehr denn je üblichen Stigmatisierungen und Abwertungsritualen strikt verweigert wird.
- Wichtig ist, dass die Annahme in der Seelsorge *ohne Bedingungen* geschieht. Hier ist die Analogie zur biblischen Rechtfertigungslehre besonders greifbar. Gott liebt den Sünder als Sünder, eben so wie er wirklich ist (Röm 3,23f.28), nicht erst unter der Bedingung, dass er nicht mehr Sünder sei. Es erscheint mir darum sehr einleuchtend, wenn Kurt Lückel einmal im Blick auf einen ganz konkreten Fall fordert, die Seelsorge müsse „Anwalt der Sünder gegenüber dem System"[29], also auch Anwalt der Sünder, die gegen die Moralvorstellungen und Konventionen des Systems Kirche verstoßen, Anwalt der Gescheiterten, der

---

29 Lückel, Kurt: Sündige hinfort nicht mehr – sündige tapfer!, in: Raab, Peter (Hg.): Psychologie hilft glauben, Freiburg 1990, 194–219, 219

Normverletzer, der Unannehmbaren sein. Das ist immer die Frage an mich als Seelsorger: Kann ich den Partner wirklich so annehmen, wie er jetzt dasitzt: in seiner äußeren Erscheinung, mit seiner mir vielleicht sehr fremden Vorstellung von Moral, mit der mich störenden Aufdringlichkeit, mit der mich verunsichernden Stummheit? Die „Bedingungslosigkeit" ist der eigentliche Stachel der seelsorgerlichen Herausforderung zu Wertschätzung und Annahme. Der andere muss nicht erst so werden, wie ich ihn mir vielleicht wünschte.

- Annehmendes Verhalten ist *nicht vereinnahmendes* Verhalten. Es ist notwendig kritisch gegen ein „identifizierendes Denken", mit dem wir uns den „Anderen" verfügbar machen, ihn in Rollen zwängen, die ihn uns vertraut erscheinen lassen. Es kommt darauf an, den Anderen in der seelsorgerlichen Beziehung „nicht als intentionales Objekt, sondern als Du, das selbst Ich ist und sein kann"[30] zu erkennen. Es kommt u.U. gerade darauf an, den Anderen in seiner *Fremdheit*, in seinem Anderssein anzunehmen. Zur Seelsorge gehört auch die realistische Wahrnehmung der Unterschiede: Es gibt eine Grenze zwischen Ich und Du, dem Vertrauten und dem Fremden. Das kann sehr fruchtbringend sein, wenn ich entdecke, dass gerade die Fremdheit des Anderen – bedingt durch seinen anderen sozialen, kulturellen, geschlechtsspezifischen, religiösen Hintergrund – eine Quelle von Bereicherung, von Zuwachs, von Herausforderung werden kann.[31] Dem Fremden seine Andersartigkeit lassen – gerade das kann auch Ausdruck einer wirklich annehmenden Haltung sein und zur Basis für den Beginn eines seelsorgerlichen Prozesses werden.

Die Annahme ist grundlegend für die Seelsorge. Denn viele Menschen suchen deshalb das Gespräch, weil sie sich gerade nicht angenommen fühlen, sondern eher abgelehnt, ungeliebt, unwert, unfähig. Oft liegt der eigentliche Grund für dieses Empfinden in ihnen selbst. Sie können sich selbst nicht annehmen. Sie verzeihen sich nicht die eigenen körperlichen oder geistigen Defizite. Und das macht sie unglücklich, oft auch unfähig, etwas bei sich zu verändern. Die Außenerfahrung echten Angenommenseins könnte zu einer Wende für einen neuen Anfang werden.

---

30 Ute Guzzoni, zitiert bei: Kießling, Klaus: „Wir suchen von dem Gespräch aus, das wir sind, dem Dunkel der Sprache nahezukommen", in: WzM 49, 1997, 319–339, 326. Hier liegt auch das Recht des von Martin Nicol (s.o.) empfohlenen Freundes-Paradigmas für die Seelsorge. Hinzuweisen ist in diesem Zusammenhang auch noch einmal auf Luther, Henning: Alltagssorge und Seelsorge. Zur Kritik am Defizitmodell des Helfens, in: ders.: Religion und Alltag, Stuttgart 1992, 224–238, 237f

31 Vgl. dazu: Sundermeier, besonders a.a.O., 153ff. Der Religions- und Missionswissenschaftler beschreibt hier „Stufen des Verstehens" in der Begegnung mit Fremden aus einer anderen Kultur. Die von ihm genannten Stufen fordern eine Entwicklung in der Haltung dessen, der verstehen will: epoché (wahrnehmende Beteiligung), Sympathie, Empathie, Respekt. Die Parallelen zur Seelsorge sind bemerkenswert!

6.2.3. **Ermutigendes Verhalten**

Wenn Menschen sich in ihrer Situation wirklich verstanden und als Person angenommen fühlen, dann hat dies schon in vielen Fällen eine aufbauende, stimulie-
rende und aktivierende Wirkung. Aber es ist doch notwendig und sinnvoll, nun
noch ausdrücklich darauf zu insistieren, dass Seelsorgerinnen und Seelsorger im
Gespräch auch initiativ werden können und müssen, ohne deshalb in eine bevor-
mundende Seelsorgepraxis abzugleiten. Was hier mit dem „ermutigenden" Verhalten bezeichnet wird, hat eine starke Affinität zu dem aus der Sozialarbeit her-
kommenden *empowerment*-Konzept. Empowerment ist ziemlich unübersetzbar –
„Ermutigung" ist eigentlich ein zu schwaches und etwas zu betuliches Äquivalent. Empowerment zielt auf eine Lebenshilfe, die die Partner befähigt, ihren eigenen Kräften zu vertrauen und ihr Leben selbständig zu gestalten. Christoph
Schneider-Harpprecht hat das empowerment-Konzept für eine interkulturelle
Seelsorge fruchtbar zu machen versucht[32]; Mark Reuter hat im Zusammenhang
eines Lernprogramms für seelsorgerliche Gesprächsführung empowerment als
„Arbeit an der Selbständigkeit der Gemeindeglieder in ihrer eigenen religiösen
Sache", also als „Selbstorganisation der Seelsorge durch die Betroffenen selbst"
beschrieben[33]. In der feministischen Seelsorge wird empowerment als die „Beschreibung eines sozialpolitischen Prozesses" verstanden, der benachteiligte Einzelne und Gruppierungen „zur Aktivierung der eigenen Kräfte" anregt.[34] Von so
unterschiedlich situierten, aber inhaltlich doch sehr verwandten Positionen ausgehend kann versucht werden zu konkretisieren, was mit „ermutigendem" Verhalten in der Seelsorge gemeint sein könnte:

• *Möglichkeitsperspektive:* Einen Menschen ermutigen bedeutet, ihn auf seine
  Möglichkeiten hin ansprechen. Seelsorge heißt eben auch: Sehen, was noch
  werden kann, einen Menschen nicht festlegen auf seinen gegenwärtigen Zustand. Das ist immer wieder das Überwältigende an den biblischen Berufungs-
  geschichten, dass hier sehr normalen, beinahe durchschnittlich erscheinenden
  Menschen etwas zugetraut wird, ohne dass erkennbar ist, was gerade sie dazu
  qualifiziert (Jer 1,4–7, Lk 5,8.10). Und wen alle aufgegeben haben, dem traut
  Jesus einen neuen Lebensentwurf zu: „Gehe hin und sündige hinfort nicht
  mehr" (Joh 8,11). Eine Seelsorgerin ist „Anwältin" der Möglichkeiten eines Rat
  suchenden Menschen. Deshalb wird sie warten, nicht vorschnelle Lösungen
  anbieten. Sie wird Acht geben auf das, was an Möglichkeiten bei dem Anderen
  erkennbar wird. Gerade labile Menschen haben es nötig, dass ihnen vertraut
  und etwas zugetraut wird.
• *Ressourcenorientierung:* Es ist hilfreich, die Aufmerksamkeit „auf die Potenziale,
  die schon verfügbar, jedoch bisher nicht genügend beachtet oder genutzt wor-

---

32 Schneider-Harpprecht, Christoph:
Interkulturelle Seelsorge, Göttingen 2001,
229ff
33 Baumann, Urs/ Reuter, Mark/ Teuber,

Stephan: Seelsorgliche Gesprächsführung,
Düsseldorf 1996, 90
34 Riedel-Pfäfflin, Ursula/ Strecker, Julia:
Flügel trotz allem, Gütersloh ²1999, 34

den sind"[35], zu richten. Also: Es ist hier wichtig auf das zu achten, was da ist – eine vielleicht verschüttete Begabung, eine brachliegende, aber wiederbelebbare Beziehung, ein vergessener aber jetzt hervorzuholender Schatz an Liedern oder Bildern, die Kraft spenden können. Im Sinne einer solchen Ressourcenorientierung darf man vielleicht auch das Gleichnis Jesu von den anvertrauten „Talenten" (Mt 25,14–29) verstehen als eine recht provozierende Ermutigung zum Gebrauch dessen, was man empfangen hat.

• *Erinnerungsarbeit:* Sich des Vergangenen zu erinnern – einer erlebten Bewahrung, einer bestandenen Krise, einer zugesprochenen Verheißung – das kann ebenfalls zu einer wichtigen Kraftquelle für die Bewährung in den Gegenwartsproblemen werden. Seelsorge sollte erinnern helfen: Wie haben Sie es damals geschafft? Was hat in der Vergangenheit getragen? Die Erinnerung daran kann Mut machen für die heute notwendigen Schritte. Biblische Texte können helfen, die Erinnerungsarbeit in Gang zu bringen: Jesaja 40,26ff; Klagelieder 3,17ff.

Ermutigendes Verhalten in der Seelsorge hat natürlich auch etwas zu tun mit der persönlichen *Ausstrahlung.* Es ist wichtig, sich als Seelsorgerin oder Seelsorger darüber Rechenschaft zu geben: Was vermittle ich eigentlich als Person? Manche Menschen helfen weniger durch Taten und Worte als vielmehr durch ihr Wesen, ihren Habitus. Natürlich ist das auch ein „Charisma" (Röm 12,8), aber es hat ebenso zu tun mit innerer Gewissheit, kritischer Selbstwahrnehmung und authentischer Liebe.

6.2.4. Authentisches Verhalten

Für die seelsorgerliche Beziehung ist es von elementarer Bedeutung, dass Seelsorgerinnen und Seelsorger ihren Gesprächspartnern „echt" begegnen. Ich mag mich noch so sehr um das Verstehen meines Partners bemühen und ihm mit klaren Worten meine Wertschätzung mitteilen – das nützt gar nichts, wenn es keine Sicherheit darüber gibt, dass ich es auch wirklich so meine. Folgende Aspekte für ein authentisches Verhalten sind zu beachten:

• *Pastorale Identität* (Selbstkongruenz). Zunächst ist es eine unabdingbare Voraussetzung, dass der Seelsorger selbst mit seiner Rolle und seinen Aufgaben identisch ist. Das ist zugegebenermaßen besonders für Berufsanfänger und für ehrenamtlich in der Seelsorge Tätige nicht immer einfach. Die pastorale Identität betrifft die grundsätzliche Frage meines Seelsorger-Seins, aber auch die Bejahung der gerade aktuellen Seelsorgebeziehung: Will ich mich jetzt, an diesem Ort zu dieser Zeit, wirklich auf das Gespräch mit diesem Menschen und seinen Problemen einlassen? Oder ist mir im Grunde im Augenblick etwas anderes wichtiger? Ohne innere Bejahung der seelsorgerlichen Aufgabe jetzt und hier

---

35 A.a.O., 35

ist authentisches Verhalten nicht möglich. Früher oder später merkt es mein Gesprächspartner.

• *Verzicht auf pastorale Attitüde.* Mein Gesprächspartner spürt, ob ich mich jetzt ihm nur deshalb zuwende, weil das eben meine berufliche Pflicht ist. Meine Freundlichkeit, mein Interesse, meine Zustimmung – all das ist möglicherweise nur professionelle Fassade. Der Seelsorger gleicht einem Verkäufer, der um des erhofften Verkaufserfolgs willen vorgibt, an nichts mehr interessiert zu sein als dem Wohlergehen des ihm gerade gegenüberstehenden Käufers. Das interessiert ihn aber nicht wirklich. Was im kommerziellen Bereich allgemein üblich ist, wirkt in der Seelsorge tödlich. In einem Kommunikationsprozess, bei dem ja die Erwartung besteht, dass der Partner sich öffnet, von seinen wahren Erfahrungen, Gedanken und Gefühlen spricht, kann die fassadenhafte Zuwendung, wenn sie als solche bemerkt wird, nur als schlimme Verletzung bewertet werden: *„Sie sind zu mir doch nur so freundlich, weil sie als Pfarrer dazu verpflichtet sind ...“*

• *Transparenz:* Zur Authentizität des seelsorgerlichen Verhaltens kann es auch gehören, kritische Gefühle dem Gesprächspartner gegenüber zu erkennen zu geben. Wenn mich Langeweile quält oder wenn das Verhalten des anderen mich aggressiv macht, dann kann es hilfreich sein, dies auch auszusprechen. Es könnte ja sein, dass es dadurch zu einer Klärung kommt, die die seelsorgerliche Beziehung vertieft und dem Gesprächspartner Gelegenheit gibt, seine Problematik deutlicher, ehrlicher, engagierter vorzutragen. Sehr oft zeigt sich dabei, dass die negativen Gefühle, die jemand beim Seelsorger auslöst, auch bei anderen Partnern, in der Ehe etwa, erzeugt werden. Freilich, nicht alle seine Gefühle kann und muss der Seelsorger transparent machen. Das wäre eine unrealistische Forderung und würde auch zu einer Akzentverlagerung im Gespräch führen. Es geht um die Gefühle, die aktuell mit der Seelsorgebeziehung zu tun haben. Probleme des Seelsorgers selbst sind nicht Gegenstand des Gesprächs, sie gehören in die Supervision.

Authentisches Verhalten ist grundlegend für eine Beziehung, die wirklich eine Subjekt-Subjekt-Begegnung sein will. Zwei *Abgrenzungen* sind freilich noch notwendig:

Einmal: Absolute Kongruenz – also die hunderprozentige Übereinstimmung dessen, was ich zu erkennen gebe, mit dem was ich fühle – ist ein kaum erreichbares Ideal. Das gilt nicht nur für die Seelsorge. Auch in der intimsten Beziehung wird es ein Moment der Inkongruenz geben. Richtig wäre die Erwartung, so echt wie möglich zu sein. Überzogene Echtheitsforderungen erzeugen nur Druck und Skrupulosität. Vollkommene Authentizität, also die Wahrheit selbst, ist theologisch gesprochen ein Hoffnungsgut (1 Kor 13,12). Wir können ihr in der Seelsorge immer nur mehr oder weniger nahe sein.

Zum anderen: Es gibt Partner in der Seelsorge, die ich im Moment – aus welchen Gründen auch immer – nicht wirklich wertschätzen kann. Vielleicht sind sie mir einfach nur auf eine gegenwärtig unüberwindbare Weise unsympathisch. Das ist menschlich und keineswegs gleich ein ehrenrühriger Umstand. Nur eines muss ich als Seelsorger wissen: Bei unvermindert anhaltender Antipathie ist ein wirklich helfendes Gespräch nicht möglich. (Das scheinbar edle Muster: „Als Mensch finde ich ihn unausstehlich, aber als Christ helfe ich ihm!" funktioniert nicht!) Da ist es besser dafür zu sorgen, dass der Gesprächspartner eine andere Seelsorgerin findet. Unerlässlich aber ist es auch, sich nach solchen Erfahrungen selbstkritisch zu befragen und mit einem kompetenten Supervisor darüber zu sprechen, womit es zusammenhängen könnte, dass ich an diesem Punkt meine negativen Gefühle nicht überwinden konnte.

6.3. Der Weg des Gesprächs

Das Gespräch beginnt oft in einer ganz offenen Situation und ist in seiner Struktur und in seinem Ort prinzipiell nicht festgelegt. Dennoch ist es sinnvoll, für den Regelfall ein paar Markierungspunkte zu nennen, die für den Weg des Gesprächs beachtet zu werden verdienen.

Zunächst sind ein paar *äußere Gegebenheiten* zu beachten – die sowohl für den Fall eines sich spontan ergebenden Seelsorgekontakts wie auch für den einer fest vereinbarten Begegnung gelten:

• Der *Raum* sollte möglichst abgeschirmt sein.
• Für das Gespräch sollte es eine störungsfreie *Zeit* geben (kein Telefon, kein Handy; wenn irgend möglich, auch kein innerer Zeitdruck). Als Regel könnte gelten: lieber etwas kürzer, dafür mit ungeteilter Aufmerksamkeit. In zwanzig Minuten kann viel passieren – bei entsprechender mentaler und emotionaler Präsenz.
• Wenn man es beeinflussen kann, dann sollte die *Raumatmosphäre* einladend und eher persönlich sein, jedoch nicht zu privat – also möglichst weder Kanzlei noch Wohnzimmer.
• Eine Tasse *Kaffee oder Tee* können im Einzelfall die Gesprächsatmosphäre fördern; sie sind sicher angebracht, wenn der Gersprächspartner einen langen Weg hatte o.Ä. Sie sollten aber nicht zu selbstverständlichen Accessoirs der Seelsorge werden. Das schafft wenig hilfreiche Zwänge.
• Ein Gespräch sollte die *Zeitdauer* von einer Stunde in der Regel nicht überschreiten. Das ist gut für die Zeitökonomie im Gemeindepfarramt, aber es ist auch gut für den Gesprächspartner. Mehr kann gar nicht wirklich verarbeitet werden. Statt endlos lange Gespräche zu führen, ist es besser, einen oder mehrere weitere Termine zu vereinbaren.

Besonderer Aufmerksamkeit bedarf die *Eröffnung* des Gesprächs. Oft entscheidet sich schon beim ersten Wortwechsel, ob es gelingt, eine hilfreiche Gesprächsatmosphäre herzustellen. Die Seelsorgerin sollte für einen Moment warten, ob eine Ratsuchende von sich aus das Gespräch eröffnet. Es wird aber wichtig sein, in der Anfangsphase nicht zu lange Pausen entstehen zu lassen. So hilfreich diese in späteren Phasen eines Gesprächs auch sein mögen, am Anfang dürften sie für die meisten eher bedrückend wirken. Im Zweifelsfalle kann die Seelsorgerin schlicht beginnen: „Sie haben ein Anliegen, und wir haben jetzt Zeit dafür. Beginnen Sie, wo Sie wollen."[36] Wichtig ist für die Anfangsphase, dass eine *erste Orientierung* möglich wird (Was nehme ich wahr? Wo könnte das „eigentliche" Problem stecken? Bin ich die richtige Gesprächspartnerin für diese Ratsuchende?). Noch entscheidender ist aber wohl, ob überhaupt ein *Kontakt* entsteht, sodass mein Gegenüber Vertrauen fassen kann und die Gewissheit wächst: „Hier kann ich offen reden; ich muss keine Angst haben, beschämt zu werden." Schließlich könnte es jetzt auch die ersten *klärenden Vereinbarungen* geben, z.B.: Wir haben jetzt so und so lange Zeit, wir müssen nicht unter Druck reden; wenn Sie möchten, können wir uns wieder treffen, aber das hängt wirklich ganz von Ihnen ab usw.

Wichtig für den *weiteren Weg des Gesprächs* ist dann, dass wir nicht einer vorgezeichneten Route folgen können, wir wollen eben kein „liturgisches" Gespräch führen. Vielmehr werden Themen und Wendepunkte im Gespräch durch das bestimmt, was die Ratsuchende einbringt. Die Aufgabe der Gesprächsführung der Seelsorgerin besteht darin, das, was die Ratsuchende zum Ausdruck bringt, so zu strukturieren, dass es besprechbar wird. Dabei kann es hilfreich sein, einzelne Blick- oder Orientierungspunkte für die Struktur zu beachten:

- *Blickpunkt „Problemerkundung"*: Was ist für die Ratsuchende jetzt das subjektiv wichtigste Problem? Um das zu erfassen, bedarf es u. U. viel Zeit und gespannter Aufmerksamkeit. Es ist gut, sich diese Zeit zu lassen und nicht vorzeitig auf Lösungssuche zu gehen. Wichtig ist genaues Zuhören, gegebenenfalls gezieltes Nachfragen und das Zulassen von Gefühlsäußerungen.

- *Blickpunkt „Durcharbeiten"*: Wenn schon vieles aus- und angesprochen wurde, ist es hilfreich, das „Material" zu ordnen und eine Form zu finden: Welches ist im Augenblick das dringendste Problem? Worüber sollte vorrangig gesprochen werden? Was kann erst einmal hintangestellt werden? Im weiteren Verlauf ist es dann wichtig, dass ein *Verstehen* der für die Ratsuchende problembeladenen Situation erreicht wird. Oft kann es nötig sein, sich darüber *Klarheit* zu verschaffen, ob eine Lösung oder Veränderung wirklich erstrebt wird, z.B. im Sinne einer Konfrontation: „Wollen Sie wirklich, dass sich etwas ändert?" Darauf lässt sich vielleicht besser antworten, wenn das Gespräch Raum gibt, um die *Möglichkeiten*, die jetzt in Betracht kommen könnten, zu entdecken und zu prüfen: die Möglichkeiten, die in der Ratsuchenden selbst liegen und die sich etwa aus ihrem Glauben ergeben, die Möglichkeiten, die sich in ihrem weiteren oder näheren Umfeld finden und die, die das Evangelium darstellt (Ressourcenorientierung). Nach einem längerem Gespräch kann auch der Versuch einer *Bündelung* ratsam sein, etwa durch den Impuls: Was war jetzt von dem, was wir besprochen haben, für Sie besonders wichtig? Was ist noch ganz offen? Die

---

36 Ähnlich: Weber, Wilfried: Wege zum helfenden Gespräch, München [11]1996, 151f;

vgl. zum Folgenden auch die weiteren Kapitel bei Weber: a.a.O., 153–178

Selektion der Gesprächsinhalte durch die Ratsuchende kann für den weiteren Gesprächsverlauf sehr fruchtbar sein.

• *Blickpunkt „Perspektive"*: Es ist wichtig, wenn der Schluss in Sichtweite ist, zu fragen: Wie geht es weiter? Welche Auswege werden erkennbar? Was ist veränderbar? Was ist hinnehmbar? Was ist völlig offen, vielleicht offener denn je? – Jetzt geht es darum zu sehen, welches die nächsten Schritte der Ratsuchenden sein könnten. Das Gespräch wird etwas pragmatischer. Und es stellt sich die Frage: War dieses Gespräch ausreichend? Wären weitere sinnvoll? Was wollen wir konkret vereinbaren?

• In die Schlussphase des Gesprächs gehört dann auch die Frage nach einem *Gebet*, einem Segenswunsch o.ä. Das ist ja die besondere Möglichkeit von Seelsorge; es ist dann aber auch darauf zu achten, ob dies dem ausgesprochenen oder erahnbaren Wunsch der Ratsuchenden entspricht.

Ein Gespräch sollte nicht mit dem Amen (wie ein Gottesdienst), überhaupt nicht zu schwer und bedeutungsschwanger enden. Eine kurze Phase des Ausklingens erleichtert den Abschied, lockert die Atmosphäre und macht Mut für eine nächste Begegnung.

6.4. Interventionen im seelsorgerlichen Gespräch[37]

Jedes Gespräch, das in Ausübung eines Berufs oder eines bestimmten Auftrags geführt wird, hat auch seine „handwerkliche" Seite. Der Seelsorger muss sich darüber klar werden, welche Interventionen, also welche Handlungsinitiativen und Gesprächsreaktionen dem Fortgang und Tiefgang der seelsorglichen Kommunikation zuträglich sind und welche nicht oder weniger. Dabei ist natürlich deutlich, dass sich das mit einiger Sicherheit immer erst im Zusammenhang eines Gesprächsvollzuges sagen lässt. Die Betrachtung einzelner Interventionsmöglichkeiten hat also etwas von einem „Trockenschwimmerkursus" an sich. Und doch ist es sinnvoll, unterschiedliche Interventionsformen zu kennen und eine Vorstellung von ihren möglichen Wirkungen zu besitzen. Dann lassen sich die eigenen Möglichkeiten besser ausschöpfen, und die kritische Nacharbeit eines Gesprächs kann konkreter werden.

Fragt man nach den Beurteilungskriterien für die jeweiligen Interventionen, dann könnte man generell sagen: Alles, was dazu beiträgt, das Gespräch im Sinne der angestrebten seelsorglichen Kommunikation weiterzuführen, kann als hilfreich angesehen werden.

Im Einzelnen wäre dann zu fragen: Dient diese Intervention wirklich dem Verstehen des Anderen, auch dem Verstehen seiner Gefühle und seiner existenziel-

---

37 Vgl. dazu Faber, Heije/ Schoot, Ebel van der: Praktikum des seelsorglichen Gesprächs, Göttingen ²1970; Krusche, Günter: Das seelsorgliche Einzelgespräch, in: Becker u.a. (Hg.), a.a.O., 115–138; Ziemer, Jürgen: Bedingungen und Möglichkeiten für eine seelsorgliche Initiative im helfenden Gespräch, in: ZdZ 37, 1983, 263–269

Beispiele für in der Regel hilfreiche Interventionen

nichtverbale Reaktionen	„hm", kopfnicken, zustimmende oder abwehrende Gesten	*zeigen Interesse, inneres Mitgehen des Seelsorgers, geben Signal weiterzusprechen, ermutigen ängstliche Partner*
Pausen	„aktives" Schweigen	*der Seelsorger signalisiert: Ich habe Zeit, ich höre zu, ich bin ganz dabei, es bewegt mich; vielleicht auch konfrontierend: Ich werde nicht für dich sprechen: Du bist jetzt dran!*
Reflexion	empathisch-spiegelnde Intervention: Wiedergabe der inneren, vor allem emotionalen Situation des Ratsuchenden: je genauer die Gefühle nach Qualität und Intensität erfasst werden, desto hilfreicher.[38] Im Zweifelsfalle ist es besser nachzufragen (Habe ich Sie jetzt richtig verstanden?). Das schützt den Ratsuchenden vor Unterstellungen durch den Seelsorger.	*hilft zur Auseinandersetzung mit dem subjektiven Problem, vermittelt das Gefühl, wirklich verstanden zu sein*
Konfrontieren	Seelsorger teilt dem Ratsuchenden eine Beobachtung mit, eine auffällige Verhaltensweise, einen Selbstwiderspruch o.ä. (z.B. „Immer wenn die Rede auf ihren Vater kommt, wechseln sie das Thema …")	*fordert zur Auseinandersetzung mit sich selbst heraus. Konfrontation kann den Lernprozess entscheidend vorantreiben. Sie setzt eine schon stabile Beziehung voraus, um nicht als Angriff missverstanden zu werden.*
Interpretieren	Seelsorger sagt, wie er die Situation jetzt sieht und wie er sie für sich deutet (z.B. „Das ist jetzt für Sie eine ziemliche Zerreißprobe: einerseits ist da die Liebe zu Ihrer Frau, andererseits die starke Bindung an ihre Mutter.")	*Seelsorger versucht durch Interpretation zu der vom Ratsuchenden oft unübersichtlich erlebten Situation Distanz zu gewinnen. Voraussetzung ist, dass die Interpretation angenommen werden kann; der Ratsuchende sollte Gelegenheit erhalten, ihr zu widersprechen, sie zu bestätigen oder zu modifizieren.*

Fokussieren	Seelsorger bietet dem Ratsuchenden an, sich im Gespräch auf ein Problem, auf das Schlüsselthema zu konzentrieren[39]	*Durch den Fokus gewinnt das Gespräch an Klarheit und Struktur, die wirklich brennenden Fragen können gezielt angegangen werden, Zeit wird gewonnen*
Zusprechende Intervention	freier Zuspruch, Segenswort, Bibeltext, Psalm, Gesangbuchvers, optisches Symbol, Gebet	*vermittelt Gefühl von Geborgenheit, vertieft Beziehung, öffnet den Horizont, kann in gegebenen Situationen auch als vorwärtsweisende Konfrontation verstanden werden*

Beispiele bedingt hilfreicher Interventionen

Informieren	Aufklärung über psychologische, theologische, juristische Zusammenhänge; informiert über konkrete Hilfemöglichkeiten	*vor allem in der Anfangsphase problematisch: da können Sachinformationen von der subjektiven Problematik wegführen und die Abwehrbereitschaft unterstützen; in einer fortgeschrittenen Phase des Gesprächs oft notwendig und hilfreich.*
Fragen	Fragen, die sich direkt auf den Gesprächsverlauf beziehen (Bitte um Klärung, Verdeutlichung usw.)	*notwendig für Gesprächsfortschritt, zeigen Interesse und innere Beteiligung des Seelsorgers. Vorsicht bei Warum-Fragen (sie fördern Rationalisierungstendenzen und haben oft entlarvenden Charakter)!*
	Fragen, die sich auf Neues beziehen (Wie alt sind sie? Sind Sie verheiratet? usw.)	*nur in der Anfangsphase sinnvoll (Exploration); durch Fragen dieser Art bleibt die Initiative einseitig beim Seelsorger. Wozu brauche ich jetzt diese Information?*
Rat, Impuls	Angebot an den Ratsuchenden, so und so zu handeln, diesen oder jenen Schritt jetzt zu versuchen;	*entspricht oft den Erwartungen der Ratsuchenden, schafft u.U. ein befriedigendes Gefühl (das war heute effektiv!): aber Vorsicht: gute Ratschläge werden dankbar angenommen, jedoch selten befolgt. Ein Rat ist verfehlt, wenn er praktisch den Ratsuchenden an der möglichen Eigenaktivität hindert.*

38 zur Praxis vgl.: Weber, Wilfried: Wege zum helfenden Gespräch. München [11]1996, 68–106 (mit praktischen Übungsbeispielen)
39 vgl. Volger, Ingeborg: Mensch werde wesentlich. Zur Fokusbildung in der Beratung, in: EZI-Korrespondenz 17, Berlin 1999, 10–15

len Fragen? Aktiviert sie den Gesprächspartner? Nimmt sie ihn ernst? Fördert sie seine Freiheit? Ist sie authentisch?

Mit diesen kritischen Fragen im Hintergrund seien nun einige der gebräuchlichsten Interventionen in einem Seelsorgegespräch aufgeführt und in ihren möglichen Auswirkungen kurz beschrieben (siehe Tabelle S. 168f.).

Zu nennen sind auch eine ganze Phalanx problematischer Seelsorgeinterventionen. Ihnen allen ist gemeinsam, dass sie den seelsorgerlichen Gesprächsprozess nicht wirklich fördern, sondern ihn eher blockieren

- durch „Abheben" auf eine ziemlich unpersönliche Sachebene (rationalisieren, dogmatisieren, belehren),
- durch mehr oder weniger deutliche Formen der Abwertung des Partners, die das ohnehin oft schon angeschlagene Selbstwertgefühl weiter beschädigen (bewerten, moralisieren),
- durch ein Nichternstnehmen der besonderen Situation des Ratsuchenden (voreilige Schlüsse und Diagnosen, beschwichtigen, verallgemeinern).

Alle problematischen Interventionen können auch zu Störungen auf der Beziehungsebene führen oder umgekehrt schon aus ihnen erwachsen. Sie verfestigen die Überlegenheitsposition des Seelsorgers und sie verstärken die Inferioritätsgefühle des Rat Suchenden. Sie verhindern in der Regel das Fortschreiten eines für den Rat Suchenden hilfreichen Kommunikationsprozesses. Sie sind ungeachtet dessen ziemlich menschliche Verhaltensweisen und werden auch erfahrenen Seelsorgern immer wieder unterlaufen. Es ist wichtig sich und die eigenen „Vorlieben" in dieser Beziehung zu kennen.

6.5. Das seelsorgerliche Gespräch als geistliches Geschehen

Mancher wird sich immer wieder in seinen Vorurteilen bestätigt sehen, wonach die moderne, pastoralpsychologisch ausgerichtete Seelsorge doch eigentlich nur eine Variante säkularer Psychotherapien oder therapienaher Beratungsformen darstelle. Demgegenüber soll hier festgehalten werden, dass Seelsorge von Anfang an auch als ein geistliches Geschehen zu begreifen ist, selbst wenn dies rein phänomenologisch oder inhaltsanalytisch nicht immer gleich erkennbar wird. Aber „geistlich" oder „religiös" wird ein Gespräch nicht erst, wenn ein Bibelwort zitiert, ein Gebet gesprochen oder der Gottesname erwähnt werden.

(1) Geistliche Aspekte der Seelsorge

- Schon die Entscheidung eines Ratsuchenden, mit einem Seelsorger oder einer Seelsorgerin zu reden, hat eine symbolische Bedeutung. Da wird ganz bewusst mit einem Berufsvertreter in einem Kontext gesprochen, die beide immer auch noch für „etwas anderes", sagen wir ruhig „etwas Höheres" stehen. Es schwingt in diesen Gesprächen etwas mit, das es von anderen Gesprächssituationen unterscheidet, selbst wenn dies explizit mit keinem Wort erwähnt wird. Wir können auch sagen: dem seelsorgerlichen Gespräch eigne in gewisser Weise eine Art *impliziter Religiosität*.

• Jeder Dialog, der um die Wahrheit einer Person geführt wird, hat auch eine religiöse Seite. Er führt, wenn er gelingt in eine Tiefe, in der die Abgründe und Gewissheiten, die Hoffnungen und Zweifel eines Menschen ruhen. Nicht das „Material" und die Begriffe sind entscheidend, sondern die Tiefe der existenziellen Betroffenheit. Paul Tillichs bekannter Buchtitel „In der Tiefe ist Wahrheit"[40] darf auch als symbolische Zusammenfassung des seelsorgerlichen Aktes verstanden werden. Gelingt ein Gespräch in der Tiefe, werden beide Partner dessen ansichtig, *„was unbedingt angeht"*[41].

• Manchmal ist in einem solchen Gespräch der Zeitpunkt, der Kairos, gekommen, um den Blick für die ausdrückliche theologische Sicht der Situation zu öffnen. Dann kann bewusst gemacht werden, dass die gegenwärtige Erfahrung des Bedrohtseins oder des Zwanges zur Entscheidung auch eine *Situation vor und mit Gott ist* – also eine Situation unbedingten Gefordertseins und zugleich unendlichen Geliebtseins. Dann kann es sich ereignen wie in der Emmausgeschichte: „... und als sie so redeten ... da nahte sich Jesus selbst und ging mit ihnen." Und er deutete ihnen alles das, was ihnen widerfahren war und sie bis ins Innerste erschüttert hatte (Lk 24,15.25–27).

• Es ist durchaus möglich, eine intensive seelsorgerliche Begegnung als ein *liturgisches Geschehen* zu betrachten, wie Joachim Scharfenberg dies auf anrührende Weise versucht hat.[42] Dabei geht es nicht darum, den dynamischen Prozess der Seelsorge durch eine liturgische Ordnung festzulegen.[43] Aber wenn der Gang in die Tiefe gelingt, dann zeigt sich ganz einfach, dass da ganz ähnliche Schritte des Lernens zu gehen sind wie in einem Gottesdienst. Ankommen, eingeladen werden, klagen und sich aussprechen, zuhören und sich auseinander setzen, dem Wort begegnen, danken, bekennen, Annahme erfahren, Gemeinschaft erleben, gesegnet werden. Dass es sich so ereignet, kann man nicht machen. Gelingende Seelsorge ist immer auch ein Geschenk, eine Gnade.

• Die geistlichen Aspekte des Gesprächs können dann natürlich auch ganz ausdrücklich zum Tragen kommen durch den Gebrauch der *geistlichen Lebenshilfen und eine gemeinsame praxis pietatis*: im Gebet, im Hören auf ein Bibelwort, in der Beichte, im gemeinsamen Innehalten über einem theologischen Gedanken oder einem Symbol des Glaubens, im Schweigen der Meditation, im Feiern des Abendmahls, nicht zuletzt auch durch leibliche Gesten, durch Handauflegung

---

40 Tillich, Paul: In der Tiefe ist Wahrheit. Religiöse Reden, Stuttgart 1952
41 Tillich, Paul: Systematische Theologie, Bd. 1, Stuttgart 1956, 247 passim
42 Scharfenberg, Joachim: Einführung in die Pastoralpsychologie, Göttingen 1985, 101–105; für den Zusammenhang von Liturgie und Seelsorge vgl. auch: Thilo, Hans-Joachim: Die therapeutische Funktion des Gottesdienstes, Kassel 1985
43 Gegen eine solche Form des „liturgischen Gesprächs" hat sich Scharfenberg deutlich ausgesprochen, in: ders.: Seelsorge als Gespräch, Göttingen 1972, 15f

und Zuspruch des Segens. Indem Menschen gesegnet werden, wird ihnen von Gott her ihre Menschenwürde aufs Neue zuerkannt – auch und gerade im Zeichen äußerster Not. Freilich gilt auch für den Zuspruch des Segens: Geistliche Erfahrung gibt es letztlich nur als Erfahrung in Freiheit.

(2) Das Gebet in der Seelsorge
Das zuletzt Gesagte gilt insbesondere auch für das Gebet in der Seelsorge. Das Gebet ist eine grundlegende Ausdrucksform des Glaubens. Es kann und sollte Zielpunkt eines jeden Gesprächs sein, das ein wirkliches Ringen um die Wahrheit darstellt und darum im Bezogensein auf *die* Wahrheit seinen Gipfelpunkt erreichen könnte. Es darf jedoch gerade darum nicht zum Symbol pastoraler Pflichterfüllung werden. Deshalb sei es erlaubt hier ein paar *Regeln für das Gebet in der Seelsorge* weiterzugeben.

1. Es gibt keinen Zwang zum Gebet. Die Verantwortung dafür nimmt dem Seelsorger keine Ordnung oder Agende ab. Das Gebet darf nicht als Kriterium für rechte oder falsche Seelsorge missbraucht werden.
2. Nur das Gebet wird hilfreich sein, in dem die Seelsorgerin authentisch dabei sein kann. Die Erfahrung des Apostels Paulus sollte richtungsweisend sein, der andere in der „Bedrängnis" mit keinem anderen Trost zu trösten suchte als dem, mit welchem er selbst von Gott getröstet worden war (2 Kor 1,3–7).
3. Jeder Eindruck von Nötigung sollte vermieden werden. Beten ist etwas sehr Intimes. Darum ist eine feine Sensibilität dafür notwendig zu erspüren, ob jetzt das Gebet akzeptiert werden kann oder nicht. Man kann im Zweifelsfalle fragen, ob es recht ist. Eine solche Frage setzt aber die Freiheit des Partners voraus. Sie ist nur sinnvoll, wenn auch eine ablehnende Antwort denkbar wäre.
4. Wenn die Situation unklar ist, legt es sich nahe, einen Text, eine Besinnung mit geistlichem Inhalt, aber ohne ausdrückliche Gebetsstruktur zu sprechen.
5. Das Gebet sollte in der Regel nicht Kommunikationsersatz sein. Sehr fromme Gemeindeglieder (oder auch solche, die so scheinen möchten) „überfallen" die Seelsorger gelegentlich mit dem Wunsch, er möge doch mit ihnen beten. Es ist meist nicht sinnvoll, dies zu tun, ohne zuvor die Gelegenheit zu einem Gespräch wahrgenommen zu haben. Das Gebet sollte jedenfalls nicht in den Dienst der Verdrängung gestellt werden.
6. Das Gebet darf die magischen Wünsche eines Gesprächspartners nicht verstärken und unrealistische Heilserwartungen nicht unterstützen. Es sollte zusammenpassen mit der schweren Bitte des Vaterunsers: Dein Wille geschehe.
7. Auch Klage, Protest, Schreie aus der Not sind, wie die Psalmen zeigen, eine Weise zu beten. Im Gebet wird dem Bedrückenden Ausdruck und Sprache verliehen. Gott ist die wichtigste Adresse für menschliches Klagen.
8. Hilfreich ist es, mit dem Gesprächspartner zusammen den Inhalt des Gebetes vorzubedenken (Haben Sie ein besonders Anliegen, das Sie vor Gott bringen möchten? Wollen wir vor ihm an einen bestimmten Menschen denken?).
9. Das Gebet sei kurz, verständlich, auf wenige Anliegen konzentriert. Die Ver-

knüpfung mit einem geformten Stück (Vaterunser, Segen u.a.) erscheint durchaus sinnvoll. Mancher wartet vielleicht darauf, dass ein Text, der fast vergessen ist und doch ferne Erinnerungen wachruft, wieder zum Leben erweckt wird.[44]

6.6. Störungen im Gespräch

Man neigt bei der Beschreibung des seelsorgerlichen Gesprächs leicht dazu, einen recht „idealen" Gesprächsverlauf zu imaginieren. Wer in der Seelsorge aktiv ist, weiß, dass die Praxis oft sehr viel anders aussieht. Es gibt viele Gründe für unbefriedigende Gesprächsverläufe in der Seelsorge. Möglicherweise gibt es auf der einen Seite, und das kann auch die des Seelsorgers sein (!), gar keine wirkliche Bereitschaft zu einer intensiveren Kommunikation. Halbherzige Gesprächsvereinbarungen führen selten in ein wirklich hilfreiches Gespräch.

Es kommt auch vor, dass Ratsuchende sich aus einer Abhängigkeit von bestimmten Personen ihres Umfelds nicht befreien können (z.b. Sektenabhängigkeit, okkulte Bindungen); dann fehlt es meist an der Offenheit, die ein Gespräch erst sinnvoll macht.

Manchmal sind es auch schlicht äußere Gründe, die einen befriedigenden Gesprächskontakt verhindern: ein ungeeigneter Raum, dauernde Störungen von aussen, Zeitdruck o.Ä.

Es gibt jedenfalls viele Faktoren, die es verhindern können, dass ein Vertrauensklima entsteht und ein wirklich helfendes Gespräch zustandekommt.

Auf einige Probleme für die Psychodynamik des Gesprächs sei besonders hingewiesen[45]:

(1) Auffällige Verhaltensweisen von Ratsuchenden

- Vereinnahmungstendenz: Es wird indirekt an die Solidaritätsbereitschaft des Seelsorgers appelliert, in Wirklichkeit (und vielleicht unbewusst) möchte man ihn als Parteigänger gegen jemand anders (z.b. den Ehepartner, den Chef, die Schwiegertochter o.Ä.) gewinnen. Hier befinden sich ausgesprochene „Fallen" für die seelsorgerliche Beziehung („So gut wie Sie hat mich noch keiner verstanden!").
- Leidseligkeit: Es gibt Menschen, die es darauf anlegen, durch ihr Leiden zu beeindrucken. Durch Leiden zu herrschen, das ist nicht unbekannt. Manche Familien werden durch ihren Kranken geradezu in Schach gehalten, nach der unausgesprochenen Devise: Wenn ihr in euren Mitleidsreaktionen nachlasst,

---

44 Textsammlungen für Gebete und Texte in der Seelsorge gibt es reichlich; ich nenne besonders: Neues Evangelisches Pastorale, Gütersloh 2005; Agende für ev.-luth. Kirchen und Gemeinden III 14, Hannover ²1995;

Brixner, Wolf/ Hellmich-Brixner, Olga (Hg.): Gebete für alle Tage, Augsburg 1998
45 Zu diesem ganzen Abschnitt vgl. durchgehend: Scharfenberg, a.a.O., 54–91

werdet ihr schon erleben, wie es mir geht. Auch Seelsorgern kann solch ein Verhalten begegnen. Da ist schwer weiterzukommen, weil jegliche Veränderungsbereitschaft blockiert ist. (NB: Hier geht es um psychopathische Verhaltensweisen, es sind nicht die schweren Leidenssituationen gemeint, die der Seelsorgerin etwa im Krankenhaus, in der Sterbeseelsorge o.Ä. entgegentreten!)

- Liebedienerei und Frömmelei: Es gibt gerade in der Gemeindeseelsorge immer wieder Erfahrungen mit Menschen, die auf die eine oder andere Weise der Pfarrerin oder dem Pfarrer gefallen und einen emotionalen Sonderplatz bei ihnen erheischen möchten. „Ich komme zu Ihnen, weil mir Ihre Predigten immer so viel ‚geben'!" Wie soll man da widerstehen! Aber ein seelsorgliches Gespräch, und darum geht es hier, ist unter diesen Voraussetzungen nicht besonders aussichtsreich, weil eine echte Konfliktbearbeitung durch Liebedienerei eher vermieden wird.

- Druckausübung: „Keiner weiß, wie schlecht es mir geht." „Niemand kann mir helfen – Sie auch nicht, Herr Pfarrer, sie sind ja viel zu jung." „Sie sind meine letzte Hoffnung." Solche und ähnliche Sätze erzeugen seelsorglichen Leistungsdruck, der zu wirklicher Seelsorge eher unfähig macht. Ein schlichtes „Ich fürchte, Sie erwarten viel zu viel von mir" kann schon etwas vom Druck nehmen.

Diese und ähnliche Verhaltensweisen der Gesprächspartner haben gemeinsam, dass sie, psychoanalytisch gesprochen, ein Moment des *Widerstands* enthalten. Man möchte mit dem Seelsorger Kontakt halten, ohne sich auf – vielleicht recht schmerzhafte – Lern- und Erkenntnisprozesse einzulassen.

Es muss sich zeigen, ob im Verlauf der Beziehung das Vertrauen wächst und die vereinnahmenden und zugleich blockierenden Verhaltensweisen aufgegeben werden können. Am wichtigsten ist es, zu versuchen, die Angst zu vermindern. Dann darf man vielleicht eine vorsichtige Konfrontation wagen: „Wollen Sie wirklich, dass sich etwas ändert?" (vgl. Joh 5,6). Eine den Widerstand als Widerstand bewusst machende Interventionsform wird freilich nur der Seelorger wagen dürfen, der hierfür über eine ausreichende therapeutische Erfahrung verfügt. Manchmal muss eine seelsorgliche Beziehung, die fruchtlos wird, einfach abgebrochen, ggf. auf Zeit unterbrochen werden.

(2) Übertragung und Gegenübertragung[46]
Eine seelsorgliche Beziehung – selbst wenn beide sich vorher nicht gekannt haben – beginnt selten am Nullpunkt. In die aktuelle Beziehung fließen oft biographische Erfahrungen ein, die dem Betreffenden gar nicht mehr bewusst sind.

So sind manche überraschend negativen oder auch positiven emotionalen Reaktionen auf den Seelsorger oder die Seelsorgerin zu erklären. In der Psychoana-

---

46 Vgl. hierzu: Scharfenberg, a.a.O., 68ff; Haustein, Manfred: Das Problem der Übertragung, in: Friemel, Franz Georg/ Schneider, Franz (Hg.): Pastorale Kommunikation, Leipzig 1985, 54–74

lyse wird hier von „Übertragungen" gesprochen. Damit ist die ungewollte und unbewusste Verzerrung einer Beziehungskonstellation durch die Aktualisierung früherer Affekte gegenüber einer ganz anderen Person gemeint. Mit einem Male entdeckt jemand in dem älteren Seelsorger Züge seines Vaters; und weil es in dieser Vater-Sohn-Beziehung eine Fülle an unaufgearbeitetem Konfliktpotenzial gibt, passiert es, dass eine ganze Ladung aggressiver Gefühle auf den Seelsorger hinüberschwappt.

Für die Seelsorge ist es wichtig, um das Übertragungsphänomen zu wissen und es wo möglich nicht durch auffallende Reize zu verstärken. Autoritäres Gehabe, auffällige Kleidung o.ä. können leicht zu „Aufhängern" für Übertragungsphantasien werden. Der bewusste und gezielte Umgang mit dem Übertragungsphänomen ist Sache professioneller Therapie und hat in der seelsorgerlichen Arbeit nichts zu suchen.

Vorsicht ist hier auch aus einem anderen Grunde geboten. Denn es ist auch eine Übertragung von Seiten des Seelsorgers auf seinen Gesprächspartner möglich. Da wird dann von „Gegenübertragung" gesprochen.

Den Phänomenen von Übertragung und Gegenübertragung wird in der Seelsorge am besten gegengesteuert durch eine bewusste Gestaltung der seelsorgerlichen Beziehung. Seelsorge braucht dabei nicht dem strengen Gebot der Freud'schen Abstinenzregel unterworfen zu werden. Das könnte eher kontraproduktiv sein, da eine emotionale Teilhabe durchaus hilfreich sein kann.[47] Aber persönliche Distanz zu wahren, ohne emotionales Engagement und Interesse für den Ratsuchenden preiszugeben – das ist schon ein Mittel, um psychodynamischen Störungen nicht zu sehr ausgeliefert zu sein. Der seelsorgerliche Balanceakt zwischen zu viel Nähe und zu viel Distanz wird immer wieder geübt werden müssen.

6.7. Weitervermittlung in besonderen Fällen

Die Ausführungen dieses Kapitels haben deutlich gemacht, dass es in der Seelsorge Konstellationen geben kann, die den Rat notwendig machen, sich an einen Psychotherapeuten zu wenden oder in eine Spezialberatung zu begeben. Es ist gut, wenn ich als Seelsorger hier Bescheid weiß und die Empfehlung konkretisieren kann. Dann muss der Ratsuchende sich nicht abgeschoben fühlen.

Zu denken ist hier an:

• Seelsorgerinnen und Seelsorger mit einer Spezialausbildung (z.B. Krankenhaus-, Gefängnisseelsorger, supervisorisch tätige Mitarbeiterinnen): für Menschen in besonderen Lebenssituationen

---

47 Auch unter Psychoanalytikern ist die Abstinenzregel nicht unumstritten. Fritz Riemann kann z.b. der Gegenübertragung durchaus positive Seiten abgewinnen. Ihr Vermeiden sei „nur eingeschränkt wünschens-wert", denn: „Gerade im Sich-ergreifen-Lassen, in der lebendigen Anteilnahme liegen wesentliche therapeutische Möglichkeiten." in: ders.: Grundformen helfender Partnerschaft, München ²1976, 88

- Beratungsstellen (in kirchlicher oder kommunaler oder freier Trägerschaft): besonders bei Suchtproblemen, in Erziehungsfragen, bei Familien- und Partnerproblemen, in komplizierten Trauersituationen (z.b. Tod eines Kindes), für Schwangerschaftskonfliktberatung u.ä.
- Psychotherapeutinnen: vor allem zur Behandlung der verschiedenen neurotischen und psychosomatischen Erkrankungen
- Psychiater: bei psychotischen und anderen psychiatrischen Krankheiten
- Allgemeinmediziner, Internistinnen: bei Beobachtung körperlicher Symptome
- Rechtsberatungsstellen, Rechtsanwälte: bei rechtlichen Konfliktsituationen (z.b. im Zusammenhang einer Scheidung); für Scheidungsvermittlung (Mediation)
- Soziale Dienste: bei sozialer Bedürftigkeit, Überschuldung, Arbeitslosigkeit u.ä.

Es ist ein Zeichen seelsorgerlicher Kompetenz wahrzunehmen, wann ich an meine Grenzen gekommen bin und in welchen Fällen die „Überweisung" eines Rat Suchenden angezeigt ist.

Besonders wichtig ist es in diesem Zusammenhang zu erkennen, ob ein Ratsuchender an einer behandlungsbedürftigen seelischen Störung (Neurose, Psychose) leidet. Die Beobachtung situativ kaum erklärbarer „Auffälligkeiten" kann dafür ein wichtiger Indikator sein.[48]

Hier ist eine ehrliche Selbstwahrnehmung des Seelsorgers notwendig. Freilich muss man auch berücksichtigen: Nicht jeder „schwierige Fall" bedarf einer Spezialberatung! Im Zweifelsfalle ist es hilfreich, sich mit einer Kollegin oder einem Kollegen zu beraten. Auch wenn ein Ratsuchender zur Lösung seiner Probleme eine Fachberatung aufsucht, muss das nicht zwangsläufig zum Abbruch der seelsorgerlichen Beziehung führen. Oft ist durchaus ein Nebeneinander von Seelsorge und Spezialberatung oder Therapie vertretbar. In dem Fall ist dann freilich eine kollegiale Verständigung unerlässlich.

Literatur

Zur Grundlegung einer Theorie und des seelsorgerlichen Gesprächs stellen nach wie vor die entsprechenden Kapitel in Joachim *Scharfenbergs Seelsorge als Gespräch (1972*, 44–119) einen wichtigen Ausgangspunkt dar. Das gleiche gilt für *Hans-Christoph Pipers Kommunizieren lernen in Seelsorge und Predigt (1981)*. Die *Gesprächsanalysen* des gleichen Autors (⁶1994) sind für den Einstieg in die Praxis des seelsorgerlichen Gesprächs und für pastoralpsychologische Gruppenarbeit hervorragend geeignet. Eine ganz praktische Hilfe für die Gesprächsführung stellen die Studienbriefe von *Günther Eisele und Reinhold Lindner (1978)* dar. Neue Ansätze für die Ausbildung zum helfenden Gespräch vermittelt das Lernprogramm von *Urs Baumann u.a. (1996)* und das Konzept für seelsorgerliche Kurzgespräche von *Timm Lohse* (³2006).

---

48 Zur Identifizierung von psychischen Krankheiten vgl. unten den Exkurs in Kapitel 9.2.3. Hilfreich und allgemeinverständlich:

König, Karl: Wem kann Psychotherapie helfen? Göttingen 1993

Baumann, Urs/ Reuter, Mark/ Teuber, Stephan: Seelsorgliche Gesprächsführung. Ein Lernprogramm, Düsseldorf 1996

Bieritz, Karl-Heinrich: Kommunikative Grundlagen des seelsorglichen Gesprächs, in: HbS 87–105

Bohren, Rudolf: Der Seelsorgebrief, in: Landau, Rudolf/ Schmidt, Günther R.: „Daß allen Menschen geholfen werde …", Festschrift Manfred Seitz, Stuttgart 1993, 17–21

Bukowski, Peter: Humor in der Seelsorge. Eine Animation, Neukirchen 2001

Eisele, Günther/ Lindner, Reinhold: Seelsorge lernen. Anleitung für helfende Gespräche, Gladbeck ⁴1978

– Ich brauche Hilfe. Menschen in sozialer Not begleiten, Neukirchen ⁴1993

Eisenmann, Barbara: Erzählen in der Therapie. Eine Untersuchung aus handlungstheoretischer und psychoanalytischer Perspektive, Opladen 1995

Engemann, Wilfried: Körperlichkeit und Gegenständlichkeit christlicher Religiosität. Rituelle Verkörperungen des Glaubens, in: WzM 54, 2002, 301–305

Faber, Heije/ Schoot, Ebel van der: Praktikum des seelsorgerlichen Gesprächs, Göttingen ⁷1987

Fritsch, Stefan: Mit Phantasie durch die Krise. Kreative Methoden in der Seelsorge, in: Böhme, Michael u.a. (Hg.): Entwickeltes Leben, Leipzig 2002, 283–298

Gärtner, Heiderose: Gute Gespräche führen, Gütersloh 2004

Hakala, Pirjo: Learning by Caring. A follow-up Study of Participants in a specialized Training Program in Pastoral Care and Counseling, Helsinki 2001

Herriger, Norbert: Empowerment in der sozialen Arbeit, Stuttgart 1997

– Gott ins Gespräch bringen. Handbuch zum Neuen Evangelischen Pastorale, Gütersloh 2007

Heimbrock, Hans-Günther: Von der Wirkung des Wortes in seelsorglicher Kommunikation, in: Janowski, Gudrun/ Miethner, Reinhard (Hg.): Lebendige Systeme, Frankfurt/M. 1997, 126–156

Heymel, Michael: Trost für Hiob. Musikalische Seelsorge, München 1999

– In der Nacht ist sein Lied bei mir. Seelsorge und Musik, Waltrop 2004

Kießling, Klaus: Wir suchen von dem Gespräch aus, das wir sind, dem Dunkel der Sprache nahezukommen, in: WzM 49, 1997, 319–339

König, Karl: Wem kann Psychotherapie helfen? Göttingen 1993

Kriegstein, Matthias von: Gesprächspsychotherapie in der Seelsorge. Grundkurs nicht-direktiver Gesprächsführung in Schule und Gemeinde, Stuttgart 1977

Krummacher, Christoph: Musik und Seelsorge, in: Böhme, Michael u.a. (Hg.): Entwickeltes Leben, Leipzig 2002, 231–246

Lemke, Helga: Seelsorgerliche Gesprächsführung. Gespräche über Glauben, Schuld und Leiden, Stuttgart 1992

Lohse, Timm H.: Das Kurzgespräch in Seelsorge und Beratung. Eine methodische Anleitung, Göttingen ³2006

– Das Trainingsbuch zum Kurzgespräch, Göttingen 2006

Müller, Wunibald: Erkennen, unterscheiden, begegnen. Das seelsorgliche Gespräch, Mainz 1990

– Empathie. Der Seele eine Stimme geben, Mainz 1991

Nicol, Martin: Gespräch als Seelsorge, Göttingen 1990

Piper, Hans-Christoph: Der Hausbesuch des Pfarrers. Hilfe für die Praxis. Mit einem Beitrag von Eleonore Olszowi, Göttingen 198

– Gespräche mit Sterbenden, Göttingen ⁴1990

– Gesprächsanalysen, Göttingen ⁶1994

– Kommunizieren lernen in Seelsorge und Predigt, Göttingen 1981

Piper, Ida und Hans-Christoph: Schwestern reden mit Patienten, ⁶1993

Riess, Richard: Tiefenpsychologisch orientierte und seelsorgerische Gesprächsführung, in: Die Psychologie des 20. Jahrhunderts, Bd. XV, Zürich 1979, 397–405

Rensch, Adelheid: Das seelsorgerliche Gespräch, Göttingen 1963. ²1967

Ruthe, Reinhold: Gesprächsführung in der Seelsorge, Moers 2002

Scharfenberg, Joachim: Seelsorge als Gespräch, Göttingen 1972

Schoberth, Ingrid: Aufmerksamkeit für die Spur des Anderen – zum Alltag der Seelsorge, in: Neef, Heinz-Dieter (Hg.): Theologie und Gemeinde, Stuttgart 2006, 264–274

Schulz von Thun, Friedemann: Miteinander reden, 3 Bde. Reinbek 1996.1999

Schwermer, Josef: Das helfende Gespräch in der Seelsorge, Paderborn, ³1991

Specht-Tomann, Monika: Erzähl mir dein Leben. Zuhören und Reden in Beratung und Begleitung, Düsseldorf 2003

Steffensky, Fulbert: Segnen. Gedanken zu einer Geste, in: PTh 82, 1993, 2–11

Stollberg, Dietrich: Psychotherapeutische Aspekte des seelsorglichen Gesprächs, in: HbS 202–226

Stroeken, Harry: Kleine Psychologie des Gesprächs, Göttingen 1993

Stubbe, Ellen: Jenseits der Worte. Gebet, Schweigen und Besuch in der Seelsorge, Zürich 2001

Weber, Wilfried: Wege zum helfenden Gespräch, München ¹¹1996

Wiggermann, Karl-Friedrich: Über das Seelsorgegespräch. Seelsorgerliche Grundfragen und geistliche Begründungen, in: WzM 51, 1999, 360–369

Windisch, Hubert: Sprechen heißt lieben, Würzburg 1989

7. Der seelsorgerliche Beruf

Es gehört zu den im Grunde genommen alten, aber durch die Seelsorgebewegung neu in den Blick gekommenen Erfahrungen, dass für das Gelingen einer seelsorgerlichen Beziehung die Seelsorgerinnen und Seelsorger auch als Personen gefragt sind. Seelsorge ist ein personales und kommunikatives Geschehen. Sie kann unter keinen Umständen so versachlicht werden, dass die beteiligten Personen in ihr keine Rolle mehr spielten. Die seelsorgerliche Person kann fördernde, katalysatorische Bedeutung für den Kommunikationsprozess der Seelsorge erlangen, aber sie kann ihn auch behindern oder gar scheitern lassen. Einlinige Kausalzusammenhänge gibt es dabei freilich nicht. Manchmal ist die Erfahrung, dass bei dem einen Gesprächspartner eine Beziehung gelingt, bei einem anderen nicht. Das liegt nicht allein an der Person des Seelsorgers, oft aber doch auch an ihr. Deshalb muss nun noch etwas genauer der Blick auf sie gelenkt werden.

7.1. Wer übt Seelsorge?

Im Sinne des lutherischen Verständnisses vom geistlichen Amt muss die erste Antwort lauten: *alle getauften Glieder* der christlichen Gemeinde sind auch Seelsorgerinnen und Seelsorger. Seelsorger-sein ist im Sinne des Priestertums aller Gläubigen kein exklusiv nur auf eine bestimmte Spezies von besonders Begabten und Qualifizierten beschränktes Amt.[1] Es ist ganz wichtig, dies nicht nur grundsätzlich herauszustellen, sondern immer wieder dafür zu sorgen, dass es praktisch erfahrbar und erlebbar wird: Gemeindeglieder, also „Laien", können Seelsorgerinnen und Seelsorger sein. Die gegenwärtigen strukturellen Veränderungen in unseren Gemeinden könnten vielleicht auch den positiven Nebenaspekt haben, dass sie uns nahe legen, darauf wieder deutlicher Bezug zu nehmen. Seelsorge der Gemeindeglieder untereinander hat es immer gegeben und es gibt sie oft in reicherem Maße, als wir wahrnehmen. Dazu gehören geschwisterliche Anteilnahme, gegenseitige Hilfe und Stärkung, zwischenmenschlicher Austausch über das, was den Einzelnen im Blick auf den Glauben und einzelne Fragen seines Lebens bewegt. Daran wird die Lebendigkeit einer Gemeinde spürbar, dass Seelsorge ein Element ihrer Daseinsgestaltung als Kommunikation des Evangeliums ist. Der *Laiendienst* der Seelsorge kann und muss freilich auch immer wieder bewusst ge-

---

1 Vgl.: Henkys, Jürgen: Seelsorge und Bruderschaft, Berlin 1970; Barth, Hans-Martin: Einander Priester sein, Göttingen 1990

fördert werden. Zu denken ist besonders an die Besuchsdienste, an die Begleitung von Menschen in besonderen Lebenssituationen, in der Krankheit, beim Sterben und als Krisenhilfe.[2]

Gerade unter Laien finden sich immer wieder auch ausgesprochene *Charismatiker* der Seelsorge. Menschen, die durch ihre Ausstrahlung, ihre Zuwendungsfähigkeit und ihre geistliche Konzentration auf andere heilend, tröstend, aufbauend, anregend wirken. Paulus wusste von dieser Begabung zur Seelsorge in der Gemeinde (Röm 12,7f). Es gibt hervorragende Beispiele für eine solche charismatische Seelsorge – von den Wüstenvätern des 4. Jahrhunderts bis hin zu den Starzen im alten Russland, und auch in der Seelsorge der Zaddikim im Chassidismus finden wir Züge des Charismatikertums. Von ihnen schreibt Martin Buber: „Der Zaddik ist nicht ein Priester oder Mönch, der ein einst vollzogenes Heilswerk in sich erneuert oder seinem Geschlecht übermittelt, sondern ein Mensch, der der allmenschlichen, allzeitlichen Heilsaufgabe gesammelter als die anderen zugewandt ist, dessen Kräfte geläutert und gereinigt sich auf das eine obliegende richten. ... Er trägt den Untern siegend empor und den Obern herab; er zieht den Heiligen Geist auf die Menschen nieder."[3] An den Charismatikern der Seelsorge lässt sich erkennen, wie Seelsorge gelingen kann: nämlich durch eine Zurücknahme der eigenen Person, durch ein sensibles Einfühlungsvermögen und aus der Gewissheit des eigenen Weges heraus. Bei allem notwendigen Nachdenken über die Institutionalisierungen einer modernen Seelsorge in Kirche, Gesellschaft und Gemeinde ist es wichtig, darauf zu achten, dass sich die einzelnen Begabungen zur Seelsorge auch entfalten können. Eine Schwierigkeit dabei ist natürlich, dass man gar nicht so leicht unterscheiden kann zwischen selbst ernannten Seelen-Gurus und echtem Charismatikertum in der Seelsorge. Nur eins: Das Charisma muss sich nicht selbst darstellen.

Wenn man nach dem Subjekt der Seelsorge fragt, dann wird natürlich in der Regel zuerst an die *berufliche Seelsorge* zu denken sein, also an alle diejenigen, denen – wie Pfarrerinnen und Pfarrern, diakonischen Mitarbeiterinnen und Mitarbeitern und anderen – von Berufs wegen Seelsorge an den Menschen, für die sie da sind, zur Pflicht gemacht wird. Seelsorge ist Teil des Gesamtauftrags, den Paulus den „Dienst der Versöhnung" (2 Kor 5,20) nennt. Pfarrerinnen und Pfarrer haben nicht die Wahl, ob sie auch seelsorgerlich tätig sein wollen oder nicht. Seelsorge gehört wie Gottesdienst und Unterricht zu ihren Berufsverpflichtungen. Das gilt grundsätzlich und schließt gewiss im Einzelfall nicht aus, dass Dienste auch aufgeteilt werden können. Der grundsätzlichen Pflicht entspricht, dass es zur Vorbereitung auf die Berufsausübung notwendig ist, angemessen für diesen Teil der Berufsarbeit auszubilden.[4] Dass die Bandbreite poimenischer Praxis in der

---

2 Vgl. dazu die übersichtliche Darstellung von Barbara Kittelberger, in: Kittelberger, Barbara: Mitarbeit im Besuchsdienst, in der Beratung und in der Seelsorge, in: Foitzik, Karl: Mitarbeit in Kirche und Gemeinde, Stuttgart 1998, 179–205

3 Zit. nach: Fritsch, Stefan: Die chassidische Seelsorge, Frankfurt a.M. 1997, 178

4 Scharfenberg spricht vielsinnig von Pfarrern als den „kompetenten Dilettanten" und deutet damit zugleich die Notwendigkeit und die Grenzen von spezifischer Ausbildung für

Gemeinde sehr breit ist – vom alltagsseelsorgerlichen Gespräch auf der Straße bis zur Krisenberatung im Suizidfall – macht den besonderen Reiz und zugleich die außerordentliche Herausforderung des Berufs deutlich.

Deutlicher abgrenzbar sind die Praxissituationen der *seelsorgerlichen Spezialdienste*: Krankenhauspfarrer, Pfarrerinnen in Beratungsdiensten, im Gefängnis usw. Hier ist Seelsorge nicht nur Teil der Berufsarbeit, sondern deren Hauptinhalt. Um diesen Anforderungen gerecht zu werden, ist ein höheres Maß an *Professionalität* gefordert. Dazu gehören eine besondere Methodenbeherrschung, die Fähigkeit zur Konzeptionalisierung der seelsorgerlichen Arbeit und die Bereitschaft zur regelmäßigen und kritischen Reflexion der eigenen Praxis (z.b. durch Supervision).

Mit dem Begriff der Professionalisierung ist ein Stichwort gegeben, über das es auch in der kirchlichen Praxis heute zu kontroversen Auseinandersetzungen kommt.[5] Wichtig wäre in diesem Zusammenhang folgender Aspekt: Professionalität darf nicht zum Maßstab des Auseinanderdividierens kirchlicher Dienste werden. Es wäre deshalb sinnvoll, statt von professioneller und nichtprofessioneller Seelsorge lieber von einer *abgestuften Professionalisierung* im Seelsorgedienst zu reden. Es gibt graduelle Differenzierungen – wie vergleichbar in anderen kirchlichen Arbeitsbereichen (z.B. in der Jugend- und Kinderarbeit). Auch die Gemeindeseelsorge kann heute nicht ohne eine gewisse professionelle Einstellung bewältigt werden und ebenso muss in besonderen Bereichen der Laienseelsorge ein bestimmtes Maß an Professionalität erwartet werden (z.B. in der Telefonseelsorge). Aber wie gesagt, es gibt Unterschiede. Es ist wichtig, diese nüchtern und funktionsbezogen anzusehen und aus ihnen keine Rangordnung seelsorgerlicher Qualifikation zu machen. Professionalität ist notwendig, aber sie sollte nicht überbewertet und zu einer Hierarchisierung innerhalb der kirchlichen Mitarbeiterschaft missbraucht werden.

7.2. Wer bin ich als Seelsorgerin?

Seelsorge ist wohl der persönlichste Dienst in der Gemeinde. Sie vollzieht sich vornehmlich als die Begegnung zweier Menschen, und es gibt dabei nicht sehr viel, was die Beziehung formalisieren oder objektivieren könnte: kein weißer Kittel mit Rezeptblock, kein therapeutisches setting, keine Couch, oft nicht einmal ein Schreibtisch. Auch wenn es darauf ankommt, Distanz zu wahren und den seelsorgerlichen Kontakt von einer privaten Beziehung deutlich zu unterscheiden, hängt doch viel davon ab, wie es auf der Personebene „funkt", ob es gelingt, zu dem Gesprächspartner einen Kontakt aufzubauen, der die Kommunikation über sehr persönliche Fragen möglich macht – und das auch in leidvollen, komplizierten oder krisenhaften Situationen. Da wird die Frage schon verständlich,

---

die Seelsorge an. Scharfenberg, Joachim: Pastoralpsychologische Kompetenz von Seelsorgern/-innen, in: Baumgartner, Isidor (Hg.): Handbuch der Pastoralpsychologie, Regensburg 1990, 135–152, 147
5 Vgl. oben Kap. 3.3.2.

die jedem in der Seelsorge Tätigen irgendwann einmal begegnet: Wer bin ich denn eigentlich, dass ich Menschen als Seelsorgerin, als Begleiter, als Trösterin, als verständnisvolle Zuhörerin oder hilfreicher Gesprächspartner zur Verfügung stehen soll und darf?

Auf solche und ähnliche Fragen, die sich für den Einzelnen krisenhaft zuspitzen können, ist es zunächst wichtig sich darüber zu vergewissern: Ich treibe Seelsorge, weil ich dazu *beauftragt* bin.[6] Meine seelsorgerliche Arbeit entspringt nicht nur meinen privaten Interessen, sie ist nicht nur das Ergebnis meiner eigenen sozialen, vielleicht auch menschenfreundlichen Einstellung. Seelsorge ist Nachfolgepraxis im Wirkungsbereich des Evangeliums. Und dazu bin ich in die seelsorgerliche Arbeit berufen. Ich muss mich da nicht rechtfertigen, dass ich es tue. Eine solche Glaubenseinstellung kann sehr hilfreich sein, und als Seelsorger sollte ich suchen, sie zu gewinnen. Auftragsgewissheit kann aus Rechtfertigungszwängen und Selbstzweifeln befreien. Selbstverständlich ist sie nicht.

Als Zweites ist es hier notwendig, *Abschied zu nehmen von den falschen Fremd- und Selbstbildern:* Ich kann und muss nicht der souveräne Seelenführer sein, der mit allen vertraut ist und in jeder Lage rechten Rat weiß. Dieses Bild, in dem sich ein narzisstischer Selbstanspruch von innen mit einer prokjektiven Fremderwartung von außen verbindet, verhindert Seelsorge eher, als dass es sie möglich macht. Überzogene Selbst- und Fremderwartungen sind oft geprägt durch ein Seelsorgeverständnis nach einem „Defizitmodell des Helfens"[7] : Da ist einer der Hilfe braucht und ein anderer, der sie zu gewähren vermag. Seelsorge geschieht so nicht. Seelsorge ist keine Einbahnstraße des Helfens.

Vielmehr gilt es hier, eine *Polarität von Geben und Empfangen* anzuerkennen. Zuerst bin ich immer Empfangender. Es gibt Menschen, die lassen mich teilhaben an ihrer Lebensgeschichte, an ihren Erfahrungen, ihren Leiden, ihren Ängsten, ihren Hoffnungen. Das erweitert meine eigene Erfahrung, das gewährt mir Einblick in das Leben und Einsicht in seine Tiefe und Abgründigkeit, die ich ohne diese Menschen nicht hätte. Natürlich erlebe ich solch ein Empfangen als Seelsorgerin oder Seelsorger in einzelnen Fällen unterschiedlich stark. Aber gerade in den Gesprächen, die wirklichen Tiefgang erreichen, stellt sich das Gefühl ganz unmittelbar ein. Oft muss ich als Seelsorger gar nicht viel sagen – ich gebe, was ich zu geben habe (vgl. Apg 3,6): meine Aufmerksamkeit und mein Gehör, meine Bereitschaft mitzugehen und mitzusuchen und dazu, was ich sonst noch „habe": einen Gedanken, einen Text, ein Lied, ein Gebet, eine Geste der Liebe. Aber vielleicht habe ich von all dem nur wenig oder gar nichts und es bleibt nur meine Ehrlichkeit, meine Hilflosigkeit, meine Ohnmacht. Seelsorge ist Geben und Emp-

---

6 Das wird heute oft vergessen oder unterbetont. Ganz schlicht heißt es dazu bei Städtler-Mach, Barbara: Seelsorge mit Kindern, Göttingen 1998, 12: „Ich habe einen kirchlichen Auftrag (zur Seelsorge an Kindern). Für das Kind mag das ohne Bedeutung sein, für mich nicht. Dieser Auftrag verpflichtet mich nämlich ... es ist nicht beliebig oder gleichgültig, ob ich diesem Auftrag nachkomme oder nicht."

7 Luther, Henning: Alltagssorge und Seelsorge. Zur Kritik am Defizitmodell des Helfens, in: ders.: Religion und Alltag, Stuttgart 1992, 224–238

fangen – nicht immer wiegt das eine das andere auf, da bleibt die eine oder andere Seite auch offen. Trotzdem: Es ist wichtig zu wissen, ich bin nicht nur Gebender, ich bin auch Empfangender. Nur wenn ich das weiß und realisiere, bin ich davor geschützt, in der seelsorgerlichen Arbeit auszubrennen und vor lauter Geben-müssen am Ende leer zu sein. Seelsorge ist ein wechselseitiger Prozess, und ich kann in und mit den Aufgaben, die mir als Seelsorgerin dort gestellt sind, wachsen und reifen.

Wer bin ich als Seelsorger bzw. Seelsorgerin? Es ist noch ein dritter Gesichtspunkt wichtig: Ich bin immer in gewisser Weise auch *Mitbetroffener*. Das ist das eigentlich Anstrengende seelsorgerlicher Arbeit, dass einerseits eine Distanz notwendig ist und dass andererseits ein gewisses Maß emotionaler Mitbetroffenheit unverzichtbar ist. Wer Seelsorge treibt, muss einen schmalen Grad zwischen Distanz und Nähe finden, auf dem er gehen kann, ohne sich selbst oder den anderen zu verlieren. Natürlich habe ich nicht die gleiche Krankheit zu erleiden, nicht den gleichen Verlust hinzunehmen, nicht den gleichen Konflikt zu lösen wie meine Gesprächspartner in der Seelsorge. Und dennoch ist es wichtig, wahrzunehmen, wo ein Problem des anderen Menschen in meiner Selbstwahrnehmung verankert ist.[8] Stets ist es notwendig, wenn ich mit Problemen anderer konfrontiert werde, mich zu fragen: Was hat das mit mir zu tun, welche Problemanteile nehme ich bei mir selbst wahr? Meine Fähigkeit zu Solidarität und Sympathie hängen auch damit zusammen, dass ich von dem, was ein anderer erfährt, eine gewisse Ahnung und Erfahrung besitze. Mir leuchtet in dem Zusammenhang sehr ein, was Rolf Zerfaß schreibt: Der Seelsorger „muss nicht alle Probleme selbst durchlitten haben, die an ihn herangetragen werden, aber an einer Stelle seines Lebens muss er selber mit den Grenzen menschlicher Existenz konfrontiert worden sein, und nur wenn er dort nicht geflüchtet ist, sondern standgehalten hat, wird ihn auch die Not des anderen nicht in Panik versetzen. Wenn er die eigene Armut und Gebrochenheit nicht mehr fürchtet, wird er sich auch der fremden Verwirrung furchtlos zuwenden können, und so wird er mit seiner Person zu einem lebendigen Hoffnungszeichen."[9]

Natürlich ist es im gleichen Atemzug wichtig, meine eigenen Probleme von denen eines Ratsuchenden deutlich zu *unterscheiden,* sonst kann es zu schwerwiegenden Wahrnehmungsverzerrungen kommen. Das geschieht vor allen Dingen dann, wenn seelische Eigenproblematik (z.B. unverarbeitete Verlusterfahrung, eigene Depressivität, starke narzisstische Verletzlichkeit usw.) einen Seelsorger bzw. eine Seelsorgerin so stark beschäftigen, dass sie dadurch fixiert werden und für das Verstehen der spezifischen Probleme eines anderen blockiert sind. Ein wesentlicher Aspekt moderner Seelsorgeausbildung ist es deshalb, zu einer ange-

---

[8] Von dieser Wahrnehmungseinstellung ist durchgehend das Psychiatrielehrbuch von Klaus Dörner, Ursula Plog u.a. geprägt: Irren ist menschlich, Neuausgabe Bonn 2002, 42ff u.ö.

[9] Zerfaß, Rolf: Menschliche Seelsorge, Freiburg ³1985, 104

messenen Wahrnehmung von Eigenproblematik zu gelangen und zu einer Auseinandersetzung mit ihr zu finden. Was ich an mir und mit mir selbst bewältige, das wird zum kommunikativen Potenzial im seelsorgerlichen Kontakt mit anderen.

7.3. Seelsorgerliche Kompetenz

Die Frage nach der Person der Seelsorgerin bzw. des Seelsorgers kulminiert in der Frage nach der seelsorgerlichen Kompetenz. Unter „Kompetenz" verstehen wir dabei die Gesamtheit der Voraussetzungen, die gegeben sein sollten, um eine bestimmte Aufgabe im Bereich des helfenden und heilenden Handelns sachgerecht zu erfüllen.[10] Mit Hermann Stenger kann man unterscheiden zwischen einer Zuständigkeitskompetenz, die durch entsprechende Beauftragung (Ordination) gegeben ist, und einer Fähigkeitskompetenz, die (z.B. durch Ausbildung) erworben werden muss.[11] Vor allem Letztere interessiert in diesem Zusammenhang. Seelsorgerliche Kompetenz muss konkretisiert werden als Personkompetenz, kommunikative Kompetenz, hermeneutische Kompetenz, geistliche Kompetenz und Theoriekompetenz.

- Ganz oben an steht die *Personkompetenz*. Die Person ist von der seelsorgerlichen Aufgabe nicht abzulösen. Seelsorge geschieht durch personhafte Vermittlung. Die Qualität einer seelsorgerlichen Beziehung hängt nicht zuletzt mit der persönlichen Reife des Seelsorgers bzw. der Seelsorgerin zusammen. Gesucht wird freilich nicht der perfekte Seelsorger, der mit allen Fragen seines Lebens fertig geworden ist, sondern einer, der vor den eigenen Problemen und Schwächen nicht die Augen schließt und für sich zu lebbaren Lösungen gelangt ist. Personkompetenz schließt die Fähigkeit zur *Introspektion*, zur kritischen Selbstwahrnehmung ein, also zum Blick hinter die eigenen Fassaden. Wer Seelsorge treiben soll und will, darf der Frage: Wer bin ich? nicht ausweichen und möchte in ihrer Bearbeitung ein Stück vorangekommen sein: Welches sind die mich prägenden Lebenserfahrungen? Worauf vertraue ich wirklich? Wie gegründet ist mein Glauben? Was lässt mich zweifeln? Wo liegen meine Stärken und meine Schwächen? Was macht mir Angst, und wovor schrecke ich zurück? Wie gut kann ich meine eigenen Grenzen akzeptieren? Was sind meine heimlichen Motive für die seelsorgerliche Arbeit? Verbinden sich damit vielleicht auch narzisstische Bedürfnisse nach Anerkennung und Zuwendung? Wie steht es mit meiner eigenen Konfliktfähigkeit? Neige ich dazu, Schwierigkeiten zu umge-

---

10 Zum Kompetenzbegriff vgl.: Hassiepen, Werner/ Herms, Eilert (Hg.): Grundlagen der theologischen Ausbildung und Fortbildung im Gespräch, Stuttgart 1993, 19ff; Scharfenberg, a.a.O., 146ff

11 Stenger, Hermann (Hg.): Eignung für die Berufe der Kirche, Freiburg i.Br. 1988, 32ff

hen, oder traue ich mir auch eine Auseinandersetzung zu? Wie viel Kritik kann ich vertragen? Wie abhängig bin ich vom Lob oder der Anerkennung anderer? Wie stark ist mein Selbstbewusstsein? Diese und andere Fragen gehören dahin: Es sind Fragen, die immer wieder auch im seelsorgerlichen Gespräch eine Rolle spielen. Und manch Rat suchender Mensch mag sich fragen: Kann ich mit diesem Seelsorger darüber sprechen? Über kurz oder lang wird es spürbar in der Seelsorge, wie ein Seelsorger mit sich selbst umgeht und was er für sich selbst gelernt und begriffen hat.

• Im Blick auf die Seelsorge spielt dann die *kommunikative Kompetenz* eine wichtige Rolle. Damit ist vor allem die Fähigkeit gemeint, eine Beziehung herzustellen und sie zu gestalten. Kommunikation kommt nur zustande, wenn ein echtes Interesse an dem Anderen gegeben ist. Man kann Seelsorge ganz schlecht allein als Pflichtarbeit verrichten. Da wird sich nichts bewegen. Zur kommunikativen Kompetenz gehört schließlich auch die Frage: Gelingt es in einem Gespräch, eine Atmosphäre aufkommen zu lassen, die auch für persönliche, konflikthafte, emotionale Inhalte offen ist? Kann die Seelsorgerin eine Wärme ausstrahlen, die dem Gesprächspartner hilft, aufzutauen? Zur kommunikativen Kompetenz gehört der Mut, aufeinander zuzugehen, den Gesprächspartner vielleicht auch herauszulocken und zugleich den Respekt vor der Würde und der Freiheit des anderen zu bewahren. Der Gesprächspartner soll spüren: Wir können über alles reden, aber es gibt keinen Zwang dazu.

• Eng mit der kommunikativen hängt die *hermeneutische Kompetenz*[12] zusammen – also die Fähigkeit, andere adäquat zu verstehen. Man erinnere sich an die theologischen Tugenden der Exegeten: Texte wahrzunehmen, sie in ihrer Besonderheit gelten zu lassen und den ihnen eigenen Sinn zu erschließen – darum geht es auch bei den „living human documents" (Boisen) in der Seelsorge! Hilfreich ist es, wenn ich als Seelsorger ein „Lebensverhältnis" zu dem habe, das mir mitgeteilt wird und das ich verstehen möchte. Verstehen wird mir besser gelingen, wenn ich um meine eigenen Anteile an bestimmten Problemen von Menschen weiß: Von meiner Angst, Todesfurcht, von meiner Neigung zur Depression, von meinen aggressiven Impulsen, von meinen narzisstischen Bedürfnissen, von meinen suizidalen Gedanken und von meiner eigenen Gottlosigkeit. Bis zu einem gewissen Grade ist es mir ja nicht fremd, was andere erleben, auch wenn ich es selbst anders erfahre.

---

12 Joachim Scharfenberg bestimmt die pastoralpsychologische Kompetenz vor allem als hermeneutische Kompetenz, und er beschreibt die Wahrnehmung dieser Kompetenz als ein „zirkelhaftes Hin- und Herschwingen der Verstehensvorgänge zwischen den fünf Polen der (1) Wahrnehmung leidender Menschen, durch Seelsorger (2), die zu einer vertieften Selbstwahrnehmung beider Partner (3), und zu einer zeitgenössischen Fokussierung führt (4) und die Symbole der christlichen Überlieferung als Verstehens- und Deuteschlüssel anwendet (5)." A.a.O., 147f

Freilich nicht immer ist das eigene „Lebensverhältnis" zu den angesprochenen Problemen nur eine Hilfe.[13] Wenn ich nicht genau hinhöre, kann ich dadurch auch zu Fehldeutungen gelangen. Hermeneutische Kompetenz heißt auch, fähig zu sein, das Unbekannte, das Fremde, das Andere und die Anderen wahrzunehmen. Das ist vor allem für die seelsorgerliche Begegnung mit Menschen anderer sozialer Milieus, anderer kultureller Kontexte unbedingt zu beachten.[14]

Zur hermeneutischen Kompetenz gehört in der Seelsorge auch die Fähigkeit zur Interpretation und zur Schlussbildung. Ich möchte als Seelsorgerin auf der Grundlage dessen, was ich wahrgenommen und verstanden (vielleicht nur ansatzweise verstanden) habe, das Problem auf einen (gewiss immer vorläufigen und durch den Ratsuchenden falsifizierbaren) Punkt bringen können. Meine hermeneutische Kunst nützt dem Gesprächspartner ja erst wirklich, wenn nicht nur ich „etwas" verstanden habe, sondern durch mich auch er selber beginnt besser zu verstehen, was ihn umtreibt. Joachim Scharfenberg weist in einer Konkretisierung dieses Gedankens auf den „Inbegriff pastoralpsychologischer Kompetenz und Weisheit" hin, nämlich: „in Theorie und Praxis zwischen notwendigem und überflüssigem Leiden, zwischen angemessenem und unangebrachtem Helferwillen unterscheiden zu können."[15]

- *Geistliche Kompetenz* bezeichnet die Fähigkeit, in einer menschlichen Begegnung eine spirituelle Dimension spürbar werden zu lassen. Begründet ist sie letztlich in der eigenen Spiritualität: Wie nehme ich meinen Glauben wahr, wie frei bin ich, von meinem Glauben und meinem Unglauben vor anderen Rechenschaft abzulegen? Geistliche Kompetenz zeigt sich in dem Freimut (biblisch: parrhesia), religiöse Fragen anzusprechen, und zugleich in dem Gespür für den Kairos, also für den rechten Zeitpunkt. Es ist wichtig, dass ich nicht zur Unzeit von Glaubensdingen rede oder z.B. ein Gebet vollziehe, aber auch den Zeitpunkt dafür nicht verpasse. Manche seelsorgerliche Begegnung endet enttäuschend, weil es nicht gelungen ist, zur rechten Zeit die Dimension des Religiösen erfahrbar zu machen. Geistliche Kompetenz ist bei zu starker Festlegung auf ein charismatisches oder ein therapeutisches Ideal schwer zu erlangen. Idealfixierungen ziehen oft Wahrnehmungstrübungen nach sich – so wird es schwierig abzuschätzen, wann der Zeitpunkt gegeben ist, den Glauben ins Spiel zu bringen. Geistliche Kompetenz setzt äußerste Sensibilität und persönliche Gewissheit voraus. Sie hat mit Vollmacht und Glaubwürdigkeit zu tun. Es ist die Fähigkeit, so von Gott zu reden, dass Gott „greifbar" wird. Man „hat" geistliche

---

13 Zur kritischen Auseinandersetzung mit dieser von Wilhelm Dilthey begründeten Hermeneutiktradition vgl.: Sundermeier, Theo: Den Fremden verstehen. Eine praktische Hermeneutik, Göttingen 1996, 78ff

14 Wichtige Hilfen für den Gewinn hermeneutischer Kompetenz können aus den Erfahrungen des interreligiösen und interkulturellen Dialogs gewonnen werden. Vgl.: Sundermeier, a.a.O., 137ff, 153ff; ferner: Schneider-Harpprecht, Christoph: Interkulturelle Seelsorge, Göttingen 2001

15 Scharfenberg, Joachim: Einführung in die Pastoralpsychologie, Göttingen 1985, 222

Kompetenz nicht einfach so und man „besitzt" sie nicht für immer. Ich gewinne von ihr aber etwas hinzu, wenn ich mich in meinem eigenen Glauben ernst nehme und wenn ich mir die Nüchternheit für eine realistische Wahrnehmung der geistlichen Situation bewahre.

• Schließlich ist im Zusammenhang von Seelsorgepraxis von einer *Theoriekompetenz* zu reden. Wer Seelsorge treibt, sollte auch sachkundig sein und über ein gewisses Maß nicht nur an theologischen, sondern auch psychologischen Kenntnissen verfügen. Theoriekompetenz ist freilich mehr als Wissen; es setzt dieses voraus und besteht in der Fähigkeit, damit kritisch und diskret umzugehen. Ein Seelsorger sollte fähig sein, das was er tut, auch theoretisch zu reflektieren und zu verankern. Theorieansätze helfen dazu, seelsorgerliche Arbeit im Gesamtzusammenhang des Pfarrdienstes zu verankern und mit den Inhalten theologischer Grundpositionen zu verknüpfen. Nicht alle Theorie ist grau und praxisfern. Sie kann helfen, die eigenen Methoden kritisch zu überprüfen, sie kann Anregungen vermitteln und die seelsorgerliche Aufmerksamkeit schärfen. Theoriekompetenz ist die Fähigkeit, die eigene seelsorgerliche Arbeit theologisch und psychologisch zu konzeptualisieren, und sie bewahrt davor, sich wie in einem Selbstbedienungsladen therapeutischer und poimenischer Methoden einfach unkritisch zu bedienen. Theoriekompetenz dient auch der Kommunikation über Seelsorge im Kreise von Kollegen und interessierten Laien. Sie hilft seelsorgerliches Handeln auch über unterschiedliche Positionen hinweg kommunizierbar zu machen. Nur mit einer gewissen Theoriekompetenz ist es überhaupt möglich, innerhalb der Kirche einen der Sache angemessenen, niveauvollen poimenischen Diskurs zu initiieren.

7.4.   Ausbildung zur seelsorgerlichen Arbeit

7.4.1.   Lernfelder einer Seelsorgeausbildung

Um kompetent als Seelsorger tätig zu sein, bedarf es einer entsprechenden Ausbildung dafür. Natürlich stellt sich gerade im Falle von Seelsorge schnell die Frage, ob diese überhaupt lehrbar und erlernbar sei.[16] Sicher ist das nicht möglich in einer überwiegend kognitiven Vermittlungsform. Wenn man dagegen alternative, d.h. praxis- und personenbezogene Didaktikkonzepte avisiert, ist Seelsorge sehr wohl erlernbar. Es empfiehlt sich, statt von Lernstoffen lieber von Lernfeldern zu sprechen. Damit ist es leichter möglich, anstelle einer rein deduktiven Pädagogik

---

16 Vgl.: Müller, Alfred Dedo: Ist Seelsorge lehrbar? in: Kiesow, Ernst-Rüdiger/ Joachim Scharfenberg (Hg.): Forschung und Erfahrung im Dienst der Seelsorge, Göttingen 1961, 71– 79; Piper, Hans-Christoph: Ist Seelsorge erlernbar? in: ZdZ 52, 1998, 55–58 (verkürzt in: ders.: Einladung zum Gespräch, Göttingen 1998, 185–194)

einen dynamischen pastoralpsychologischen Lernprozess[17] in Gang zu setzen. Folgende Lernfelder wären zu berücksichtigen:

– *Lernfeld 1: Persönlichkeit und Biographie*
Im weitesten Sinne ist Ausbildung zur Seelsorge zunächst ein Lernen an der eigenen Person. Hier geht es also vor allem um die Erlangung dessen, was oben unter dem Stichwort „seelsorgerliche Kompetenz" besprochen wurde. Lernen an der eigenen Person bedeutet bereit zu sein, sich mit prägenden Erfahrungen der eigenen Biographie auseinander zu setzen. Es ist die Chance, ein Stück Lebensgeschichte aufzuarbeiten. Wichtigstes Mittel dafür ist die Selbsterfahrung. Selbsterfahrung im Rahmen einer Seelsorgeausbildung ist keine Therapie; sie geschieht nicht um ihrer selbst willen (obwohl jeder Lernende dabei auch viel für sich selber lernt), sondern sie geschieht zum Zweck kompetenter Berufsausübung. Dafür ist es wichtig sich beispielsweise darüber klar zu werden: Wie gehe ich selbst mit Gefühlen, auch negativen um? Was macht mir Angst? Wie verhalte ich mich zu Autoritäten? Wie ist es mit meiner Fähigkeit zu lieben oder loszulassen? In der Ausbildung helfen dazu Selbsterfahrungsgruppen (bei der KSA z.B. im ‚freien Gruppengespräch'), Einzelsupervision oder (in tiefenpsychologisch ausgerichteten Lernverfahren) Lehranalysen. Das Ziel wäre: die eigene Person besser kennen zu lernen, eigene seelische Problematiken deutlicher wahrnehmen zu können und mit ihnen so umgehen zu lernen, dass sie die seelsorgerliche Arbeit nicht behindern. Lernen an der eigenen Person ist die Voraussetzung dafür, seelische Probleme bei anderen präzise erkennen und angemessen bearbeiten zu können.

– *Lernfeld 2: die Gruppe*
Seelsorgelernen geschieht im Wesentlichen als soziales Lernen. Die meisten Ausbildungskonzepte sind demzufolge Gruppenlernverfahren. Durch Selbsterleben in der Gruppe und durch Rückmeldung der Mitlernenden (Feedback) erfahre ich, wie ich von anderen wahrgenommen werde. Ich kann in der Gruppe lernen, andere mit ihren eigenen Gedanken und Gefühlen wahrzunehmen und zu verstehen. Die Gruppe ist ein hervorragender Lernort, um an der eigenen Kommunikations- und Konfliktfähigkeit zu arbeiten. Auch wenn die Gruppen den Charakter eines „Laboratoriums" haben, zeigen sich bei den in der Gruppe laufenden dynamischen Prozessen doch oft große Ähnlichkeiten zu denen des realen Lebens. Die gemeinsame Herausforderung durch die Seelsorgeaufgaben schafft in den meisten Fällen ein Klima der Solidarität und Geschwisterlichkeit. Das gilt besonders dann, wenn Konflikte und Auseinandersetzungen nicht vermieden werden. Für das Lernen in der Gruppe sind Einsichten aus der Gruppendynamik und solche Methoden des Gruppenlernens (z.B. themenzentrierte Interaktion) zu nutzen, die dem pastoralpsychologischen Lernziel dienen.

---

17 Darin sehe ich das Hauptanliegen bei: Piper, Hans-Christoph: Kommunizieren lernen in Seelsorge und Predigt, Göttingen 1981, 46ff u.ö.

– Lernfeld 3: die Praxis
In der pastoralpsychologischen Seelsorgeausbildung wird heute ein enges Miteinander von Theorie und Praxis gefordert. Es geht um ein „learning by doing", d.h. es wird an konkreten Seelsorgerfahrungen der Teilnehmenden (dokumentiert als Gedächtnisprotokolle bzw. Verbatims, Fallberichte, Tonbandaufzeichnungen o.Ä.) gearbeitet. Die Auswertung geschieht auf unterschiedliche Weise durch Fallbesprechung oder Protokollanalyse, durch Rollenspiel oder andere Formen der Supervision. Das Hauptaugenmerk bei der Arbeit am Praxismaterial liegt auf den Verhaltensweisen und Interventionen der jeweiligen Seelsorgerin: Was hat die seelsorgerliche Kommunikation gefördert, was hat sie gestört oder behindert? In einigen Formen der Supervision, vor allem sofern sie mit tiefenpsychologischer Ausrichtung erfolgt, wird auch auf die unbewussten Anteile geachtet, die in einem Seelsorgegespräch eine Rolle spielen und die sich im aktuellen Gruppenprozess widerspiegeln können (vgl. Balintgruppen).

– Lernfeld 4: die Kontexte seelsorgerlicher Arbeit
Seelsorge geschieht nicht im ‚chemisch reinen' Raum einer Zweierkonstellation. In die subjektive Problematik und also auch in den seelsorgerlichen Kommunikationsvorgang spielen kontextuelle Gegebenheiten hinein. Seelsorge geschieht im Kontext einer so oder so geprägten Familie, in einer bestimmten Gesellschaft mit ihren sozialen Problemen und Prägungen. Die Kenntnis der verschiedenen Kontexte, die Wahrnehmung der kulturellen, sozialen, geschlechtsspezifischen, ethnischen, religiösen, historischen Bedingtheiten der Biographie des Einzelnen und seiner spezifischen Konfliktlagen muss in der seelsorgerlichen Ausbildung beachtet werden. Seelsorge setzt ein kontextuelles Problembewusstsein voraus. Dazu gehört auch die kritisch-konstruktive Auseinandersetzung mit den Kontexten Kirche und Gemeinde.

– Lernfeld 5: Glaube und Ritual
Seelsorge ist theologische Praxis. Zu jeder Ausbildung gehört entscheidend die Arbeit an der theologischen Identität von Seelsorgern bzw. Seelsorgerinnen. Nur der durchs Feuer der Kritik geprüfte und so angeeignete Glauben kann in der seelsorgerlichen Beziehung hilfreich werden. Und nur die Vermittlungsformen des Glaubens, die vom Seelsorger selbst gedeckt sind, können auf Dauer helfen. Als gute Methode für das Lernen von Seelsorge unter diesem Blickwinkel kann z.B. die Predigtanalyse gelten. In der Predigt[18] gewinnt der eigene Glaube Gestalt und es zeigt sich zugleich, welche Schwierigkeiten und Chancen sich bei seiner Vermittlung an andere ergeben. In ähnlicher Weise könnte der Umgang mit den Ritualen des Glaubens, mit Gebeten und Liturgien usw. reflektiert und seelsorgerlich fruchtbar gemacht werden.

---

18 An Stelle der Predigt können selbstverständlich auch andere Texte der Kursteilnehmer und -teilnehmerinnen treten: Andachtsvorlagen, eine Rede, ein Brief – also Selbstäußerungen über Glaubensdinge in einem kommunikativen Bezugsfeld.

– Lernfeld 6: Theorie
Es wird sich als hilfreich erweisen, wenn Theorieelemente möglichst praxisnah eingebracht und vermittelt werden. So lässt sich etwa nach der Analyse eines Gesprächsprotokolls auch nach dem fragen, was an theologischen und psychologischen Themen in dieser konkreten Situation sichtbar geworden ist. Auf diese Weise kann Theorie in der Ausbildung eine klärende und vertiefende Bedeutung erlangen. Gute Theorie zu rechter Zeit motiviert.

Für das Folgende lenken wir unseren Blick besonders auf die Ausbildung für die berufliche Seelsorge. Freilich sind die Grenzen hier ebenso fließend wie die Grenzen zwischen den unterschiedlichen Berufssituationen in Kirche und Gesellschaft es heute auch sind.

7.4.2. Seelsorgeausbildung im Theologiestudium

Seelsorgeausbildung sollte im Theologiestudium beginnen – einmal, um von Anfang an deutlich zu machen, dass es sich hier um ein wesentliches Handlungsfeld pastoraler Praxis handelt, zum anderen, weil die Hoffnung besteht, dass gerade auch von Fragestellungen, die sich aus der Seelsorge ergeben, Impulse für die theologische Arbeit zu erwarten sind, und zum Dritten, weil es kaum einen anderen Bereich theologischer Praxis gibt, an dem so stark die Herausforderung zur persönlichen Auseinandersetzung mit den eigenen Reifungs- und Glaubensfragen erwächst.

In der Seelsorgeausbildung des Studiums wird die *Information* über die Stoffe der Seelsorgelehre eine hervorgehobene Bedeutung haben – das mag in Form von Vorlesung und Seminaren wie üblich geschehen. Wichtig wäre, dass auch bei diesen Formen die Lebens- und Praxisrelevanz der Stoffe erkennbar wird. Es kann im Studium dann durchaus auch eine Erstbegegnung mit seelsorgerlicher Praxis erfolgen: z.B. Besuch bei Kranken auf einer Station, Beteiligung am Besuchsdienst in der Gemeinde, Besuche in Heimen bei alten und pflegebedürftigen Menschen usw. unter fachkundiger Supervision. Im Studium wird man dabei die Form von Übungen, Praxisprojekten oder Ferienkursen wählen können. Die reguläre Verpflichtung der Studierenden zur Teilnahme an einem etwa 3–monatigen CPE-Kurs, wie sie in den Kirchen der USA üblich ist, wird in Deutschland aus verschiedenen Gründen kaum möglich sein – obgleich sie vom pastoralpsychologischen Standpunkt aus gesehen durchaus notwendig wäre. Zu fordern wären auch Angebote für Selbsterfahrungen von Theologiestudierenden. Sie sollten in der Regel von außeruniversitären Institutionen (z.B. Seelsorginstituten) angeboten werden. Dabei ist an gruppendynamische Veranstaltungen zu denken, an spezifische Selbsterfahrungsgruppen (unter Supervision), aber auch an Angebote im spirituellen Bereich (z.B. Meditationskurse, Einkehrrüstzeiten o.Ä.).

7.4.3. Ausbildung und Fortbildung für seelsorgerliche Praxis

Es gehört zu den ganz unbestreitbaren Verdiensten der Seelsorgebewegung in Deutschland, dass es inzwischen ein reichhaltiges Angebot von Aus- und Fortbildung für in der Seelsorge Tätige gibt. Wesentliche Impulse gehen dabei von der 1972 gegründeten Deutschen Gesellschaft für Pastoralpsychologie (DGfP) aus, deren fünf Sektionen jeweils eigene Ausbildungsprogramme anbieten und vertreten. Es zeigt sich, dass pastoralpsychologisches Lernen auch im Detail auf unterschiedliche Weise erfolgen kann.[19] Für die genannten Programme innerhalb der DGfP gibt es jedoch grundlegende Gemeinsamkeiten in folgenden Punkten:

1. Die Fortbildung erfolgt im engen Kontakt zur pastoralen Praxis. Ohne Praxiserfahrung ist eine angemessene Seelsorgausbildung nicht möglich.
2. Pastoralpsychologisches Lernen ist immer auch personenbezogenes Lernen, d.h. die Person der Seelsorgerin bzw. des Seelsorgers spielt in allen Lern- und Lehrprozessen, die hier in Betracht kommen, eine wichtige Rolle. Standardgemäße Seelsorgeausbildung setzt eine gewisse psychische Belastbarkeit der Teilnehmenden voraus. Es ist deshalb sinnvoll, sich in Vorauswahlen gegenseitig zu vergewissern, ob diese Form der seelsorgerlichen Fortbildung geeignet ist.
3. Für die seelsorgerliche Fortbildung gelten festgelegte Standards.[20] Sie dienen der Vergleichbarkeit unterschiedlicher Lehrangebote. Für erfolgreich absolvierte Seelsorgekurse werden Zertifikate ausgestellt, die z.B. für Spezialaufgaben in der Seelsorge und für weitergehende Ausbildungsgänge notwendig sind.
4. Die einzelnen Fortbildungskonzepte haben einen interdisziplinären Charakter und erfolgen auf einem sowohl theologischen wie humanwissenschaftlichen Theoriehintergrund.

Für die Fortbildung verantwortlich sind die von den Sektionen der DGfP ausgebildeten und graduierten Supervisorinnen und Supervisoren. Die Ausbildung wird in der Regel von landeskirchlichen und überregionalen Seelsorgeinstituten getragen und organisiert. Als Beispiel für einen Fortbildungskurs sei die „Klinische Seelsorgeausbildung" (KSA) erwähnt. Ein Grundkurs dauert insgesamt 12 Wochen (im Zusammenhang, in zwei Teilen oder fraktioniert). Wesentliche Elemente der Ausbildung sind: freies Gruppengespräch (berufsbezogene Selbsterfahrung in der Gruppe), Gesprächsanalyse (auf dem Hintergrund des mitgebrachten Praxismaterials), Predigtanalyse (evt. auch Analyse von anderem pastoralen Praxismaterial), Theorieeinheiten. Es wird in einer Gruppe von 5 bis 10 Teilnehmern gearbeitet, dazu kommen Einzelsupervisionen.

19 Grundlegend Becher, Werner (Hg.): Seelsorgeausbildung, Göttingen 1976; zum neueren Stand vgl.: Klessmann, Michael: Aus- und Fortbildung in Pastoralpsychologie, in: Blühm, Reimund u.a.: Kirchliche Handlungsfelder, Stuttgart 1993, 92–104; vgl. Clinebell,

Howard: Education for Pastoral Care and Conseling, in: DPCC. 338–342
20 Die Ausbildungsstandards aller Sektionen der DGfP sind im Internet unter www.pastoralpsychologie.de abrufbar.

Hingewiesen sei noch darauf, dass die DGfP selbstverständlich kein pastoral-psychologisches Ausbildungsmonopol besitzt. Auch durch andere Institutionen kann seelsorgerliche Ausbildung verantwortet werden. Das Evangelische Zentral-institut für Familienberatung in Berlin hat z.b. neben der Ausbildung von haupt-beruflichen Beraterinnen und Mentorinnen der Ehe- und Familienberatung auch Kurse für seelsorgerliche Fortbildung angeboten.[21] Außerdem müssen hier die Ausbildungsaktivitäten der Predigerseminare erwähnt werden und die Fortbil-dungsangebote der Pastoralkollegs und evangelischen Akademien.

Trotz gegenwärtiger Einschränkungen durch Sparmaßnahmen in den Landes-kirchen sollte doch davon ausgegangen werden, dass jeder, der heute in der Pra-xis der Seelsorge tätig ist, Gelegenheit hat, seine Kenntnisse und Fähigkeiten auf diesem Arbeitsgebiet systematisch zu erweitern.[22]

7.5. Supervision und Seelsorge für Seelsorgerinnen und Seelsorger

Zu den Ausbildungs- und Fortbildungsangeboten gehören Formen einer Praxis-begleitung, die Seelsorgerinnen und Seelsorgern die Möglichkeit geben, ihre eige-nen Seelsorgeerfahrungen fachkundig zu reflektieren. Wie für andere helfende Berufe gibt es auch für Seelsorger die Möglichkeit der Supervision. Man lasse sich nicht durch den etwas missverständlich klingenden Begriff täuschen. Supervision hat nichts mit irgendwelchen Formen administrativer Inspektion zu tun. Sie ist „ein Spezialfall von Beratung"[23] und bezieht sich auf die berufliche Arbeit. Sie wird angeboten von dafür qualifizierten Supervisoren. Supervidiert werden die von den Supervisanden eingebrachten Praxissituationen (seien es Protokolle, Fallberichte o.Ä.).[24] Besondere Aufmerksamkeit gilt dabei wiederum den persön-lichen Faktoren, die in der Fallsituation eine Rolle spielen. Oft zeigt sich, dass z.B. „ideologisches Festgelegtsein" (theologisch: Gesetzlichkeit) eines Seelsorgers ihn hindert, einen Ratsuchenden zu verstehen und ernst zu nehmen; auch kann der

---

21 Erwähnt sei hier besonders die pastoral-psychologische Fortbildung des Instituts in vier einwöchigen Kursteilen unter dem Motto „Seelsorge in 20 Minuten?". Dieses Ausbil-dungskonzept ist besonders für Gemeinde-pfarrerinnen und -pfarrer entwickelt worden, die Gesprächskompetenz für solche Begeg-nungen fördern möchten, die sich im Alltag der Gemeindearbeit oft einmalig oder beiläu-fig ergeben. Vgl. dazu: Lohse, Timm H.: Das Kurzgespräch in Seelsorge und Beratung, Göt-tingen ²2006.
22 Hingewiesen sei auch auf ein Ausbil-dungsprogramm für seelsorgerliche Ge-

sprächsführung, das an der Katholisch-Theo-logischen Fakultät der Universität Tübingen entwickelt wurde. Es ist inzwischen gut doku-mentiert in: Baumann, Urs/ Reuter, Mark/ Teuber, Stephan: Seelsorgliche Gesprächsfüh-rung. Ein Lernprogramm, Düsseldorf 1996, bes. 71–170
23 Brauner, Klaus: Konzepte der Supervisi-on, in: WzM 44, 1992, 126–139, 127
24 Zu Praxis und Methoden der pastoralen Supervision vgl.: Andriessen, Hermann C.I./ Miethner, Reinhard: Praxis der Supervision. Beispiel: Pastorale Supervision, Heidelberg ³1993

Wille, unbedingt helfen zu wollen, zu problematischen Interventionen führen. Supervision kann dazu helfen, die eigenen Schwächen und blinden Flecke deutlicher und gelassener wahrzunehmen und an ihrer Überwindung zu arbeiten. Das ist gerade dann angezeigt, wenn es sich um sehr belastende Situationen, z.B. in der Krankenseelsorge, handelt. Nur wenn ein Seelsorger sich auch mit den eigenen Ängsten auseinander setzt, kann er der Herausforderung einer Angst auslösenden Situation standhalten. Es empfiehlt sich, Supervision besonders in den Fällen in Anspruch zu nehmen, wenn das Gefühl einer erheblichen Verunsicherung und Unklarheit auftritt. Das kann z.B. dann sein, wenn es um den Grenzbereich zur Psychotherapie geht. Zu denken ist aber auch an Situationen, in denen die Beziehungsverhältnisse als sehr ambivalent erlebt werden – sei es im Sinne einer ein- oder beiderseitigen Antipathie, sei es im Sinne einer zu starken (erotischen) Attraktion o.Ä.

Supervision ist ein Weg, für die seelsorgerliche Arbeit in der Gemeinde eine hohe Qualität zu erreichen und zu erhalten.[25] Es muss noch viel getan werden, um bewusst zu machen, dass es zur ordentlichen Berufsausübung im Pfarramt und besonders in der Seelsorge gehört, Supervision in Anspruch zu nehmen. Das sind Seelsorgerinnen und Seelsorger vor allem denen schuldig, die sie kompetent in Fragen ihres Glaubens und Lebens beraten und begleiten wollen. Supervision kann als Einzelsupervision wie auch als Gruppensupervision in Anspruch genommen wenden. Sie setzt klare Absprachen (Kontrakte) über zeitliche, inhaltliche, methodische Faktoren (inkl. Honorarfragen) voraus. Eine Schwierigkeit, vor allem in den östlichen Kirchen, ergibt sich aus einem Mangel an zur Verfügung stehenden Supervisoren. Wenn dies der Fall ist, sollte an eine kollegiale Supervision[26] auf Gegenseitigkeit gedacht werden. Oft ergeben sich aus Seelsorgekursen Regionalgruppen zu gegenseitigen Fallbesprechungen. Das ist eine Chance.

Dass über die Supervision hinaus Seelsorgerinnen und Seelsorger auch selbst der Seelsorge und vielleicht auch einer spezifischen seelsorgerlichen Beratung bedürfen, ist ein Aspekt, der sich im Grunde von selbst versteht, auf den hier aber auch hinzuweisen ist. An wen wende ich mich als Seelsorger, wenn ich selbst mit mir, mit meinem Glauben, mit den Herausforderungen des Alltags und mit den Krisen des Lebens nicht zurande komme? Es können Kolleginnen und Kollegen, Freundinnen und Freunde, Glieder der Gemeinde, auch Angehörige der Familie sein. Früher gab es in manchen Landeskirchen die Einrichtung eines Konfessionars, eines geistlichen Mentors für seelsorgerliche Fragen. Das lässt sich unter heutigen Bedingungen wohl nicht mehr einfach organisatorisch festlegen. Aber es ist wichtig, dass Seelsorgerinnen und Seelsorger eine Adresse wissen, wohin sie

---

25 Zur Problematik einer Qualitätsbestimmung von Seelsorge vgl.: Winkler, Klaus: Ist Seelsorge überprüfbar? in: WzM 49, 1997, 402–413; Klessmann, Michael: Qualitätsmerkmale in der Seelsorge, in: WzM, 2002, 144–154
26 Kollegiale Supervision setzt sicher vor

aus, dass alle Gruppenmitglieder pastoralpsychologische Grunderfahrungen besitzen. Zum Begriff der kollegialen Supervision, vgl.: Team des Seelsorgeinstituts der Kirchlichen Hochschule Bethel: Kollegiale Supervision, in: WzM 49, 1997, 388–402

sich mit ihren eigenen Fragen wenden können. Denn nicht der ist ein guter Seelsorger oder eine gute Seelsorgerin, der oder die mit allem allein fertig wird, sondern wer auch um das eigene Angewiesensein weiß und fähig und bereit ist, andere dafür in Anspruch zu nehmen.

7.6. Seelsorgerliche Schweigepflicht

Grundsätzlich für alle Fälle seelsorgerlichen Handelns gilt das Gebot der Verschwiegenheit. Dieses ist für alle seelsorgerliche Arbeit fundamental. Die ordinierten Seelsorgerinnen und Seelsorger sind zur Wahrung des Seelsorgegeheimnisses durch ihre Ordination verpflichtet.[27] Eine Verletzung dieser Pflicht zieht in
jedem Fall dienstrechtliche Schritte nach sich. Dabei ist das „Beichtgeheimnis" als
„ein herausgehobener, durch besonders eingeschärfte Schweigepflicht geschütz-
ter Fall des Seelsorgegeheimnisses"[28]. Über die dienstrechtlich relevante Verpflichtung zur Verschwiegenheit für Pfarrerinnen und Pfarrer hinaus muss nun
aber auch von dem Grundsatz ausgegangen werden, dass generell alle seelsorgerliche Arbeit in der Kirche unter dem Aspekt strenger Vertraulichkeit steht. Es liegt
sozusagen im Begriff von Seelsorge selbst, dass sie nur dann möglich ist, wenn
der, der sich ihr anvertraut, davon ausgehen kann, dass alles, was er sagt, vertrau-
lich behandelt wird. Das bezieht sich nicht nur auf außerordentliche Ereignisse,
deren Bekanntwerden für die Betroffenen zum Schaden gereichen könnte. Wer
zum Schwatzen neigt – sei er Pfarrer oder Laie –, ist für seelsorgerliche Arbeit
ungeeignet. Das ist nun auch besonders deutlich zu machen bei allen seelsorgerlichen Aktivitäten von Laien, die nicht in gleicher Weise durch Ordination und
Dienstrecht zur Verschwiegenheit verpflichtet sind.

Ein besonderes Problem stellt in diesem Zusammenhang die Praxis der Arbeit
mit Gesprächsprotokollen und Fallberichten in Ausbildung und Supervision dar.[29]
Generell gilt auch hierfür uneingeschränkt das Gebot der seelsorgerlichen Verschwiegenheit. Andererseits ist es nicht nur sinnvoll, sondern auch notwendig,
dass sich Seelsorgerinnen und Seelsorger durch Arbeit an konkreten Gesprächssituationen Kompetenz für ihre Arbeit in der Seelsorge erwerben. Um beides miteinander vereinbaren zu können, sind folgende Grundregeln zu beachten:

1. Jede Gruppe in der Seelsorgausbildung und in der Supervision muss als geschlossene Gruppe verstanden werden, über deren personenbezogenen Gesprächsinhalte keine Auskünfte nach außen gehen dürfen.
2. Grundsätzlich sollte das einzubringende Praxismaterial von denen, die es ein-
bringen so weit anonymisiert werden, dass eine Identifikation ausgeschlossen

27 Ordnung der Ordination, Berlin 1982,
16: „Über alles, was dir in Beichte oder Seelsorge anvertraut wird, bist du verpflichtet zu
schweigen." Vgl.: Stein, Albert: Evangelisches
Kirchenrecht, Neuwied ³1992, 70ff

28 Stein, a.a.O., 71
29 Vgl. dazu: Stein, Albert: Überlegungen
zur seelsorgerlichen Schweigepflicht beim Arbeiten mit Gesprächsprotokollen, in: WzM 40,
1988, 499–501

werden kann (u.U. kann es notwendig sein, neben den Namen auch Beruf, Wohnort usw. zu verändern).

3. In Fällen, die sehr „brisant" sind (Beichtgeheimnis) und in denen sich der Seelsorger unsicher ist, ob er sie in die Supervision bringen kann und darf, sollte er den Rat Suchenden selbst fragen, ob er damit einverstanden ist, wenn er zum Zwecke einer kompetenteren Hilfe den Rat eines Kollegen einholen würde. Wenn dies nicht eindeutig bejaht wird, ist auf eine Darstellung des Falls in der Supervision zu verzichten. Es ist nicht hilfreich, wenn ein Seelsorger sozusagen mit schlechtem Gewissen über eine Seelsorgeerfahrung berichtet.

Wo Zweifel an der Vertrauenswürdigkeit der seelsorgerlichen Arbeit geäußert werden, ist dies in jedem Fall ernst zu nehmen. Die Vertraulichkeit der Seelsorge ist ein hohes Gut – das für die Kirche in besonderen Zeiten totalitärer Herrschaft ganz außerordentlich bedeutsam war. Es darf nicht verspielt werden. Aber es sollte auch nicht zum Alibi missbraucht werden, um notwendige Selbstauseinandersetzung der Seelsorgerinnen und Seelsorger mit ihrer Arbeit zu verhindern.

Literatur

Für die Themen dieses Kapitels kann auf *Klaus Winkler* Beitrag zur *Seelsorge an Seelsorgern (1983)* verwiesen werden. Über die Aus- und Fortbildung zur Seelsorge gibt *Michael Klessmann (1993)* die notwendigen Auskünfte. Wer sich über Grundkonzepte der Supervision informieren möchte, kann mit *Klaus Brauners* Aufsatz *(1992)* einsetzen. Eine praxisnahe Darstellung von Supervision in Kirche und Diakonie bieten *Klessmann/ Lammer (2007)*. Von Bedeutung für die Zukunft des seelsorgerlichen Berufs ist die von *Isolde Karle (2001)* angestoßene Professionalisierungs-Debatte (vgl. *PTh 89, 2000, Heft 12*). Erstaunlich viel lässt sich für die seelsorgerliche Berufseinstellung in der Praxis aus den Überlegungen zum „guten Arzt" bei *Klaus Dörner (2001)* lernen.

Andriessen, Herman C.I./ Miethner, Reinhard: Praxis der Supervision. Beispiel: Pastorale Supervision, Heidelberg ³1993
Becher, Werner (Hg.): Seelsorgeausbildung, Göttingen 1976
Brauner, Klaus: Konzepte der Supervision, in: WzM 44, 1992, 126–139
Burbach, Christiane/ Schweingel, Ulrich: Seelsorge lernen, in: Steinhäuser, Martin/ Ratzmann, Wolfgang (Hg.): Didaktische Modelle Praktischer Theologie, Leipzig 2002, 230–279
Campbell, Alastair: Nächstenliebe mit Maß. Helferberufe – christlich gesehen, Göttingen 1986
Der pastorale Beruf. Themenheft, PTh 89, 2000, Heft 12
Dörner, Klaus: Der gute Arzt. Lehrbuch der ärztlichen Grundhaltung, Stuttgart 2001
Eisele, Günther: Rechtfertigung durch Gott als Annahme durch Menschen? Zur geistlichen Bedeutung der Klinischen Seelsorgeausbildung, in: Stollberg, Dietrich u.a. (Hg.): Identität im Wandel in Kirche und Gesellschaft, Göttingen 1998, 180–192
Gestrich, Reinhold: Hirte füreinander sein. Seelsorge in der Gemeinde, Stuttgart 1990
Hager, Joachim: Supervision und Schweigepflicht, in: Supervision 36, 1999, 70–79
Henkys, Jürgen: Seelsorge und Bruderschaft, Berlin 1970
Hertzsch, Klaus-Peter: Seelsorge am Seelsorger, in: Becker, Ingeborg u. a.: Handbuch der Seelsorge, Berlin 1983, 523–533
Jentsch, Werner: Der Seelsorger. Beraten – Bezeugen – Befreien, Moers 1982

Josuttis, Manfred: Die Einführung in das Leben, Gütersloh 1996

Karle, Isolde: Der Pfarrberuf als Profession. Eine Berufstheorie im Kontext der modernen Gesellschaft, Gütersloh 2001

Kittelberger, Barbara: Mitarbeit im Besuchsdienst, in der Beratung und in der Seelsorge, in: Foitzik, Karl: Mitarbeit in Kirche und Gemeinde, Stuttgart 1998, 179–205

Klemm, Sieglinde/ Stollberg, Dietrich: Für das Pfarramt lernen. Zur Didaktik der Pastoraltheologie, in: Steinhäuser, Martin/ Ratzmann, Wolfgang (Hg.): Didaktische Modelle Praktischer Theologie, Leipzig 2002, 68–133

Klessmann, Michael: Aus- und Fortbildung in Pastoralpsychologie, in: Blühm, Reimund u.a.: Kirchliche Handlungsfelder, Stuttgart 1993, 92–104

– Pfarrbilder im Wandel. Ein Beruf im Umbruch, Neukirchen 2001

– Qualitätsmerkmale in der Seelsorge oder: Was wirkt in der Seelsorge? In: WzM 54, 2002, 144–154

Klessmann, Michael/ Lammer, Kerstin (Hg.): Das Kreuz mit dem Beruf. Supervision in Kirche und Diakonie, Neukirchen 2007

Lämmermann, Godwin: Der Pfarrer – elementarer Repräsentant von Subjektivität? zum Widerspruch von Individuum und Institution, in: Zeitschr. F. Ev. Ethik 35, 1991, 21–33

Morgenthaler, Christoph: Theologiestudium, Erwachsenwerden und Gott jenseits. Religiöse Beratung im Theologiestudium, in: PTh 90, 2001, 384–398

Müller, Wunibald: Lieben hat Grenzen. Nähe und Distanz in der Seelsorge, Mainz 1998

– Heilende Seelsorge, Mainz 2000

Piper, Hans-Christoph: Klinische Seelsorgeausbildung, Clinical Pastoral Training, Berlin 1972

–Kommunizieren lernen in Seelsorge und Predigt, Göttingen 1981

Rauchfleisch, Udo: Beziehungen in Seelsorge und Diakonie, Mainz 1990

Schneider-Harpprecht, Christoph: Fremdheit und Annäherung. Interkulturalität in der Seelsorgeausbildung, in: WzM 51, 1999, 370–380

– Die Person des Seelsorgers als Gegenstand der Seelsorge, in: HbS 106–127

Schmidt-Rost, Reinhard: Probleme der Professionalisierung der Seelsorge, in: WzM 41, 1989, 31–42

– Seelsorge zwischen Amt und Beruf. Studien zur Entwicklung der modernen evangelischen Seelsorgelehre seit dem 19. Jahrhundert, Göttingen 1988

Seitz, Manfred: Erneuerung der Gemeinde, Göttingen 1985

Stein, Albert: Überlegungen zur seelsorgerlichen Schweigepflicht beim Arbeiten mit Gesprächsprotokollen, in: WzM 40, 1988, 499–501

Stenger, Hermann (Hg.): Eignung für die Berufe der Kirche, Freiburg i.Br. [2]1989

Stollberg, Dietrich: Helfen heißt herrschen, in: PTh 77, 1988, 472–484

Stollberg, Dietrich/ Josuttis, Manfred (Hg.): Ehe-Bruch im Pfarrhaus. Zur Seelsorge in einer alltäglichen Lebenskrise, München 1990

Weimer, Martin: Der Brief Christi. Pastoralpsychologische Fußnoten zu den seelsorgerlichen Elementen der Pastorenrolle, in: WzM 51, 1999, 484–495

Winkler, Klaus: Seelsorge an Seelsorgern, in: Handbuch der Praktischen Theologie, Bd. 3, Gütersloh 1983, 521–531

Zerfaß, Rolf: Menschliche Seelsorge, Freiburg [3]1985

Ziemer, Jürgen: Pastoralpsychologische Seelsorgeausbildung im Kontext des Wandels von Kirche und Gesellschaft, in: PTh 12, 2003, 82–97

Zijlstra, Wybe: Handbuch zur Seelsorgeausbildung, Gütersloh 1993

– Seelsorge-Training, München 1971

8. Lebensthemen in der Seelsorge

Wir beginnen die Überlegungen zur Seelsorgepraxis mit Themen fundamentaler Natur. Wir nennen sie Lebensthemen, weil mit ihnen Wesen, Charakter und Daseinsart eines Menschen verknüpft sind. Meist begegnen uns die hiermit verbundenen Fragen im Zusammenhang mit situativen Erfahrungen und krisenhaften Erlebnissen, wie sie im nachfolgenden Kapitel zu behandeln sein werden. Eine Seelsorgelehre, die nicht kasuistisch konzipiert ist, muss Existenzprobleme behandeln, die als solche gegenüber einem Seelsorger kaum direkt angesprochen werden. Es ist deshalb unverzichtbar, dass die vielen Seelsorgegespräche zugrunde liegenden und sich wiederholenden Hauptfragen menschlicher Existenz klar und deutlich in den Blick kommen und pastoralpsychologisch so weit reflektiert werden, dass seelsorgerliche Praxisansätze erkennbar werden können. Die Auswahl der Themen ist exemplarisch und subjektiv, jedoch nicht willkürlich. Dahinter stehen eigene und mitgeteilte Seelsorgeerfahrungen.

8.1. Wer bin ich? – Auf der Suche nach Identität

8.1.1. Wahrnehmungen im Umkreis der Identitätsfrage

Die Frage nach der Identität eines einzelnen Menschen liegt in der Regel nicht obenauf. Aber sie meldet sich auf dem Grund ganz konkreter Widerfahrnisse und Erfahrungen. Manchmal braucht es Zeit, um sie zu entdecken, und es muss eine Portion Vertrauen gewachsen sein, um sie aussprechen zu können:

> Mehr als dreißig Bewerbungen hatte Oliver H. – 42, Verfahrenstechniker, seit drei Jahren arbeitslos – inzwischen geschrieben. Er hatte die Zeit seit seiner Entlassung genutzt, einen Programmiererkurs zu besuchen und seine Englischkenntnisse an der Volkshochschule zu erweitern. Diesmal war er wenigstens zu einem Vorstellungsgespräch eingeladen. Eigentlich hatte er danach einen guten Eindruck gehabt. Die Atmosphäre war angenehm gewesen, die Fragen fair. Und als sich eine Mitarbeiterin nach seiner zwölfjährigen Tochter erkundigte, schien es gar, als würde ihm so etwas wie menschliches Interesse entgegengebracht. Vielleicht war es sogar so. Aber dann war doch eine Absage gekommen. Irgendein anderer war besser. ... Kein Wunder, dass Oliver H. dann in Resignation verfiel. Es war ihm ja nicht das erste Mal so gegangen und die Frage ließ sich kaum noch

abweisen: Wer bin ich eigentlich für die, wer bin ich überhaupt und was bin ich wert?

In vielen kritischen Stunden des Lebens geht es – theoretisch gesprochen – um die Frage nach der Identität. Was wir darunter verstehen können, lässt sich relativ einfach beschreiben. Identität, das meint die bestätigte Gewissheit, der zu sein, für den ich mich halte; es bedeutet, bei sich selbst sein zu können, also in Übereinstimmung mit sich selbst leben zu dürfen. Dem entspricht die Erfahrung von persönlicher Kontinuität, eigener Selbigkeit, also gerade in wechselnden Zeiten und Verhältnissen kein „schwankendes Rohr" zu sein. Das Identitätsgefühl wird dadurch gefestigt, dass meine Selbstwahrnehmung mit dem zusammenpasst, was andere von mir denken: meine Freunde, meine Verwandten, die Menschen meines täglichen Umgangs. Im Grunde ist der Identitätsbegriff sehr umfassend. Er umgreift alles, was für meine Existenz wesentlich ist: meinen Körper, mein Geschlecht, mein Alter, meine Geschichte, meinen Charakter, meine erlernten und erworbenen Fähigkeiten, meine gewählten und nichtgewählten Zugehörigkeiten. Je mehr ich mich da zurechtfinde, je deutlicher ich aussprechen kann: ich bin der und ich bin die – umso gewisser, zufriedener, glücklicher kann ein Mensch leben: das Identitätsgefühl wird als „psychosoziales Wohlbefinden"[1] erlebt. Nichtidentität erzeugt das Gefühl von Mittelpunktlosigkeit, Zerrissenheit, Diskontinuität und seelischer Unzufriedenheit. Und die Frage wird unabweisbar: Wie kann ich dahin gelangen, mit mir mehr im Klaren zu sein und mich in meiner Haut wohl zu fühlen?

8.1.2. Zur Diskussion um den Identitätsbegriff

Ehe wir zu der gestellten Frage selbst kommen, ist es nötig, einen kurzen Blick auf die gegenwärtige Diskussion des Identitätsbegriffs zu werfen, weil diese auch für die seelsorgerliche Behandlung von Identitätsproblemen relevant ist. Das Identitätsverständnis der Moderne ist in einem grundlegenden Wandel begriffen.[2] Dessen klassische Beschreibung verdanken wir Erik H. Erikson. Für ihn gehört zur Identität eines Individuums: „das Gefühl, Herr seines Körpers zu sein, zu wissen, dass man ,auf einem rechten Weg' ist, und eine innere Gewissheit, der Anerken-

---

1 Erikson, Erik H.: Identität und Lebenszyklus, Frankfurt a.M. [4]1977, 147
2 Vgl. Keupp, Heiner/ Höfer, Renate (Hg.): Identitätsarbeit heute. Klassische und aktuelle Perspektiven der Identitätsforschung, Frankfurt a.M. 1997; Keupp, Heiner: Ambivalenzen postmoderner Identität, in: Beck, Ulrich und Beck-Gernsheim, Elisabeth (Hg.): Riskante Freiheiten, Frankfurt a.M. 1994, 336–350. Für die ältere Diskussion vgl.: Dubiel, Helmut: Art. Identität, Ich-Identität, in: Ritter, Joachim u.a. (Hg.): Historisches Wörterbuch der Philosophie, Bd. 4, Basel 1976, 148–151. Zu theologischen, vor allem poimenischen Aspekten der Identitätsdebatte vgl.: Stollberg, Dietrich u.a. (Hg.): Identität im Wandel in Kirche und Gesellschaft, Göttingen 1998; Karle, Isolde: Seelsorge in der Moderne, Neukirchen 1996, 127ff; Pohl-Patalong, Uta: Seelsorge zwischen Individuum und Gesellschaft, Stuttgart 1996, 252ff; Schieder, Rolf: Seelsorge in der Postmoderne, in: WzM 46, 1994, 26–43

nung derer, auf die es ankommt, sicher sein zu dürfen"[3]. Für Erikson hat Identität eine Innenseite – „ein dauerndes inneres Sich-Selbst-Gleichsein" – und eine Außenseite – „ein dauerndes Teilhaben an bestimmten gruppenspezifischen Charakterzügen."[4]

Das Modell der Entwicklung der menschlichen Persönlichkeit nach Erikson hat bis heute einen starke orientierende Kraft.[5] Gleichwohl muss sein Identitätsverständnis, das von der Einheit und Kohärenz des Individuums ausgeht, heute auch problematisiert werden. In der gegenwärtigen Diskussion[6] spielen dabei drei Faktoren eine wichtige Rolle:

1. Während Erikson davon ausgeht, dass die Identitätsentwicklung einem „inneren" Plan des Individuums – in der Korrespondenz zum jeweiligen sozialen Kontext – folgt[7] und dann auch irgendwann abgeschlossen ist, muss heute eher davon ausgegangen werden, dass die Identitätssuche des Einzelnen stärker von den sich wandelnden Außenfaktoren seines Lebens abhängig ist: Immer neue Situationen, neue Wahlmöglichkeiten, neue Entscheidungszwänge sowie ein verändertes Normen- und Wertgefüge prägen den individuellen Entwicklungsgang. Es geht nicht um eine „wohlbalancierte, festetablierte Identität", sondern um eine „Identität, die aus ständiger Anstrengung um neue Vermittlung entsteht"[8]. Unter den Bedingungen der gesellschaftlichen Modernisierung und dem mit ihr verbundenen Abbau traditionaler Gewissheiten ist von dem Einzelnen eine permanente *Identitätsarbeit* gefordert. D.h. die Individuen müssen versuchen, die widersprüchlichen Herausforderungen an sich auszubalancieren und mit den sie betreffenden ständigen Veränderungen so fertig zu werden, dass sie für sich und andere erkennbar bleiben.

2. Anzufragen ist auch die im klassischen Identitätskonzept intendierte Einheit der Person, bei der alle Identitätsfaktoren letztlich auf Zusammenklang zielen. Dagegen könnte es sein, dass heute gerade ein Subjekt gefordert ist, das „verschiedene Rollen und die dazugehörenden Identitäten ohne permanente Verwirrung zu le-

---

3 Erikson, a.a.O., 147

4 A.a.O., 124; vgl. auch a.a.O., 18, wo Erikson darauf hinweist, dass das persönliche Identitätsgefühl auf zwei gleichzeitigen Beobachtungen beruhe, nämlich: der „Wahrnehmung der eigenen Gleichheit und Kontinuität" und der „damit verbundenen Wahrnehmung, dass auch andere diese Gleichheit und Kontinuität erkennen."

5 Vgl. die vielen Bezugnahmen in Werken der modernen Entwicklungspsychologie, z.B.: Oerter, Rolf/ Montada, Leo (Hg.): Entwicklungspsychologie, Weinheim ³1995, 62ff, 322ff u.ö.; Adams, Edward C.: Das Werk von Erik H. Erikson, in: Eicke, Dieter: Tiefenpsychologie, Bd. 3 (Die Nachfolger Freuds), Weinheim 1982, 192–218

6 Zur Orientierung vgl.: Luther, Henning: Umstrittene Identität, in: ders.: Religion und Alltag, Stuttgart 1992, 150–159; Engelhardt, Michael von: Biographie und Identität, in: Sparn, Walter (Hg.): Wer schreibt meine Lebensgeschichte? Gütersloh 1990, 197–247, 200ff

7 Vgl. Erikson, a.a.O., 57; andere Stichworte sind hier: „epigenetisches Prinzip", „Wachstum" und „Grundplan"...

8 Krappmann, Lothar: Die Identitätsproblematik nach Erikson aus einer interaktionistischen Sicht, in: Keupp/ Höfer (Hg.), a.a.O., 66–92, 87

ben vermag". Heiner Keupp hat für die hier wartende Identitätsarbeit den Begriff der „Patchworkidentität"[9] bzw. den einer *„multiplen Identität"* geprägt, bei der es um das Erreichen von Kohärenz angesichts sehr unterschiedlicher Identitätsansprüche und Rollenzuweisungen geht. Es könnte sein, dass Menschen heute viel stärker als früher herausgefordert sind, ganz Widersprüchliches und Disparates in sich zu integrieren. Theologisch und religionswissenschaftlich kann man in diesem Zusammenhang an eine starke Neigung zu synkretistischen Einstellungsvarianten denken, die nicht von vornherein diskreditiert werden dürften.[10]

3. Schließlich geht es um die bewusste Erfahrung von Brüchen in der eigenen Biographie und der Unabgeschlossenheit des eigenen Lebensentwurfs. Henning Luther hat als Theologe über die *„Identität als Fragment"* geschrieben und die Kritik am klassischen Identitätsideal auf diesen Begriff gebracht.[11] Der darin enthaltene Gedanke hat etwas Befreiendes, denn das Ideal gelungener Identität im Sinne der einheitlichen und kohärenten Persönlichkeit bleibt unerreichbar und wirkt oft als nahezu unerfüllbare Leistungsforderung: Sei in allem du selbst! Wirkliche Identität aber ist ein Zielwert, theologisch gesprochen: eine eschatologische Größe (1 Kor 13,12). Im Jetzt erfährt das Individuum die Unabgeschlossenheit aller seiner Selbstfindungsversuche. Henning Luther sieht das Fragmentarische vor allem als Funktion der Zeitlichkeit des Menschen: die eigene Identitätserfahrung bleibt hinter dem zurück, was war und dem, was sein wird. Und sie macht die Erfahrung menschlicher Endlichkeit und Begrenzung täglich bewusst.

8.1.3. Von den Schwierigkeiten selbst zu sein (psychologische Aspekte)

Zur Identitätsarbeit gehört wohl vor allem, sich der Grenzen bewusst zu werden, die dem Selbstseinkönnen eines Menschen gesetzt sind. Das darf nicht resignativ verstanden werden. Subjekt werden, Selbstentwicklung, Identitätssuche, Streben nach Authentizität – das sind erstrebenswerte Zielausrichtungen für den Einzelnen, und sie haben ihre Bedeutung für die Seelsorge. Aber es gilt bei dieser Identitätsarbeit nicht das Maß aus dem Auge zu verlieren. Sonst tritt an die Stelle eines erhofften Glücksgefühls nur die Verzweiflung an sich selbst.

---

9 Keupp, Heiner: Riskante Chancen, Heidelberg 1988, 146f; vgl. Gabriel, Karl: Der Beitrag religiöser Sozialisation zur Identitätsentwicklung, in: Religionsunterricht im Spannungsfeld von Identität und Verständigung, Comenius-Institut Münster 1995, 53–69
10 Vgl. Drehsen, Volker: Synkretismus ist nicht gleich Synkretismus. Zum Kriterienproblem bei der Anverwandlung des Fremden,

in: Lienkamp, Andreas/ Lienkamp, Christoph (Hg.): Die „Identität" des Glaubens in den Kulturen, Würzburg 1997, 39–53; vgl. ferner: Drehsen, Volker/ Sparn, Walther (Hg.): Im Schmelztiegel der Religionen. Konturen des modernen Synkretismus, Gütersloh 1996
11 Luther, Henning: Identität und Fragment, in: ders.: Religion und Alltag, Stuttgart 1992, 160–182

Wo aber liegen regelmäßig Schwierigkeiten für die Identitätssuche und Selbstfindung eines Individuums?

– *Narzisstisches Ich-Ideal*: Gemeint ist damit die Neigung zum permanenten Größenwunsch des Selbst[12] : Ich möchte Alles sein und nur das Beste darf von mir kommen. In einer Gesellschaft, in der der Einzelne zunehmend auf sich selbst gestellt ist, in der immer mehr die Neigung besteht, den Menschen mit dem zu identifizieren, was er leistet, was er hervorbringt, wie er sich darstellt – in einer solchen Gesellschaft wird das Ich-Ideal der Individuen gebraucht und gefördert. Die Tragik ist, dass die erstrebte Größe nur selten erreicht wird und die Frustration oft sehr groß ist.[13] Oliver H. war genau an diesem Punkt angelangt: Irgendwer war – wieder einmal! – besser als er. Nun, so scheint es, ist er erst einmal mit sich fertig. Oliver H. hatte sich dann bald wieder gefangen. Andere haben in ähnlichen Situationen noch mehr Mühe. Eine Fixierung auf das Ich-Ideal ist ein ziemlich sicherer Weg, sich selbst zu verfehlen, weil der Zugang zum realen Selbst so immer wieder verstellt wird.

– *Rollenfixierung*: Oft wird die Selbstfindung des Menschen, seine Identitätsarbeit dadurch behindert, dass ganz bestimmte Rollenerwartungen seine Lebensspielräume einengen. Rollen sind Bündel „normativer Erwartungen"[14]. Diese sind unverzichtbar. Das gesellschaftliche Leben funktioniert nur, weil es Rollen gibt, die wir auszufüllen haben und auf deren Übernahme wir uns auch bei anderen verlassen. Aber es wird gefährlich, wenn das Ich mit seiner Rolle bzw. eine Rolle mit dem Ich identifiziert werden.[15] Dann verschwindet das Ich hinter der Rolle, die Person droht entweder zu einem Einheitsmenschen zu werden oder zum funktionierenden Rollenträger, gänzlich bestimmt durch gesellschaftliche Normative und von außen herangetragenen Erwartungen.[16] Die Angst vieler junger Leu-

12 Die Narzissmus-Literatur ist uferlos; genannt seien: Schmidbauer, Wolfgang: Alles oder nichts, Reinbek 1980 (bes.73ff); Kohut, Heinz: Narzissmus, Frankfurt a.m. 1973; Spijker, A.M.J.M. Herman van de: Narzisstische Kompetenz – Selbstliebe – Nächstenliebe, Freiburg i.br. 1993; Meng, Wilhelm: Narzissmus und christliche Religion. Selbstliebe – Nächstenliebe – Gottesliebe, Zürich 1997; für die theologische Diskussion der Narzissmus-Problematik ferner sehr hilfreich: Bobert-Stützel, Sabine: „Man is born broken. God´s grace is glue", in: Henkys, Jürgen/ Weyel, Birgit (Hg.): Einheit und Kontext, Würzburg 1996, 41–76

13 Die Ambivalenzerfahrungen von Grandiosität und Depressivität bei narzisstischen Persönlichkeiten sind klassisch dargestellt bei:

Miller, Alice: Das Drama des begabten Kindes und die Suche nach dem wahren Selbst, Frankfurt a.m. 1983, 57ff

14 Endruweit, Günter/ Trommsdorff, Gisela (Hg.): Wörterbuch der Soziologie, Stuttgart 1989, 547ff

15 Rolf Dahrendorf schreibt in seinem berühmten Essay „Homo sociologicus" den kritisch gemeinten Satz: „Der Mensch *ist* seine sozialen Rollen", zit. nach: Dahrendorf, Rolf: Pfade aus Utopia, München 1986, 133

16 Aus feministischer Sicht betrifft das insbesondere auch die Rollenvorstellung für Frau und Mann, vgl. Isolde Karles Kapitel über „Geschlecht als Konstruktion" in: dies.: Seelsorge in der Moderne, Neukirchen 1996, 166–205

te besteht darin, festgelegt zu werden auf etwas, das nicht von ihnen selbst kommt. Deshalb brechen sie oft aus. Sich anders zu kleiden, anders zu reden, andere Lebensformen zu wählen, das macht sie in ihrer eigenen Sicht unterscheidbar und identisch. Die Erwachsenen sehen oft nur das Negative, unfähig darin den Aufbruch junger Menschen ins eigene Leben zu erblicken.

– *Stigmatisierung*: Es ist schwer, zu sich selbst zu finden, wenn ein Mensch aus dem Rahmen der Normalität fällt und dafür stigmatisiert wird. Stigma ist das Brandmal, die Festlegung eines Menschen auf sein Anderssein.[17] Sie trifft Individuen aufgrund ihrer körperlichen Andersartigkeit (Behinderte, körperlich Entstellte), ihrer von der Mehrheitsnorm abweichenden sexuellen Orientierung (Homosexuelle, Transsexuelle), ihrer sozialen Außenseiterstellung (Strafentlassene, Obdachlose, Drogenabhängige), psychisch Kranke (Psychotiker, Psychopaten) usw. Stigmatisierung kann in bestimmten Situationen alle betreffen, die irgendwie anders sind, die Fremden, die Ausländer usw. Es ist für Menschen schwer, ihre Identität zu finden, wenn sie vornehmlich auf das „Besondere" festgelegt werden. Es gibt einen „Terror der Normalität", der allen, die davon abweichen, im Grunde die Selbstwerdung als Person verweigert und damit auch die Möglichkeit der Selbstachtung aufs Äußerste erschwert.[18]

– *Soziale Not:* Wer arbeitslos ist, wer kein Geld hat, wer sehen muss, wie er an seine Sachen kommt und wie er sich ernährt – dem bleibt wenig Spielraum für die Suche nach seiner Identität. Arbeitslosigkeit kann bei den Betroffenen eine weitgehende „individuelle Deformation" bewirken, die auch Identitätsverlust auf spürbare Weise einschließt.[19] Soziale Not – das hatte Karl Marx mit sicherem Gespür entdeckt – führt in die Entfremdung, in der das Ich vor lauter Sorge um die nackte Existenz nicht zur Gestaltung seiner Person, seines Ichs kommt. „Erst kommt das Fressen, dann kommt die Moral" – dieser drastische Vers Bertolt Brechts aus der „Dreigroschenoper" trifft etwas sehr Grundlegendes, und „Moral" steht hier für alles, was zur menschlichen Lebensgestaltung nach der elementaren Leibsorge kommt. Wer im Warmen sitzt, muss das erst einmal so hören, auch wenn uns klar ist, dass es sehr eindrucksvolle geistige und geistliche Bewältigungsformen sozialer Not gibt.

---

17 Grundlegend dazu: Goffman, Erving: Stigma. Über Techniken der Bewältigung beschädigter Identität, Frankfurt a.M. ⁹1990

18 Vgl. dazu Goffman, a.a.O., 156ff; Krebs, Heinz: Gesundheit – Krankheit – Behinderung, in: Zwierlein, Eduard (Hg.): Handbuch Integration und Ausgrenzung, Neuwied 1996, 39–55, 44f

19 Vgl.: Steinkamp, Hermann: Leiden an der Arbeitslosigkeit. Pastoralpsychologische Aspekte, in: Steinhäuser, Martin/ Ziemer, Jürgen (Hg.): Leben mit Arbeitslosigkeit, Leipzig 1995, 21–37, 24f

8.1.4. **Theologische Vertiefung**

Die Suche nach unserer Identität gerät theologisch schnell unter den Verdacht einer Selbsterlösungsaktivität. Das Modewort von der „Selbstverwirklichung" kann immer wieder in dieser Richtung missdeutet werden, wobei das keineswegs zwingend so sein muss.[20] Die Frage nach der Identität – „Wer bin ich?" – ist keineswegs obsolet. Der Mensch im biblischen Sinne ist Subjekt, Partner Gottes (Ps 8,6ff), einmalig und nicht auswechselbar. Freilich ist er es als ein auf das schöpferische und rettende Handeln Gottes angewiesenes Geschöpf. Gott ist der, der den Menschen bei seinem Namen ruft und aus der Sphäre der Verlorenheit, also der Nichtidentität, erlöst hat (Jes 43,1). Name ist dabei verdichteter Ausdruck für Identischsein (vgl. Ex 3,14). Durch Gottes Handeln wird der Mensch identifizierbar als er selbst. Im Neuen Testament, vor allem aber von Paulus wird der Wandel der Identität des Menschen durch die Gnade in Christus betont (2 Kor 5,17).[21] Das Neue bedeutet dabei vor allem auch eine veränderte Selbsteinstellung: Nicht, was ich aus mir mache, sondern was aus mir von Gott her geschieht, konstituiert mein Selbst (Röm 1,17). Die Rechtfertigung des sündigen Menschen begründet eine neue Identität. Sie ist wirklich neu und anders, aber die alte Identität ist doch auch darin „aufgehoben". In diesem Sinne hat Hans-Martin Barth dafür plädiert, das Rechtfertigungsverständnis deutlicher auch mit dem schöpfungstheologischen Aspekt zu verbinden. Die neue Existenz wäre dann nicht nur durch Diskontinuität gekennzeichnet, sondern auch durch Kontinuität, „sodass wir unseren gesamten psychosomatischen Bestand im Vertrauen auf Gottes Rechtfertigung fröhlich in Anspruch nehmen" dürfen.[22] Der Glaube an die Rechtfertigung propter Christum führt zur Bejahung unseres geschöpflichen Selbst. „Gerechtfertigt sein heißt: eine unwiderruflich anerkannte Person sein" und schließt ein, „auch in anderen Menschen eine von Gott unwiderruflich anerkannte Person" zu respektieren.[23] Identität im christlichen Sinn ist letztlich immer Identität aus Glauben. Das gilt auch, wenn heute vielen Menschen, selbst so genannten guten Christen, dies nur noch undeutlich oder gar nicht mehr bewusst ist. Es ist eine der Aufgaben der Seelsorge, dafür Sorge zu tragen, dass Menschen die Wahrheit der Rechtfertigungsbotschaft als sie betreffend erfahren können.

Versuchen wir nun festzuhalten, was *Identität im Glauben* bedeutet:

– Persönliche Identität in diesem Sinne ist nicht aus mir allein heraus und nicht aufgrund meiner Leistung zu gewinnen. Sie muss wesentlich als *geschenkte und*

---

20 Vgl.: Barth, Hans-Martin: Wie ein Segel sich entfalten. Selbstverwirklichung und christliche Existenz, München 1979; Kiesow, Ernst-Rüdiger: Selbstverwirklichung – ein seelsorgerliches Programm? in: ThLZ 109, 1984, 651–660; Greive, Wolfgang u.a.: Schöpfung, Liebe, Selbstverwirklichung, Loccumer Protokolle 17/1995

21 vgl.: Klessmann, Michael: Zum Problem der Identität des Paulus, in WzM 41, 1989, 156–172, bes.165ff
22 Barth, Hans-Martin: Rechtfertigung und Identität, in: PTh 86, 1997, 88–102, 101
23 Jüngel, Eberhard: Das Evangelium von der Rechtfertigung des Gottlosen als Zentrum christlichen Glaubens, Tübingen 1998, 127

empfangene Identität verstanden werden: „Durch Gottes Gnade bin ich, was ich bin" (1. Kor. 15,10; vgl. Phil. 3,12). Der auf der Suche nach sich selbst befindliche Mensch kann sich nur finden, weil Gott ihn in Christus aufgesucht und gefunden hat.

– Identität im Glauben ist angewiesen und bezogen auf *Gemeinschaft*. Vom christlichen Glauben her ist ein einseitig individuumzentriertes Menschenverständnis infrage zu stellen. „Wo ist dein Bruder Abel?" (Gen 4,9) – diese Frage Gottes an Kain ist im Kern die Frage nach dessen Identität: Wo ist der, der zu dir gehört und zu dem du gehörst und für den du Verantwortung trägst? Indentitätserfahrung bedeutet frei zu werden für ein Leben in Verantwortung und in Liebe. Die Sorge um andere steht nicht in Konkurrenz zur Selbstsorge, sondern diese erfüllt sich in jener. „In der Liebe geschieht die Selbstverwirklichung."[24]

– Identität im Glauben wird immer auch erfahren als *„Identität des Sünders"*.[25] Gott sagt ja zu dem unvollkommenen, sich immer wieder verfehlenden Menschen. Zur christlichen Identitätserfahrung gehört die Wahrnehmung der eigenen Fragilität und Begrenztheit. Identität im Glauben ist Befreiung vom Zwang, der sich aus den permanenten Selbstidealisierungen und Selbstüberforderungen ergibt (vgl. Röm 7,18f). Identität im Glauben ermöglicht deshalb auch die Integration der dunklen und ungeliebten Seiten meines Wesens und meines Lebens – die Annahme also des „Schattens", wie C. G. Jung es nannte. Darin liegt ein wichtiges Stück der Identitätsarbeit des Individuums, zu realisieren, dass auch das Negative zu mir gehört. Ich kann damit leben, weil ich aus der Gnade und nicht aus der Vollkommenheit meiner Person lebe.

– Identität im Glauben heißt auch, *sich ändern zu können*. Identität im Glauben schafft Gewissheit, aber nicht Starrheit und Abgeschlossenheit: „nicht dass ich's schon ergriffen hätte oder schon vollkommen sei, ich jage ihm aber nach ..." (Phil 3,12). Glauben heißt anerkannt, zur eigenen Identität befreit zu sein; es ist aber nicht Festlegung auf eine bestimmte Identitätsgestalt (also z.B. ein bestimmter Frömmigkeitstyp oder eine Art der Berufsausübung oder etwas Ähnliches). Glauben ermöglicht eine dynamische Seinsweise.

8.1.5. Seelsorgerliche Praxis

Für den seelsorgerlichen Umgang mit Identitätsfragen ist erst einmal zu fragen, inwiefern Seelsorger oder Seelsorgerinnen mit sich selbst auf dem Weg sind: Wie weit fühle ich mich im eigenen Körper zu Hause? Bin ich mit mir versöhnt? Habe

---

24 Nocke, Franz-Josef: Liebe und Selbstverwirklichung, in: Greive, Wolfgang u.a. (Hg.): Schöpfung, Liebe, Selbstverwirklichung, Loccumer Protokolle 17/1995, 69–84, 78

25 Schneider-Flume, Gunda: Die Identität des Sünders. Eine Auseinandersetzung theologischer Anthropologie mit dem Konzept der psychosozialen Identität Erik H. Eriksons, Göttingen 1985

ich gelernt, mit meiner Verletzbarkeit und Kränkbarkeit umzugehen? Weiß ich, wer ich bin? Die eigene Vertrautheit mit diesen und ähnlichen Fragen macht bereit, die gleichen Fragen von anderen wahrzunehmen und vielleicht auch diese anzuregen: Wer bist du, wie stehst du zu dir selber? Was hindert dich, frei zu sein? Wo sind deine Stärken, deine Schwächen?

Um solche Fragen in der Seelsorge anzusprechen, bedarf es der Geduld und des Gespürs für den Kairos, den rechten Zeitpunkt. Sonst kann ein Gespräch darüber leicht banal werden. Und man spult dann nur das modische Vokabular einer Psychokultur – Stichwort: „das Ego" – herunter. Es braucht Zeit, ehe man wirklich an der Frage ist und die seelsorgerliche Identität als Arbeit beginnen kann. Diese kann – das liegt in diesem Fall wirklich in der „Natur" der Sache – nicht anders möglich sein, als eben das Selbst des Gesprächspartners zu aktivieren, seine eigene Identitätsarbeit in Angriff zu nehmen. Vier seelsorgerliche Schritte seien hier angedeutet:

1. Helfen zur *Selbstbegegnung*: Von Blaise Pascal ist das berühmte Wort überliefert, wonach das ganze „Elend" des Menschen darin liege, dass er nicht in der Lage sei, auch nur eine Stunde mit sich allein im Zimmer zu verweilen. Das hat sich offensichtlich – trotz aller Angebote für Selbsterfahrung und Persönlichkeitstraining – nicht so grundlegend geändert. Und es ist doch verständlich. Denn die wahre Selbstbegegnung schließt immer auch Wahrnehmung dessen ein, was zu mir gehört, auch der eigenen Schwächen, der eigenen Leiden, der eigenen Schuld. Es hilft, wenn eine Seelsorgerin dazu einlädt, sich selbst ehrlich und unverblümt anzuschauen. Oft sind es Fragen, die vorsichtig in die Tiefe führen: Was macht Ihnen Angst, was macht Sie so unruhig? Manchmal kann auch eine direkte Konfrontation zum Impuls werden, der zur Selbstbegegnung führt.

Ein Beispiel nach Hans van der Geest[26]:

> Der 72-jährige Herr Tobler lebt in einem Altersheim, er ist gehbehindert und seit einiger Zeit verwitwet. Er fühlt sich ohnmächtig, und er macht für seine unglückliche Verfassung alle möglichen Menschen verantwortlich. Lange geht das Gespräch mit dem Seelsorger hin und her, und die resignative Stimmung will nicht weichen. Aber es wird deutlich, dass Herr Tobler zu diesem zurückhaltenden und sensiblen Gesprächspartner Vertrauen gefasst hat. Da wagt es der Seelsorger, ihn auf sein Alter anzusprechen. Herr Tobler fühle sich zwar noch nicht alt, aber in gewisser Weise sei er es doch – und die Kräfte ließen von einem gewissen Zeitpunkt ja auch nach. Da kann und will Herr Tobler nicht mehr ausweichen: „Das ist eine beschissene Sache, da lässt sich nichts machen", sagt er. Fast klingt es wie ein Befreiungsschlag. Gut, dass es ausgesprochen ist: Das ist die Realität, und das bin ich nun.

---

26 Geest, Hans van der: Unter vier Augen. Beispiele gelungener Seelsorge, Zürich 1981, 195ff

Selbstbegegnung kann sehr schmerzhaft sein, weil die Fassade ein Stück beiseite geschoben werden muss. Und für einen Moment wird sichtbar, wer ich eigentlich bin. Aber Selbstbegegnung kann zugleich sehr gut tun: Ich habe mir ins Angesicht geschaut, und es ist nichts Schlimmes passiert. Im Gegenteil, ich fühle mich nun erleichtert und befreit. Nun sehe ich klar, und was mich wirklich betrifft wird nun ein bisschen besser besprechbar.

2. Helfen zur *Selbsterkenntnis*: Im seelsorgerlichen Gespräch geht es darum, persönliche Erfahrungen zu reflektieren. Es kann den Ratsuchenden dahin führen, etwas von sich selbst zu erkennen: die eigenen Schwächen und die eigenen Stärken, aber auch typische Reaktionsmuster (z.B.: „Sobald die Rede auf mein Alter kommt, bin ich verunsichert") und immer wiederkehrende Verhaltensweisen: (z.B.: „Überall will ich gleich das Heft in die Hand nehmen"). Vielleicht hilft das Gespräch auch, die eigenen Möglichkeiten zu entdecken und sich der tatsächlich vorhandenen Wünsche bewusst zu werden. Und man könnte dessen gewahr werden, dass der Glaube mehr ist als ein Stück alter Gewohnheit. Ob er sich auffrischen lässt für den täglichen Gebrauch?

Erkenntnis ist wichtig, sie bedeutet: Distanz zu gewinnen, sich aus der emotionalen Unmittelbarkeit zu lösen. So werden auch Selbstkritik und Selbsthumor möglich. Kontraproduktiv wäre es freilich, wenn der Distanzgewinn dazu führte, nun in eine intellektuelle Diskutierwelt zu flüchten. Da muss der Seelsorger auf der Hut sein und nicht selbst durch gelehrte Diagnosen und intellektuelle Betrachtungen Anlass dazu geben. Meist führt so etwas ziemlich weit weg von dem, was den Partner der Seelsorge wirklich bewegt. In der Seelsorge sind stets die kleinen, selbst entdeckten Erkenntnisse hilfreicher als große humanwissenschaftliche oder auch theologische Deutungen. Es bedeutet viel für den Weg zu sich selbst, wenn jemand erkannt hat: „Ich bin leicht kränkbar", oder: „Manchmal verlange ich von mir einfach zu viel", oder: „Ich kann einfach nicht genug Zuwendung bekommen."

Erkenntnis ist mehr als ein nur kognitiver Akt. Selbsterkenntnis führt auch zur Anerkenntnis. In diesem Zusammenhang muss der Prozess erwähnt werden, der einzelne Menschen zur *Erkenntnis und Anerkenntnis ihrer Andersartigkeit* führt. Hier ist besonders an homosexuelle Mädchen und Jungen, Frauen und Männer zu denken, die aus der durch gesellschaftliche Vorurteile und eigene Ängste bedingten Verborgenheit heraustreten möchten. Seelsorgerinnen und Seelsorger können sich durchaus als geeignete Partner in dem oft krisenhaft erlebten Prozess des Coming-out und Going-public erweisen, sofern ihre Begleitung von einer akzeptierenden und solidarischen Grundhaltung geprägt ist.[27]

3. Helfen zur *Selbstveränderung*: Zum Menschsein gehört die Möglichkeit, sich zu ändern. Sie setzt voraus, dass eine akzeptierende Umwelt da ist, die dem Einzel-

---

27 Vgl. Steinhäuser, Martin: Homosexualität als Schöpfungserfahrung, Stuttgart 1998, 415

nen das „Recht ein anderer zu werden" (Dorothee Sölle) zugesteht. „Selbstveränderung" ist vielleicht schon ein viel zu großes Wort. In Wirklichkeit geht es auch hier um kleine realistische Schritte zu einem selbstbestimmten authentischen Leben: vorsichtige Neuorientierung, bescheidene Kurskorrekturen im Umgang miteinander. Bei dem alten Herrn Tobler war es so, dass er zu begreifen begann, wie wenig er damit ausrichtet, wenn er permanent andere für sein Schicksal verantwortlich macht, um dagegen mehr auf das zu achten, was er selbst tun kann und tun sollte.

Bei allem sollte beachtet werden: Im Zusammenhang dieses Kapitels kann es nicht um eine Selbstveränderung in Richtung auf Anpassung an die Verhältnisse gehen,[28] sondern um den Versuch, nach dem Maß zu leben, das dem Selbst entspricht: ehrlicher, angstfreier, offener, weniger entfremdet, authentisch. In einzelnen Situationen kann das sehr Unterschiedliches bedeuten: Verzicht auf eine Maskerade, die Wahrnehmung eines inneren Rufes oder das Wagnis aus dem Gehäuse der Sicherheit herauszubrechen. Der Seelsorger kann da eigentlich nicht viel mehr tun, als dem Ratsuchenden zu helfen, die konkrete Herausforderung an sich selbst zu erkennen und sich ihr mutig zu stellen.

4. Helfen zur *Selbstannahme*: Darauf muss alle seelsorgerliche Begleitung letztlich zielen, dass der Einzelne sich selbst anzunehmen vermag – so wie er ist. Selbstannahme ist erst die Voraussetzung dafür, dass Selbstveränderung möglich wird. Wenn wir uns selbst anzunehmen vermögen, ist die Botschaft der Rechtfertigung in der Erfahrungswelt des Menschen wirklich angekommen. Dann muss der Mensch nicht mehr in narzisstischer Weise unbedingt aus sich selbst etwas machen müssen. Dann darf er mit sich barmherzig sein – nicht im Sinne einer faulen Selbstliebe, sondern aus der Kraft der ihm von Menschen und von Gott her zugewandten Liebe. Selbstannahme ist oft lange nicht möglich. Es ist viel Arbeit nötig und manchmal auch Kampf, um dann befreit sagen zu können: Ja, so bin ich, voller Ängste, aber auch voller Hoffnung – in Schwachheit, aber auch in Kraft – und so darf ich sein. Herr Tobler wusste, dass es nicht weitergehen könnte im ewigen Protest gegen die eigene Wirklichkeit. Was er nun suchte, nannte er für sich selbst den „inneren Frieden" – ein anderes und wohl auch schöneres Wort für das, was hier gemeint ist: sich selbst annehmen zu können, Identität für sich zu gewinnen.

Wer das schafft, für den öffnet sich das Tor wieder zur Welt und zu den anderen. Selbstannahme ist Befreiungserfahrung aus der Kraft der Gnade.[29]

---

28 Das eben wäre pure „Alltagssorge", die Henning Luther sehr bewusst von der „Seelsorge" unterscheidet: ders.: Religion und Alltag, Stuttgart 1992, 217ff
29 Eine mich immer wieder sehr berührende Schilderung solcher Identitätserfahrung gibt Dorothee Sölle, in: dies.: Die Hinreise. Zur

religiösen Erfahrung, Stuttgart [10]1992, 42ff. In diesem Buch finden sich auch eine Reihe weiterer Texte, die das Thema von Ich-Suche und Identität im Glauben eindrücklich variieren, z.B. auch Dietrich Bonhoeffers viel zitiertes Gedicht „Wer bin ich?" (143ff) und Tobias Brochers „Brief eines Studenten"(121ff)

Literatur

Den Ausgangspunkt für die Beschäftigung mit der Identitätsfrage aus psychologischer Sicht können immer noch die berühmten Essays von *Erik H. Erikson* zu *Identität und Lebenszyklus (1977)* bilden. Für die neuere soziologische Behandlung der personalen Identität kann auf das von *Heiner Keupp* zusammen mit einem Forschungsteam erarbeitete Buch *Identitätskonstruktionen (²2002)* verwiesen werden. Für den theologischen Umgang mit der Identitätsfrage sind die von unterschiedlichen Standpunkten aus argumentierenden Aufsätze von *Henning Luther (1992)* und *Hans-Martin Barth (1997)* besonders empfehlenswert.

Barth, Hans-Martin: Rechtfertigung und Identität, in: PTh 86, 1997, 88–102
– Wie ein Segel sich entfalten. Selbstverwirklichung und christliche Existenz, München 1979
Bobert-Stützel, Sabine: „Man is born broken. God's grace is glue"? Eine pastoralpsychologische Perspektive auf das Thema fragmentierter Einheit und die Suche nach dem bzw. der einheitsstiftenden Anderen, in: Henkys, Jürgen/ Weyel, Birgit (Hg.): Einheit und Kontext, Würzburg 1996, 41–76
Brocher, Tobias: Stufen des Lebens, Stuttgart 1977, ¹²1998
Burkart, Günter (Hg.): Die Ausweitung der Bekenntniskultur – neue Formen der Selbstthematisierung? Wiesbaden 2006
Erikson, Erik H.: Identität und Lebenszyklus, Franfurt a.M. ⁴1977
Feldtkeller, Andreas: Identität und Sykretismus, in: BThZ 19, 2002, 45–63
Goffman, Erving: Stigma. Über Techniken der Bewältigung beschädigter Identität, Frankfurt/M. ⁹1990
Gräb, Wilhelm: Rechtfertigung und Gnade, in: ders.:Sinn fürs Unendliche, Gütersloh 2002, 335–347
Haustein, Manfred: Leiblichkeit und Identität, in: Klessmann, Michael/ Liebau, Irmhild (Hg.): Leiblichkeit ist das Ende der Werke Gottes, Göttingen 1997, 69–79
Heimbrock, Hans-Günther: Seelsorge – Lebenshilfe für Menschen mit geistiger Behinderung? in: WzM 81, 1992, 240–251
Keupp, Heiner und Renate Höfer (Hg.): Identitätsarbeit heute. Klassische und aktuelle Perspektiven der Identitätsforschung, Frankfurt a.M. 1997
Keupp, Heiner: Ambivalenzen postmoderner Identität, in: Beck, Ulrich/ Elisabeth Beck-Gernsheim.(Hg.): Riskante Freiheiten, Frankfurt a.M. 1994, 336–350
Keupp, Heiner u.a.: Identitätskonstruktionen. Das Patchwork der Identitäten in der Spätmoderne, Reinbek ²2002
Klessmann, Michael: Identität und Glaube. Zum Verhältnis von psychischer Struktur und Glaube, München 1980
Kohut, Heinz: Narzißmus, Frankfurt a.M. 1973
Luther, Henning: Identität und Fragment, in: ders.: Religion und Alltag, Stuttgart 1992, 160–182
Mit Spannungen leben. Eine Orientierungshilfe des Rates der EKD zum Thema „Homosexualität und Kirche", EKD Texte 57, Hannover 1996
Schneider-Flume, Gunda: Die Identität des Sünders. Eine Auseinandersetzung theologischer Anthropologie mit dem Konzept der psychosozialen Identität Erik H. Eriksons, Göttingen 1985
Spijker, Herman van de: Narzißtische Kompetenz – Selbstliebe – Nächstenliebe, Freiburg i.Br. 1993
Steinkamp, Hermann: Seelsorge als Anstiftung zur Selbstsorge, Münster 2005
Stollberg, Dietrich u.a. (Hg.): Identität im Wandel in Kirche und Gesellschaft, Göttingen 1998
Stollberg, Dietrich: Seelsorge im Wandel. Der narzißtische Aspekt, in: ders. u.a. (Hg.): Identität im Wandel in Kirche und Gesellschaft, Göttingen 1998, 193–204
Switzer, David K.: Pastoral Care of Gays, Lesbians and Their Families, Minneapolis 1999
Winkler, Klaus: Werden wie die Kinder? Christlicher Glaube und Regression, Mainz 1992

8.2.   In Beziehungen leben

Menschlichem Dasein eignet eine kommunikative Grundstruktur. Das gilt schon für unsere physische Existenz. Kommunikative Vorgänge im Körper – organische Stoffwechselprozesse und differenzierte Informationsübermittlungen – gewährleisten das Funktionieren unseres Organismus; und die Tatsache, dass wir zum ökologischen System der natürlichen und kulturellen Umwelt gehören, ist für unsere vitale Existenz von grundlegender Bedeutung. Wenn der Einzelne zu anderen Individuen in Beziehung tritt, vermag er sich als soziales Wesen zu entfalten. Und die lebendige Beziehung zu Gott im Glauben begründet seine religiöse Existenz. Der Mensch ist ein Beziehungswesen.[30] Er lebt nur wirklich, wenn er kommuniziert. Tod ist der Stillstand aller Kommunikationsvorgänge und das Ende aller Beziehungen.[31]

In Beziehungen leben – da wird normalerweise zuerst an institutionalisierte Formen des Zusammenlebens, an Ehe, Familie, Partnerschaft[32] gedacht. Das ist ja auch ganz nahe liegend. Und doch: Es kann besonders für Alleinlebende ganz unpassend sein, Chancen und Probleme menschlicher Beziehungen immer nur aus der Perspektive von Ehe und Familie zu bedenken.[33]

Es scheint mir sinnvoll, im Rahmen dieser Einführung in die seelsorgerliche Arbeit, in der eine ausführliche Behandlung der Partnerschaftsproblematik nicht möglich ist, sich relativ unspezifisch den Fragen der Beziehungs- und Kommuni-

---

30 Zum Beziehungsbegriff vgl.: Rauchfleisch, Udo: Beziehungen in Seelsorge und Diakonie, Mainz 1990, Ringeling, Hermann: Freiheit und Liebe. Beiträge zur Fundamental- und Lebensethik III, Freiburg/ Schweiz 1994, 105ff
31 So auch die biblische Sicht, vgl.: Jüngel, Eberhard: Tod, Stuttgart 1971, 80f, 145f
32 Auf die Vielfalt der Lebensformen und deren unterschiedliche Institutionalisierungsgrade kann hier nur hingewiesen werden: traditionelle Kernfamilie, Ein-Eltern-Familien, Scheidungsfamilien in sehr unterschiedlicher Konstellation, nichteheliche Lebensgemeinschaften, gleichgeschlechtliche Lebensgemeinschaften, Single-Haushalte. Vgl.: Beck-Gernsheim, Elisabeth: Was kommt nach der Familie? Einblicke in neue Lebensformen, München 1998, Hettlage, Robert: Familienreport. Eine Lebensform im Umbruch, München ²1998; Kaufmann, Franz-Xaver: Zu-kunft der Familie im vereinten Deutschland, München 1995. Ebenfalls nur hingewiesen werden kann auf die innerkirchliche und theologische Diskussion der Lebensformen, die sich vor allem darum rankt, wie das „Leitbild von Ehe und Familie" heute angemessen zur Wirkung kommen kann. Vgl. dazu: Gottes Gabe und persönliche Verantwortung. Zur ethischen Orientierung für das Zusammenleben in Ehe und Familie. Eine Stellungnahme der Kammer der EKD für Ehe und Familie, Gütersloh 1998; Die Ehe als Leitbild christlicher Orientierung. Gutachterliche Stellungnahme der Kirchenleitung der VELKD zum Einspruch des Bischofskollegiums gegen einen Beschluss der Synode der Nordelbischen Kirche zur Frage eheähnlicher Partnerschaften, Hannover 1997 (= Texte aus der VELKD 75); Baumann, Urs: Utopie Partnerschaft. Alte Leitbilder – Neue Lebensformen, Düsseldorf 1994; Lienemann, Wolfgang: Die Vielfalt der Lebensgemeinschaften. Zwischen Gleichstellungsgebot und Diskriminierungsverbot, in: ZEE 39, 1995, 279–287; Wannenwetsch, Bernd: Die Freiheit der Ehe, Neukirchen 1993
33 Für eine differenzierte, nicht defizitorientierte Beurteilung des „Alleinstandes" setzt sich besonders ein: Liebau, Irmhild. Alleinstehende. Probleme – Chancen – Seelsorgerliche Begleitung, Göttingen 1994

kationsfähigkeit von Menschen zuzuwenden. Kommunikation ist mehr als Partnerschaft. Sie ist eine existenzielle Frage des Menschen, vielleicht die wichtigste überhaupt. Kommunikation hat immer mit Liebe zu tun, und es geht darum, ob sie in einem Leben als schenkende und empfangende Liebe erfahren wird oder nicht. Dabei ist Liebe mehr als romantische Stimmung, nämlich eine durchaus erdgebundene Erfahrung von Gefühl und Nähe, Verantwortung, Solidarität und Treue. In diesem Sinne dürfte es gemeint sein, wenn Johannes Bobrowski in einem Gedicht mit der Überschrift „Das Wort Mensch" die Zeile schreibt: „... wo Liebe nicht ist, sprich das Wort nicht aus."[34]

8.2.1. Wahrnehmungen

„Man kann nicht nicht kommunizieren." So lautet das erste „pragmatische Axiom" der Kommunikationstheorie von Paul Watzlawick.[35] Also auch Schweigen, sich abwenden, auf der Stelle treten – all das sind Formen kommunikativen Verhaltens. Und wenn sie das sind, haben sie auch Folgen für die Gestaltung einer konkreten Beziehung. Aber sie ermöglichen natürlich noch keine wirklich lebendige Kommunikation und schon gar nicht eine befriedigende Beziehung. Dass Kommunikation geschieht, genügt allein noch nicht. Menschen können, wiewohl sie permanent kommunizieren, an Verhältnislosigkeit und Gefühlskälte leiden, weil es ihnen einfach nicht gelingt, zu einem Einzelnen oder zu mehreren Menschen eine emotionale Beziehung aufzubauen, in der sie als Gebende und Nehmende den Reichtum kommunikativer Existenz erfahren können. Es ist nicht selten, dass uns in der Seelsorge Menschen begegnen, die bewusst oder unbewusst an akutem Kontaktmangel leiden. Das ist fast „normal". Aber gewiss gibt es auch Fälle pathologischer Beziehungsstörung – schwere Formen von Depression, Schizophrenie u.a. – und manchmal sind die Grenzen fließend.

Margret Blume ist 53 Jahre alt und leitet eine ökumenische Pflegestation. Vor Jahren wurde ihre Ehe geschieden – nach demütigenden Erfahrungen mit einem Mann, der bildungsmäßig unter ihrem Niveau stand und der sie nicht selten auch geschlagen hatte. Frau B. lebt zusammen mit ihrem 20–jährigen Sohn, der von Beruf Koch ist und im Moment eine Arbeit sucht. Im Allgemeinen kommen sie gut miteinander hin. Frau B. ist leicht behindert. Sie wirkt verunsichert, oft auch verbittert, selten gelöst oder fröhlich. Auf ihrer Station hat sie ständig Probleme mit ihren Mitarbeiterinnen, die sie kritisieren wegen ihrer knappen, oft barschen, wenig einfühlsamen Umgangsart. Fachlich stellt sie hohe Anforderungen und hat es auch zuwege gebracht, dass die Station bisher über die Runden kam. Aber ein persönliches warmes Klima hat sie dort nicht zu schaffen vermocht.

---

34 Zitiert nach: Jentzsch, Bernd (Hg.): Das Wort Mensch, Halle 1972, 115f

35 Watzlawick, Paul u.a.: Menschliche Kommunikation, Bern 1969, 50ff

Frau B. kommt sich ziemlich allein gelassen vor. Auch ihr Bekanntenkreis ist sehr klein und sie geht kaum von sich aus auf jemanden zu. Als ihr unlängst der Sohn einer Patientin einen Blumenstrauß schenkte, fehlten ihr die Worte. Es schien so, als könnte sie sich darüber nicht freuen. Der Mann verließ leicht irritiert die Station.

Kommunikationsmangel kann vielfältige Ausdrucksformen annehmen:

- Sprachlosigkeit: Menschen werden stumm. Es ist schwer für sie, Worte zu finden, die eine Brücke zur Person des anderen bilden könnten. Es ist ein leeres, oft bedrohliches Schweigen, das solche Menschen umgibt.
- Angst vor Nähe: Nähe – persönliche, auch sexuelle Nähe – scheint gefährlich. Frau B. hatte das in ihrer Ehe erlebt und von diesen Erfahrungen kommt sie nicht los. Die Anderen erscheinen immer fremd, wenn nicht feindlich.
- Negative Selbsteinschätzung: Ich bin ja nichts wert, ich bin hässlich, ich bin ungeschickt – und darum mit Sicherheit nicht liebenswürdig.
- Einsamkeit: Manche Menschen ziehen sich zurück, meiden jeden Kontakt und dennoch ist ihre Einsamkeit im Grunde ungewollt. Es ist eine quälende, oft leidvoll ertragene Einsamkeit.
- Formen von Gehemmtsein: Gehemmte Menschen sind sehr nervös und aufgeregt, wenn sie mit anderen Menschen sprechen. Sie werden leicht rot oder blass oder geraten unter Schweißausbruch, verheddern sich in den Worten oder bringen einfach nichts heraus. Bei manchen verliert sich das in ein paar Minuten, andere verlieren ihre Hemmungen lange nicht.

Alle diese Erfahrungen – zum Teil decken sie sich mit denen von Frau B. – sind ziemlich normal und für jeden Seelsorger und jede Seelsorgerin unschwer einfühlbar. Werden sie beherrschend, wird das Leben quälend, und zugleich wird ein Hunger nach Liebe spürbar, eine Sehnsucht nach tragfähigen Beziehungen.

Kommunikationserfahrungen sind auf unterschiedlichen Ebenen möglich:[36]

- in der *freundschaftlichen* Beziehung zu den Menschen der eigenen Wahl, die von einer dauerhaften und wechselseitigen Zuneigung der Freunde leben,
- in der *erotischen* Beziehung, in der die ganze Skala der Gefühle vom glühenden Hass bis zur leidenschaftlichen Liebe aktiviert werden kann.
- in der *sexuellen* Beziehung, die als Fest der Vitalität und Liebe oder als flüchtige Gelegenheit zum Lusterleben erfahren werden kann,
- in der *partnerschaftlichen* Beziehung einer Ehe oder Lebensgemeinschaft, zu der Liebe, Struktur und unbedingte Verlässlichkeit gehören,
- in den *verwandtschaftlichen* Beziehungen zu Kindern oder Eltern, zu Geschwistern oder Großeltern; verwandtschaftliche Beziehungen haben ihren unbe-

---

36 Vgl.: Schmid, Wilhelm: Philosophie der Lebenskunst, Frankfurt a.M. ²1998, 261ff

streitbaren Vorzug darin, dass sie einfach gegeben sind und nur wahrgenommen und gestaltet zu werden brauchen,

- in *beruflichen* Beziehungen, in denen Sachlichkeit und Kollegialität, Kooperationsbereitschaft und Kritikfähigkeit gefordert sind,
- in der *nachbarschaftlichen* Beziehung, die Freundlichkeit und Offenheit ebenso fordert wie einen angemessenen Umgang mit Distanz und Nähe,
- in der *transkulturellen* Beziehung zu Menschen anderer Rassen und anderen Glaubens, die Toleranz und Einfühlungsvermögen voraussetzt,
- in der *geschwisterlichen* Beziehung einer *Gemeinde*, die auf der Gemeinschaft des Glaubens ruht und bestehende Unterschiede – wenigstens im Ansatz (Gal 3,28) – in den Hintergrund treten lässt.

Dieser breiten Skala von Beziehungsmöglichkeiten müssen wir uns bewusst sein. Das Spektrum darf nicht eingeengt werden auf nur eine Beziehungsmodalität. Aber es ist natürlich immer der eine Mensch, der die vielen Möglichkeiten der Gestaltung seiner kommunikativen Existenz wahrnehmen kann. Was hindert ihn möglicherweise, dies dann auch wirklich zu tun?

8.2.2. Diagnostische Aspekte: Kommunikationshindernisse

Kommunikation kann misslingen, d.h. sie kann zu anderen als den gewünschten Ergebnissen führen. Sie kann Beziehungen zerstören anstatt sie aufzubauen. Das ist eine ganz normale Erfahrung, aber diese kann für manche Menschen zu einer Regelerfahrung werden, die ihnen den kommunikativen Mut nimmt und sie in die Isolation treibt. Es ist unmöglich, alle Gründe zusammenzutragen, die für die Schwierigkeit zu kommunizieren verantwortlich zu machen wären. Einige seien genannt:

Zunächst ist an die *biographische* Erfahrungsebene zu denken. Erinnern wir uns an Frau B.. Ihre Kommunikationsschwierigkeiten haben ganz gewiss mit ihren traumatischen Eheerfahrungen zu tun; vermutlich war freilich dies nicht die einzige Enttäuschungserfahrung mit anderen Menschen. Geblieben ist die Angst vor Verletzungen, die Angst vor der Zerstörung von Körper und Seele.

Schlimme Erfahrung mit anderen Menschen prägen eine Biographie, setzen einen unheilvollen Kreislauf von Stummheit, Verweigerung und Abgewiesenwerden in Gang. Oft liegt auf dem Grunde einer Beziehungsstörung eine traumatische Beziehungserfahrung.

Sodann ist bezüglich der *Personenebene* hinzuweisen auf die unterschiedlichen Charakterstrukturen. Auch hier spielen Erfahrungen – oft wohl auch unbewusste – eine Rolle. Charakterprägungen bestimmen das Beziehungsverhalten.[37]

Einige Beispiele, wobei wir neurotische Erscheinungsformen ausschließen:

---

37 Vgl. oben Kap. 5: Exkurs Charaktertypen

- Depressive Personen neigen dazu, alles aufzuwenden, um von anderen Menschen Zuwendung zu erhalten. Oft sind sie leicht ausnutzbar. Ein depressiver Habitus kann auch zu einer latenten Form von Herrschaft werden („Wenn du mich verlässt ...").
- Zwanghafte Personen möchten den anderen gern unter Kontrolle haben; das Verlangen nach geordneten Verhältnissen macht es oft schwer, eine warme freundschaftliche und kollegiale Beziehung zu gestalten.
- Narzisstische Personen neigen zur Selbstdarstellung zum Zwecke ihrer Bewunderung durch andere Menschen: der Narzisst liebt „den anderen nicht als anderen, sondern .... als Teil seiner selbst"[38]. Das ist eine Disposition für Enttäuschungserlebnisse – sowohl auf der Seite derer, die bewundern sollen, als auch derer, die bewundert werden möchten.

Freilich muss beachtet werden: Menschen vorschnell zu bestimmten Persönlichkeitstypen zuzuordnen, das kann zu Etikettierung und problematischer Fixierung führen. Hier ist diagnostische Sensibilität gefordert, besonders von allen, die sich auf diesem Feld als Laien anzusehen haben.

Auf der *Verhaltensebene* sind Kommunikationshindernisse besonders deutlich auszumachen.[39] Oft sind es einfach erlernte Verhaltensweisen des Umgangs, die es schwer machen, zum anderen einen Zugang zu finden. Viele Menschen sind unfähig wirklich zu sagen, was man von einem anderen Menschen will oder sich von ihm wünscht. Sie haben Schwierigkeiten, ihre eigenen Gefühle auszudrükken, die sie jetzt im Augenblick empfinden. Oder sie tun sich schwer, Kritik zu üben, ohne jemanden moralisch abzuwerten. Mitunter kann auch zu viel verbale Kommunikation auf andere abstoßend wirken. Da redet jemand und redet ... Auch eine „neurotische" Dauerreflexivität kann gelegentlich der Originalität und Spontaneität von Beziehungen schaden.

Sozialpsychologisch gesehen sind es oft Rollenbilder, die verhindern, dass Menschen Beziehungen zueinander aufnehmen können. Manchmal ist das 19. Jahrhundert mit seinen bürgerlichen Klischees in uns noch nicht überwunden. Menschen, die am Rande leben, eher unten stehen, aus bestimmten „Milieus" oder „Szenen" kommen oder eben irgendwie anders sind, erleben sich leicht als beziehungsunwürdig. Frau B. kriegt jedes Mal „Zustände", wenn sie zum Verwaltungschef ihrer Station muss – sie fühlt sich klein und in der Rolle der Bittstellerin keineswegs ihrem Chef ebenbürtig.

Die Beziehungsmuster der Menschen untereinander sind immer auch ein Reflex auf die gesellschaftliche und kulturelle Situation um sie herum. Der Prozess der *Individualisierung* bedeutet einmal eine stärkere Orientierung auf die Selbstsorge des Einzelnen (vom „Wir" zum „Ich").[40] Die bisherigen „natürlichen" Ent-

---

[38] Bobert-Stützel, Sabine: „Man is broken, God's grace is glue"? in: Henkys, Jürgen/ Weyel, Birgit (Hg.): Einheit und Kontext, Würzburg 1996, 41–76, 45; vgl.: Meng, Wilhelm: Narzissmus und christliche Religion, Zürich 1997

[39] Vgl.: Watzlawick, a.a.O., 72ff

[40] Vgl. dazu: Beck, Ulrich: Risikogesellschaft, Frankfurt a.M. 1986, 174ff

faltungsräume für kommunikative Verhaltensweisen (Familie, Klasse, Schicht usw.) verlieren ihre verlangten Entlastungsfunktionen für den Einzelnen. Im Grunde genommen wird unter der Bedingung der gesellschaftlichen Individualisierung mehr kommunikative Kompetenz gefordert als früher; der Einzelne muss initiativ werden, die Kommunikationsvorgänge werden riskanter, weil sie weniger den vertrauten Mustern folgen. Die Partner für die persönlichen Beziehungen stehen nicht fest; sie werden gewählt und man muss für die Gestaltung der Beziehung selbst Sorge tragen. Das fordert stärker heraus und bringt manchen zu Resignation. Die Vereinsamungsgefahr für Individuen ist heute drastisch gestiegen.

Liebe steht unendlich hoch im Kurs. Sie rückt für viele sogar als eine „irdische Religion" an die Stelle von Transzendenzerfahrungen, aber sie zu erlangen und in befriedigenden Beziehungen zu erleben, erscheint schwieriger denn je.[41] Und die Enttäuschung ist schwer auszuhalten, wenn die konkrete Lebensbeziehung die hochgespannten Erwartungen nicht erfüllt.

8.2.3. Theologische Vertiefung

Wenn es um menschliche Beziehungen geht, ist theologisch einzusetzen bei dem die Menschen liebenden Gott. Gott offenbart sich in der biblischen Heilsgeschichte als mitgehender und partnerschaftlicher Gott. Liebe – also schöpferisches Bezogensein (vgl. Röm 8,38f) auf andere – ist nicht nur eine Eigenschaft, sondern das Wesen Gottes (1 Joh 4,16). Gott ist ein kommunikativer Gott – nach innen (Trinität) und nach außen: Alles menschliche Lieben gründet in Gottes Liebe zu den Menschen. Und diese ist bedingungslos: Gott fragt nicht, ob jemand liebenswert ist oder ob er entsprechende Leistung erbracht hat, um liebenswürdig zu werden. Gottes Liebe macht den Menschen vielmehr liebenswert.[42] Gott liebt den Menschen geradeso, wie er ist, und seine Liebe sagt: du, gerade du darfst leben mit deinen Grenzen, mit deinen Schwächen, mit der Unvollkommenheit deines Wesens und Tuns. Aber ich traue dir auch zu, dass du etwas verändern kannst nach dem Maß deiner Möglichkeiten.

Entscheidend ist, ob diese Botschaft von der Liebe nur eine verbale Mitteilung bleibt oder ob sie den Menschen auch dort erreicht, wo sie ihn erreichen soll: in der Tiefe seiner Person. Gottes Liebe wird erfahrbar durch die glaubwürdige Mitteilung des Wortes, bei der symbolischen Kommunikation des Sakramentes und auch in den beispielhaften Liebestaten von Menschen an Menschen. Menschliche Liebe als antwortendes Handeln kann transparent werden für die lebenschaffende Liebe Gottes (vgl. Mt 25,40).

Eine wichtige Frage ist hier die Zuordnung von *Selbstliebe und Nächstenliebe*. Kann der Mensch wirklich lieben? Oder ist nicht all seine Liebe interessengelei-

---

41 Vgl.: Beck, Ulrich/ Beck-Gernsheim, Elisabeth: Das ganz normale Chaos der Liebe, Frankfurt a.M. 1990, 222ff

42 Vgl. Luthers berühmte These in der Heidelberger Disputation: „Amor Dei non invenit sed creat suum diligibile" (WA I, 354)

tet? Sind Beziehungen nicht oft deshalb so gefährdet, weil unser Interesse am anderen erlahmt und die Liebe kalt wird? Das biblische Grundgebot der Liebe stellt Nächsten- und Selbstliebe auf eine Stufe. Du sollst lieben „deinen Nächsten wie dich selbst" (Lev 19,18; Mt 22,39). Es weist damit die Extreme zurück:

• das asketisch-rigoristische Liebesideal, das nur die Liebe gelten lässt, in der das Ich ganz von sich absieht bis hin zum Selbsthass;
• und das hedonistische Liebesverständnis, das im Grunde eine Art Selbstsucht ist und alles ausgrenzt, was „mich nichts angeht". Nach der allzu bekannten Devise: „Das ist nicht mein Problem".[43]

Jemanden zu lieben heißt, für ihn *Verantwortung* zu übernehmen. Die Liebe zum anderen schafft wirklich Nähe; sie ist ein „Zustand permanenter Aufmerksamkeit" und eine „Verantwortlichkeit, die nie zu Ende kommt".[44] Aber sie gestaltet sich nicht notwendig gegen das Ich, sondern mit ihm und durch es. Für andere zu sorgen setzt voraus, dass ich für mich selbst zu sorgen vermag. Eines nicht ohne das andere. Innere Leere, Beziehungsfrust und Liebesmangel binden die Energien der Liebe. Es ist nicht wichtig, ob die Liebe zu sich selbst das Erste ist oder die zu dem Anderen. Die Dynamik der Liebe liegt darin, dass sie den Liebenden und den Geliebten gleichermaßen zu erfüllen vermag.

Menschliche Liebe bleibt bei all dem Liebe nach menschlichem Maß, also immer auch: brüchig, diskontinuierlich, erschöpfbar. Das ist auch wichtig für die konkrete Gestaltung der menschlichen Beziehungen und es hilft, von ihnen nicht zu viel, aber auch nicht zu wenig zu erwarten. Beziehungen untereinander sind Gestaltungen von Liebe – gewiss in unterschiedlicher Ausprägung und Intensität. Aber es gibt keine Liebe ohne Beziehung. Und wo keine Liebe ist, wird es schwer, in Beziehung zu leben.

8.2.4. Seelsorgerliche Praxis

Ein sehr großer Anteil von Problemen, mit dem Seelsorgerinnen und Seelsorger zu tun bekommen, betreffen Fragen der persönlichen Beziehungsgestaltung und Beziehungskultur. Wer hier hilfreicher Partner des Gesprächs sein möchte, wird sich selbst immer wieder nach seiner eigenen *kommunikativen Kompetenz* fragen müssen. Wie gehe ich mit Menschen um? Wie gut gelingen mir die Beziehungen auf den unterschiedlichen Ebenen meines Lebens und meiner Arbeit? Wo scheitere ich selbst ziemlich regelmäßig? Wie gut kann ich selbst mit Distanz und Nähe umgehen? Und dazu kämen dann die Fragen nach der fachlichen Kompetenz: Wie gut weiß ich über wesentliche Faktoren für eine gelingende Beziehung Be-

---

43 Vgl. dazu Schmid, a.a.O., 265
44 Bauman, Zygmunt: Postmoderne Ethik, Hamburg 1995, 135

scheid? Wie steht es mit meinen Fähigkeiten, einen kommunikativen Prozess zu fördern? Und auch das wäre wichtig zu fragen: Fühle ich mich in der Lage, aktuelle und oft persönlichkeitsbedingte Beziehungsprobleme von neurotischen Beziehungsstörungen, die in eine Therapie gehören, zu unterscheiden?

Eng mit diesen Fragen verknüpft ist die Herausforderung, die seelsorgerlichen Gespräche selbst mögen ein Stück *hilfreicher Beziehungserfahrung* darstellen. Menschen, die hier ihre Probleme haben, können sich oft nicht vorstellen, dass eine Beziehung zu einem anderen Menschen befriedigend verlaufen kann. Also kommt es darauf an, dass die Partner des Gesprächs sich ernst genommen fühlen – als selbständige autonome und erwachsene Menschen, nicht als hilflose Klienten. Und sie müssen das Gefühl haben, vieles sagen zu dürfen – ihre Ängste, vielleicht auch ihren heimlichen und ihnen peinlichen Hass auf andere Menschen, ihre sexuellen Wünsche, ihre uneingestandenen Enttäuschungen. Das wäre möglich, wenn in der seelsorgerlichen Beziehung die Gewissheit wächst: Hier kann mir nichts passieren; was ich auch sage, die Seelsorgerin wird es nicht gegen mich verwenden. Ich kann mir ihrer Solidarität gewiss sein. Die Atmosphäre des Gesprächs sollte darum aber nicht gleich von falscher Gefühligkeit geprägt sein; es muss vielmehr auch Raum sein für Kritik und Konfrontation. Dies ist möglich, wenn das Gespräch grundsätzlich durch ein Vertrauensverhältnis geprägt ist.

Vertrauen muss vorausgesetzt werden, um im Gespräch *deutlich werden* zu können. Auch wenn ich als Seelsorger grundlegende persönlichkeitsbedingte Beziehungsprobleme wahrnehme, ist es doch wichtig, die entscheidenden Fragen am konkreten Detail zu erörtern. Nur so vermeidet man Ausweichversuche des Gesprächspartners und fruchtloses Drumherumreden. Bei Frau B. z.B. ist es notwendig, immer wieder nach dem Stand ihrer aktuellen Beziehung zu fragen: Wie steht es zu Hause mit Ihrem Sohn? Wie geht es mit den Kolleginnen auf der Station, dem Chef, den Patienten? Wenn man so fragt, stellt sich oft heraus, dass das Bild gar nicht so einheitlich ist, wie es am Anfang schien. Mit der Konkretisierung kommen auch die Differenzierungen in den Blick – und damit dann oft auch die idealen Spielräume für Veränderungen und Hoffnungen.

Das Gespräch muss dann immer auch zum *Subjekt*, also zum Ratsuchenden selbst führen. Gerade bei Beziehungsfragen ist die Versuchung groß, über die abwesenden Partner zu reden. Das lässt sich oft nicht gänzlich vermeiden, will man zu einer realistischen Wahrnehmung gelangen. Aber es ist wichtig, immer wieder zum anwesenden Ratsuchenden zu kommen. Natürlich darf er klagen, er darf sich auch beklagen, sich den Ärger, den Frust, die Enttäuschung von der Seele reden. Das ist in vielen Fällen überlebensnotwendig, vor allem wenn harte, traumatische, auch körperliche Verletzungserfahrungen zugrunde liegen. Aber es muss dann auch gefragt werden: Will der Ratsuchende nur klagen oder will er etwas ändern? Manchmal ist hier die Schaltstelle des Gesprächs, an der sich entscheidet, ob die Seelsorge „nur" Klagemauer und Wärmestube bietet oder ob auch die Bereitschaft zur Selbstauseinandersetzung, zur seelischen Arbeit gegeben ist. Dabei wird es um Fragen wie die folgenden zu gehen haben:

– Was liegt an mir, dass es mit meinen Kontaktbemühungen oft so schief läuft?

– Wovor habe ich Angst, wenn ich zögere, dem anderen Menschen mich emotional zu nähern oder mich mit ihm kritisch auseinander zu setzen?

– Warum mache ich mich so abhängig von den Reaktionen des anderen?

Beziehungsprobleme hängen in vielen Fällen ganz eng mit Selbstproblemen und Selbstwertproblemen zusammen.

Hier gilt es, behutsam das *Vertrauen zu stärken*, das Vertrauen in sich selbst, in die anderen, und auch das Vertrauen in Gott. Nur aus dem umfassenden, meine ganze Existenz umgreifenden Vertrauen heraus wird es möglich, Vertrauen in der Praxis des Lebens durchzuhalten und Einzelerlebnisse nicht überzubewerten. Es ist für viele Menschen mühselig und oft langwierig, wieder Vertrauen zu lernen. Frau B. ist dabei, ganz kleine Schritte zu versuchen. Zuletzt hatte sie mit der Seelsorgerin den Plan gefasst, sich einmal mit einer Bekannten im Restaurant zu treffen. Schon der Vorsatz war eine Tat. Dann war es doch nicht gelungen. Die Angst war zu groß: „Da gucken alle auf mich, zwei Frauen allein im Restaurant, wie sollen wir uns verhalten und worüber sollen wir dann sprechen?" Aber Frau B. begriff auch, dass das letztlich keine unlösbaren Probleme sind. Vielleicht schafft sie es das nächste Mal.

In Beziehung zu leben, dafür bedarf es immer auch eines *Schrittes über sich selbst hinaus*. Es ist ein Schritt über die Schwelle der eigenen Ängste und Hemmungen und eine Überwindung der übertriebenen und fixierten Selbstsorge. Nur der ist beziehungs- und liebesfähig, der – auf Zeit! – von sich absehen kann, dessen Narzissmus nicht neurotisch ist. Sofern es sich bei einem Menschen um einen „normalen", also nicht gestörten Narzissmus[45] handelt, müssen sich Narzissmus und die Praxis der Liebe nicht ausschließen. Die Seelsorge wird immer wieder Menschen dazu Mut machen, sich anderen zuzuwenden und anzuvertrauen, Verantwortung zu übernehmen und eine Beziehung zu gestalten. Der Einzelne darf und kann dabei auch für sich selbst immer nur gewinnen.

Literatur

Wer sich mit Fragen der menschlichen Kommunikation beschäftigt kommt an *Paul Watzlawick (1969)* nicht vorbei. Eine neuere, in vieler Hinsicht auch für Seelsorge und seelsorgliche orientierte Gruppenarbeit relevante Kommunikationspsychologie bieten die drei populären Bände von *Fritz Schulz von Thun (1996, 1999)*. Zum Verständnis der modernen Beziehungsprobleme bieten *Ulrich Beck und Elisabeth Beck-Gernsheim (1990)* wichtige Durchblicke, die psychologischen und psychotherapeutischen Aspekte der Beziehungsthematik werden bei *Jürg Willi (2002)* überzeugend dargestellt. Für eine theologische Beurteilung der neueren Entwicklungen sei auf *Hermann Ringelings* Beitrag über *„Ehe" und „Beziehung"*

---

45 Vgl. zu dieser Unterscheidung Meng, a.a.O., 117ff

(1994) hingewiesen. Die Literatur zu Seelsorge und Beratung in Partnerschafts- und Familienfragen ist unübersehbar. Da das Thema in diesem Buch ohnehin nicht eingehend behandelt werden kann, mag hier der Hinweis auf den Beitrag von *Traugott U. Schall* im *Handbuch der Pastoralpsychologie (1990,* 387–408) ausreichen.

Beck-Gernsheim, Elisabeth: Was kommt nach der Familie? Einblicke in neue Lebensformen, München 1998

Beck, Ulrich/ Beck-Gernsheim, Elisabeth: Das ganz normale Chaos der Liebe, Frankfurt a.M. 1990

Brocher, Tobias: Von der Schwierigkeit zu lieben, Stuttgart 1977

Fromm, Erich: Die Kunst des Liebens, Frankfurt a.m. [43]1990

Geest, Hans van der: Verschwiegene und abgelehnte Formen der Sexualität, Zollikerberg [2]1992

Hein, Detlef: Spiritualität in Partnerschaft, Stuutgart 2005

Keil, Siegfried/ Haspel, Michael: Gleichgeschlechtliche Lebensgemeinschaften in sozialethischer Perspektive, Neukirchen 2000

Liebau, Irmhild: Alleinstehende, Göttingen 1994

Mödel, Erwin (Hg.): Trennung und Scheidung, Regensburg 2004

Patton, John/ Childs, Brian H.: Generationenübergreifende Ehe- und Familienseelsorge, Göttingen 1995

Petri, Horst: Verlassen und verlassen werden. Angst, Wut, Trauer und Neubeginn bei gescheiterten Beziehungen, Zürich [2]1992

Rauchfleisch, Udo: Beziehungen in Seelsorge und Diakonie, Mainz 1990

Ringeling, Hermann: „Ehe" und „Beziehung", in: ders.: Freiheit und Liebe. Beiträge zur Fundamental- und Lebensethik 3, Freiburg/ Schweiz 1994, 105–134

Schall, Traugott U.: Seelsorgliche Hilfen in Partnerschafts- und Familienkonflikten, in: Baumgartner, Isidor (Hg.): Handbuch der Pastoralpsychologie, Regensburg 1990, 387–408

Schmid, Wilhelm: Philosophie der Lebenskunst. Eine Grundlegung, Frankfurt a.M. [2]1998

Schulz von Thun, Friedemann: Miteinander reden, 3 Bde. Reinbek 1996.1999

Thilo, Hans-Joachim: Ehe ohne Norm? Eine evangelische Eheethik in Theorie und Praxis, Göttingen 1978

Wagner-Rau, Ulrike: Seelsorge im Kontext von Ehe und Partnerschaft, in: HbS 428–445

Watzlawick, Paul u.a.: Menschliche Kommunikation, Bern 1969

Welter-Enderlin, Rosemarie: Deine Liebe ist nicht meine Liebe. Partnerprobleme und Lösungsmodelle aus systemischer Sicht, Freiburg i.Br.1996

Wiedemann, Hans Georg: Homosexuelle Liebe, Stuttgart/ Berlin [3]1991

Willi, Jürg: Die Zweierbeziehung, Reinbek 1997

– Die Kunst gemeinsamen Wachsens. Ko-Evolution in Partnerschaft, Familie und Kultur, Freiburg 2007

– Psychologie der Liebe. Stuttgart 2002

8.3.   Auf der Suche nach Sinn

Seelsorge hat es immer auch mit der Sinnsuche des Menschen zu tun. Das ist gar keine Frage. Aber was ist damit eigentlich gemeint? Das Wort „Sinn" ist eher ein verwirrender Begriff. Er hat ganz verschiedene Dimensionen: eine physiologische – mit unseren „Sinnen" nehmen wir die Welt wahr; eine pragmatische – es wird als sinnvoll angesehen, dieses oder jenes zu tun; eine ethische – eine Handlung ist sinnvoll, weil durch sie bestimmte Werte verwirklicht werden; eine philosophische – bei der es um die Frage nach dem Sinn des Lebens geht; und schließlich eine religiöse – ausgerichtet auf eine Erfahrung von Sinn grundlegender, umfassender Art. Fast jeder verbindet mit dem Sinnbegriff etwas anderes.[46] Er kann sehr oberflächlich gebraucht werden – „sinnlos" als Wort des Jargons –, und er kann zugleich viel sagendes Symbol für die Dimension der Tiefe des Daseins sein. Wenn wir in der Seelsorge davon sprechen, geht es um den Sinn als ein existenzielles Lebensthema. Und dahinter steht ein ganzes Bündel von Fragen: Lohnt es (noch) zu leben? Ist das Leben (und vielleicht auch: Gott) gerecht? Gibt es ein erkennbares Ziel, eine realistische Hoffnung? Hat das Leben Bedeutung z.B. für andere? Mit anderen Worten: Um die Sinnfrage gruppieren sich eine Reihe von Fragen, die in anderen Zusammenhängen und konkreten Lebenssituationen wieder auftauchen.

8.3.1. Die seelsorgerliche Wahrnehmung der Sinnfrage

Es wird selten geschehen, dass jemand in ein seelsorgerliches Gespräch mit der Frage nach dem Sinn des Lebens kommt. Vielleicht würde er dafür dann doch eher die Sprechstunde eines Systematischen Theologen oder die Praxis eines philosophischen Beraters aufsuchen. In einem seelsorgerlichen Kontext wird die allgemeine Sinnfrage in den meisten Fällen eher die Verpackung für konkretere Einzelprobleme sein. Wir können offen lassen, ob der Mensch sozusagen mit der Sinnfrage geboren wurde, als prinzipiell sinnorientiertes Wesen, wie Viktor Frankl[47] meint, oder nicht. Gestellt wird die Frage meist erst dann, wenn Sinn akut gefährdet ist oder vollends zu entgleiten droht. Das ist immer dann der Fall, wenn der Verlauf des Lebens einen Knick erhalten hat und eine Fortsetzung nicht mehr so plausibel erscheint. Es gibt regelmäßig Situationen, die der Einzelne bewältigen muss, und das gelingt ihm meist durch eine angemessene Weise des Handelns. Dann gibt es auch Augenblicke, in denen der Mensch Erfahrungen ausgesetzt ist, mit denen er rein pragmatisch allein nicht mehr zurecht kommt. Da stellt sich die Frage: Was bedeutet das jetzt – für mich und überhaupt?[48]

> Zwei Schwestern, 80 und 76 Jahre alt, leben schon viele Jahre zusammen. Sie sind aufeinander eingestellt, haben sich arrangiert und auch gelernt, mit den immer wieder aufkommenden alten Differenzen einigermaßen gut umzugehen. Vor vier Jahren ist Herta, die ältere, krank geworden. Seitdem ist das Verhältnis eher noch enger geworden. Hiltrud, die jüngere, pflegt ihre Schwester mit allen ihr zur Verfügung stehenden Kräften. Manchmal bekommt es Hiltrud mit der Angst zu tun, wenn es wieder ein-

---

46 Vgl.: Biller, Karlheinz: Der Sinnbegriff als zentrales Theorem der Logotherapie, in: Kurz, Wolfram/ Sedlak, Franz (Hg.): Kompendium der Logotherapie und Existenzanalyse, Tübingen 1995, 99ff; Sauter, Gerhard: Was heißt: nach Sinn fragen? München 1982, 12ff

47 Vgl. dazu: Biller, a.a.O., 104ff; Frankl, Viktor: Der Mensch vor der Frage nach dem Sinn, München 101995; Hahn, Udo: Sinn suchen – Sinn finden. Was ist Logotherapie? Göttingen 1994, 36ff

48 Vgl.: Preul, Reiner: Seelsorge als Bewältigung von Lebenssituationen, in: Scharfenberg, Joachim (Hg.): Freiheit und Methode, Göttingen 1979, 61–81

mal mit der Schwester etwas schlimmer geworden ist. Aber dann weiß sie doch, was zu tun ist: Der Arzt muss bestellt werden, mancher Pflegevorgang kommt hinzu, Hilfen von außen sind zu organisieren. Als sich dann doch herausstellt, dass Herta auch in geistiger Hinsicht abbaut und es schwer würde, sich mit ihr überhaupt noch „vernünftig" zu unterhalten, ist für Hiltrud der kritische Punkt erreicht und es bricht aus ihr heraus: „Was soll denn nun werden, das hat doch alles gar keinen Sinn mehr. Ich schaffe es nicht."

Von außen gesehen sieht die Situation der beiden Schwestern gar nicht so dramatisch aus. Aber von innen her zieht sich für die jüngere alles zusammen. Die täglichen Anstrengungen der Pflege drohen für sie ihren Sinn zu verlieren. Und da der Umgang mit der älteren Schwester für sie inzwischen zum zentralen Lebensinhalt geworden war, scheint hier alles auf dem Spiel zu stehen.

Es kann sehr viele andere Situationen geben, aus denen heraus Menschen die Sinnfrage erreicht:

• Das Mitansehen-Müssen von *schweren Leiden*. Man muss es gar nicht beschreiben; jeder hat bestimmt Bilder vor Augen aus den Medien, aber auch durch eigenen Augenschein im Pflegeheim oder auf Krankenstationen. Irgendwo ist die Grenze überschritten und die Frage ist nicht zurückzuhalten, worin denn der Sinn solchen Lebens noch bestehen sollte. Die bohrende, letztlich Gott selbst anklagende Frage Iwan Karamasows nach dem Sinn des Leidens von unschuldigen Kindern[49] bleibt aktuell – gerade angesichts der Nachricht von Vergewaltigung und Ermordung von Kindern.

• Die Erfahrung eines *Verlusts*, das Verlassenwerden von einem anderen Menschen, sei es durch Tod, sei es durch Scheidung, sei es durch andere Umstände des Lebens. Goethe sprach beim Tode seines Sohnes August vom „Wahnsinn", der in jeder Trauer liege. D.h. es gibt Augenblicke, wo wirklicher Sinn nicht mehr erkennbar ist, wo anstelle von Sinn nur noch Wahn-Sinn oder Un-Sinn zu denken sind.

• Das *Scheitern* aller Bemühungen um eine *berufliche Entwicklung* – mit 50 arbeitslos, zu alt für einen Neuanfang! Mit einem Mal wird es bewusst, das hat doch alles keinen Sinn mehr. Die Sinnfrage meldet sich bei arbeitslosen Menschen oft nicht laut, eher leise, verschämt, konvertiert zu einer stummen und depressiven Lebensart, verbunden mit dem Verlust von Lebensfreude und der quälenden Ungewissheit: Wozu bin ich denn überhaupt noch da?[50]

Nicht immer muss die Sinnfrage ganz persönlich durch eigene Erfahrungen veranlasst sein. *Außenerfahrungen* können latent vorhandene Innenerfahrungen auslösen oder verstärken:

49 Dostojewski, Fjodor M.: Die Brüder Karamasow, 2. Teil, 5. Buch, Kap. 4 Empörung, Bd. 1, Weimar/ Berlin 1981

50 Zijlstra, Wybe: Menschen auf der Suche nach Sinn, in: WzM 45, 1993, 476–485. Zijlstra interpretiert „Sinn" als „Lebensfreude", „Bedeutung" und „Bestimmung" (477)

In der Gesellschaft bewegt sich nichts nach vorn. Die Hoffnungen von einst scheinen erloschen. Offensichtlich ist es nicht möglich, eine gerechtere Form etwa der Verteilung von Arbeit und Geld zu erzielen. Im eigenen Land nicht und erst recht nicht auf der Welt anderswo. Oft sind es diejenigen, die einmal die Engagiertesten waren, die für Sinnlosigkeitserfahrungen nun besonders empfänglich sind.

Auf vielen Ebenen stellen sich heute *Vergeblichkeitserfahrungen* ein: Es scheint nicht mehr möglich zu sein, toleranter zu leben, Fremde zu akzeptieren, Gewaltauseinandersetzungen zu vermeiden. Hat es noch einen Sinn, sich irgendwo oder irgendwie zu engagieren? Was hat überhaupt Sinn? Es gibt Paare, die sich fragen: Sollen wir wirklich Kinder in die Welt setzen, in diese Welt? Hat das Sinn?

Und auch das gibt es ja wohl, dass sich die Sinnfrage einem Menschen eher schleichend nähert. Die ewigen Wiederholungen des Alltags, der Mangel an Herausforderung, an Mut und Energie. Der Verlust von Freude und Lebenslust, das Scheitern mit den kleinen Vorsätzen der Veränderung, das Schweigen der Freunde, die verrinnende Zeit – all dies kann schließlich in die Frage münden: Was soll's? Es ist dabei wichtig, im Zusammenhang der Seelsorge die Sinnfrage nicht zu schnell metaphysisch „aufzuladen". Es gibt eine nachmetaphysische Form der Sinnfrage, bei der es einfach darum geht: „Wie kann man das Leben so verbringen, dass man das Gefühl hat, es lohnt sich?"[51]

Sinn scheint knapp geworden in dieser Zeit[52] – gerade auch bei denen, die sich ums Leben nicht sorgen müssen. Ihnen geht es gut, aber der Sinn ist ihnen abhanden gekommen, die Mitte, die Linie, die überzeugende Gewissheit.

8.3.2. Humanwissenschaftliche Aspekte zur Sinnfrage

Die Frage nach dem Sinn ist in der Philosophie vor allem für den Existenzialismus von zentraler Bedeutung gewesen. Albert Camus war im Grunde davon überzeugt, dass es keinen (objektiven) Sinn des Lebens und Leidens geben könne und dass die Herausforderung der Existenz darin läge, dennoch zu leben und wie Sisyphus den Stein immer wieder auf den Berg zu rollen – aller vorhersehbaren Vergeblichkeit zum Trotz: „Der Kampf gegen den Gipfel vermag des Menschen Herz auszufüllen."[53] Die moderne Philosophie der „Lebenskunst" ist zunächst gar nicht so weit davon entfernt. Auch sie geht davon aus, dass es nicht möglich ist, immer den Sinn „zu finden" oder das Leben gar „gänzlich zu verstehen", aber sie denkt optimistischer darüber nach, ob es unter den Bedingungen des begrenzten menschlichen Verstehens doch möglich sei, dem Leben „Sinn zu geben", also Zu-

51 Höhn, Hans-Joachim: Zerstreuungen. Religion zwischen Sinnsuche und Erlebnismarkt, Düsseldorf 1998, 63
52 Alt, Jürgen August: Wenn Sinn knapp wird. Über das gelingende Leben in einer entzauberten Welt, Frankfurt a.M. 1997
53 Camus, Albert: Der Mythos von Sisyphos, Reinbek 1998, 128

sammenhänge herzustellen und die „Gegebenheiten, die nicht zu ändern sind, sich so zurecht zu legen, dass sich mit ihnen leben lässt."[54]

Mit dem Sinnbegriff ist hier in der Philosophie also ein Aufforderungsimpuls verknüpft, Sinn nach dem Maß des Menschlichen herzustellen.

Es ist das große Verdienst der von Viktor Frankl begründeten Logotherapie[55], dass sie die Sinnfrage des Menschen nicht nur ernst nimmt, sondern ihr auch – im Gegensatz zu der psychoanalytischen Tradition, von der sie herkommt – in der Therapie einen zentralen Platz einräumt. Frankl geht davon aus, dass jedem Menschen ein „Wille zum Sinn" eignet; dauerhafte Frustration dieses Willens, das „Leiden am sinnlosen Leben" führe ihn in die Krankheit, in die noogene Neurose. Kern vieler seelischer Störungen sei die Unfähigkeit, in bestimmten Lebenssituationen und Daseinserfahrungen einen Sinn zu erkennen. Frankl geht dagegen davon aus, dass der Mensch in jeder Situation Sinn finden kann, auch in der schwersten. Man muss nur bereit sein, für die jeweils konkreten Konfliktlagen den konkreten Sinn, den es gibt, auch zu entdecken. Dafür ist dann gegebenenfalls logotherapeutische Hilfe angezeigt. Man kann bei Frankl geradezu von einem (immanenten) Sinnglauben sprechen. Frankl hat selbst als Gefangener im Konzentrationslager seinen Glauben durchgehalten und bezeugt. In seinen Berichten darüber resümiert er: „Die geistige Freiheit des Menschen, die man ihm bis zum letzten Atemzug nicht nehmen kann, lässt ihn auch bis zum letzten Atemzug Gelegenheit finden, sein Leben sinnvoll zu gestalten."[56] Sinnvolle Daseinsgestaltung ist Verwirklichung von Werten und zeigt sich in der verantwortungsbewussten Existenz – sei es durch Handeln, sei es durch die Zuwendung eines Gefühls oder die Veränderung einer bestimmten Einstellung. Die Logotherapie selbst versteht sich nicht als religiöses Handeln, aber es gibt bei ihr eine Offenheit für den „Gottesglauben".[57]

Christliche Seelsorge kann, sofern es um die Sinnfrage geht, von der Logotherapie und Existenzanalyse Viktor Frankls wichtige Impulse empfangen.[58] Vor allem ist hier zu lernen, dass die Sinnfrage unausweichlich ist und nicht vorschnell zur Seite gelegt werden darf, weil sie der theologischen Tradition vielleicht so nicht entspricht.

---

54 Schmid, Wilhelm: Philosophie der Lebenskunst, Frankfurt a.M. ²1998, 294f

55 Vgl.: Frankl, Viktor: Ärztliche Seelsorge. Grundlagen der Logotherapie und Existenzanalyse, Frankfurt a.M. ⁴1995; eine umfassende Einführung in die Logotherapie bieten das Kompendium der Logotherapie und Existenzanalyse sowie das Buch von Udo Hahn.

56 Frankl, Viktor: ...trotzdem ja zum Leben sagen, Frankfurt ¹²1993, 103

57 Vgl. z.B. das Interview mit Frankl bei Hahn, a.a.O., 9–32

58 Vgl. dazu vor allem die Beiträge von Wolfram Kurz im Kompendium der Logotherapie und Existenzanalyse, 416ff; ferner: Röhlin, Karl-Heinz: Sinnorientierte Seelsorge, München ²1988

8.3.3. Theologische Aspekte

Es ist wie gesagt in der theologischen Tradition nicht selbstverständlich, dass die Sinnfrage eines Menschen auch als theologische Frage ernst genommen wird.[59] Aber es kann nicht geleugnet werden, dass die Fragen nach dem Sinn des Daseins, des Leidens und Sterbens eine Form der religiösen Äußerung des modernen Menschen darstellen. Es ist aber auch festzuhalten, dass theologisch die Sinnfrage nicht einfach mit der Gottesfrage identifiziert werden darf, so wie das in der funktionalen Religionstheorie der neueren Soziologie[60] zuweilen geschieht. Dort wird Sinnarbeit angesichts der kontingenten Erfahrungen des persönlichen Lebens oft als die wesentliche Funktion von Religion verstanden. Das ist sicher, theologisch gesehen, zu eng gefasst. Die Aufgaben von Kirche und Seelsorge in der Gesellschaft können sich jedenfalls nicht darin erschöpfen, Sinnlieferanten zu sein, als verfügten sie so einfach über bestimmte Sinnpotenziale. Die Sinnfrage kann dagegen immer nur als gemeinsame Sinnsuche im Zusammenhang mit der Wahrheitsfrage angemessen aufgenommen werden.

In der Sinnfrage zeigt sich theologisch die Situation des Menschen: seine Angewiesenheit, seine Verlorenheit, seine Ohnmacht und seine Begrenztheit. Diese werden nicht überwunden durch menschliche Sinnpostulate und Sinnsetzungen. Das Evangelium jedenfalls antwortet auf die Sinnfrage nicht einfach mit Sinngebung für das, was ist oder als Mangel erfahren wird, und es erschöpft sich auch nicht in ethischen Imperativen, die der Erarbeitung von Sinn dienen könnten. Das menschliche und religiöse Sinnbedürfnis wird in der Verkündigungsarbeit der Kirche nicht auf direkte Weise befriedigt.[61] Nach theologischem Verständnis wird die Sinnfrage einerseits aufgenommen, aber dann doch so beantwortet, dass die Fragerichtung sich ändert. Nicht der Mensch als „Täter, Macher, Handelnder" steht im Mittelpunkt der Sinnantwort, sondern Gott als Liebender, Gebender, Rechtfertigender und Heilender. Es wird deutlich: Nicht ich muss den Sinn finden, schon gar nicht muss ich mir für mein Leben den Sinn „geben", sondern ich kann mich im Glauben dafür öffnen, dass meinem Leben Sinn zugesprochen und gegeben wird – von Gott her. Dieses mein so oft als sinnlos erfahrenes Leben ist von Gott bejahtes und darum sinnerfülltes Leben. Das aber ist alles andere als eine flotte Pauschalantwort, mit der die brennenden und bohrenden Fragen, die sich Menschen stellen, erstickt werden sollten.[62] Es ist vielmehr der Ansatz, von dem her ein Glauben möglich ist, der auch diesen Fragen standzuhalten vermag.

---

59 Vgl.: Jüngel, Eberhard: Das Evangelium von der Rechtfertigung des Gottlosen als Zentrum des christlichen Glaubens, Tübingen 1998, 219ff: Biser, Eugen: Glaube und Sinnfindung, in: Csef, Herbert (Hg.): Sinnverlust und Sinnfindung in Gesundheit und Krankheit, Würzburg 1998, 61ff

60 z.B. Luhmann, Niklas: Funktion der Religion, Frankfurt a.M. 1977, 20ff

61 Darauf hat sehr eindrücklich hingewiesen: Luther, Henning: Die Lügen der Tröster. Das Beunruhigende des Glaubens als Herausforderung für die Seelsorge, in: PrTh 33, 1998, 163–176

62 Vgl.: Luther, Henning, a.a.O., 163–176, 166f

Helmut Gollwitzer schreibt dazu: „Also nicht Unterwerfung unter autoritär vor-
gewiesene Lehrsätze, nicht vages Verbieten, nicht fanatisches Behaupten und
Fürwahrhalten, sondern Freiheit zu dem, wozu uns die Freiheit so bitter fehlt: zu
Vertrauen in Sinn, auch wenn wir ihn noch nicht sehen. Vertrauen in das zuge-
sagte Für-uns-sein ...“[63] Theologisch wird die Sinnfrage einerseits beantwortet,
andererseits offen gehalten. Es gibt keine endgültige Antwort nach dem Sinn, jedenfalls noch nicht. „Die Sinnfrage wird durch die christliche Botschaft nicht einfach beantwortet. Sie wird gegenwärtig so beantwortet, dass das durch Hoffnung
getröstete Durchhalten bis zu ihrer zufrieden stellenden, zufrieden bringenden
Beantwortung möglich wird. Die Fragen werden nicht einfach gelöst; aber es
kann nun mit den ungelösten Fragen gelebt, wirklich gelebt werden. Ohne eschatologische Perspektive gibt es keine Frage nach dem Sinn unseres Lebens.“[64]

8.3.4. Seelsorgerliche Praxis

1. Zunächst muss Seelsorgerinnen und Seelsorgern deutlich sein: Es geht in der
Seelsorge in der Regel nicht um *die* Sinnfrage an sich, sondern um den nach Sinn
fragenden Menschen. Die Versuchung ist oft auf beiden Seiten groß, gerade bei
theologisch anspruchsvollen Fragen, zu schnell auf eine intellektuelle Sachebene
überzugehen. Diese hat natürlich ihr Recht und ihren Ort in der Gemeindearbeit,
und sie darf zu ihrer Zeit auch im seelsorgerlichen Gespräch zum Tragen kommen. Aber das existenzielle Anliegen muss dabei immer im Blick sein. Und das
kann schnell vergessen sein, wenn man zu rasch anfängt zu theologisieren. In der
Regel muss man davon ausgehen, dass dort, wo die Sinnfrage ernsthaft gestellt
wird, die Interessen nicht primär intellektueller Natur sind. Wichtig ist deshalb
die Frage nach dem Sinn *auf das fragende Subjekt* zu konzentrieren. Dazu können
dem Seelsorger, der Seelsorgerin am Anfang selbstreflexive Überlegungen helfen:
Was will mein Gesprächspartner mit dieser Frage wirklich fragen? Woran leidet
er? Womit kommt er nicht zurecht? Im Blick auf das Beispiel am Anfang gehörte
hier vielleicht auch die Frage hin: Was mutet sich die jüngere Schwester zu? Welchen Anspruch an sich selbst hat sie?

2. Wo es um Sinn geht, darf nicht „abgehoben" werden; stattdessen ist es notwendig, die Frage zu *konkretisieren*. Es muss deutlich werden, aus welcher Situation
heraus und in welchem spezifischen Kontext sich die Frage nach dem Sinn für
einen Menschen stellt. Das ist die Voraussetzung, um hier überhaupt verstehen
zu können, worum es eigentlich geht. Die Fragen nach dem Sinn von bestimmten Widerfahrnissen und Gegebenheiten sind immer das Endresultat eines inneren Leidens- und Reflexionsprozesses. Die Frage ist konkret erst dann verstanden, wenn der Weg erkennbar wird, der zu ihr geführt hat. So ist es wichtig,

63 Gollwitzer, Helmut: Krummes Holz –   64 A.a.O., 325
aufrechter Gang, München ⁶1973, 320

Raum zu geben, um zu erzählen, was ratlos macht und das Leben sinnlos erscheinen lässt.

3. Wichtig ist, im Seelsorgegespräch bald deutlich zu machen: Pfarrerin oder Pfarrer können nicht einfach die Sinnfrage beantworten. Dazu sind sie gar nicht in der Lage. Sie sind nicht Sinndoktoren, kleine Gurus, die wissen, worin der Sinn des Lebens im Allgemeinen und hier im Besonderen zu erblicken ist. Das mag für einen Moment Enttäuschung hervorrufen, aber dann wird es auch befreiend wirken: Die Seelsorgerin, der Seelsorger steht nicht über den Fragen, die mich umtreiben. In der Seelsorge kommt es darauf an, sich mit den Partnern in der ungelösten Sinnfrage *solidarisieren* zu können. Und das muss dann wirklich eine echte Solidarität sein, keine durchschaubare Empathietaktik. Es muss deutlich sein, in jeder Sinnlosigkeitserfahrung eines anderen erlebe ich als Seelsorger auch etwas von meiner eigenen Verunsicherung. Aus der Solidarität heraus kann dann eine Gemeinschaft des Suchens von Sinn erwachsen. Wenn die Seelsorgerin wirklich da angekommen ist, wo sich für einen Gesprächspartner die elementaren Fragen stellen, wo Sinn oder Unsinn seines Lebens für ihn auf dem Spiele stehen, wo sich der Abgrund auftut, wo Ohnmacht und Verzweiflung regieren, dann ist der Ausgangspunkt erreicht für das gemeinsame Suchen nach Sinn. Wichtig ist, dass sich Seelsorger und Seelsorgerinnen mit dem Gesprächspartner solidarisieren, aber nicht identifizieren. Sie schauen mit dem Gesprächspartner in den Abgrund und nehmen an seiner Seite die bohrenden Fragen wahr. Sie können es, weil sie sich auch der eigenen Erfahrungen von Bodenlosigkeit bewusst sind. Aber jetzt, bei aller Nähe und allem Verstehen, muss doch auch klar sein: Es ist nicht ihr Abgrund, sie haben in diesem Augenblick – wer weiß für wie lange? – Boden unter den Füßen. Es ist eine Hoffnung, die alles seelsorgerliches Handeln begleitet, dass es ihnen von da aus möglich ist, Perspektiven zu entdecken, die dem Betroffenen selbst im Moment nicht zugänglich sind. Sicher ist das freilich keineswegs. Es gibt Situationen mit Menschen in der Seelsorge, in denen wir ehrlicherweise nicht darüber hinaus kommen, ihre Ratlosigkeit zu teilen.

4. *„Sinngebung ist ein Beziehungsgeschehen"*, postuliert Helmut Gollwitzer.[65] Dabei geht es um eine wechselseitige Beziehung unterschiedlicher Art:
– Einmal ringen *zwei menschliche Partner* miteinander um den Sinn. Es ist nicht die Gemeinschaft eines Suchenden und eines, der findet. Beide suchen und beide finden, wenn es gut geht. Es ist wichtig, dass nicht allein der Seelsorger für die Antworten zuständig ist. Es kommt im Gespräch vielmehr darauf an, die Sinnsätze und Lebenshaltungen des Ratsuchenden selbst zu entdecken: bewusst zu machen, was einer an Halt Gebendem in sich trägt. Oft wird vielleicht ein Spruch erinnert, das Wort eines nahe stehenden Menschen.
Die Seelsorgerin in dem oben geschilderten Fall erfuhr im Gespräch von der jüngeren Schwester, dass es so ein Gebet gab „von zu Hause", das habe ihnen immer viel bedeutet. Es war offensichtlich für die beiden alten Frauen so etwas

---

65 A.a.O., 320

wie ein Sinntext, ein heimatliches Wort. Und nun fordert die Seelsorgerin auf, es einfach in der Situation zu sprechen. Das macht es neu wichtig und bekräftigt es für die aktuelle Stunde. Der alten Frau hat es wieder den Blick frei gemacht für den schon entglitten geglaubten Sinn ihres Daseins.

Ein solches Gebet mag eine „Sinnoase" sein. Peter Noll nennt in seinen „Diktaten über Sterben und Tod"[66] jene Erfahrungen so, die für einen Moment das quälende Fragen aufheben. Durch sie ist keinesfalls alles beantwortet, aber man kommt mit der Kraft, die sie vermitteln, ein Stück weiter. Und das ist wichtig.

– In dieser Erfahrung wird nun aber auch deutlich, dass der Prozess der Sinngebung als ein *vertikales* Geschehen verstanden werden muss. Irgendwann ist der Zeitpunkt gekommen, an dem deutlich wird: Gott und niemand anderes vermag Sinn zu geben. Er gibt ihn und er bewirkt, dass wir auch im Dunkel Sinn zu sehen vermögen – Lichteinfall von außen. Was gemeint ist, lässt sich mehrfach auch in der Bibel zeigen. Als die Jünger sich den Kopf zerbrachen, warum ein junger Mann als Blinder auf die Welt gekommen sei, wies Jesus alle Spekulationen und Deutungsversuche, die darauf zielten, das schwere Schicksal als irgendwie sinnvoll zu verstehen, zurück. Es gibt keine Erklärung, aber ein Ziel: „Es sollen die Werke Gottes offenbar werden an ihm" (Joh 9,3). Hier wird die Richtungsänderung für die Gottesbeziehung in der Sinnfrage noch einmal ziemlich deutlich bezeichnet. Die Situation, in der jemand möglicherweise verzweifeln möchte, und die Last, die auf einer Seele liegt, haben nicht ihren Sinn in sich; auch die Krankheit hat keinen Sinn in ihr selber. Wenn, dann gibt ihr Gott Sinn. Die Symbole des Glaubens – ein Vers aus dem Gesangbuch, ein Wort aus der Bibel, ein Kreuz, ein Bild oder eben auch ein erinnertes Gebet, ein weitergegebenes Wort – können zum Hinweis auf den werden, der auch in der Erfahrung des Aussichtslosen und Absurden die Stimmen derer hört, die verzweifelt nach Sinn rufen.

Literatur

Eine hilfreiche Einführung in die sinnorientierte Therapie und Seelsorge in der Tradition Viktor Frankls bietet *Udo Hahn (1994)*. Umfassende Informationen zur Logotherapie und ihrer praktisch-theologischen Rezeption kann man dem von *Wolfram Kurz und Franz Sedlak* herausgegebenen *Kompendium (1994)* entnehmen. Eine poimenische Beschäftigung mit der Sinnfrage sollte sich freilich nicht auf logotherapeutische Literatur beschränken. Hingewiesen sei deshalb auf den Aufsatz von *Wybe Zijlstra (1993)*. Es ist aber auch wichtig, Arbeiten aus dem Bereich der systematischen Theologie heranzuziehen, z.B. *Helmut Gollwitzers* bis heute grundlegendes Buch zur Sinnproblematik *(1975, 297–325)*.

Ammermann, Norbert: Religiosität und Kontingenzbewältigung. Münster 2000

Berger, Peter L.: Sehnsucht nach Sinn. Glauben in einer Zeit der Leichtgläubigkeit, Frankfurt a.M. ²1995

Gollwitzer, Helmut: Krummes Holz – aufrechter Gang, München ⁶1973

---

66 Noll, Peter: Diktate über Sterben und Tod, Zürich 1984, 138

Gräb, Wilhelm: Gott und Sinn, in: ders.: Sinn fürs Unendliche, Gütersloh 2002, 301–319
Hahn, Udo: Sinn suchen – Sinn finden. Was ist Logotherapie? Göttingen 1994
Held, Peter: Systemische Seelsorge als Sinnfindungsprozess, in: Held, Peter/ Uwe Gerber (Hg.): Systemische Praxis in der Kirche, Mainz 2003, 42–57
Klessmann, Michael: Die Suche nach Sinn in der Krankheit, in: PrTh 30, 1995, 158–169
Kreitmeir, Christoph: Sinnvolle Seelsorge. St. Ottilien 1995
Kurz, Wolfram/ Sedlak, Franz (Hg.): Kompendium der Logotherapie und Existenzanalyse, Tübingen 1995
Kurz, Wolfram: Suche nach Sinn. Seelsorgerliche, logotherapeutische und pädagogische Perspektiven. Würzburg 1991
Röhlin, Karl-Heinz: Sinnorientierte Seelsorge, München ²1988, ³2004
Rolf, Sibylle. Vom Sinn zum Trost. Überlegungen zur Seelsorge im Horizont einer relationalen Ontologie, Münster 2003
Schnell, Tatjana: Implizite Religiosität – zur Psychologie des Lebenssinnes, Lengerich 2004
Stroeken, Harry: Psychotherapie und der Sinn des Lebens, Göttingen 1998
Utsch, Michael (Hg.): Wenn die Seele Sinn sucht, Neukirchen 2000
Wagner, Harald: Seelsorge und Sinnfindung in säkularer Umwelt, in: Böhme, Michael u.a. (Hg.): Entwickeltes Leben, Leipzig 2002, 155–176
Zijlstra, Wybe: Menschen auf der Suche nach Sinn, in: WzM 45, 1993, 476–485

8. 4. Mit eigener Schuld umgehen

Schuld ist menschlich und menschliche Existenz ist stets mit Schulderfahrung verknüpft. Obwohl das so ist, löst das Schuldthema dennoch ganz ambivalente Reaktionen aus:

Sollten wir überhaupt noch von Schuld reden? Gehört es nicht geradezu zum Negativ-Konto des Christentums, dass es die Menschen viel zu schnell und viel zu pauschal auf ihr Sündersein hin anspricht und sie da immer wieder klein macht – eben zum „armen elenden sündigen Menschen"?[67] Erzeugt das dauernde Reden von Schuld nicht geduckte und gedemütigte Sünder oder eben auch selbstgerechte Moralisten? Wäre es nicht an der Zeit, sich von der „Schuldkultur" und vielleicht auch von der „Schuld" selbst zu verabschieden?[68] Wenigstens in der Seelsorge! Es gibt ein durchaus ernsthaftes Fragen nach der Sinnhaftigkeit des Schuldparadigmas außerhalb der juridischen Geltungsbereiche und im Blick auf den Einzelmenschen.

Im Gegensatz dazu ist nun freilich auch eine geradezu inflatorische Inanspruchnahme des Schuldbegriffs in unserer öffentlichen und medialen Welt zu beobachten. Ein Unfall ist kaum passiert, die Verletzten noch nicht einmal gebor-

---

[67] Für Friedrich Nietzsche war „Sünde", „diese Selbstschändungsform per excellence" eine Erfindung der Priester zur Herrschaft über Menschen und zur Befestigung einer „sklavischen Moral der Demut, Selbstlosigkeit, absoluten Gehorsams". (Werke ed. Schlechta II, 1214, III, 425). Nietzsche mag durchaus exemplarisch stehen für eine weitverbreitete Aversion gegenüber dem Sündenbegriff.

[68] Vgl.: Sundermeier, Theo: Das Unglück als Gewissen, Scham und Schuld in afrikanischen Religionen, in: Assmann, Jan/ Sundermeier, Theo (Hg.): Schuld, Gewissen, Person, Gütersloh 1997, 203–213; Riess, Richard (Hg.): Abschied von der Schuld? Stuttgart 1996, 7; aus kultursoziologischer Sicht: Schulze, Gerhard: Die Sünde, Wien 2006

gen, da wird schon von einem Journalisten oder von dabeistehenden Bürgern die Frage gestellt: Wer war hier schuld? Und diese Frage wird tausendfach gestellt in ganz privaten Bereichen ebenso wie in der Betrachtung geschichtlicher Ereignisse. Zwar wird in diesen und ähnlichen Fällen meist Schuld überwiegend als causa (Ursache) und nicht als culpa (Sünde) verstanden, aber die Bedeutungsebenen gehen doch ineinander über. Im Wort Schuld schwingen Konnotationen mit, die weit über einen nur rational und wertneutral festgestellten Zusammenhang von Ursache und Wirkung hinausgehen.

Zur Regelfrage „Wer ist schuld?" kommt deshalb oft auch noch die Regelabwehr: „Ich bin nicht schuld!" Schuldig zu werden ist das, was der Mensch am wenigsten zu ertragen vermag. Die Jungen bei der kindlichen Rauferei, das Paar im Streit, der Fahrer nach dem Autounfall – sehr oft ist die erste Reaktion: Ich bin unschuldig. Und im Blick auf die größeren Dimensionen menschlicher Schuldentwicklung heißt es schon im Kriegslied des großen Menschenkenners Matthias Claudius: „s'ist Krieg, s'ist Krieg ... s'ist leider Krieg, und ich begehr' nicht schuld zu sein"[69]. Es liegt so viel daran, keine Schuld zu haben. Aber darum ist sie natürlich auch alle Zeit und immer wieder ein Thema.

Im Grunde genommen gibt es keine Wahl: Schuld ist ein Thema, auch und ganz bestimmt in der seelsorgerlichen Arbeit. Es kommt nur darauf an, wie hier von Schuld gesprochen wird, und inwiefern darin etwas von der Befreiungserfahrung des Evangeliums für den Einzelnen spürbar wird.

8.4.1. Begegnungen mit Schuld in der Seelsorge

Relativ selten liegt das Schuldthema obenauf. Wie die anderen existenziellen Themen in der Seelsorge, vielleicht aber noch mehr als diese, ist es verpackt unter anderen Alltagsthemen oder Konflikterfahrungen. Und es steht am Beginn der seelsorgerlichen Beziehung durchaus offen, wie viel der Ratsuchende auspacken wird. Es ist nicht leicht, von Schuld zu sprechen. Schuld findet ihren Ausdruck in der Scham und der mit ihr verbundenen Angst, die eigene Ehre zu verlieren.[70] Es bedarf sensibler Gesprächspartner, die darum wissen, dass es so ist.

Und es ist so wichtig, dass über Schuld gesprochen wird, denn viele Menschen leiden unendlich unter ihren Schuldgefühlen: Schuldangst, bittere Selbstvorwürfe, quälende Ungewissheiten. Schuld kann Menschen umtreiben, oft bis an die Grenze des Ertragbaren. Manchmal wissen die Betreffenden gar nicht, dass es Schuld ist, die ihnen das Leben schwer macht und die sich bis ins Körperliche hinein bei ihnen darstellen kann. Über Schuld muss gesprochen werden.

Da sind zunächst die ganz *konkreten Schulderfahrungen*. Von ihnen ist vor anderen Nichtbeteiligten nur selten die Rede. Aber sie sind benennbar: Gewalthand-

69 Claudius, Matthias: Kriegslied, hier zit. nach: ders.: Unterm Mond ist viel Freude, Leipzig 1967, 72

70 Für den Zusammenhang von Schuld, Scham und Ehre vgl.: Gestrich, Christof: Die Wiederkehr des Glanzes in der Welt, Tübingen 1989, 227ff

lungen, vielleicht gegen einen ganz nahen Menschen; ein Betrug oder eine Un-
ehrlichkeit, die einen Vorteil gebracht hat, an dem man nun keine Freude mehr
haben kann; üble Nachrede über einen Menschen, der sich dagegen nicht mehr
zu wehren vermag usw. Schuld wird hier erlebt und verstanden als Verletzung
einer geschriebenen oder ungeschriebenen Norm.

Sie wird konkret aber auch erlebt, wenn nicht bewusst eine *Norm verletzt* wurde. Es ist etwas geschehen, das man nicht gewollt hat und das unausweichliche
Folgen gezeitigt hat: ein Unfall aus Fahrlässigkeit, ein Moment der Unachtsamkeit, Menschen sind zu Schaden gekommen, vielleicht das eigene Kind und der
Schuldvorwurf quält: Hätte ich doch ...

Da sind dann die *subtileren Selbstvorwürfe* – schwer beschreibbar, weil weniger
fassbar, aber doch nicht weniger spürbar. Da bin ich Menschen etwas schuldig
geblieben, die auf mich gesetzt hatten: ein freundliches Wort, eine helfende Tat,
ein Stück echter Zuwendung. Es war halt nie Zeit – auch nicht für den eigenen
Vater, der all die Jahre in seinem Zimmer gewartet hat. Und habe ich mich nicht
viel zu wenig um meine Kinder gekümmert, als sie mich besonders gebraucht
hatten? Ob man es Schuld nennt oder nicht – da sind jedenfalls all die Beziehungen mit den offenen Enden, und sie hinterlassen oft das Gefühl, etwas unwiederbringlich versäumt zu haben. Es ist gut, wenn die Zeit kommt, wenigstens dies
alles einmal aussprechen zu können.

Vielen Menschen begegnet Schuld heute vor allem als *Selbstenttäuschung* und
Selbstverfehlung.[71] Da geht es nicht um ein „Etwas", das ich getan oder zu tun unterlassen hätte. Da geht es vielmehr um die Ansprüche, die ich an mich selber
habe und denen ich nicht gerecht geworden bin. Die Schuldfrage ist nicht selten
eine Variante der oben behandelten Identitätsfrage: Bin ich der, der ich sein
möchte und sein kann? Oder bleibe ich hinter mir selber zurück und verfehle
mich selber, meine Bestimmung, mein Ziel – als Mensch, als glaubender Christ?
Es mag dabei offen bleiben, wie realistisch und „menschlich" die Selbstansprüche
jeweils sind, und wie weit sie vielleicht auch narzisstischer Selbstüberforderung
entspringen. Deutlich ist, dass für viele Menschen heute sich von solchen Erfahrungen her eine Brücke zum Schuld- und Sündenverständnis des Christentums
ergibt. Und war es nicht Paulus, der seine eigene Sündhaftigkeit auch als eine Art
Selbstverfehlung beschrieben hat? „Das Gute, das ich tun will, das tue ich nicht,
sondern das Böse, das ich nicht will, das tue ich" (Röm 7,19).

Eine ganz andere Kategorie von Schulderfahrungen hat weniger mit dem
„Nächsten" als mit den „*Fernsten*" zu tun. Es ist das Erschrecken darüber, als Deutscher zu einem Volk zu gehören, das unermesslich viel Leid über andere Menschen gebracht hat. Ob und wie man überhaupt von Schuld sprechen kann oder
nicht, das mag umstritten sein, weil ja die meisten nicht persönlich daran teilge-
habt haben, aber vor den Bildern und Dokumenten des Holocaust wird man

---

71 Vgl. Geest, Hans van der: Die Ablösung
der Schuldfrage durch das Problem des Selbstbewußtseins, in: ThPr 19, 1984, 314–330

stumm: Ich bin angefragt. Das lässt sich nicht abstreifen. Vielleicht bin ich nicht in einem direkten Sinne schuldig, aber bin ich deshalb unschuldig, aus dem überpersönlichen Schuldzusammenhang entlassen? Die Anzahl gerade junger Menschen wächst, die sich hier in die Erfahrung geschichtlicher Schuld einbezogen wissen.

Es geht nicht nur um die Erfahrung von Vergangenem. Auch Gegenwärtiges und Zukünftiges kann ebenso ein Feld von Schulderfahrung sein. Was macht es mir aus zu wissen, dass wir auf Kosten anderer Völker und zukünftiger Generationen leben? Schulderfahrungen sind auch dann real, wenn sie nicht auf persönlicher Tat beruhen, sondern auf dem Teilhaben an den Unrechtsstrukturen der Welt[72] – sei es durch aktive Nutznießung, sei es durch Gleichgültigkeit oder sei es durch Schweigen.

Auch hier liegen Themen für die Seelsorge, weil die Fragen Menschen umtreiben können und ihnen ihren „Seelenfrieden" erheblich zu zerstören in der Lage sind. Wer sie als Seelsorger nicht wahrzunehmen und nachzufühlen versteht, verpasst eine wichtige Gelegenheit zu mehr sozialer Sensibilität und politisch-ökonomischer Gewissensschärfung. In den seelischen Beunruhigungen Einzelner spiegelt sich die Widersprüchlichkeit und die Konfliktgeladenheit unserer Gesellschaft und unserer Zeit.

8.4.2. Anthropologische Aspekte

Die Rede vom Ende des Schuldparadigmas wird nicht nur durch die eigenen Erfahrungen, die fast tägliche Begegnung mit dem Schuldthema, widerlegt. Die Selbstreflexion des Menschen, wie sie sich etwa in der Kunst und Literatur spiegelt, scheint gar nicht vorstellbar, ohne dass von seinem Schuldigwerden, seinen Schuldverstrickungen und seinen Entschuldungshoffnungen gehandelt wird.[73] Man kann sogar sagen, dass in vielen Werken der Literatur der Widerstand gegen die Auflösung des Schuldgedankens eindrucksvoll artikuliert wird. Drei unterschiedliche Formen von Schulderfahrung lassen sich an maßgeblichen dichterischen Gestalten namhaft machen:

– Schuld als *sittliche Verfehlung*: In diesem Sinne ist Schuld Übertretung von geschriebenen oder ungeschriebenen Gesetzen, Verletzung der Gebote Gottes oder der daraus abgeleiteten menschlichen Normen. In dem Roman „Raskolnikow" stellt Dostojewski[74] diesen Typus der Schulderfahrung dar. Ein junger Student er-

---

72 Im Zusammenhang befreiungstheologischer Gedankengänge wird von struktureller Sünde gesprochen: Gutiérrez, Gustavo: Theologie der Befreiung, Mainz [10]1992, 240f
73 Für die Bildende Kunst soll nur hingewiesen werden auf die Werke von Käthe Kollwitz, Otto Dix und Ernst Barlach; für die Literatur vgl.: Baumann, Urs/Karl-Josef Kuschel: Wie kann ein Mensch schuldig werden? Literarische und theologische Perspektiven von Schuld, München 1990
74 Dostojewski, Fjodor M.: Raskolnikow, Berlin 1963

mordet aus Habgier eine alte Pfandleiherin, zunächst in der Überzeugung, ein moralisches Recht dazu zu besitzen; aber dann wird ihm bewusst, dass die Sache mit der Tat nicht zu Ende ist. Es beginnt für ihn ein höchst differenzierter Prozess von Selbstrechtfertigung und Schuldgeständnis. Am Ende ist Raskolnikow bereit, sich der ihn umtreibenden Wahrheit zu stellen.

– Schuld als *schicksalhaftes Widerfahrnis*: Menschen werden schuldig, obwohl sie eigentlich nichts dafür können. Sie geraten in Situationen, die sie nicht gewählt haben – wie den Krieg, ein totalitäres Regime o.Ä. – und die sie dennoch zu Schuldigen machen. Der antike Ödipus-Mythos ist dafür der Typos schlechthin: In Unkenntnis der wahren Sachlage erschlägt Ödipus seinen Vater und heiratet seine Mutter und zeugt mit ihr Kinder. Ödipus war da hineingeraten, er lädt Schuld auf sich, ohne es zu wollen, ohne es zu wissen. Max Frisch stellt in „Homo Faber" den „Bericht" des Ingenieurs Walter Faber dar, der sich „zufällig" in eine junge Frau verliebt, die – was er zu diesem Zeitpunkt nicht weiß – seine Tochter ist und die am Ende stirbt. Frisch will in seinem Roman andeuten, „dass angenommene Ignoranz keine Entlastung von Schuld schafft und Selbstrechtfertigung auf Schuldverdrängung beruhen kann."[75]

– Schuld als *existenzielle Verfasstheit*: Das Verständnis der ganzen menschlichen Existenz als schuldhaft ist von Franz Kafka in seinem Roman „Der Prozess" eindeutig beschrieben worden: Josef K. wird ohne ersichtlichen Grund vor das Gericht gestellt. Und er wehrt sich dagegen: „Ich bin aber nicht schuldig, sagte K.. Es ist ein Irrtum. Wie kann ein Mensch überhaupt schuldig sein? Wir sind hier doch alle Menschen, einer wie der andere." „Das ist richtig", sagte der Geistliche, „aber so pflegen Schuldige zu reden."[76] Es gibt, so Kafka, kein Entrinnen aus dem Schuldzusammenhang. Wir sind, wie die Bibel sagt, alle Sünder (Röm 3,23). Menschsein heißt immer auch Schuldigwerden. Die im „Prozess" symbolhaft und sehr kompromisslos formulierte Wahrheit ruft natürlich auch Widerstand und Empörung auf den Plan. Aber sie kann doch auch den Blick für eine wesentliche Dimension der menschlichen Existenz öffnen und die Erfahrung von Scheitern und Vergeblichkeit, die Begegnung mit der eigenen Abgründigkeit und Gleichgültigkeit eindrucksvoll widerspiegeln. Gerade auch der oben erwähnte geschichtliche Aspekt menschlicher Schuld muss in diesem Zusammenhang gesehen werden.

Im Spiegel der Literatur erscheint Schuld als etwas, das unbedingt zur Existenz des Menschen dazugehört. Sie bezeichnet seine Realität und sein Verhängnis, aber sie tut es nicht, um ihn moralisch zu erledigen und auch nicht, um eine fatalistische Menschensicht zu verbreiten, sondern um wachzurütteln und an die Verantwortung des Einzelnen zu appellieren. Moderne Literatur wendet sich gar nicht so selten gegen Schuldvergessenheit.

Eine realitätsbezogene Schuldbewusstheit muss nun freilich unterschieden werden von einer unrealistischen Schuldfixierung. Darauf wird in der *Psychologie*

75 Baumann/ Kuschel, a.a.O., 25

76 Kafka, Franz: Das erzählerische Werk, Bd. II, Berlin ²1988, 473

ein besonderes Augenmerk gerichtet. Die Fragestellungen sind hier weniger fundamentalanthropologisch wie in der Philosophie und Teilen der neueren Literatur, stattdessen eher pragmatisch und therapeutisch. So gewiss es also möglich und nötig ist, Schuld in ihren verschiedenen Erfahrungsformen darzustellen, so muss doch von der Psychologie her gesehen auch gefragt werden, welch einen konkreten Wirklichkeitshintergrund die Schulderfahrung hat.

Vor allem die *Psychoanalyse* lehrt uns, hier sorgfältig zu unterscheiden, zwischen Schuld, die auf realen Vorgängen beruht, und *Schuldgefühlen*, die das Produkt unbewusster Phantasietätigkeit darstellen.[77] Natürlich gibt es keine echte Schulderfahrung ohne Schuldgefühle. Insofern sind keineswegs alle Schuldgefühle unecht. Und auch dann, wenn eine klar benennbare Aktualschuld nicht gegeben scheint, müssen Schuldgefühle nicht gleich Zeichen neurotischer Erlebnisverarbeitung sein.[78] Sie können ja in dem Fall Ausdruck für eine besondere Sensibilität sein. Dass sich jemand angesichts der bei ihm selber wahrgenommenen Gleichgültigkeit gegenüber dem Unrecht in seiner Umwelt schuldig fühlt, ist durchaus nachvollziehbar, aber wenn sich ein anderer schuldig fühlt, weil sie – überspitzt formuliert – das Welthungerproblem nicht gelöst hat oder weil sie nicht allen Menschen aktiv geholfen hat, denen sie ihrer Meinung nach hätte helfen sollen, dann weisen diese Gefühle möglicherweise auf übertriebene Selbsterwartungen (und wohl auch auf mangelnde Selbstwertschätzung) zurück.

Therapiebedürftig sind die Schuldgefühle, bei denen ein konkreter Bezugspunkt nicht erkennbar ist und die auf einen tiefer liegenden Triebkonflikt oder wahnhafte Vorstellungszusammenhänge hinweisen könnten. Wenn Gefühle nicht den Weg zu einer benennbaren Realität (sei es im Handeln, sei es im Fühlen, sei es im Denken) weisen, legt sich die Vermutung neurotischer oder auch psychotischer Zusammenhänge nahe. Dann ist professionelle psychotherapeutische Behandlung angezeigt.

Erwähnt werden muss in diesem Zusammenhang auch das problemhafte *Fehlen von Schuldgefühlen*. Dies begegnet uns wohl im Zusammenhang von Kriminalität und Dissozialität, aber nicht nur dort. Es gibt auch „Schuld ohne Schuldgefühle" bzw. aktuell nicht zugängliche Schuldgefühle.[79] Da fehlt es dann an der notwendigen Motivation für eine angemessene Schuldbearbeitung. Die tiefer

---

77 Vgl. dazu: Winkler, Klaus: Seelsorge, Berlin/ New York ²2000, 350ff; ferner: Hartung, Marianne: Angst und Schuld in Tiefenpsychologie und Theologie, Stuttgart 1979, 20ff; 110ff; Goetschi, René: Der Mensch und seine Schuld. Das Schuldverständnis der Psychotherapie in seiner Bedeutung für Theologie und Seelsorge, Zürich 1976, 311ff; mit Blick auf die seelsorgliche Praxis vgl.: Lemke, Helga: Seelsorgerliche Gesprächsführung. Gespräche über Glauben, Schuld und Leiden, . Stuttgart 1992, 97ff (dazu die Protokolle 108ff und 116ff)

78 Einleuchtend erscheint mir der Vorschlag von Hartmann, statt von „Schuld" und „Schuldgefühlen" oder „echten" und „unechten" Schuldgefühlen lieber von „realistischem" und „unrealistischem" Schuldbewusstsein zu sprechen: Hartmann, Gert: Lebensdeutung, Göttingen 1995, 102ff

79 Vgl. dazu: Rauchfleisch, Udo: Pastoralpsychologische Überlegungen zur Bewältigung von Schuld, in: Baumgartner, Isidor (Hg.): Handbuch der Pastoralpsychologie, Regensburg 1990, 349–365, 359f

liegenden Bedingungsfaktoren eines solchen Verhaltens können sehr verschieden sein. In schwierigen und manifesten Fällen ist die Seelsorge sicher überfordert.

8.4.3. Theologische Aspekte zum Schuldverständnis

Jeder Mensch kann schuldig sein und schuldig werden. Das ist eine unumstößliche Erfahrung. Aber ist auch jeder Mensch ein „Sünder"? Theologisch wird bewusst zwischen Schuld und Sünde unterschieden, wobei Sünde den umfassenderen, das Wesen des Menschen und sein Verhältnis zu Gott einschließenden Aspekt darstellt.[80] Sünde findet ihren Ausdruck in immer wiederholten Schulderfahrungen von Menschen. Es ist biblische Überzeugung, dass kein Mensch der Sünde entfliehen kann (Gen 8,21; Röm 3,23). Mensch sein heißt immer Sünder sein. Das existenzielle Schuldverständnis, das Kafka im „Prozess" darstellt und mit dem er sich dort auseinander setzt, ist dem theologischen Sündenverständnis ziemlich nahe. Es gehört zur Paradoxie menschlicher Existenz, dass der Mensch unausweichlich Sünder ist und dass er dafür doch auch verantwortlich ist. Diese ja zunächst vielleicht befremdende und dogmatische Sichtweise wird anschaulicher und verstehbarer, wenn Sünde als umfassende Beziehungsstörung interpretiert wird. „Sündigen bedeutet im Kern, niemanden und nichts würdigen zu können."[81] Die Urgeschichte aus der Genesis erzählt davon in großen mythischen Bildern: Der „Fall" beginnt – zeitlich und sachlich – mit der Störung der Gottesbeziehung (Adam und Eva verstecken sich vor ihm). Es folgt dann die Störung der Selbstbeziehung (Adam und Eva empfinden Scham) und schließlich wird die mitmenschliche Beziehung zerstört (Kain tötet Abel). Sünde wird offenbar und erkennbar an den misslingenden Beziehungsversuchen des Menschen. Dazu gehört die sich immer wieder zeigende Unfähigkeit, andere und anderes unabhängig von den eigenen Bedürfnissen und Interessen wahrnehmen und annehmen zu können. Sünde ist heillose Selbstzentriertheit. Sie ist heillos sowohl gegenüber sich selbst wie gegenüber anderen. Sie macht letztlich unfähig, wirklich glücklich sein zu können. Wichtig ist an dieser theologischen Sicht von Sünde und Schuld, dass sie nicht aus der moralisierenden Einschätzung einzelner Taten oder Gesinnungen des Menschen resultiert, sondern dass sie sich aus einer Gesamtsicht des Menschen heraus ergibt. Diese aber ist theologisch gesehen erst zugänglich durch die Begegnung mit dem Evangelium. Dass der Mensch Sünder ist, kann erst erkannt und ausgesprochen werden von der Erfahrung der Liebe Gottes her. Diese Möglichkeit war Josef K. verschlossen. Erst im Lichte der Güte Gottes können wir erkennen, wer wir sind – so wie Petrus erst in der sein Leben verändernden Be-

---

80 Von den vielen theologischen Untersuchungen zum Thema Schuld und Sünde sei hier neben dem schon erwähnten Buch von Gestrich noch genannt: Harsch, Helmut: Das Schuldproblem in Theologie und Tiefenpsychologie, Heidelberg 1965

81 Gestrich, a.a.O., 232

gegnung mit Jesus zu entdecken und auszusprechen vermag, wer er ist: „Ich bin ein sündiger Mensch" (Lk 5,8).

Es ist also im Verständnis des christlichen Glaubens keinesfalls so, wie häufig in Unkenntnis oder Abwehr unterstellt wird, dass zuerst und hauptsächlich vom Menschen als Sünder geredet wird. Das sachlich erste ist vielmehr die Gnade Gottes, die dem Menschen zuteil wird und die dessen uneingeschränkte und bedingungslose Annahme zum Inhalt hat. Durch sie wird es möglich, dass wir uns als Sünder erfahren – schonungslos, realistisch und in der ganzen Abgründigkeit unserer Verwirrungen und Verstrickungen. Die Gnade enthebt uns der Notwendigkeit, uns dauernd zu verbergen und zu verstellen, damit wir besser dastehen, als wir in Wirklichkeit sind. Gnade bedeutet Vergebung, mithin die rettende Botschaft: Ich soll, allem zum Trotz leben; ich darf sein, der ich bin, ich muss mich nicht dafür rechtfertigen, dass ich da bin. Gott selbst rechtfertigt mich.

Es ist gerade auch in der Seelsorge wichtig, dass für das Gespräch über Sünde und Schuld der richtige Ansatzpunkt gewählt wird. Seelsorge, wenn sie gelingt, darf und soll Erfahrung von Gnade sein. Das Gleichnis vom verlorenen Sohn (Lk 15,11–32) ist so gesehen ein Paradigma für Seelsorge. Wo Gnade waltet, ist Freiheit; in Freiheit wird auch das besprechbar, was sonst schamhaft verschwiegen wird. Es geht also keineswegs um einen die Wirklichkeit zudeckenden und die Gnade zur billigen Formel degradierenden Vergebungsverbalismus. Erfahrung von Gnade, die nicht billig ist, schließt die Begegnung mit der ungeschönten Realität von Sünde und Schuld nicht aus, sondern ein.

8.4.4. **Zur seelsorgerlichen Praxis**

1. Es ist nicht einfach, in der Seelsorge angemessen mit dem Schuldthema umzugehen.[82] Vor allem dann ist es schwer, ja schier unmöglich davon zu reden, wenn der *Seelsorger* selbst eigentlich gar nichts von dem, was Schuld ist, wirklich weiß oder nichts wissen will. Die Klischees einer allzu beflissenen Bußfrömmigkeit, wie sie in manchen pietistischen Kreisen zu Hause sein mag, helfen da freilich nicht viel, weil sie meist keine echte Erfahrung freisetzen. Es ist wichtig, in den Abgrund geschaut zu haben und der eigenen Ignoranz und Selbstgerechtigkeit, der eigenen Selbstsucht und Gottlosigkeit gewahr geworden zu sein. Der Seelsorger muss nicht die gleichen Schulderfahrungen gemacht haben wie seine Gesprächspartner. Das wäre eine absurde Forderung. Aber wirklich zu wissen, was Schuld ist, das ist eine Voraussetzung, erst sie macht barmherzig und hörbereit. Wenn ich als Seelsorger um die eigene Schuld weiß, kann ich leichter eine Atmo-

82 Sehr hilfreich mit mehreren Gesprächsprotokollen zum Thema Umgang mit Schulderfahrungen: Lemke, Helga, a.a.O., 94–144; ebenso mit einem eindrucksvollen Beispiel eines Mannes, der einen schweren Unfall „verschuldet" hat: Geest, Hans van der: Unter vier Augen, Zürich 1981, 117–142; vgl. ferner das Themenheft „Seelsorge, Schuld und Vergebung", ThPr 19,1984, Heft 4

sphäre schaffen, die Schuld, auch schwere Schuld, aussprechbar macht. Es muss unausgesprochen klar sein: Hier wird nicht verurteilt. Hier reden auf unterschiedliche Weise schuldig Gewordene über Schuld und dazu muss die Gewissheit kommen: Was hier gesprochen wird, bleibt auch hier – unter uns und vor Gott.

2. Seelsorge sollte dazu helfen zur Erkenntnis wirklicher Schuld zu gelangen. Zwei *Fehlhaltungen* müssen dabei erkannt und überwunden werden:
 – Einmal die *Überbewertung* der konkreten Schuld durch den Seelsorger, unter Umständen verbunden mit einem kräftigen moralisierenden Unterton. In der Regel jedenfalls kann man doch davon ausgehen, dass, wer sich in der Seelsorge einem persönlichen Schuldthema stellt, auch ausreichend dafür sensibilisiert ist, hier mit sich klar zu kommen. Einer Verstärkung der Schuldgefühle bedarf es nicht. Es ist wichtig, zur angemessenen Gewichtung der eigenen Schuld zu kommen und unfruchtbare Pauschalbekenntnisse („ich bin an allem schuld"), hinter denen sich Verzweiflung oder Schuldabwehr verbergen können, zu überwinden.
 – Zum anderen – und das ist die viel näher liegende Gefahr – die *Unterbewertung*, also die Verharmlosung und Bagatellisierung der Schuld („So schlimm war das doch nun auch nicht!") oder die zu schnell psychologisierende Entschuldigung („Bei Ihrer Kindheitserfahrung ist das fast verständlich."). Wie fatal es ist, wenn Schuld nicht ernst genommen wird, hat Wladimir Tendrjakow in seiner Erzählung „Die Abrechnung" dargestellt[83]: Der 16-jährige Schüler Kolja hat eines Tages seinen Vater, einen unglücklichen ewig versoffenen Familientyrann, erschossen. Er kommt ins Gefängnis, aber alle Welt – der Lehrer, der Inspektor, seine Freundin Sonja – hat Verständnis für ihn. Man redet ihm die Schuldgefühle direkt aus. Kolja hilft das alles jedoch gar nichts. Er muss ja mit der Schuld leben; und die lässt sich nicht wegerklären. Erst eine imaginäre Begegnung mit dem toten Vater bietet ihm die Gelegenheit zu tun, was wirklich weiterleben hilft: für seine Schuld um Verzeihung zu bitten. Schuld muss ernst genommen werden. Anders ist ihr nicht wirklich beizukommen.

In ähnlicher Weise erzählen Dorothee Sölle und Fulbert Steffensky von einem jungen Schwarzen in New York, der seine Mutter erschlagen hatte. Der Gefängnisseelsorger versucht auf die verschiedensten Weisen, den Mord mit den elenden Lebensverhältnissen des jungen Mannes in einen ursächlichen Zusammenhang zu stellen. Plötzlich habe der Schwarze dann aufgeschrien: „Hör endlich auf mit dem Gequatsche. Ich habe meine Mutter erschlagen! Das kannst du mir nicht wegreden. Das ist meine Schuld und nicht die der Verhältnisse." Hier hatte offensichtlich jemand verstanden, dass „Schuld zur menschlichen Würde gehört".[84]

83 Tendrjakow, Wladimir: Die Abrechnung. Novelle, Berlin 1980; vgl. dazu: Bieritz, Karl-Heinrich: Lektionen der Menschlichkeit – theologische Programmanzeige zum Thema „Schuld" und „Vergebung" an einem Exempel zeitgenössischer Literatur, in: PTh 73, 1984, 234–246
84 Sölle, Dorothee/ Steffensky, Fulbert: Nicht nur Ja und Amen. Von Christen im Widerstand, Reinbek 1995, 25

3. Schuld ernst zu nehmen heißt in der Seelsorge, den Raum dafür zu geben, die Geschichte der Schuld zu erzählen. Erzählen heißt auch im Falle der Schulderfahrung immer *Konkretisieren*. Durch das Erzählen befreit sich der Erzähler aus dem dunklen Mulm heraus, der bei manchen Schulderfahrungen entsteht (z.B. bei konfliktreichen Paarbeziehungen). Im Grunde ist in der Seelsorge zunächst nichts anderes zu tun, als was exemplarisch auf den ersten Seiten der Bibel (und nicht nur dort) zu lesen ist: dass einfach erzählt wird, wie es dazu gekommen ist, dass das Paradies verloren ging und ein Mensch für den anderen zum Mörder wurde (Gen 2–4). Konkretisieren durch Erzählen, das hilft die wirkliche Schuld zu benennen und bewusst zu machen, womit man sich innerlich auseinander zu setzen hat. Schuld ist dadurch nicht schon weg, im Gegenteil: Sie ist nun ans Licht gekommen – vielleicht erstmalig und relativ vollständig. Nun wird sie besehbar und besprechbar – Voraussetzung für einen hilfreichen Vergebungs- und Befreiungsprozess.

4. Schuld konkret zu benennen ist das eine. Dann muss darüber gesprochen werden. Schuld *verarbeiten* heißt auch: *unterscheiden* und danach zu fragen, welche Anteile am schuldhaften Geschehen durch wen zu verantworten sind:

> Der 14–jährige Sebastian lebt mit seiner Mutter, einer Büroangestellten, zusammen. Vor Jahren war die Ehe der Eltern geschieden worden. Vom Vater war seither nie mehr die Rede. Sebastian hatte keinen Kontakt zu ihm. Seine Mutter erzog ihn streng. Er sollte ja ordentlich werden (nicht wie sein Vater!). Sebastian reagierte widerspenstig. Immer häufiger passierte es, dass er seine Mutter schlug. Sie ist verzweifelt, fühlt sich schuldig. Auch für Sebastian wurde die Situation immer aussichtsloser. Vor kurzem kam noch ein körperliches Symptom hinzu: Seine rechte Hand war zeitweise gelähmt.

Wer ist hier schuldig? Wer ist Täter, wer ist Opfer? Einfache Rechnungen gehen da nicht auf. Es hat vieler Gespräche in der Seelsorge bedurft – sowohl mit der Mutter wie auch mit dem – überraschend aufgeschlossenen Sebastian –, ehe alle Beteiligten etwas klarer sehen konnten und ehe es deutlicher wurde, wie hier auf beiden Seiten Schuld und Erleiden von Schuld verteilt waren. Als beide begriffen, dass die gegenseitigen Schuldzuweisungen nicht weiterführten, wurde der Weg frei, über eine vernünftigere Beziehung nachzudenken, die beide im Grunde genommen sehnlichst wollten. Es dauerte fast ein Jahr, dann konnte Sebastian übrigens auch seine Hand wieder voll gebrauchen.

5. Seelsorge, in der Schuld zum Thema wird, zielt auf die Erfahrung von *Vergebung* hin. Durchsichtige Arrangements und alles, was nach pastoraler Routine riecht, helfen hier nicht weiter. Eine Vergebung, in der sich die Gnade Gottes zu einem ganz konkreten Menschen erweist, ist nicht an Bedingungen geknüpft. Aber sie kann doch nur geschehen, wenn bestimmte Voraussetzungen gegeben sind. Dazu gehört z.B., dass Entlastung von den Schuldanklagen erhofft und Vergebung auch wirklich gesucht wird. Also: Vergebung muss in der Seelsorge zu

einem Thema werden und es muss deutlich werden, ob und wann jemand für das Vergebungswort offen ist. Schuld, die nicht als solche bewusst geworden ist und nicht verstanden wurde, kann kaum vergeben werden, das wäre reiner Bußformalismus. Seelsorger und Seelsorgerinnen müssen sich fragen, was sie wirklich glaubwürdig und mit Überzeugung sagen können. Und es muss auch gefragt werden: Wer soll vergeben? Es gibt in vielen Fällen ja ganz bestimmte Menschen, mit denen zunächst gemäß Mt 5,23f Versöhnung gesucht werden müsste. An dem vorbei, an dem jemand schuldig geworden ist, kann kein Vergebungswort wirklich erlösend wirken.[85]

In der Seelsorge kann und muss *Vergebung sowohl als Prozess wie als Zuspruch* erlebbar werden. Das Prozesshafte versteht sich nach dem Gesagten von selbst, weil Vergebung sich immer im Zusammenhang eines konkreten Schuldverarbeitungsprozesses ereignet und der begleitenden Selbstauseinandersetzung bedarf. Der Zuspruchcharakter ist notwendig, weil anders die Selbstanklagen und Selbstvorwürfe nicht zur Ruhe kommen. Über Vergebung und Lebensneubeginn entscheidet letztlich nicht das eigene Gewissen, sondern das Gnadenwort Gottes. Der Einzelne darf in der Seelsorge erkennen, „dass, wenn unser Herz uns verdammt, Gott größer ist als unser Herz" (1 Joh 3,20).

Exkurs: Beichte und Seelsorge

Wo von Schulderfahrung die Rede ist, muss im Zusammenhang einer evangelischen Seelsorgelehre auch von der Beichte gesprochen werden.[86] Die enorme Bedeutung der Beichte in der Geschichte der Seelsorge ist bereits in den vorangegangenen Kapiteln deutlich geworden. Sie war im Mittelalter *die* Form von Seelsorge, und Luther hat sie hoch geschätzt. Die Beichte als ein privates oder öffentliches Ritual für Schuldbekenntnis und Schuldvergebung ist auch heute neu im Gespräch. Für Rainer Volp muss sie ganz von der Absolution her verstanden werden als das „Fest der Selbstannahme"[87]. Wie weit in Zukunft die Beichtform auch wieder stärker mit der Seelsorge verbunden werden kann, mag offen sein. Auf jeden Fall sollen die Seelsorgerinnen und Seelsorger mit der Form der Beichte und ihrer Gestaltung vertraut sein, um sie als Angebot in einer konkreten

---

85 Eine erhebliche Schwierigkeit ergibt sich in den Fällen, in denen die Opfer – aus welchen Gründen auch immer – überhaupt nicht mehr erreichbar sind. Hier bietet sich die Möglichkeit an, im seelsorgerlichen Gespräch den abwesenden Menschen, an denen einer schuldig geworden ist, stellvertretend eine Stimme zu geben und sie um Verzeihung zu bitten. In der erwähnten Erzählung von Tendrjakow geschieht das ja praktisch auf eine phantastische Weise. Mittel und Methoden einer Gestaltseelsorge könnten hier weiterhelfen.

86 Vgl. oben 2.2.2. und 2.2.3., ferner: Volp, Rainer: Liturgik, Bd. I, Gütersloh 1992, 649–653; Dahlgrün, Corinna: Die Beichte als Kultur der Auseinandersetzung mit sich selbst coram Deo, in: HbS 493–507

87 Volp, a.a.O., Bd. II, Gütersloh 1994, 1215–1230 (Lit.!)

238 Lebensthemen in der Seelsorge

Gesprächssituation zur Verfügung zu haben. Die Beichte ist ein Ritus. Er ist in der einfachen evangelischen Form leicht verstehbar und ohne liturgische Vorbildung gut nachvollziehbar.[88] Indem die Partner des Gesprächs sich in der Seelsorge auf einen solchen Ritus einlassen, wählen sie bewusst eine andere Kommunikationsebene als die des bisherigen partnerschaftlichen Dialogs. Die Beichte ist eine Form symbolischer Interaktion mit mehr oder weniger festgelegten Abläufen, die Unmittelbarkeit des gesprächsweisen Miteinanders tritt hier in den Hintergrund. Das hat für den Prozess der Schuldverarbeitung bemerkenswerte Vorteile:

• Die Beichte bietet einen *objektiven Rahmen*, der Distanz ermöglicht und Emotionen zurückhält. Sie lässt nicht so schnell das Gefühl von Peinlichkeit aufkommen, wenn bestimmte konkrete Belastungen ausgesprochen werden.

• Die Beichte ist *Sprachgewähr*: Es ist in den vorformulierten Texten und Gebeten schon eine Sprache da, die benutzt werden kann. Das schwer Aussprechbare kann Form finden, weil es schon eine Form gibt. Gerade Menschen, die sich in ihrer verbalen Artikulationsfähigkeit begrenzt fühlen, können hier eine echte Hilfe finden.

• Die *rituelle* Beichtform erleichtert es, die Absolution als Vergebung Gottes zu begreifen (und nicht als Freundlichkeit des Pfarrers). Mit dem Vergebungswort ist etwas gesagt, das durch die rituelle Form Realitätszuwachs erhält: Das ist mir zugesprochen worden, darauf kann ich nun setzen und von daher leben.

Es ist in der letzten Zeit deutlich geworden, dass durchaus auch der Kirche ferner stehende Menschen empfänglich sind für rituelle Kommunikationsformen (wie z.B. bestimmte Segenshandlungen). Vielleicht kommt die Beichte aus ihrem gegenwärtigen Winkeldasein wieder heraus. Voraussetzung für ein seelsorgerlich hilfreiches Gelingen des Beichtrituals ist natürlich das innere Einverständnis aller daran Beteiligten. Jeder Anschein von Nötigung ist kontraproduktiv. Gerade solch ein Ritual wie die Beichte lebt von der Glaubwürdigkeit seines Vollzugs, und der hängt immer auch an den Personen. Es wird ganz gewiss spürbar, ob der Seelsorger oder die Seelsorgerin hinter dem stehen, was sie vollziehen und sagen oder ob hier i. W. pastorale Routine regiert.

Für die Beichte im Zusammenhang mit der Seelsorge[89] gibt es im Grunde zwei praktische Varianten:

1. Die Beichthandlung erwächst aus der seelsorgerlichen Begegnung und wird *im Zusammenhang des Gesprächs* vollzogen. Wichtig ist dafür, dass der Übergang durchaus deutlich markiert wird: z.B. durch eine Pause, durch das Anzünden einer Kerze, das Zur-Hand-Nehmen eines Textes usw.

---

88 Texte und Ordnung im Evangelischen Gesangbuch, Nr. 792–802

89 Vgl. das Gesprächsprotokoll über „Erlösung von Schuld durch Beichte" bei Lemke, a.a.O., 125ff. Ein eindrückliches Beispiel für eine Beichte im Gefängnis, bei dem freilich auch die Problematik einer ritualisierten Vergebung deutlich wird, bei: Pohl-Patalong, Stephan. Freiräume hinter Gittern, in: Pohl-Patalong, Uta/ Muchlinsky, Frank (Hg.): Seelsorge im Plural, Hamburg 1999, 188–201, 192f

2. Die Beichthandlung wird als eigene Handlung *vom seelsorgerlichen Gespräch getrennt* durchgeführt – an einem anderen Ort, zu einer anderen Zeit. Das hebt ihre Bedeutung hervor. Die Beichte könnte so für den weiteren Weg von besonderer Eindrücklichkeit und Nachhaltigkeit für den betreffenden Menschen sein.

Es ist in diesem Zusammenhang wichtig, daran zu erinnern, dass auch Seelsorgerinnen und Seelsorger, die nicht ordiniert sind, nach evangelischem Verständnis zum Vollzug der Beichte berechtigt sind. Darauf wird in der im Gesangbuch abgedruckten Beichtordnung (s.o. A. 88) ausdrücklich hingewiesen.

Literatur

Helga Lemkes theologische und seelsorgerliche Darstellungen der Erfahrungen mit Schuld *(1992, 94–144)* eignen sich gut für den Einstieg in diese Thematik. In anderer, aber ebenfalls sehr praxisnaher Weise setzt sich damit *Gert Hartmann (1993, 95–134)* auseinander. Eine Anregung zur theologischen Auseinandersetzung mit dem traditionellen theologischen Sündenbegriff bieten *Hans van der Geests* Überlegungen zur Schuld als Selbstverfehlung *(1984)*. Gerade zum Schuldthema kann die Beschäftigung mit älterer und neuerer Dichtung wichtige Durchblicke und Ausschlüsse geben. *Urs Baumann und Karl-Heinz Kuschel (1990)* leisten hier eine gute erste Orientierungshilfe.

Assmann, Jan/ Sundermeier, Theo (Hg.): Schuld, Gewissen, Person, Gütersloh 1997
Baumann, Urs/ Karl-Josef Kuschel: Wie kann ein Mensch schuldig werden? Literarische und theologische Perspektiven von Schuld, München 1990
Falcke, Heino: Vom Umgang mit der eigenen Schuld in Ostdeutschland, in: Ev. Theologie 62, 2002, 202–222
Geest, Hans van der: Die Ablösung der Schuldfrage durch das Problem des Selbstbewußtseins, in: ThPr 19, 1984, 314–330
Gestrich, Christof: Die Wiederkehr des Glanzes in der Welt, Tübingen 1989, ²1995
– Ist die Beichte erneuerungsfähig?, in: BThZ 10, 1993, 187–196
Gräb, Wilhelm: Sünde und Schuld, in: ders.: Sinn fürs Unendliche, Gütersloh 2002, 320–334
Harsch, Helmut: Das Schuldproblem in Theologie und Tiefenpsychologie, Heidelberg 1965
Hartmann, Gert: Lebensdeutung, Göttingen 1993
Hartung, Marianne: Angst und Schuld in Tiefenpsychologie und Theologie, Stuttgart 1979
Koch, Diether: Umgang mit der eigenen Schuld in Westdeutschland, in Ev. Theologie 62, 2002, 188–201
Lemke, Helga: Seelsorgerliche Gesprächsführung. Gespräche über Glauben, Schuld und Leiden, Stuttgart 1992
McCullough, Michael E./ Pargament, Kenneth J./ Thoresen, Carl E.: Forgiveness: theory, research, and practice, New York 2000
Riess, Richard (Hg.): Abschied von der Schuld? Stuttgart 1996
Schellong, Dieter: Erwägungen zum Problem politischer Schuld, in: Ev. Theologie 62, 2002, 236–251
Seelsorge, Schuld und Vergebung, Themenheft ThPr 19, 1984, Heft 4
Stollberg, Dietrich: Zum Problem der Schuld – aus pastoralpsychologischer Perspektive, in: Una Sancta 46, 1991, 200–207
Uhsadel, Walter: Evangelische Beichte in Vergangenheit und Gegenwart, Gütersloh 1961
Weingardt, Beate M.: „Wie auch wir vergeben unsern Schuldigern." Der Prozeß des Vergebens in Theologie und Empirie, Stuttgart 2000

8. 5.   Glauben lernen

8.5.1.   Begegnungen mit der Glaubensfrage in der Seelsorge

Seelsorge ist Gespräch aus dem Glauben heraus und intentional immer auch Gespräch über den Glauben. Wo, wenn nicht in der Seelsorge, sollte die Gelegenheit sein, die ganz persönlichen Fragen des Glaubens und seiner praktischen Gestaltung zu besprechen! Dass dies in der Praxis keineswegs so häufig geschieht, muss freilich ebenso deutlich gesagt werden. Es fällt vielen Menschen, gerade auch bewussten Christen schwer, über ihren Glauben mit anderen zu sprechen. Vielleicht ist da die Angst, der Glaube könnte bei Lichte besehen nicht ausreichend sein, falsch oder naiv, kritischen Fragen nicht wirklich standhaltend. Oder es gibt eine Scheu, sich zu einem bestimmten Glauben zu „bekennen", man könnte auch modisch sagen: sich religiös zu outen; denn dann ist man so oder so festgelegt; und man muss sich der Frage stellen: Stimmt das auch, kann ich es durchhalten? Unsere Schwierigkeiten, über Glauben zu kommunizieren, sind symptomatisch, Teil der Problematik des Glaubens in einer säkularisierten Welt.

Es ist heute und besonders in unserem Land nicht mehr selbstverständlich, in einem bestimmten Sinne zu glauben.[90] Glauben ist schon *von außen* her bedroht. Glaubende fühlen sich oft mit ihrem Glauben isoliert. Häufig werden sie nicht mehr wie früher von einer Gemeinschaft mehr oder weniger entschieden Glaubender getragen. Solange die Familie und das gesamte soziale Umfeld irgendwie kirchlich-christlich lebten und dachten, war es leichter, am Glauben festzuhalten und auch religiöse Durststrecken unbeschadet zu überstehen. Der isolierte Glaube ist gefährdet, die Umwelt ist heute eher kritisch und anfragend.[91] Glauben kann in die Vereinzelung führen.

In der Seelsorge muss das mit bedacht werden; vor allem, wenn dann hinzukommt, dass der Glaube eines Ratsuchenden auch *von innen* her gefährdet ist. Was in unserer liberalisierten und säkularisierten Gesellschaft über den Glauben gedacht wird, findet ja meist seine Entsprechung in den Gedanken und Empfindungen des Einzelnen. Überzeugt mich das eigentlich – Gott, Jesus, Kreuz, Auferstehung? Der Zweifel stellt sich schnell ein, und zu dem intellektuellen Zweifel kommt der existenzielle: Ist die Nachricht von Gott, die Botschaft des Glaubens

90 Diese Feststellung mag vor allem für Ostdeutschland gelten, vgl.: Pollack, Detlef: Bleiben sie Heiden? Religiös-kirchliche Einstellungen der Ostdeutschen nach dem Umbruch von 1989, in: ders. u.a. (Hg.): Religiöser Wandel in den postkommunistischen Ländern Ost- und Mitteleuropas, Würzburg 1998, 207–252; zu ähnlichen, wenn auch anders verursachten Tendenzen in Westdeutschland vgl.: Ebertz, Michael N.: Kirche im Gegenwind,

Freiburg 1997, 54ff; zur Gesamteinschätzung vgl. auch: Daiber, Karl-Fritz: Religion unter den Bedingungen der Moderne, Marburg 1995, 41ff
91 Zum Einfluss des sozialen Umfelds auf die religiöse Einstellung des Individuums vgl.: Pollack, Detlef: Zur religiös-kirchlichen Lage in Deutschland nach der Wiedervereinigung. Eine religionssoziologische Analyse, in: ZThK 93, 1996, 586–615

wirklich eine gute Nachricht für mich? Frühere Gewissheiten gehen verloren. Von innen her wird Glaube angefragt. Für die wenigsten sind es die großen plakativen Fragen (Schöpfung, Jungfrauengeburt, Auferstehung), die den Zweifel nähren. Die Konversion zum Unglauben vollzieht sich gleitend und undramatisch. Langsam geht die Plausibilität des Glaubens verloren – warum sollte ich eigentlich glauben, was nützt er mir wirklich, und lebe ich nicht auch ganz gut ohne? Es gibt ein Hinausgleiten aus dem Glauben. Man merkt es vielleicht erst, wenn die innere Loslösung schon so weit gediehen ist, dass eine Erneuerung des Glaubens gar nicht mehr möglich erscheint.

Nicht selten gibt es die Situation in einem seelsorgerlichen Gespräch – sei es im Zusammenhang eines Krankenbesuches, sei es in Vorbereitung einer Trauerfeier oder wann auch immer –, dass Glauben nicht mehr aktivierbar scheint. Manchmal erfolgt ein etwas neidvoller Seitenblick auf andere: „Die kann wenigstens an etwas glauben und hat einen Halt. Aber ich ..." Erfahrung von Leid und Schmerz können vom Glauben ebenso wegführen wie auch eine neue Hinwendung einleiten. Auf alle Fälle können sie zu wichtigen Wendepunkten, zu Zäsuren in der Glaubensgeschichte des Einzelnen werden. Es ist wichtig, hier als Seelsorgerin zur Verfügung zu sein, ohne zu drängen. Seelsorge sollte offen sein für Menschen, die glauben lernen wollen und oft so verzweifelt darüber sind, dass ihnen das so wenig gelingt.

Nicht immer geht es nur um „glauben oder nicht glauben". Es gehört zur Signatur des pluralistischen Zeitalters, dass wir in der Seelsorge es immer häufiger auch mit *fehlgeleitetem Glauben* zu tun haben. Unsere Umwelt ist keineswegs nur atheistisch und areligiös. Es gibt gelegentlich sehr verschiedene und auch oft ziemlich exotische und absonderliche Formen von Religiosität. Thema für die Seelsorge ist es deshalb auch zu fragen, wie sich „Glaube in einer Zeit der Leichtgläubigkeit"[92] angemessen artikulieren kann. Selbstgefertigte, synkretistische Glaubens- und Lebenskonzepte[93] machen in der Seelsorge schnell ratlos. Sind wir dazu da, um den Leuten ihren Glauben zurechtzurücken? Und andererseits: Sollen wir alles stehen lassen? Es ist nicht leicht, zwischen einer liberalistischen laisser faire-Einstellung und einer bevormundenden Glaubensbelehrung einen Weg zu finden, der für die Rat suchenden Menschen tragfähig und hilfreich sein könnte. Seelsorger sind nicht „Meister" des Glaubens anderer, aber es kann ihnen auch nicht egal sein, wenn sie erleben, wie die Menschen, von denen sie gefragt werden, ihr Haus auf Sand bauen. Es ist gut, wenn man darüber ins Gespräch kommt.

---

92 Berger, Peter L.: Sehnsucht nach Sinn. Glauben in einer Zeit der Leichtgläubigkeit, Frankfurt a.M. ³1996, bes. 131ff
93 Zur Charakterisierung und Auseinandersetzung damit vgl. etwa: Dalferth, Ingolf U.: „Was Gott ist, bestimme ich!" Theologie im Zeitalter der „Cafeteria-Religion", in: ThLZ 121, 1996, 415–430; Höhn, Hans-Joachim: Zerstreuungen. Religion zwischen Sinnsuche und Erlebnismarkt, Düsseldorf 1998

8.5.2. **Psychologische Aspekte**

Gerade wenn es um den Glauben geht, kommt die Frage nach der Zuordnung von Psychologie und Theologie in der Seelsorge noch einmal auf. Ohne Zweifel spielen für die Herausbildung und Gestaltung des Glaubens auch psychologische Momente eine wichtige Rolle. Die Entwicklung der menschlichen Persönlichkeit schließt eine Herausbildung ihrer religiösen Vorstellungen und Verhaltensweisen ein. Dabei muss von einer Interdependenz von inneren (psychischen) und äußeren (sozialen) Faktoren, also von einem „Zusammenwirken reifungsbezogener und umweltabhängiger Prozesse"[94] ausgegangen werden. Der Begriff der religiösen Entwicklung ist hier bewusst weit gefasst; er schließt die grundlegenden Einstellungsqualitäten des Individuums ein. Diese können – in einem entsprechenden gesellschaftlichen Kontext – eben auch atheistischer oder agnostischer Natur sein. Auf verschiedenen Stufen der Entwicklung verändern sich oft die Fragehaltungen und Denkstrukturen für das Individuum.[95] Es ist zu fragen, wieweit entwicklungspsychologische Ansätze, die in der gegenwärtigen Religionspädagogik eine hohe Bedeutung erlangt haben[96], auch für die Seelsorge fruchtbar zu machen sind. Dabei ist allerdings Vorsicht geboten. Wichtiger als die Anwendung von Theoriemodellen ist die präzise Wahrnehmung der tatsächlichen oder der verborgenen religiösen Einstellungsvarianten des Individuums. Glauben oder Unglauben lassen sich nicht auf psychologische Vorgänge reduzieren. Der Glaube selbst ist entwicklungspsychologisch nur bedingt erklärbar; er ist kontingent, ein „Geschenk", eine besondere, nicht ohne weiteres herstellbare Erfahrung, genauer: eine „Erfahrung mit der Erfahrung"[97]. Das schließt nicht aus, immer auch auf den Zusammenhang von psychischer Entwicklung und spezifischer Ausprägung des Glaubens zu achten. Eine Veränderung im psychischen Bereich zieht oft auch eine Veränderung der Glaubensgestalt nach sich, muss es aber nicht. Die Psyche ist das „Gefäß" für die Inhalte des Glaubens[98], aber nicht mit ihnen identisch.

Hilfreich können psychologische Kategorien bei der Unterscheidung von reifem und unreifem Glauben, von kranker und gesunder Religiosität[99] sein. Es gibt „Zerrformen des Glaubens"[100], also religiöse Erlebnisformen, die Menschen krank machen oder Ausdruck ihrer Krankheit sein können. Unreif ist Glaube dann,

---

94 Schweitzer, Friedrich: Lebensgeschichte und Religion, Gütersloh ³1994, 170

95 Z.B. im Blick auf die Entwicklung des Gottesbildes, vgl.: Schweitzer, a.a.O., 202ff; ferner: Fowler, James W.: Glaubensentwicklung. Perspektiven für Seelsorge und kirchliche Bildungsarbeit, München 1989, 76ff; Fraas, Hans-Jürgen: Die Religiosität des Menschen. Ein Grundriss der Religionspsychologie, Göttingen ²1993, 114ff

96 Vgl. die Darstellung und Kritik von Oser/ Gmünder und Fowler bei Schweitzer, a.a.O., 121–167 (mit weiterführenden Literaturhinweisen).

97 Jüngel, Eberhard: Gott als Geheimnis der Welt, Tübingen ²1977, 40f, vgl. o. S. 96f

98 So Lemke, Helga: Seelsorgerliche Gesprächsführung, Stuttgart 1992, 54

99 Vgl.: Fraas, a.a.O., 149ff;

100 Hark, Helmut: Religiöse Neurosen, in: Baumgartner, Isidor (Hg.): Handbuch der Pastoralpsychologie, Regensburg 1990, 481–492, 481; vgl.: Zijlstra, Wybe: Handbuch zur Seelsorgeausbildung, Gütersloh 1993, 278ff

wenn ein Mensch die Distanzfähigkeit verloren hat, wenn er nicht mehr Subjekt seines Glaubens ist und die einzelnen Ausdrucksgestalten desselben zwanghaft beziehungsweise suchtartig angeeignet werden. Unreifer Glaube weist auf eine tief greifende Persönlichkeitsstörung hin und ist zugleich ein Symptom für sie. Hark nennt einige solcher neurotischen Verhaltensweisen: neurotische Schuldgefühle, die nie aufhören; unersättliche Sucht nach Geborgenheit, übertriebene Aufopferung, Denkzwänge, Gesetzlichkeit und zwanghafte Religionsformen, Fanatismus bis hin zu wahnhaft religiösen Ideen.[101] Ausgesprochen neurotische Religiosität ist therapiebedürftig. Der Versuch einer theologischen Korrektur ist meist völlig verfehlt und vergeblich, also ausgesprochen kontraindiziert. Die Störung liegt primär in der Persönlichkeit und nicht in der Religionsauffassung. Aber natürlich gibt es hier wie auch sonst Grenzfälle.[102] Formen unreifen Glaubens können phasenspezifisch auftauchen, wenn z.b. Jugendliche in der Adoleszenz ihre eigene Statusunsicherheit durch eine gewisse Neigung zu rigiden Ideologien und Religionsformen kompensieren. Hier ist eine behutsame abwartende Einstellung des Seelsorgers gefragt. Auch in anderen Zusammenhängen sind die Grenzen fließend. In einer akuten Krisensituation gibt es temporär durchaus verständlicherweise infantile Glaubensweisen (das berühmte „Klammern an den Strohhalm"). Zu beachten ist von seelsorgerlicher Seite nur, ob hier eine unreife Glaubensform zur Dauerhaltung wird. Leitfrage ist immer: Wie autonom, wie frei ist der Einzelne in der konkreten Ausprägung seines Glaubens? Christlicher Glaube ist Gestaltung von „Freiheit" (Gal 5,1).

8.5.3. Kriterien lebendigen Glaubens (theologische Aspekte)

Sehnsucht nach Glauben bedeutet für viele auch Sehnsucht nach einer Gewissheit, auf die man für sein Leben bauen kann. Glauben ermöglicht Lebensgewissheit. Er gibt dem Individuum zu erkennen, worauf sich meine Existenz gründet, woraufhin ich leben kann und wem ich zugehöre.[103] Glauben ist damit kein Gesetz, kein festes Gehäuse, sondern eine dynamische Kraft, „eine feste Zuversicht auf das, was man hofft, und ein Nichtzweifeln an dem, was man nicht sieht" (Hebr 11,1).

Wybe Zijlstra geht im Anschluss an andere religionspsychologische Entwürfe davon aus, dass es „vier Grundaspekte kommunikativen Lebens gibt: Autonomie und Hingabe, Freiheit und Gehorsam"[104]. Dies aufnehmend lässt sich sagen, dass

101 Hark, a.a.O., 484ff

102 Es sei in diesem Zusammenhang nicht verschwiegen, dass es Formen religiöser Praxis gibt, die neurotische Religiosität fördern oder zumindest doch hindern, dass Glaube wirklich reifen kann. Man muss dabei nicht nur an bestimmte Sekten und Kulte denken. Unsensible Bekehrungsversuche, starre Moralvor-

schriften, rigide Gemeinschaftsdisziplin, Verstärkung von Strafängsten usw. – all das kann der Erzeugung neurotischer Religiosität Vorschub leisten.

103 Zu „Seelsorge als Hilfe zur Lebensgewißheit" vgl.: Rössler, Dietrich: Grundriss der Praktischen Theologie, Berlin 1986, 182ff

104 Zijlstra, a.a.O., 283

Glaube sachgemäß gelebt wird, wenn diese vier Grundaspekte ausgewogen und gleichzeitig mit einander zur Geltung kommen können:

– Zum Glauben gehört *echte Autonomie*: Glauben ist nicht Demütigung oder Ich-Zerstörung und hat nichts zu tun mit einer Gesinnung von Abhängigkeit (Röm 8,15). Ich glaube – das bedeutet: Mein Glaube ist auch subjektiv geprägt, und er soll es sein. Und ich stehe persönlich für seine Gestaltung ein. Es ist mehr als eine Wiederholung von sattsam bekannten Formeln. Glauben ist ein Geschenk (Gal 3,1f), aber keine verordnete Heilsrezeptur. Der Einzelne ist frei, Ja zu sagen oder nicht (Mk 1,15; 5,36; Apg 16,31). Glaube befreit gerade aus den vorherigen Heteronomien. Deshalb ist im Zusammenhang mit ihm auch entschiedener Zweifel möglich.

– Glaube ist *echte Hingabe*: Hingabe bedeutet: von sich absehen zu können. Der berühmte „Sprung des Glaubens" (Kierkegaard) hat damit zu tun. Er ist das Wagnis, das Spiel des Glaubens zu spielen. Der Sprung ist Überwindung der Angst, die festhalten möchte. Er ist das Vertrauen, das mir die Gewissheit gibt, in jedem Falle aufgefangen zu werden. Glaube hat zu tun mit der Hingabe an Gott und an die Menschen, die mir die Nächsten sind oder zu Nächsten werden können (Mt 10,36f). Zu dieser Hingabefähigkeit gehört auch die Möglichkeit, loszulassen – Menschen, Dinge, Gewohnheiten. In der Tradition christlicher Frömmigkeit kann dies einen geradezu mystisch anmutenden Ausdruck finden: „… nimm hin, es ist mein Geist und Sinn, Herz, Seel' und Mut nimm alles hin …"[105]. Man muss aufpassen, hier nicht das Maß zu verlieren und nicht zu fordern, was nur in Freiheit gewählt werden kann.

– Glauben ist Erfahrung *echter Freiheit*. Luthers große Sätze von der „Freiheit eines Christenmenschen" gehören hierher: „Ein Christenmensch ist ein freier Herr über alle Dinge und niemand untertan."[106] Freiheit war für Luther wie für Paulus vor allem die Freiheit vom Gesetz, die Freiheit von der Knechtschaft des Lebens durch eine totale Normierung und Regulierung. Es ist nicht einfach, in unserer Welt und auch in unserer Kirche die Freiheit des Glaubens, zu der wir berufen sind (Gal 5,1), wirklich zu realisieren. Freiheit zu leben ist eine riskante Sache und es braucht dazu einen starken Glauben. Kann ich meine Angst vor der Freiheit durch den Glauben überwinden, oder rette ich mich allzu schnell wieder in die vorgefertigten und gewohnten Muster des Lebens? Viel zu schnell heißt es: Freiheit ja, aber … Da kommen die Gesetzesstruktur, das Bestimmtsein durch Tradition und so genannte Sachzwänge wieder hindurch. Wie schwer es ist, die Praxis der Freiheit zu leben, hat Paulus erfahren. Dennoch beschreibt er sie aus dieser Erfahrung heraus ganz bewusst als die Praxis der Liebe (1 Kor 13,4–7). Paulus zeigt auch darin, was in Bewegung geraten kann, wenn Freiheit gewonnen worden ist. Sie bedeutet für ihn, sich auch auf ungewohnte Kontexte einzulassen (1 Kor 9,19–23).

---

[105] Evangelischen Gesangbuch, Nr. 37, Vers 1

[106] WA 7, 21

– Glaube ist *echter Gehorsam*. Der zweite Satz Luthers gehört ebenso hierher: „Ein Christenmensch ist ein dienstbarer Knecht und jedermann untertan." Glauben schließt auch Bindung ein – wie jede aus Freiheit eingegangene Gemeinschaft der Liebe. Vielleicht ruft das Wort Gehorsam für viele eine eher abstoßende Assoziation hervor. Gemeint ist nicht der unterwürfige Gehorsam. Aber der Glaube hat doch orientierende Kraft. Es geht konkret um die Praxis der Nachfolge Jesu. Glauben hat immer auch eine optionale Ausrichtung: Er bedeutet, für etwas einzustehen und bereit zu sein, Verantwortung wahrzunehmen. Glauben weist auf den Weg Jesu, den Weg des Friedens und der Gerechtigkeit. Hier gibt es kein Ausweichen, auch vor den lebenspraktischen Schlussfolgerungen nicht, die sich daraus ergeben könnten. Glauben heißt immer auch: in dieser Welt für etwas zu stehen und die Kosten dafür nicht zu scheuen.

8.5.4. Seelsorge als Gespräch über den Glauben

Es mag hilfreich sein, im Zusammenhang des Gesprächs über den Glauben die berühmte Szene zu erinnern, die Dietrich Bonhoeffer in seinem Brief aus dem Tegeler Gefängnis am 21. 7. 1944 erzählt: Mit einem jungen französischen Pfarrer war er in Amerika ins Gespräch darüber geraten, „was wir mit unserem Leben eigentlich wollten". Der junge Franzose sagte damals: „Ich möchte ein Heiliger werden." Bonhoeffer, den das tief beeindruckte, widersprach dennoch und sagte: „Ich möchte glauben lernen."[107] Diese Antwort mutet im ersten Augenblick sehr überraschend an, fast unverständlich, bei näherem Nachdenken und Zusehen wird sie einleuchtender. Glauben lernen, das ist ein Weg und es ist nicht abzusehen, wann man an dessen Ende kommt. Seelsorge als Gespräch über den Glauben bedeutet: ein Stück mitgehen auf diesem Weg. Es geht dabei um das Wesentliche schlechthin, um das von Gott gesetzte Ziel. Aber der Weg ist offen. Es gibt keinen Zwang, jetzt ans Ende kommen zu müssen.

Vier Aspekte seien für die Praxis des seelsorgerlichen Gesprächs hervorgehoben:

• *Glaubwürdig Zeuge sein*: Wer zum Pfarrer geht, um auch über Fragen des Glaubens zu sprechen, erwartet eine bestimmte Kompetenz in Glaubensfragen. Er hofft auf jemanden zu treffen, der nicht nur selbst hinter seinem Glauben steht, sondern auch etwas über ihn zu sagen weiß, ihn nach außen und gegenüber anderen zu vertreten versteht, ihn notfalls gegen kritische Fragen zu verteidigen vermag. Falsche Zurückhaltung von Pfarrerinnen und Pfarrern in dieser Frage kann Enttäuschung und verständlichen Ärger hervorrufen. Seelsorgerinnen und Seelsorger sind von Beruf und Berufung her Zeugen des Glaubens. Das ist die eine Seite. Das bedeutet aber keineswegs, dass von ihnen erwartet

---

107 Bonhoeffer, Dietrich: Widerstand und Ergebung, Berlin 1972, 401

wird, sie müssten Glaubenshelden sein. Vielleicht möchten die Gesprächspartner Menschen mit einer Glaubenskompetenz antreffen, zu der es auch gehört, sich der persönlichen Grenzen in diesem Bereich bewusst zu sein. Es wird Zuständigkeit erwartet, aber nicht Perfektion. Eigene Fragen in der Sache fördern die Glaubwürdigkeit eher als markige Bekenntnisse, bei denen schnell das Gefühl aufkommt, sie seien durch das Leben der Betreffenden nicht wirklich gedeckt. Die bescheidene Antwort Bonhoeffers: „Ich möchte glauben lernen" kann ein guter Richtwert sein für ein Gespräch über den Glauben in der Solidarität eigenen Suchens und Noch-nicht-am-Ziel-Seins.

- *Dem Zweifel Raum geben*: Hilfreich und konstruktiv wird das Gespräch über den Glauben dann, wenn viel von dem ausgesprochen werden kann, was gegen den Glauben steht. Eine Begegnung, bei der man sich hier auf beiden Seiten zu viel schenkt, ist meist ziemlich folgenlos. Nichts ist heute weniger selbstverständlich als zu glauben. Der Zweifel muss in seinen unterschiedlichen Ausprägungen zur Sprache kommen können. Es ist nicht nur mangelnde Plausibilität des Glaubens in nachaufklärerischer Zeit. Oft ist es viel ernster, weil die Erfahrungen dagegen stehen, die Gott ins Unrecht setzen: Leidvolles, schwer ertragbares Leben, Erfahrungen unbehüteter Existenz, schreiende Ungerechtigkeiten. Reinhold Schneider schreibt in dem Zusammenhang: „Die Vernunft zerstört den Glauben keineswegs, viel ernster zu nehmen ist die Arbeit des Schmerzes am Fels, zerstörende Erosion."[108] In der Auseinandersetzung mit dem Zweifel liegt das kreative Potenzial für das Glaubensgespräch in der Seelsorge. Auch hier gilt wieder: Je konkreter vom Zweifel geredet wird, je deutlicher er Gesicht und Namen erhält, umso hilfreicher kann das Gespräch werden. Wer zweifelt, ist näher am Glauben, als der, welcher in dumpfer Gleichgültigkeit verharrt und vielleicht auch näher als der routinierte Kirchgänger, der sich ohne viel zu fragen den überkommenen Formen christlicher Tradition überlässt. Es gibt vielleicht wirklich einen „Unglauben, der in der Gnadenordnung steht"[109]. Oder wie es eine 60–jährige Patientin im Gespräch mit ihrer Seelsorgerin sagt, die ihre eigenen Zweifel nicht verborgen hatte: „Sie auch ..., ich denke manchmal, wenn ich nicht mehr zweifle, lebe ich auch nicht mehr."[110] Das ist ein unglaublich tröstlicher Satz aus dem Munde eines Menschen, der selbst so sehr des Trostes bedurfte!

- *Den eigenen Glauben zu finden helfen*: Für die meisten Menschen heute ist die Zeit des alten „Köhlerglaubens" – „ich glaube, was die Kirche glaubt" – vorüber. In der Regel kommt auch niemand in ein seelsorgerliches Gespräch, um sich den „richtigen" Glauben abzuholen. Seelsorgerinnen sind gut beraten, bei Fragen wie: „Was soll ich denn nun eigentlich glauben?" hellhörig zu werden. *„Dein Glaube hat dir geholfen"* (Lk 7,50), sagt Jesus der Frau, die ihn salbte. Nicht der Glaube eines anderen kann retten, nur der eigene, selbst vertretene und

108 Schneider, Reinhold: Winter in Wien, Freiburg 1958, 253
109 Schneider, a.a.O., 234

110 Piper, Hans-Christoph: Einladung zum Gespräch. Themen der Seelsorge, Göttingen 1998, 123

selbst verantwortete Glauben. Und die konkrete Frage für die Seelsorge lautet: Wie kann jemand auf dem Hintergrund der biblischen Glaubenstradition zu seinem eigenen authentischen Glauben gelangen? Mit einer bekannten Formulierung von Klaus Winkler zu sprechen: „Es geht um das persönlichkeitsspezifische Credo."[111] Dafür ist es wichtig, bei dem anzusetzen, was unser Gesprächspartner mitbringt: bei der existenziellen Frage, die ihn beschäftigt, bei den Resten eines vielleicht etwas ramponierten Glaubens; bei den Erinnerungen, die mit dem Glauben früherer Jahre verbunden sind und dem selbst erworbenen Erfahrungswissen aus Zeiten innerer oder äußerer Not. Das alles sind mögliche Mosaiksteine für einen erneuerten und stabilisierten Glauben. Und dann begegnen da manche Fundstücke von einem immer reicher blühenden Markt religiöser und spiritueller Möglichkeiten. Vieles davon mag zu der Theologie des Seelsorgers oder der Seelsorgerin nicht so gut passen, und wir müssen nicht alles gut und richtig finden, was uns da entgegenkommt. Aber ernst nehmen müssen wir es; denn hinter jedem vielleicht dankbar aufgesogenen Element aus der Welt der Esoterik und Modereligiosität stehen persönliche Fragen und Bedürfnisse. Seelsorge kann hier zur behutsamen Glaubensarbeit werden. Dazu gehören auch kritische Fragen – deutlich, einfühlsam, nicht rechthaberisch und nicht mit ausgespielter Expertenautorität. Es gilt genau hinzusehen, was wirklich trägt. Erst der Glaube, der auch kritischen Nachprüfungen standhält, gibt die Gewissheit, um sagen zu können: Dein Glaube hat dir geholfen.

• *Gemeinschaft des Glaubens erfahrbar machen*: Glaube braucht das Gespräch mit den Schwestern und Brüdern, das „mutuum colloquium". Er braucht es zur Stärkung und zur Korrektur. Isolierter Glaube verflüchtigt sich oder er wird privatistisch. Es ist wichtig, den Glauben zu kommunizieren. Das fehlt vielen Menschen heute, weil in den Familien nicht mehr über Glauben gesprochen wird. Der erste Ansatz für ein Gegenüber der Glaubensgemeinschaft kann in der Tat das seelsorgerliche Gespräch selbst sein. Wenn die Erfahrung gemacht wird, dass dieses weiterbringt, dann entsteht vielleicht eine Offenheit dafür, die Gemeinschaft des Glaubens zu suchen. Es ist wichtig, dass im Umkreis der Seelsorge eine Gemeinde als Ort gelebten Glaubens zu erreichen ist. Das kann, aber muss nicht die Parochialgemeinde sein, vielleicht ein Kreis in ihr, vielleicht eine Gruppe engagierter Christen in anderem Kontext. Seelsorge soll nicht Werbung für Kirchenmitgliedschaft werden. Aber ohne eine ekklesiologische Perspektive hängt das Gespräch über den Glauben in der Luft. Als Seelsorger oder Seelsorgerin muss ich mir die ganz konkrete Frage stellen: Wo gibt es eine christliche Gemeinschaft, die ich denjenigen empfehlen kann, die kritisch tastend glauben lernen wollen, die auf der Suche sind nach einem heimatlichen Ort, der ihnen nicht die Freiheit raubt?

---

111 Winkler, Klaus: Seelsorge, Berlin/ New York ²2000, 276f

Literatur

Zum theologische Verständnis des Glaubens gibt es natürlich eine Fülle von Literatur. *Gerhard Ebelings Wesen des christlichen Glaubens (Tübingen 1959)* ist keineswegs überholt. Für einen lebensgeschichtlichen Zugang zum Glaubensthema kann man bei *Friedrich Schweitzer (1994,* 202–232) die notwendigen Anregungen und Informationen erhalten. *Klaus Winkler* hat in seiner Seelsorge (²*2000, 314–333)* dem Umgang mit Glauben ein ausführliches Kapitel gewidmet, mit dem er pastoralpsychologisches Problembewusstsein fördert. Hinzuweisen ist auch auf das Kapitel über Gottesbilder in *Michael Klessmanns Pastoralpsychologie (2004,* 225–244). Zur seelsorgerlichen Herangehensweise ist wiederum auf *Helga Lemkes Seelsorgerliche Gesprächsführung (1992,* 53–93) hinzuweisen.

Andriessen, Herman C. I.: Das zerbrochene Bild. Begleitung bei existentiellen Glaubensfragen, in: Müller, Wunibald (Hg.): Psychotherapie in der Seelsorge, Düsseldorf 1992, 55–78

Biser, Eugen: Überwindung der Lebensangst. Wege zu einem befreienden Gottesbild, München 1996

Biskupski, Werner: „Vielleicht macht es doch Sinn", Gespräche mit nicht kirchlich gebundenen Menschen, in: PrTh 40, 2005, 276–283

Bucher, Anton A.: Psychologie der Spiritualität, Weinheim 2007

Ebeling, Gerhard: Lebensangst und Glaubensanfechtung. Erwägungen zum Verhältnis von Psychotherapie und Theologie, in: ders.: Wort und Glaube, Bd. 3, Tübingen 1975, 362–387

Flöttmann, Holger B.: Angst. Ursprung und Überwindung, Stuttgart 1989, ³1993

Fowler, James W.: Glaubensentwicklung. Perspektiven für Seelsorge und kirchliche Bildungsarbeit, München 1989

Fraas, Hans-Jürgen: Die Religiosität des Menschen. Ein Grundriß der Religionspsychologie, Göttingen ²1993

– Glaube und Identität. Grundlegung einer Didaktik religiöser Lernprozesse, Göttingen 1983

Haendler, Otto: Angst und Glaube, Berlin 1952

Hammers, Alwin: Christlicher Glaube und praktizierter Unglaube, Trier ²1997

Hark, Helmut: Religiöse Neurosen. Gottesbilder, die die Seele krank machen, in: Baumgartner, Isidor (Hg.): Handbuch der Pastoralpsychologie, Regensburg 1990, 481–492

Hark, Helmut: Religiöse Neurosen. Ursachen und Heilung, Stuttgart 1984

Lademann-Priemer, Gabriele: Gefährdung durch Religionsmissbrauch und Wege aus konfliktträchtigen Gruppen, in: WzM 54, 2002, 67–80

Lemke, Helga: Seelsorgerliche Gesprächsführung. Gespräche über Glauben, Schuld und Leiden, Stuttgart 1992

Moser, Tilmann: Gottesvergiftung, Frankfurt/M. 1976

Müller-Pozzi, Heinz: Psychologie des Glaubens. Versuch einer Verhältnisbestimmung von Theologie und Psychologie, München 1975

Oser, Fritz/ Gmünder, Paul: Der Mensch – Stufen seiner religiösen Entwicklung. Ein strukturgenetischer Ansatz, Gütersloh ³1992

Schneider-Flume, Gunda: Angst und Glaube, in: ZThK 88, 1991, 478–495

Schweitzer, Friedrich: Lebensgeschichte und Religion, Gütersloh ³1994

Utsch, Michael: Die spirituelle Suche: Aufgabe der psychosozialen Beratung? In: WzM 54, 2002, 55–66

Winkler, Klaus: Das persönlichkeitsspezifische Credo, in: WzM 34, 1982, 159–163

– Werden wie die Kinder? Christlicher Glaube und Regression, Mainz 1992

9. Seelsorge in unterschiedlichen Lebenssituationen

9.1. Seelsorge in verschiedenen Lebensphasen

Seelsorge der Gemeinde richtet sich als Angebot an alle ihre Glieder, ihre Gäste und Sympathisanten. Im Gegensatz zu einer Therapie bedarf es keiner spezifischen Indikation für ein seelsorgerliches Gespräch. Ein Problem muss nicht erst eine krisenhafte Zuspitzung erreicht haben, um für ein seelsorgerliches Gespräch relevant zu werden. Seelsorge in der Gemeinde sollte im Grunde zur Alltäglichkeit ihres Lebens gehören, und sie wird dann vielleicht in vielen Fällen auch eine entsprechend bescheidene alltägliche Gestalt haben dürfen.[1] Von der Alltagsgestalt der Seelsorge her ist es sinnvoll, einen Blick auf Problemschwerpunkte in den verschiedenen Lebensaltern zu werfen. Im Rahmen dieser Einführung ist dies nur in einer überblickartigen Form möglich.[2] In anderen, vor allem systemisch ausgerichteten Seelsorgelehren wird die Lebensalterseelsorge in wesentlichen Teilen unter dem Blickwinkel von Familienseelsorge bzw. Familientherapie behandelt.[3] Darauf soll hier ausdrücklich hingewiesen werden. Wir wählen bewusst nicht die Familienperspektive, deren grundlegende Bedeutung damit nicht in Abrede gestellt wird. Aber nicht alle Fragen, die sich im Laufe des Lebensganges darstellen, können und müssen familienoptisch betrachtet werden. Deshalb die Wahl der Lebensalterperspektive.

9.1.1. Grundlegende Aspekte für die Lebensalterseelsorge

Jedes Lebensalter des Menschen hat seine eigene Botschaft, seine eigenen Chancen, Herausforderungen und Gefährdungen. Das gilt auch schon für jene frühen Jahre, an deren aktiver Gestaltung wir scheinbar so wenig Anteil haben. Man muss nicht Psychoanalytiker sein, um anzuerkennen, dass die ersten Lebensjahre für die seelische Ausstattung eines Menschen von unvergleichlicher Bedeutung sind. Man kann sich das schon daran vergegenwärtigen, welchen breiten Raum

---

1 Vgl. Hauschildt, Eberhard: Alltagsseelsorge, in: Pohl-Patalong, Uta/ Muchlinsky, Frank (Hg.): Seelsorge im Plural, Hamburg 1999, 8–16; ders.: Alltagsseelsorge, Göttingen 1996, 369ff
2 In einzelnen Fällen sind die Vertiefungskapitel 8.1.–8.5. heranzuziehen.

3 Vgl. z.B.: Patton, John/ Childs, Brian H.: Generationen übergreifende Ehe- und Familienseelsorge, Göttingen 1995; Morgenthaler, Christoph: Systemische Seelsorge, Stuttgart [4]2005, 192ff, 210ff

die Kindheit in der Erinnerungswelt eines Menschen einnimmt. Erik H. Erikson, dessen Entwicklungsmodell trotz mancher berechtigter Kritik auch heute noch einen hohen Orientierungswert besitzt[4], ordnet jeder der acht Lebensstufen des Menschen im Zuge seiner psychosexuellen Reifung eine spezifische Aufgabenstellung zu, die er aus der krisenhaften Herausforderung in den jeweiligen Phasen ableitet (vgl. die umstehende Tabelle). Ist die Krise bestanden, wird ein Persönlichkeits- bzw. Identitätswert gewonnen, der für alle nachfolgenden Phasen von Bedeutung bleibt. Wer früh Verlässlichkeit und ganzheitliche Zuwendung durch eine mütterliche Person erfahren hat, wird auch in seinem künftigen Leben Gott und den Menschen leichter Vertrauen entgegenbringen können als jemand, der von Anfang Mangel an Liebe und lebensnotwendiger Versorgung erlitten hat. Allerdings ist Vertrauen zu lernen eine Aufgabe, die sich auf jeder Stufe auch neu stellt. Kein Persönlichkeitswert ist unverlierbar gewonnen und keiner ist unwiederbringlich verloren. Man kann vieles nachholen, was in Kindheit oder Jugend durch die Umstände, durch Versagen anderer oder durch eigenes Versäumen nicht gelungen war. Aber das ist oft mit Schmerzen, mit seelischer Mühe und Arbeit verbunden. Ähnliches gilt auch für alle anderen Persönlichkeitswerte, die im Laufe des Lebens erworben sein wollen – angefangen von der Bereitschaft, den eigenen Willen sprechen zu lassen, sich engagiert für etwas einzusetzen, leistungsbereit und kreativ zu werden bis dahin, zu Liebe und Fürsorge fähig zu sein.

Menschliche Lebensläufe sind nicht uniform, alle modellartigen Konzepte, das Erikson'sche eingeschlossen, dürfen nicht darüber hinweg täuschen, dass in der individuellen Biographie gerade auch die Differenz[5] gegenüber der durch Abstraktion gewonnenen Norm erlebt wird. Das unterscheidend Persönliche kann als Plus oder Minus des Lebens erfahren werden. Es bezieht sich auf das, was in einer jeweiligen Lebensphase als gelungen erlebt wird, was Glück und Befriedigung bereitet und zur Dankbarkeit führt.[6] Es gilt aber auch für die Negativerfahrungen des Lebens. Zur Differenz-Erfahrung gehört die Wahrnehmung der Gebrochenheit und Fragilität unserer personalen Identität.[7] Stets stellt sich hier also auch die Frage, inwiefern der einzelne Mensch derselbe bleibt auf den verschlungenen Wegen seiner Existenz und angesichts der Abbrüche und Kehrtwendungen in der Biographie. Zur Gestaltung des eigenen Lebens gehört die Integration des Scheiterns, die Verarbeitung der Niederlagen und Enttäuschungen und die Auseinandersetzung mit den schmerzhaften Erfahrungen der eigenen Endlichkeit.

---

4 Zur Kritik an Erikson, vor allem an seinem idealistischen Identitätsbegriff vgl. oben Kap. 8.1.2.; zur Darstellung des eriksonschen Entwicklungsmodells sei verwiesen auf: Schweitzer, Friedrich: Lebensgeschichte und Religion, Gütersloh ³1994, 71ff

5 Vgl. dazu: Grözinger, Albrecht: Differenz-Erfahrung. Seelsorge in der multikulturellen Gesellschaft, Waltrop 1995, bes. 71ff

6 Über Seelsorge als Hilfe zur Dankbarkeit vgl.: Karle, Isolde: Chancen der Seelsorge unter den Bedingungen der Moderne, in: Weth, Rudolf (Hg.): Was hat die Kirche heute zu sagen? Neukirchen 1998, 58–66, 65

7 Vgl.: Luther, Henning: Umstrittene Identität, in: ders.: Religion und Alltag, Stuttgart 1992, 150–159, und: ders.: Identität und Fragment, a.a.O., 160–182

*Charakterisierung der Lebensalter**

	Charakter der Psychosozialen Krise	Angestrebter Persönlichkeitswert	Umwelt / Bezugsperson	begleitende religiöse und profane Rituale
Säuglingsalter (1. Lebensjahr)	Grundvertrauen vs. Grundmisstrauen	Vertrauen Hoffnung	Mutter (mütterliche Person)	Taufe Begrüßungsrituale
frühe Kindheit (2. Lebensjahr)	Autonomie vs. Scham und Zweifel	Wille	Eltern (elterliche Personen)	erster Geburtstag Feste im Jahreskreis
Spielalter (3.–6. Lebensjahr)	Initiative vs. Schuldgefühle	Zielstrebigkeit	Familie	Eintritt in den Kindergarten, Kinderkreis o.ä.
Schulalter (ab 6. Lebensjahr)	Leistungsverhalten vs. Minderwertigkeitsgefühl	Leistungsbereitschaft	Nachbarn, Schule	Schulanfang Erstkommunion
Adoleszenz	Identität vs. Identitätsdiffusion	Treue Selbstgewissheit	Gruppe Gleichaltriger „Idole"	Konfirmation / Firmung, Jugendweihe, Schulabschlüsse
frühes Erwachsenenalter	Intimität vs. Isolierung	Liebe	Partner, Freunde, Kollegen	Ausbildungsabschlüsse, Berufsanfänge, Hochzeit, Einrichtung der gemeinsamen Wohnung
mittleres Erwachsenenalter	Generativität vs. Stagnation	Fürsorge	eigene Familie, Kollegen, Freundeskreis	Familienfeiern, Abschiede Beerdigung der Eltern
reifes Erwachsenenalter	Ich-Integrität vs. Verzweiflung	Weisheit	Großfamilie, Freunde	Jubiläen, Eintritt ins Rentenalter

* Verwendete Quellen: Erikson, Erik H.: Identität und Lebenszyklus, Frankfurt a.M. [4]1977, 214f; ders.: Der vollständige Lebenszyklus, Frankfurt a.M. 1988, 72f; vgl. Specht-Tomann, Monika/ Tropper, Doris: Zeit des Abschieds, Düsseldorf 1998, 152 ([6]2007, 165).

252 Seelsorge in unterschiedlichen Lebenssituationen

In der Seelsorge ist es wichtig, auf das Besondere an den Lebenswegen des Einzelnen zu achten. Erst dann wird das Individuum in seiner Unverwechselbarkeit und Einmaligkeit wahrgenommen. Wo, wenn nicht in der Seelsorge, könnte ein geeigneterer Ort sein, Menschen als Subjekte mit ihrer je eigenen Geschichte ernst zu nehmen! Hier kann das Erikson'sche Entwicklungsschema durchaus Hilfestellung leisten. Es darf nicht dazu verleiten, Lebensläufe zu normieren. Es hat für die Seelsorge jedoch einen bedeutsamen heuristischen Wert.[8] Durch Beobachtung der konvergierenden und divergierenden Momente im Leben eines Ratsuchenden hilft es, die verborgenen Chancen und Gefahren jeder Lebensstufe individuell zu entdecken.

Theologisch stellt die seelsorgerliche Arbeit mit den sich aus der Altersstufenentwicklung ergebenden Aspekten eine eigene Herausforderung dar.[9] Es geht dabei nicht nur um die ausdrücklichen Erfahrungen mit Glauben und Religion, mit Kirche und Gottesdienst. Natürlich geht es darum auch, das ist selbstverständlich. Aber es besteht bei vielen Menschen doch darüber hinaus ein meist unbewusstes Bedürfnis, das eigene Dasein und Erleben, vor allem an den wichtigen Schwellen- und Wendepunkten, zu deuten und zu verstehen.[10] Und die sich hier stellenden Fragen sind theologischer Natur: Was hat Gott mit mir zu tun? Was will das Leben von mir? Wie sieht Gott mich in dem, was ist und mit dem, was war? Wie habe ich die dunklen Passagen meines Lebensweges zu verstehen? Welche Hoffnungen darf ich mir machen? Wie gerät mein Leben unter die verheißungsvolle Kraft seines Segens?

Von diesen Zugängen und Fragen her legt es sich nahe, die Lebensalterseelsorge in einer deutlichen Beziehung zum Kasualhandeln der Kirche zu sehen, ohne das eine im anderen aufgehen zu lassen Die „Kasualien" sind – bei oft formaler und intentionaler Ähnlichkeit mit den nichtreligiösen Ritualen[11] – Strukturhilfen des Glaubens. Sie helfen den Individuen, die teils hoffnungsvollen, teils schwierigen, teils auch krisenhaften Statusübergänge des Lebens zu bewältigen.[12] Es ist

---

8 Zu beachten ist hier auch, dass Erikson sich ausschließlich auf die psychosozialen Aspekte menschlicher Entwicklung konzentriert. Die Entwicklung des menschlichen Denkens, der Wahrnehmungsfähigkeit, des moralischen Urteils, der Weltanschauung und des Glaubens bleiben eher im Hintergrund. Hier sind andere Entwicklungsmodelle heranzuziehen, die vor allem für die Religionspädagogik von Bedeutung sind, aber auch für die Seelsorge nicht unberücksichtigt bleiben dürfen. Vgl. die Darstellungen über Piaget, Oser/Gmünder, Kohlberg und Fowler bei Schweitzer, a.a.O., 106–167

9 Vgl. auch oben Kap. 8.5.

10 Vgl. Luther, Henning: Schwellen und Passage. Alltägliche Transzendenzen, in: ders.:

Religion und Alltag, a.a.O., 212–223, bes. 217ff

11 In der nebenstehenden Tabelle werden religiöse und nichtreligiöse Rituale gemeinsam aufgeführt wegen der funktionalen Vergleichbarkeit im Blick auf den Entwicklungsweg des Individuums. Zur theoretischen Fundierung vgl. Eriksons grundlegenden Aufsatz zur Bedeutung von Ritualisierungen in der frühen Kindheit: Erikson, Erik H.: Die Ontogenese der Ritualisierung, in: Psyche XXII, 1968, 481–501

12 Vgl.: Böhm, Reiner: Biographie und Ritual, in: Wohlrab-Sahr, Monika (Hg.): Biographie und Religion, Frankfurt 1995, 180–197; zum Zusammenhang von Kasualpraxis und Seelsorge grundlegend: Gräb, Wilhelm: Le-

wichtig, dass neben der „ritualisierten Begehung" auch das Angebot „seelsorgerlicher Begleitung" besteht.[13] Diese sollte ihren Schwerpunkt darin sehen, die überlieferten und in der christlichen Gemeinschaft gültigen Deutungsmuster des Glaubens auf die konkrete Lebenserfahrungen eines Ratsuchenden hin zu „individualisieren" und zu „spezifizieren".[14] Es geht um Fragen wie: Was bedeutet es für uns, wenn wir diesen oder jenen Abschnitt unseres Lebens in eine Beziehung zu Gott setzen? Was wird dadurch anders? Welche neue Richtung erhält das Lebens daraus? Was Henning Luther im Blick auf die religiösen Aspekte von Autobiographien sagt, gilt wohl für jede Form einer Auseinandersetzung mit lebensgeschichtlichen Erfahrungen: Gott ist nicht ihr „Autor", wohl aber ihr „Leser" beziehungsweise ihr „Hörer". D.h.: In der lebensgeschichtlich orientierten Seelsorge kommt bei den verschiedenen Details Gott als derjenige ins Spiel, der in Frage stellt und fordert, der befreit und rechtfertigt – vorausgesetzt, die jeweilige Lebenssituation kommt unverstellt und unverkleidet zur Sprache[15] – also mit dem Mut „sehen zu wollen, was ist" und der Redlichkeit, „nur das zu sehen, was wahr ist".[16]

9.1.2. Seelsorge mit Kindern

Inwiefern sind Kinder ein Thema der Seelsorge? Sind sie überhaupt seelsorgefähig oder seelsorgebedürftig? In einem katholischen Kontext wäre die Frage kaum verständlich. Kinderseelsorge bzw. Kinderpastoral umfasst hier den gesamten Bereich religiöser Erziehung und Betreuung.[17] Und in der Tat gehören wohl in keiner Lebensphase das Pädagogische und das Seelsorgerlich-Diakonische so eng zusammen wie für das Kindesalter. Jeder Mitarbeiter im Kindergottesdienst oder in der Vorschulkinderarbeit und jede Katechetin wissen das. Unterweisung hat stets eine wichtige seelsorgliche Dimension. Die Christenlehrestunde beispielsweise ist, wenn ein Vertrauensklima herrscht, immer auch ein Echoraum für das, was die Kinder bewegt, was sie ängstet und was sie beglückt. Kinder kommen nicht in

---

bensgeschichte – Lebensentwürfe – Sinndeutungen, Gütersloh 1998, 172–250; vgl.jetzt auch besonders: Wagner-Rau, Ulrike: Segensraum, Kasualpraxis in der modernen Gesellschaft, Stuttgart 2000, 185–195
13 Gräb, Wilhelm: Der hermeneutische Imperativ. Lebensgeschichte als religiöse Selbstauslegung, in: Sparn, Walter (Hg.): Wer schreibt meine Lebensgeschichte? Gütersloh 1990, 79–92, 88f
14 Gräb, a.a.O., 88; Seelsorge hat hier also das verstehbar und annehmbar zu machen, was nach Gräb die eigentliche theologische Aufgabe des Kasualhandelns darstellt, näm-

lich: die „Rechtfertigung von Lebensgeschichten". Diese geschieht freilich nicht aus den Lebensgeschichten selbst heraus, sondern auf Grund der „Zusage des rechtfertigenden Glaubens an Jesus Christus". Gräb, Lebensgeschichte, 172ff, 201
15 Luther, Henning: Das unruhige Herz, in: ders., Religion und Alltag, a.a.O., 123–149, 149
16 Guardini, Romano: Die Lebensalter, Würzburg [7]1963, 85
17 Vgl. etwa: Krieger, Walter/ Sieberer, Balthasar (Hg.): Zeitgemäße Wege der Kinderpastoral, München 1988

die Sprechstunde zur Seelsorge, und sie werden vermutlich – außer in schweren Krankheitsfällen – nicht eigens besucht. Und dennoch ist es möglich und notwendig, sie als Partner der Seelsorge zu verstehen.[18]

Unter den seelsorgerlich relevanten Problemen hat bei Kindern das *Vertrauensthema* Priorität. Kinder brauchen eine Umwelt, in der sie den Menschen und auch den Strukturen unbedingt vertrauen können. Erikson spricht von dem grundlegenden Identitätswert des „Urvertrauens". Dieses sei der „Eckstein der gesunden Persönlichkeit" und bezeichne das „Gefühl des Sich-verlassen-Dürfens ... in Bezug auf die Glaubwürdigkeit anderer wie die Zuverlässigkeit seiner selbst".[19] Solches Vertrauen ist normalerweise der Gesamtpersönlichkeit inhärent und wird dem Kind selber als solches kaum bewusst. Es ist einfach da und hilft die späteren Phasen von Kindheit und Jugend zu bestehen. Aber es ist nicht selbstverständlich gegeben und es ist nicht ungefährdet. Kindliche Erfahrungen in der Umwelt, Familie, Schule und auf der Straße können das Vertrauen zerstören:

- Da sind die vielen unterschiedlichen *Ängste* von Kindern.[20] Sie finden ihre Nahrung in Alltagserlebnissen, in unerwarteten Unglücksfällen und krisenhaften Auseinandersetzungen. Sie werden auch durch Träume und Phantasien gefördert. Die Angst ist der dunkle Begleiter vieler Kinder. Im Gegensatz zu den meisten Erwachsenen haben Kinder keine Schwierigkeiten, ihre Ängste auch auszudrücken und darüber zu sprechen. Es sei aber nicht übersehen, dass es auch schon Kinder gibt mit schweren Angstfixierungen.[21] Kinder, die die Angst stumm gemacht hat und denen kindliche Lebensfreude und -vitalität auf eine signifikante Weise fehlen, bedürfen spezifischer therapeutischer Behandlung.
- Da sind die *Mangelerfahrungen* in einer Familie. Das Vertrauen wird stark eingeschränkt, wenn Kinder keine Geborgenheit mehr erleben, weil ihr Zuhause es ihnen nicht bieten kann. Nicht jeder Elternkonflikt und nicht jede heftige Auseinandersetzung zerstören die Seele des Kindes. Aber die Erfahrungen von dauerhaftem Mangel an Liebe und Geborgenheit können das bewirken. Ein Kind kann zum Opfer zerbrochener Familienverhältnisse dann werden, wenn es zu spüren bekommt: Ich bin hier unerwünscht und fehl am Platz.[22]

18 Zur Kinderseelsorge sei an Literatur genannt: Doyé, Götz: Kinderseelsorge, in: Becker, Ingeborg u.a. (Hg.): Handbuch der Seelsorge, Berlin 1983, 241–251; Riess, Richard/ Fiedler, Kirsten (Hg.): Die verletzlichen Jahre. Handbuch zur Beratung und Seelsorge an Kindern und Jugendlichen, Gütersloh 1993; Dieterich, Michael (Hg.): Praxisbuch Seelsorge mit Kindern, Neuhausen-Stuttgart 1994; Städtler-Mach, Barbara: Kinderseelsorge, Göttingen 2004
19 Erikson, Erik H.: Identität und Lebenszyklus, Frankfurt ⁴1977, 62f
20 Vgl.: Scharfenberg, Joachim: Hier haben Wölfe keinen Zutritt. Angst und Hemmungen bei Kindern und Jugendlichen, in: Riess/Fiedler (Hg.), a.a.O., 209–227
21 Vgl.: Petri, Horst: Kinderängste in unserer Zeit, in: Rohde-Dachser, Christa (Hg.): Zerstörter Spiegel. Psychoanalytische Zeitdiagnosen, Göttingen 1990, 87–106; ders.: Lieblose Zeiten, Göttingen 1996, 34ff
22 Die Zusammenhänge sind „klassisch" beschrieben bei: Richter, Horst Eberhard: Eltern, Kind, Neurose, Reinbek 1972, 89ff, 197ff; darüber hinaus vgl. die o.a. neuere familientherapeutische Literatur.

- Da sind schwere *Krankheitserlebnisse.* Sie finden sich in zahlreichen Kindheits-biographien. Sie können Quelle von neuer Geborgenheitserfahrung werden, weil in diesen Zeiten Kinder oft erhöhte Aufmerksamkeit und Zuwendung er-langen. Aber wenn das Leiden sehr schlimm wird, wenn ein Krankenhausauf-enthalt nötig ist, wenn die Krankheit gar lebensbedrohlich wird – dann wach-sen auch die Ängste, die unbewusst die Frage zum Ausdruck bringen: Wie verlässlich ist die Welt, in der ich lebe?[23]
- Da sind die *sozialen* Probleme, an denen Kinder teilhaben. Armut spüren zuerst die Kinder. Sie haben nicht ohne weiteres die Möglichkeit, dem Dunstkreis der Armut zu entfliehen, und sie tragen – z.B. in der Schule – am deutlichsten das Stigma der Armut oder auch der Asozialität.[24]

Mit diesen Problemandeutungen soll hingewiesen werden auf das, worauf hin Kinder seelsorgerlicher Zuwendung bedürfen. Was brauchen Kinder in der Seel-sorge?

Grundsätzlich wichtig und vielleicht die wichtigste Form indirekter Seelsorge wäre es, wenn Kinder die Gemeinde bzw. die jeweilige Gruppe, der sie zugehö-ren, als ausgesprochen *kinderfreundliche Welt,* als Ort der Geborgenheit erleben, an dem sie willkommen sind. In diesem Sinne könnte Gemeinde sich selbst verste-hen als „Kontrastgesellschaft"[25] zu einer wenn nicht kinderfeindlichen, so doch kinderfremden Welt.

Das *seelsorgerliche Verhalten* zu Kindern sollte von folgenden Faktoren geprägt sein:

- Kinder wollen *ernst genommen* werden – als eigenständige Personen, die sie sind. Sie sind nicht „kleine Erwachsene", sondern Persönlichkeiten mit eigener Würde und einem eigenen Erfahrungshorizont. Dazu ist es gut, weder der Mystifizierung der Kindheit zu erliegen – als wären alle Kinder Engel – noch den klassischen Klischees über „die Kinder von heute"[26] aufzusitzen.
- Kindern gegenüber sollte man immer *ehrlich* sein. Sie sind es auch. Dazu ge-hört, nichts zu versprechen, was man nicht halten kann oder was nicht zu ha-

---

23 Zur Seelsorge an kranken Kindern sei hingewiesen auf: Stange, Otto: Zu den Kin-dern gehen. Seelsorge im Kinderkrankenhaus, München 1992; Bobzin, Dorothea: Das behalt ich mir. Begegnungen mit Kindern im Kran-kenhaus, Hannover 1993; Städtler-Mach, Bar-bara: Seelsorge mit Kindern. Erfahrungen im Krankenhaus, Göttingen 1998
24 Zur Situation der Kinder in der moder-nen Gesellschaft unter Berücksichtigung auch der sozialen Komponente vgl. u.a.: Kirchen-amt der EKD: Aufwachsen in schwieriger Zeit. Kinder in Gemeinde und Gesellschaft, Güters-loh 1995 (darin besonders den Beitrag von

Christa Berg, 128ff); vgl. auch Petri, Lieblose Zeiten, 17ff
25 So lautet eine viel zitierte ekklesiologi-sche Formulierung des katholischen Neutesta-mentlers Gerhard Lohfink, vgl. dazu: Zuleh-ner, Paul M.: Pastoraltheologie, Bd. 2, Düssel-dorf 1989, 56ff; vgl. auch Städtler-Mach, a.a.O., 136ff
26 Eine Sammlung von gängigen ‚Gewiss-heiten' über Kinder heute, die sich schnell als Vorurteile erweisen, bei: Kromer, Ingrid/ Novy, Katharina: Vielfalt von Kindheit heute, in: Krieger/ Sieberer (Hg.), a.a.O., 16–45

ben ist.[27] Wenn Kinder spüren, dass jemand zu ihnen steht, dann darf ihnen auch ein kritisches Wort zugemutet werden.

• Kinder seelsorgerlich zu begleiten heißt: für sie *Zeit zu haben* und sie nicht warten zu lassen. Sie spüren die Flüchtigkeit eines Erwachsenen. Es ist wichtig, ihnen wirklich zuzuhören und nicht den Eindruck zu verstärken, die Erwachsenen wüssten ohnehin schon alles, was Kinder bewegt. Oft ist eine praktische und konkrete Hilfe nicht nötig und auch nicht möglich. Aber wenn die Kinder das Gefühl haben: Hier ist ein Ort an dem ich gehört werde und wo ich geliebt bin – dann hilft ihnen dies, das Vertrauen zu gewinnen, das sie zum Leben brauchen.

• Zur Seelsorge an Kindern gehört dann selbstverständlich auch der intensive und einfühlsame *Kontakt mit ihren Eltern*. Denn oft liegen die Schwierigkeiten, die Kinder haben, im familiären Bereich. Dabei sollte es nicht so sein, dass den Eltern hinterbracht wird, was die Kinder gesagt haben. Auch gegenüber Kindern gilt selbstverständlich das Prinzip der unbedingten Vertraulichkeit in der Seelsorge. Aber zum Verstehen der gegenseitigen Situation wird das Elterngespräch unerlässlich sein. Und vielleicht kann Seelsorge dazu verhelfen, eingeschliffene familiäre Muster zu korrigieren.

9.1.3. Jugendliche und junge Erwachsene

In fast jedem Pfarramt spielt die Begegnung mit der Jugend eine herausragende Rolle. Das gilt auch dann, wenn eine Gemeinde in der glücklichen Lage sein sollte, einen eigenen Jugendarbeiter zu haben, oder wenn die Einbindung in die ephorale Jugendarbeit gut funktioniert. Die Gemeindearbeit ist immer auch Arbeit an und mit Jugendlichen. Und die Seelsorge wiederum sollte eine Dimension von kirchlicher Jugendarbeit sein.[28] In der Jugendphase verstärkt sich das Bedürfnis nach intensiven persönlichen Gesprächen deutlich. In keiner Phase des Lebens ist der Wunsch nach einem persönlichen Kontakt so ausgeprägt wie in dieser.

Unter der „Jugend" verstehen wir die Jugendlichen im engeren Sinne (13–18 Jahre), die „Heranwachsenden" (18–21 Jahre) und die „jungen Erwachsenen" (21–30 Jahre). Für die letzte Phase hat sich heute der Begriff der „Post-Adoleszenz" durchgesetzt. Man spricht auch von einer „Mündigkeit ohne wirtschaftliche Grundlage".[29] Das immer weitere Hinausschieben der Jugendphase ist charakteristisch für industriestaatliche Verhältnisse vor allem infolge der längeren Ausbildungszeit.

---

27 Vgl. Städler-Mach, a.a.O., 84

28 Vgl. neben dem Handbuch „Die verletzlichen Jahre" mit verschiedenen Beiträgen zur Jugendseelsorge: Haustein, Manfred: Jugendseelsorge, in: Becker, Ingeborg u.a. (Hg.), a.a.O., 253–271; so wie das große Werk von Werner Jentsch: Handbuch der Jugendseelsorge, 4 Bde., Gütersloh 1968–1976

29 Schäfers, Bernhard: Soziologie des Jugendalters, Opladen ⁴1998. 22f

Grundanforderung des Jugendalters ist die Herausbildung einer *persönlichen Identität*[30], also die Aufgabe, einen eigenen unabhängigen Status zu gewinnen, das notwendige Selbstvertrauen zu erlangen und eine Grundorientierung für den künftigen Weg zu erwerben. Das gilt für alle Bereiche des Lebens, für die körperliche Gestalt, für die sexuelle Reifung, für das Beziehungsverhalten zu Menschen des gleichen und des anderen Geschlechts, für den Erwerb angemessener Bildung, für die Schaffung der Voraussetzung für eine berufliche Existenz und nicht zuletzt für die Herausbildung des eigenen Glaubens und seiner entsprechenden Gestaltung. Wenn man es ganz einfach will, dann kann man sagen: Der heranwachsende Mensch habe in dieser Phase zwei fundamentale Daseinsprobleme zu bewältigen: das der Autorität und das der Intimität.[31] Erst wenn er damit zu Rande gekommen ist, wenn die Beziehung zu den Eltern neu definiert ist und die Fähigkeit gewonnen wurde, sich einem anderen Menschen ohne Furcht vor Selbstverlust hin zu geben, ist der junge Mensch in der Lage, eine verantwortliche Lebenspartnerschaft einzugehen. Hinsichtlich des Identitätsbegriffs ergibt sich heute gerade gegenüber Jugendlichen die schon oben angesprochene Erosion eines Identitätsideals.[32] Das betrifft vor allem die Frage der Selbstkohärenz. Die Selbstwerdung des jungen Menschen könnte gerade darin bestehen, die „Vielfalt des Selbst möglichst unreduziert zum Ausdruck zu bringen"[33] und das könnte bedeuten: mit sehr unterschiedlichen Formen der Selbstäußerung, der kulturellen Praxis und der alltäglichen Lebensgestaltung zu existieren. Für die religiösen Aspekte der Persönlichkeitsentfaltung bedeutet dieses modifizierte Identitätsverständnis, dass es nun schwerer wird, „von einem bestimmten geistigen (religiösen, moralischen, weltanschaulichen) Zentrum her zu leben".[34]

Von der gesellschaftlichen (auch der kirchlichen) Umwelt Jugendlicher her ergeben sich viele *Reibungspunkte*: Der junge Mensch ist skeptisch gegenüber den *institutionalisierten* Lebensformen der Gesellschaft. Er kommt in eine Welt, an deren Gestaltung er keinen Anteil hatte. Viele Jugendliche weichen in Subkulturen aus, die ihnen bessere Selbstgestaltungsmöglichkeiten zu bieten scheinen.[35] Oft sehen sie überscharf die Schwachstellen der traditionellen Institutionen und sind hellwach für soziale Ungerechtigkeit, für ökologisches Risikoverhalten und moralische Unglaubwürdigkeit. Belastend wird der *Leistungsdruck* erlebt, der sich heute angesichts einer schwierigen Arbeitsmarktsituation immer mehr verstärkt. Leis-

---

30 Vgl. Erikson, a.a.O., 106ff
31 So hat es der holländische Pionier der Seelsorgebewegung, Wybe Zijlstra, in seinen Kursen gern ausgedrückt.
32 Vgl. dazu oben Kap. 8.1.2. Man spricht gerade im Blick auf das Jugendalter von „Patchworkidentität" bzw. auch „Patchworkjugend" – vgl.: Ferchhoff, Wilfried: Jugend an der Wende vom 20. Jahrhundert zum 21. Jahrhundert. Lebensformen und Lebensstile, Opladen 1993, 107ff, bes. 137ff; ders./ Neubauer, Georg: Patchwork-Jugend. Eine Ein-

führung in postmoderne Sichtweisen, Opladen 1997, bes. 115ff
33 Helsper, Werner: Das imaginäre Selbst der Adoleszenz. Der Jugendliche zwischen Selbstentfaltung und dem Ende des Selbst, in: Helsper, Werner (Hg.): Jugend zwischen Moderne und Postmoderne, Opladen 1991, 73–94, 90
34 Schäfers, a.a.O., 98f
35 Vgl. Ferchhoff, Jugend an der Wende vom 20. Jahrhundert ..., a.a.O., 143ff

tungserfahrungen sind wichtig für die Entwicklung jeder Persönlichkeit. Oft aber wissen junge Menschen gar nicht, warum sie etwas leisten sollen. Perspektivlosigkeit wirkt demotivierend. Dafür wächst dann bei vielen die Angst, „es" nicht zu schaffen und am Ende ungesichert dazustehen. Problematisch wird es, wenn Leistung und Wert einer Person nicht mehr deutlich unterschieden werden. Da wächst die Sehnsucht nach Menschen, die einen jungen Menschen unabhängig von den von ihm erbrachten Leistungen als Persönlichkeit wertschätzen können und ihm etwas zutrauen.

9.1.3.1. Seelsorgerliche Einstellung

Wer als Seelsorgerin oder Seelsorger wirklich hilfreich mit jungen Menschen sprechen will, muss um deren besondere *Sensibilität* wissen. Was Jugendliche in der Regel am wenigsten ertragen können, sind z.B. alle Formen wohlwollend mitleidiger Herablassung; sie haben ein sicheres Gespür dafür, ob persönliche Zuwendung echt oder vorgetäuscht ist. Ebenso wenig können sie alle Formen von *Reglementierung oder Disziplinierung* tolerieren, deren unbedingte Notwendigkeit sie gar nicht einsehen. Auf dem Weg zur Freiheit und Autonomie wirkt jedes „Gesetz", das von außen kommt, störend und einengend. Und Jugendliche sind empfindlich gegen *zu viel und zu scharfe Kritik.* Oft wird sie seismographisch genau wahrgenommen; das noch ungefestigte Selbstvertrauen kann schnell verletzt werden. Die seelsorgliche Lösung kann nicht generell Verzicht auf Kritik sein; aber wer mit jungen Menschen umgeht, muss wissen, was er ihnen zumuten will und zumuten muss. Reines Schonverhalten kann auch eine Form von Missachtung sein.

Was Jugendliche wirklich und vor allem brauchen sind Menschen, die sie *ernst nehmen.* Sie können älter sein, sie können auch geprägte Überzeugungen vertreten, aber sie müssen ein Herz für die Jugendlichen haben und sie als gleichwertige Persönlichkeit akzeptieren. Vor allem sollten sie unvoreingenommen dazu bereit sein, ihre jugendlichen Partner wirklich verstehen zu wollen. Was Eduard Spranger vor mehr als einem halben Jahrhundert und auf dem Hintergrund einer idealistischen Anthropologie schrieb, hat heute unverändert Gültigkeit: „In keinem Lebensalter hat der Mensch ein so starkes Bedürfnis nach Verstandenwerden wie in der Jugendzeit. Es ist, als ob nur durch tieferes Verstehen dem werdenden Wesen herausgeholfen werden könnte."[36] Verstehen wird verhindert durch schablonenhaftes Denken, durch ideologische Voreingenommenheit, durch verfestigte Vorurteilseinstellung und auch durch eine scheinseelsorgliche Überbemühtheit. Wer Jugendseelsorge treiben will, muss in besonderer Weise zu kritischer Selbstwahrnehmung in der Lage sein. Denn junge Menschen fordern von Seelsorgerinnen und Seelsorgern, dass sie echt und authentisch seien und in ihrem

---

[36] Spranger, Eduard: Psychologie des Jugendalters, Leipzig [18]1945, 1

Denken und Urteilen über ausreichende Flexibilität verfügen. Wenn diese Voraussetzungen gegeben sind, dann kann man den Jugendlichen auch etwas zumuten und sie zu Auseinandersetzung herausfordern.

Es wird wichtig sein für die Seelsorge mit Jugendlichen, nach Formen zu suchen, die ihnen wirklich entsprechen. Oft ergeben sich die wichtigsten Gespräche in kommunikativen Zusammenhängen (z.B. bei Rüstzeiten). Da hat ein junger Mensch die Pfarrerin oder den Pfarrer schon erlebt und vielleicht Vertrauen gefasst. Das macht Mut, sie anzusprechen und sich ansprechen zu lassen. Oft erwarten Jugendliche geradezu die Initiative des Älteren. Aber es wird wichtig sein, dass solche Initiativen nichts Drängendes an sich haben und die Freiheit des jugendlichen Partners nicht angetastet wird.

9.1.3.2. Seelsorgerliche Themen

Exemplarisch seien ein paar Themen genannt, die im seelsorgerlichen Gespräch mit Jugendlichen eine Rolle spielen dürften:

• *Selbstwerdung und Ablösung von den Eltern.* Oft wird der notwendige Ablöseprozess als widersprüchlich erfahren: Es ist einerseits schwer, sich von zu Hause zu lösen, und andererseits ist das Bedürfnis nach Selbständigkeit groß. Nicht selten entspricht dem auch das Verhalten der Eltern, die immer wieder zwischen Festhalten und Loslassen schwanken. Der Ablösungsprozess kann sehr konflikthaft verlaufen, und er kann auch sehr befreiend wirken.[37] Seelsorge kann im notwendigen Ablösungsprozess zur Ausbalancierung helfen. Dabei ist es wichtig, die Akzeptation des jungen Menschen nicht mit einer Parteinahme für oder gegen seine Eltern zu verknüpfen. Ziel des Selbstwerdungsprozesses wäre es, dass Jugendliche „ihren eigenen Stil"[38] finden und dass das Verhältnis zu den eigenen Eltern einen neuen partnerschaftlichen Beziehungsstatus erreicht.

• *Erfahrungen mit Freundschaft und Liebe.* Jugendliche werden sicher gerade bei diesem Themenfeld gegenüber einem älteren seelsorgerlichen Gesprächspartner zur Zurückhaltung neigen. Manchmal ergibt sich im Schutz der Jugendgruppe eher ein Gespräch, das durchaus auch existenzielle Tiefen erreichen kann. Indirekt wird von der Seelsorge ein Stück Orientierung erwartet. Das Erleben der eigenen Sexualität und zugleich der ganzen Kompliziertheit einer freundschaftlichen Beziehung lässt die Fragen nach angemessenem Umgang miteinander wach werden. Gefragt ist jenseits von moralischer Gesetzlichkeit und indifferenter Libertinage ein Ethos der Verantwortlichkeit. Je tiefer eine Beziehung geht, umso mehr wächst der Grad der Verbindlichkeit. Eigeninteres-

---

37 Vgl.: Schneider, Barbara: „Gehen lassen" – Zur Ablösung von Eltern und Kindern, in: Janowski, Gudrun/ Miethner, Reinhard (Hg.): Lebendige Systeme, Seminar für Seelsorge, Frankfurt a.M. 1997, 110–122; zum Ablöse- prozess (besonders aus Elternsicht) vgl. auch: Kast, Verena: Loslassen und sich selber finden. Die Ablösung von den Kindern, Freiburg i.Br. ²1991

38 Schneider, a.a.O., 116ff

sen können nun nicht mehr ohne Rücksicht auf die des anderen verfolgt werden. Es ist gerade in diesem Zusammenhang wichtig, dass ich mich als Seelsorgerin oder Seelsorger auf die spezifische Situation eines jungen Menschen einlasse, um mit ihm seine Lösungsmöglichkeiten durchzusprechen.

• Zur Seelsorge im Umkreis von Freundschaft und Liebe gehört auch die *Selbstwertproblematik* jugendlicher Menschen.[39] In Beziehungserlebnissen erfahren sich junge Menschen oft als liebenswert oder eben nicht. Es ist ganz wichtig, darüber sprechen zu können, was das Selbstwertgefühl beeinträchtigt: körperliche Unzulänglichkeit, bestimmte Verhaltenseigentümlichkeiten (etwa eine starke Gehemmtheit), intellektuelle Unterlegenheit u.a. Oft hilft es schon, den „wunden Punkt" der eigenen Selbsteinschätzung benennen und konkretisieren zu können. Der Weg zu einem gestärkten, nicht zuletzt auch durch den Glauben begründeten Selbstbewusstsein kann eine durchaus realistische Perspektive solcher seelsorgerlichen Gespräche sein.

• *Arbeit und Beruf.* Dieser Themenkreis hat heute natürlich eine besondere Bedeutung. Es geht zuweilen darum, mit einem an sich ungeliebten Beruf zurecht zu kommen, häufiger jedoch ist das Ziel, überhaupt eine angemessene Berufsperspektive zu erlangen. Als Seelsorger ist man hier meist recht hilflos. Man kann keine Arbeits- und Ausbildungsplätze vermitteln. Und das wäre nun einmal die wirksamste Hilfe. Seelsorge braucht den Hintergrund eines sozialethischen Engagements der Kirchen für gerechtere Strukturen bei der Verteilung von Arbeit und Einkommen. Sie ist aber gerade als Seelsorge sinnvoll und notwendig, weil die äußere Situation zu inneren Schäden führen kann. Seelsorge kann helfen, dass für die Jugendlichen die strukturbedingten Probleme nicht zu einer schwer wiegenden Beeinträchtigung ihrer Persönlichkeitsentwicklung führen. Es wäre gefährlich, sich zu rasch dem Anpassungsdruck des Marktes zu beugen. Zunächst muss die Gelegenheit gegeben werden, dass die Jugendlichen gerade im Blick auf die beruflichen Fragen für sich selbst Klarheit gewinnen und sich fragen: Was will ich? Was kann ich? Was passt zu mir? Es ist wichtig, erst einmal dazu zu stehen und dann nach etwaigen Realisierungsmöglichkeiten Ausschau zu halten. Es sollte aber nicht versucht werden, in irgendeiner Weise die unbefriedigende Berufssituation oder gar die Arbeitslosigkeit zu verharmlosen. Seelsorge kommt hier an eine Grenze, und es ist wichtig, sich das als Seelsorger auch immer wieder bewusst zu machen (vor allem in den Fällen, wo man selbst beruflich gut abgesichert ist!). Seelsorge wird umso wirksamer sein, als Jugendliche beim Pfarrer Solidarität und Bereitschaft zu sozialpolitischem Engagement spüren. Auch und vielleicht gerade so gilt es mit den Jugendlichen nach Lebenschancen und Hoffnungsfeldern zu suchen.[40]

---

39 Vgl. dazu besonders: Klessmann, Michael: Dass ich wirklich etwas wert bin. Jugendliche auf der Suche nach Identität und Selbstwert, in: Riess/ Fiedler (Hg.), a.a.O., 487–499

40 Vgl.: Schibilsky, Michael: Eine Kiste aus Holz voll Gottvertrauen. Probleme und Projekte im Zusammenhang von Jugendarbeitslosigkeit und kirchlicher Seelsorge, in: Riess/ Fiedler (Hg.), a.a.O., 399–417

• *Glauben und Christsein.* In wenigen Phasen des Lebens sind Menschen so aufgeschlossen für Grundfragen des Daseins und des Glaubens wie im Jugendalter. Das schließt natürlich auch eine gewisse Empfänglichkeit für rigide Formen weltanschaulicher Positionalität ein.[41] Das Gespräch über Fragen des Glaubens kann über verschiedene Ebenen geführt werden: auf der kognitiven (Wie ist das mit Gott? u.s.w.), auf der emotional-personalen (Wer bin ich, wo gehöre ich hin und was ist mein Ziel?) und auf der pragmatischen Ebene (Wie finde ich zur eigenen Gestaltung meines Glaubens?). Seelsorge heißt hier, sich mit den jungen Leuten auf den Weg zu machen und die ihnen gemäßen Antworten und Formen des Glaubens zu suchen. Überlieferte Weisen und gewachsene Traditionen des Christseins können hilfreich sein. Aber sie können auch den Weg zum Glauben verstellen. Selbst Gefundenes und aus eigenem Erleben Gestaltetes hat stets einen besonderen Wert.

9.1.4. Mittleres Lebensalter

Der langen Lebensphase zwischen Jugend und Alter wird im Gemeindeleben und in der Seelsorge verhältnismäßig wenig Aufmerksamkeit geschenkt, jedenfalls was die alterstypischen Problemlagen angeht. Erwachsene zwischen 35 und 55 müssen einfach „funktionieren". Erikson schreibt dem Erwachsenen die Persönlichkeitsaufgabe der „Generativität"[42] zu. Das darf keinesfalls in einem engen Sinn verstanden werden, so als wäre Elternschaft die einzige und entscheidende Daseinserfüllung des erwachsenen Menschen. Entscheidend sind die Bereitschaft zu leben und etwas weiterzugeben, was anderen – vor allem Jüngeren – zum Leben hilft. In unserer Gesellschaft steigt die Zahl derer, die sich aus sehr unterschiedlichen Gründen dazu entschlossen haben, allein zu leben, ohne festen Partner und ohne Familie. Es ist dies zunächst als eine variierende Lebensform und nicht von vornherein als Mangelsituation zu verstehen, auch wenn es natürlich nach wie vor eine schicksalhafte, nicht frei gewählte Form des Alleinseins gibt.[43] Den auf dieser Lebensstufe anzustrebenden Persönlichkeitswert nennt Erikson „Fürsorge"; darin schwingt bei ihm mehr als das, was wir hier gewöhnlich assoziieren, nämlich: Sorge tragen (to take care of), Sorgfältig sein (to be careful) und Sich kümmern (to care for).[44] Fürsorglich sein kann nur, wer zur Liebe fähig und bereit ist, worum es vor allem auf der vorangehenden Lebensstufe gegangen war.

41 Vgl. dazu das Themenheft „Jugend und Okkultismus" mit Beiträgen von Wolf-Dietrich Bukow, Mario Erdheim, Werner Helsper, Günther Klosinski und Heinz Streib: WzM 46, 1994, Heft 4

42 Erikson, a.a.O., 117f

43 Sehr differenziert wird die Situation Alleinlebender dargestellt bei: Liebau, Irmhild: Alleinstehende. Probleme – Chancen – Seel-sorgerliche Begleitung, Göttingen 1994; unterschiedliche Typen von „singles" benennen: Rosenmayr, Leopold/ Kolland, Franz: Mein „Sinn" ist nicht dein „Sinn". Verbindlichkeit oder Vielfalt – Mehrere Wege im Singletum, in: Beck, Ulrich (Hg.): Kinder der Freiheit, Frankfurt a.M. 1997, 256–287, 270ff

44 Erikson, Erik H.: Der vollständige Lebenszyklus, Frankfurt 1988, 74

Das mittlere Lebensalter ist jener Lebensabschnitt, der in besonderer Weise bestimmt ist durch Aktivität und Leistung, das bedeutet konkret: durch berufliche Arbeit und Erziehung der Nachkommenschaft, durch selbständige Lebensgestaltung und bewusste Vorsorge, durch Mitwirkung in Gemeinwesen (inklusive Kirchengemeinden) und Gremien, durch Fürsorge für diejenigen, die auf Hilfe angewiesen sind. Der Mensch ist auf der Höhe seines Lebens und seiner Kraft und zugleich geraten jetzt die Grenzen seiner Möglichkeiten und auch die Grenze seines Daseins in den Blickpunkt. Man muss da nicht gleich jedem Erwachsenen über 40 eine „midlife crisis" zuschreiben oder androhen. Globale Diagnosen verfehlen oft die Wirklichkeit der Person. Aber das ist schon wahr: Punktuelle *Krisenerfahrungen*[45] können jetzt auftreten, z.B.:

- als eine *biologische Krise*: Sie kann hervorgerufen werden durch Veränderung im körperlichen Bereich infolge des Nachlassens der Produktion von Sexualhormonen; dabei muss gesagt werden, dass sowohl Frauen wie auch Männer das so genannte „Klimakterium" sehr unterschiedlich erleben. In jedem Falle werden physische Leistungsgrenzen spürbar. Ob das zu krisenhaftem Selbsterleben führt, hängt von der Stärke der Symptome und meistens in viel stärkerem Maße von den Selbstansprüchen der Individuen ab.
- als *Beziehungskrise:* Das mag bei Ehepaaren so sein, wenn die Kinder das Haus verlassen haben und bestimmte Probleme der Partnerschaft, die schon immer bestanden haben, nun deutlicher wirksam werden. Oft gerät das Familiengleichgewicht durcheinander, weil die Frau ihre Lebensgestaltungsbedürfnisse energischer ins Spiel bringt. Viele Männer kommen damit nicht zurecht. Manche Ehe gerät nicht nur in die Krise, sondern an ihr Ende.[46] Das kann auch dort geschehen, wo ein Partner oder beide die Beziehung nach einem problematischen Selbstverwirklichungsprinzip gestalten wollen. Jetzt einmal auf „Ego-Trip" zu gehen, ist zu einer beliebten Maxime geworden. Nicht nur eine Ehe, auch Lebenspartnerschaften und Freundschaften unterschiedlichster Art können darüber in die Krise geraten. Es muss sich nun zeigen, ob sie wirklich tragen oder ob das Fundament, auf dem sie ruhen, zu locker ist. Diejenigen Paare – auch die nicht verheirateten – sind gut beraten, die in der krisenhaften Situation Gesprächspartner außerhalb ihres „Systems" suchen.
- als *Berufskrise:* Sie kann eine sehr unterschiedliche Ausprägung erhalten. Manchmal sind sie durch persönliche Grenzerfahrungen bedingt („Ich bin nicht sicher, ob ich den neuen Anforderungen wirklich noch gewachsen bin"; „Oft wird es mir einfach zu viel!"), manchmal durch Konkurrenzerfahrung („Sind die Jüngeren am Ende besser, effizienter, schneller?") und ein anderes Mal durch Strukturveränderung (Entlassung wegen „Verschlankung" der Produktion, wegen Rationalisierungsmaßnahmen oder Einsparungsvorhaben).

---

45 Vgl.: Brocher, Tobias: Stufen des Lebens, Stuttgart 1977, 103ff
46 Vgl.: Jaeggi, Elisabeth/ Hollstein, Walter: Wenn Ehen älter werden. Liebe, Krise, Neu-beginn, München 1985; Müller, Stephan E.: Krisen-Ethik der Ehe. Versöhnung in der Lebensmitte, Würzburg 1997

Für den Einzelnen sind die unterschiedlichen Erfahrungsbereiche nicht auseinander zu halten. Im Falle der Arbeitslosigkeit sind viele geneigt, zuerst die eigenen Unzulänglichkeiten in Anschlag zu bringen. Hermann Steinkamp hat die sozialen und psychischen Folgen von Arbeitslosigkeit eindrucksvoll beschrieben[47]: Hilflosigkeit, weil die Kontrolle über die eigenen Lebensbedingungen zu entgleiten droht; Entstrukturierung der Tagesabläufe; Abnahme des Selbstvertrauens; Labilisierung und Depression; Schuldvorwürfe. Oft spüren die Familienangehörigen noch viel deutlicher die Folgen. Wie schon oben gesagt wurde, kann die Seelsorge gerade in diesen Fragen oft nur sehr beschränkt wirken. Wichtig wäre eine Kontakthilfe für die Betroffenen, um der gefährlichen Tendenz zur Isolierung entgegenzuwirken. In der begleitenden Seelsorge wird besonders auf die Differenzierung von Leistung und Wert aufmerksam zu machen sein.

• als *Selbstwertkrise*, die auch als *Sinnkrise* erlebt werden kann: Wer bin ich? Wo gehe ich hin? Wofür lebe ich? Verena Kast hat die Erzählung von Sisyphos als den „Mythos der Vierzigjährigen"[48] beschrieben. Das leuchtet ein: immer die gleiche Anstrengung und nie, so scheint es, wird das Ziel erreicht. Sisyphos symbolisiert beides: die Kraft, die Vitalität und die Vergeblichkeit, die Enttäuschung.

Welche generellen *Perspektiven* können Seelsorgerinnen und Seelsorger in den Blick nehmen, wenn sie mit Einzelnen zu diesen Fragen ins Gespräch kommen möchten? In Anlehnung an das genannte Buch von Verena Kast seien folgende Punkte genannt:

• Bejahung der *Selbstverantwortlichkeit*: Ich bin nicht für alles verantwortlich, was geschieht, aber dafür, wie ich unter den Bedingungen der Realität zu handeln und zu leben versuche. Vor allem kann ich nun nicht mehr andere, z.B. die Eltern, dafür verantwortlich machen, dass ich so bin, wie ich bin.

• Annahme der eigenen *Grenzen*: Dabei geht es auch um die Anerkennung der Grenzen meiner Fürsorglichkeit. Ich bleibe anderen etwas schuldig; ich bin außerstande die in mich gesetzten Erwartungen alle zu erfüllen. Der Blick auf andere: auf die eigenen Kinder oder Eltern, auf Freunde und Mitstreiter, schließlich auf alle, die etwas von mir erhoffen, lässt oft den Schmerz der eigenen Endlichkeit spüren. Es gilt ihn auszuhalten, wenn ich getan habe, was ich vermag.

• Bereitschaft zur *Klärung von lange Ungelöstem*: Das kann für den beruflichen Bereich gelten (z.B. durch Veränderung der Aufgabenverteilung); oder für den Beziehungsbereich (z.B. durch Klärung der Erwartungen aneinander). Das kann ein seit Jahren schwebendes Problem betreffen (z.B. eine belastende

47 Steinkamp, Hermann: Deformationen durch Arbeitslosigkeit, in: ders.: Solidarität und Parteilichkeit, Mainz 1994, 110–125, 107ff; ders.: Leiden an der Arbeitslosigkeit – Pastoralpsychologische Aspekte, in: Steinhäuser, Martin/ Ziemer, Jürgen (Hg.): Leben mit Arbeitslosigkeit, Leipzig 1995, 21–37

48 Kast, Verena: Sisyphos. Der alte Stein – der neue Weg, in: dies.: Glückskinder, Zürich 1993, 225–340, 314ff

Schuld). Das kann sich aber auch im Blick auf das Verhältnis zu Glauben und Kirche als notwendig erweisen: Es wird Zeit zu sagen, wo ich hingehöre und hingehören will.

- Initiative zu *Neuanfängen*: Eine Ehe kann noch einmal mit neuem Leben erfüllt werden; man kann sich entscheiden für einen neuen Arbeitsstil. Vielleicht ist jetzt auch die Zeit für ein neues ehrenamtliches Engagement, das zur Sinnerfüllung helfen kann; oft sind es äußere Veränderungen (z.B. Umzug in eine neue Wohnung), die zu einem neuen Start helfen können. Dazu gehört auch, die Verantwortung füreinander neu zu entdecken.

- Entscheidung für etwas mehr *Selbstsorge*: Man muss nicht gleich zum Egozentriker werden; aber sich etwas mehr Zeit zu nehmen, um für den eigenen Körper und die eigene Seele zu sorgen, um die verdrängten Fragen an sich heranzulassen. Wichtig ist jetzt: Vertiefung, Verinnerlichung, vielleicht auch die Suche nach einer neuen religiösen Praxis.

Fazit: Sisyphos kann etwas bewegen, aber er kann den Berg nicht versetzen. Es kommt darauf an, das eine zu tun und an dem anderen nicht zu verzweifeln. Vielleicht ist das viel missdeutete und schwer zu verstehenden Jesuswort in diesem Sinne eine Hilfe: „So auch ihr! Wenn ihr alles getan habt, was euch befohlen ist, so sprecht: Wir sind unnütze Knechte; wir haben getan, was wir zu tun schuldig waren" (Lk 17,10).

9.1.5. **Der alte Mensch**

Seelsorge in der Gemeinde ist zu einem nicht geringen Teil auch Seelsorge an und mit alten Menschen: Altenkreise, Besuche zu den Geburtstagen und Jubiläen, Begegnungen in Einrichtungen der Altenpflege, Hausbesuche bei denen, die nur selten noch aus dem Haus können. In vielen Gemeindeveranstaltungen sind zudem ältere Menschen überrepräsentiert, und auch hier gibt es viele Gelegenheiten zum Gespräch. Alte Menschen haben mehr Zeit. Altersseelsorge ist zu einem guten Teil auch „Alltagsseelsorge"; es dominiert oft die Alltagssprache, und eine wichtige Aufgabe besteht darin, Kontakt mit Perspektive herzustellen. Das ist wichtig und die Basis dafür, dass es dann zu gegebener Zeit auch Gespräche von größerem Tiefgang geben kann.

Bei dem Thema Alter assoziieren wir oft zuerst die eher negativen Aspekte in der letzten Lebensphase[49]: nachlassende Kräfte, Krankheiten, Hilfsbedürftigkeit. Hinzu kommt unter sozialpolitischem Gesichtspunkt die häufige Rede vom dro-

---

49 „Alter als Störfall" – zu den alten und neuen Alterstereotypien vgl.: Bierlein, Karl Heinz: Krisen und Identität im Alter, in: Stollberg, Dietrich u.a. (Hg.): Identität im Wandel in Kirche und Gesellschaft, Göttingen 1998, 100–109, 100f; zum Gesamtthema vgl.: ders.: Lebensbilanz. Krisen des Älterwerdens meistern – kreativ auf das Leben zurückblicken – Zukunftspotenziale ausschöpfen, München 1994; Rosenmayr, Leopold: Altern im Lebenslauf, Göttingen 1996; Lehr, Ursula: Psychologie des Alterns, Wiebelsheim, [10]2003

henden Rentnerüberhang, der die soziale Sicherheit gefährde. In der gerontologischen Literatur hat inzwischen ein Gegentrend eingesetzt: Die Rede ist nun von den „jungen Alten", bei denen sich die Lebenserfahrung mit einer positiven Einstellung zu den sich jetzt eröffnenden neuen Lebensmöglichkeiten verbindet. Im Schatten bleiben da die Hochbetagten, die 80- und 90-Jährigen und Älteren. Wichtig ist in jedem Fall, eine zu einseitige Sicht des Alters zu vermeiden.

Die *Erlebnisweisen* des Alters, besonders des hohen Alters müssen nicht en detail beschrieben werden. Stichworte mögen genügen:

- im *körperlichen* Bereich: Abnahme der physischen Kräfte; Nachlassen der Regenerationsfähigkeit des Körpers, höhere Anfälligkeit für Krankheiten aller Art (oft Multimorbität);
- in *sozialer* Beziehung: Einengung des Lebenskreises, vor allem dann, wenn ein Pflegeheimaufenthalt notwendig geworden ist, und eine ständige Verringerung der Zahl vertrauter Menschen, mit denen man gelebt hat;
- *psychisch*: nachlassende Flexibilität und oft ein Verlust des Selbstwertgefühls, vor allem dann, wenn der alte Mensch nicht mehr in der Lage ist, sich in allen Dingen selbst zu versorgen. Das kann sich in zunehmender Aggressivität äußern, und auch die Suizidneigung ist bei alten Menschen, vor allem in Verbindung mit einschneidenden Krankheitserfahrungen, höher als auf anderen Lebensstufen. Dem kann positiv entgegenstehen: die Fähigkeit, sich über das Geringe zu freuen, ein Stück Gelassenheit, vielleicht auch sogar Altershumor und die erhöhte Aufmerksamkeit für die leisen Dinge.
- In *psychiatrischer* Perspektive muss besonders auf die Krankheit der Altersverwirrtheit hingewiesen werden (klinisch meist als Alzheimer Krankheit bezeichnet). Menschen, die daran erkranken, stellen eine besondere Herausforderung für sich und ihre Umwelt dar.[50]
- In *religiöser* Hinsicht wird jetzt für manche der Glaube wichtiger. Womöglich wird an die Religion der Kindheit angeknüpft.[51] In die Frömmigkeit kann sich aber auch schnell Verbitterung gegen den Gott mischen, der Pläne durchkreuzt und Hoffnungen zunichte gemacht hat. Das Gottesbild des alten Menschen hat die Farbe des gelebten Lebens – manchmal sehr eindrucksvoll, manchmal schwer vermittelbar (z.B. wenn sich bei alten Männern die Kriegserfahrungen mit ihren religiösen Auffassungen auf problematische Weise vermischen).

Im Alter sind eine Reihe besonderer *Aufgaben* zu erfüllen, die hier wiederum nur stichwortartig genannt werden können:

- Abschied zu nehmen von Gewohnheiten, von Ämtern, von Aufgaben, von Menschen und von Dingen;[52]

---

50 Vgl. dazu: Zimmermann, Mirjam und Ruben: Multidimensionalität und Identität in der Seelsorge. Zur poimenischen Herausforderung durch altersverwirrte Menschen, in: PTh 88, 1999, 404–421

51 Vgl. Bierlein, a.a.O., 108
52 Vgl.: Winkler, Klaus: Alter als Verzichtleistung? in: WzM 44, 1992, 386–395

- neue Lebensgestaltungsmöglichkeiten zu finden, vielleicht mit ganz neuen Aufgaben, neuen Ritualen, neuen Einsichten und in einer veränderten Umgebung;
- sich mit dem gelebten Leben zu versöhnen und Abstand von dem zermürbenden Wunsch zu gewinnen, das Leben möge anders gewesen sein, als es tatsächlich war;[53]
- die „letzten Dinge" in Angriff zu nehmen: das Haus zu bestellen und sich auf das zu besinnen, was trägt und was tragen hilft.

Bei der Lösung dieser Aufgaben kann Seelsorge den alten Menschen beistehen. Seelsorgerliche Präsenz bei den alten Menschen braucht Zeit und noch mehr Liebe. Als besondere *Perspektiven für die Seelsorge mit alten Menschen*[54] können folgende Aspekte genannt werden:

- *den Lebensgeschichten zuhören*[55] : Alte Menschen haben zu erzählen und jede Lebenserzählung weitet auch den Erfahrungshorizont dessen, der zuhört. Arbeit an der Lebensgeschichte scheint mir in der Altenseelsorge viel aussichtsreicher und sinnvoller zu sein als bei den Trauerfeiern. Hier geht es doch letztlich auch darum, das Leben, wie es war, mit seinen dunklen Seiten und seinen lichten Erfahrungen mit denen durchzugehen, die es selbst gelebt haben. Und das kann sehr wichtig sein, um damit als alter Mensch weiterzuleben und auch einmal sterben zu können. Es ist notwendig, Raum zu geben für die Erfahrungen, die sich in ihren Lebensgeschichten niederschlagen: für die Dankbarkeit und für den Zorn, für den Stolz und für die Enttäuschungen, für die Ängste und für die Hoffnungen.[56]
- *den Ängsten Raum geben*: Vielfältig sind die Ängste, die Menschen in ihren alten Tagen umtreiben können. Vielleicht ist es für viele die Angst vor dem Tode. Aber das muss gar nicht die Hauptangst sein. Eher geht es um das, was dem Tod vorausliegt: Angst vor der Hinfälligkeit, Angst davor, so sehr auf fremde Hilfe angewiesen zu sein, dass man sich möglicherweise ausgeliefert fühlt. Und schlimm ist es, wenn die Angst dazukommt, aus der Liebe der Menschen zu fallen, die einem die wichtigsten sind. Es hilft nicht, Ängste auszureden, aber es

---

53 Erikson, a.a.O., 118ff, nennt als Reifungsaufgabe für das Alter „Integrität gegen Verzweiflung und Ekel", und er meint damit vor allem „die Annahme seines einen und einzigen Lebenszyklus", 118
54 Zur Seelsorge an alten Menschen sei neben den schon genannten Titeln hingewiesen auf: Lücht-Steinberg, Margot: Gespräche mit älteren Menschen, Göttingen 1981; Schulz, Wilfried (Hg.): Dem Evangelium begegnen. Seelsorgerliche Begleitung alter Menschen, Berlin 1984
55 Vgl: Bierlein, Karl-Heinz: Arbeit an der

religiösen Biographie, in: WzM 48, 1996, 400–410
56 Bierlein spricht in diesem Zusammenhang von der Aufgabe der Lebensbilanz. In seiner o.a. grundlegenden Arbeit dazu entfaltet er wichtige Gesichtspunkte für eine Biographiearbeit mit alten Menschen als Lebensbilanz: ders.: Lebensbilanz, a.a.O., 59ff (Formen der Lebensbilanz); 65ff (Kriterien), 72ff (Ziele); 75ff (Verlustseite der Lebensbilanz, z.B.: das „ungelebte Leben", Begegnung mit Schuld, Suizidalität); 83ff (Gewinnseiten der Lebensbilanz:, z.B.: „Lebensbilanz ist Lebensdank")

hilft, sie auszusprechen, und mit der Seelsorgerin Ausschau zu halten nach dem, was hilft, wenn man mit den Ängsten vielleicht wieder allein ist.

- *ihre Würde schützen*: Oft fühlen sich alte Menschen besonders entwertet. Sie erscheinen immer mehr als Versorgungsfälle. Hier wird die latente Tendenz der Leistungsgesellschaft zur Ausgrenzung und Stigmatisierung des Alters deutlich spürbar. Alte Menschen dürfen sich aber nicht als „Abfall" der Gesellschaft fühlen. Es ist wichtig, ihnen aufrichtig Wertschätzung zu vermitteln. Seelsorgerin und Seelsorger sollten alte Menschen nicht aus der Defizitperspektive sehen, sondern als die, die sie einmal waren und auch noch heute sind: Menschen mit eigener Biographie und spezifischer Lebensleistung, unverwechselbar, einmalig, mit den Narben ihres gelebten Lebens.

- *zur Selbsthilfe ermutigen*: Es ist wichtig, dass alte Menschen sich nicht zu früh selbst als Versorgungsfälle einschätzen, denen alles abgenommen wird. Sie sind dazu zu ermutigen, das zu tun, wozu ihre eigenen Kräfte reichen. Gerade für die Altenseelsorge kann das Empowermentkonzept der Sozialarbeit anregend sein, bei dem es darum geht, dass Menschen „die Kraft gewinnen, der sie bedürfen, um ein nach eigenen Maßstäben buchstabiertes ‚besseres Leben' zu leben"[57]. Es ist demnach wichtig, Menschen auf ihre Ressourcen, auf ihre Kräfte und Möglichkeiten hin anzusprechen. Seelsorge wird hier auch die Aufgabe haben, Phantasie freizusetzen und Kreativität zu fördern für das, was alte Menschen – vielleicht auch im Rahmen der Gemeinde – tun können.

- *den Glauben stärken*: Wie dies durch Seelsorge geschehen kann, wird sehr unterschiedlich sein und von den spezifischen Situationen der alten Menschen abhängen. Sicher spielt der Trostaspekt eine wichtige Rolle: Zuspruch der Güte Gottes in das konkrete Dasein, auch mit seinen Beschwerlichkeiten und Ängsten hinein. Aber es sollte doch auch der Lernaspekt des Glaubens nicht unterbetont werden: Alte Menschen werden ihre „Religion" im Alter nicht völlig umkrempeln. Das ist wahr. Alles Lernen des Glaubens muss ausgehen von dem, was sie mitbringen. Aber Seelsorge darf dann doch auch weiter gehen, als dass sie nur die schon vorhandenen Überzeugungen zu bestätigen hätte. Sie kann und will auch dazu helfen, im Glauben zu wachsen und darin mutig und zuversichtlich den Dingen, die kommen werden, ins Auge zu sehen.

Literatur

Einen guten Einstieg in die Lebensalterthematik in psychologischer Sicht gewinnt man durch *Tobias Brochers Stufen des Lebens (1998)*. Grundlegend für die Entwicklungspsychologie ist trotz berechtigter Kritik an einem idealisierenden Identitätsbegriff immer noch *Erik H. Eriksons* Essay über *Wachstum und Krisen der gesunden Persönlichkeit* (Identität und Lebenszyklus, 1977, 55–122). Für die Seelsorge an Kindern und Jugendlichen bietet das von *Richard*

---

57 Herriger, Norbert: Empowerment in der sozialen Arbeit, Stuttgart 1997, 11

Riess und Kirsten Fiedler (1993) herausgegebene Handbuch anregende Beiträge. Für eine Konzeptualisierung der Seelsorge mit alten Menschen steht jetzt das von *Martina Blasberg-Kuhnke* und *Andreas Wittrahn* herausgegebene Handbuch (2007) zur Verfügung.

Altern. Themenheft, WzM 59, 2007/5

Bierlein, Karl Heinz: Lebensbilanz. Krisen des Älterwerdens meistern – kreativ auf das Leben zurückblicken – Zukunftspotentiale ausschöpfen, München 1994

Blasberg-Kuhnke, Martina/ Wittrahm, Andreas (Hg.): Altern in Freiheit und Würde. Handbuch christliche Altenarbeit, München 2007

Böhme, Michael: Einschulung. Anmerkungen zu einem Statusübergang aus der Sicht der Seelsorge, in: ders. u.a. (Hg.): Entwickeltes Leben, Leipzig 2002, 263–291

Brocher, Tobias: Stufen des Lebens, Stuttgart 1977, [12]1998

Depping, Klaus: Altersverwirrte Menschen seelsorgerlich begleiten, Hannover 2 Bde. 1997.

Drechsel, Wolfgang: Lebensgeschichte und Lebens-Geschichten, Gütersloh 2002

Dieterich, Michael (Hg.): Praxisbuch Seelsorge mit Kindern, Neuhausen-Stuttgart 1994

Erikson, Erik H.: Identität und Lebenszyklus, Frankfurt a.M. [15]1995
– Jugend und Krise, Stuttgart [4]1998
– Kindheit und Gesellschaft, Stuttgart [13]1999

Goldbrunner, Hans: Altwerden als Herausforderung für die Familie, Mainz 1999

Gräb, Wilhelm: Lebensgeschichten – Lebensentwürfe – Sinndeutungen. Eine praktische Theologie gelebter Religion, Gütersloh 1998

Heimbrock, Hans-Günther: Evangelische Schulseelsorge als Beitrag zu lebensweltbezogener Bildungsarbeit der Kirchen, in: PTh 87, 1998, 455–474

Karle, Isolde: Seelsorge als Thematisierung von Lebensgeschichte, in: Wohlrab-Sahr, Monika (Hg.): Biographie und Religion, Frankfurt/M. 1995, 198–220

Koenig, Harold G.: Aging and God. Spiritual Pathways to Mental Health in Midlife and Later Years, New York 1993

Kobler-von Komorowski, Susanne/ Schmidt, Heinz (Hg.): Seelsorge im Alter. Herausforderungen für den Pflegealltag, Heidelberg 2007

Kondratowitz, Hans-Joachim von: Alter und Altern, in: Albrecht, Günter u.a. (Hg.): Handbuch soziale Probleme, Wiesbaden 1999, 236–254

Kunz, Ralph (Hg.): Religiöse Begleitung im Alter, Zürich 2007

Lehr, Ursula: Psychologie des Alterns, Wiebelsheim [11]2007

Lücht-Steinberg, Margot: Gespräche mit älteren Menschen, Göttingen 1981

Oerter, Rolf/ Montada, Leo (Hg.): Entwicklungspsychologie. Ein Lehrbuch, Weinheim [5]2002

Pechmann, Burkhard: Durch die Wintermonate des Lebens. Seelsorge für alte Menschen, Gütersloh 2007

Richter, Horst Eberhard: Eltern, Kind und Neurose, Reinbek 1972

Riess, Richard/ Fiedler, Kirsten (Hg.): Die verletzlichen Jahre. Handbuch zur Beratung und Seelsorge an Kindern und Jugendlichen, Gütersloh 1993

Rosenmayr, Leopold: Altern im Lebenslauf, Göttingen 1996

Schmidt, Heinz: Lebenszyklisch orientierte Familienseelsorge in der Gemeinde, in: Josuttis, Manfred u.a. (Hg.): Auf dem Weg zu einer seelsorgerlichen Kirche, Göttingen 2000, 127–138

Schweitzer, Friedrich: Postmoderner Lebenszyklus und Religion, Gütersloh 2003

Seelsorge mit alten Menschen. Themenheft, WzM 48, 1996, Heft 7, 400–438

Specht-Tomann, Monika: Wenn Kinder Angst haben, Düsseldorf 2007

Städtler-Mach, Barbara: Kinderseelsorge. Göttingen 2004

Stollberg, Dietrich: Glaubensgewissheit und Lebenszufriedenheit im Alter, in: PTh 90, 2001, 473–484

Willi, Jürg: Wendepunkte im Lebenslauf. Persönliche Entwicklung unter veränderten Umständen – die ökologische Sicht der Psychotherapie, Stuttgart 2007

9.2.   Der kranke Mensch in der Seelsorge

Krankheit ist ein Teil menschlichen Daseins. In gewiss sehr unterschiedlicher Qualität und Intensität begleiten uns Krankheitserfahrungen – seien es die eigenen, seien es die uns nahestehender Personen. Krankheit gehört zum Leben des Menschen, sie ist Zeichen seiner Endlichkeit und Vergänglichkeit. In ihr erfahren wir die Begrenztheit und Torsohaftigkeit unserer Existenz. Im Gegensatz zu anderen Kreaturen wissen wir Menschen dies auch: „Die Größe des Menschen zeigt sich darin, dass er sich seines Elends bewusst ist. Der Baum ist sich seines Elends nicht bewusst."[58] Krankheitstage sind von daher stets eine besondere Herausforderung – auch für die Seelsorge. So problematisch es sein kann, diese auf die Begegnung mit Kranken und in Not geratenen Menschen zu reduzieren, so verfehlt wäre es doch, in der seelsorglichen Zuwendung zu ihnen Abstriche machen zu wollen. Der kranke Mensch sollte in besonderer Weise im Blickpunkt pastoralen Handelns stehen – sei es in der Krankenhausseelsorge, sei es im Gemeindepfarramt, sei es als Aufgabenfeld ehrenamtlicher Tätigkeit in der Gemeinde.

9.2.1.   Krankheit und Kranksein – anthropologische Aspekte

Was ist Krankheit? Was ist Gesundheit?
Krankheit ist kein eindeutiger Begriff.[59] Schon an dessen Beschreibung scheiden sich die Geister, von exakten Definitionen gar nicht zu reden. Ich bin krank. Etwas in meinem Körper funktioniert nicht mehr. Habe ich wirklich eine Krankheit? Oder ist es wohl richtiger, davon zu sprechen, dass „mir etwas fehlt", was im Leben Kraft gibt? Krankheiten sind „Privationen, Aufhebungen einer Seinsordnung und stellen also Mängel dar"[60]. „Gesundheit" wäre demgegenüber: Leben aus der Fülle und dem Erfülltsein, also Wohlgestimmtheit, Frische und Tatkraft. Funktionierende Organe allein freilich geben dem Menschen noch nicht das Gefühl von Gesundheit. Auch soziale, ökonomische, ökologische Lebensverhältnisse spielen hier eine wichtige Rolle.[61] Es ist allerdings nicht sinnvoll, den Gesundheitsbegriff zu stark aufzuladen. Wer ist dann überhaupt „gesund"? Hilfreich ist es, zwischen einem Idealbegriff – umfassende Gesundheit für alle als Utopie menschlichen Strebens – und einem Realbegriff der Gesundheit zu unterschei-

---

58 Pascal „Pensées", zit. nach: Pascal, Blaise: Geist und Herz, hrsg. von Hans Giesecke, Berlin 1962, 168
59 Vgl.: Eibach, Ulrich: Gesundheit und Krankheit, in: Klessmann, Michael (Hg.): Handbuch der Krankenhausseelsorge, Göttingen 1996, 213–224, 213ff
60 Siegmund, Georg: Der kranke Mensch, Fulda 1951, 92

61 Vgl. die WHO-Definition, wonach Gesundheit als Zustand völligen körperlichen, geistigen und sozialen Wohlbefindens definiert wird; vgl. Engelhardt, Dietrich von u.a.: Art. Krankheit, in: Eser, Albin u.a.: Lexikon Medizin, Ethik, Recht, Freiburg i.Br. 1992, 645–659, 651f

den. In diesem letzteren Sinne wäre Gesundheit zutreffend als leibseelische „Kraft zum Menschsein"[62] zu beschreiben – und das bedeutet auch: Kraft zu einem Leben innerhalb gegebener Grenzen. Zur Gesundheit kann es gehören, eine Krankheit anzunehmen und mit gesundheitlichen Belastungen umzugehen.[63] Von daher kann ein Behinderter oder jemand, der mit einschneidenden Krankheitsfolgen leben muss, durchaus gesund genannt werden.[64]

Was macht Menschen krank?

Schon die Diskussion um die Begriffe von Krankheit und Gesundheit zeigt, dass es hier keineswegs um somatische Gegebenheiten geht. Es ist wichtig, von einer vielschichtigen „Ganzheit" des Menschen und von einer „daraus erwachsenen Komplexität menschlicher Erkrankung"[65] auszugehen. Der *somatische* Aspekt steht natürlich zunächst im Vordergrund des Interesses. Aber oft wird schon in einem ersten Gespräch mit dem kranken Menschen deutlich, dass ein ganzes Bedingungsgefüge am Entstehen der Krankheit beteiligt gewesen war. Viele Leiden sind *psychogen,* stehen also mit spezifisch seelischen Erlebnisweisen des Individuums im Zusammenhang. Dabei ist zu unterscheiden zwischen psychischen Faktoren, die das Entstehen einer Körperkrankheit mit begünstigen und solchen, die es im Wesentlichen verursachen. Im letzteren Fall sprechen wir von „psychosomatischen" Krankheiten – also von Krankheiten, die etwa in Form von Kopfschmerzen, Atem- und Herzbeschwerden, Verdauungsstörungen usw. als körperliche Symptome erlebt werden, ohne dass dafür körperliche Ursachen gefunden werden könnten. Es handelt sich hier also vorwiegend um „funktionelle Störungen". Der Kranke erlebt sie gleichwohl leidvoll und es hilft ihm wenig, wenn Ärzte oder andere Personen mit verächtlichem Unterton feststellen, dass alles sei ja „nur" seelisch bedingt. Abgesehen davon, dass Pauschalisierungen, wonach „alles" nur seelisch bedingt sei, meist an der Wirklichkeit vorübergehen, so gilt doch vor allem, dass auch psychische Faktoren eine Realität sind, die nicht moralisierend zu bewerten sind, sondern die nach Möglichkeit verstanden werden müssen, um heilend tätig werden zu können.[66] Krankheiten dieser Art haben in vielen Fällen zu tun mit „Kränkungen", die das Individuum erfahren oder sich selbst zugefügt hat: mit Verächtlichmachen und Liebesversagen, mit erlittener Verletzung und

62 Barth, Karl: Kirchliche Dogmatik, Bd. III/4, Zürich 1957, 406; vgl. den ganzen Abschnitt 404ff

63 Rössler, Dietrich: Der Arzt zwischen Technik und Humanität, München 1977, 68: „Gesundheit ist nicht die Abwesenheit von Störungen, Gesundheit ist die Kraft, mit ihnen zu leben." Vgl. Wintzer, Friedrich: Aufgaben und Probleme der Krankenseelsorge, in: ders.: Praktische Theologie, Neukirchen ²1985, 127–138, 128

64 Im Blick auf behinderte Menschen schreibt Heinz Krebs ganz prononciert: „Behinderung ist nicht Krankheit, sondern menschliche Seinsweise." Krebs, Heinz: Gesundheit – Krankheit – Behinderung, in: Zwierlein, Eduard (Hg.): Handbuch Integration und Ausgrenzung, Neuwied 1996, 39–55, 48

65 Danzer, Gerhard: Psychosomatik, Darmstadt ²1998, 15

66 In diese Richtung geht besonders die „anthropologische" oder „biographische" Medizin, als deren wichtigster Vertreter Viktor von Weizsäcker zu nennen ist. vgl. Danzer, a.a.O., 15ff

zugefügter Enttäuschung, mit Verfehlung, mit Selbstvorwürfen usw. Dahinter stehen oft kaum kommunizierbare grundlegende Erlebnisse, so dass man in Anspielung auf eine berühmte Sentenz von Wittgenstein sagen kann: „Worüber man nicht sprechen kann, darüber muss man erkranken."[67] Die Grenzen zwischen psychosomatischen Erkrankungen und psychischen Faktoren bei Körperkrankheiten sind fließend. Für die Seelsorge freilich sind solche, vor allem diagnostisch relevanten Feststellungen weniger wichtig als die generelle Einsicht in den Zusammenhang von körperlichen und seelischen Befindlichkeiten.

Gesundheit und Krankheit sind nun freilich nicht nur rein individuelle Probleme mit lebensgeschichtlichem Hintergrund. Vielmehr müssen auch die *krankmachenden Faktoren einer Gesellschaft* ins Kalkül gezogen werden. Individuen können auch an ihrem sozialen Umfeld erkranken. Hier leisten sozialpsychologische, soziologische und systemische Diagnoseinstrumentarien eine wichtige Hilfe. Einzelne *soziogene* Faktoren mit Krankheitsfolgen können sein: übermäßiger Leistungsdruck, drohende oder bereits gegebene Arbeitslosigkeit, starkes Konkurrenzverhalten, zunehmender Orientierungs- und Werteverlust, häufige Erfahrung von massiver Ungerechtigkeit, Angst auslösende politische oder ökologische Risikoentscheidungen usw. Alle solche Faktoren können zu Strategien der Überanpassung oder Vermeidung, zu hektischer Überaktivität oder depressiver Passivität führen und sich dann auch in körperlicher Symptomatik niederschlagen. In zynisch-ironischer Übertreibung wird der Zusammenhang z.B. in Anfangssätzen eines berühmten autobiographischen Krankheitsreports deutlich: „Ich bin bürgerlich erzogen worden und ein ganzes Leben lang brav gewesen. Meine Familie ist ziemlich degeneriert, und ich bin vermutlich auch erblich belastet und milieugeschädigt. Natürlich habe ich auch Krebs ..."[68] Das ist ganz gewiss subjektiv formuliert und ohne Anspruch auf diagnostische Prägnanz, aber es ist deshalb doch nicht unwahr. Es gibt Kranke, deren Leiden geradezu als Indikator für eine kranke Gesellschaft angesehen werden können. Eugen Rosenstock-Huessy hebt auf diesen Sachverhalt ab, wenn er schreibt: „Als ob nicht die sensibelsten Mitglieder der Gesellschaft zuerst erkranken, wenn die Heilsordnung versagt, weil sie eben ein deutliches Gefühl für Unheil bewahrt haben."[69]

Moderne Medizin und Krankenhaus
Zu den Rahmenbedingungen für Krankheitserfahrungen der Individuen gehört in unserer hoch industrialisierten Gesellschaft vor allem eine durch die modernen Naturwissenschaften und Technologien geprägte Medizin. Die unbestreitbaren *Leistungen* des gesamten medizinischen Apparats liegen auf der Hand:

- enorme diagnostische Möglichkeiten durch immer präzisere operative Untersuchungsmethoden;

---

67 Danzer, a.a.O., 10
68 Zorn, Fritz: Mars, Frankfurt a.M. 1979, 25

69 Zit. bei: Hübschmann, Heinrich: Krankheit – ein Körperstreik, Freiburg 1974, 111

- unerhörte Qualitätssteigerung des therapeutischen Handelns durch Apparate und Medikamente der High-tech-Medizin;
- in Folge dessen weitgehende Überwindung von Krankheiten, die in der Vergangenheit als „Geißel" galten (Infektionskrankheiten), und eine Verlängerung der durchschnittlichen Lebenserwartung unserer Bevölkerung;
- deutliche Verbesserung der Lebensqualität von chronisch kranken und behinderten Menschen, vor allem durch die Entwicklung der Prothetik.

Es ist angezeigt, in dieser Entwicklung zunächst ein hohes Gut zu erkennen. Ohne die moderne Medizin wäre unser Leben heute nicht mehr vorstellbar. Wer aus gewiss guten Gründen die Entwicklung der wissenschaftlichen Heilverfahren in der Gegenwart kritisiert, sollte sich zuerst ihrer Vorzüge vergewissern und sich fragen, ob er auf sie verzichten möchte. Gerade Seelsorgerinnen und Seelsorger sollten nicht zu rasch in ein modisches Räsonieren über die High-tech-Medizin einstimmen, vor allem nicht angesichts von Patienten, die nicht nur auf dieses System angewiesen sind, sondern darauf auch ihre ganz subjektive Hoffnung richten. Solche Warnung vor allzuviel Zivilisationskritik sollte nicht daran hindern, die *Gefahren* der modernen Medizin klar zu benennen:

- die Eigengesetzlichkeit und der Selbstlauf medizinisch technologischer Apparaturen, so dass das Vorgehen weniger von den aktuellen Bedürfnissen der Patienten her bestimmt zu werden scheint;
- die Gefahr neuer Schädigungen, die durch die Medizin mit ihren „Risiken und Nebenwirkungen" selbst hervorgerufen werden („iatrogene" Krankheiten);
- der Machbarkeitswahn, der durch die immer spezielleren Möglichkeiten der modernen Medizin genährt wird; er kann zur Passivisierung des Patienten führen („Ich lasse mich gesund machen!").

Es ist wichtig, die Medizin realistisch einzuschätzen: sie kann viel, aber nicht alles. Und das wird so bleiben. „Medizin ist Kunsthilfe im Kranksein"[70] – so viel und so wenig.

Für viele wird eine entscheidende Phase des Krankseins in der Institution des *Krankenhauses* erlebt.[71] Das moderne Spital ist ganz von den Erfordernissen der Hochleistungsmedizin geprägt. Es zeichnet sich aus durch zweckrationale Strukturen und ist darauf angewiesen, nach dem Kanon ökonomischer Effizienz zu arbeiten. Für die Patientinnen und Patienten bedeutet dies, sich ganz bestimmten „Organisationszwängen und Handlungsimperativen"[72] zu unterwerfen. Sie müssen ständig erreichbar, jederzeit störbar und ausgesprochen disponibel sein, um sich auf die diversen Untersuchungsprozeduren einzulassen; sie haben nur be-

70 Doerr, Wilhelm: Ars longa, vita brevis, Berlin u.a. 1991, 16

71 Siegrist, Johannes: Seelsorge im Krankenhaus – aus der Sicht der Krankenhaussoziologie, in: Klessmann (Hg.), a.a.O., 28–39

72 A.a.O., 30; vgl. auch die Themenhefte: Krankenhausseelsorge wohin? Standortbestimmung und Suche, WzM 53, 2001, Heft 7 und Qualitätsmanagement als Dimension der Krankenhausseelsorge, WzM 54, 2002, Heft 4

grenzte Einflussmöglichkeiten auf die Handlungsabläufe. Im Krankenhaus zu liegen – das bedeutet einer „Expertenmacht" ausgeliefert zu sein, die natürlich „das Beste" für den Kranken will. Nur kann dies der Patient oft gar nicht so leicht erkennen. Die eigene Lebenskompetenz wird für einen bestimmten Zeitraum eingeschränkt und bei nicht wenigen Patienten entsteht ein erhebliches Orientierungsdefizit. Dieses Defizit wächst vielfach mit der Ernsthaftigkeit der Erkrankung. Bei der Effizienzstruktur des Krankenhauses bleibt oft zu wenig Zeit für das aufklärende Patientengespräch – wobei freilich auch gesagt werden muss, dass mancher Patient bestimmte Detailinformationen gar nicht hören möchte.

Seelsorge in einem Krankenhaus, in dem „alles seinen Gang geht", könnte ein produktiver „Störfaktor" in diesem System sein. Wenn viele Seelsorgerinnen und Seelsorger, die normalerweise in einer Gemeinde arbeiten, sich in dieser Institution zunächst fremd oder überflüssig vorkommen, könnte darin doch auch gerade ihre Chance liegen.

Krank sein – das Erleben des Patienten
Bisher war mehr von Krankheiten die Rede. Das ist freilich eine Abstraktion. In der Seelsorge richtet sich die Aufmerksamkeit ja weniger auf die Krankheit als auf den kranken Menschen und sein subjektives Erleben von Krankheit.[73] Jede Krankheit verläuft anders, jede Kranke erlebt ihre Krankheit anders; dennoch gibt es Erfahrungen, die sich regelmäßig einstellen[74]:

Da ist zunächst oft eine *Fixierung auf das Körperliche.* Kann Gesundheit beschrieben werden als „Leben im Schweigen der Organe"[75], so könnte Kranksein das Spüren von bestimmten Organen bedeuten – sei es durch Schmerzen, sei es infolge von Funktionseinschränkung. Mit einem Mal wird ein Mensch durch das Körperliche in Bann gezogen. Dann ist da das veränderte *Zeitempfinden:* Ich habe unfreiwillig Zeit, ich muss warten und Geduld haben, ich zähle die Stunden der Nacht. Im Krankenhaus ist der Kranke dem ungewohnten Zeitrhythmus der Institution unterworfen. Das veränderte Zeitempfinden hängt auch mit einer Veränderung des *Selbstempfindens* zusammen: Ich bin nicht mehr Herr meiner Zeit. Ich bin angewiesen und abhängig von der Zeit und Hilfsbereitschaft anderer. Besonders stark tangiert es mein Selbstwertgefühl, wenn ich auch im Vollzug meiner intimen Körperfunktion (z.B. Stuhlgang) auf fremde Hilfe angewiesen bin. Diese Situation macht mich besonders empfänglich für die Bekundung echter Solidarität und aufrichtigen Mitfühlens. Dabei kann es doch schnell auch einmal zu viel werden, wenn gut gemeinte Fürsorglichkeit in eine sanfte Form von Herrschaft übergeht.[76] Auch das *Vertrauen in die eigene Lebenskompetenz* wird schnell un-

---

73 „Es gibt keine Krankheit als solche, sondern nur kranke Menschen", schreibt Ludwig von Krehl, zit. nach Danzer, a.a.O., 95
74 Als sehr hilfreich für die Praxis sei besonders hingewiesen auf: Piper, Hans-Christoph: Kranksein – erleben und lernen, Göttingen, ⁶1999, 13ff; vgl.: Berg, Jan H. van den:

Der Kranke. Ein Kapitel medizinischer Psychologie für jedermann, Göttingen ²1974
75 Leriche, zit. nach: Heimann, Horst: Der kranke Mensch als Objekt der Medizin und Psychologie, in: WzM 34, 1982, 354–361, 354
76 Vgl.: Stollberg, Dietrich: Helfen heißt herrschen, in: Wort und Dienst, N.F., Bethel 1979, 167–173

tergraben: Ich kann nur noch wenig tun. Andere haben ihre Arbeit, ich liege tatenlos da. Im Krankenhaus wird das besonders deutlich: Die Angestellten sind oft völlig überbeschäftigt, ich muss sie dennoch immer wieder in Anspruch nehmen und kann selbst nichts leisten. Je länger die Krankheit dauert, je mehr nimmt sie auch im *seelischen Bereich* Raum ein: Die Macht der dunklen Gedanken und oft verzweifelten Sorgen wird immer wieder spürbar – vor allem in den endlos langen Nächten: Was ist mit mir, was wird aus mir, was wird mit meiner Familie? Werde ich überhaupt wieder gesund werden? Und das „Pflänzchen Hoffnung" hat Mühe gegen die Angst anzukommen. Nicht immer kann man unter diesem Erleben sanft und gefügig bleiben. Ab und zu muss der *Zorn* heraus: Warum muss ich hier liegen? Warum kümmert sich keiner um mich? Alle können die Adressaten solcher Aggressivität werden: die Angehörigen, die sich nicht richtig kümmern; die Ärzte, die dauernd „was anderes" sagen; die Schwestern, die sich keine Zeit für mich nehmen; die anderen Patienten, denen es viel besser geht ... und schließlich Gott, der das alles so zulässt. Oft ist da ein Schwanken zwischen Mutlosigkeit und Aggression – wenn die Krankheit lang dauert und die Ungewissheit zunimmt.

Natürlich ist das Erleben einer Krankheit im konkreten Fall abhängig von ganz *spezifischen Gegebenheiten*: von den vermuteten Heilungschancen, von der Länge der Erkrankung, von den zu erwartenden Folgeschäden, vom sozialen Umfeld u.a.. Auch gibt es für einzelne Krankheiten typische Erlebnisweisen: Ein Krebspatient leidet auch an dem Odium, das dieser Krankheit anhaftet, und ist oft dabei, dieses zu verdrängen; ein Aids-Patient erlebt nicht nur die Schwere seines Leidens, sondern ebenso und vielleicht noch mehr die latenten Wertungen, die sich für viele in unserer Gesellschaft damit verbinden; Herzinfarktpatienten eignet oft ein übertriebenes Schutzbedürfnis usw.[77] Die erfahrenen Seelsorgerinnen und Seelsorger spüren jedenfalls auf den verschiedenen Stationen des Krankenhauses die auch krankheitsbedingten unterschiedlichen seelischen Befindlichkeiten.

9.2.2. **Biblisch-theologische Aspekte**

Es gehört zum Lebensrealismus der Bibel, dass in ihr das Phänomen der Krankheit und des Leidens in sehr verschiedenen Facetten begegnet.[78] Der 38. Psalm enthält eine ganze Pathologie menschlicher Krankheiten in der Form eines individuellen Klageliedes. Die Interpretationen von Krankheitserfahrungen sind dabei unterschiedlich. Im *Alten Testament* finden wir ein theonomes Krankheitsverständnis, wonach Jahwe allein es ist, der heilt (Ex 15,26; Jes 38,15). Dieses

---

[77] Vgl. die exemplarischen Darstellungen von Peter Frör (Intensivstation), Ulrike Johannes (Herzinfarktpatienten), Barbara Kittelberger (AIDS-Kranke) in: Klessmann (Hg.), a.a.O., 51ff; 64ff; 74ff; 106ff

[78] Vgl. zu dem Thema Krankheit in beiden Teilen der Bibel aus exegetischer Sicht: Seybold, Klaus/ Müller, Ulrich B.: Krankheit und Heilung, Stuttgart 1978

Verständnis wird in der Hauptlinie des Alten Testaments durch das Deuteschema eines Tun-Ergehen-Zusammenhangs interpretiert, in dem Krankheit nun theologisch als Zeichen des Zornes Gottes angesichts menschlicher Schuld verstanden wird (Ps 38,4f; Hiob 33,19–20; Num 12,9–11). Diese Deutung wird aber auch angefragt: Hiob lehnt sich dagegen auf (Hiob 31), und auch in den Psalmen wird zum Teil unter Hinweis auf das Glück der Gottlosen Einspruch gegen eine Gleichsetzung von Krankheit und Schuld erhoben (Ps 73). Dennoch bleiben die Kranken in weiten Teilen des AT suspekt. Der kranke Mensch gerät schnell in die soziale Isolation (Hiob 19,13–22; Ps 41,5–10) und von den Ärzten ist im Allgemeinen nicht viel zu halten, erst spät erlangen sie eine gewisse Anerkennung (Sir 38). Diese Linie darf aber nicht überbetont werden. Auch das Alte Testament kennt das Gebot der Fürsorge für den Schwachen (Ex 22,20ff) und die Hoffnung auf die Wiederherstellung der Kranken (Jes 29,18; 35,5).

Im *Neuen Testament* ist der Gemeinde die Fürsorge für die Kranken ausdrücklich aufgegeben (Mt 25,36; 1 Kor 12,8–10; Jak 5,14f). Solch eine Einstellung bindet die Gemeindeseelsorge an die Heilungspraxis Jesu von Nazareth. Jesus fordert die Kranken nicht zur Ergebung in ihr Schicksal auf und wirft ihnen auch nicht ihre Sünden vor, sondern er nimmt den Kampf dagegen auf. In den Heilungswundern wird zeichenhaft die Heil und Leben schaffende Zuwendung Gottes zu den Menschen sichtbar (Mk 3,4). Die Überwindung der Krankheit gilt als Zeichen des Anbruchs messianischer Herrschaft (Mt 11,5f). Die Heilung ist Vollzug des göttlichen Schöpferwillens. Für Jesus gibt es keine Ausgrenzung kranker Menschen; ja es scheint, als sei sein tabufreier Umgang mit dem leidenden Menschen ein Spezifikum seiner Sendung – in einer Umwelt, die Krankheit im negativen Beurteilungsschema eines Tun-Ergehen-Zusammenhanges sieht (vgl. Joh 9,1–4).

Wenn man sich die Auseinandersetzung des Paulus mit seiner eigenen Krankheit in 2 Kor 11 und 12 anschaut, wird auch deutlich, dass das NT nicht von einem unrealistischen Heilungsoptimismus geprägt ist, sondern dass das Evangelium auch zum Leben mit einer Krankheit herausfordert und ermutigt, sich darin an der Gnade Gottes genügen zu lassen (2 Kor 12,9).[79]

Eine theologisch-biblische Beschäftigung mit dem Krankheitsphänomen geschieht natürlich nicht nur als Rückbindung an die biblische Tradition. In ihr geht es zugleich um sehr aktuelle Fragen, die von Kranken in der Seelsorge heute wie vor 2000 Jahren und früher gestellt werden: Warum hat es gerade mich getroffen? Hat es überhaupt einen Sinn, krank zu sein? Und kann mir der Glaube darin wirklich helfen?

Krankheit und Schuld
Da ist zunächst die Frage nach dem Zusammenhang von Krankheit und Schuld. Darauf zielt die klagend-anklagende Frage: Warum ich, was habe ich Böses getan, dass ich so bestraft werde? Hinter solch einer Frage kann das Bedürfnis stecken,

---

79 Vgl. dazu Seybold/ Müller, a.a.O., 148ff; ausführlicher: Heckel, Ulrich: Schwachheit und Gnade. Trost im Leiden bei Paulus und in der Seelsorgepraxis heute, Stuttgart 1997; ders.: Kraft in Schwachheit. Untersuchungen zu 2 Kor 10–13, Tübingen 1993

276 Seelsorge in unterschiedlichen Lebenssituationen

wirklich einen Grund für gegenwärtiges Leid zu wissen – im Sinne des berühmten Nietzsche-Wortes: „Wer ein Warum weiß, erträgt fast jedes Wie." Es ist einfacher, eine Strafe zu ertragen, als Objekt dunkler, chaotischer Zerstörungsmächte zu sein. Aber in der Frage steckt auch ein aggressiver Impuls: „Ich bin unschuldig und mein Leiden ist pures Unrecht. Wer immer der Autor meiner Qual ist, er gehört angeklagt!"

Es gibt keine einfachen Antworten auf die Frage nach einem Zusammenhang von Krankheit und Schuld.[80]

Hinter den dringenden Warum-Fragen steht im Grunde eine vereinfachende Sicht von einer Kausal-Verknüpfung zwischen Schuld und Strafe. Man kann sie, wie schon gesagt, sogar biblisch begründen: „Wer vor seinem Schöpfer sündigt, der soll dem Arzt in die Hände fallen" (Sir 38,15). Aber kann man dabei stehen bleiben? Sagt die christliche Anthropologie und Heilslehre nicht gerade, dass ein solcher Kausalzusammenhang vor Gott nicht bestehen kann? Ist die Konstruktion eines *Vergeltungszusammenhangs* von Krankheit und Schuld nicht viel eher menschlichem Bedürfnis und menschlichen Rationalisierungswünschen entsprungen? Und zwar gar nicht einmal zuerst denen des Leidenden selbst, sondern jener, die von seinem Schicksal auf die eine oder andere Weise mitbetroffen sind – wie das Beispiel der Freunde Hiobs zeigt (Hiob 4,7f). Fremdes Leiden ist leichter erträglich, wenn man sagen kann: der Kranke ist selbst (mit)schuldig an seiner Situation – bei dem Lebenswandel, beispielsweise![81] Das Vergeltungsdogma kann so Desolidarisierungseffekte gegenüber dem Kranken unterstützen. Wichtig ist zu unterscheiden zwischen der Konstatierung eines *medizinischen* Zusammenhangs bestimmter Lebensweisen (z.B. Alkoholabusus) mit bestimmten Krankheitsbildern (z.B. Leberzirrhose) und einer *moralischen* Beurteilung im Sinne der Schuld-Strafe-Kausalität. Keineswegs werden alle Alkoholiker leberkrank; ja nicht einmal alle, die übermäßig viel Alkohol konsumieren, werden davon auch alkoholkrank. Die medizinische Ursachenforschung verfolgt ein anderes Ziel als die existenzielle Warum-Frage.

So ist es wohl richtig, statt von einem Vergeltungszusammenhang eher von einem *Erleidenszusammenhang* der Krankheit mit einem Leben, das auch Schuld einschließt, zu sprechen. Wenn Jesus in Markus 2,5 dem Gelähmten seine Sünden vergibt, so steht dahinter nicht, dass der Kranke für eine bestimmte Verfehlung zu büßen habe. Aber die Begegnung mit der Krankheit führt an die Grenze, wo einer das Ganze seines Lebens überblicken kann und wo grundlegende Fragen auftauchen. Deshalb vergibt Jesus dem Gelähmten. Er stellt damit das Leben dieses Menschen unter einen Veränderungs- bzw. Umkehrimpuls. Die Situation der leiblichen Not wird zum Anlass des Aufbruchs. Damit wendet sich die aussichtslo-

---

80 Vgl.: Piper, Hans-Christoph: Krankeit und Schuld, in: ders.: Einladung zum Gespräch, Göttingen 1998, 109–117
81 Auf diese Art von „Psychologisierung und Moralisierung", durch die Krankheit

dann schließlich zur Schuld wird, weist auch Stiller hin: Stiller, Harald: Seelsorge mit KrebspatientInnen, in: Klessmann (Hg.), a.a.O., 74–86, 79

se Warum-Frage zur Lebensräume erschließenden Wozu-Frage. Eine Krankheit kann Gelegenheit geben zu sinnvoller d.h. vorwärts weisender Erinnerungsarbeit: Wer bin ich, wer war ich eigentlich? Und was soll werden? Wo habe ich Fehler gemacht und wo bin ich verletzt worden?

Solches Nachdenken führt möglicherweise zu realistischer Auseinandersetzung mit der Krankheit, und dabei könnten dann eben die eigenen Anteile mutig in den Blick genommen werden. Es ist wahr: „Der Mensch ist nicht nur „Opfer", sondern in vielen Fällen auch Subjekt und Täter seiner Krankheit."[82] Gerade damit konstruktiv und heilvoll zurechtzukommen, dürfte eine der wichtigsten Aufgaben christlicher Seelsorge am Krankenbett sein.

Eine 47-jährige Frau fühlt sich 14 Tage nach einer komplizierten Gallenoperation immer noch sehr elend. Im Gespräch mit der Krankenseelsorgerin kommt sie auch auf das Verhältnis zu ihrem Sohn zu sprechen, der selbst Arzt ist und zu dem der Kontakt abgerissen ist, auch in der Krankheit hat er sie nie besucht. Einst haben die Eltern (unter DDR-Bedingungen) ihn für seine Karriere unterstützt – um den Preis der Entfremdung von Kirche und Glauben. Das belastet die Frau jetzt:

„F. (leise, wieder mehr zu sich selbst): Wir haben etwas falsch gemacht. Wir wollten so gern, dass er Arzt wird. Er ja auch. Da haben wir zugeredet. Und nun ist er unter Menschen, wo er seinen Glauben vergessen hat. (Eine Weile Schweigen) Damals sind wir Gott untreu geworden. Und jetzt ist er uns untreu.

S.: Sie empfinden die Untreue Ihres Sohnes als Strafe Gottes?

F.: Strafe? Na ja, eher Folge unserer Unachtsamkeit – unsere eigene Schuld.

S.: Es lag in Ihrer Verantwortung –

F.: – und da haben wir uns gegen Gott entschieden.

S.: Das quält Sie jetzt sehr.

F.: Ja. Gott straft mich jetzt. Mit Recht. Mein Mann sagt das auch.

S.: Krankheit als Strafe – das lastet doppelt.

F.: (weint) Darum kann ich auch nicht gesund werden.

S.: (nach einigem Schweigen) Ich glaube, dass unser Gott vergibt und heilt.

F.: (weint) Aber er rächt auch Untreue!

S.: Er geht denen nach, die sich von ihm entfernen.

F.: (stutzt, hört auf zu weinen, denkt sichtbar angestrengt nach, dann leise und stockend) Diese Gallengeschichte – Heimsuchung Gottes.

S.: Eine neue Sicht.

F.: (mit erleichtertem, staunendem, gleichsam aufstrahlendem Tonfall) Mein Gott ... "[83]

---

82 Eibach, a.a.O., 223

83 Text entnommen aus: Schulz, Wilfried (Hg.): Seelsorgepraxis, Berlin 1981, 36ff

Die Seelsorgerin geht mit der Situation sehr sensibel um. Sie bestätigt den Straf-aspekt nicht, aber sie redet der Frau ihre Schuld auch nicht aus. Die Krankheit führt die Frau in eine Tiefe, in der sie einen Sachverhalt entdeckt, der sie schon lange bedrückt. Es ist offen, was jetzt daraus wird. Die Seelsorgerin bleibt zurück-haltend. Vielleicht hätte sie den Gedanken einer Heimsuchung Gottes noch ein wenig positiv aufgreifen können. Etwa durch ein Gebet. Im Grunde ist die Frau an dem Punkt, den der 130. Psalm aufnimmt: „Aus der Tiefe ... Wenn du, Herr, Sünde anrechnest, wer wird bestehen. Meine Seele wartet auf den Herrn. Bei dem Herrn ist Gnade und Erlösung."

Die Krankheit und ihr Sinn
Dicht bei der Schuldfrage liegt die Frage nach dem Sinn der Krankheit. Es geht in ihr um die Explikation des „Wozu". Beide Fragebereiche müssen unterschieden werden. Die Sinnfrage greift weiter. Sie schließt die nach der Zukunft ein und die nach jener Kraft, die es möglich macht, dem Leben weiter zugewandt zu bleiben. Nicht sehr weit kommt man, wenn nach dem Sinn der Krankheit gefragt wird. Kann es den überhaupt geben? Im Neuen Testament fehlt jede metaphysische Rechtfertigung der Krankheit: „Jesus redet den Menschen nicht ein, dass ihre Krankheit einen Sinn enthielte; Jesus holt sie aus der Krankheit heraus."[84] Nach Karl Barth gehört Krankheit zum Nichtigen, sie habe eben keinen „positiven Sinn"[85]. Für den christlichen Glauben ist klar: Gott steht nicht auf der Seite der Krankheit, nicht mit ihr oder hinter ihr. Jeder mystifizierende Versuch, Krankheit als solcher einen Sinn zu verleihen, ist verfehlt und muss als eine Form billiger Vertröstung erkannt werden.[86]

Sinn kann nicht in der Krankheit selbst, sondern nur im Umgang mit ihr er-schlossen werden. Pointiert und paradox formuliert Manfred Jossutis: „Der Sinn der Krankheit ist ihre Überwindung."[87] Krankheit zu überwinden bedeutet frei-lich nicht einfach nur, sie hinter sich zu lassen, wieder gesund zu werden. Das ist ja auch nicht unbedingt möglich. Überwindung bedeutet vielmehr, sich eine Zu-kunft jenseits der Krankheit zu erschließen. Zu den die Krankheit überwinden-den Fakten gehört von Seiten des Kranken sowohl der Protest gegen sie als auch ihre Annahme. Die Krankheit, die ich nicht annehme, kann nicht bestanden und auch nicht überwunden werden. Es ist ja das Problem vieler Kranker, dass sie Leiden nicht wahrhaben möchten. In der Seelsorge könnte es eine wichtige Auf-gabe sein, der Realität ins Auge zu blicken. Überwindung heißt nicht: die Krank-heit verleugnen oder bagatellisieren. Es heißt ihre Herrschaft einzugrenzen und so neue Hoffnung aufzubauen. Darauf käme es also an, dass der Satz: „Der Sinn

84 Josuttis, Manfred: Der Sinn der Krank-heit. Ergebung oder Protest? In: ders.: Praxis des Evangeliums zwischen Politik und Religi-on, München ³1983, 117–141, 129; vgl. auch zum Ganzen: Seybold/ Müller, a.a.O., bes. 163ff

85 Barth, Karl: Kirchliche Dogmatik III/3, Zürich 1961, 327ff
86 Luther, Henning: Die Lügen der Tröster, in: ThPr 33, 1998, 163–176, 166f
87 Josuttis, a.a.O., 133; auch die folgenden Gedanken dieses Abschnittes verdanken sich weithin dem Beitrag von Josuttis.

der Krankheit ist ihre Überwindung" nicht im Sinne einer Realitätsleugnung verstanden wird. Überwinden kann ich nur, wessen Realität ich ernst nehme. Ist damit aber schon alles gesagt? Gibt es nicht ein Bedürfnis Leidender, wenn nicht den Sinn der Krankheit, so doch den des eigenen Krankseins zu finden? Was hat es für einen Sinn, dass ich hier liege, dass darüber die Zeit verstreicht, dass die Schmerzen mich quälen und mein Aktionskreis so deutlich eingeschränkt ist? Man muss diese Fragen erst einmal verstehen. Es ist unglaublich wichtig für den Leidenden zu wissen, dass dies nicht vergeblich sein muss. Und es ist schon so, dass es eine Herausforderung für die Seelsorge darstellt, „Sinn in der Wüste der vermeintlichen Sinnlosigkeit zu vermitteln"[88]. Es kann dabei, wie gesagt, nicht darum gehen, dem Sinnlosen durch tiefsinnige metaphysische Deutungsbemühungen noch einen Sinn zu verleihen. Aber es könnte doch versucht werden, gemeinsam mit dem Kranken zu entdecken, inwiefern das Bestehen in der Krankheit *für ihn* einen Sinn ergeben könnte. Seelsorge wird hier zum Prozess einer Sinnsuche, deren Ergebnis nicht pauschal vorweggenommen werden kann. Wie die Sinngebung bei dem Einzelnen konkret aussieht, hängt von seinen spezifischen Voraussetzungen und seinen spirituellen Zugangsmöglichkeiten ab. Das Erleiden einer Krankheit hat dann Sinn, wenn es gelingt, neue Ebenen der Erkenntnis und der inneren Erfahrung zu erschließen. Vielleicht ist es die Gelegenheit, die Realität des eigenen Lebens mit ihren Höhen und Tiefen, mit ihren Chancen und Grenzen in den Blick zu nehmen. Krankheit kann zu einer Selbstbegegnung neuer Art führen, die etwas Befreiendes hat. Sie kann zur Reifung verhelfen und dazu, das Maß zu akzeptieren, das dem Einzelnen zugemessen ist: das Unabänderliche anzunehmen, das Mögliche dankbar zu ergreifen (2 Kor 12,9). Krankheit kann auch – in einer andeutungsweisen Entsprechung zum Kreuzesleiden Jesu Christi – zur Erfahrung der alles – und also auch des kleinen geschundenen Lebens des Einzelnen – durchwaltenden Liebe Gottes führen. Sie kann es, und Seelsorge könnte dabei helfen, dies zu erkennen und für sich gelten zu lassen. Aber es gibt keinen Automatismus. Jeder Seelsorger und jede Seelsorgerin muss damit rechnen, dass sie bei der Begleitung eines kranken Menschen in der Sinnlosigkeitserfahrung stecken bleiben. Nicht jeder Sinn wird gleich erschlossen – oft braucht es Zeit, viel Zeit. Das ist schwer auszuhalten. Aber: Jeder nur eingeredete Sinn verstärkt im Grunde genommen das Gefühl von Sinn- und Trostlosigkeit. Es bleibt dann allein die Hoffnung, dass der noch nicht erschlossene Sinn für diesen konkreten Menschen eines Tages offenbar wird (1 Kor 13,12).

---

88 Biser, Eugen: Die Heilkraft des Glaubens. Entwurf einer therapeutischen Theologie, in: Diakonia 1999, 534–544, 540

9.2.3. **Der seelsorgerliche Umgang mit kranken Menschen**

Berufliche Aufgaben – persönliche Herausforderung
Es ist ein Unterschied, ob ich als Seelsorger in der Gemeinde von Zeit zu Zeit mit kranken Menschen zu tun habe, oder ob ich als Krankenhausseelsorgerin hierin meine tägliche Hauptaufgabe sehen kann. Im Rahmen dieser Einführung empfiehlt es sich, von der Situation der Seelsorge in der Gemeinde auszugehen. Auch hier kommt Krankenhausseelsorge regelmäßig vor – sei es, dass ein Gemeindeglied in der Klinik zu besuchen ist, sei es, dass Hausbesuche bei chronisch Kranken und Behinderten oder alten Gemeindegliedern anstehen, sei es, dass in einem im Pfarrbezirk liegenden Krankenhaus oder Pflegeheim turnusmäßige Präsenz notwendig ist und das Angebot zu Gesprächen erwartet wird. Kranke zu besuchen – das ist Teil pastoraler Berufsarbeit (was die Mitarbeit Ehrenamtlicher in gar keiner Weise ausschließt!). Es ist aber auch eine eminent persönliche Herausforderung: Nicht nur junge Pfarrerinnen und Pfarrer werden sich fragen: Wer bin ich eigentlich, dass ich den Anspruch erheben könnte, Menschen in ihren Krankheitssituationen beizustehen? Wem eine solche Frage nie kommt, hat vermutlich die Aufgabe nicht begriffen. Es ist unausbleiblich, dass, wer hier zur Seelsorge fähig werden will, auch zur Arbeit an sich selbst bereit sein muss. Das fängt damit an, sich selbst zu fragen, welche eigenen Krankheiten man wie erfahren hat, wie es mit der eigenen Angst vor dem Krankwerden steht, wie man mit der eigenen Körperlichkeit umgeht und was es einem schwer macht, der Gebrechlichkeit anderer Menschen zu begegnen. Es gehört dazu auch die Frage nach den eigenen geistlichen und seelischen Ressourcen, die helfen standzuhalten. Wer kranken Menschen wirklich nahe sein will, muss fähig sein zum Mitleiden und Mitfühlen und Mitgehen – ohne in den Geruch herablassender Mitleidigkeit zu geraten.

Seelsorgerliche Begleitung – Hilfe zum Leben
Seelsorge ist *freies Angebot.* Anders als bei Ärzten oder Pflegepersonal hat der Kranke die Möglichkeit, den Dienst einer Pfarrerin oder eines Pfarrers anzunehmen oder ihn zurückzuweisen. Besonders im Krankenhaus ist es wichtig, die Souveränität des kranken Menschen zu respektieren. Und die Seelsorgerin muss es lernen, das Gesprächsangebot deutlich zu artikulieren und zugleich ein klares oder verstecktes „Ich möchte nicht" zu akzeptieren. Das dürfte in den seltensten Fällen persönlich gemeint sein. Gerade wenn es gelingt, dem Gegenüber auch wirkliche Freiheit zu signalisieren, besteht die Chance für ein gutes Gespräch. In der Anfangsphase des Gesprächs am Krankenbett kommt es auf das Gespür des Seelsorgers an für das, was der Kranke wirklich will. Nicht immer wird es deutlich ausgesprochen.

Und vermutlich spürt auch der Angesprochene bald, ob sein Besucher wirklich an ihm Interesse hat oder ob sein Gesprächsangebot nur Berufsroutine darstellt. In den ersten Minuten entscheidet sich oft, ob eine kommunikative Atmosphäre entsteht, ob es zu einem Stromfluss zwischen den Partnern des Gesprächs kommt oder nicht. Wichtig ist hier die *Offenheit für das Erleben des kranken Menschen*. Dabei ist es gut, nicht zu sehr auf die Krankheit und deren Diagnose fixiert zu sein. Es geht um den Kranken, nicht um seine Krankheit. Diese kann allerdings oft den Anknüpfungspunkt bilden, und in vielen Fällen ist es für den Kranken wichtig, davon ausführlich erzählen zu können. Dafür muss Zeit sein. Manchmal gibt es für den Kranken freilich viel Wichtigeres. Das Verhältnis zu den Kindern, die Sorge um den Arbeitsplatz, der Verlust eines nahen Menschen usw. Offen zu sein für den Kranken bedeutet auch, *auf Signale zu achten:* Was nehme ich wahr, wenn ich die Patientin anschaue: ihre Mimik, ihre Gestik, ihre Stimme, ihr Atmen, ihre Körperhaltung, ihre Art zu sprechen. Es muss nicht erst etwas „Belangvolles" gesprochen worden sein. Unter Umständen entdecke ich noch etwas Besonderes auf dem Nachttisch, das mir den Weg zu ihr weist: ein Buch, ein schöner Strauß, ein Foto. Manchmal passiert es, dass einem gleich zu Beginn ein krankes Körperteil gezeigt wird, eine Operationswunde oder Ähnliches. Darin kann Aggression stecken, aber auch Werbung: „Sieh, so geht es mir ...!" Vielleicht fordert mich die Kranke auf, Platz zu nehmen – was so viel bedeutet wie: Du darfst bleiben, wir können reden.

Seelsorge kann so dazu beitragen, die *Isolation zu durchbrechen*, in die mancher Kranke mit seinem Leiden gerät. Leiden macht oft einsam.[89] Viele Kranke erfahren die Isolierung ganz direkt: auf geschlossenen Abteilungen in der Psychiatrie, auf einer Intensivstation oder in einer vor möglichen Infektionen besonders abgeschirmten Abteilung. Und auch das medizinisch-technische Ambiente eines Patientenzimmers in der Klinik kann den Zugang erschweren. Schläuche und Apparate, ebenso wie Medikamente mit stark sedierender Nebenwirkung sind eine Variante der Isolierung. Vollends Schwerkranke und Sterbende werden oft signifikant seltener von ihren Angehörigen besucht. Die Angst vor der Wahrheit treibt diese zuweilen um und führt vielleicht unbewusst zur Kontaktvermeidung.[90] Mancher Schwerkranke spürt dies und spielt die Rolle des ahnungslosen Optimisten, weil er meint, sich nur so der anhaltenden Zuwendung seiner Angehörigen sicher sein zu können.[91] Aber in Wirklichkeit und im Blick auf den tatsächlichen Zustand wird so die Isolation zugleich verstärkt.

Es ist vielleicht das eigentlich Revolutionäre an Jesu Umgang mit kranken Menschen, dass er in großer Souveränität die Isolation von Menschen durchbrach. Heilung hatte für ihn mit Gespräch und ganz leiblich mit Kontakt und Berührung zu tun (Mk 5,28ff; 5,41; 7,33; 8,22ff; Mt 9,28; 14,36; 20,34). Das ist in der Seelsorge nicht kopierbar, aber deutet doch an, in welche Richtung es gehen könnte: sich von den Menschen und ihrem Leid „wirklich berühren" zu lassen,

---

89 Stiller zitiert einen Krebspatienten: „Seit ich so sehr krank bin, passe ich mit meinen Freunden in eine Telefonzelle.", a.a.O., 81
90 Vgl. dazu: Piper, Hans-Christoph: Gespräche mit Sterbenden, Göttingen 1977, 147ff

91 Über die verschiedenen Möglichkeiten von Leidverleugnung und Leidverdrängung vgl.: Richter, Horst Eberhard: Der Gotteskomplex, Reinbek 1977, 155ff u.ö.

ihre „Gefühle" auszuhalten, sie in ihren Schmerzen und mit ihren Ängsten verstehen zu wollen. Was der kranke Mensch dem Seelsorger oder der Seelsorgerin zumuten möchte oder nicht, das ist natürlich seine Sache. Es ist wichtig, ob die Kranke die Bereitschaft zum Hören und Mitfühlen spürt oder ob eher freundliches Abwehrverhalten (suggestiv: „Es geht ihnen doch schon wieder viel besser!") an der Tagesordnung ist.

Ein Patient sagt: „Ich habe furchtbare Schmerzen, kann nachts keine Ruhe finden. Ich weiß nicht, was werden soll. Aber die Schwestern hier, die geben sich alle Mühe." Der Seelsorger hat verschiedene Möglichkeiten. Er kann z.b. sagen: „Das freut mich, dass sie mit der Pflege zufrieden sind." Formal geht er damit auf den Patienten ein, aber praktisch redet er natürlich an ihm vorbei. Er gibt ihm nicht die Gelegenheit mehr davon zu sagen, was ihn jetzt wirklich umtreibt und nachts nicht schlafen lässt.

Natürlich kann Isolation durch die Seelsorgerin und den Seelsorger allein nicht aufgehoben werden. Sie können die Zuwendung durch Familienangehörige niemals ersetzen oder kompensieren, aber es kann ein Anfang gesetzt werden. Unter Umständen kann auch einmal ein Gespräch mit Angehörigen helfen und kommunikative Brücken bauen.[92] Wo in der Situation von Krankheit an die Stelle gefürchteter Isolation eine offene und möglichst tabufreie Kommunikation tritt, ist eine Lebensperspektive gewonnen. Jede Isolation weist in die Richtung des Todes. Kommunikation aber bedeutet Leben.

Seelsorge am Krankenbett kann dann aber auch noch einen Schritt weiterführen. Sie könnte dem Kranken auch die Gelegenheit zur *Auseinandersetzung* mit der Krankheit und vielleicht auch mit sich selbst bieten. Wenn ein gewisses Vertrauensverhältnis entstanden ist, wenn bei dem Kranken sich das Gefühl gefestigt hat: Dieser Mensch steht an meiner Seite – dann kann auch eine Konfrontation gewagt werden. Sie legt sich z.B. nahe

- wenn eine *starke Diskrepanz* spürbar wird zwischen dem, was der Kranke sagt, und dem, was ich wahrnehme: „Bei mir ist alles o.k. Ich weiß eigentlich gar nicht, was ich hier im Krankenhaus soll." Stimmt das? Vorsichtig konfrontiert der Seelsorger den Patienten mit seiner Wahrnehmung: „Sie sehen recht erschöpft aus ...". Natürlich kann der Kranke auch jetzt verharmlosen, aber er kann auch die vorsichtige Herausforderung annehmen und darüber sprechen, was ihm wirklich Sorge macht.
- wenn *unrealistische Hoffnungen*, z.B. bei einem Herzinfarkt, da sind: „Es wird alles schon wieder so, wie es war." Diese Hoffnungen zeigen, dass die Krankheit noch nicht angenommen ist. Eine Seelsorgerin könnte hier vielleicht sagen: „Eine solche Krankheit bedeutet auch einen Einschnitt – denken Sie

92 Das Thema einer Seelsorge an den Angehörigen und mit ihnen wird selten behandelt, vgl. dazu besonders: Hészer, Gábor: Seelsorge mit Angehörigen und Mitbetroffenen, in: Klessmann (Hg.), a.a.O., 161–170

nicht?" Auch hier ist offen, ob der Patient bereit sein wird, von den Ängsten zu erzählen, die ihm diese Krankheit bereitet und die er unablässig niederzuringen sucht.

• wenn der Eindruck entsteht, hier lässt sich jemand fallen, versinkt in *Passivität* und schiebt alle Verantwortung für das Gesundwerden anderen zu (Die sollen mich gesund machen!). Es gibt keine eindrucksvollere Konfrontation in dieser Situation als die, die Jesus an den Kranken von Bethesda richtete: „Willst du gesund werden?" (Joh 5,6), das heißt doch: „Willst du jetzt für dich die Verantwortung übernehmen?" Eine solche Frage will nicht bloßstellen, sondern die im Kranken vorhandenen Kräfte hervorlocken und stärken.

Ziel einer Auseinandersetzung mit der Krankheit wäre vor allem der Aufbau einer realistischen und tragfähigen *Hoffnung*. Die entscheidende Frage für den Kranken ist, ob er etwas zu hoffen hat. „Hoffnung lässt nicht zuschanden werden" (Röm 5,5). Dabei steht zunächst die Hoffnung auf Gesund werden und Leben im Vordergrund. Hoffnung zu stärken, ohne Illusionen zu nähren – dazu kann Seelsorge helfen, wenn der Kontakt gelingt. Konkret bedeutet dies im Gespräch, den Spielraum der Hoffnung auszuloten, nach den gegebenen Möglichkeiten für „gute Besserung" und Daseinsfreude Ausschau zu halten. Es bedeutet im Kranken selbst den Pol der Zuversicht gegen den Pol der Verzagtheit zu stärken.

Krankenseelsorge ist wirklich Herausforderung. Nicht nur, dass der Seelsorger Leidenserfahrungen ausgesetzt ist, an denen die eigene Hilflosigkeit und Ohnmacht spürbar wird. Er wird auch zum Adressaten der Aggressionen werden, die ein kranker Mensch in sich trägt. Leiden kann aggressiv machen, wenn es aussichtslos scheint, wenn ein Ende nicht absehbar ist, wenn man die Ungerechtigkeiten des Schicksals nicht zu begreifen vermag. Es ist wichtig, den Aggressionen Raum zu geben. Auch so kann Seelsorge zum Leben helfen. Denn aggressive Impulse, die immer nur innen bleiben, können selbstzerstörerisch werden bis in den Tod. In den biblischen Texten begegnen wir heilvoll „gestalteter Aggressivität". Man denke nur an die Psalmen (Ps 68,9.19; Ps 69,9), aber auch an Hiob, der mitnichten nur ein „Dulder" war, sondern zugleich ein leidenschaftlicher Protestierer gegen sein Elend (Hiob 31,35).

Nicht zuletzt sind Seelsorgerinnen und Seelsorger auch herausgefordert zum Gespräch über *ethische Fragen*, die sich in der Krankheitssituation stellen können.[93] Hier sei nur auf die vielschichtige Problematik der Organtransplantation hingewiesen. Wo sie in Betracht gezogen wird, ist sie in der Regel eine besondere Chance für den Kranken. Sie bietet Aussicht auf Lebenszeit und erhoffte Lebensqualität. Aber solch eine Behandlung ist keineswegs selbstverständlich. Es stellen sich dem Patienten Fragen, die gehört werden wollen: Wie werde ich mit dem Organ eines fremden Menschen Leben können?[94] Wird mein Körper das mir ein-

---

93 Vgl.: Schlaudraff, Udo: Krankenhausseelsorge und Ethik, in: Klessmann (Hg.), a.a.O., 193–204
94 Zur Orientierung sei hingewiesen auf:

Wellendorf, Elisabeth: Mit dem Herzen eines anderen leben? Die seelischen Folgen der Organtransplantation, Zürich 1993

gepflanzte Transplantat annehmen? Kann ich es annehmen? Wie kann ich damit fertig werden, dass ein Mensch sterben musste, damit ich zu einem neuen Organ komme? Wie gehe ich damit um, dass der eine ein Organ erhält, und ein anderer warten muss – vielleicht, bis es zu spät ist?[95] Wäre ich selbst zur Organspende bereit?

Es ist wichtig, sich auf solche Fragen einzulassen, wo sie gestellt werden. Das setzt freilich voraus, dass der Seelsorger sich selbst mit der Problematik auseinander gesetzt hat.[96] Im Gespräch kann es dann freilich nicht darum gehen, einfach ethische Maximen mitzuteilen, sondern es ist vielmehr danach zu suchen, wie sich die Dinge aus der Perspektive des kranken Menschen darstellen und was ihn in dieser kritischen Situation ruhig und gewiss machen kann.

Ethische Fragen ergeben sich in der Krankenseelsorge natürlich auch noch bei anderen, vielleicht sehr viel weniger spektakulären Konfliktfeldern. Überall dort, wo von dem Kranken eine Entscheidung gefordert wird – sei es zu einer bestimmten Therapie, sei es zu einem Sanatoriumsaufenthalt, sei es, dass eigene Ängste sich stark hervortun, sei es, dass die Interessen anderer, etwa der Kinder, besonders zu berücksichtigen sind – kann es hilfreich sein, beim Abwägen zu helfen, die ambivalenten Strebungen bewusst zu machen, das Für und Wider zu erörtern und zum Wagnis einer Entscheidung zu ermutigen.[97]

Seelsorgerliche Begleitung – Hilfe zum Glauben
Hilfe zum Leben und Hilfe zum Glauben – das ist eigentlich nicht voneinander zu trennen. Und wenn es darum geht, sich wirklich mit Krankheit auseinander zu setzen, dann hat dies meist auch einen religiösen Aspekt, unabhängig davon, ob dieser wahrgenommen wird oder nicht. Jetzt geht es uns aber um die Frage, wie in der Krankheitssituation Glaubensfragen ausdrücklich in den Blick und ins Gespräch kommen. Sie schwingen immer mit, denn die Person der Seelsorgerin und des Seelsorgers steht für Glaube, Kirche und Religion. Allerdings sollte die Gelegenheit eines Krankenbesuches nicht zu „missionarischer" Vereinnahmung führen. Dietrich Bonhoeffers ausdrückliche Warnung, die Schwäche von Menschen in Grenzsituationen nicht auf „pfäffische" Weise auszunutzen[98], hat ihr bleibendes Recht. Aber diese Warnung darf uns nicht abhalten, darauf zu achten, wie Aspekte unseres Glaubens in einer für den kranken Menschen hilfreichen Weise

---

95 Zur Problematik der medizinischen Verteilungsgerechtigkeit vgl.: Schlaudraff, a.a.O.,199ff

96 Vgl. zur Orientierung u.a.: Pichlmayr, Rudolf u.a.: Organtransplantation, in: Eser, Albin u.a.: Lexikon Medizin, Ethik, Recht, Freiburg i.Br. 1992, 757–774; Frey, Christofer: Konfliktfelder des Lebens, Göttingen 1998, 177–196; Oduncu, Fuat: Hirntod und Organtransplantation, Göttingen 1998; Organtransplantationen. Erklärung der Deutschen Bischofskonferenz und des Rates der EKD, Hannover 1990 (= Gemeinsame Texte; 1)

97 Vgl. dazu: Ziemer, Jürgen: Ethische Orientierung als seelsorgliche Aufgabe, in: WzM 45, 1993, 388–398 (auch in: Pohl-Patalong, Uta/ Muchlinsky, Frank (Hg.): Seelsorge im Plural, Hamburg 1999, 74–88)

98 Bonhoeffer, Dietrich: Widerstand und Ergebung, Berlin 1972, 307 (Brief vom 30.4.44)

angesprochen werden können. Wichtig scheint zunächst, die *Angebote, die vom kranken Menschen selbst kommen, aufzunehmen*:

- die *verdeckt religiöse Frage:* Es gibt Themen, die einem Kirchenvertreter immer wieder gestellt werden: Kirchensteuer; der Papst und die Pille; die Kreuzzüge, die Waffensegnung der Kirche im Weltkrieg usw. Manchmal steht hinter solchen Fragen ein echtes Gesprächsinteresse. In etwas hilfloser Weise begibt man sich auf das vermeintliche Terrain des kirchlichen Gesprächspartners. Worauf beruht das Interesse? Es kann nichts schaden, hier vorsichtig nachzufragen.
- Die Suche nach *Bestätigung weltanschaulich-religiöser Grundüberzeugungen.* Ein Patient sagt etwa: „Ich bin kein Kirchgänger, Herr Pfarrer, aber ich habe meinen Glauben." Man muss das nicht gleich bezweifeln. Vielleicht darf man nun fragen: Was ist das, das trägt? Was ist für Sie die „eiserne Ration"? Ich muss als Seelsorger den „Glauben" des anderen nicht verbessern oder korrigieren wollen, aber je konkreter wir über den Glauben ins Gespräch kommen, umso deutlicher lassen sich auch Akzente setzen. Der Glaube an die „Kraft in mir" – kann er nicht gestärkt werden und wachsen durch den Glauben an die „Kraft außerhalb von uns"? Man kann sich nicht alles selbst geben. Es wäre schon viel gewonnen, wenn man darüber ins Gespräch käme.
- Anknüpfungen an *„Glaubensreste",* an Fetzen religiöser Praxis, die in der Erinnerung fortbestehen:

  P: Ja, früher, da haben wir gebetet, bei uns zu Hause.
  S: Und dann hat es Ihnen auch ein Stück weitergeholfen?
  P: Ja, aber ...
  S: Heute ist es Ihnen abhanden gekommen. Sie würden sich schämen, es zu tun?

In diesem kurzen Gespräch wird eine verborgene Sehnsucht deutlich. Vielleicht lohnt es darüber nachzudenken, wie heute auf erwachsene Weise das getan werden kann, was jemand als Kind erlebt hat und woran er gute Erinnerungen hat. Es ist überraschend, was manchmal an Resten erinnerten Glaubens zutage kommt: ein Gebet, eine Vaterunser-Bitte, eine Liedzeile, ein Jesusbild ... All diese „Reste" können im Gespräch aufgenommen werden – freilich ohne bedrängende Absicht.

Und dann sind da natürlich die *„großen Fragen",* von denen im theologischen Teil schon die Rede war: Was wird wohl einmal sein? Warum dies alles? Warum gerade ich? Es sind letztlich religiöse Fragen; und daher werden sie eher Pfarrern und Pfarrerinnen als Ärzten und Ärztinnen gestellt. In der aktuellen Diskussion am Krankenbett hilft kein theologisches Referat, kein gelehrter Erklärungsversuch, aber es ist möglich, Raum zu geben für die *Ängste und Aggressionen,* die hinter den Fragen lauern. Vielleicht überrascht und ermutigt es einen kranken Menschen, wenn er erfährt, dass in biblischen Texten nicht weniger ernst und radikal gefragt wird. Es gibt keine aus der Verzweiflung kommende Frage, die hier nicht gestellt werden dürfte. Das ist die Chance der Seelsorge.

Es hilft, wenn die Fragen und Klagen genauer werden, wenn die Ängste einen Namen bekommen. Vielleicht stecken hinter den Fragen des Kranken ganz konkrete Erfahrungen mit sich selbst und anderen Menschen, mit der Kirche, mit Gott. Oft kann man auf die „großen Fragen" nicht viel sagen, auch als Seelsorger nicht. Da ist es besser, statt vieler Worte den Kranken die Solidarität spüren lassen. Hans-Christoph Piper schreibt aus der Sicht des Seelsorgers: „... es gehört der Mut des Glaubens dazu, die Warum-Frage zuzulassen oder gar zu ihr zu ermutigen, wenn man merkt, dass sie unterdrückt wird. Denn wenn ich diese Fragen zulasse, fallen alle Scheinsicherheiten dahin, alle Masken zerbrechen, alle Antworten werden zur Phrase, die sich selbst entlarvt. Ich bin auf mich selber zurückgeworfen, auch meine Existenz steht auf dem Spiel. Die Verzweiflung weht auch mich an. Zugleich aber bin ich ganz und gar auf Gott geworfen."[99]

Unter Umständen lässt sich aus solchem *Mitfühlen* heraus versuchen den Gott zu zeigen, der im Leiden zum Menschen steht: „Ich denke, Er ist an Ihrer Seite." Manchmal mag auch dies schon zu viel sein, zu angestrengt, zu gewollt. Dann darf wohl gelten: „An den Grenzen scheint es besser zu schweigen und das Unlösbare ungelöst zu lassen."[100]

Exkurs: Psychische Krankheiten in der Seelsorge

„Irren ist menschlich" – so lautet der programmatische Titel eines der bekanntesten Psychiatrielehrbücher.[101] Der Sinn des alten Sprichworts, angewandt auf den gesamten Bereich der seelischen Störungen, ist unmittelbar evident: Jeder Mensch kann psychisch krank werden, und jeder seelisch Kranke ist ein Mensch wie jeder andere – uneingeschränkt in seinem Wert und in seiner Würde.

„Irren ist menschlich" – das bedeutet im Grunde etwas Selbstverständliches und muss doch ausdrücklich gesagt werden. Unser Verhältnis zum psychischen Kranksein ist in der Regel nicht unproblematisch – geprägt durch Angst und Unsicherheit, oft verbunden mit einem Gefühl des Unheimlichen. Die sprachliche Ausgrenzung als „Irrsinniger" und „Verrückter" und die praktische Abschiebung in spezielle „Verwahranstalten"[102], wie früher üblich, lebt in unseren Einstellungen oft noch fort. Umso wichtiger ist es, in der Seelsorge Formen hilfreicher Kommunikation zu finden, die der unversehrten Menschlichkeit der Personen und ihrer Leiden Rechnung trägt.

In den selteneren Fällen werden Gemeindpfarrerinnen und Gemeindemitarbeiter regelmäßig in psychiatrischen Kliniken zu tun haben. Aber in jeder Gemeinde gibt es Berührungspunkte mit psychischem Kranksein in ganz unter-

---

99 Piper, Hans-Christoph: Die Frage nach der Gerechtigkeit Gottes in der Seelsorge, in: ders., a.a.O., 98–108, 106f
100 Bonhoeffer, ebd. (s.u. A. 98)
101 Dörner, Klaus/ Plog, Ursula u.a.: Irren ist menschlich. Lehrbuch der Psychiatrie/Psychotherapie, Bonn Neuausgabe 2002
102 Vgl. dazu: Goffman, Erving: Asyle. Über die soziale Situation psychiatrischer Patienten und anderer Insassen, Frankfurt 1973

schiedlichen Ausprägungen: Depressionskranke, die oft scheu und manchmal auch latent aggressiv im Hintergrund bleiben; Psychopathen, die der Pfarrerin nicht von der Seite weichen; Schizophrene, die durch ungewöhnliches Verhalten ihre Umgebung in Unruhe versetzen. Deshalb sollten einige Hinweise auf diesen Bereich in einer Seelsorgelehre nicht fehlen. Wer schwerpunktmäßig mit psychisch Kranken zu tun hat, sei an die reichhaltige Spezialliteratur[103] verwiesen; außerdem ist es unbedingt hilfreich, die speziellen Ausbildungsangebote der Seelsorginstitute für die Arbeit in der Psychiatrie zu beachten.

Zunächst: Es ist sehr wichtig, psychische Krankheiten als solche zu *erkennen* und in ihrer Differenziertheit *wahrzunehmen.* Das ist nicht selbstverständlich. Seelische Leiden gehen immer einher mit bestimmten mehr oder weniger deutlich erkennbaren Auffälligkeiten: ungewöhnliches Verhalten, eigenartige Gemütszustände, auffällige Motorik o.ä. Nicht alles auffällige Verhalten muss freilich auf psychischer Krankheit beruhen. Ein passageres depressives Erscheinungsbild kann durch ein kritisches Lebensereignis wie den Verlust eines nahen Angehörigen ausgelöst sein und ist in diesem Fall als eine normale Reaktion anzusehen. Hier wird wichtig, den Unterschied zwischen einer seelischen „Störung" (Krankheit) und einer psychisch bzw. sozialen „Krise" zu beachten.[104] Letztere ist stets mit einem identifizierbaren konkreten Ereignis verknüpft, das der Leidende selbst auch genau benennen kann. Bei „Störungen" ist das so nicht der Fall, ihr Vorhandensein erscheint Außenstehenden und oft auch den Betroffenen selber als völlig anlasslos. Die Unterscheidung von „Störung" und Krise" ist fundamental für helfendes Handeln in diesen Bereichen. Keinesfalls kann es Aufgabe von Seelsorge sein, seelische Störungen therapeutisch zu „behandeln"; es ist eher dafür Sorge zu tragen, dass dies durch zuständige therapeutische Institutionen geschieht. Hingegen gehört der Umgang mit kritischen Lebensereignissen (wie etwa bei einem Trauerfall) durchaus zum pastoralen Aufgabenfeld in der Seelsorge, auch wenn hier für schwierigere Situationen zusätzlich spezielle Dienste der Krisenhilfe und Krisenintervention[105] zur Verfügung stehen.

Bei den seelischen Krankheiten wird in der Regel zwischen *Neurosen* und *Psychosen* unterschieden. Es ist freilich zu beachten, dass die diagnostischen Nomenklaturen, die phänomenologischen Zuordnungen und die psychiatrischen Ursa-

103 Z.B.: Tögel, Christa: Seelsorge an psychisch Kranken, in: Becker, Ingeborg u.a. (Hg.): Handbuch der Seelsorge, Berlin 1983, 429–436; Nohl, Paul-Gerhard: Mit seelischer Krankheit leben. Hilfen für Betroffene und Mitbetroffene, Göttingen ³1991; Hagenmaier, Heike und Martin: Seelsorge mit psychisch kranken Menschen, Mainz 1991; Wolfersdorf, Manfred u.a.: Ausgewählte psychische Störungen, in: Blattner, Jürgen u.a. (Hg.): Handbuch der Psychologie für die Seelsorge, Bd. 2, Düsseldorf 1993, 21–106; Schäfer, Ulrike/

Rüther, Eckart: Heile Seelen. Was macht die Psyche gesund, was macht sie krank, Göttingen 2007; Mundhenk, Roland: Der geteilte Mantel. Psychisch kranke Menschen seelsorgerlich begleiten, Hamburg 2005; Baumgartner, Isidor: Pastoralpsychologie, Düsseldorf 1990, 206–234

104 Siehe auch oben Kap. 9.4.1.1.

105 Zum Einzelnen vgl.: Sonneck, Gernot (Hg.): Krisenintervention und Suizidverhütung, Wien ⁴1997

chenbeschreibungen für seelische Krankheiten in der Fachliteratur[106] sehr weit auseinander gehen. Das hängt sicher mit den unterschiedlichen Paradigmen der Interpretation bei den Experten zusammen, hat aber auch nicht wenig damit zu tun, dass Grenzen der Krankheitsphänomene fließend und die Erscheinungsbilder der Krankheiten nicht einheitlich sind. Schon zu unterscheiden, was nun eigentlich „auffällig" und/oder „nicht normal" ist, bringt stets auch subjektive Maßstäbe ins Spiel.[107]

Sehr grob vereinfachend kann gesagt werden, dass bei *Neurosen* im Vergleich zu den Psychosen die Auffälligkeiten geringer sind. Neurotiker wirken nach außen oft recht „normal" und gut angepasst, während sie innerlich leiden. Ihre Leiden hängen dabei mit unbewältigten, meist konflikthaften Ereignissen ursächlich zusammen, ohne dass dieser Zusammenhang von vornherein bewusst ist. Diese unbewussten Zusammenhänge finden ihren Ausdruck in bestimmten leidschaffenden Symptomen, u.a.: überwertige Ängste oder Phobien (Angstneurosen), starke Zwänge (Zwangsneurosen); andauernde Depressionen (neurotische Depressionen). Durch diese und andere Symptome ist die Handlungs- und Erlebnisfähigkeit eines neurotischen Menschen stark eingeschränkt, und durch sie werden die Beziehungen zur Mitwelt und zu einzelnen Partnern weitgehend gestört. Mit Willensanstrengungen kommt der Neurotiker gegen seine Leidenssymptome nicht an; gut gemeinte Appelle verstärken diese eher; es entsteht das Gefühl, zu allem auch noch lernunfähig oder gar lernunwillig zu sein. In den meisten Fällen ist der Leidensdruck groß und die Therapiebereitschaft entsprechend gegeben. Nicht selten sind neurotische Erkrankungen auch mit Körpersymptomen verbunden; der Übergang zu psychosomatischen Krankheiten ist fließend. Eine spezifische, keineswegs seltene Erscheinungsform psychischen Leidens ist die narzisstische Neurose mit den Symptomen einer belastenden Egozentrik und hochgradiger Kränkbarkeit.[108] Letztere wird jetzt oft auch gemeinsam mit dem so genannten Borderline-Syndrom, einer Ich-Störung mit Neigung zu starken Realitätsverzerrungen, als „Frühe Störung" klassifiziert.[109]

Im Gegensatz zu neurotisch kranken Menschen haben *Psychotiker* oft wenig oder gar keine Krankheitseinsicht. Dies ist Teil ihrer Symptomatik, zu der weiter-

106 Neben dem oben genannten Werk von Dörner/ Plog sei hingewiesen auf: Huber, Gerd: Psychiatrie. Lehrbuch für Studium und Weiterbildung, Stuttgart/ New York [7]2005; Battegay, Raymond u.a. (Hg.): Handwörterbuch der Psychiatrie, Stuttgart [2]1992; Kurtz-von Aschoff, Jutta: Grundlagen der klinischen Psychotherapie, Stuttgart 1995
107 Vgl. dazu: Baumgartner, a.a.O., 206f
108 Eine kurze und hilfreiche Übersicht über die Neuroseformen bei: Battegay, Raymond: Neuroseformen, in: ders. u.a. (Hg.), a.a.O., 367–374; vgl. Dörner/ Plog, a.a.O., 292ff, bes. 305f

109 Im Gegensatz zu den „klassischen" Neurosen, die in der psychoanalytischen Hermeneutik vor allem mit einer unzureichenden Verarbeitung von Triebkonflikten in Zusammenhang gebracht werden, handelt es sich bei den Frühen Störungen um in einer sehr zeitigen Phase der Entwicklung begründete Störungen im Verhältnis zum eigenen Ich. Vgl. die Gegenüberstellung von Neurosen und Frühen Störungen bei Kurtz-von Aschoff, a.a.O., 211

Psychische Krankheiten[*]

Hirnorganische Leiden	Psychosomatische Krankheiten	Neurotische Erkrankungen		Psychotische Erkrankungen	Suchtkrankheiten
		Neurosen	**Frühe Störungen**		
Unfallfolgen	*Funktionelle Erkrankungen* (Störungen der vegetativen Funktion ohne Organläsion)	*Symptomneurosen*	*Narzisstische Pers.-Störungen* (narzisstische Neurose)	*Affektive Psychose*	Drogenkrankheit
Schlaganfall		Zwangsneurosen		Zyklothymie (manisch-depressives Kranksein)	Alkoholismus
Hirntumor		Angstneurosen	*Borderline-Störung* (Ich-Störung mit Realitätsverzerrungen, bes. im Beziehungsbereich)		Spielsucht
Epilepsie	Kopfschmerz	Hysterie		Endogene Depression	Kaufsucht
degenerative Erkrankungen (z.B. Alzheimer)	Atembeschwerden u.a.	neurot. Depression			u.a.
u.a.		*Charakterneurosen*		*Schizophrenie* (Denkstörungen, Halluzinationen, Wahn, Katatonie)	
	Psychosomatische Erkrankungen (seelisch bedingte Körperkrankheit mit Organläsion)	Depressive Persönlichkeit schizoide Pers. anankastische Pers. hysterische Pers. u.a.			
	z.B. Migräne, Magersucht, Colitis ulc. u.a.				

[*] Quellen: Kurtz-von Aschoff, Jutta: Grundlagen der klinischen Psychotherapie, Stuttgart 1995, 306ff; Battegay, Raymond u.a. (Hg.): Handwörterbuch der Psychiatrie, Stuttgart ²1992

hin gehören: Wahnvorstellung, Realitätsverlust, Denkstörungen, Gedächtnisschwäche, Sinnesverwirrung usw. Ein „normales" Leben, gar mit Berufsausübung ist – wiederum im Gegensatz zu vielen Neurotikern – in vielen Fällen nicht möglich, jedenfalls nicht ohne entsprechende medizinische (in der Regel medikamentöse) Behandlung. Psychosen sind „endogen", also nicht wie Neurosen erlebnisbedingt, aber sie können durch Umwelteinflüsse (Überlastung, krisenhafte Beziehungsentwicklung, starker Druck etc.) mehr oder weniger verstärkt werden. Die bekanntesten Erscheinungsformen der psychotischen Erkrankungen sind: Schizophrenie (das Gespaltensein – mit signifikanten Wirklichkeitsverzerrungen) und die endogene Depression, die in häufigeren Fällen zyklisch im Wechsel mit Zuständen der Manie (Überaktivität im Gefühls- und im Handlungsbereich) auftritt (manisch-depressives Kranksein).

Schließlich gehören zu den psychisch Kranken auch die große Zahl derer, die an einer *Sucht*[110] leiden. Stoffgebundene Süchte – Drogen, Alkohol, Nikotin – sind besonders auffällig. Aber es gibt auch suchthaftes Verhalten, das nicht so auffallend ist (Kaufsucht, Arbeitssucht, Spielsucht). Suchtkrankheiten sind Abhängigkeiten, verbunden mit der Unfähigkeit der Subjekte, sich zur Wehr zu setzen.

Spätestens bei den Süchten wird deutlich, dass psychische Krankheiten auch soziale Leiden sind. Es gehört zur seelsorgerischen Kompetenz, darauf besonders aufmerksam zu sein. Im Erleben psychisch kranker Menschen spiegelt sich die Realität der modernen Gesellschaft einschließlich ihrer krankmachenden Faktoren: existenzbedrohender Leistungsdruck gegenüber den Einzelnen, profitbedingte Rücksichtslosigkeiten gegen Natur und Seele, Ausgrenzungsneigungen gegenüber dem Schwächeren und Fremden usw. Man gewinnt ein anderes Bild von seelischer Krankheit, wenn man auf die sie bedingenden gesellschaftlichen Ursachen den Blick richtet. Seelisch krank zu sein ist nicht nur ein bedauerliches Einzelschicksal!

Seelsorge hat, wie schon gesagt, nicht die Aufgabe, eine der hier genannten psychischen Krankheiten zu behandeln. Sie hat dagegen den Auftrag, seelisch Kranke und ihre Angehörigen zu begleiten.[111] Voraussetzung dafür ist eine akzeptierende und solidarische Einstellung zur psychischen Krankheit – eben die Einsicht, dass in jeder dieser Leidensformen etwas zutiefst Menschliches steckt, das auch mir als Seelsorgerin oder Seelsorger nicht fremd ist. Auch psychisch „kranke" Erlebnisweisen sind keineswegs uneinfühlbar. Es ist wichtig, die eigene Neigung zur Depression, die eigenen Tendenzen zur Gespaltenheit, die heimlichen Neigungen zur Sucht usw. wahrzunehmen. Irren ist menschlich!

110 Vgl. Dörner/ Plog, a.a.O., 243ff; Mayer, a.a.O., 476ff; Harsch, Helmut: Hilfe für Alkoholiker und andere Drogenabhängige, München ⁸1991; Urmoneit, Hannes: Seelsorge an Süchtigen und Suchtgefährdeten, in: Becker, Ingeborg u.a. (Hg.), a.a.O., 453–467
111 Feld, Thomas: Seelsorge mit psychiatrischen Patienten, in: Klessmann (Hg.), a.a.O.,

117–127; betont besonders den Begegnungscharakter einer Seelsorge mit psychisch Kranken. Über Seelsorge mit psychisch Kranken unter den spezifischen Bedingungen in einem psychiatrischen Krankenhaus vgl. auch: Anderegg, Erwin/ Brefin, Matthias: Seelsorge in der Psychiatrie, in: Battegay, Raymond u.a. (Hg.): a.a.O., 545–549

Aus solcher Einstellung folgt die Haltung des Respekts, der Achtung und Wertschätzung, auf die allein eine *seelsorgerliche Beziehung* zu den Kranken aufgebaut werden kann. Das ist freilich nicht immer leicht, weil es Erscheinungsweisen psychischen Leidens gibt, die schnell zu abwehrenden und abqualifizierenden Reaktionen führen können. Je mehr man sich dessen bewusst ist, je einfacher mag es sein, den hiermit verbundenen Gefahren nicht zu erliegen. Seelsorge ist das Bemühen, Menschen in ihrem Leiden wirklich als Personen zu begegnen, deren Würde unantastbar ist. Dazu ist es sehr wichtig, sich auf die Symptom-Schilderungen der Patienten wirklich einzulassen – ohne ständig etwas korrigieren oder „richtig stellen" zu wollen.

Wenn man einen echten Zugang zur Person des psychisch kranken Menschen gefunden hat, dann kann das für diesen eine sehr hilfreiche Bedeutung erlangen. Es kann der Beginn davon sein, die Einsamkeit, die oft den erlebnishaften Kern des Leidens darstellt, aufzubrechen. Dann ist es auch möglich, von dem nahen und uns zugewandten Gott in Christus zu sprechen, zu beten und mit den überlieferten Symbolen und Riten des Glaubens die heilende Nähe Gottes zu bezeugen.

Der Respekt vor der Wirklichkeit verlangt freilich auch den Hinweis darauf, dass in den Begegnung mit psychisch kranken Menschen oft das Nicht-Verstehen und die Erfahrung von Fremdheit dominieren. Es braucht viel Zeit und Liebe, ehe man etwa den Zugang zur Erfahrungswelt eines Psychotikers erlangt. Manchmal gelingt es nie. Es gibt hier keine seelsorgerliches Erfolgsrezepte, und die Auseinandersetzung mit den Erfahrungen der eigenen Ohnmacht und Begrenzung gehört zur Seelsorge mit psychisch Kranken wesenhaft dazu.

9.2.4. Seelsorge an Sterbenden

Eine persönliche Herausforderung
Zur Krankenseelsorge gehört der seelsorgerliche Beistand für sterbende Menschen. Auch wenn es heute längst nicht mehr die Regel ist, dass Gemeindeglieder eine Pfarrerin, einen Pfarrer zu ihren sterbenden Angehörigen rufen, so gibt es doch immer wieder Gelegenheit, Sterbenden Beistand zu leisten – sei es im Krankenhaus, sei es bei Hausbesuchen oder sei es im Zusammenhang mit einer Notfallsituation. Jeder im geistlichen Beruf praktisch Tätige sollte darauf eingestellt sein. Natürlich liegt hierin eine besondere Herausforderung für alle Seelsorgerinnen und Seelsorger. Es ist nicht verwunderlich, dass dieser Bereich seelsorgerlicher Arbeit mit Ängsten und Unsicherheit seitens derer, die sie leisten sollen, verbunden ist. Gerade Berufsanfänger denken oft, dass sie für die Seelsorge an Sterbenden nicht ausreichend kompetent seien – dass sie zu wenig wüssten, zu wenig gelernt hätten und über zu wenig Erfahrung verfügten. Das ist verständlich; aber es ist wichtig, sich klar zu machen, dass die eigentliche Herausforderung hier nicht an eine bestimmte Fachkompetenz geht, sondern dass seelsorgerlich Tätige hier zuerst als Menschen gefordert sind. Was Sterbende brauchen, ist in

erster Linie eine ganz schlichte menschliche Zuwendung und erst in zweiter Linie und damit verbunden eine spezifische seelsorgerliche Begleitung. Leicht ist weder das eine noch das andere; denn jede Begegnung mit einem Sterbenden konfrontiert uns auch mit unserer eigenen Sterblichkeit. Es ist immer die Frage dabei, wie gut wir das aushalten und wie weit wir damit zurecht kommen. Oft sind kaum noch Worte möglich, wohl aber ein Zeichen unmittelbarer Zuwendung.

Die wichtigste Form der Vorbereitung auf die Aufgaben der Sterbeseelsorge besteht darin, eine eigene Einstellung zum Tod zu finden: Was bedeutet es für mich, dass alle Menschen – also auch ich – sterben müssen? Und was gibt mir angesichts dieser unumstößlichen Tatsache Hoffnung und innere Festigkeit? Je gelassener und gewisser ich als Seelsorgerin und Seelsorger denke und fühle, umso offener kann ich für das Sterbensthema bei anderen sein. Einfach ist das nicht in einer Gesellschaft, in der das Todesthema möglichst vermieden wird.[112] Das trifft ja auch dann zu, wenn man gleichzeitig durchaus wahrnimmt, dass in den letzten Jahrzehnten in schier unübersehbarer Fülle thanatologische Spezialliteratur[113] erschienen ist, darunter nicht wenig, was sich auch für die Praxis der Sterbeseelsorge[114] eignet.

Sterben – ein individuell geprägter Prozess
In der Praxis sind die Sterbesituationen den jeweiligen Umständen entsprechend sehr unterschiedlich. Es ist etwas anderes, ob ein junger Mensch oder ein Kind im Sterben liegt oder ob sich der Sterbende in hohem Alter befindet, ob ein langes Krankenlager vorausgegangen ist oder ob ein akutes Ereignis zum Sterben führt. Und es ist ferner von Bedeutung, wie das familiäre Umfeld beschaffen ist und ob ein Leben bis zu diesem Zeitpunkt im Wesentlichen befriedigend verlaufen ist oder ob es reich an Enttäuschung war. Der Tod ist individuell, und jede Begegnung mit einem sterbenden Menschen bedeutet eine neue Erfahrung.

---

112 Vgl. Richter, Gotteskomplex, a.a.O., 181ff; Schweidtmann, Werner: Sterbebegleitung, Zürich 1991, 12ff; Faerber, Regina: Der verdrängte Tod. Über die Unkultur im Umgang mit unseren Toten, Genf 1995; skeptisch zur Verdrängungsthese hat sich schon vor Jahren Werner Fuchs geäußert und für ein Verständnis vom „natürlichen Tod" plädiert: Fuchs, Werner: Todesbilder in der modernen Gesellschaft, Frankfurt ²1979

113 Es mag genügen, hier hinzuweisen auf: Condrau, Gion: Der Mensch und sein Tod, Zürich ²1991; ferner seien die Veröffentlichungen zur Sterbeforschung von Elisabeth Kübler-Ross erwähnt: Kübler-Ross, Elisabeth: Interviews mit Sterbenden, Stuttgart ¹⁷1989; dies.: Reif werden zum Tode, Stuttgart ⁸1988;

dies.: Was können wir noch tun? Antworten auf Fragen nach Sterben und Tod, Stuttgart ⁶1983

114 Neben den bereits erwähnten Büchern von Schweidtmann und Piper seien genannt: Ebert, Andreas/ Godzik, Peter (Hg.): Verlass mich nicht, wenn ich schwach werde. Handbuch zur Begleitung Schwerkranker und Sterbender im Rahmen des Projekts „Sterbende begleiten – Seelsorge der Gemeinde", Hamburg 1993; Rest; Franco: Den Sterbenden beistehen. Ein Wegweiser für die Lebenden, Wiesbaden ⁴1998; ders.: Sterbebeistand, Sterbebegleitung, Sterbegeleit, Stuttgart ⁴1998; Specht-Tomann, Monika/ Tropper, Doris: Zeit des Abschieds. Sterbe- und Trauerbegleitung, Düsseldorf 1998 (⁶2007)

Das muss man sich auch vergegenwärtigen, wenn man die Ergebnisse der modernen Sterbensforschung zur Kenntnis nimmt. Alle Versuche, Sterbeerfahrungen von Menschen zu verallgemeinern, haben einen begrenzten heuristischen Wert. Das gilt auch für die Versuche einer Aufeinanderfolge verschiedener Phasen im Sterbeprozess:

Sterbephasen nach Kübler-Ross[115]

Phase	Typische Erfahrungen	Helfereinstellungen
I. Ungewissheit Leugnen	Dunkle Ahnungen Konfrontation mit Diagnose Abwehr: Nicht ich …	Zeit lassen, Vertrauen schaffen, Unsicherheit konkret besprechen
II. Auflehnung Zorn	Emotionale Ausbrüche, Schmerz, Aggressionen gegen Ärzte, Pfleger, auch gegen Gott, Schicksal, Kirche Das darf doch nicht wahr sein!	Nicht persönlich nehmen, nicht viel argumentieren, zuhören, dableiben, solidarisch sein Psalm, Klagegebet
III. Verhandeln	Kooperative Einstellung, starker Lebenswunsch Wenn ich wieder gesund werde, dann … Bereitschaft zur Lebensänderung	Hoffnung lassen, aber unrealistische Erwartungen nicht verstärken Vorsätze nicht hinterfragen Kontakte zum Lebensalltag
IV. Depression	Mutlosigkeit und Resignation, Ergebenheit aus Schwäche oder Verzagtheit, stummes Leiden Ich kann nicht …	alle jetzt mögliche Hilfe anbieten, nahe sein, nicht vertrösten Texte des Vertrauens, Gebet
V. Annahme	Einwilligung ins Sterben innerer Frieden Es ist nicht leicht, aber ich sage ja.	Wünsche wahrnehmen … Hoffnung stärken geistliche Hilfe anbieten

Eine solche Prozessbeschreibung, die je nach kulturellem Kontext zu variieren wäre, darf nicht in einem quasi naturgesetzlichen Sinne missverstanden werden. Sie kann aber die Aufmerksamkeit für die spezifische Situation eines Menschen schärfen und bestimmte Verhaltensweisen erklären. So und nur so sollte sie gebraucht werden. Sie könnte aber auch den Blick für das Besondere des jeweiligen persönlichen Sterbens verstellen. Sterben ist kontingent. Es verläuft nicht nach feststehenden Regeln. Aber es gibt Erfahrungen, die vergleichbar sind, von denen her es möglich ist, die Aufgaben der Sterbeseelsorge genauer zu fassen.

---

115 Verwendete Quellen: Kübler-Ross, Interviews, a.a.O., 41–119; Specht-Tomann/ Tropper, a.a.O., 20–41 (21–44); Weiß, Wolf- gang: Im Sterben nicht allein. Hospiz. Ein Handbuch für Angehörige und Gemeinden, Berlin 1999, 46–55

Bedürfnisse Sterbender
Es ist nicht immer einfach, die Bedürfnisse eines Sterbenden zu erkennen. Im Grunde genommen kann sie uns niemand anders sagen als dieser selbst. Was wir wissen, verdanken wir denn auch ausschließlich den Erfahrungen und Gesprächen mit sterbenden Menschen.[116]

Gerade in der Seelsorge sollten wir uns darüber im Klaren sein, dass es zunächst um *körperliche* Bedürfnisse geht: Wie können Schmerzen gelindert werden, wie kann in den so belastenden Erfahrungen von Schwäche, Atemnot, Inkontinenz, Verwirrtheit, Bewegungseinschränkung usw. so geholfen werden, dass das Leben erträglich bleibt? Die Angst vor dem Tode ist oft verbunden mit der Angst vor schwerem Leiden, vor Schmerzen und Autonomieverlust gegenüber dem eigenen Körper. Sterbebeistand als „Hilfe im Sterben" wird bei den körperlichen Bedürfnissen anzusetzen haben und ist im Übrigen nicht vorstellbar ohne eine Kooperation unterschiedlicher Helferinstitutionen und Helferberufe.[117] Hervorzuheben sind in diesem Zusammenhang die besonderen Möglichkeiten der palliativen (lindernden) Medizin. Im Blick auf die Bekämpfung von Schmerzen ganz unterschiedlicher Intensität gibt es qualifizierte und differenzierte Behandlungsmöglichkeiten, die, wenn sie wirklich wahrgenommen werden, Menschen im Sterben große Erleichterung verschaffen können.[118]

Nicht weniger wichtig freilich ist die Aufmerksamkeit für die *sozialen* Bedürfnisse. Die Todesangst ist in den meisten Fällen auch Vereinsamungsangst: Werde ich am Ende verlassen und einsam sein? Werde ich „tot" sein, bevor ich gestorben bin? Oder wird es Menschen geben, die mich durch ihre Nähe und Solidarität spüren lassen, dass ich lebe und dass ich es wert bin, geliebt zu werden?

Auf einer anderen Ebene liegen die *personalen* Bedürfnisse. Hierher gehört alles, was dazu dient, die Würde und Integrität der eigenen Person zu wahren. Bestimmte Erlebnisse möchte ein Sterbender vielleicht noch einmal erzählen, bestimmte Erfahrungen ins rechte Licht rücken. Dahinter steht der Wunsch, mit dem gelebten Leben ins Reine zu kommen, um seinen Frieden finden zu können.

Im Zusammenhang mit den personalen stehen die *geistlichen* Bedürfnisse. Sie werden von einzelnen Menschen sicher ganz unterschiedlich artikuliert; manchmal kann man sie nur erahnen. Aber dass sich den Sterbenden etwas erschließen möge, das ihnen Hoffnung gibt, Frieden zuspricht und sie tröstet, das dürfte die allgemeine Sehnsucht sein. Die Sterbesituation ist offen für spirituelle Erfahrungen.

116 Auf diesen Aspekt hat besonders Henning Luther hingewiesen, vgl.: Luther, Henning: Alltagssorge und Seelsorge, in: ders.: Religion und Alltag, Stuttgart 1992, 224–238, 235ff

117 Für diesen interdisziplinären Ansatz vgl. etwa: Student, Johann-Christoph (Hg.): Das Recht auf den eigenen Tod, Düsseldorf 1993

118 Vgl.: Beutel, Helmuth/ Tausch, Daniela (Hg.): Sterben – eine Zeit des Lebens, Stuttgart 1989, 112–117; Specht-Tomann/ Tropper, a.a.O., 68–73 (73–79); Roser, Traugott: Spiritual Care, Stuttgart 2007, 144ff; Bausewein, Claudia u.a.: Leitfaden Palliativmedizin – Palliative Care. München ³2007

Sterbenden beistehen
Die Einsicht in die Notwendigkeit eines menschlichen Beistands im Sterben ist in Kirche und Gesellschaft in den letzten beiden Jahrzehnten gewachsen. Einen bedeutsamen Anteil hat daran ohne Zweifel die *Hospizbewegung*.[119] 1967 wurde das erste Hospiz in London eröffnet. Die Idee, Einrichtungen zu schaffen, in denen Sterbende so leben können, wie sie es wünschen, und in denen sie zugleich alle notwendige Hilfe erfahren, hat inzwischen viele Anhänger gefunden. In Deutschland gibt es ein ganzes Netz von Hospiz-Vereinen mit vielen ehrenamtlichen Helfern, die sich um die stationäre oder ambulante Betreuung Sterbender kümmern. Hier werden medizinische, pflegerische, soziale und seelsorgerliche Aspekte des Sterbebeistands in einer Einheit gesehen und praktiziert. Es ist für die Gemeindeseelsorge von großer Bedeutung, mit der Hospizarbeit Kontakt und Zusammenarbeit zu pflegen.[120]

Was Seelsorge an Sterbenden konkret bedeutet, kann hier nicht in wenigen Sätzen dargestellt werden, dazu bedürfte es der Auseinandersetzung mit verschiedenen sehr konkreten Sterbesituationen. Ein paar orientierende Hinweise mögen genügen. Zunächst muss etwas zur Grundeinstellung gegenüber dem Sterbenden gesagt werden:

Sterben gehört unabwendbar zum Leben dazu. Ich kann niemandem das Sterben abnehmen. Jeder ist in seinem Sterben unvertretbar.[121] Ich kann also als Seelsorgerin oder Seelsorger den Tod eines Menschen weder verhindern noch hinauszögern. Ich kann aber dazu beitragen, dass für den sterbenden Menschen auch die Phase seines Sterbens eine „Zeit des Lebens"[122] sein kann. Worauf käme es dabei an?

• *Verstehen was Sterbende sagen wollen*[123] : Weil uns der Tod so fremd und unheimlich ist, verstärken sich oft die Kommunikationsprobleme. Manchmal ist es ja schon schwer, rein akustisch sich mit einem Moribunden zu verständigen. Aber natürlich geht es um mehr als nur um akustische Probleme. Sterbende erleben häufig, wie schwer es für ihre Angehörigen und andere Menschen ist, mit dem Tod zu tun zu bekommen. Ganz unbewusst versuchen sie oft ihre Umgebung zu schonen und harte Konfrontationen mit dem Todesthema zu vermeiden. Viele Sterbende entwickeln eine Art Bild- und Symbolsprache. Sie

119 Vgl. Student, Johann-Christoph (Hg.): Das Hospiz-Buch, Freiburg ³1994; Specht-Tomann/ Tropper, a.a.O., 66ff
120 Zur „Hospizidee in der Gemeinde" vgl. Weiß, a.a.O., 135–175
121 Vgl. Martin Luthers berühmten Einleitungssätze der ersten der Invokavitpredigten von 1522: „Wir seindt allsampt zu dem tod gefodert und wirt keyner für den andern sterben. Sonder ein yglicher in eygner person für sich mit dem todt kempffen." (WA 10/III, 1)

122 Dies ist in gewisser Weise der Leitimpuls der Hospizbewegung, die sich mit spürbarer Resonanz für menschenwürdiges Sterben in unserer Gesellschaft einsetzt: vgl. auch Specht-Tomann/ Tropper, a.a.O., 66ff (70ff)
123 Kübler-Ross, Elisabeth: Verstehen, was Sterbende sagen wollen, Stuttgart ⁵1990; vgl. Piper, Gespräche mit Sterbenden, a.a.O., 155ff; Specht-Tomann/ Tropper, a.a.O., 138ff (150ff))

sprechen von einer großen Reise, von ihrer Heimat, von ihrem Haus, in das sie zurückkehren, von zukünftigen Begegnungen, die sie planen, oder von Vorsorge für das Leben, die sie beschäftigt. Wer sie verstehen will, kann an ihren Erfahrungen teilhaben, ihre Ängste wahrnehmen, ihre Wünsche verstehen. Die Sprache der Sterbenden erinnert uns daran, dass Tod und Sterben an eine Wirklichkeit rühren, für die uns die Worte fehlen. Sterbende stehen an der Grenze des Lebens, der Existenz und auch an der Grenze unserer Sprache. Sie sind darum in vielen Fällen empfänglich für die Sprache der Symbole (Bilder, Gesten, das Kreuz).

- *Mittragen, was schwer fällt*: Sterben ist in vielen Fällen nicht einfach. Menschen leiden, und sie möchten oft klagen und sich beklagen. Wer als Seelsorger Menschen im Sterben beistehen will, muss aufpassen, dass er nicht das Ideal eines schönen und friedvollen Sterbens zu rasch zur Richtschnur seiner Wahrnehmung und seiner Verhaltensweisen macht. Es könnte dazu führen, dass die Seelsorge an der Wirklichkeit stracks vorbeiführt. Es mit den Menschen in ihrer Not schweigend und solidarisch auszuhalten – das könnte eine der wichtigsten seelsorgerlichen Aufgaben sein. Das ist nicht leicht, und es ist keine Schande, an dieser Aufgabe auch immer wieder zu scheitern.

- *Raum geben um zurückzuschauen*: Es ist für viele sterbende Menschen ganz wichtig, noch einmal zu erzählen, was für sie in ihrem Leben von großer Bedeutung war, was sie geleistet haben und vielleicht auch, was als Hypothek bleibt.[124] Ein fast 100 Jahre alter Mann, der noch beide Weltkriege als Soldat erlebt und oft davon erzählt hat, vermochte nun, den nahen Tod vor Augen, von seiner Angst zu sprechen, die er in der grauenhaften Schlacht vor Verdun erlebt hat, und von den Schuldgefühlen angesichts der Aufgabe, Menschen töten zu müssen. Sterbende möchten oft erzählen. Manches erzählt sich einem Fremden, dem man vertrauen kann, leichter als den eigenen Familienangehörigen. Seelsorge ist eben auch Beichte. Und so selten heute eine förmliche Beichte gewünscht wird – deren alte Funktion, kritisch Bilanz zu ziehen und Schuld in Gegenwart einer Anderen vor Gott auszusprechen, behält ihre bleibende Notwendigkeit.

- *Trösten, um Glaube und Hoffnung zu vertiefen*: Trösten bedeutet nicht vertrösten, heißt also nicht jemanden auf einen fernen Punkt abweisen. Trösten geschieht durch Nahesein. Wer trösten will, macht sich auf, mit einem Menschen zu suchen, was zu tragen vermag. Trost kann nicht allgemein ausgesprochen werden in Form der Austeilung von „Trostworten" o.Ä. Trost muss „persönlichkeitsspezifisch"[125] vermittelt werden – also immer im Bezug zu dem, was ein Sterbender

---

124 Kurt Lückel hat von gestalttherapeutischen Ansätzen her besonders auf die Notwendigkeit hingewiesen, in der seelsorgerlichen Sterbebegleitung die Gelegenheit zur „Lebensbilanz" zu geben. Vgl.: Lückel, Kurt: Begegnung mit Sterbenden. Gestaltseelsorge in der Begleitung sterbender Menschen, Mün-

chen 1981, bes. 49ff. Sehr hilfreiche Hinweise für die Erinnerungsarbeit in der Sterbeseelsorge auch bei Specht-Tomann/ Tropper, a.a.O., 156ff

125 Vgl.: Schneider-Harpprecht, Christoph: Trost in der Seelsorge, Stuttgart 1989, 222ff

als *seinen* Glauben und *seine* Hoffnung mitbringt. Von da ausgehend kann in der Seelsorge versucht werden, den Horizont zu öffnen für die „lebendige Hoffnung durch die Auferstehung Jesu Christi" (1 Petr 1,3), die sich auf das richtet, was bleibt: die Liebe Gottes zu uns, von der uns nichts, auch nicht der Tod zu scheiden vermag (Röm 8,39).

Wie weit in der Seelsorge an Sterbenden auch *explizite Formen christlicher Frömmigkeitspraxis* eine Rolle spielen können, hängt natürlich von dem jeweiligen Gesprächspartner ab. Ein Psalm oder ein freies Gebet wird in vielen Fällen auch mit Menschen, die nicht in der Kirche sind, möglich sein. Auf die Möglichkeit der Beichte war schon hingewiesen worden. Sehr hilfreich kann es sein, mit einem Sterbenden und ggf. mit seinen Angehörigen das Heilige Abendmahl zu feiern. Verschiedene Handreichungen für die Seelsorge geben dafür gute Vorlagen und Hinweise.[126] Es ist bedauerlich, wenn aus Angst vor einer Art „Sterbesakrament" der Zeitpunkt hierfür zu weit hinausgeschoben wird. Hier bedarf es im Vorfeld in den Gemeinden werbender Aufklärung. Das Abendmahl besiegelt nicht das Sterben, es ist Weghilfe und Stärkung in jeder unterschiedlichen Situation des Lebens und es kann Kraftquelle sein für die letzte große „Reise" (vgl. 1 Kön 19,7).

Exkurs: Zur ethischen Problematik der so genannten Sterbehilfe

Im Zusammenhang der Seelsorge an sterbenden Menschen ist auch ein Wort zur Sterbehilfe notwendig. Es geschieht nicht selten, dass die Gemeindepfarrerin nach ihrer Stellung dazu gefragt wird – sei es von Patienten selbst, sei es von den Angehörigen, sei es im Zusammenhang mit Gemeindeveranstaltungen, die die Thematik von Tod und Sterben berühren. Vor allem aber ist es notwendig, dass Seelsorgerinnen und Seelsorger für sich selbst hier eine Position finden, die sie auch zum Gesprächspartner macht für helfende Personen, die im medizinischen oder pflegerischen Bereich mit Sterbenden zu tun haben. Eine gründliche Erörterung der Thematik ist freilich in diesem Zusammenhang nicht möglich. Es sei auf die einschlägige Literatur verwiesen.[127] Von „Sterbehilfe" kann in viererlei Hinsicht gesprochen werden:

126 Dienst am Kranken, Agende für evangelisch-lutherische Kirchen und Gemeinden III/4, Hannover ⁴1997; vgl.: Schäfer-Breitschuh, Uta/ Lenzen, Wilfried: Die Bedeutung von Abendmahl und Taufe in der seelsorgerlichen Begleitung Sterbender, in: WzM 46, 1994, 397–409. Neues Evangelisches Pastorale, Gütersloh 2005
127 Eibach, Ulrich: Medizin und Menschenwürde. Ethische Probleme in der Medi- zin aus christlicher Sicht, Wuppertal ⁵1997, bes. 340ff; Grewel, Hans: Recht auf Leben, Göttin-gen 1990, 63ff; Lutterotti, Markus/ Eser, Albin: Art. Sterbehilfe, in: Eser, Albin u.a. (Hg.): Lexikon Medizin, Ethik, Recht, Freiburg 1992, 1086–1101; Eser, Albin/ Schuster, Josef: Art. Sterbehilfe, in: Korff, Wilhelm (Hg.): Lexikon der Bioethik, Gütersloh 1998, 445–454; Körtner, Ulrich H.J.: Ethik im Krankenhaus, Göttingen 2007

1. Sterbehilfe als Sterbebeistand, also als Hilfe zum „guten Sterben"[128]. Damit ist die Summe aller ärztlichen, pflegerischen und seelsorgerlichen Aktivitäten gemeint. Hier sind vor allem auch die Leistungen der Palliativmedizin eingeschlossen.

2. Sterbehilfe als „passive" Hilfe zum Sterben. Hier geht es um ein Sterbenlassen durch Verzicht auf weitere lebensverlängernde Therapien. Diese Form der Sterbehilfe scheint dann geboten, wenn der Zweck, dem die Therapien dienen sollen, definitiv nicht erreicht werden kann, wenn die so genannte Lebensverlängerung also praktisch nur eine Leidensverlängerung darstellt, und wenn der Patient den Therapieverzicht auch selber wünscht.[129]

3. Sterbehilfe als indirekte Folge therapeutischer Maßnahmen. In einigen Fällen kann durch bestimmte Medikationen – z.B. starke Morphium-Gaben – eine Beschleunigung des Sterbensprozesses bewirkt werden. Diese Art von „Sterbehilfe" ist dann unbedenklich, wenn klar ist, dass der primäre Zweck der Behandlung die Linderung des Leidens darstellt und nicht der Tod. Der Verzicht auf die medizinischen Linderungsmaßnahmen wäre das größere Übel.

4. Sterbehilfe als „Tötung auf Verlangen". Die „aktive" Sterbehilfe ist in Deutschland bei Strafe verboten; sie stellt ethisch eine Übertretung des Tötungsverbots dar. Die Unverfügbarkeit des Lebens gehört zu den Grundaxiomen christlicher Daseinsgestaltung. Gleichwohl wird die Möglichkeit der aktiven Sterbehilfe – vor allem nach der Lockerung der diesbezüglichen Gesetze in den Niederlanden – immer wieder diskutiert. Die Bilder von quälendem, nicht enden wollenden Leiden einzelner Menschen lassen bei vielen Mitbürgern und auch in den Gemeinden den Wunsch aufkommen, es möge doch im äußersten Falle das Recht auf die „erlösende" Spritze geben. So sehr man diese Haltung verstehen kann – und wer hat für sich selbst oder beim Anblick eines schwer Leidenden nicht schon einmal in diese Richtung gedacht! –, so sehr muss man hier doch widersprechen, wenn es um die Grundsatzentscheidung geht. Einmal besteht zu Recht die Befürchtung, es könnte zu einer Art „Dammbruch" kommen, wodurch es leichter werden könnte, über Leben und Tod von Menschen (Schwerkranken, Schwerstbehinderten) zu entscheiden. Zum andern könnte die rechtliche Freigabe einer „Tötung auf Verlangen" praktisch zu einer Desolidarisierung in der Gesellschaft führen. Dann stünden einzelne Patienten möglicherweise indirekt unter dem Druck, einen Sterbewunsch zu äußern, um nicht weiterhin Pflegekapazitäten zu beanspruchen. Dass die Grundentschei-

---

128 Der früher problemlos verwendete Begriff der „Euthanasie" ist durch die inhumanen Praktiken des NS-Regimes für den deutschen Sprachgebrauch diskreditiert. Er sollte im gesamten Problemzusammenhang überhaupt nicht zur Anwendung kommen.
129 Hier ist vorausgesetzt, dass der Patient selbst entscheidungsfähig ist. Wenn dies nicht

gegeben ist, wird die Entscheidung über den Therapieabbruch durch den Arzt nach bestem Wissen und Gewissen sowie nach Beratung im therapeutischen Team gefällt werden müssen. Ein „Patiententestament" kann eine wichtige Hilfe für den Entscheidungsprozess darstellen.

dung gegen eine „Tötung auf Verlangen" in Einzelfällen Fragen aufwirft, sei unbestritten. Und es sei ebenso unbestritten, dass Ausnahmesituationen denkbar sind, in denen Einzelne in ihrer persönlichen Verantwortung vor Gott und den Menschen außerordentliche Entscheidungen treffen müssen. Aber daraus darf keine Regel abgeleitet werden.

Literatur

Seelsorge mit Kranken:

Für die Weiterarbeit zu den unterschiedlichen Themen der Krankenseelsorge sei auf das von *Michael Klessmann* herausgegebene *Handbuch der Krankenhausseelsorge (²2001)* verwiesen. Es führt in alle Bereiche dieses wichtigen seelsorgerlichen Aufgabenfeldes ein. Zum Umgang mit der Krankheitssituation hat sich bei Helfern und Betroffenen *Hans-Christoph Pipers „Kranksein – Erleben und Lernen" (1999)* seit Jahren bewährt. Es kann auch allen für die Krankenseelsorge aufgeschlossenen Laien sehr empfohlen werden. Vgl. auch Lit. zu 10.2

Aach, Jürgen: Brustkrebs. Die Not einer Krankheit als Herausforderung an Glaube und Krankenhausseelsorge. Eine empirische Untersuchung... Würzburg 1999

Agende für ev-luth. Kirchen und Gemeinden III/4: Dienst am Kranken, Hannover ²1995

Akashe-Böhme, Farideh/ Böhme, Gernot: Mit Krankheit leben, München 2005

Berg, Jan Hendrik van den: Der Kranke. Ein Kapitel medizinischer Psychologie für jedermann, Göttingen ²1974

Duesberg, Hans: Perspektiven der Seelsorge in der Institution Klinik, in: WzM 51, 1999, 289–303

Ferel, Martin: "Willst du gesund werden?" Das systemische Verständnis von Krankheit und Heilung als Orientierung für die Seelsorge, in: WzM 48, 1996, 359–374

Führer, Monika u.a.: „Können Sie denn gar nichts mehr für mein Kind tun?" Therapiezieländerung und Palliativmedizin in der Pädiatrie, Stuttgart 2006

Gestrich, Reinhold: Am Krankenbett. Seelsorge in der Klinik, Stuttgart 1988

Josuttis, Manfred: Der Sinn der Krankheit. Ergebung oder Protest? in: ders.: Praxis des Evangeliums zwischen Politik und Religion, München ⁴1988, 117–141

Kaiser, Otto/ Lohse, Eduard: Tod und Leben, Stuttgart 1977

Klessmann, Michael (Hg.): Handbuch der Krankenhausseelsorge, Göttingen ²2001
– Seelsorge im Krankheitsfall, in: HbS 390–410

Kranksein. Themenheft Lebendige Seelsorge 51, 2001, Heft 3

Kremer, Raimar: Religiosität und Schlaganfall. Bewältigen religiöse Menschen anders? Frankfurt a.M. 2001

Mack, Ulrich: Mein Kind hat Krebs. Seelsorge an den Grenzen des Lebens, Göttingen 2007

Naurath, Elisabeth: Seelsorge als Leibsorge. Perspektiven einer leiborientierten Krankenhausseelsorge, Stuttgart 2000

Piper, Hans-Christoph: Kranksein – erleben und lernen, Göttingen ⁶1999

Rittweger, Jutta: Hoffnung als existentielle Erfahrung am Beispiel onkologischer Patienten in der Strahlentherapie, Leipzig 2007

Salomon, Fred: Fortschritte in der Medizin – Konsequenzen für das Menschenbild, in: WzM 51, 1999, 410–422

Schneidereit-Mauth, Heike: Wahrheit am Krankenbett. Ein integrativer Ansatz, in: WzM 55, 2003, 253–263

Schnell, Uwe: Überlegungen zur Wahrheit am Krankenbett, in: ZdZ 42, 1988, 34–40

Schuchardt, Erika: Warum gerade ich? Leben lernen in Krisen. Fazit aus Lebensgeschichten eines Jahrhunderts, Göttingen [12]2003
Seybold, Klaus/ Müller, Ulrich B.: Krankheit und Heilung, Stuttgart 1978
Städtler-Mach, Barbara: Seelsorge mit Kindern. Erfahrungen im Krankenhaus, Göttingen 1998
Stange, Otto: Zu den Kindern gehen. Seelsorge im Kinderkrankenhaus, München 1992
Weiher, Erhard: Mehr als begleiten. Ein neues Profil für die Seelsorge im Raum von Medizin und Pflege, Mainz 1999
Wettreck, Rainer: Das Zittern der Knie und das Selbstverständnis Klinischer Seelsorge. Praktisch-theologische Erkundungen zu einer Qualitativen Psychologie der Medizin, in: WzM 51, 1999, 423–435

Seelsorge mit Sterbenden:

Für die Sterbeseelsorge gibt es – nicht zuletzt dank der Wirksamkeit der Hospizbewegung – eine Fülle brauchbarer Literatur. Grundlegend sind *Elisabeth Kübler-Ross' Interviews mit Sterbenden (1989)*. Stellvertretend für andere Werke sei auf das Handbuch von Andreas *Ebert und Peter Godzik (1993)* hingewiesen. Das Buch von *Wolfgang Weiß (1999)* empfiehlt sich, weil hier wichtige Aspekte der Sterbebegleitung aus der Sicht der Gemeindeseelsorge dargestellt werden. Für die eigene Auseinandersetzung mit dem Tod und für eine sensible Wahrnehmung von Sterbesituationen können auch literarische Darstellungen wie *Leo Tolstois* berühmte Erzählung *Der Tod des Iwan Iljitsch* eine unschätzbare Hilfe sein; vergleiche die bibliographischen Angaben zu entsprechenden Lebenszeugnissen bei *Schuchardt ([12]2003,*, 198–209)

Begemann, Verena: Hospiz – Lehr- und Lernort des Lebens, Stuttgart 2006
Beutel, Helmuth/ Tausch, Daniela (Hg.): Sterben – eine Zeit des Lebens. Ein Handbuch der Hospizbewegung, Stuttgart 1989
Cardinal, Claudia: Sterbe- und Trauerbegleitung. Ein Handbuch, Düsseldorf 2005
Christian-Widmaier, Petra: Krankenhausseelsorger und todkranker Patient. Im Spiegel ihrer wechselseitigen Wahrnehmung, Berlin 1988
Ebert, Andreas/ Godzik, Peter (Hg.): Verlaß mich nicht, wenn ich schwach werde. Handbuch zur Begleitung Schwerkranker und Sterbender im Rahmen des Projekts „Sterbende begleiten – Seelsorge der Gemeinde", Hamburg 1993
Kübler-Ross, Elisabeth: Interviews mit Sterbenden, Stuttgart [17]1996
– Verstehen was Sterbende sagen wollen, Stuttgart [5]1990
Leist, Marielene: Kinder begegnen dem Tod, Gütersloh 1979, [3]1993
Lilie, Ulrich/ Zwierlein, Eduard (Hg.): Handbuch Integrierte Sterbebegleitung, Gütersloh 2004
Lückel, Kurt: Begegnung mit Sterbenden. Gestaltseelsorge in der Begleitung sterbender Menschen, München 1981
Lutterotti, Markus von: Sterbehilfe. Gebot der Menschlichkeit? Düsseldorf 2002
Piper, Hans-Christoph: Gespräche mit Sterbenden, Göttingen [4]1990
Plieth, Martina: Kind und Tod, Neukirchen [2]2002
– Seelsorge im Kontext von Sterben, Tod und Trauer, in: HbS 446–463
Rest; Franco: Den Sterbenden beistehen. Ein Wegweiser für die Lebenden, Wiesbaden [4]1998
– Sterbebeistand, Sterbebegleitung, Sterbegeleit, Stuttgart [4]1998
Roller, Susanne/ Scheytt, Christoph: Spirituelle Aspekte, in: Bausewein, Claudia u.a. (Hg.): Leitfaden Palliativmedizin – Palliative Care, München [3]2007, 521–550
Schell, Werner: Sterbebegleitung und Sterbehilfe. Gesetze, Rechtsprechungen, Deklarationen, Stellungnahmen, Hannover [3]2002
Schweidtmann, Werner: Sterbebegleitung. Menschliche Nähe am Krankenbett, Stuttgart 1991
Specht-Tomann, Monika/ Tropper, Doris: Zeit des Abschieds. Sterbe- und Trauerbegleitung, Düsseldorf 1998 ([6]2007)

Sterbebegleitung statt aktiver Sterbehilfe. Eine Textsammlung kirchlicher Erklärungen, hg. vom Kirchenamt der EKD und der Dt. Bischofskonferenz, Hannover 2003

Tausch-Flammer, Daniela/ Bickel, Lis (Hg.): Die letzten Tage. Leben und Sterben im Hospiz, Stuttgart 1999

Weiß, Wolfgang: Im Sterben nicht allein. Hospiz. Ein Handbuch für Angehörige und Gemeinden, Berlin 1999

Seelsorge mit psychisch Kranken:

Für ein tieferes Eindringen in Hermeneutik und Therapie psychischen Krankseins ist das Psychiatrielehrbuch von *Klaus Dörner, Ursula Plog u.a. (2002)* von unschätzbarem Wert. Es bietet auch dem medizinischen Laien Informationen und Einstellungskriterien aus erster Hand. Wer mit der Seelsorge von psychisch Kranken zu tun hat, findet in den Büchern von *Paul-Gerhard Nohl (1991)* und *Ulrike Schäfer/ Eckart Rüther (2007)* hilfreiche Ratgeber. Ganz praktisch orientiert und hilfreich für den Anfang ist das Büchlein von *Günther Eisele* und *Reinhold Lindner (1993)*. Für bibliographische Hinweise zu Lebenszeugnissen von psychischem Kranksein Betroffener vgl. wiederum *Schuchardt (¹²2003, 257–279)*.

Battegay, Raymond u.a. (Hg.): Handwörterbuch der Psychiatrie, Stuttgart ²1992

Dörner, Klaus/ Plog, Ursula u.a.: Irren ist menschlich. Lehrbuch der Psychiatrie/ Psychotherapie, Neuausgabe Bonn 2002

Eibach, Ulrich: Seelische Krankheit und christlicher Glaube. Neukirchen 1992

Emlein, Günther: Wenn die Lösung zum Problem wird. Systemische Aspekte der Seelsorge in der Psychiatrie, in: Held, Peter/ Gerber, Uwe (Hg.): Systemische Praxis in der Kirche, Mainz 2003, 92–104

Eisele, Günther/ Lindner, Reinhold: Ich brauche Hilfe. Menschen in sozialer Not begleiten, Neukirchen ⁴1993

Fairchild, Roy W.: Seelsorge mit depressiven Menschen, Mainz 1991

Feld, Thomas: Begegnung, Alterität und Seelsorge in der Psychiatrie, in: WzM 51, 1999, 281–289
– Seelsorge mit psychiatrischen Patienten, in: Klessmann, Michael (Hg.): Handbuch der Krankenhausseelsorge, Göttingen ²2001, 117–127

Groenemeyer, Axel: Alkohol, Alkoholkonsum und Alkoholprobleme, in: Albrecht, Günter u.a. (Hg.): Handbuch soziale Probleme, Wiesbaden 1999, 174–235

Hagenmaier, Heike und Martin: Seelsorge mit psychisch kranken Menschen, Mainz 1991

Hark, Helmut: Religiöse Neurosen. Gottesbilder, die die Seele krank machen, in: Baumgartner, Isidor (Hg.): Handbuch der Pastoralpsychologie, Regensburg 1990, 481–492
–Religiöse Neurosen. Ursachen und Heilung, Stuttgart 1984

Harsch, Helmut: Hilfe für Alkoholiker und andere Drogenabhängige, München ⁸1991

Kießling, Klaus: Seelsorge bei Seelenfinsternis. Depressive Anfechtung als Provokation diakonischer Mystagogie, Freiburg i.Br. 2002

Mayer, Gustav: Seelische Krankheit und die Möglichkeiten pastoraler Begleitung, in: Baumgartner, Isidor (Hg.): Handbuch der Pastoralpsychologie, Regensburg 1990, 463–479

Nohl, Paul-Gerhard: Mit seelischer Krankheit leben. Hilfen für Betroffene und Mitbetroffene, Göttingen ³1991

Reuter, Wolfgang: Heilsame Seelsorge. Ein psychoanalytisch orientierter Ansatz von Seelsorge mit psychisch kranken, Münster 2004

Rüegger, Heinz: Das eigene Sterben, Göttingen 2006

Schäfer, Ulrike/ Rüther, Eckart: Heile Seelen. Was macht die Psyche gesund, was macht sie krank, Göttingen 2007

Schernus, Renate: Die Kunst des Indirekten. Plädoyer gegen den Machbarkeitswahn in Psychiatrie und Gesellschaft, Neumünster 2000

9.3. Seelsorge im Trauerfall

Trauerseelsorge gehört zu den nahezu unausweichlichen Aufgaben im Gemeindepfarramt. Berufsanfänger werden oft vor allem anderen damit konfrontiert, dass von ihnen spezieller seelsorgerlicher Beistand erwartet wird, weil ein Todesfall ansteht. So verwundert es nicht, wenn bei Seelsorgekursen Fallberichte im Zusammenhang mit einer Beerdigung überrepräsentiert sind. Und dem korrespondiert, dass kaum eine Seelsorgesituation in der wissenschaftlichen und beratenden Literatur so gut ausgearbeitet ist, wie diejenige im Trauerfall.[130]

Die pastorale Bedeutung des Trauerthemas geht zudem über die spezifischen Gegebenheiten bei dem Verlust eines Angehörigen durch den Tod hinaus. Trauer wird überall dort mehr oder weniger deutlich erlebt, wo es um Abschied, Trennung und Verlust und einschneidende Veränderung geht. Im Trauerfall wird menschliches Dasein als eine „abschiedliche Existenz"[131] erfahren. Die Lebensverhältnisse und Lebensbeziehungen der Menschen sind endlich und begrenzt und die Aufgabe ihrer Existenz besteht auch darin, mit den verschiedenen Abschieden, vornehmlich den unerwünschten, zurande zu kommen. „Mitten wir im Leben sind mit dem Tod umfangen"[132], das ist menschliches Dasein, Bewährungsfeld des Glaubens.

9.3.1. Die Wahrnehmung der Trauersituation

Jede Trauersituation ist anders. Es ist notwendig, die jeweils spezifischen Bedingtheiten eines Trauererlebens genau wahrzunehmen. Nur so kann Seelsorge dann auch wirklich personen- und situationsbezogen wirksam werden. Da sind zunächst die besonderen Umstände des Sterbens und die unterschiedlichen *Todesarten* zu beachten. Es ist etwas anderes, ob ein 80-jähriger Mann nach erfülltem Leben, umgeben von seinen Angehörigen stirbt, oder ob ein Gleichaltriger, verbit-

---

130 Vgl.: Spiegel, Yorick: Der Prozess des Trauerns. Analyse und Beratung. München [7]1989; Oates, Wayne E.: Krise, Trennung, Trauer, München 1977; Lindemann, Friedrich-Wilhelm: Seelsorge im Trauerfall, Göttingen 1984; Schibilsky, Michael: Trauerwege. Beratung für helfende Berufe, Düsseldorf [3]1992; Pisarski, Waldemar: Anders trauern – anders leben, München 1983; Specht-Tomann, Monika/ Tropper, Doris: Zeit des Abschieds. Sterbe- und Trauerbegleitung, Düsseldorf 1998 ([6]2007); an seelsorgerlich relevanter therapeutischer Literatur sei genannt: Canacakis, Jorgos: Ich begleite dich durch deine Trauer, Stuttgart 1990; Herrmann, Nina Donnelley: Mit Trauernden reden, Zürich 1988; Kast,

Verena: Trauern. Phasen und Chancen des psychischen Prozesses, Stuttgart [4]1984; Jerneizig, Ralf/ Langenmayr, Arnold/ Schubert, Ulrich: Leitfaden zur Trauertherapie und Trauerberatung, Göttingen [2]1994; Langenmayr, Arnold. Trauerbegleitung. Beratung, Therapie, Fortbildung, Göttingen 1999; Worden, James William: Beratung und Therapie in Trauerfällen. Ein Handbuch, Bern [2]1999

131 Kast, a.a.O., 139ff; vgl. Schibilsky, a.a.O., 7ff: über den Abschied als „Urszene des Menschen" vgl.: Bohrer, Karl-Heinz: Der Abschied. Theorie der Trauer: Baudelaire, Goethe, Nietzsche, Benjamin, Frankfurt a.M. 1996, 9f

132 Martin Luther, EG 518

tert und von allen Menschen verlassen, sein Ende gefunden hat. Es ist etwas anderes, ob sich der Tod durch lange Krankheit angekündigt oder ob ein akutes Herzversagen einen Menschen ohne jede Vorwarnung aus dem Leben gerissen hat. Etwas anderes ist der Tod durch Unfall, der Tod eines Kindes, der Tod durch Suizid oder durch Gewalteinwirkung von außen. Die Betroffenheit wird dementsprechend auch unterschiedlich sein. Freilich: Auch der Tod eines hochbetagten Menschen, dessen Ende vorhersehbar war, kann untröstliches Leid hervorrufen, weil die Lebensperspektive des zurückbleibenden Partners nun ganz düster erscheint. Trotzdem: Es gibt gravierende Unterschiede. Und es gibt ein Sterben, das so grausam und sinnlos erscheint, dass es auch dem Begleiter die Sprache verschlägt und ihn in Ratlosigkeit stürzt.

Trauer kennzeichnet in den meisten Fällen eine deutliche *Symptomatik*[133]. Es geht vor allem um unterschiedliche *Gefühle*, mit denen oft auch *körperliche Symptome* verbunden sind. Die Skala der Emotionen, die in einer Trauersituation hervorbrechen, ist weit gefächert: Sie reicht von einem betäubungsähnlichen Schockzustand bis zu eruptiven Zornausbrüchen, von bohrendem Schmerz bis hin zu lähmender Angst, von quälenden Schuldgefühlen bis hin zu Gefühlen von Dank und Erleichterung. Es gibt keinen Kodex, der Trauernden vorschreibt, wie sie zu fühlen hätten. Wo das Trauererleben vorwiegend durch die Vorgaben der Sitte überlagert ist, braucht es oft Zeit, damit die authentischen Gefühle freigesetzt werden können. Nicht selten spricht da der Körper die verständlichere Sprache. der Strom der Tränen, das Rasen des Herzens, Schlaflosigkeit, fehlender Appetit, Schwächeattacken, Verdauungsstörungen usw.[134] sind oft Begleiterscheinungen der Trauer. Es ist gut, darauf vorbereitet zu sein. Trauer drückt sich gelegentlich auf eine Weise aus, die beobachtende Dritte beunruhigen kann. Andere Kulturen kennen ausgeprägte Trauerrituale, um destruktives Schmerzerleben beim Tod eines Angehörigen zu bannen.[135]

Natürlich ist das Trauerverhalten vor allem nach seiner emotionalen Seite hin stets abhängig von der *Persönlichkeit* dessen, den der Trauerfall am unmittelbarsten betrifft.[136] An Menschen, die sich auch sonst eher zurücknehmen, werden die leisen Ausdrucksformen des Leids zu erleben sein. Narzisstische Persönlichkeiten können die Trauersituationen unbewusst als Gelegenheit nutzen, sich in besonderer Weise zum Mittelpunkt zu machen. Bestimmte Lebensmuster – wie fluchtartiger Aktivismus und signifikanter Widerstand gegen jede Art von Veränderung einerseits, psychische Flexibilität und nüchterner Realismus andererseits – werden in der Trauersituation besonders deutlich hervortreten. Da zeigt sich ein Charakter mit seinen schwachen und seinen starken Zügen. Solche Zusammenhänge zwischen Persönlichkeit und Trauerverhalten werden freilich erst dann erkenn-

133 Vgl. Jerneizig, a.a.O., 15ff
134 Vgl. die Tabelle bei Specht-Tomann/ Tropper, a.a.O., 176 (192)
135 Vgl. z.B.: Sundermeier, Theo: Todesriten und Lebenssymbole in den afrikanischen Kulturen, in: Stephenson, Gunther (Hg.): Leben und Tod in den Religionen, Darmstadt 1980, 250–259
136 Vgl. besonders Schibilsky, a.a.O., 229ff

bar, wenn eine längere Vertrautheit gegeben ist. Es kann gefährlich werden, hier rasch zu diagnostizieren oder gar bewerten zu wollen.

Trauer mag in den meisten Fällen zunächst vor allem ein oder zwei Menschen besonders treffen. Aber es darf doch nicht übersehen werden, dass mit dem Tode eines Menschen in der Regel ein ganzes Beziehungssystem tiefgreifend verändert wird[137]. Das betrifft vor allem das *Familiensystem*. Der Tod eines Vaters bedeutet nicht nur für die hinterbliebene Ehefrau einen schmerzhaften Verlust. Er verändert nicht nur ihre Funktion gegenüber der übrigen Familie, sondern gegebenenfalls auch die Stellung der Kinder im Familiensystem. In manchen Familien erhält z.B. der älteste Sohn nun in gewisser Weise Vaterfunktion. Es kommt vieles zunächst durcheinander, und das verstärkt sich noch, je unübersichtlicher das Familiensystem ist – wenn etwa Familienangehörige aus vorangehender Beziehung des Vaters da sind usw. Es ist wichtig, dies im Blick zu behalten. Man kann unter Umständen eine Trauersituation schwer verkennen – wenn die Beziehungsverhältnisse unklar oder ungewöhnlich sind. So kann es geschehen, dass die hinterbliebenen Kinder es unterlassen, den Lebensgefährten der verwitweten Mutter zum Trauergespräch hinzuzuziehen oder ihn überhaupt zu erwähnen. In Wirklichkeit ist aber vielleicht er derjenige, den dieser Tod am schmerzhaftesten trifft.

Die Wahrnehmung des Todes und seiner Folgen ist in der modernen *Gesellschaft* oft nicht unverzerrt möglich. Der Tod passt nicht in eine von Zweckrationalität und Leistungsbewusstsein geprägte Welt, er entlarvt den Wahn der unbegrenzten Machbarkeit aller Dinge, und er zerstört jeden Traum vom Glück ohne Ende. Kein Wunder, dass immer wieder versucht wird, den Tod zu ghettoisieren, ihn in besondere Reservate (Sterbekliniken, Friedhöfe) zu verbannen und die Toten unsichtbar zu machen.[138] Dagegen spricht nicht, dass wir täglich mit Todesnachrichten überschüttet werden. Denn der Tod, der zum Beispiel über den Bildschirm flimmert, bleibt uns meist fern. Der nahe Tod aber muss verdrängt werden[139], und viele Trauernde erleben es, dass ihre Umwelt der Trauer nur wenig Raum gewährt. Motto: „Das Leben geht doch weiter." Alles ernsthafte Bemühen um echte menschliche Hilfe in der Trauersituation muss sich gegen einen gewissen gesellschaftlichen Trend durchsetzen. Das gilt nicht nur für die Trauerseelsorge in der Gemeinde. Das gilt in ähnlicher Weise für die Hospizbewegung, die neben den Sterbenden auch die Trauernden im Blick hat[140], das gilt für Selbsthilfegruppen von Trauernden und Einrichtungen einer psychologischen Trauerberatung. Dass heute in vielen Fällen eine professionelle Trauertherapie nötig wird, muss doch

137 Morgenthaler, Christoph: Systemische Seelsorge, Stuttgart ⁴2005, 234; vgl.: Goldbrunner, Hans: Trauer und Beziehung. Mainz 1996, 41ff

138 Vgl. Condrau, Gion: Der Mensch und sein Tod. Zürich ²1991, 378ff

139 Gegen die gängige These von der Todesverdrängung in der modernen Gesellschaft hat allerdings entschiedenen Einspruch erhoben: Fuchs, Werner: Todesbilder in der modernen Gesellschaft, Frankfurt a.M. 1969; vgl. dazu Schibilsky, a.a.O., 72ff

140 Vgl.: Beutel, Helmuth/ Tausch, Daniela (Hg.): Sterben – eine Zeit des Lebens. Ein Handbuch der Hospizbewegung, Stuttgart 1989, 145ff

wohl auch als Indiz dafür gewertet werden, dass Trauerräume nicht mehr selbstverständlich zur Verfügung stehen.[141]

9.3.2. Zur Psychologie der Trauer

Was Trauer ist, scheint auf der Hand zu liegen. Es kann aber durchaus hilfreich für die Seelsorge sein, sich ein reflektiertes psychologisches Verständnis von ihr anzueignen. Im Anschluss an Sigmund Freuds grundlegende Äußerungen zum Thema[142] kann Trauer als ein dynamischer *Anpassungsvorgang* an die durch den Tod veränderte Realität verstanden werden. Trauer ist nicht peinlicher Ausdruck menschlicher Schwäche, sondern sie ist eine notwendige und regelhafte Reaktion auf den Verlust eines nahe stehenden Menschen. Die Normalität der Trauerreaktion kann nicht deutlich genug hervorgehoben werden. Sie hängt, psychoanalytisch gesprochen, damit zusammen, dass ein „libidinös" besetztes „Objekt" verloren gegangen ist, und dass die Liebe eines Menschen nun ins Leere geht. Auf diesen Verlust sich einzustellen und nach Möglichkeit neuen Lebensinhalt zu finden – das ist die „Arbeit" der Trauer. Sie braucht, wie Freud darlegt, einen „großen Aufwand von Zeit und Besetzungsenergie"[143]. Sie schließt die Aufgabe ein, den Schmerz zuzulassen, die Realität anzuerkennen und neue Lebensinvestitionen zu wagen. Auch wenn man der psychoanalytischen Sprache kritisch gegenübersteht, so ist es doch Freuds Verdienst, Trauer als *seelische Arbeit* verstanden zu haben. Das ist sie zweifellos. Die Arbeit der Trauer kann sehr anstrengend werden. Sie kann Rückschläge einschließen, sie kann sogar vollständig misslingen. Aber wenn sie gelingt, dann hat der Trauernde die Realität respektiert und neuen Lebensinhalt gewonnen, ohne deshalb das Gefühl haben zu müssen, dem Verstorbenen untreu geworden zu sein.

Schon Freud hatte auf den Zeitfaktor aufmerksam gemacht. Trauer erledigt sich nicht im Nu. Das Zeitmaß ist sicher sehr unterschiedlich und hängt von vielen personalen und situativen Faktoren ab. In empirischen Untersuchungen[144] ist eine bestimmte zeitliche Abfolge sich ähnelnder Verhaltensweisen beobachtet worden. Diese sind in gewisser Weise den Sterbephasen vergleichbar, die Elisabeth Kübler-Ross beschrieben hat. Die Beobachtungen scheinen uns zu berechtigen, von einem Trauerprozess, also von einem sich dynamisch verändernden Verhalten sprechen zu können.

Im Einzelnen werden die Trauerphasen ganz unterschiedlich beschrieben. Sie ähneln sich jedoch in entscheidenden Punkten. Die folgende Übersicht stellt drei unterschiedliche Phasenmodelle nebeneinander.

141 Vgl. Jerneizig, a.a.O., 11ff
142 Freud, Sigmund: Trauer und Melancholie (1916), Studienausgabe, Bd. III, Frankfurt a.M. 1975, 193 – 212
143 Freud, a.a.O., 197

144 Es handelt sich vor allem um amerikanische Forschungen, die in Deutschland durch das oben zitierte Buch von Yorick Spiegel bekannt geworden sind.

Trauerphasen

Spiegel, Yorick	Kast, Verena	Herrmann, Nina
Schock	Nicht-wahr-haben-wollen	Schock – Leugnen
Kontrollierte Phase	aufbrechende Emotion	– Betäubung Schmerz – akuter Schmerz
Regression	sich suchen und sich finden	– Verrücktheiten – dumpfer Schmerz
Adaption	Neuorientierung	Heilung

Die Darstellung der Trauerphasen ist in den letzten Jahren so häufig und gründlich dargelegt worden[145], dass sich hier längere Ausführungen erübrigen. Die *erste*, oft nur ganz kurze Phase (erster Tag) ist bestimmt durch die unmittelbare Reaktion auf die Todesnachricht. Oft sind schockartige Symptome, wie Sprachlosigkeit oder ein betäubungsähnlicher Zustand zu beobachten. Die Nachricht kann gar nicht „landen": „Das kann doch nicht wahr sein!" Für die *zweite* Phase ergeben sich die deutlichsten Unterschiede. Das liegt vermutlich daran, dass Yorick Spiegels Darstellung eher auf soziologischen Beobachtungen beruht: So wird von ihm eine gewisse Kontrolliertheit als Folge der von der Umwelt auferlegten Handlungsfolgen (Behördengang, Organisation der Trauerfeier, Mithilfe naher Angehöriger) hervorgehoben. Kast und Herrmann gehen stärker auf das psychische Erleben der Trauernden ein, also vor allen Dingen auf den jetzt hervorbrechenden Schmerz. Die *dritte* Phase zeigt wieder sehr vergleichbare Wahrnehmungen. Spiegel spricht von Regression, also von dem Zurückgehen auf eine quasi kindliche Erlebens- und Verhaltensstufe. Auch bei Kast ist dieser Abschnitt des Trauerprozesses durch regressives Verhalten bestimmt, als wäre der geliebte Mensch eben noch da. Man begegnet dem Verstorbenen im Traum, in der Phantasie, spricht mit ihm. „Verrücktheiten", wie Nina Herrmann sagt, mögen diejenigen sagen, die vor allem von außen zusehen. In der *vierten* Phase geht es schließlich um Annahme, um Neuorientierung, um Heilung, um den Wiederbeginn des Lebens.

Gegen das Phasenmodell sind schwerwiegende Einwendungen gemacht worden. Es kann Wahrnehmungsverzerrungen bei den Helfenden hervorrufen, und es kann bei seinem hohen Popularisierungsgrad sogar zu Erlebnismanipulationen bei den Trauernden selbst führen. Die Diskussion um das Für und Wider ist freilich wenig sinnvoll. Wichtig ist der richtige Umgang mit den Beobachtungen. Die Phasenabfolge im Trauerprozess darf nicht als ein Naturgesetz missverstanden

---

145 Z.B. bei Specht-Tomann/ Tropper, a.a.O., 176ff (192ff)

werden, etwa mit dem Ziel, feststellen zu können, in welcher Phase sich der Trauernde nun gerade befindet. Vielmehr hat auch dieses Phasenmodell im Wesentlichen heuristischen Wert. Es macht den Trauervorgang als einen Prozess anschaulich, und es lenkt die Aufmerksamkeit von helfenden Personen und von Angehörigen auf bestimmte regelmäßig wiederkehrende Erlebnisformen. Nur als Hilfe zum besseren Verstehen und zum angemessenen Reagieren hat es einen Sinn.

Trauerarbeit kann misslingen, der Trauerprozess kann nicht zu seinem Ziel kommen. So sehr Trauer eine normale Reaktion auf einen Verlust darstellt, so muss doch auch erkannt werden, dass es *pathologische Trauerformen*[146] gibt: z.b. chronische Trauer, die kein Ende nimmt; verdrängte Trauer, bei der die negativen Gefühle überhaupt nicht zugelassen werden; exzessive Trauer, in der das Maß völlig überschritten scheint. Die Gründe für das Misslingen der Trauerarbeit können sehr verschieden sein:

- Eine zu rasche Abfolge von Todesfällen kann die Verarbeitungsfähigkeit eines Menschen total überfordern.
- Kriegs- oder Katastrophenzeiten können dazu führen, dass gar keine Zeit für die Trauer war, weil man um sein eigenes Überleben besorgt sein musste.
- Ambivalente Einstellungen zum Verstorbenen oder Schuldgefühle ihm gegenüber können es verhindern, sich wirklich der Trauer hinzugeben; infolgedessen kommt man von dem Verstorbenen dann aber auch gar nicht los.
- Von außen auferlegte Normative können es verbieten, deutlich Gefühle der Trauer und Verzweiflung zu zeigen.[147] Das kann sogar in besonders frommen Familien der Fall sein, wo die Meinung herrscht, der Glaube an die Auferstehung verbiete die Äußerung des Schmerzes.
- Kompliziert verläuft der Trauerprozess oft, wenn Angehörige durch Suizid gestorben sind – sei es im Affekt, sei es nach langer Vorgeschichte. Ein Gefühlsgemisch aus Schuldgefühlen, Wut und Verzweiflung kann das Ausleben echter Trauer stark beeinträchtigen oder gar verhindern.

Es ist nicht immer leicht zu erkennen, ob Trauerreaktionen (oder ihr scheinbares Ausbleiben) pathologischen Charakter haben. Manchmal wird es erst spät deutlich, wenn schon neurotische Symptome zu erkennen sind. Oft sind die Grenzen zwischen normaler und pathologischer Trauer fließend. Im Zweifelsfalle empfiehlt sich stets, einen professionellen Helfer hinzuzuziehen oder eigene Supervision zu suchen.

---

146 Vgl. Jerneizig, a.a.O. 36ff

147 Z.B. bei Trauer um einen AIDS-Kranken, vgl. dazu: Worden, a.a.O., 168ff

9.3.3. **Das Evangelium in der Trauersituation**

Religion hat es zu tun mit der Anforderung, die Vergänglichkeit des Menschen zu bewältigen. Auch für den christlichen Glauben ist diese Aufgabe zentral, und in der neutestamentlichen Verkündigung hat die Hoffnung gegen den Tod grundlegende Bedeutung (1 Kor 15,12–19). In der Trauersituation muss sich bewähren, ob und inwiefern die Christusbotschaft den „einigen Trost im Leben und im Sterben" (Heidelberger Katechismus, Frage 1) zu vermitteln vermag.

Da geht es zunächst um das christliche Verständnis des *Todes*.[148] Seine Realität ist als *natürliches Schicksal* unbestritten: Es ist den Menschen bestimmt, einmal zu sterben (Hebr 9,27; vgl. Ps 90,10). Dank für erfülltes Leben (Gen 15,15) und Klage über vorzeitiges Sterben (2 Sam 1,26; Lk 7,12–17; Joh 16,20) gehören dazu. Aber im Tod wird auch noch mehr als nur das Ende unserer physischen Existenz erfahren: In ihm begegnet der Mensch dem Gericht Gottes; denn der Tod ist – *theologisch* gesehen – „der Sünde Sold" (Röm 6,23). In jedem Sterben also wird etwas erfahrbar von der Flüchtigkeit, der Verlorenheit und Angewiesenheit des Menschen. Davon schwingt in jeder Todesangst auch etwas mit. Leben würde dann heißen: von dieser Angst befreit zu sein, von Gott begnadigt und neu zum Leben berufen zu werden. Gott lässt die nicht allein, die der Tod berührt hat. Die *Hoffnung* angesichts des Todes wird im Neuen Testament vor allem christologisch begründet: „Ich bin die Auferstehung und das Leben; wer an mich glaubt wird leben, selbst wenn er stirbt" (Joh 11,25; vgl. 1 Kor 6,14). Dieses Leben jenseits der Todeslinie kann nur in Andeutungen beschrieben werden. Denn „es ist noch nicht erschienen, wie wir sein werden" (1 Joh 3,2) und „unser Leben ist verborgen mit Christus in Gott" (Kol 3,3). Aber soviel kann gesagt werden, dass es einerseits nicht einfach um die Fortsetzung unserer irdischen Existenz geht (vgl. dazu 1 Kor 15,35–49; 2 Kor 5,1–10) und dass es sich andererseits nicht ohne Kontinuität zu unserer gegenwärtigen Existenz im Glauben ereignen wird (Joh 5,24). Das Symbol des „Namens" mag hier besonders hilfreich sein: „Eure Namen werden im Himmel geschrieben sein" (Lk 10,20). Es gibt ein Kontinuum des Namens, mit dem ein Mensch in der Taufe dem dreieinigen Gott zugeeignet wird und mit dem wir genannt werden jetzt und in aller Zukunft (Jes 43,1). Das Symbol des Namens mag auch in der Trauerseelsorge dann hilfreich sein, wenn Trauernde nach dem „Danach" fragen.

Was *bedeutet* nun aber die dargestellte Substanz christlichen Hoffnungsglaubens in der Trauersituation für heutige Menschen? Sie könnte dazu helfen, die beiden Grundaufgaben, die sich in der Trauersituation stellen, zu erfüllen: nämlich *den Tod anzunehmen und das Leben anzunehmen*[149]. Das eine ist so schwer wie das andere.

---

148 Dazu ist nach wie vor besonders hilfreich: Jüngel, Eberhard: Tod, Stuttgart 1971
149 Formulierung im Anschluss an: Stollberg, Dietrich: Festhalten und loslassen. Zur

Predigt am Grabe, in: ders.: Wenn Gott menschlich wäre ..., Stuttgart 1978, 129–139, bes. 136ff

Es ist leichter, den *Tod annehmen,* wenn ich davon ausgehen kann, dass er nicht der letzte, unüberwindliche Zerstörer ist. Der Glaube sagt, der Tod ist nicht ohne Gott: „Es ist ein Unterschied, ob der Mensch im Tode von nichts begrenzt wird oder aber von Gott."[150] Darauf vertrauen zu können bedeutet unter anderem:

* den Verstorbenen wirklich loslassen zu können: Der Tod ist eine Realität und ich muss sie nicht verleugnen. Ich gebe den Verstorbenen ja nicht ins Verderben frei, sondern befehle ihn letztlich in Gottes Hand (vgl. Lk 23,46). Der Hinterbliebene kann jetzt nichts mehr für ihn tun. Loslassen verlangt auch Eindeutigkeit (Lk 9,20). Nicht enden wollendes Festhalten chronifiziert die Trauer und erschwert die Übergänge.
* den Schmerz zulassen zu können: Glaube verlangt kein doketisches Todesverständnis. Ich muss nicht so tun, als wäre der Tod nichts. Er hat in mein Leben eingegriffen. Der Tod eines geliebten Menschen ist auch für den, der zurückbleibt, immer ein Stück Sterben. Das muss nicht verleugnet werden (Motto: „Ein Christ klagt nicht!"). Der Tod ist eine Realität, die der Glaube nicht aufhebt, aber die für ihn eine Begrenzung hat. Der Schmerz im Kontext des christlichen Glaubens kann deshalb wohl tief und ausdrucksstark sein, aber er muss nicht endlos und destruktiv sein.
* den Verstorbenen in Frieden zu lassen: Der Tod ist auch Abbruch unserer Kommunikation. Vielleicht war noch etwas offen zwischen mir und ihm. Nun aber ruht er in Gottes Frieden. Vielleicht begreife ich das nicht so schnell, aber ich kann nicht auf ewig weiter mit ihm rechten wollen. Ich muss und kann ihm seinen Frieden lassen. Diese Einsicht kann sehr befreiend wirken.

Glauben kann dann auch den Hinterbliebenen helfen, das *Leben annehmen,* also sich wieder den Aufgaben und Herausforderungen des Alltags zu stellen. Wo Gott am Grabe verkündigt wird, da wird dem Leben das Wort gegeben. Konkret bedeutet dies:

* Ich darf als Hinterbliebener weiterleben: Der Glaube in der Trauersituation heißt auch frei bleiben für das Leben. Der Tod des anderen ist nicht mein Tod. Es gibt keine magische Bindung an die Toten, und kein Gebot schreibt uns vor, einem Partner in den Tod folgen zu müssen.[151]
* Ich kann den Verstorbenen nun als Verstorbenen in mein Leben integrieren: Die Toten sind tot, aber sie sind nicht total ausgegrenzt aus der Gesellschaft der Lebenden.[152] Sie haben ihren Platz in unseren Erinnerungen. Sie führen kein Schattendasein und keine Schattenherrschaft. Aber sie sind nicht vergessen.

---

150 Jüngel, a.a.O., 166
151 Das ist auch eine der Sinndeutungen der alten Trauformel „bis dass der Tod euch scheidet"; im hier gemeinten Sinne schreibt Stollberg, a.a.O., 137: Das Evangelium „erlaubt neue Freude am Leben und neue Beziehungen, Freundschaften, Ehen – ohne damit die Treue in Frage zu stellen."
152 Vgl.: Josuttis, Manfred: Zwischen den Lebenden und den Toten, in: EvTh 41, 1981, 29–45, 45

Zunehmend wächst die Freiheit, sie zu sehen, wie sie waren. Mit ihren guten und auch mit ihren problematischen Seiten.

• Ich kann die Verheißung des Lebens vernehmen: Gott ist nicht nur im Tod anwesend, er besiegt auch den Tod (1 Kor 15,57) und er ist ein Gott der Lebenden (Mt 22,32). Im Horizont des christlichen Glaubens trauern, heißt auch darauf zu vertrauen, dass die Liebe und das Leben den Sieg behalten, heißt darauf zu setzen, dass der Verstorbene in Gott lebt. Das mag ein Ahnen und ein Hoffen sein, aber es gründet sich auf den Gott, der sich uns in Christus als treu und lebendig erwiesen hat.

9.3.4. Zur seelsorgerlichen Praxis

Für die Wahrnehmung der seelsorgerlichen Aufgaben im Trauerfall stellen sich in der Regel drei unterschiedliche Gelegenheiten dar: das Kasualgespräch vor der Bestattung, die Bestattungsfeier selbst und die nachgehende Trauerseelsorge. In vielen Fällen beschränkt sich der Kontakt auf die ersten beiden. Vermutlich wird sich pastorale Trauerbegleitung künftig dadurch noch stärker differenzieren, dass entweder der Verstorbene oder die Hinterbliebenen nicht der Kirche angehören. Kirchenmitgliedschaftsgrenzen sind jedoch keine Seelsorgegrenzen!

Entscheidend ist in vielen Fällen, wie das Bestattungsgespräch verlaufen ist. Es empfiehlt sich, dafür Sorge zu tragen, dass die Begegnung mit den Trauernden nicht im Organisatorischen stecken bleibt. Dazu ist ein akzeptierendes Klima notwendig, und es sollte ausreichend Zeit sein. Es ist in jedem Fall gut, einige Fragen vorbereitet zu haben, die es ermöglichen, möglichst genau die Spezifik dieser Trauersituation zu erfassen. Wichtig ist, dass der Raum vorhanden ist, um in der notwendigen Ausführlichkeit von dem Verstorbenen erzählen zu können.[153] Bei der Bestattungsfeier wird es sehr darauf ankommen, wie gegenwärtig der Pfarrerin die Person des Verstorbenen ist und wie intensiv sie mit den Angehörigen im Kontakt ist. Für eine nachgehende Trauerseelsorge hängt viel davon ab, ob in der kasuellen Begleitung das notwendige Vertrauen geschaffen worden ist. Auch wenn dies geschehen sein mag, werden Trauernde in den meisten Fällen nicht von sich aus das Gespräch suchen. Trauerseelsorge sollte aber in jedem Fall deutlich angeboten werden. Dieses Angebot wird verstärkt durch einen Hausbesuch (z.B. anlässlich des Geburtstags des Verstorbenen, zur Osterzeit oder um den Ewigkeitssonntag herum; der Besuch kann auch informell motiviert sein: „Ich wollte mal schauen, wie es ihnen geht."). Bei aktiven Gemeindegliedern werden sich in der Regel genügend Zufallsgelegenheiten ergeben, um noch einmal auf den Trauerfall zu sprechen zu kommen. Eine intensivere Trauerbegleitung wird freilich en passant nicht möglich sein.

---

153 Vgl. ausführlich dazu Schibilsky, a.a.O., 192ff

Die kasuellen Aufgaben im Zusammenhang eines Trauerfalls stehen hier nicht im Blickpunkt.[154] Wir konzentrieren uns ausschließlich auf die spezifischen Aspekte der persönlich seelsorgerlichen Begleitung. Am besten fasst das schöne deutsche Wort „Trost" zusammen, worum es bei der Trauerbegleitung vor allem gehen sollte. Dabei kommt es darauf an, dieses Wort nicht misszuverstehen, sondern in seinem Vollsinn ernst zu nehmen. Trost ist „nicht Besänftigung und Beschwichtigung, vielmehr Ermutigung von Grund auf"[155]. Trost kann und muss von sichtbarer Hilfe im diakonischen Sinne unterschieden werden. Es ist nicht unmittelbare Aufgabe von Seelsorgern, praktische Hilfsaktionen in einer Trauersituation zu initiieren (so gewiss dies in Ausnahmefällen auch einmal nötig sein kann). Es geht primär um seelsorgerliche Hilfe „von Grund auf". Wirklich hilfreich wirkt nur der Trost, der der Wirklichkeit (und der eigenen Hilflosigkeit darin) nicht ausweicht und sich dem Wort des Evangeliums öffnet.

Wie kann *Seelsorge* in diesem Sinne die Trauerarbeit hilfreich unterstützen? Nur einige Aspekte sollen hier genannt sein:

• *mitfühlend gegenwärtig sein*: Nicht in allen Trauerfällen sind Angehörige da, auf die sich ein trauernder Mensch stützen kann. Besonders bei alten Menschen, die allein in ihrer Wohnung zurückbleiben, fehlt es an Kommunikation. Aber auch in vielen sehr komplizierten Trauerfällen tun sich gute Bekannte oft schwer, den Kontakt über eine längere Zeit aufrecht zu erhalten. In anderen Fällen sind Angehörige eher aktivistisch ausgerichtet: „Du musst jetzt nach vorn sehen, Mutter ..." Da ist es gut, wenn jemand da ist, der nicht flieht. Trost ist Kommunikation. Oft braucht es gar keine Worte, es genügt körperliche Nähe, das Schweigen und Mitfühlen. Eine Mutter nimmt ihr verletztes Kind in den Arm und von Gott heißt es, er hilft uns, wie einen seine Mutter tröstet (Jes 66,13). Trost ist, da zu sein und die Nähe eines anderen zu spüren. Trost ist Leben. Mancher Trauernde mag in dieser Zeit auf den Besuch einer Seelsorgerin warten mit der unausgesprochenen Bitte des Hiob auf den Lippen: „Höret doch meiner Rede zu und lasst mir das eure Tröstung sein" (Hiob 21,2). Von einer Seelsorgerin wird nicht erwartet, dass sie das Unfassbare theologisch erklären möge und tiefsinnige Trostworte zu sprechen vermag. Es ist gut, sich das immer wieder klar zu machen und nicht aus falschen Erwartungsängsten heraus die seelsorgerliche Aufgabe zu versäumen.

• *den Schmerz zulassen*: Oft braucht es Zeit, ehe der Schmerz wirklich zugelassen werden kann. Die Tränen eines Trauernden aushalten zu können, das kann für diesen sehr hilfreich sein. In vielen Fällen können Angehörige eben dies nicht ertragen. Der Schmerz kann nicht überwunden werden, wenn er nicht geäu-

154 Vgl. a.a.O., 230ff; ferner: Winkler, Eberhard: Tore zum Leben, Neukirchen 1995, 167ff; für eine sensible Verbindung seelsorgerlicher und liturgischer Aspekte vgl. auch: Wiefel-Jenner, Katharina: An den Rändern des Todes. Beobachtungen und Überlegungen zur liturgischen Gestaltung von Trauerfeiern, in: PTh 86, 1997, 414–428

155 Weymann, Volker: Trost? Orientierungsversuch zur Seelsorge, Zürich 1989, 46; vgl.: Schneider-Harppprecht, Christoph: Trost in der Seelsorge, Stuttgart 1989

ßert werden darf. Es gibt keinen Trost an unseren Gefühlen vorbei. „Tränen sind die Salbe der Seele", sagt ein afrikanisches Sprichwort. Und es ist wahr, die Nähe eines Seelsorgers kann dazu helfen. Aber nicht immer geht das so einfach. Hans van der Geest schildert eine Situation nach einem sehr plötzlichen Tod eines 54-jährigen Mannes. Die Ehefrau kann es nicht fassen. „Es ist ... wie wenn da drinnen ein Steinbrocken wäre. Ich kann nicht mal richtig weinen. Wenn ich doch nur weinen könnte." Der Seelsorger fühlte sich ganz hilflos. Er wünschte sich, er wäre ein „Gestalttherapeut, der sie zum Weinen führt".[156] Es kommt dann doch dazu, nicht weil der Seelsorger noch eine probate Methode gefunden hätte, sondern weil die Trauernde die akzeptierende Nähe dieses Seelsorgers schließlich als krampflösend erlebt hat. Dass ein Fremder zugegen ist, wenn Trauernde ihren Verlustschmerz zum Ausdruck bringen, kann auch eine Hilfe zur Balance sein: zum Weinen und zum Ruhigwerden. Eine emotional starke Äußerung der Trauergefühle muss nicht destruktiv enden.

- *Realitäten benennen helfen*: Das wäre nun ein weiterer wichtiger Schritt. Der Tod macht sprachlos und stumm. Der Trost kommt an, wenn jemand die Sprache wieder findet. Tröstende Seelsorge ist auch Spracharbeit. Mit der Verbalisierung des Verlustes beginnt der Trauernde, sich auf die neue Situation einzustellen. Sprachfindung in der Trauersituation ist ein prozessuales Geschehen. Zuerst muss die Realität genannt werden: Der Verstorbene „schläft" nicht, er ist „tot". Dies auszusprechen, kann bei einer stark symbiotisch geprägten Beziehung als Ausdruck äußerster Lieblosigkeit angesehen werden.[157] Und in der Tat, durch Sprache findet eine gewisse Distanzierung des Ich vom Verstorbenen statt. Sie ist aber notwendig für das weitere Leben. Es ist weiter wichtig, in Liebe und Wahrhaftigkeit vom Verstorbenen sprechen zu können, von ihm zu erzählen, so dass deutlich wird, wie er war und was uns fehlt. Es ist viel gewonnen, wenn dann auch von den negativen Seiten des Verstorbenen gesprochen werden kann. Man kann dazu anregen durch einen behutsamen Impuls, etwa in der Art: „Manchmal hatten Sie es auch schwer miteinander." Viele sträuben sich zunächst dagegen so zu reden. De mortuis nihil nisi bene – über die Toten nichts als Gutes, das ist ein ehrenwerter Leitsatz abendländischer Kultur, aber in der Seelsorgearbeit kann er auch kontraproduktiv werden. Es geht nicht darum, „Schlechtes" über einen Verstorbenen zu reden, aber die Wahrheit – soweit diese unter irdischen Bedingungen zugänglich ist. Dazu gehören eben auch seine Menschlichkeit und vielleicht auch seine Sturheit, seine Launenhaftigkeit, seine Herrschsucht, seine Selbstmitleidigkeit oder was immer es gewesen sein mag. Es kann befreiend wirken, so von einem Verstorbenen sagen zu können, wie er wirklich war. Und wenn es im Leben so war, so muss dies auch nach dem Tod die erinnernde Liebe nicht verletzen.

- *Glauben stärken*: Glauben negiert die Trauer nicht, darin unterscheidet er sich vom stoischen Gleichmut. Aber er kann durch hartes Verlusterleben beschädigt

---

156 Geest, Hans van der: Unter vier Augen, Zürich 1981; vgl. Jerneizig, a.a.O., 80f

157 Vgl. Kast, a.a.O., 84

werden. Seelsorge hilft ihn zu stärken. Das kann geschehen – durch ein Besprechen und Reflektieren der auftauchenden theologischen und religiösen Fragen (Wie kann Gott das zulassen? Wie habe ich das verdient? Werden wir uns wieder sehen?). Vor allem aber wird es darum gehen, Gott als Ansprechpartner wieder zu gewinnen. Unter Umständen verändert sich das Bild von Gott unter der Trauerarbeit. Gott wird als der erfahren, der es geschehen lässt, dass Menschen sterben, aber auch als der, der nicht von ihrer Seite weicht.[158] Er mag als ohnmächtig erscheinen, aber er bleibt erreichbar – so wie er für Jesus am Kreuz in der äußersten Not erreichbar war (Mt 27,46). In der Trauerseelsorge kann dann auch durch Gebet und Schriftwort Gott ausdrücklich zum Adressaten von Klage und Bitte gemacht werden.

• *Schuldgefühle verstehen*: Viele Trauerprozesse stagnieren, weil Schuldgefühle eine konstruktive Auseinandersetzung mit dem Verlust verhindern.[159] Diese müssen nicht immer gleich neurotisch sein. Das Gefühl, für den Verstorbenen nicht genug getan zu haben, stellt sich leicht ein. Hinterbliebene Angehörige machen sich oft Vorwürfe: „Wir hätten die Mutter nicht ins Heim geben dürfen. Das hat ihr das Herz gebrochen." „Ich habe es nicht geschafft, meinen Mann liebevoll genug zu pflegen; manchmal war es mir zu viel geworden, bin ich abweisend und grantig geworden." Stärker sind die Gefühle, am Tod des anderen schuldig zu sein bei einem Suizid oder beim Unfalltod, an dem der Hinterbliebene beteiligt war. Und nicht selten gab es auch die heimlichen Todeswünsche in der Phantasie, die jetzt als schwer zugängliche Schuldvorwürfe quälen. Es braucht oft Zeit, bis darüber gesprochen werden kann. In einzelnen Fällen geht dies nicht ohne therapeutische Hilfe. Es geht gar nicht darum zu sortieren, ob diese Schuldgefühle „richtig" oder „falsch" sind. Wichtig ist allein, dass sie nun ausgesprochen und besprochen werden können und dass nach einem Ausweg gesucht wird, um in Frieden mit sich selbst weiterleben zu können. Trösten heißt auch, Gnade ganz konkret erfahrbar zu machen.

• *zu neuen Lebensschritten ermutigen*: Trauer ist notwendig, aber sie hat ihre Frist. Seelsorge kann dazu helfen, die Trauer begrenzt zu halten. Es kommt die Zeit, wo das eigene Leben des Trauernden wieder sein Recht hat. Es gilt wahrzunehmen, dass andere Menschen und andere Aufgaben da sind, die den Hinterbliebenen brauchen und die er braucht. Es sind oft ganz kleine Schritte der Veränderung nötig, die helfen, das Leben wieder neu zu konstituieren: die Sachen des Verstorbenen zu ordnen, evtl. etwas wegzugeben; die Gestaltung der Wohnung den neuen Lebensverhältnissen entsprechend zu verändern usw. Vor allem kommt es darauf an, die ganz gewöhnlichen Dinge des Alltags wieder zu tun. Sich selbst wichtig und ernst zu nehmen und es zu lernen, sich ohne Reue am Leben freuen zu können. Eine Mutter, die ihr Kind verloren hatte, erzählt, wie sie nach drei Monaten den ersten „Schritt aus dem Trauerkokon heraus"

---

158 Vgl. Kushner, Harold S.: Wenn guten Menschen Böses widerfährt, Gütersloh ³1990, 122f

159 Schiff, Harriet S.: Verwaiste Eltern, München 1986, 46ff

wagte: Eines Tages plötzlich beschloss sie, „für den Nachmittag einen Kuchen zu backen"[160]. Das erscheint von außen gesehen lächerlich wenig, in Wahrheit ist es ein großer Schritt.

Literatur

Aus der umfangreichen Literatur zur Trauerthematik sei *Verena Kasts* Buch *Trauern (1984)* hervorgehoben. Es bietet einen lebendigen Zugang zur Erfahrungswelt der Trauernden. Den gesamten pastoralen Aufgabenbereich im Trauerfall behandelt *Friedrich-Wilhelm Lindemann (1993)* zugleich überblickartig und exemplarisch. Die Praxis der Trauerblegleitung steht im Mittelpunkt der entsprechenden Kapitel bei *Monika Specht-Tomann/ Doris Tropper (1998, 172–241)*. Für die theologische Auseinandersetzung mit dem Thema von Tod und Auferstehung bietet *Eberhard Jüngels* Buch *Tod (1972)* entscheidende Hilfe. Unter den literarischen Zeugnissen sei stellvertretend für viele auf *Anne Philipes Nur einen Seufzer lang (Berlin 1979)* und *Harriert S. Schiffs Verwaiste Eltern (München 1986)* hingewiesen.

Ariès, Philippe: Geschichte des Todes, München [7]1995

Canacakis, Jorge: Ich begleite dich durch deine Trauer, Stuttgart 2002

Goldbrunner, Hans: Trauer und Beziehung. Systemische und gesellschaftliche Dimensionen der Verarbeitung von Verlusterlebnissen, Mainz 1996

Jerneizig, Ralf/ Langenmayr, Arnold/ Schubert, Ulrich: Leitfaden zur Trauertherapie und Trauerberatung, Göttingen [2]1994

Jüngel, Eberhard: Tod, Stuttgart 1971

Kast, Verena: Trauern. Phasen und Chancen des psychischen Prozesses, Stuttgart [4]1984

Lammer, Kerstin: Den Tod begreifen. Neue Wege in der Trauerbegleitung, Neukirchen [4]2006

Langenmayr, Arnold. Trauerbegleitung. Beratung, Therapie, Fortbildung, Göttingen 1999

Lindemann, Friedrich-Wilhelm: Pastoralpsychisches Vorgehen im Trauerfall, in: Blühm, Reimund u.a.: Kirchliche Handlungsfelder, Stuttgart 1993, 76–92

– Seelsorge im Trauerfall, Göttingen 1984

Morgenthaler, Christoph: Trauer und Familie. Eine familiendynamische Sicht der Seelsorge an Trauernden, in: WzM 46, 1994, 310–329

Oates, Wayne E.: Krise, Trennung, Trauer, München 1977

Paetz, Michael: Sterbe- und Trauerbegleitung als Anfrage an die Pastoraltheologie und ihre Herausforderung durch die Hospizbewegung, Frankfurt 2004

Pisarski, Waldemar: Anders trauern – anders leben, München 1983

Riess, Richard: Rückkehr ins Leben. Vom Umgang mit Tod und Trauer, in: Böhme, Michael u.a. (Hg.): Entwickeltes Leben, Leipzig 2002, 247–260

Rüter, Friederike: Späte Trauer. Seelsorge in Trauer- und Heilungsprozessen, in: WzM 59, 2007, 16–29

Schibilsky, Michael: Trauerwege. Beratung für helfende Berufe, Düsseldorf [3]1992

Schneider-Harpprecht, Christoph: Trost in der Seelsorge; Stuttgart 1989

Specht-Tomann, Monika/ Tropper,Doris: Zeit des Abschieds. Sterbe- und Trauerbegleitung, Düsseldorf 1998

Spiegel, Yorick: Der Prozeß des Trauerns. Analyse und Beratung. München [7]1989

Weiher, Ehrhard: Die Religion, die Trauer und der Trost. Mainz 1999

Weymann, Volker: Trost? Orientierungsversuch zur Seelsorge, Zürich 1989

Worden, James William: Beratung und Therapie in Trauerfällen, Bern [2]1999

---

160 A.a.O. 45, vgl. 144ff

9.4. Seelsorge in Krisensituationen

Spät abends. Es klingelt im Pfarrhaus und ein völlig verzweifelter Mann steht vor der Tür. Als er heute von einer Dienstreise zurückkam, habe er die Wohnung halb leer vorgefunden. In einem kurzen Abschiedsbrief habe ihm seine Frau mitgeteilt, dass sie nun endgültig entschieden sei, nicht mehr mit ihm zusammenzuleben. Der Mann ist nicht nur verzweifelt, er erscheint total derangiert. Deutlich wahrnehmbarer Alkoholgeruch verstärkt den Eindruck. Suizidgefahr scheint nicht ausgeschlossen.

So etwas passiert nicht gerade regelmäßig. Aber es kann passieren. Wer Gemeindeseelsorge betreibt, muss damit rechnen. Menschen geraten in Krisen und manchmal sind die Bewohner des Pfarrhauses die einzigen erreichbaren Nachbarn, von denen Hilfe erwartet werden darf. Jetzt muss rasch gehandelt werden, Seelsorge als Krisenintervention[161] ist gefragt.

9.4.1. Seelsorge als Krisenhilfe

9.4.1.1. Humanwissenschaftliche und theologische Aspekte zur Krisensituation

Zur Phänomenologie der Krise
Was ist eine Krise? Gegenüber der Bedeutungsvielfalt dieses Wortes in der Umgangssprache ist der Begriff in der sozialwissenschaftlichen Literatur klar definiert: Eine psychosoziale Krise ist charakterisiert durch den „Verlust des seelischen Gleichgewichts, den ein Mensch verspürt, wenn er mit Ereignissen und Lebensumständen konfrontiert wird, die er im Augenblick nicht bewältigen kann, weil sie von der Art und vom Ausmaß her seine durch frühere Erfahrungen erworbenen Fähigkeiten und erprobten Hilfsmittel zur Erreichung wichtiger Lebensziele oder zur Bewältigung seiner Lebenssituation überfordern."[162]

Eine akute Krise ist zeitlich begrenzt. Sie hat einen fixierbaren Anfang und, wenn alles gut geht, auch ein befristetes Ende. Es ist wichtig, um angemessen helfen zu können, eine Krise als Krise zu identifizieren und sie z.B. von psychischen Störungen, chronifizierten Krisen u.Ä. zu unterscheiden. Wenn man unsicher ist, kann man sich durch eine schlichte Frage nach dem zeitlichen Anfang

---

161 Grundlegend: Switzer, David K.: Krisenberatung in der Seelsorge. Situationen und Methoden, München 1975; Schuchardt, Erika: Warum gerade ich? Leben lernen in Krisen, Göttingen ¹¹2002; Kast, Verena: Der schöpferische Sprung. Vom therapeutischen Umgang mit Krisen, Olten ²1987; Sonneck, Gernot (Hg.): Krisenintervention und Suizidverhütung. Ein Leitfaden für den Umgang mit Menschen in Krisen, Wien ⁴1997
162 Sonneck, a.a.O., 31

oder dem auslösenden Ereignis – „Seit wann geht es Ihnen so schlecht?" – Klarheit verschaffen.

Es muss unterschieden werden zwischen *traumatischen Krisen* (veranlasst durch: Verlusterfahrungen, durch Tod oder Unfall, plötzliches Verlassenwerden, Nichtbestehen einer Prüfung, bedrohliche Krankheitsdiagnosen, äußere Katastrophen o.ä.) und *Veränderungskrisen* (veranlasst durch: Verlassen des Elternhauses, Schwangerschaft, Umzug, Pensionierung o.Ä.). Entscheidend für das Entstehen einer Krisensituation ist nicht nur die Schwere des auslösenden Ereignisses, sondern von großer Bedeutung ist auch die seelische Konstitution des Individuums, also seine Möglichkeiten, mit angemessenen Mitteln auf ein Krisenereignis zu reagieren. Natürlich gibt es eine ganze Anzahl von überindividuellen Faktoren, die ein Krisenerleben auslösen. Dazu gehört eine Vielzahl aufeinander folgender bedrohlicher Erfahrungen. Aber auch eine nichtakzeptierende Umwelt kann eine Krisenentwicklung entscheidend begünstigen. Das nahezu gleiche Ereignis kann den einen völlig aus der Bahn werfen, während ein anderer damit nach einer gewissen Zeit einigermaßen zurechtkommt.[163] Krisenforscher haben einen regelmäßigen Verlauf traumatischer Krisen beobachtet:[164]

1. **Schock**: die Nachricht wird vernommen; aber sie kann noch nicht zugelassen werden („Das kann doch nicht wahr sein!")
2. **Reaktion**: wenn die dem Individuum zugänglichen Bewältigungsstrategien nicht funktionieren, gibt es verschiedene destruktive Reaktionsmöglichkeiten:
   – Krankheit oder psychischer Zusammenbruch
   – Chronifizierung (z.B. Trauer ohne Ende)
   – Drogen- oder Medikamentenmissbrauch
   – suizidales Verhalten
3. **Bearbeitung**: Krisenintervention mit dem Ziel einer aktiven Auseinandersetzung mit dem Krisenereignis.
4. **Neuorientierung**

Einen wichtigen Faktor bei der Krisenentwicklung stellt das so genannten Burnout-Syndrom dar.[165] Es kann sich herausbilden auf Grund von permanenter Überlastung und ständiger Selbstüberforderung. Vor allem Angehörige helfender Be-

---

163 Auch wenn es nicht einfach ist, sollte doch unterschieden werden zwischen einem Leidenserleben, das bei schlimmen Ereignissen an keinem vorübergeht, und ausgesprochener Krisenerfahrung mit destruktiver Tendenz. Wenn Erika Schuchardt (a.a.O., 33ff) sich für eine „Krisenverarbeitung als Lernprozess" engagiert, dann geht das in eine ähnliche Richtung. Sie schreibt: „Wir können die Krise oder das Kreuz nicht abschaffen …, aber wir können die Bedingungen, die Art und Weise, unter denen Menschen von Krisen oder vom Kreuz getroffen werden, verändern, und wir können uns selber verändern" (a.a.O., 46).

164 Vgl. Sonneck, a.a.O., 16
165 A.a.O., 42–53

rufe sind oft davon betroffen. Als burn-out werden seelische Erschöpfungszustände mit körperlichen Symptomen (Schlaflosigkeit, chronische Müdigkeit u.a.) bezeichnet, die häufig von deutlichen Beziehungsstörungen (Depersonifikation) und spürbarer Leistungsunzufriedenheit begleitet sind. Derartige komplexe Erschöpfungszustände begünstigen die Entstehung einer Krise, wenn sie nicht selbst schon eine solche darstellen. Es bedarf nur eines geringfügigen Anlasses, um das Fass zum Überlaufen zu bringen und eine Krise auszulösen.

Theologisch-seelsorgerliche Aspekte zum Verständnis der Krise
Krisen sind Teil menschlicher Lebenserfahrung. Sie können auf sehr unterschiedliche Weise das bisherige Lebensgefüge erschüttern. Sie werden jedoch keinem Menschen ganz erspart bleiben. Sie gehören dazu, weil unser Leben endlich ist, weil zu ihm Verluste, Abschiede und der Tod gehören und weil die menschlichen Verarbeitungsmöglichkeiten stets begrenzt sind. In jeder tiefen Krise stehen das Leben und der Glauben eines Menschen auf dem Spiel.

Ein Blick in die Bibel lässt ein ganzes Panorama von Krisenerfahrungen hervortreten. Große Erzählzusammenhänge – wie die Auszugsgeschichte Israels oder die Passions- und Ostergeschichten des Neuen Testaments – können als Krisenerfahrungs- und als Krisenbewältigungsgeschichten gelesen werden.[166] Einzelerzählungen – wie die Geschichte von der Sturmstillung (Mt 8,23–27) oder vom sinkenden Petrus (Mt 14,22–32) – können durchaus als verdichtete Krisenerfahrungen interpretiert werden. Eindrücklich beschreibt der Beter des 42. Psalms die Erfahrung in der Krise: „Die Fluten rauschen daher und eine Tiefe ruft die andere; alle deine Wassergruben und Wellen gehen über mich" (V.8). Wer eine Krise erlebt, ist wie ein Ertrinkender. Woran kann er sich klammern? An Gott? „Ich sage zu Gott, meinem Fels: warum hast du mich vergessen?" (V. 10). Die Krise des Einzelnen wird zum heimlichen Triumph seiner Gegner, die spöttisch fragen: „Wo ist nun dein Gott?" (V. 11). Haben sie nicht Recht? „Die ‚Felsenerfahrung' ist in ihr Gegenteil verkehrt, sie lebt nur noch vom Stöhnen und Seufzen des Leidenden, der von den Fluten der Tiefen, des Chaos überspült wird."[167] Aber am Ende hält für diesen Leidenden doch die Beziehung zu Gott und wird ihm zur entscheidenden Hilfe aus der Krise heraus: „Harre auf Gott; denn ich werde ihm noch danken, dass er meines Angesichts Hilfe und mein Gott ist" (V. 12).

Gott ist auch in der Krise gegenwärtig. Darauf darf der Glaubende vertrauen. Aber das Vertrauen kann aufs Äußerste erschüttert werden. Die Krise kann den Glauben suspendieren. Deshalb ist es so wichtig, dass in der Krise Menschen da sind – mit ihrer Hilfsbereitschaft und mit der Hoffnung ihres Glaubens. Erika Schuchardt macht aufmerksam auf „diese unverfügbare Erfahrung des Ineinan-

166 Vgl.: Frör, Hans: Krisenseelsorge, in: Stollberg, Dietrich/ Riess, Richard (Hg.): Das Wort, das weiterwirkt, München 1981, 188–196, 190, 193f; zum theologischen Verständnis der Krise umfassend: Müller, Stephan E.: Krisen-Ethik der Ehe. Versöhnung in der Lebensmitte, Würzburg 1997, 370 – 398, bes. 390ff
167 Schneider-Flume, Gunda: Glaubenserfahrung in den Psalmen, Göttingen 1998, 81

dergreifens von (göttlicher) Bewahrung und (menschlicher) Begleitung."[168]. Begleitung in der Krise ist um des Lebens und um des Glaubens willen notwendig. Eine Krise deutet immer darauf hin, dass das bisherige Sinngefüge ganz oder teilweise zerbrochen ist. Das Alte ist untauglich geworden: einzelne Lebensmuster etwa (vielleicht auch bestimmte Lebenslügen), oder gewisse Lebenskonstellationen, vertraute Alltagsrituale und eingeschliffene Verhaltensweisen, vielleicht auch eine zur Gewohnheit gewordene Frömmigkeitspraxis oder ein ganz unfrommer Lebensstil. In der Krise liegt die Anforderung, „Ägypten" hinter sich zu lassen, neues Land zu suchen und zu betreten. Wenn Krisen als Chancen der Veränderung und des Wachstums verstanden werden, dann können sie eine wichtige positive Funktion für die Lebensgeschichte eines Menschen erlangen. Aber man muss sich hüten, solche Einsichten zu flott und zu sicher an Menschen in der Krise herantragen zu wollen. Wer mitten in ihr steckt, kann sich leicht verhöhnt fühlen. Es kann ja nicht darum gehen, auf diese Weise die Krisenanlässe schönzureden. Der Wert einer Krise wird von dem, der sie erlebt, erst ermessen werden können, wenn er sie durchgestanden hat. Jedoch für die, die ihm beistehen, ist es wichtig, diese Perspektive im Auge zu behalten, also die Rolle der „stellvertretenden Hoffnung" zu übernehmen[169], sonst werden sie selbst in die Krise hineingezogen.

Die Krisenerfahrung fordert am Ende von dem durch sie betroffenen Menschen Annahme der veränderten Situation und – theologisch gesprochen – Einverständnis mit dem Willen Gottes. Dass dies nicht möglich und nicht einklagbar ist, bevor auch das aggressive Potenzial, das eine Krisenerfahrung freisetzt, realisiert worden ist, zeigt die Geschichte des Hiob. Erst musste er mit aller Kraft protestieren (Hiob 31,38), ehe er sich dann endlich auf den Gott einlassen konnte, der ihm die schwersten Lebenskrisen zugemutet hatte: „Ich kannte dich nur vom Hörensagen, aber nun hat mein Auge dich gesehen" (42,5). Es kommt gerade in der Krisenseelsorge darauf an, nicht Ergebung zu fordern, ohne Widerstand zuzulassen und freizusetzen.

9.4.1.2. Seelsorge als Krisenintervention

Menschen in der Krise brauchen schnelle und konkrete Hilfe. Als Ziel dieses Handelns sollte eine „Hilfe zur Selbsthilfe" im Auge behalten werden. Es geht dabei darum, die Menschen, die sich in einer akuten Belastungssituation befinden, zu befähigen, die Krise aktiv zu bewältigen und wieder selbständig entscheidungs- und handlungsfähig zu werden.[170] Das Ziel ist nicht sofort und nicht unmittelbar zu erreichen, sonst müsste ja auch nicht von einer Krise gesprochen werden. Menschen in der Krise brauchen zunächst Unterstützung durch andere. Folgende *Prinzipien der Krisenintervention* sind zu nennen:[171]

168 Schuchardt, a.a.O., 149 (Klammerzusätze von mir – J.Z.)
169 So a.a.O., 54
170 Vgl. a.a.O., 55f
171 Nach Sonneck, a.a.O., 56

rascher Beginn: Krisenintervention beginnt mit der ersten Begegnung. Es ist kein längerer Aufschub möglich.

Aktivität des Helfers: Rat und Entscheidungshilfe – gegebenenfalls körperliche Versorgung

Methodenflexibilität: Gespräch, Entspannung, gemeinsames Aktivwerden usw.

Fokus: die aktuelle Situation. Es geht jetzt nicht um Fragen der Persönlichkeit o.Ä., sondern um das, was die Krise jetzt ausgelöst hat.

Einbeziehung der Umwelt: eventuell sind Angehörige, Kollegen zu verständigen und um Mithilfe zu bitten

Entlastung: den stärksten emotionalen Druck auffangen durch einfühlendes Gespräch

Zusammenarbeit: den Kontakt zum Arzt, zu Beratungsstellen usw. suchen

Es ist wichtig zu wissen, dass diese Prinzipien der Krisenintervention keine spezielle Kompetenz voraussetzen. Oft sind Laien die besseren Krisenhelfer als Professionelle.[172] Sie handeln in der Regel unmittelbar und situationsbezogen von ihren natürlichen Empfindungen ausgehend. Experten sind möglicherweise zu problem- oder konzeptorientiert.

Für die einzelnen *Schritte bei der Erstbegegnung*[173] innerhalb einer Krisenintervention sind folgende Aspekte zu beachten:

• *Kontakt*: Es geht darum, rasch eine Beziehung aufzubauen. Das ist in dem Fall einfach, wenn jemand aus eigener Motivation kommt; es braucht u.U. mehr Zeit und einfühlendes Geschick, wenn Pfarrerinnen und Pfarrer von Angehörigen zu einem Menschen in der Krise gerufen worden sind.

• *Problem*: Es soll zuerst um das krisenauslösende Problem bzw. Ereignis gehen. Alles andere ist nachgeordnet. Es ist jetzt nicht die Zeit für tiefergehende Reflexionen. Auch Aussagen des Leidenden wie: „Nun hat alles keinen Sinn mehr!" sind nicht auf ein möglicherweise ihnen zugrunde liegendes weltanschauliches oder theologisches Problem hin zu befragen, sondern als Reaktion auf das aktuelle Problem zu verstehen: Es hat keinen Sinn mehr, denn ich habe niemanden mehr.[174]

• *Emotionen*: Wichtig ist es, Raum zu geben für das Aussprechen der jetzt besonders quälenden Gefühle. Der Krisant muss spüren: Ich kann jetzt alles sagen.

---

172 Das ist eine Erfahrung, die besonders für die Arbeit der Telefonseelsorge von Bedeutung ist, vgl. Wieners, Jörg (Hg.): Handbuch der Telefonseelsorge, Göttingen 1995, 43–46; ähnliche Einschätzung bei Sonneck, a.a.O., 55f

173 Vgl. a.a.O., 69ff

174 „Sinnfrage heißt immer für den Patienten: Wo ist jemand, der mich akzeptiert, der mich mag. Und nicht gibt es einen Gott." – Arthur Reiner, zit. bei: Christ-Friedrich, Anna: Der verzweifelte Versuch zu verändern. Suizidales Handeln als Problem der Seelsorge, Göttingen 1998, 132

Seine psychische Grundverfassung muss deutlich werden. Dazu ist eine empathische und solidarische Grundhaltung des Helfers Voraussetzung.

- *Ressourcen:* Der Blick richtet sich auf das, was jetzt helfen kann: Welche personellen Möglichkeiten (Hilfe durch Angehörige, Kontakt zu Freunden) bieten sich an? Welche psychischen und geistigen Ressourcen stehen zur Verfügung? (z.B. früher erprobte Bewältigungsstrategien).
- *Handeln:* Mit dem Betroffenen sollten erste Hilfsmaßnahmen überlegt werden, u.U. kann ein kleiner Maßnahmeplan besprochen werden: Was ist jetzt zuerst zu tun? Wer ist zu benachrichtigen? Wo verbringt der Betreffende die nächste Nacht? usw.
- *Perspektive:* Es muss deutlich werden, wie der Kontakt weitergehen kann, wozu ich als Seelsorgerin oder Seelsorger zur Verfügung stehe und wozu nicht. Gegebenfalls ist die Kontaktaufnahme zu einem anderen Helfer zu besprechen.

9.4.2. Seelsorge bei Suizidhandlungen

9.4.2.1. Grundlegende Aspekte zur Suizidalität

Wenn eine Krise nicht ausreichend bewältigt werden kann, tritt die Möglichkeit eines Suizids ins Blickfeld des leidenden Menschen. Krisenintervention schließt die Hilfe in Suizidfällen ein. Der Suizid ist vielfach der letzte „verzweifelte Versuch", die quälende Lage „zu verändern" (Christ-Friedrich). In Deutschland nehmen sich jährlich zwischen 11.000 und 12.000 Menschen das Leben; die Zahl der Suizidversuche wird um ein Zehnfaches höher geschätzt. Es gibt darüber hinaus eine quantitativ nicht messbare Anzahl verborgener Suizidhandlungen (z.B. unerklärliche Unfälle, Medikamentenmissbrauch, extreme Risikoabenteuer usw.). Oft bleibt im Dunkeln, was jemand wirklich beabsichtigt hat, der ganz bewusst bis an die Grenze gegangen ist.

Wahrnehmung und Phänomenologie des Suizid[175]
Menschen können auf unterschiedliche Weise zu dem Entschluss gelangen, ihrem Leben ein Ende zu setzen. Für die Umwelt ist das manchmal besser und manchmal weniger gut erkennbar. Selten gibt es einen Suizid als Affekthandlung, also ohne Ankündigung und gar ohne vorherige Anzeichen. Oft werden den Angehörigen erst im Nachhinein die Zeichen verständlich, mit denen der Suizidant sein Vorhaben angekündigt hatte.

---

175 Mit Christ-Friedrich, a.a.O., 23ff entscheiden wir uns für den nicht so populären Begriff „Suizid" gegen das wertende Wort „Selbstmord" und gegen den idealisierenden Begriff „Freitod". Vgl. auch: Jörns, Klaus-Peter: Nicht leben und nicht sterben können. Suizidgefährdung – Suche nach dem Leben, Göttingen 1979, 19ff

Für die eigene Wahrnehmung und Einschätzung der akuten Suizidgefährdung ist es hilfreich, sich die Dynamik der Suizidentwicklung zu vergegenwärtigen. Bei empirischen Untersuchungen suizidaler Handlungen hat der Wiener Psychiater Erwin Ringel eine Reihe vergleichbarer Merkmale entdeckt, die er als *„präsuizidales Syndrom"*[176] zusammengefasst hat:

1. *Zunehmende Einengung*
   a. Situative Einengung (es ist kein Ausweg sichtbar, keine Geduld auf Veränderung zu warten, das Leben scheint von einer Not zur anderen zu gehen)
   b. Dynamische Einengung (einseitige Ausrichtung der Affekte auf die deprimierenden Erfahrungen; „eingefrorene" Perspektive, passives Verhalten)
   c. Personale Einengung (Reduzierung der zwischenmenschlichen Beziehungen auf nur eine Bezugsperson)
   d. Wertbezogene Einengung (nichts gibt es mehr, was lebenswert ist; der Selbstwert steht auf Null)
2. *Aggressionsstau,* sich darstellend als
   Aggressionshemmung (gegen andere) und
   Aggressionsumkehr (gegen die eigene Person)
3. *Suizidphantasien* (anfangs aktiv intendiert, zunehmend sich passiv aufdrängend)

Die Theorie des präsuizidalen Syndroms ist eine gute Wahrnehmungshilfe gegenüber Menschen in krisenhaften Situationen. Wenn die drei Faktoren (Einengung, Aggressionen, Suizidphantasien) zusammenlaufen, ist die Suizidgefahr groß. Zur Abschätzung der Suizidalität ist freilich auch zu beachten, dass es einerseits *bestimmte Personengruppen* gibt, bei denen das Suizidrisiko hoch ist (Menschen mit vorangegangenen Suizidversuchen, Depressive, Suchtkranke, alte und vereinsamte Personen), und dass es andererseits *situative Umstände* gibt, durch welche suizidale Handlungen begünstigt werden (Krisen, schwere Erkrankungen, Arbeitslosigkeit, wirtschaftliche Not usw.).[177]

Für den Umgang mit offen geäußerten Suizidankündigungen ist es gut, sich zwei einander scheinbar widersprechende Maximen zu Eigen zu machen:
Keiner Suizidankündigung folgt zwangsweise die suizidale Handlung; die Ankündigung kann ein Test sein; aber:
Jede Suizidankündigung ist ernst zu nehmen. Wer vom Suizid ernsthaft spricht, ist innerlich schon ziemlich weit. Es ist nicht angezeigt, hier vorschnell abzuwinken mit der Bemerkung: Der redet ja doch nur so.

---

176 Ringel, Erwin: Selbstmord – Appell an die anderen, München ⁴1980, 13–35; vgl. Sonneck, a.a.O., 155f

177 Tabelle zur Einschätzung der Suizidalität nach Kielholz bei Sonneck, a.a.O., 157

Die suizidale Handlung verstehen

Es ist relativ einfach, die Entwicklung einer suizidalen Handlung zu erkennen, aber es ist schwierig, sie zu verstehen. Es gibt einige *Theorien*, in denen versucht wird, die Entstehung von Suizidalität zu *erklären*.[178] Erwähnt seien die *psychoanalytische Theorie*, die Suizidalität vor allem als persönlichkeitsbedingt versteht.[179] Als suizidfördernde Persönlichkeitsfaktoren werden genannt: Depressivität, labiles Selbstwertgefühl, narzisstisches Beziehungsverhalten, leichte Kränkbarkeit, Neigung zu Selbstidealisierung. Suizidalität beruhe vor allem auf der Unfähigkeit des Individuums, persönliche Kränkungen mit angemessenen Mitteln zu verarbeiten. Dagegen verstehen die *soziologischen Theorien* Suizidalität als primär gesellschaftsbedingt als „Symptom einer kollektiven Krankheit"[180]. Man könne sagen, der Suizid sei eine „private Tragödie, aber er hat soziale Ursachen und soziale Folgen"[181]. Als suizidale Faktoren der Gesellschaft werden genannt: inhumane Verhaltensweisen (z.B. Verfolgung, Bespitzelung), mangelhafte soziale Integration einzelner Individuen, massive soziale Ungerechtigkeiten, Verlust von sozialethischen Leitideen.

Beide Theorieformen enthalten Wahrheitsmomente, in einer suizidalen Entwicklung wirken in der Regel soziale und personale Faktoren zusammen. Die Entlassung in die Arbeitslosigkeit kann für einen 48–jährigen Angestellten zu einer schweren Krise führen. Zu einer suizidalen Handlung wird es aber erst kommen, wenn bestimmte Faktoren seiner Persönlichkeitsstruktur (z.B. Depressivität, ausgeprägter, ggf. neurotischer Narzissmus) diese Entwicklung entscheidend begünstigen.

Wie aber kann nun eine suizidale Handlung von den Motiven der Suizidanten selbst her *verstanden* werden? Entlädt sich in der Suizidhandlung die *Aggression* des Suizidanten gegen sich selbst und gegen andere?[182] Oder ist der Suizid ein *Fluchtversuch*: endlich fort, möglichst weit fort von hier und nie wieder zurück?[183] Oder ist Suizid vor allem als ein *„Appell an andere"* (Ringel), als Ausdruck unstillbarer Sehnsucht nach Liebe, nach Zuwendung, Geborgenheit, Gerechtigkeit zu verstehen? Dann wäre der Suizid zweifelsohne nicht nur eine Negativhandlung, nicht nur eine Tat der Selbstvernichtung, sondern eine aktive Ich-Leistung des Individuums.[184] Die Motive darf man nicht alternativ gegeneinander ausspielen. Es bedarf in jedem Fall einer Hermeneutik der suizidalen Situation, um die spezifische Bedeutung herauszufinden, die sich mit dem Suizid oder der suizidalen Handlung

---

178 Übersichtliche Darstellung bei Jörns, a.a.O., 39ff

179 Vgl. die klassische Darstellung: Henseler, Heinz: Narzisstische Krisen. Zur Psychodynamik des Selbstmords, Opladen ²1984; auch Christ-Friedrich folgt i.W. diesem Theorieansatz.

180 So interpretiert Jörns, a.a.O., 81f diesen auf Emile Durkheim zurückgehenden Theorieansatz.

181 So Erwin Ringel mündlich.

182 Vgl. das Kapitel „Suizidale Handlungen als Kommunikation von Aggression" bei Christ-Friedrich, a.a.O., 63ff

183 Vgl. Jörns, a.a.O., 28ff; erinnert sei an Muthesius, Sibylle: Flucht in die Wolken, Berlin 1981 (romanhafte Dokumentation der Suizidgeschichte eines psychisch erkrankten Mädchens)

184 Christ-Friedrich, a.a.O., 162, 168ff, 173

eines Menschen verbindet. Die Frage ist: Wie souverän bin ich als Seelsorgerin oder Seelsorger, um die suizidalen Menschen vorurteilsfrei zu verstehen?

Tradierte Einstellungen überprüfen
In der christlichen Tradition wird der „Selbstmord" in der Regel deutlich negativ bewertet. Die Begründungen waren einmal mehr, einmal weniger differenziert, und die „christlichen" Verhaltensweisen gegenüber den durch Suizid aus dem Leben Geschiedenen und ihren Angehörigen äußerten sich mehr oder weniger diskriminierend. Das ist alles weitgehend bekannt. Stellvertretend mag das Urteil Karl Barths, der sich sehr eingehend mit der Suizidfrage beschäftigt hat, stehen: „Sein Leben von ihm zu nehmen ist Sache dessen, der es den Menschen gegeben hat, nicht seine eigene Sache. Wer hier nimmt, was ihm nicht gehört – in diesem Fall, um es wegzuwerfen – der tötet nicht nur, der mordet."[185] Dieses Urteil ist apodiktisch und an der unbedingten Geltung des 5. Gebots orientiert. Vermutlich wird es auch heute noch von vielen geteilt – wenn auch vielleicht nicht in der Schroffheit des dahinter sich verbergenden moralischen Urteils.[186]

Die traditionelle Verurteilung des Suizids im Christentum geht vom 5. Gebot aus, von der Unantastbarkeit des Lebens, und es wird dabei vorausgesetzt, dass der Suizidant töten, ja „morden" will. Viele, die sich mit der Deutung des Suizids und seiner Erforschung intensiv befasst haben, sind sich darin einig, dass der Tod in den seltensten Fällen das Ziel des Suizids darstellt. Er ist eher ein verzweifeltes Mittel, um etwas Neues, Besseres als das gegenwärtig unerträgliche Leben zu erreichen. Klaus-Peter Jörns nennt den Suizid darum eine „paraphönikale Handlung": „Sie verläuft wie ein Mord, ist aber in wesentlichen Dingen vom Mord unterschieden."[187]

Wenn man es so sieht, wird deutlich, dass man mit dogmatischen Kategorien – ausgehend vom absolut geltenden Tötungsverbot – dem Faktum des Suizids nicht gerecht werden kann. Die Unverfügbarkeit des menschlichen Lebens ist ja nun wirklich eine Grundeinstellung, die nicht zur Disposition stehen darf. Aber der Suizidant will nicht eigentlich das Leben antasten[188]; er scheitert vielmehr am Leben und erstrebt durch seine Tat ein neues, anderes Leben. Mit dogmatischen Kategorien ist diese „antilogische" Handlung nicht adäquat zu erfassen. Es leuchtet ein, wenn von daher über die Notwendigkeit einer „prädogmatischen Seelsorge"[189] im Suizidfall gesprochen wird.

---

185 Barth, Karl: Kirchliche Dogmatik III/4, Zürich 1957, 481
186 Vgl. allerdings die sehr viel behutsamere Beurteilung bei: Bonhoeffer, Dietrich. Ethik, München ⁴1958, 111ff
187 Jörns, a.a.O., 21
188 Das gilt sicher nicht uneingeschränkt. Jean Améry betont in seinem berühmten „Diskurs über den Freitod" die „Grundtatsa-

che, dass der Mensch wesentlich sich selbst gehört": Améry, Jean: Hand an sich legen. Diskurs über den Freitod, Stuttgart ⁹1993. In diesem Zusammenhang wäre auch an Hermann Hesses faszinierenden, aber nicht unproblematischen Roman „Der Steppenwolf" (1942) zu erinnern.
189 Christ-Friedrich, a.a.O., 150, 215f

Freilich, das eigentlich Belastende an der christlichen Tradition zur Suizidfrage sind nicht die dogmatischen und ethischen Lehren. Vielmehr ist es die Praxis der moralischen Verurteilung, bei der es nicht nur um die Tat, sondern auch um den Täter geht. Und damit verbunden ist die bis heute vielfach strenge Tabuisierung des Themas. Suizide werden in Familien nicht selten als „Familiengeheimnisse" gehütet und verschwiegen.[190] Dabei ist Suizidalität ein Phänomen menschlicher Daseinserfahrung von Anfang an. Auch den Glaubenden ist der Gedanke an einen Suizid nicht so fern, wie es manchmal scheinen mag. Jeremias Wunsch, nicht geboren worden zu sein (Jer 15,10), Elias Selbstaufgabe mit den Worten: „Es ist genug" (1 Kön 19,4), die Fluchtgedanken des 139. Psalms – hier klingt das suizidale Thema mehr als deutlich an, und in der jüngeren Geschichte mögen die Suizide von sehr verantwortlich eingestellten Christen wie Hugo Distler (gest. 1942), Jochen Klepper (gest. 1942) oder Ernst Lange (gest. 1974) deutlich zu denken geben. Menschen, auch gläubige Menschen, können in verzweiflungsvolle Situationen geraten, in denen sie keinen anderen Ausweg als den der Selbsttötung erkennen können. Ihre Wahl muss respektiert werden. Davon sollte die innere Einstellung der Helferin, des Helfers in der Seelsorge geprägt sein.

9.4.2.2. Zur seelsorgerlichen Praxis bei Suizidhandlungen

Auch wenn es in unserer Gesellschaft verschiedene, meist professionell arbeitende Institutionen gibt, die in der suizidalen Situation Hilfe gewähren, gehört es doch auch zu den normalen Anforderungen in einem Gemeindepfarramt, hier seelsorglich zur Verfügung zu stehen. Das kann im Zusammenhang des schon länger bestehenden Kontakts zu einem Menschen mit Suizidneigung (etwa im Zusammenhang mit einer Depressionskrankheit) der Fall sein, es kann sich beim routinemäßigen Besuch in einer Klinik ergeben oder auf Grund eines Hilferufs von Angehörigen.

In der Situation akuter Suizidgefahr gelten die dargelegten Prinzipien der Kriseninterventíon. Beim Suizidthema kommt für jeden Helfer ein spezifischer innerer Konflikt hinzu. Dieser Konflikt lässt sich so beschreiben: Ich bin einerseits mit einem Dienst für das Leben beauftragt (d.h. für mich gilt die Norm: Suizid darf nicht sein); andererseits weiß ich genau, dass der Suizidant gerade auf diese Norm im Moment nicht ansprechbar ist und dass das Insistieren darauf kontraproduktiv werden könnte. Er ist ja in einer Situation, in der für ihn solche Normen in der Regel egal oder doch wenigstens nicht mehr handlungsleitend sind. Dieser seelsorgliche Konflikt lässt sich nicht pragmatisch nach der einen oder anderen Seite hin auflösen. Er wird sie möglicherweise in einer Spannung halten, die einer

---

190 Vgl. Morgenthaler, Christoph: Systemische Seelsorge, Stuttgart ⁴2005, 240f; Christ-Friedrich, a.a.O., 115ff; Ringel, a.a.O., 75

wachen Aufmerksamkeit für das, was die Situation zeigt und fordert, zugute kommt.

Für die seelsorgerliche Praxis sollten folgende Schritte beachtet werden:

Erster Schritt: Anerkennung der suizidalen Situation
In der neueren Suizidliteratur wird dieser Schritt besonders hervorgehoben. „Anerkennung" meint hier, die suizidale Situation ernst zu nehmen und die suizidale Handlung zu respektieren. Besonders deutlich und pointiert hat der Psychiater Klaus Dörner darauf insistiert.[191] Im Einzelnen bedeutet das:

- Die wichtigste Wahrnehmung lautet: Ein Mensch ist in *auswegloser verzweifelter Situation*. Das sollte ich ihm als Erstes *bestätigen* – anstatt ihm Vorwürfe zu machen oder nach Gründen zu forschen.
- Die Suzidhandlung ist die *eigene Entscheidung und Tat* des betreffenden Menschen. Sie ist das Ergebnis der Verzweiflung und des Mutes der Verzweiflung. Das habe ich zunächst uneingeschränkt zu *respektieren*.
- Es ist unerlässlich, sich auf die *hoffnungslosen Töne* eines Suizidanten zu konzentrieren. Das scheint unserem Bedürfnis, zu trösten und getröstet zu werden, direkt entgegenzustehen. Aber es ist doch wichtig, „da selbst der leiseste Hauch von Trost von meiner Seite für den trostlosen Anderen Verspottung bedeutet" (Dörner).
- Der Seelsorger sollte das *Recht des anderen auf Suizid* nicht bestreiten – auch wenn er für sich selbst (z.B. aus theologischen Gründen) anderer Meinung ist. Damit entfällt der Rechtfertigungszwang, in dem sich der Suizidant befindet und der viel Energie kostet.

Zweiter Schritt: Aufbau einer Beziehung der Solidarität
Der Suizidant hat meist niemanden, der seine Verzweiflung und die Konsequenzen, die sich für ihn daraus ergeben, versteht. Das ist ein Teil seines Problems. Es ist ganz wichtig, dass die hierdurch gegebene Isolation durchbrochen wird. Möglich ist das nur durch eine eindeutige und glaubwürdige Einstellung der Solidarität von Seiten des seelsorgerlichen Helfers. Zu beachten ist:

- Eine solidarische Beziehung kann nur dann gelingen, wenn die Ausweglosigkeit des anderen *mir nicht völlig fremd* bleibt. Es ist für Seelsorgerinnen und Seelsorger wichtig, auch ihre eigenen suizidalen Anteile wahrzunehmen. Wer dazu nicht den Mut und die Bereitschaft aufbringt, wird eine wirklich hilfreiche Beziehung zu einem suizidalen Menschen nicht zustande bringen.
- Der Suizidant muss spüren, dass seine Verzweiflung geteilt wird. Der Leidende ist dann mit seiner Verzweiflung nicht mehr ganz allein. So kann er echte *Solidarität* erfahren, die ihn aus der Isolation herausführt.

---

191 Dörner, Klaus: Krisenintervention bei suicidgefährdeten Personen, in: WzM 43, 1991, 288–293. Diesen Aufsatz vgl. für das Folgende durchgehend.

Dritter Schritt: Raum geben

Die Seelsorgerin muss sich auf eine verzweifelte Situation wirklich einlassen wollen. Es ist unerlässlich, jetzt aus ehrlicher Betroffenheit heraus „offenes Interesse" zu bekunden, das besagt: „Ich möchte verstehen, ich möchte teilhaben."[192]

- Die Aufforderung, zu erzählen, was in die schlimme Situation geführt hat, muss ganz ernst gemeint sein. Das bedeutet: Die Seelsorgerin muss sich dafür wirklich Zeit nehmen – nicht unbegrenzt, aber so viel, dass ein angemessener *Erzähl- und Klageraum* entstehen kann. Wichtig ist dabei, dass nicht vorschnell Verstehen annonciert wird. Die pastorale Attitüde des Alles-immer-und-sofort-verstehen-Könnens kann bei dem Gegenüber schnell Ungeduld oder Abwehr vermuten lassen. Wer zu schnell versteht, läuft Gefahr, gerade diese konkrete Situation nicht zu verstehen.

Vierter Schritt: Auf die Ressourcen achten

Wichtig ist es jetzt, sich auf die Ressourcen zu konzentrieren, die für eine Verbesserung der Situation des Suizidanten in Frage kommen könnten. Dabei ist zunächst auf das zu sehen, was dieser selbst mitbringt.

- In der *Suizidhandlung selbst* sind paradoxerweise Ressourcen verborgen, die auch zum Leben zu nutzen wären. Der Suizidant versteht seine Suizidhandlung zu Recht *als eigenes Tun*. Sie ist Ausdruck vorhandener Energien und stellt, wie oben betont, eine aktive Ich-Leistung dar. Indem ich das anerkenne, könnte ich dem Suizidanten dazu helfen, seine Selbstachtung zurückzugewinnen. Von dort ausgehend kann dann nach anderen, bisher vielleicht verborgenen oder verleugneten Fähigkeiten und Energien gefragt werden.
- Jetzt kann es dann durchaus auch gewagt werden, den verzweifelten Menschen auf sein *Verantwortungsgefühl* hin anzusprechen. Das darf natürlich nicht im moralisierenden Sinne erfolgen („Denken sie doch mal an Ihre alte Mutter!"). Das würde im jetzigen Zusammenhang nur kontraproduktive Schuldgefühle schaffen. Mit Dörner muss es dagegen als sinnvoll angesehen werden, den Suizidanten auf die doch möglicherweise vorhandenen Fäden zum Leben hin anzusprechen, ihn einzuladen, sich wieder als Teil des Daseins, des Kosmos, der Welt zu verstehen und die Energie, die auf den Tod verwendet wurde, nun wieder dem Leben zukommen zu lassen. Am Ende kann dann, ohne dass es moralistisch missverstanden werden muss, ein Impuls wie dieser gegeben werden: *„Das Leben gehört mir, aber ich gehöre auch dem Leben"* (Dörner). Das Leben, ja auch Gott will etwas von mir und es gibt Forderungen an die konkrete einzelne Person.
- Einen wichtigen Aspekt in der suizidalen Situation stellen die *vorhandene Beziehungen* dar. Meist ist davon ja schon eine Menge zur Sprache gekommen. Nun stellt sich die Frage: Ist da wirklich alles kaputt? Stehen tatsächlich alle gegen mich? Wo gibt es eine Beziehung (vielleicht auch außerhalb des Familiensys-

---

192 Christ-Friedrich, a.a.O., 218f

tems), von der noch etwas erwartet werden darf? Wichtig ist: Gerade an diesem Punkt ist die Ressourcensuche wirklich offen. Es hat keinen Zweck, Hoffnungen einzureden. Es gibt Menschen, die wirklich niemanden haben. Aber das ist doch selten. Eine Ressourcensuche im Beziehungsfeld ist in jedem Falle sinnvoll.

• Es ist nahe liegend, dass in diesem Zusammenhang dann auch nach den *Ressourcen des Glaubens* Ausschau zu halten ist. Was hat den jetzt so verzweifelten Menschen in zurückliegenden Zeiten getragen? Man muss keine Scheu haben, direkt danach zu fragen – vorausgesetzt, man kann es wirklich offen tun und ist bereit, auch eine Fehlanzeige unzensiert hinzunehmen. Es kommt relativ oft vor, dass in dieser Situation auch solche Menschen auf religiöse Gedanken hin ansprechbar sind, die sich selbst nicht unbedingt als Glaubende verstehen würden. Dass Gott da ist und nichts uns von seiner Liebe scheiden kann (Röm 8,38f), das kann doch angesichts einer verfahrenen Situation ein ermutigender und trostreicher Gedanke sein. Es ist auch eine Erfahrung, dass viel mehr Menschen auf irgendeine Weise *beten,* als wir normaler Weise vermuten. Jetzt das Gebet neu als Quelle der Lebenskraft entdecken, das könnte ganz wichtig sein. Die Seelsorgerin kann dazu anregen und beispielgebend damit beginnen, wenn sie spürt, das wäre ohne Aufdringlichkeit möglich.

Fünfter Schritt: Perspektiven in den Blick nehmen
Vieles dazu ist im vorangehenden Schritt schon enthalten. Es gilt nun noch wie bei der Krisenintervention ganz konkret auf das zu sprechen zu kommen, was dem Suizidanten eine Perspektive für das Leben zurückbringt. Dazu gehören oft sehr konkrete Schritte:

• Was kann jetzt getan werden, um die Situation so bald als möglich zu entspannen?
• Zu welchen Personen, Institutionen etc. sollte schnell Kontakt aufgenommen werden?
• Welche Veränderungen der Lebenssituation sind vordringlich anzustreben?

Hierher gehört auch die Frage, wie sich die Beziehung zur Seelsorgerin in den nächsten Tagen gestalten wird, welche Zusagen redlicher Weise möglich sind und welche nicht!
Bei allem ist es wichtig, dass die helfenden Personen, also auch die Seelsorgerinnen und Seelsorger, sich dessen bewusst sind, dass das Gelingen einer seelsorgerlichen Beziehung bei Suizidhandlungen keineswegs selbstverständlich ist. Immer wieder wird es die Erfahrung geben, dass man im Grunde nichts habe bewirken können. Das kann mit eigenen „Fehlern" zusammenhängen. Aber das Scheitern kann auch in der Situation selbst liegen und in der momentanen Verschlossenheit des betreffenden suizidalen Menschen. Gelingende Seelsorge hat „Kontingenzcharakter", und das gilt für die Krisenseelsorge ganz besonders.[193]

---

193 A.a.O., 219

Krisenhilfe bei Suizidhandlungen und suizidalem Verhalten gehört für Helfer, die sich wirklich darauf einlassen, zu den angreifendsten Herausforderungen des Berufs. Sie ist nicht zu leisten, ohne dass die helfenden Personen für die eigene Stabilität sorgen und ihre Handlungsschritte immer wieder kritischer Selbst- und Fremdprüfung aussetzen. Fachliche *Supervision und Seelsorge* für diejenigen, die helfen wollen und sollen, ist gerade hier dringender denn je gefordert.

Literatur

Wer sich gründlich mit den Aufgaben der Krisenseelsorge beschäftigen will, sollte auf das von *Gernot Sonneck* herausgegebene Werk (⁴1997) nicht verzichten. Dieses Buch informiert in verständlicher und übersichtlicher Weise über die Prinzipien und Methoden der Krisenintervention und Suizidverhütung. Die Übertragung in gemeindliche Situationen ist unschwer möglich. Für den geistigen und geistlichen Umgang mit Lebenskrisen leistet *Erika Schuchardts Buch* (¹²2003, mit Bibliographie zu Lebensgeschichten) große Hilfe. Vgl. auch Lit. zu 10.2

Améry, Jean: Hand an sich legen. Diskurs über den Freitod, Stuttgart ⁹1993
Aebischer-Crettol, Eberhard: Seelsorge mit Hinterbliebenen, die vom Suizid betrroffen werden, Frankfurt/M. 2000
Belok, Manfred/ Kropač, Ulrich (Hg.): Seelsorge in Lebenskrisen, Zürich 2007
Christ-Friedrich, Anna: Der verzweifelte Versuch zu verändern. Suizidales Handeln als Problem der Seelsorge, Göttingen 1998
Dörner, Klaus: Krisenintervention bei suicidgefährdeten Personen, in: WzM 43, 1991, 288–293
Henseler, Heinz: Narzißtische Krisen. Zur Psychodynamik des Selbstmords, Opladen ²1984
Härle, Wilfried: Krise in theologischer Sicht, in: WzM 29, 1977, 408–416
Jörns, Klaus-Peter: Nicht leben und nicht sterben können. Göttingen 1979
Kast, Verena: Der schöpferische Sprung. Vom therapeut. Umgang mit Krisen, Olten ²1987
Kind, Jürgen: Suizidal. Die Psychoökonomie einer Sucht, Göttingen 1992
Kuitert, Harry M.: Darf ich mir das Leben nehmen? Gütersloh 1990
Kunz, Stefanie/ Scheuermann, Ulrike/ Schürmann, Ingeborg: Krisenintervention. Ein fallorientiertes Arbeitsbuch für Praxis und Weiterbildung, Weinheim 2004
Mess, Anne Christina: Wenn die Hoffnung stirbt. Selbstmord – Hilfe für Angehörige und Betroffene, Moers 2003
Reiner, Artur/ Kulessa, Christoph: Ich sehe keinen Ausweg mehr. Suizid und Suizidverhütung Konsequenzen für die Seelsorge, München ³1981
Ringel, Erwin: Selbstmord – Appell an die anderen, München ⁴1980
Roessler, Ingeborg: Krise, Trauma und Konflikt als Ausgangspunkt der Seelsorge, in: HbS 354–376
Schuchardt, Erika: Warum gerade ich? Leben lernen in Krisen, Göttingen ¹²2003
Sonneck, Gernot (Hg.): Krisenintervention und Suizidverhütung, Wien ⁴1997 (⁵2000)
Stollberg, Dietrich: Die Bedeutung von Lebenskrisen aus praktisch-theologischer Sicht, in: Schwab, Ulrich (Hg.): Erikson und die Religion, Münster 2007, 76–87
Switzer, David K. (Hg.): Krisenberatung in der Seelsorge. Situationen und Methoden, München 1975
– Pastoral Care Emergencies, Minneapolis 2000
Winter, Urs Christian: „Wohin soll ich mich wenden in meiner Not?" Die Rolle der Religiosität bei der Bewältigung kritischer Lebensereignisse ..., Berlin 2006

10. Institutionalisierungen seelsorgerlicher Arbeit

Neben der Gemeindeseelsorge mit ihren unterschiedlichen Gestaltungsformen und situativ bedingten Schwerpunktsetzungen soll nun im Schlusskapitel dieser Einführung auch von einigen Institutionalisierungen der Seelsorge die Rede sein, die dem heutigen Bedürfnis nach qualifizierter und problemspezifischer Beratung im Raum der Kirche entgegenkommen. Sie setzen vielfach Mitarbeiter und Mitarbeiterinnen mit spezieller fachlicher Ausbildung voraus, sollten jedoch insgesamt nicht als Substitut, sondern vielmehr als komplementäre Ergänzung der Arbeit in den Gemeinden verstanden werden. Gemeindeseelsorgerinnen und -seelsorger werden in ihrer Arbeit davon profitieren, wenn sie mit diesen institutionalisierten Formen von Seelsorge und Beratung die Zusammenarbeit suchen und praktizieren.

10.1. Psychologische Beratungsstellen

Psychologische Beratung im kirchlichen Auftrag ist eine besondere Gestalt christlicher Seelsorge und zugleich von dieser zu unterscheiden. Sie wird in eigenen kirchlichen bzw. diakonischen Beratungsstellen angeboten. Die Anfänge dieser Arbeit reichen in die frühen Nachkriegsjahre zurück und sind interessanter Weise im Zusammenhang mit der Reeducation-Politik der amerikanischen Besatzungsmacht zu sehen.[1] Der Schwerpunkt lag verständlicherweise zunächst auf der Erziehungsberatung. In den fünfziger Jahren begannen dann auch Beratungsstellen in freier und d.h. auch in katholischer und evangelischer Trägerschaft zu arbeiten. Dabei wurde bald die Arbeit der Eheberatung, die es ansatzweise schon vor dem Krieg gab, in das Angebot aufgenommen. Im Jahre 1959 wurde die Evangelische Konferenz für Familien- und Lebensberatung in Frankfurt am Main ins Leben gerufen. Es entstanden im Laufe der folgenden Jahre kirchliche Beratungsstellen nahezu flächendeckend über das ganze Bundesgebiet.[2] In der DDR kam das Thema „Eheberatung" ebenfalls Ende der fünfziger Jahre in den Blick.[3] Im Jahre 1966

---

1 Roessler, Ingeborg: Entwicklung der öffentlichen und freien Träger der institutionellen Beratungsarbeit im Westen, in: EKFuL – Info 1996/1, 28–39, 31; vgl.: Halberstadt, Helmut: Psychologische Beratungsarbeit in der evangelischen Kirche, Stuttgart 1983
2 1986 gab es ca. 300 kirchliche Beratungsstellen in der EKD, davon 12 in ökumenischer Trägerschaft: Lindemann, Friedrich-Wilhelm:

Art. Kirchliche Beratungsstellen, in: EKL II, Göttingen 1989, 1226–1230, 1226; vgl. auch: Koschorke, Martin: Beratungsstellen, in: Handbuch der Prakt. Theologie, Bd. 4, Gütersloh 1987, 487–497 (Lit.!)
3 Vgl.: Wizisla, Claus-Jürgen: Die Entwicklung der Psychologischen Beratungsarbeit der Evangelischen Kirche im Osten bis heute, in: EKFuL – Info 1996/1, 5–15

330 Institutionalisierungen seelsorgerlicher Arbeit

wurde hier die „Evangelische Arbeitsgemeinschaft für Ehe- und Familienberatung" (EKFuL) gegründet. Kurz darauf begann der erste berufsbegleitende Ausbildungskurs – fachlich verantwortet durch das Evangelische Zentralinstitut für Familienberatung in (West)Berlin (EZI). Bis zum Ende der DDR wurden ca. 100 Beraterinnen und Berater ausgebildet; es gab 22 kleine Beratungsstellen. Unter den gegebenen politischen Verhältnissen blieb die psychologische Beratungsarbeit der Kirchen hier auf deren Raum beschränkt und erreichte Menschen außerhalb nur auf dem Wege einer Mund-zu-Mund-Werbung. Nach 1990 kam es im Osten schnell zu Neugründungen und zur institutionellen Angleichung der Arbeit an die westlichen Verhältnisse unter dem Dach der EKFuL.

Das Spezifikum psychologischer Beratungsarbeit ist durchgängig ihre Professionalität und bewusste Orientierung an den definierten Qualitätsstandards.[4] Psychologische Beratung wendet sich als Angebot an unterschiedliche Zielgruppen und muss deshalb in integrierten Beratungsstellen auch von einem multiprofessionellen Team verantwortet werden, das sich je nach der spezifischen Ausrichtung der Stelle aus Eheberatern, Familientherapeuten, Sozialarbeitern u.a. zusammensetzt. Solche Beratungsstellen haben gerade in der säkularisierten Gesellschaft eine besondere Funktion: Sie stellen ein kompetentes Hilfeangebot der Kirchen dar mit niedrigschwelligen Zugangsmöglichkeiten. Die Beratungsleistungen sind kostenfrei und stehen allen offen – unabhängig von Kirchenzugehörigkeit oder weltanschaulicher Ausrichtung, Nationalität und sozialem Status. Sie vermitteln denen beraterische Hilfe, für die – aus welchen Gründen auch immer – zunächst keine Psychotherapie bei einem niedergelassenen Therapeuten oder in einer klinischen Einrichtung in Frage kommt.[5] Psychologische Beratung im kirchlichen Auftrag ist analog zu Beratungsstellen in anderen oder staatlichen Trägerschaften Teil des psychosozialen Versorgungsnetzes innerhalb unserer Gesellschaft. Zugleich ist sie – das ist ihr Spezifikum – intentional auch seelsorgerliches Handeln; d.h. die juristische Trägerschaft durch die Kirche oder Diakonie ist keineswegs nur formeller Natur. Es ist bemerkenswert, dass die erste Fachtagung der EKFuL nach deren Gründung unter dem Thema stand: „Eheberatung und Familienberatung als Aufgaben der *Gemeinde*".[6] Die Arbeit in den Beratungsstellen erfolgt von den weltanschaulichen Voraussetzungen her, die auch sonst das Sein

---

4 Vgl.: Psychologische Beratung in der Kirche, Leitlinien für die Psychologische Beratung in evangelischen Erziehungs-, Ehe-, Familien- und Lebensberatungsstellen, EKD Texte 5, Hannover 1981, 4; Dietzfelbinger, Maria/Haid-Loh, Achim (Hg.): Qualitätsentwicklung – Eine Option für Güte. Qualitätsmanagment in Psychologischen Beratungsstellen evangelischer Träger, Bd. 1, Berlin 1998, 132ff
5 Zur Bestimmung von Beratung in Abgrenzung zur Therapie vgl.: Schrödter, Wolfgang: Institutionelle Psychologische Beratung

in kirchlicher Trägerschaft, in: WzM 46, 1994, 102–113, bes. 110, vgl. auch: Brem-Gräser, Luitgard: Handbuch der Beratung für helfende Berufe, Bd. 1, München 1993, 11ff. Beratung wird hier definiert als „eine professionelle, wissenschaftlich fundierte Hilfe, welche Rat und Hilfe suchenden Einzelnen und Gruppen auf der Basis des kommunikativen miteinander vorbeugend, in Krisensituationen sowie in sonstigen Konfliktlagen aktuell und nachbetreuend, dient." (15)
6 Roessler, a.a.O., 33

und Handeln der Kirchen begründen. Beratung ist wie die Seelsorge in der Gemeinde eine Zuwendungsweise des Evangeliums gegenüber Menschen, die dessen in besonderer Weise bedürfen. Sie ist freilich nicht Mission im Sinne von Werbung; jeder Versuch einer missionarischen Verzweckung von Beratung desavouiert deren Zielsetzungen. Die wichtigsten Arbeitszweige psychologischer Beratung sind:

- *Lebensberatung*: Beratung in verschiedenen Konflikt- und Problemlagen, z.b. im Zusammenhang mit Schwellensituationen des Lebens, bei psychischen Belastungen und in sozialen Problemsituationen (etwa im Zusammenhang mit Arbeitslosigkeit o.ä.).
- *Ehe-/Paar-Beratung*: beraterische Hilfe für verheiratete und unverheiratete Paare und Familien, bei akuten Beziehungsstörungen, bei anhaltend unbefriedigend verlaufender Kommunikation, bei Untreueerfahrungen usw. Die Beratung wird in der Regel als Paarberatung durchgeführt; unter gegebenen Umständen ist sie auch als Einzelberatung möglich.
- *Scheidungsberatung:* Beratung für Paare mit manifester Trennungsabsicht, unter Einbeziehung von Elementen der *Mediation* (einer spezifischen Form psychologisch-juristischer Scheidungsberatung).
- *Erziehungs- und Familienberatung:* Beratung bei Erziehungsschwierigkeiten und Problemen im Familiengefüge. Die Beratung erfolgt gemäß dem Kinder- und Jugendhilfe-Gesetz (KJHG). Beraten werden Kinder und Jugendliche einschließlich deren Eltern und ggf. anderer zuständiger Erziehungspersonen. Die Beratung wird vor allem auf familientherapeutischer Grundlage durchgeführt.
- *Schwangerenkonfliktberatung:* Pflichtberatung gemäß StGB §219, 2 bei ungewollter Schwangerschaft. Zur Beratung gehören im weiteren Sinne alle Probleme und Konflikte, die sich im Zusammenhang einer Schwangerschaft und ggf. deren Abbruch ergeben können. Die Beteiligung des Partners oder anderen Angehörigen ist erwünscht.
- *Krisenberatung:* Beraterische Hilfe für Menschen nach krisenhaften Erlebnissen, zur Bewältigung eines Verlustes (Trauerberatung), bei akuter oder latenter Suizidalität u.a.

Falls indiziert, können psychologische Beratungsstellen Ratsuchende zur psychotherapeutischen Behandlung an niedergelassene Therapeuten oder klinische Einrichtungen überweisen. Für spezifische Problemlagen stehen spezielle Beratungsdienste der Diakonie, anderer Wohlfahrtsverbände oder der Kommunen zur Verfügung, z.B. Suchtberatung (Blaues Kreuz), Schuldnerberatung, Erwerbsloseninitiativen und weitere Beratungsangebote der Offenen Sozialen Dienste.

Eine genaue Kenntnis des Leistungsangebots der zuständigen Beratungsstelle in kirchlicher oder diakonischer Trägerschaft ist für die Gemeindeseelsorge von hoher Bedeutung. Seelsorgerinnen und Seelsorger können im Bedarfsfall Gemeindeglieder gezielt an eine kompetente Hilfsadresse vermitteln. Der Kontakt zu einer Psychologischen Beratungsstelle kann darüber hinaus für die Förderung der eigenen seelsorgerlichen Kompetenz außerordentlich hilfreich sein.

Literatur

Dietzfelbinger, Maria/ Haid-Loh, Achim (Hg.): Qualitätsentwicklung – Eine Option für Güte. Qualitätsmanagment in Psychologische Beratungsstellen ev. Träger, Bd. 1, Berlin 1998

Dozentenkollegium des EZI/ Berlin: Evangelisches Zentralinstitut für Familienberatung: Psychologische Beratung in der Kirche, in: WzM 42, 1990, 2–43 (= Heft 1)

Fokus Beratung. Informationen der Ev. Konferenz für Familien- und Lebensberatung e.V. Berlin Mai 2003 (wichtige Texte zum gegenwärtigen Stand kirchlicher Beratungsarbeit!)

Halberstadt, Helmut: Psychologische Beratungsarbeit in der ev. Kirche, Stuttgart 1983

Jordahl, David: Das Verhältnis zwischen kirchlicher Beratungspraxis und Seelsorge, Frankfurt a.M. 1988

Kompaß oder Gütesiegel? Qualitätsmanagement in der psychologischen Beratungsarbeit", Themenheft, WzM 50, 1998, Heft 6, 307–377

Koschorke, Martin: Beratungsstellen, in: Handbuch der Praktischen Theologie, Bd. 4, Gütersloh 1987, 487–497

Lindemann, Friedrich-Wilhelm: Art. Kirchliche Beratungsstellen, in: EKL II, Göttingen 1989, 1226–1230

Morgenthaler, Christoph: Beratung, in: Gräb, Wilhelm/ Weyel, Birgit (Hg.): Handbuch Praktische Theologie, Gütersloh 2007, 446–457

Psychologische Beratung in der Kirche. Leitlinien für die psychologische Beratung in evangelischen Erziehungs-, Ehe-, Familien- und Lebensberatungsstellen, EKD Texte 5, Hannover 1981

Schröer, Henning: Art. Beratung, in: TRE 5, Berlin/ New York 1980, 589–595

Schubert, Hartwig von u.a.: Von der Seele reden. Eine empirisch-qualitative Studie über psychotherapeutische Beratung in kirchlichem Auftrag, Neukirchen 1998

Volger, Ingeborg: Mensch werde wesentlich. Zur Fokusbildung in der Beratung, in: EZI-Korrespondenz 17, Berlin 1999, 10–15

10.2. Spezielle Seelsorgedienste

In den Kirchen gibt es eine Reihe von seelsorgerlichen Arbeitszweigen, die sich ganz bestimmten Zielgruppen in der Gesellschaft zuwenden. Der Staat gewährt gemäß §141 der Weimarer Verfassung (im Anhang zum Grundgesetz) das Recht auf Gottesdienst und Seelsorge in „öffentlichen Anstalten". Daraus ergeben sich mehrere seelsorgerliche Spezialdienste. Seelsorgerinnen und Seelsorger, die in solchen Bereichen arbeiten, tun dies zumeist hauptamtlich oder teilhauptamtlich (z.B. zu 50% neben dem Gemeindepfarramt). Von ihnen wird in der Regel eine zusätzliche Qualifikation erwartet. Folgende Dienste seien auswahlweise genannt:

10.2.1. Krankenhausseelsorge

In größeren klinischen Einrichtungen arbeiten Krankenseelsorgerinnen und Krankenseelsorger. Zu ihren Aufgaben gehören neben den regelmäßigen Besuchen auf den Stationen und den Gesprächen mit Patienten und ihren Angehörigen sowie neben Gottesdiensten und Andachten auch verschiedene Formen der Kommunikation und Kooperation mit Ärzten, Pflegepersonal und Krankenhausverwaltung. Dabei ist besonders an ihre Mitwirkung zur Entscheidung von ethischen Fragen im medizinischen Bereich zu denken. Auch wird oft eine Beteiligung der Krankenseelsorgerinnen am Unterricht in der Pflegeausbildung erwartet. Krankenseelsorge im klinischen Bereich wird deshalb heute bewusst als Kranken*haus*seelsorge verstanden.[7] Wieweit es gelingt, diesen systemischen Anspruch an die Seelsorge einzulösen, hängt von vielen einzelnen Faktoren ab – von der Kompetenz der Pfarrerinnen und Pfarrer, von ihrer Kommunikationsbereitschaft, aber auch vom Interesse und vom Kooperationswillen der Krankenhausleitung und des medizinischen Personals auf den Stationen.

Die christliche Krankenseelsorge hat eine lange, in die Zeiten des Urchristentums zurückgehende Tradition. Ihre Wandlung zur modernen Krankenhausseelsorge vollzog sich indessen erst in den letzten 30 Jahren.[8] Im Jahre 1987 wurde die 1961 gegründete Konferenz für evangelische Krankenseelsorge entsprechend umbenannt. In den östlichen Bundesländern vollzieht sich seit 1990 eine ähnliche Entwicklung, wenn auch unter anderen kontextuellen Bedingungen.

Von der Krankenhausseelsorge sind seit Ende der sechziger Jahre wichtige Impulse für die Ausbildung zur Seelsorge insgesamt ausgegangen. Ein großer Teil der landeskirchlichen Seelsorginstitute arbeitet in engem Kontakt zu einem Klinikum. Dahinter steht die begründete Auffassung, dass in der Krankenseelsorge erworbene Kompetenzen gut geeignet sind, auch die Herausforderungen der Gemeindeseelsorge (oder der Seelsorge in anderen Spezialbereichen) besser zu bewältigen.

Im Jahre 1994 wurde auf der Jahrestagung der Konferenz für evangelische Krankenhausseelsorge das Grundlagenpapier „Konzeption und Standards in der Krankenhausseelsorge"[9] beschlossen. Darin wird u.a. auch die ökumenische Zusammenarbeit in ihrer grundlegenden Bedeutung für die Arbeit im Krankenhaus hervorgehoben.

Krankenseelsorge, so heißt es dort weiter, vollziehe sich bewusst in der „naturwissenschaftlich-technisch orientierten Institution Krankenhaus". In ihr vertrete die Krankenhausseelsorge „einen Gesundheits- und Heilungsbegriff, der nicht nur die Funktionstüchtigkeit des Körpers bezeichnet, sondern in einem umfassenden Sinn Gesundheit als ‚Kraft zum Menschsein' (Barth) und Krankheit als Spiegel der Endlichkeit des Menschen versteht."[10]

Krankenhausseelsorgerinnen und -seelsorger sind in der Regel über die regional zuständigen Kirchenbezirke angestellt. Neben hauptamtlichen arbeiten eine große Zahl von nebenamtlichen Seelsorgern und Seelsorgerinnen in den klinischen Einrichtungen. Für Weiterbildung und Erfahrungsaustausch gibt es Konvente auf landeskirchlicher Ebene. Die hauptamtlichen Krankenhausseelsorger und -seelsorgerinnen sind in der schon erwähnten Konferenz für evangelische Krankenhausseelsorge zusammengeschlossen.

---

7 Vgl. dazu die Einführungskapitel von Michael Klessmann und Johannes Siegrist in: Klessmann, Michael (Hg.): Handbuch der Krankenhausseelsorge, Göttingen ²2001, 13–48

8 Vgl.: Klessmann, a.a.O., 40ff
9 WzM 46, 1994, 430–432
10 Ebd., 431. Zu Krankenseelsorge selbst vgl. im Übrigen oben Kap. 9.2

10.2.2. **Gefängnisseelsorge**

Ein wichtiges Aufgabenfeld für die Seelsorge ergibt sich in den Justizvollzugsanstalten des Landes.[11] Jedem Gefangenen steht gemäß §53 des Strafvollzugsgesetzes „ungestörte Religionsausübung" zu. Dazu gehört neben dem Recht auf Besitz religiösen Schrifttums und der Teilnahme an Gottesdiensten im Anstaltsbereich auch das Recht, mit einem Pfarrer oder einer anderen Mitarbeiterin der Seelsorge Kontakt aufzunehmen und zu unterhalten. Zur Wahrnehmung des Seelsorgedienstes berufen die Kirchen Gefängnisseelsorgerinnen und Gefängnisseelsorger. Diese sind in den alten Bundesländern zumeist im Hauptamt tätig. Ihre Anstellung ist mit den Justizbehörden auf unterschiedliche Weise vertraglich geregelt. Aus staatlicher Sicht gehören Gefängnisseelsorger zum Kreis der Bediensteten im Strafvollzug, freilich unter Respektierung ihrer Sonderstellung, die sich aus der Bindung an Kirche und Ordination ergibt. In den neuen Bundesländern sind in der Regel Gemeindepfarrer mit der Hälfte ihrer Arbeitskraft für den Dienst im Strafvollzug beauftragt. Für die geistlichen Dienste im Gefängnis gibt es selbstverständlich keine Weisungsbefugnis der Justizorgane. Es wird freilich von den Seelsorgerinnen und Seelsorgern erwartet, dass sie „das Behandlungskonzept nicht unterlaufen"[12].

Aus dieser Andeutung wird schon erkennbar: Mitarbeiter und Mitarbeiterinnen der Seelsorge im Gefängnis befinden sich in einer schwierigen, berufsspezifischen Zwitterstellung: Einerseits sind sie von ihrem Status her „irgendwie" eingespannt in den Resozialisierungsprozess der Strafvollzugsinstitution, andererseits sollten sie Vertrauenspersonen für die Gefangenen sein. Dazu kommt es sehr darauf an, dass sie sich von leitenden Stellen nicht für die Durchsetzung bestimmter Behandlungsziele instrumentalisieren lassen – und seien diese auch noch so einleuchtend.[13] Die Zwitterstellung wird in anderer Weise auch von den Einstellungen der Gefangenen her bestätigt: danach sind die Seelsorgerinnen und Seelsorger zunächst „Sprecher der Kirche", also einer von den Gefangenen meist eher skeptisch beurteilten Institution. Zugleich besteht aber auch die Erwartung an sie als „systemfreie menschliche Partner"[14], mit denen man unkontrolliert und offen kommunizieren kann.

---

11 Grundlegende Informationen dazu in: Rassow, Peter (Hg.): Gefängnisseelsorge, Hannover 1991; weitere Darstellungen: Brandt, Peter: Menschen im Justizvollzug, in: Handbuch der Praktischen Theologie, Bd. 4, Gütersloh 1987, 435–444; ders.: Die evangelische Strafgefangenenseelsorge, Göttingen 1985; Stubbe, Ellen: Seelsorge im Strafvollzug, Göttingen 1978; dies.: Art. Gefangenenfürsorge/ Gefangenenseelsorge, in: TRE 12, Berlin/ New York 1984, 144–148; Koch, Herbert: Art. Gefängnisseelsorge, in: EKL II, Göttingen 1989, 28–30

12 Rassow, a.a.O., 18
13 Vgl. dazu: Winkler, Klaus: Seelsorge, Berlin/ New York 1997, 492; Pohl-Patalong, Stephan: Freiräume hinter Gittern. Aspekte einer Seelsorge im Gefängnis, in: Pohl-Patalong, Uta/ Muchlinsky, Frank (Hg.): Seelsorge im Plural, Hamburg 1999, 188–201, 200 (Anm.1); vgl. auch: Günther, Ralf: Seelsorge auf der Schwelle. Eine linguistische Analyse von Seelsorgegesprächen im Gefängnis, Göttingen 2005
14 Rassow, a.a.O., 38

Für die Ausübung des seelsorgerlichen Dienstes im Gefängnis hängt viel davon ab, ob es gelingt, sich als Pfarrerin oder Pfarrer den Gefangenen gegenüber als vertrauenswürdiger Gesprächspartner zu erweisen. Authentizität, Unabhängigkeit und Menschenliebe sind Charakterzüge eines Seelsorgers, die in der „totalen Institution" Gefängnis[15] gefragt sind. Es ist wichtig, sich erst einmal einzulassen auf den Menschen im Gefängnis. Oft haben die Gefangenen schwere Schuld auf sich geladen, aber nicht selten sind sie auch Opfer einer gnadenlos leistungs- und gewinnorientierten Gesellschaft geworden. Die Seelsorgerin muss Zeit haben, sich ihre Geschichte und ihre Geschichten anzuhören[16], ihren Umgang mit Schuld zu begleiten und ihre Ängste mit ihnen auszuhalten.[17] Ziel einer Seelsorge im Gefängnis könnte es sein, den Menschen dort zu ermöglichen, „sich im Horizont der Wirklichkeit Gottes anzusehen"[18] und so eine begründete Selbstachtung wieder zurückzugewinnen. Dahin zu gelangen, ist ein langer Weg. Und oft wird die Arbeit der Seelsorge vorher stecken bleiben in den Problemen des Alltags und in der Auseinandersetzung mit den sehr diesseitigen Wünschen und Hoffnungen der Gefangenen. Seelsorge im Strafvollzug wird in gewisser Weise oft auch Sozialarbeit sein. Nirgendwo anders lassen sich die diakonische und die poimenische Dimension pastoralen Dienstes so schwer trennen wie hier. Der Seelsorger wird wegen seiner Unabhängigkeit oft für kleine Dienste in Anspruch genommen, für Vermittlungsaufgaben nach draußen, für Kontakte zu Angehörigen usw. Es ist wichtig, dazu Ja zu sagen und zugleich klare Grenzen zu setzen und unrealistischen Erwartungen zu widerstehen. Manchmal führen die „Wege zum Menschen" über den Erweis kleiner Freundlichkeiten. Aber das muss sein Maß haben, sonst ist eine Seelsorge in der Identität des pastoralen Dienstes nicht mehr möglich.

Die Seelsorgerinnen und Seelsorger im Strafvollzug sind in der (1927 erstmals und 1951 neu gegründeten) „Evangelischen Konferenz für Gefängnisseelsorge in Deutschland" zusammengeschlossen. Zu deren Aufgaben gehören neben der theoretischen Vertiefung der Gefängnisseelsorgearbeit der regelmäßige Erfahrungsaustausch und die Bemühung um eine angemessene Ausbildung für die Pfarrerinnen, Pfarrer und Mitarbeiter in diesem Aufgabenfeld der Kirche.

10.2.3. Seelsorgerlicher Dienst an Soldaten

Mit der Gründung der Bundeswehr stellte sich unter den damaligen Bedingungen auch die Frage nach einer angemessene Möglichkeit für die seelsorgerliche Arbeit unter Soldaten und Offizieren. Mit dem Vertrag zwischen der Bundesregierung

---

15 Zur „totalen Institution" vgl.: Goffman, Erving: Asyle, Frankfurt 1973, 13ff

16 Ohne zu kontrollieren, ob alles auch wahr ist, was erzählt wird: vgl.: Pohl-Patalong, Stephan, a.a.O., 191f

17 Ebd., 192ff
18 Ebd., 200

und der EKD im Jahre 1957 wird die Einrichtung der Militärseelsorge in der Bundeswehr ermöglicht.[19] Die Militärseelsorge wird als Beitrag zur „Sicherung der freien religiösen Betätigung in den Streitkräften"[20] verstanden. Ihre vertragliche Regelung garantiert die Möglichkeit, Angehörigen der militärischen Einheiten mit Beratung und Seelsorge zur Verfügung zu stehen. Die Militärseelsorge, so wird betont, sei ein Dienst, der ausschließlich unter kirchlicher Verantwortung ausgeübt werde; sie sei „kein Instrument der militärischen Führung"[21], also auch nicht instrumentalisierbar für eine Erziehung zur Kampftüchtigkeit o.Ä. Gleichwohl lauert hier ein erhebliches Problempotenzial. Militärseelsorge geschieht in einem „Spannungsfeld zwischen kirchlichem Auftrag und militärischer Einbindung"[22].

Von Anfang an gab es auch deutliche Anfragen an die Einrichtung der Militärseelsorge – vor allem unter friedensethischen Gesichtspunkten.[23] Mit Recht musste ja gefragt werden, ob die Kirchen sich in gleicher Weise für Wehrdienstverweigerer und Friedensdienstleistende zur Verfügung stellen wollten. Die Kontroversen lebten 1990 wieder auf, als es darum ging, auch die östlichen Landeskirchen in den bestehenden Militärseelsorgevertrag einzubinden. Auf dem Hintergrund der schwierigen Erfahrungen mit der Nationalen Volksarmee in der DDR gab es hier viel Widerstand gegen eine Militärseelsorge nach westlichem Muster.[24] Im Ergebnis der Auseinandersetzungen gab es 1996 eine Rahmenvereinbarung zur Seelsorge in der Bundeswehr in den neuen Bundesländern. Seit 2004 gilt der Militäseelsorgevertrag für den Gesamtbereich der EKD.

Von dem besonderen Dienstauftrag her muss betont werden, dass Seelsorge im militärischen Bereich mehr als nur die persönliche Zuwendung in der Einzelseelsorge beinhaltet. Dazu gehören Gottesdienste und Veranstaltungen im Wehrbereich sowie die Mitwirkung beim lebenskundlichen Unterricht.

Die spezifischen seelsorgerlichen Probleme, die sich in den Gesprächen mit einzelnen Soldaten und Offizieren ergeben können, sind breit gefächert. Sie reichen von der gewissensmäßigen Auseinandersetzung mit der Gewaltthematik – etwa

19 Vgl.: Bastian, Hans-Dieter: Militärseelsorge, in: Handbuch der Praktischen Theologie, Bd. 4, Gütersloh 1987, 528–538
20 Dokumentation zur Evangelischen Militärseelsorge, hrsg. vom Kirchenamt für die Bundeswehr, Bonn [4]1981, 24, zit. bei Bastian, a.a.O., 530
21 Ebd.
22 Vgl. den Titel: Müller-Kent, Jens: Militärseelsorge im Spannungsfeld zwischen kirchlichem Auftrag und militärischer Einbindung, Hamburg 1990; vgl. ders.: Art. Militärseelsorge 3, in: EKL III, Göttingen 1992, 413–415

23 Vgl. dazu das Themenheft der Pastoraltheologie 75, 1986, Heft 12: „Das deutlichere Zeichen? Streit um den ethischen Komparativ in der Friedensfrage"; ferner sei auf die Aktivitäten des Dietrich-Bonhoeffer-Vereins hingewiesen. Vgl.: Martin, Karl (Hg.): Frieden statt Sicherheit. Von der Militärseelsorge zum Dienst der Kirche unter den Soldaten, Gütersloh 1989
24 Vgl. dazu etwa die Diskussionsthesen von Heino Falcke, in: Körtning, Matthias u.a. (Hg.): Seelsorge für Soldaten. Bestandsaufnahme, Orientierungshilfe, Dokumentation, Jena 1995, 233f

im Zusammenhang einer Beteiligung an NATO-Einsätzen in Krisengebieten – über Störungen in der Kommunikation zwischen Vorgesetzen und einfachen Soldaten bis hin zu Beziehungsproblemen, die sich zum Beispiel aus der zeitweisen Trennung von Familienangehörigen ergeben können. Pfarrer, die in der Seelsorge unter Soldaten tätig sind, berichten immer wieder von einer Aufgeschlossenheit vieler Angehöriger der Bundeswehr für persönliche, ethische und religiöse Fragestellungen. Seelsorge in der Bundeswehr kann unter diesen Gesichtspunkten auch als eine Chance für die Kirchen angesehen werden.

10.2.4. Notfallseelsorge

Immer wieder gibt es Situationen, in denen Menschen ohne jede Vorwarnung mit plötzlichem Tod, mit schlimmen Verletzungen oder schweren Verlusten konfrontiert werden:

- Ein Mann erleidet einen Herzinfarkt und stirbt vor den Augen seiner Frau; der eilig herbeigerufene Notarzt kann nur noch den Tod feststellen. Die Frau ist im Moment total hilflos, der Arzt muss schnell wieder fort zum nächsten Dienst.
- Ein Unfall ereignet sich auf einer Landstraße. Zwei PKW sind einer unübersichtlichen Stelle bei einem Überholmanöver aufeinandergeprallt. Zwei Menschen sterben am Unfallort, zwei weitere sind schwer verwundet; ein Kind blieb wie durch ein Wunder unverletzt und läuft weinend umher. Die Rettungsmannschaften sind dabei, die Verletzten notdürftig zu versorgen, die Toten zu bergen und für die Räumung der Straße zu sorgen. Jeder hat hier vollauf zu tun. Offen bleibt, wer sich um die am Unglück Beteiligten, die jetzt ansprechbar sind, kümmert. Jetzt muss man doch „zu wem zu reden" haben!

Keine Frage, dass in solchen Fällen Seelsorgerinnen und Seelsorger zuständig wären, und zwar zunächst einmal diejenigen aus der nächstliegenden Gemeinde. Wer aber verständigt sie und werden sie erreichbar und verfügbar sein?

Aus solchen Problemwahrnehmungen heraus entwickelte sich Anfang der neunziger Jahre eine ökumenische Initiative zum Aufbau eines deutschlandweiten Netzes von Notfallseelsorgern.[25] Inzwischen gibt es in jeder Landeskirche einen Beauftragten für diesen Dienst. Die Notfallseelsorge selbst ist regional organisiert. Angestrebt wird in den meisten Fällen, in der Kirche einen kleinen Kreis von Notfallseelsorgerinnen und -seelsorgern zu haben (oft in Verbindung mit der Polizeiseelsorge), die dann auch den Kontakt zu den Rettungsdiensten herstellen

25 Vgl. „Notfallseelsorge" – Eine Handreichung: Grundlegendes – Modell – Fortbildung, Kassel 1997: Fertig, Bernd/ Wietersheim, Hanjo von (Hg.): Menschliche Begleitung und Krisenintervention im Rettungsdienst, Edewecht/ Wien ²1997; Sadowski, Sigurd: Notfallseelsorge, in: PTh 88, 1999, 422–434; zum gegenwärtigen Stand: Müller-Lange, Joachim: Handbuch der Notfallseelsorge, Edewecht ²2006; vgl. ferner die informative Internetseite www.notfallseelsorge.de

und konsolidieren können.[26] Beteiligt sind ferner Gemeindepfarrerinnen und Gemeindepfarrer, aber auch andere Mitarbeiter und ehrenamtliche Helfer, die sich für Notfalleinsätze jeweils für eine Woche in Rufbereitschaft halten. Für die Begleitung von Menschen in extremen Belastungssituationen sind entsprechende Zurüstungen unerlässlich. Die Notfallseelsorge verfügt inzwischen über ein qualifiziertes und gegliedertes System von Fortbildungsangeboten und Supervision. Außerdem ist die fachwissenschaftliche und theologische Fundierung der Arbeit weit fortgeschritten.[27]

Im Jahre 1998 konstituierte sich die „Konferenz der Notfallseelsorgerinnen und Notfallseelsorger" (KDB). Es besteht eine enge ökumenische Zusammenarbeit durch die „Evangelisch-katholische Aktionsgemeinschaft für Verkehrssicherheit".

Die gemeinsamen „Essentials" von Notfallseelsorge beschreiben die „Kasseler Thesen" von 1997.[28] Generell wird die Aufgabe beschrieben als „Erste Hilfe für die Seele", und an konkreten Tätigkeiten, die sich für Notfallseelsorger vor Ort ergeben können, werden genannt: „Begleitung von unverletzten Beteiligten; Begleitung von Verletzten während der Rettung und in den Wartezeiten; Begleitung von Angehörigen; Fürsorge für erschöpfte Einsatzkräfte u.a."

Die hier genannten Punkte lassen eine enge Verbindung mit der *Polizeiseelsorge* und der Seelsorge im *Bundesgrenzschutz*[29] als sinnvoll erscheinen. Denn es geht ja nicht nur um verunfallte Personen und deren Angehörige. Auch die Mitarbeiter der verschiedenen Rettungsdienste, der Polizei, der Feuerwehr usw. sind einer hohen Stressbelastung ausgesetzt. Hier ist oft eine Nachbereitung nötig, für die es einerseits professionelle Institutionen gibt[30], für die andererseits aber auch vor Ort in der jeweiligen Dienststelle ein Bedarf entstehen kann. Die Arbeit von Polizeiseelsorgern kann auch prophylaktisch erfolgen und die Bediensteten bei menschlich besonders komplizierten Anforderungen wie dem Überbringen einer Todesnachricht begleiten und beraten.[31]

---

26 Vgl.: Zippert, Thomas: Organisationsmodelle von Notfallseelsorge, in: Ev.-kath. Aktionsgemeinschaft: „Notfallseelsorge", a.a.O., 13–16
27 Müller-Lange, Handbuch 350–366; Zippert, Thomas: Notfallseelsorge.Grundlegungen – Orientierungen – Erfahrungen, Heidelberg 2006
28 Ev.-kath. Aktionsgemeinschaft: „Notfallseelsorge", a.a.O., 21f
29 Grützner, Kurt u.a.: Handbuch Polizeiseelsorge, Göttingen 2006; Heubach, Joachim/

Stephan, Klaus-Dieter (Hg.): Berufsethik – Glaube – Seelsorge. Evangelische Seelsorge im Bundesgrenzschutz, Polizei des Bundes, Leipzig 1997
30 Z.B. die Bundesvereinigung SBE – Stressbearbeitung nach belastenden Ereignissen e.V.
31 Die Polizeiseelsorge hat dazu ein Faltblatt „Sie haben eine Todesnachricht zu überbringen ..." herausgebracht, das in den zuständigen Pfarrämtern für Polizeiseelsorge angefordert werden kann.

10.2.5. **Kur- und Urlauberseelsorge**

Bei einer Kur oder im Urlaub sind viele Menschen aufgeschlossen für Fragen, die im Lebensalltag oft zu kurz kommen. Eine Kirche, die Menschen dort aufsucht, wo sie sich befinden, und nach ihnen fragt, wird sich darum bemühen müssen, ihr Seelsorgeangebot in Kur- und Ferienorten ernst zu nehmen. Dabei muss zwischen einer Urlauberseelsorge für Menschen, die zwei oder drei Wochen lang ein Stück „Gegenalltag" erleben[32], und einer Kurseelsorge für Patienten in der Rehabilitation oder Präventivbehandlung unterschieden werden. Urlauberseelsorge ist „Seelsorge an Menschen in ihrer Freizeit"[33]. Wieweit es über die Angebote von Gottesdiensten, Kinder- und Familiennachmittagen, Vorträgen und kulturellen Veranstaltungen hinaus auch zu tiefer gehenden seelsorgerlichen Begegnungen kommt, ist offen. Für manchen ist es vielleicht schon von Bedeutung, nach Jahren wieder einmal mit einem Vertreter oder einer Vertreterin der Kirche ein Wort gewechselt zu haben. Für andere ist der Urlaub eine Situation, in der es möglicherweise leichter fällt, die Schwelle zu einem Seelsorgekontakt zu überschreiten.[34]

Anders ist die Situation in vieler Hinsicht in Kurorten. Hier sind die Gäste meist länger am Ort. Es könnten sich leichter Kontakte zu Menschen ergeben, die schwere gesundheitliche Belastungen hinter sich haben oder an chronischen Krankheiten leiden. Kurseelsorge ist in gewisser Weise eine Variante der Krankenseelsorge. Freilich ist die Situation am Kurort oft viel entspannter, ferienähnlicher als in einem Krankenhaus. In den vom „Ev. Arbeitskreis Freizeit – Erholung – Tourismus" veröffentlichten Zielsetzungen der Kurseelsorge heißt es: „Da der ganze Mensch von seiner Krankheit getroffen und betroffen ist und als ganzer der Heilung bedarf, muss auch der kirchliche Dienst ganzheitlichen Charakter haben. Dies kann verwirklicht werden durch ein vielseitiges, mehrdimensionales Angebot der Kurseelsorge."[35] Auch hier also ist deutlich, dass bei „Seelsorge" an mehr als nur an Gespräche zu denken ist. Diese dürften jedoch gerade in der Kurseelsorge von hoher Bedeutung sein und ein unverzichtbares Angebot darstellen.

Es ist sinnvoll, in der Gemeinde immer wieder auf die Angebote von Urlauber- und Kurseelsorge aufmerksam zu machen. Wer zur Kur fährt, sollte wissen, dass im Kurort normalerweise auch ein seelsorgerliches Angebot für ihn zur Verfügung steht.

---

32 Ganzert, Peter: Urlauberseelsorge, in: Handbuch der Praktischen Theologie, Bd. 4, Gütersloh 1987, 522–527, 522; vgl.: Kretzschmar, Gottfried: Kurprediger und Kurseelsorger. Erfahrungen in ost- und westdeutschen Ferienorten, in: Kühn, Ulrich (Hg.): Kirche als Kulturfaktor, Hannover 1994, 257–268; vgl. Hesse, Birgit: Tourismuspastoral-Erfahrungen an der Küste, in: Lebendige Seelsorge 51, 2000, 276–278

33 Henkys, Jürgen, in: Handbuch der Seelsorge, Berlin 1983, 389–404

34 Kretzschmar bestätigt diese Vermutung für Ost und West, dokumentiert sie aber nur für den Osten; in der DDR war am Ferienort eine zusätzliche Motivation gegeben, sich im Schutze der Anonymität mit einem Pfarrer einzulassen. a.a.O. 263ff

35 Evangelischer Arbeitskreis Freizeit – Erholung – Tourismus in der EKD (Hg.): Kurseelsorge. Profil und Perspektiven (= Informationen 42), Kiel 1994, 11

Literatur

Krankenhausseelsorge:

Duesberg, Hans: Perspektiven der Seelsorge in der Institution Klinik, in: WzM 51, 1999, 289–303
Gestrich, Reinhold: Gedanken über die Seelsorge im multireligiösen Krankenhaus und einige praktische Hinweise, in: WzM 47, 1995, 400–412
Klessmann, Michael (Hg.): Handbuch der Krankenhausseelsorge, Göttingen ²2001
Nauer, Doris: Kirchliche Seelsorgerinnen und Seelsorger im Psychiatrischen Krankenhaus? Münster 1999
Roser, Traugott: Spiritual Care. Ethische, organisationale und spirituelle Aspekte der Krankenhausseelsorge, Stuttgart 2007
Schneider-Harpprecht, Christoph/ Alwinn, Sabine (Hg:): Psychosoziale Dienste und Seelsorge im Krankenhaus, Göttingen 2005

Gefängnisseelsorge:

Brandt, Peter: Die evangelische Strafgefangenenseelsorge. Geschichte – Theorie – Praxis, Göttingen 1985
Günther, Ralf: Gefängnisseelsorge, in: Böhme, Michael u.a. (Hg.): Entwickeltes Leben, Leipzig 2002, 309–336
Hagenmaier, Martin: Seelsorge im Gefängnis, in: WzM 59, 2007, 212–234
Rassow, Peter (Hg.): Gefängnisseelsorge. Grundlegende Informationen zum kirchlichen Dienst in Justizvollzugsanstalten, Hannover 1991
Rassow, Peter: Bibliographie Gefängnisseelsorge, Pfaffenweiler 1998
Rauchfleisch, Udo: Außenseiter der Gesellschaft. Psychodynamik und Möglichkeit zur Psychotherapie Straffälliger, Göttingen 1999
Stubbe, Ellen: Seelsorge im Strafvollzug, Göttingen 1978

Militärseelsorge / Seelsorgerlicher Dienst an Soldaten:

Ev. Kirchenamt für die Bundeswehr/ Kath. Militärbischofsamt (Hg.): Dokumentation zur katholischen und evangelischen Militärseelsorge, Bonn ⁷2002
Müller-Kent, Jens: Militärseelsorge im Spannungsfeld zwischen kirchlichem Auftrag und militärischer Einbindung, Hamburg 1990
Steiner, Ulrich von: Unzufrieden mit dem Frieden? Militärseelsorge und Verantwortungsethik, Göttingen 2006

Notfallseelsorge:

Müller-Lange, Joachim (Hg.): Handbuch Notfallseelsorge, Edewecht 2001 ²2006
Tarnow, Barbara S./ Geadisch, Katharina M.: Seele in Not. Notfallseelsorge als Hilfe in Grenzsituationen, Gütersloh 2007
Zippert, Thomas: Notfallseelsorge, Heidelberg 2006

Kur- und Urlauberseelsorge:

Bleistein, Roman: Menschen unterwegs. Das Angebot der Kirche in Freizeit und Tourismus, Frankfurt/M. 1988
Evangelischer Arbeitskreis Freizeit, Erholung, Tourismus in der EKD (Hg.): Kurseelsorge. Profil und Perspektiven (= Informationen 42), Kiel 1994
Fern der Heimat: Kirche. Urlaubs-Seelsorge im Wandel, Hannover 2005 (=EKD-Texte 82)

10.3. Telefonseelsorge

Die Telefonseelsorge dürfte in Deutschland wie in verschiedenen anderen europäischen Ländern die bekannteste Institutionalisierung der seelsorgerlichen Arbeit der Kirchen im öffentlichen Raum darstellen. Fast jeder und jede hat von ihr gehört, die bundesweit geltenden Rufnummern – 0800–1110111 (ev.) bzw. 0800–1110222 (kath.) – werden an Litfasssäulen, in Straßenbahnen, in Annoncenblättern und vielerorts sonst bekannt gegeben. Es gibt inzwischen in jeder Großstadt der Bundesrepublik, einschließlich der ostdeutschen, eine TS-Stelle. Durch die Verbundschaltung der Telekom ist die TS heute auch von jedem kleineren Ort aus kostenfrei erreichbar.[36]

Die Anfänge dieser Einrichtung reichen zurück in die fünfziger Jahre. Im Mittelpunkt stand zunächst das Bemühen, suizidgefährdeten Menschen eine schnelle, leicht erreichbare, anonyme Hilfemöglichkeit anzubieten. Nachdem in London 1953 damit begonnen worden war, wurde 1956 in (West)Berlin eine telefonische „Ärztliche Lebensmüdenbetreuung" als erste TS-Stelle Deutschlands eröffnet.[37] Ein Jahr später nahm die Telefonseelsorge Kassel ihren Dienst auf. Es folgten bald weitere Einrichtungen in anderen westdeutschen Großstädten; von 1970 an erfolgten die meisten Neugründungen auf ökumenischer Basis. Noch vor der Wende begannen in der DDR in Dresden (1986) und Berlin (1988) kirchliche Telefonseelsorgestellen zu arbeiten. Außerdem gab es hier auch säkulare Telefonberatungsdienste wie z.b. das „Telefon des Vertrauens" in Leipzig (1983), Dresden und anderen Städten. Seit 1990 erfolgt der weitere Ausbau des TS-Stellennetzes in Ostdeutschland. Die Arbeit aller Einrichtungen der TS in Deutschland wird koordiniert durch die Evangelische Konferenz für Telefonseelsorge und die Katholische Bundeskonferenz.

Die TS ist inzwischen zu einem von vielen Menschen gern in Anspruch genommenen anerkannten Beratungsdienst geworden. In großstädtischen Regionen wird mit einer Zahl von 16000 Anrufern pro Jahr gerechnet. Die Skala der Probleme, um die es in den Gesprächen geht, ist weit gefächert – sie reicht von akuten Krisensituationen über Partnerkonflikte, Alltagsprobleme bis hin zu belastenden psychischen Störungen. Generell wird die Tendenz beobachtet, dass der Prozentsatz der Krisenanrufer zurückgeht – wohl auch dank einer Zunahme einschlägiger Beratungsmöglichkeiten und spezieller Notfalleinrichtungen. Steigend ist dagegen – im Durchschnitt gesehen – die Anzahl der Anrufer in anhaltenden psychischen Leidenssituationen.[38] Hierin wird man auch ein Signal für die innere Situation unserer Gesellschaft – beispielsweise mit einer Tendenz zur Verstärkung der Vereinsamungssyndrome – zu sehen haben.

---

36 Grundlegende Informationen zu Fragen der Telefonseelsorge bietet: Wieners, Jörg (Hg.): Handbuch der Telefonseelsorge, Göttingen 1995; Weber, Traugott (Hg.): Handbuch Telefonseelsorge, Gütersloh ²2006; die wichtige neue Literatur wird vorgestellt und diskutiert bei: Winkler, Klaus: Seelsorge, Berlin/New York ²2000, 490–503

37 Vgl.: Habenicht, Ingo: Die Anfänge der Telefonseelsorge und ihre Institutionalisierung, in: Wieners (Hg.), a.a.O., 9–19

38 Vgl.: Wieners (Hg.), a.a.O., 30

342 Institutionalisierungen seelsorgerlicher Arbeit

Die Institution TS bietet einige Vorzüge, die sie zu einem inzwischen unverzichtbar gewordenen Bestandteil der psychosozialen Versorgung machen. Dazu gehören:

• *leichte Zugänglichkeit*: Die TS ist rund um die Uhr, ohne Kosten, von jedem Ort der Bundesrepublik aus zu erreichen.

• *Bedingungslosigkeit*: Die TS steht grundsätzlich jedem Anrufer zur Verfügung – unabhängig von Konfession, Nationalität, Alter, Bildungsstand etc. Auch wer schon viele Therapieversuche hinter sich hat, ist bei der TS willkommen.

• *niedrige Hemmschwelle*: Anrufende Personen können jederzeit auflegen; es gibt kein identifizierendes Display an den Apparaten der TS.

• *Anonymität*: Anrufer müssen sich nicht zu erkennen geben; Beraterinnen und Berater bleiben anonym, sie sind zur Verschwiegenheit verpflichtet.

• *Perspektive*: In den Fällen, in denen mehr als ein oder mehrere Gespräche nötig wären, kann die TS wichtige Informationen über weitergehende Hilfemöglichkeiten geben.

• *Ehrenamtlichkeit*: Ohne das ehrenamtliche Engagement der Telefonberaterinnen und Telefonberater wäre der Dienst der TS weder kräftemäßig noch ökonomisch durchführbar.

Zu den Problemen gehört für die Mitarbeiterinnen und Mitarbeiter am Telefon die fast alltägliche Erfahrung ihrer faktischen Machtlosigkeit. Bei Anrufen eines Suizidanten etwa gibt es eben keine Möglichkeit des Eingreifens – außer der durchs Gespräch am Telefon. Es bleibt offen, was die anrufende Person tun wird, wenn der Hörer aufgelegt ist. Die Erfahrungen besagen freilich, dass ein Gespräch in vielen Fällen zumindest aufschiebende Wirkung hat und zu einem neuerlichen Nachdenken anregt.

TS ist auch nicht geschützt gegenüber solchen Anrufern, die ihr Angebot missbrauchen, aus Jux anrufen (vielfach Kinder in den frühen Abendstunden) oder irgendwie die TS „testen" möchten.

Eine andere Kategorie sind die „Daueranrufer", die es in jeder TS-Einrichtung gibt: Menschen, die ihre Einsamkeit überbrücken möchten, aber auch psychisch gestörte Personen mit ungehemmtem Rede- und Kontaktbedürfnis. Es ist nicht immer leicht, diesen Anrufern einerseits Raum zu gewähren, der ihnen zusteht, andererseits aber auch dafür zu sorgen, dass sie die Kapazitäten des Mitarbeiters nicht über Gebühr in Anspruch nehmen.

Für viele Mitarbeiter am Telefon belastend sind die so genannten „Schweigeanrufe", hinter denen sich unüberwindbare Ängste, aber auch eine latente Aggressivität verbergen können. Sie wirken oft bedrückend und bedrohlich.

Neuerdings stellen auch Handy-Anrufer ein gewisses Problem dar. Die Möglichkeit zu jeder Zeit und von jedem Ort aus anrufen zu können verführt dazu, davon immer häufiger in hemmungsloser Weise Gebrauch zu machen.

Es ist wichtig, dass die Mitarbeiter der TS regelmäßig die Möglichkeit erhalten, in der Supervision über solche und ähnliche Probleme zu sprechen.

Die Aufgaben und Möglichkeiten der TS lassen sich auf fünf Hauptpunkte konzentrieren:

- *„Erste Hilfe"*: Die TS ist eine Auffangmöglichkeit für Menschen in besonderen Notsituationen. Sie ist für diejenigen ein erster Anlaufpunkt, für die aus welchen Gründen auch immer eine unmittelbare therapeutische oder seelsorgerliche Hilfe nicht erreichbar ist.
- *Verständnisvolle Annahme*: Viele Anrufer – besonders Alte und Einsame, psychisch Kranke, Menschen nach schweren Enttäuschungserfahrungen und solche in akuten Existenz- und Glaubenskrisen brauchen zunächst oft einfach nur einen Menschen, der ihnen zuhört und sie spüren lässt, dass er für sie Zeit hat und ihre Probleme zu verstehen versucht.
- *Klärungshilfe*: Im Chaos der Gefühle und angesichts unlösbar erscheinender Problemkonstellationen ist es wichtig, dass jemand da ist, der hilft, die Situation transparent zu machen, und darüber hinaus Impulse zum Nachdenken und Handeln zu geben vermag.
- *Information*: Durch die TS können Anrufer auf erreichbare Möglichkeiten professioneller Hilfe, auf lebenswichtige Kontaktmöglichkeiten u.Ä. hingewiesen werden. Auch Informationen zur Lösung von aktuellen Alltagsproblemen können für Menschen, die niemanden haben, von Bedeutung sein.
- *Geistliche und seelische Stärkung*: Telefonseelsorge kann und sollte Menschen den Trost und Zuspruch des Evangeliums spüren lassen. Das ist sicher nicht immer leicht und verlangt vom Berater ein gutes Gespür für die Situation. Die Erfahrung besagt: Auch am Telefon ist es möglich zu beten – dann etwa, wenn ein entsprechender Wunsch von Seiten des Anrufenden ausgesprochen worden ist.

Es ist von Bedeutung, dass die Arbeit der TS auch in den Gemeinden immer wieder ins Bewusstsein gebracht wird. Für die Gemeindeseelsorge ist die TS, so könnte man wohl formulieren, von flankierender Bedeutung. Gerade für die oft überlasteten Gemeindepfarrer und -pfarrerinnen ist es entlastend, den Dienst der TS (der Seelsorge in der Gemeinde natürlich nicht ersetzen kann!) im Hintergrund zu wissen. Wichtig ist aber auch für die Mitarbeiter der TS zu spüren, dass und wie ihre Arbeit geistlich, personell und ökonomisch von den Gemeinden mitgetragen wird.

Die TS lebt im Wesentlichen von der ehrenamtlichen Tätigkeit der Laien. Es ist hervorhebenswert, eine wie große Zahl von Menschen für diesen Dienst ihre Zeit und ihre Kraft opfert.[39] Für ihre Arbeit müssen sie ausreichend vorbereitet werden[40], und es ist außerdem notwendig, dass sie regelmäßig Gelegenheit haben zur Supervision ihrer Erfahrungen am Telefon.

---

39 Von einer ehrenamtlichen Mitarbeiterin in der TS werden zwei bis drei Dienste monatlich à 4 Stunden (oft nachts) erwartet. Eine TS-Stelle, die durchgehend am Netz ist, braucht ca. 80 Mitarbeiter und Mitarbeiterinnen.

40 In der Regel dauert die TS-Ausbildung ein Jahr, ca. 2 Stunden pro Woche, zusätzlich

Wo die Arbeit der TS gut läuft, entsteht unter den Mitarbeiterinnen und Mitarbeitern oft ein gutes Gefühl von Zusammengehörigkeit, das auch in Formen einer gemeinsamen Spiritualität seinen Ausdruck finden kann. Es ist hier so wie auch sonst in der Seelsorge und im helfenden und heilenden Handeln. Wer gibt, empfängt!

Literatur

Glania, Beate: Zuhören verwandelt. Ein pastoralpsychologischer Beitrag zur Telefonseelsorge auf bibeltheologischer und personzentrierter Grundlage, Frankfurt 2005
Habenicht, Ingo: Die Telefonseelsorge als Form intentionaler Seelsorge, Hamburg 1994
Jörns, Klaus-Peter: Telefonseelsorge – Nachtgesicht der Kirche. Ein Kapitel Seelsorge in der Telekultur, Neukirchen 1994
Maaßen, Monika u.a.(Hg.): Mensch versteht sich nicht von selbst. Telefonseelsorge zwischen Kommunikationstechniken und Therapie, Münster 1999
Stange, Erich: Telefonseelsorge, Kassel 1961
Steinkamp, Hermann: Wandlungen der Institution Telefonseelsorge – religionssoziologische Überlegungen, in: WzM 47, 1995, 190–200
Wieners, Jörg (Hg.): Handbuch der Telefonseelsorge, Göttingen 1995
Weber, Traugott (Hg.): Handbuch Telefonseelsorge, Göttingen [2]2006
Winkler, Klaus: Seelsorge, [2]2001, 490–503

3 bis 4 Wochenenden. Zu den Ausbildungsrichtlinien vgl.: Wieners (Hg.), a.a.O., 242ff. Wichtige Lehrbücher sind: Harsch, Helmut: Theorie und Praxis des beratenden Gesprächs, München [5]1982, Weber, Wilfried: Wege zum helfenden Gespräch, München [11]1996

Adressenverzeichnis

Fachverbände/Ausbildungsinstitutionen

Deutsche Gesellschaft für Pastoralpsychologie e.V.
Fachverband für Seelsorge, Beratung und Supervision (DGfP)
Famstr. 36 90480 Nürnberg
www.pastoralpsychologie.de

Evangelische Konferenz für Familienberatung e.V.
Fachverband für Psychologische Beratung und Supervision (EKFuL)
Ziegelstr. 30 10117 Berlin
www.ekful.de

Evangelisches Zentralinstitut für Familienberatung gem.GmbH (EZI)
Auguststr. 80 10117 Berlin
www.ezi-berlin.de

Gefängnisseelsorge

Evangelische Konferenz für Gefängnisseelsorge in Deutschland
Herrenhäuser Str. 12, 30419 Hannover
www.gefaengnisseelsorge.de

Hospizarbeit

Diakonisches Werk der EKD/Referat Hospiz
Wagenburgstr. 28 70184 Stuttgart
www.diakonie.de

Deutscher Caritasverband, Referat.Gesundheitshilfe
Karlstr. 40 79104 Freiburg i.Br.
www.caritas.de

Deutscher Hospiz- und Palliativverband e.V.
Aachener Str. 5, 10713 Berlin
www.hospiz.net

Internationale Seelsorgearbeit

Society of International Pastoral Care and Counseling (SIPCC)
Gesellschaft für interkulturelle Seelsorge und Beratung e.V.
Friederike-Fliedner-Weg 72   40489 Düsseldorf
www.sipcc.org

Krankenhausseelsorge

Konferenz für Krankenhausseelsorge in der EKD
c/o: Pfn. Kathrin Jahns, Auf der Schubach 35, 34130 Kassel
www.krankenhausseelsorge.de

Militärseelsorge/Soldatenseelsorge

Evangelisches Kirchenamt für die Bundeswehr
Jebensstr. 3, 10623 Berlin
www.militaerseelsorge.de

Katholischer Militärbischof
Am Weidendamm 2, 10117 Berlin

Notfallseelsorge

Beauftragte in den einzelnen Landeskirchen und Bistümern sind über die zuständigen Kirchenbehörden zu erfragen

Konferenz evangelischer Notfallseelsorgerinnen und Notfallseelsorger
Akazienstr. 22   53859 Niederkassel
www.notfallseelsorge.de

Suchtkrankenhilfe

Gesamtverband für Suchtkrankenhilfe im Diakonischen Werk der EKD e.V.
Altensteinstr. 51, 14195 Berlin
www.sucht.org

Telefonseelsorge

Evangelische Konferenz für Telefonseelsorge und Offene Tür e.V.
Stafflenbergstr. 76, 70184 Stuttgart
www.telefonseelsorge.de

Katholische Konferenz für Telefonseelsorge und Offene Tür
Kaiserstr. 163   53113 Bonn
www.telefonseelsorge.de

Bibelstellenregister

Sachregister (in Auswahl)

Personenregister

Aach, Jürgen 299
Abälard 55
Adams, Edward C. 199
Adams, Jay E. 92ff, 96
Adler, Alfred 131, 136, 149
Aebischer-Crettol, Eberhard 328
Ahlskog, Gary 19
Akashe-Böhme, Farideh 299
Albani, Matthias 43
Albrecht, Günter 38, 301
Allwinn, Sabine 340
Allwohn, Adolf 85
Alt, Jürgen-August 221
Améry, Jean 323, 328
Ammermann, Norbert 226
Anderegg, Erwin 290
Andriessen, Herman C.I. 192, 195, 248
Angenendt, Arnold 55, 56, 57
Antonius 52
Ariès, Philippe 314
Arndt, Timotheus 43
Asmussen, Hans 19, 82f
Asmussen, Jens P. 54f
Assmann, Jan 227, 239
Augustinus 54, 139

Baldermann, Ingo 43
Barlach, Ernst 230
Barth, Hans-Martin 62, 179, 203, 208
Barth, Karl 270, 278, 323, 333
Bassler, Markus 109
Bastian, Hans-Dieter 336
Battegay, Raymond 288, 289, 301
Baudelaire, Charles 302
Bauerochse, Lothar 39
Bauman, Zygmunt 23, 38, 118
Baumann, Urs 15, 19, 99, 162, 176, 192, 209, 230f, 239, 248
Baumgarten, Otto 19, 75f, 79, 106

Baumgarten, Siegmund Jakob 69, 215
Baumgartner, Isidor 18f, 31, 44, 46, 70, 100, 130, 134ff, 140f, 145f, 156, 181, 232, 242, 248, 287f, 301
Bäumler, Christof 90, 123
Bäumler, Regina 52, 76
Bausewein, Claudia 294, 300
Bayer, Oswald 76
Becher, Werner 88, 89, 104, 191, 195
Beck, Ulrich 22ff, 31, 32, 38, 198, 213f, 217f, 261
Beck-Gernsheim, Elisabeth 23, 26f, 38, 198, 209, 214, 217f
Becker, Ingeborg 17ff, 151, 167, 254, 256, 268, 287, 290
Belok, Manfred 328
Begemann, Verena 300
Benjamin, Walter 302
Benrath, Gustav-Adolf 69
Berg, Christa 254
Berg, Hans Georg 90
Berg, Horst Klaus 44
Berg, Jan H. van den 273, 299
Berger, Horst Klaus 44
Berger, Peter L. 32, 35, 226, 241
Berndt, Torsten 149
Berne, Eric 132
Bernet, Walter 13, 19, 153
Bernhard von Clairvaux 56
Beutel, Helmuth 294, 300, 304
Bleistein, Roman 340
Bickel, Lis 301
Bieritz, Karl-Heinrich 108, 123, 127, 177, 235
Bierlein, Karl-Heinz 264, 265, 266ff
Bilgri, Anselm 123
Biller, Karlheinz 219
Biser, Eugen 223, 248, 279
Biskupski, Werner 248

Eberhardt, Hermann 41, 127
Ebert, Andreas 292, 300
Ebertz, Michael N. 24f, 34, 39, 240
Ehrenberg, Alain 39
Eibach, Ulrich 127, 269, 277, 297, 301
Eicher, Peter 54
Eicke, Dieter 130, 131, 146, 199
Eisele, Günther 108, 115, 127, 176f, 195, 301
Eisenmann, Barbara 177
Elhardt, Siegfried 131
Ellis, Albert 134
Emlein, Günther 301
Endruweit, Günter 201
Engelhardt, Dietrich von 269
Engelhardt, Klaus 13, 34f, 37
Engelhardt, Michael von 199
Engemann, Wilfried 10, 18f, 39, 95, 149, 177
Engler, Wolfgang 30
Erdheim, Mario 261
Erikson, Erik H. 198f, 204, 208, 250ff, 254, 257, 261, 266ff
Eschmann, Holger 61, 127, 149
Eser, Albin 269, 284, 297
Evans, G.R. 76

Faber, Heije 87f, 158, 167, 177
Faerber, Regina 292
Failing, Wolf-Eckart 39
Fairchild, Roy W. 301
Falcke, Heino 336
Fechtner, Kristian 39, 126
Federschmidt, Karl 20, 29
Feld, Thomas 290, 301
Feldtkeller, Andreas 208
Ferchhoff, Wilfried 257
Ferel, Martin 299
Fertig, Bernd 328, 337, 340
Feuerbach, Ludwig 136
Fiedler, Kirsten 124, 254, 260, 268
Flöttmann, Holger 149, 248
Foitzik, Karl 180
Foucault, Michel 53
Fowler, James W. 242, 147, 252
Fraas, Hans-Jürgen 242, 248
Francke, August Hermann 66
Franke, Heiko 154

Frankl, Viktor 13, 131, 136, 153, 219, 222, 328
Freud, Sigmund 13, 79, 85f, 88, 121f, 130f, 136, 140, 153, 175, 199, 305
Frey, Christofer 121, 284
Frey-Wehrlin, Caspar-Toni 146
Friedmann, Dayle E. 19
Friemel, Franz Georg 174
Frisch, Max 231
Fritsch, Stefan 46, 49, 108, 113, 177, 180
Fromm, Erich 136, 149, 218
Frör, Hans 317
Frör, Peter 67, 274
Fuchs, Werner 292, 304
Führer, Monika 299

Gabriel, Karl 34, 37ff, 200
Gadamer, Hans-Georg 155
Ganzert, Peter 339
Gärtner, Heiderose 177
Gauck, Joachim 30
Gay, Peter 130
Gebauer, Roland 47ff, 98
Gehring, Hans-Ulrich 38f
Geest, Hans van der 18f, 90, 205, 218, 229, 234, 239, 312
Gerbracht, Diether 72, 76
Gerber, Uwe 226, 301
Gerkin, Charles 19
Gerson, Johannes 56
Gestrich, Christof 33, 228, 233, 239
Gestrich, Reinhold 141, 149, 195, 299, 340
Giddens, Anthony 22
Giesecke, Hans 269
Gladisch, Katharina M. 340
Glania, Beate 344
Gmünder, Paul 242, 248, 252
Godzik, Peter 292, 300
Goethe, Johann Wolfgang 220, 302
Goetschi, René 232
Goffman, Erving 202, 208, 286, 335
Goldbrunner, Hans 268, 304, 314
Gollwitzer, Helmut 112, 224ff, 226f
Goodlife, Paul 108
Gorsuch, Nancy J. 27
Gotthelf, Jeremias 71
Götzelmann, Arnd 127

Wundt, Wilhelm 78
Wuthnow, Robert 32
Wyss, Dieter 130

Zapf, Wolfgang 32, 33f, 39
Zerfaß, Rolf 14f, 20, 157, 183, 196
Ziebertz, Hans-Georg 40
Zijlstra, Wybe 87, 88, 136, 148, 196, 220, 226f, 242f, 257
Zimmerling, Peter 77

Zimmermann, Mirjam 265
Zimmermann, Ruben 265
Zimmermann-Wolf, Christoph 96
Zinzendorf, Nikolaus Ludwig von 66, 67, 68
Zippert, Thomas 338, 340
Zorn, Fritz 271
Zulehner, Paul Michael 128, 255
Zwierlein, Eduard 202, 270, 300
Zwingli, Huldrych 63, 64

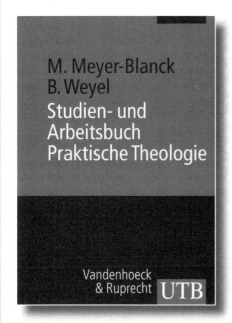

Michael Meyer-Blanck /
Birgit Weyel
**Studien- und Arbeitsbuch
Praktische Theologie**

UTB 3149 M
2008. 272 Seiten, kartoniert
ISBN 978-3-8252-3149-1

Die 25 Einheiten, die das Buch gliedern, können in der Arbeitsform des Repetitoriums an jeweils einem Tag behandelt werden.

Die Einheiten haben jeweils einen Umfang von ca. 10 Seiten. Sie stellen Lektüre- und Rechercheaufgaben, die eine grundlegende Vertrautheit mit den wichtigsten praktisch-theologischen Quellen, Hilfsmitteln und Lehrbüchern eröffnen sollen. Das Arbeitsbuch kann zur individuellen Arbeit, aber auch zur Gruppenarbeit genutzt werden; für Gruppen werden eigens Diskussions- und Rollenspielaufgaben vorgeschlagen.

Vandenhoeck & Ruprecht

Einführungswissen Ethik

V&R

Wolfgang Lienemann
**Grundinformation
Theologische Ethik**

UTB 3138 M
2008. 319 Seiten, kartoniert
ISBN 978-3-8252-3138-5

Lienemann erörtert wichtige Voraussetzungen, Grundbegriffe und Positionen der Ethik in der Gegenwart – im Gespräch mit außertheologischen Konzeptionen, im Blick auf ökumenische und interreligiöse Kontroversen und Dialoge und in kritischer Zuordnung von ethischen und rechtlichen Fragestellungen.

Der Autor konzentriert sich auf grundlegende Einleitungsprobleme und bleibende Kontroversfragen unter Berücksichtigung des kulturellen Pluralismus.

Fragen und Hinweise zur Weiterarbeit jeweils am Kapitelende leiten zur selbstständigen Aneignung des Stoffes und kritischen Auseinandersetzung mit dem Inhalt an.

Vandenhoeck & Ruprecht